中国智能网联汽车产业发展年鉴 2021

CHINA INTELLIGENT AND CONNECTED VEHICLE
INDUSTRY DEVELOPMENT ALMANAC 2021

中国汽车工程研究院股份有限公司
中国汽车信息化推进产业联盟　编
北京中汽智联科技有限公司

机械工业出版社

智能网联汽车是全球汽车产业转型发展的大趋势，关系到中国汽车产业在国际上的地位与荣誉。本书整理了中国乃至全球智能网联汽车产业各方观点，本着记录发展、评估现状、分析问题、预测未来等原则，对我国智能网联汽车发展情况进行了全面系统的梳理和分析：一是从产业观察家的角度持续紧跟产业发展节奏，密切关注产业发展态势；二是从受众的角度让广大读者了解中国智能网联汽车产业发展的现况和趋势；三是从专业角度客观评价智能网联汽车技术创新成果，为地方政府、汽车行业相关企业发展智能网联汽车技术提供参考依据。

本书可供行业企业、研究机构、政府部门以及相关从业人员阅读参考。

图书在版编目（CIP）数据

中国智能网联汽车产业发展年鉴 . 2021／中国汽车工程研究院股份有限公司等编 . —北京：机械工业出版社，2022.3
ISBN 978－7－111－70270－2

Ⅰ.①中… Ⅱ.①中… Ⅲ.①汽车-智能通信网-产业发展-中国-2021-年鉴 Ⅳ.①F426.471-54

中国版本图书馆 CIP 数据核字（2022）第 035237 号

机械工业出版社（北京市百万庄大街 22 号　邮政编码 100037）
策划编辑：何士娟　　　　　责任编辑：何士娟　丁　锋　王　婕
责任校对：陈　越　张　薇　责任印制：张　博
保定市中画美凯印刷有限公司印刷
2022 年 3 月第 1 版第 1 次印刷
210mm×285mm・31.75 印张・10 插页・1032 千字
0 001—1 200 册
标准书号：ISBN 978－7－111－70270－2
定价：699.00 元

电话服务　　　　　　　　　网络服务
客服电话：010－88361066　　机　工　官　网：www.cmpbook.com
　　　　　010－88379833　　机　工　官　博：weibo.com/cmp1952
　　　　　010－68326294　　金　　书　　网：www.golden-book.com
封底无防伪标均为盗版　机工教育服务网：www.cmpedu.com

《中国智能网联汽车产业发展年鉴2021》编审委员会

(按姓氏音序排序)

编委主任专家

陈　涛	中国汽车工程研究院股份有限公司副总经理
邓伟文	北京航空航天大学交通科学与工程学院院长、教授
董　扬	中国汽车芯片产业创新战略联盟联席理事长
方运舟	合众新能源汽车有限公司创始人、董事长
冯　屹	全国汽车标准化技术委员会智能网联汽车分技术委员会秘书长
冯兴亚	广州汽车集团股份有限公司总经理
李　斌	上海蔚来汽车有限公司创始人、董事长、CEO
李德毅	中国工程院院士
李海生	中国环境科学研究院院长
李　骏	中国工程院院士，中国汽车工程学会理事长，清华大学教授
李开国	中国汽车工程研究院股份有限公司董事长
李克强	中国工程院院士，中国智能网联汽车产业创新联盟专家委员会主任
刘法旺	工业和信息化部装备工业发展中心总工程师
刘　英	中国电子商会副会长
王震坡	北京理工大学教授、电动车辆国家工程实验室主任
谢　飞	中国通用技术（集团）控股有限责任公司装备制造事业部副总经理
许书权	交通部公路院汽研中心主任
叶盛基	中国汽车工业协会副秘书长
赵福全	清华大学教授、世界汽车工程师学会联合会终身名誉主席
朱西产	同济大学教授、汽车安全技术研究所所长

副主任专家

贺　刚	重庆长安汽车股份有限公司智能化研究院常务副总经理
黄　刚	中移（上海）信息通信科技有限公司副总经理
冀　磊	三六零安全科技股份有限公司技术总监
李　丹	中国第一汽车股份有限公司研发总院副院长
李晓翔	东莞正扬电子机械有限公司市场处总经理兼广州正扬智能汽车科技总经理
李云川	亚信科技控股有限公司副总裁、运营事业部总经理
梁伟强	广州汽车集团股份有限公司汽车工程研究院智能网联技术研发中心副主任

宋德王　北京百度智行科技有限公司智能网联资深专家
孙克文　沈阳美行科技有限公司董事长
田雨时　国家新能源汽车技术创新中心董事副总裁
汪建球　中移（上海）信息通信科技有限公司智慧交通产品部总经理
王　磊　北京汽车研究总院有限公司院长、党委副书记
王　钊　德创未来汽车科技有限公司总经理
隗寒冰　重庆交通大学机电与车辆工程学院主任
文军红　深圳联友科技有限公司总经理助理
武锡斌　北汽福田汽车股份有限公司常务副总经理
俞　伟　天津英创汇智汽车技术有限公司总裁助理、市场营销总监
张　亮　上海汽车集团股份有限公司数据业务部副总经理、上汽乘用车公司 CDO
张启超　中国科学院自动化研究所副研究员
张然懋　联通智网科技股份有限公司总经理
赵冬斌　中国科学院自动化研究所研究员、IEEE Fellow
赵　旭　深兰科技（上海）有限公司董事副总裁

委　员

蔡福春　深圳市金溢科技股份有限公司常务副总裁
陈春毅　采埃孚（上海）管理有限公司中国区卡车业务总经理、亚太自动驾驶业务总经理
陈典全　厦门雅迅网络股份有限公司首席专家
陈君毅　同济大学汽车学院博士
陈　磊　北京清研宏达信息科技有限公司总经理
陈　力　武汉智慧生态科技投资有限公司总经理
邓志伟　蘑菇车联信息科技有限公司副总裁
范雪俭　北京天融信网络安全技术有限公司车联网安全产品线总监
顾剑民　法雷奥企业管理（上海）有限公司 CTO
胡小波　深圳市镭神智能系统有限公司董事长、CEO
黄　波　神龙汽车有限公司总监
黄路遥　广东星舆科技有限公司生态合作部副总监
江如海　合肥中科智驰科技有限公司董事长
兰姆·莎龙（Ram Shallom）　Autotalks Ltd. 副总裁
李良鹏　车百智能网联研究院（武汉）有限公司联合创新实验室主任
李杨寰　湖南格纳微信息科技有限公司总经理
郦　可　千寻位置网络有限公司智能驾驶事业部总经理
廖建平　广州中海达卫星导航技术股份有限公司副总裁
刘　斌　北京顺创智能网联科技发展有限公司副总经理
刘　鹏　北京理工新源信息科技有限公司副总经理
刘　昕　摩登汽车有限公司 CEO
龙红星　宸芯科技有限公司总经理助理、技术研发部总经理
鹿淑煜　三未信安科技股份有限公司中心总经理
吕晓晨　兴唐通信科技有限公司车联网部总经理

牛胜福	天际汽车（长沙）集团有限公司首席技术官
戚　湧	南京理工大学主任、教授、博士生导师
孙　宁	北京车网科技发展有限公司总经理
汤咏林	易图通科技（北京）有限公司产品拓展与策略总监
田敏杰	上汽大通汽车有限公司蜘蛛智联平台总监
王立新	天津瑞发科半导体技术有限公司副总裁
王志海	北京明朝万达科技股份有限公司总裁
谢　意	北京路凯智行科技有限公司总经理
杨冬生	比亚迪集团副总裁兼产品规划及汽车新技术研究院院长
杨国青	无锡太机脑智能科技有限公司董事长
于宏啸	北京流马锐驰科技有限公司总经理
俞松耀	天际汽车（长沙）集团有限公司车联网副总裁
张立强	阿尔特汽车技术股份有限公司总经理
张天雷	北京主线科技有限公司 CEO
张　中	合肥湛达智能科技有限公司董事长
郑　立	上海复旦微电子集团股份有限公司市场主管

特约委员

安向京	长沙行深智能科技有限公司董事长、总经理
蔡敏男	怡利电子科技（江苏）有限公司执行副总经理
陈升东	广州软件应用技术研究院实验室副主任
陈为欣	广东快控科技有限公司总经理
邓鹏毅	西华大学汽车与交通学院国家质检总局特聘专家
邓　烨	南京抒微智能科技有限公司副总经理
丁　娟	浙江天行健智能科技有限公司（PanoSim）高级总监博士教授
丁鹏仁	上海众执芯信息科技有限公司技术总监
董　汉	苏州清研精准汽车科技有限公司创始人、CEO
郭恩庆	上海智驾汽车科技有限公司 CTO
郭　悦	北京灵思创奇科技有限公司董事长
海　江	上海欧菲智能车联科技有限公司总裁
韩雪娜	威泊（上海）新能源科技股份有限公司销售总监
韩　宇	北京擎天信安科技有限公司 CEO
姜　波	锐驰智光（北京）科技有限公司 CEO
康杰伟	苏州工业园区测绘地理信息有限公司事业部总经理
雷述宇	宁波飞芯电子科技有限公司创始人、CEO
李　峰	上海银基信息安全技术股份有限公司首席安全架构师
李澜涛	上海芯钛信息科技有限公司副总经理
李民锋	深圳开源互联网安全技术有限公司车联网安全专家
刘宝乾	大运汽车股份有限公司技术副总经理
刘飞龙	杭州宏景智驾科技有限公司创始人
刘风雷	浙江水晶光电科技股份有限公司分管副总经理、中央研究院院长

刘志杰	斯润天朗（北京）科技有限公司副总经理
罗竑旻	思博伦通信东亚区企业业务发展经理
罗青松	普华基础软件股份有限公司产品市场部总经理
罗燕京	北京仁信证科技有限公司 CEO
吕英超	苏州优达斯汽车科技有限公司总经理
倪　俊	北京理工大学副研究员、院长助理、博导
彭忆强	西华大学汽车与交通学院教授
任　杰	元橡科技（北京）有限公司联合创始人、CTO
荣雪东	长城汽车股份有限公司技术中心部长
邵嘉平	北京一径科技有限公司全球市场副总裁
佘红艳	华录易云科技有限公司高级副总裁
史有强	北京兆易创新科技股份有限公司汽车市场总监
王明磊	绿车行（苏州）物联科技有限公司创始人
吴念峰	浙江斑智科技有限公司产品总监
吴　琼	北京智能车联产业创新中心有限公司常务副总经理
吴紫光	北醒（北京）光子科技有限公司车路协同业务总监
夏长锋	西安知微传感技术有限公司总经理
徐洪宝	天津国芯科技有限公司市场方案总监
杨碧峰	阿尔卑斯通信器件技术（上海）有限公司统括部长
杨　彪	孝感华工高理电子有限公司战略总监
杨　洪	深圳市航盛电子股份有限公司董事长
叶扬韬	威凯检测技术有限公司专家
喻　川	贵州翰凯斯智能技术有限公司创始人、CEO
曾剑隽	北京云驰未来科技有限公司 CEO
张　伟	苏州清研微视电子科技有限公司总经理
张晓超	北京轻舟智航科技有限公司政府事务负责人
张耀华	深圳市有为信息技术发展有限公司董事长
张　铮	上海友衷科技有限公司总经理
张志坚	北京豆荚科技有限公司总经理
章登飞	北京宜飞智慧科技有限公司总经理
章健勇	上海蔚来汽车有限公司自动驾驶系统工程助理副总裁
章鑫杰	上海科络达云软件技术有限公司首席技术官
赵望宇	武汉御驾科技有限公司市场总监
郑济峰	北京高科数聚技术有限公司事业部副总经理
郑悦军	阿尔卑斯（中国）有限公司上海分公司部长
周坤明	湖南纳雷科技有限公司总经理
朱　捷	上海丙寅电子有限公司技术支持总监

《中国智能网联汽车产业发展年鉴 2021》办公室

主　　　任	李开国
副 主 任	刘　英　沈　斌
执行主任	冯　兵
成　　员	王　涛　刘宏刚　刘　洋　肖　静　韩小娜
	覃文明　韩亚鹏　李培强　梁家硕　安　阳
	曾望云　丁　冉　金　陵　吴　莹　杨　松
	彭丽惠　李　光　王　凤　李　青　陈子灏
	孙旭涛　邢　月　刘文亭　陈　莹
广告编辑	李晓羽

编辑说明

一、《中国智能网联汽车产业发展年鉴》由中国汽车工程研究院股份有限公司、中国汽车信息化推进产业联盟、北京中汽智联科技有限公司共同主办，是目前首部专业针对智能网联汽车行业的大型综合性年刊，每年编辑出版一册。旨在逐年记述、反映上一年度全国智能网联汽车的发展情况，展示中国智能网联汽车产业的伟大发展历程，为各级领导了解产业发展现状、实施科学决策，为各行各业及有关单位查寻资料、获取信息，为国内外各界人士认识中国智能网联汽车、熟悉中国智能网联汽车提供服务的大型综合性年刊，同时，也是中国汽车行业的权威读物和重要参考资料。

二、《中国智能网联汽车产业发展年鉴2021》的编纂工作，以进一步促进我国智能网联汽车的改革发展，交流彼此研究成果；熟悉掌握各项研究成果、政策标准、技术应用为中心，力求突出中国智能网联汽车产业发展的优势和特点，全面地反映中国智能网联汽车产业一年内各方面的发展情况。

三、本册年鉴包含2020—2021年智能网联汽车发展概述、智能网联汽车政策动态研究、智能网联汽车标准动态研究、中国智能网联汽车产业发展态势、智能网联汽车产业热点领域研究、行业观点、主要汽车企业集团发展概况、主要汽车企业集团智能网联汽车技术创新成果、分领域重点企业智能网联汽车发展概况、分领域重点企业智能网联汽车技术创新成果及相关附录。

四、本年鉴的原始材料由各级政府、智能网联示范区、主要汽车集团、分领域配套单位、汽车院校、科研院所及有关单位提供，部分稿件由中国汽车工程研究院股份有限公司撰写。所用数据主要参照《中国智能网联汽车产业发展年鉴2021》办公室的统计资料，但因个别供稿单位统计口径不同等原因，有的数据在不同条目中不尽一致，使用时请注意出处。资料截止时间为2021年11月30日。

五、为方便读者查阅，我们编制了年鉴目录，置于卷首。

六、本册年鉴的编辑、出版承蒙各有关部门（单位）大力支持，在此谨表诚恳谢意。书中纰漏、错误之处，恳请读者指教。

中国汽车工程研究院股份有限公司
中国汽车信息化推进产业联盟
北京中汽智联科技有限公司
《中国智能网联汽车产业发展年鉴2021》办公室
2021年12月

目 录

编辑说明

第1章 2020—2021年智能网联汽车发展概述 / 001

第2章 智能网联汽车政策动态研究 / 005
2.1 国际智能网联汽车政策动态 / 006
2.2 国内智能网联汽车政策动态 / 007
2.3 2020—2021年重要政策解读 / 009

第3章 智能网联汽车标准动态研究 / 013
3.1 国际智能网联汽车标准动态 / 014
3.2 国内智能网联汽车标准动态 / 015
3.3 2020—2021年重要标准解读 / 017

第4章 中国智能网联汽车产业发展态势 / 025
4.1 智能网联汽车市场分析 / 026
4.2 典型产品进展 / 029
4.3 示范应用进展 / 031
4.4 产业发展趋势 / 035

第5章 智能网联汽车产业热点领域研究 / 037
5.1 车载激光雷达 / 038
5.2 车路协同 / 046
5.3 智能座舱 / 057
5.4 车规级芯片 / 066

第6章 行业观点 / 079
贺　刚　聚焦智能化与电动化产品，树立中国智能网联汽车产品标杆 / 080
黄　刚　夯实信息基础，赋能智慧交通 / 082
冀　磊　新概念：车联网网络安全靶场平台 / 082
高洪伟　推动智能座舱敏捷创新，助力红旗品牌持续向上 / 083
李晓翔　智能网联汽车将为我国高速公路、城市交通、客货运输、汽车产业带来一场巨大变革 / 085
李云川　技术发展护航汽车行业数智化，车、人、路、云、安全多角度全面发展 / 086
梁伟强　加紧开发新一代电子电气架构 / 087
孙克文　深度定制，助力智能汽车和智慧出行 / 088
邹广才　汽车是一个可以不断进化的"新物种" / 090

汪建球　5G＋赋能智慧交通新基建应用实践 / 091
杨子发　跨界合作将成为汽车生态圈新的价值分配的主要方式 / 092
王　钊　践行"新业态、新模式、新技术、新产品"理念，推进陕西省汽车产业"两链"融合的快速发展 / 094
隗寒冰　探索人机共融在智能汽车中的应用 / 095
文军红　打造"端云一体"网联产品，共筑智慧"人·车·生活" / 098
钱国平　汽车产业链的核心争夺点在于不同域内的价值分工 / 100
颜丙杰　加速开发底盘线控制动执行系统 / 101
顾　敏　从车联网到数字营销，建设战略数字化产品 / 103
赵　旭　深兰科技第三代智能客舱AI提高了系统安全性 / 104
杨冬生　推动智能网联产业发展，打造比亚迪车型智能化"脸谱" / 105

第7章　主要汽车企业集团发展概况 / 107

重庆长安汽车股份有限公司 / 108
中国第一汽车集团有限公司 / 109
广州汽车集团股份有限公司汽车工程研究院 / 114
北京汽车研究总院有限公司 / 116
德创未来汽车科技有限公司 / 117
北汽福田汽车股份有限公司 / 119
上海汽车集团股份有限公司乘用车分公司 / 120
摩登汽车有限公司 / 122
天际汽车（长沙）集团有限公司 / 123
上汽大通汽车有限公司 / 125
比亚迪股份有限公司 / 127

第8章　主要汽车企业集团智能网联汽车技术创新成果 / 129

重庆长安智能化网联自主创新成果
重庆长安汽车股份有限公司 / 130

打造数据驱动智能座舱，开启智慧出行全新体验
中国第一汽车股份有限公司 / 133

广汽集团智能化、网联化自主创新成果
广州汽车集团股份有限公司 / 135

北汽智能化、网联化自主创新成果
北京汽车研究总院有限公司 / 137

面向城市场景的智能微公交产品
德创未来汽车科技有限公司 / 145

福田智能网联产品研发与应用
北汽福田汽车股份有限公司 / 148

上汽智能化、网联化自主创新成果
上海汽车集团股份有限公司乘用车分公司 / 151

DPCA 智能化网联化领域的探索与实践
神龙汽车有限公司 / 153

摩登汽车智能网联技术创新
摩登汽车有限公司 / 156

天际汽车智能网联技术创新
天际汽车（长沙）销售有限公司 / 157

上汽商用车技术中心智能化自主创新成果
上汽大通汽车有限公司 / 158

比亚迪 DiLink 智能网联系统介绍及应用
比亚迪汽车工业有限公司产品规划及汽车新技术研究院 / 160

大运智能电动集卡
大运汽车股份有限公司 / 165

汽车大数据应用以及价值挖掘
长城汽车股份有限公司 / 166

高性能自动驾驶控制器正向开发及应用项目
上海蔚来汽车有限公司 / 169

第9章 重点非整车企业智能网联汽车发展概况 / 171

中移（上海）信息通信科技有限公司 / 172
北京奇虎科技有限公司 / 173
东莞正扬电子机械有限公司 / 175
亚信科技控股有限公司 / 177
北京百度智行科技有限公司 / 178
沈阳美行科技有限公司 / 179
国家新能源汽车技术创新中心有限公司 / 180
重庆交通大学机电与车辆工程学院 / 180
深圳联友科技有限公司 / 181
天津英创汇智汽车技术有限公司 / 185
联通智网科技股份有限公司 / 187
深兰科技（上海）有限公司 / 188
深圳市金溢科技股份有限公司 / 192
北京清研宏达信息科技有限公司 / 193
采埃孚（上海）管理有限公司 / 194
厦门雅迅网络股份有限公司 / 197
蘑菇车联信息科技有限公司 / 199
北京天融信网络安全技术有限公司 / 202
深圳市镭神智能系统有限公司 / 205
广东星舆科技有限公司 / 206
合肥中科智驰科技有限公司 / 207
Autotalks Ltd. / 208

湖南格纳微信息科技有限公司 / 210

广州中海达卫星导航技术股份有限公司 / 211

国家智能汽车与智慧交通（京冀）示范区顺义基地 / 212

北京理工新源信息科技有限公司 / 215

宸芯科技有限公司 / 216

三未信安科技股份有限公司 / 217

兴唐通信科技有限公司 / 218

北京车网科技发展有限公司 / 218

易图通科技（北京）有限公司 / 221

天津瑞发科半导体技术有限公司 / 222

北京明朝万达科技股份有限公司 / 224

北京路凯智行科技有限公司 / 225

无锡太机脑智能科技有限公司 / 226

北京流马锐驰科技有限公司 / 227

阿尔特汽车技术股份有限公司 / 229

北京主线科技有限公司 / 231

合肥湛达智能科技有限公司 / 232

上海复旦微电子集团股份有限公司 / 234

绿车行（苏州）物联科技有限公司 / 236

威凯检测技术有限公司 / 237

第10章　重点非整车企业智能网联汽车技术创新成果 / 239

中移（上海）信息通信科技有限公司产品及解决方案概述
中移（上海）信息通信科技有限公司 / 240

智能化、网联化产品与技术创新成果
三六零安全科技股份有限公司 / 241

KUS ADAS 非道路环境感知系统创新技术开发与应用
东莞正扬电子机械有限公司（简称KUS集团）/ 243

亚信科技智能化、网联化自主创新成果
亚信科技有限公司 / 247

百度Apollo智能化、网联化自主创新成果
北京百度智行科技有限公司 / 250

美行智能网联汽车自主创新成果
沈阳美行科技有限公司 / 251

国创中心智能化、网联化产品与技术创新成果
国家新能源汽车技术创新中心 / 256

复杂道路环境下自适应加权回环检测算法
重庆交通大学机电与车辆工程学院环形山（武汉）科技有限公司 / 259

联友科技智能化、网联化自主创新成果
深圳联友科技有限公司 / 262

英创汇智智能化、网联化产品与技术创新成果
天津英创汇智汽车技术有限公司 / 264

高级别自动驾驶决策控制模块测试场景构建
中国科学院自动化研究所 / 266

智行车路协同服务系统
联通智网科技股份有限公司 / 269

深兰科技智能化、网联化自主创新成果
深兰科技（上海）有限公司 / 272

金溢科技 ETC 与 V2X 融合型智慧高速车路协同系统解决方案
深圳市金溢科技股份有限公司 / 275

厦门 5G 车路协同 BRT 智能驾驶系统
北京清研宏达信息科技有限公司 / 277

国家智能网联汽车（武汉）测试示范区建设经验与启示
武汉智慧生态科技投资有限公司
车百智能网联研究院（武汉）有限公司 / 282

雅迅网络汽车安全网关解决方案
厦门雅迅网络股份有限公司 / 284

智能网联汽车的 OpenSCENARIO 场景自动生成工具与自动化测试
同济大学汽车学院 / 285

蘑菇车联核心技术与主营业务
蘑菇车联信息科技有限公司 / 287

天融信车联网安全整体解决方案
北京天融信网络安全技术有限公司 / 290

法雷奥全面智能出行方案　助力汽车行业创新
法雷奥企业管理（上海）有限公司 / 292

镭神智能车规混合固态激光雷达赋能智能驾驶
深圳市镭神智能系统有限公司 / 295

北斗数字孪生交通赋能智慧交通与智能网联
广东星舆科技有限公司 / 299

中科智驰低成本无人驾驶系统在特定场景的产业化应用
合肥中科智驰科技有限公司 / 301

格纳微科技定位导航产品应用介绍
湖南格纳微信息科技有限公司 / 303

GNSS 增强服务在智能网联汽车中的应用
千寻位置网络有限公司 / 305

广州中海达智能驾驶高精度定位应用案例
广州中海达卫星导航技术股份有限公司 / 308

北理新源智能化、网联化自主创新成果
北京理工新源信息科技有限公司 / 309

宸芯科技国产自研 C – V2X 芯片助力智能汽车新浪潮
宸芯科技有限公司 / 310

车联网时代的数据安全风险及应对措施
三未信安科技股份有限公司 / 313

兴唐通信助力构建稳定高效、弹性灵活、政策合规的 C – V2X 车联网安全基础设施
兴唐通信科技有限公司 / 315

南京理工大学江苏省智能交通信息感知与数据分析工程实验室团队及智能交通创新成果
南京理工大学 / 317

北京市高级别自动驾驶示范区
北京车网科技发展有限公司 / 319

自主代客泊车与高精地图应用
易图通科技（北京）有限公司 / 322

面向车载系统的高清视频传输解决方案
天津瑞发科半导体技术有限公司 / 324

智能网联汽车数据全生命周期安全整体解决方案
北京明朝万达科技股份有限公司 / 325

新型智能网联矿山无人驾驶整体解决方案
北京路凯智行科技有限公司 / 328

太机脑智能科技环卫设备无人化解决方案
无锡太机脑智能科技有限公司 / 329

自主泊车大规模量产实践
北京流马锐驰科技有限公司 / 330

阿尔特智能网联汽车整体解决方案
阿尔特汽车技术股份有限公司 / 332

新一代人工智能物流运输网络
北京主线科技有限公司 / 333

湛达动态交通 AI 感知系统产品及技术应用
合肥湛达智能科技有限公司 / 335

行深智能在自动驾驶、无人配送方面的创新技术、成果与案例
长沙行深智能科技有限公司 / 338

怡利电子智能网联创新成果
怡利电子科技（江苏）有限公司 / 341

广州软件应用技术研究院车路协同方案
广州软件应用技术研究院 / 342

关于 SOA 在车内应用的思考及案例
广东快控科技有限公司 / 344

新能源汽车、智慧汽车与智慧交通创新研究
西华大学汽车与交通学院 / 346

激光雷达与商用清洁机器人产业化
南京抒微智能科技有限公司 / 348

汽车自动驾驶一体化仿真测试系统（PanoSim）
浙江天行健智能科技有限公司 / 350

车联网仿真测试系统
上海众执芯信息科技有限公司 / 353

智能驾驶仿真测试系统解决方案
苏州清研精准汽车科技有限公司 / 356

基于 Prescan 的摄像头在环模拟驾驶测试方案
北京灵思创奇科技有限公司 / 358

推动智能驾驶科技平权，MAXIEYE 加速赋能乘用车 L2 市场规模化
上海智驾汽车科技有限公司 / 361

毫米波雷达在低速自动驾驶领域的应用
上海欧菲智能车联科技有限公司 / 365

大功率无线充电系统
威泊（上海）新能源科技股份有限公司 / 367

智能化、网联化自主创新产品与技术应用案例
北京擎天信安科技有限公司 / 369

激光雷达技术突破：集成光学芯片
锐驰智光（北京）科技有限公司 / 372

智能网联云控平台建设思考
苏州工业园区测绘地理信息有限公司 / 373

飞芯电子致力于打造全固态车载激光雷达方案
宁波飞芯电子科技有限公司 / 375

银基数字钥匙发展概况
上海银基信息安全技术股份有限公司 / 376

Mizar 系列车规级安全芯片和汽车生态应用安全方案的产品介绍
上海芯钛信息科技有限公司 / 380

开源网安智能网联汽车网络安全测试平台
深圳开源互联网安全技术有限公司 / 382

宏景智驾自主创新高级别自动驾驶系统技术应用案例
杭州宏景智驾科技有限公司 / 385

水晶光电汽车电子智能座舱产品
浙江水晶光电科技股份有限公司 / 387

连接即服务——下一代车联网平台与高可用车载终端
斯润天朗（北京）科技有限公司 / 389

思博伦智能网联汽车整体测试解决方案
思博伦通信 / 391

普华 ORIENTAIS AUTOSAR 汽车电子基础软件解决方案
普华基础软件股份有限公司 / 393

信长城车联网信息安全解决方案与实践
北京仁信证科技有限公司 / 395

UDAS 智能化、网联化自主创新成果
苏州优达斯汽车科技有限公司 / 398

功能型无人车行业创新应用成果
北京理工大学 / 401

基于车载双目立体视觉的应用
元橡科技（北京）有限公司 / 404

固态 MEMS 激光雷达在自动驾驶时代的机会与应用
北京一径科技有限公司 / 406

华录易云智能化、网联化自主创新成果
华录易云科技有限公司 / 408

北京兆易创新科技股份有限公司全国产化车规闪存芯片
北京兆易创新科技股份有限公司 / 410

5G 智能车联网系统加速智慧工厂数字化转型的典型应用案例
绿车行（苏州）物联科技有限公司 / 411

智能网联数据助力车企产品力提升
浙江斑智科技有限公司 / 418

北京智能车联智能化、网联化自主创新成果
北京智能车联产业创新中心有限公司 / 420

北醒激光雷达作为智能网联汽车智能化自主创新产品及其技术应用案例
北醒（北京）光子科技有限公司 / 423

MEMS 振镜在固态激光雷达中的作用与参数
西安知微传感技术有限公司 / 425

天津国芯智能网联汽车信息安全产品及解决方案
天津国芯科技有限公司 / 428

ALPSALPINE 智能化、网联化自主创新成果
阿尔卑斯（中国）有限公司上海分公司 / 429

智能终端产品及热管理解决方案
孝感华工高理电子有限公司 / 431

航盛电子在智能网联汽车零部件方面的创新技术、成果与案例
深圳市航盛电子股份有限公司 / 433

车联网检测认证公共服务平台创新实践
威凯检测技术有限公司 / 434

AI 算法驱动智能汽车设计及制造
贵州翰凯斯智能技术有限公司 / 436

云驰未来 – 智能汽车信息安全解决方案
北京云驰未来科技有限公司 / 438

智出行·享安心，商用车驾驶安全解决方案应用
苏州清研微视电子科技有限公司 / 442

轻舟智航智能公交创新成果
北京轻舟智航科技有限公司 / 443

有为信息智能座舱感知交互
深圳市有为信息技术发展有限公司 / 445

汽车智能座舱自主操作系统
上海友衷科技有限公司（AutoIO） / 449

车载 SOA 架构设计风险与安全
北京豆荚科技有限公司 / 450

宜飞智慧智能化、网联化自主创新成果
北京宜飞智慧科技有限公司 / 454

一站式整车 OTA 升级和远程诊断方案
上海科络达云软件技术有限公司 / 456

高精度自动驾驶地图与北斗卫星融合定位产品应用
武汉御驾科技有限公司 / 459

高科数聚智能化、网联化自主创新成果
北京高科数聚技术有限公司 / 460

纳雷科技 – 面向低速 L4 级车载智能广角毫米波雷达应用
湖南纳雷科技有限公司 / 461

智能驾驶时代，惯性导航靠什么撑住全场？
上海丙寅电子有限公司 / 462

附录

附录 A　2020—2021 年中国智能网联汽车行业投融资事件汇总 / 465
附录 B　中国整车厂毫米波雷达供应链情况 / 468
附录 C　中国整车厂车载摄像头供应链情况 / 479
附录 D　中国整车厂巡航控制供应链情况 / 484
附录 E　中国整车厂驻车控制供应链情况 / 488

第1章 2020—2021年智能网联汽车发展概述

当前在全球新一代的科技革命和产业变革的蓬勃发展之中，汽车与能源交通、信息通信等领域加速融合。智能网联汽车作为产业融合的最重要载体，正在推动汽车产品形态、交通出行模式、能源消费结构和社会运行方式的深刻变革，具有广阔市场前景和巨大的增长潜力。2020年以来，在国家战略的引领、地方政策的支持以及各行各业的共同推动下，智能网联汽车政策环境不断优化、核心技术不断突破、创新产品不断迭代、基础设施不断完善、应用场景不断拓展，呈现出蓬勃发展的良好局面。

1. 智能网联汽车已上升至国家战略高度

我国已经将智能网联汽车产业纳入国家顶层规划，从工信部《车联网（智能网联汽车）产业发展行动计划》、11部委《智能汽车创新发展战略》到国务院《新能源汽车产业发展规划（2021—2035年）》，智能网联汽车上升为国家战略，封闭测试、道路测试、示范应用、试运营、商业运营的发展路线基本明确。同时，智能网联汽车道路测试与示范应用管理规范、道路交通安全法、智能网联汽车生产企业与产品的准入管理指南等政策法规先后发布，探索解决我国相关的法律法规在智能网联汽车领域不适应性的问题，营造良好的发展环境，推动智能网联汽车测试示范和商业应用发展。

2. 汽车智能化、网联化水平逐步提升

1）智能驾驶辅助系统（ADAS）逐步成为大量新车标配，汽车智能化程度快速提升。以自动紧急制动（AEB）、车道偏离警告（LDW）、车道保持辅助（LKA）、自适应巡航控制（ACC）、前车防撞预警（FCW）等为代表的高级辅助驾驶功能已非常成熟，智能驾驶辅助系统在过去的十多年发展中取得了长足进步，大众、丰田、福特、吉利、广汽、长安等诸多车企实现了全系标配；随着智能化能力的不断提升，自主泊车（AVP）等更高级自动驾驶功能正逐步商用，特斯拉、蔚来、威马、奔驰等车企纷纷发布基于AVP技术的量产车型。

2）车联网功能正受到各大汽车企业的高度关注，汽车网联化渗透率不断加深。广汽、上汽、蔚来、一汽等国内汽车企业陆续发布搭载LTE-V2X的量产车型，并基于车联网实现前方碰撞预警、盲区/变道预警、逆向超车预警等功能。奥迪在2021世界物联网博览会期间展示在公开道路下13个使用场景内融合V2X信号的L4自动驾驶，实现了感知驾驶员视线外的行人及车辆并自动减速、为紧急车辆自动变道让行、动态V2I交通信号灯等V2X功能。据IHS Markit发布的《中国智能网联市场发展趋势报告》，2020年全球市场搭载智能网联功能的新车渗透率约为45%，预计至2025年可达到接近60%的市场规模。

3. 新型基础设施建设加速落地

2019年至今，工信部先后批复江苏（无锡）、天津（西青）、湖南（长沙）、重庆（两江新区）四个国家级车联网先导区，基于各地区域特色，积极推进车联网基础设施建设、互联互通验证、规模化应用推广等，形成了广泛布局、重点突破、具有地方特色的发展格局。同时，推动京沪"1号"高速公路车联网升级，打造车联网先导性应用示范高速公路，赋能干线物流。无锡打造全球首个城市级车联网（LTE-V2X）应用示范项目，长沙建设全国首条支持车路协同自动驾驶的智慧高速。2021年，住建部和工信部先后确定北京、上海、广州、武汉、长沙、无锡、重庆、深圳、厦门、南京、济南、成都、合肥、沧州、芜湖、淄博等16个城市为智慧城市基础设施与智能网联汽车协同发展试点城市，不断提升智慧城市基础设施智能化水平，实现不同等级智能网联汽车在特定场景下的示范应用。新型基础设施建设有序推进，全国开放测试区域超过5000平方公里，测试里程超过500万公里，20余个城市和多条高速公路完成了4000余台路侧通信单元的部署。

4. 网络安全、数据安全受到高度重视

1）政府高度重视，国家网络安全法、数据安全法、个人信息保护法等顶层法律相继出台，为汽车、

交通、通信等车联网相关主体的网络安全工作提供根本遵循。工信部、网信办、公安部等部门先后出台了《关于加强车联网网络安全和数据安全工作的通知》《关于加强智能网联汽车生产企业及产品准入管理的意见》《汽车数据安全管理若干规定（试行）》《网络产品安全漏洞管理规定》等管理规定，旨在加强车联网和智能网联汽车网络安全、数据安全管理力度，统筹发展和安全。支撑相关管理规定执行，国内多个相关标准化机构积极推进汽车网络、信息安全标准制定。

2）企业及机构积极开展网络安全、数据安全技术的研发和应用，部分风险已经能够有效应对，针对车联网特有的安全问题，身份认证、安全防护等技术逐渐得到创新应用。身份认证技术是解决车联网通信安全的核心手段，车与云、车与车、车与路、车与设备四类通信场景均需要以可信的数字身份为基础保障业务安全开展。

5. 与智能交通、智慧城市融合发展特征明显

在新一轮科技革命的影响下，产业边界逐渐模糊，多产业融合成为趋势。智慧城市、智能交通、智能网联汽车、智慧能源等领域联系紧密，发展迅速。各大车企正在竞相开展智能移动互联生态发展战略，将汽车产业的边界向外延展；互联网企业的布局则正从智能服务、智能装备进一步扩展到智能交通系统和智慧城市。在信息化智能化的推动下，智慧城市、智能交通、智能网联汽车、智慧能源融合已成为各相关产业的共识，并正在付诸实践。在汽车企业方面，各大企业正逐渐认识到将智能网联汽车与智能交通系统融合，构建移动互联网生态的重要性。例如宝马基于 Windows Azure 打造开放式移动云，提供包含智能出行、智能停车、共享出行、智能物联、云端互联、智能终端等服务。互联网企业方面，各大厂商均选择从位置服务到出行服务的发展路线，这些新兴产业正在为汽车、交通、城市的协同发展注入活力。百度很早就开始布局智能网联汽车，并已经发展了大量合作伙伴。智慧城市、智能交通、智能汽车、智慧能源的融合发展需要多要素有机组合，也需要多个行业、不同企业、政府、高校等多方共同参与，是城市、出行、能源、交通再升级、再创造的全过程。智能汽车与智慧城市、智能交通、智慧能源相互依存，相互支撑，智能汽车需要智慧城市、智能交通和智慧能源提供技术、能源支撑，而以与智能汽车协同融合发展为目标，才能有效实现智慧城市、智能交通和智慧能源的价值。

6. "软件定义汽车" 逐渐形成共识

汽车软件逐步成为体现设计差异化、满足用户新体验的主要手段。大众、丰田、上汽等传统汽车企业纷纷组建软件部门，加快辅助驾驶及自动驾驶功能、智能座舱及远程在线更新等应用。大众与微软合作将在微软总部附近建立汽车云开发办公室，双方将基于微软云服务技术打造全新的车载服务和平台。上汽零束的整车全域及全生命周期OTA解决方案，包含底盘域、动力域、车身域、智能驾驶域、娱乐域等多达40多个控制器，提供整车软件版本管理以及全生命周期覆盖。同时，作为系统软件的核心，操作系统及中间件获得多方关注。智能网联汽车推进组（ICV-2035）成立操作系统工作组，旨在突破操作系统核心关键技术，培育应用生态体系。全国汽车标准化技术委员会等行业组织，将操作系统纳入标准化工作重点。搭载华为操作系统的北汽极狐、金康赛力斯等车型在2021年内陆续发布，基于英伟达自动驾驶平台的首款车型将于2022年下半年正式量产。

第 2 章 智能网联汽车政策动态研究

全球汽车强国纷纷制定兼顾创新支持与安全监管的综合性产业政策体系，积极抢占未来汽车产业制高点。总体上，主要围绕智能网联汽车研发设计、生产准入、销售流通、测试示范、报废回收等全生命周期环节，聚焦战略规划、研发创新、法律法规、标准规范等领域，推动产业政策制定完善，加快构建支持智能网联汽车高质量发展的政策体系。

2.1 国际智能网联汽车政策动态

1. 美国政府通过不断加强战略规划、加快测试与应用等措施，引导和促进产业发展

美国智能交通系统联合办公室协同美国交通部联合发布了《智能交通系统战略规划2020—2025》（下称《战略》）。其发布政策的目的和主要任务是协调美国交通部的跨部门ITS技术研究计划，加速ITS技术的普及，以提高交通安全性、移动性和运输效率。《战略》明确了未来五年美国在ITS战略中的发展要点。《战略》在研究方向、自动驾驶政策、数据共享以及完整出行等趋势形势研判的基础上，聚焦智能交通新基建、自动驾驶技术、数据共享开放、MaaS出行服务和产业协同，提出了美国智能交通发展方向，为新时期智能交通高质量发展提供指引。

2. 欧盟高度重视和推进高级自动化和网联化的技术研发

2019年2月，欧盟成员国达成共识，共同签订《欧盟自动驾驶车辆许可豁免流程指南》。签订的文件中包含8个原则，其核心目标为如何定义自动驾驶车辆的安全。2019年3月，对于自动驾驶车辆的豁免程序正成为新法规框架中的一部分，并且指南规定了欧盟和成员国如何对相关车辆进行型式认证。根据欧盟的《通往自动化之路：欧洲未来出行战略》中规划，欧洲于2020年在城市地区实现低速自动驾驶，到2022年前实现所有新车均配备通信功能的"车联网"模式，到2030年步入以完全自动驾驶为标准的社会，目标是使欧洲在完全自动驾驶领域处于世界领先地位。另外，欧盟在2020年2月公开征求意见的《在联网车辆和出行相关应用环境下处理个人数据的指南》（以下简称《指南》）中，针对车联网中的个人数据保护提出了具体要求。《指南》提出了企业对于收集到的信息根据《通用数据条例》（GDRP）下有保护数据的义务并且应当告知数据相关者的相关信息以及数据主题相关权利，确保个人隐私得到保障。《指南》中规定个人数据（重点为地理位置数据）须在必要的情况下才被允许进行收集。对于企业及数据控制者进行了责任规划和技术规划，应当采取防御性措施来阻止他人在未经授权的情况下访问、获取相关数据。此外，还设置了数据传输的限制条件与在WiFi环境下的数据使用及流通规则。欧盟在复杂的车联网数据网络环境下，强调对个人数据的保护并且谨慎处理。

3. 日本更加关注智能汽车和智能交通的落地和产业化

2020年5月开始实施的日本《道路运输车辆法（修正案）》对L3级别的自动驾驶安全要求作出明确规定，在一定条件下，实现在高速公路和人口稀少地区自动驾驶。力争在高速公路上实现"L3级"（可在紧急情况下由人驾驶）自动驾驶，在人口稀少地区等限定地区实现"L4级"自动驾驶的实用化，允许驾驶员在自动驾驶过程中在能够快速恢复手动驾驶的前提下使用手机或观看车载电视，保持随时可实现手动驾驶的状态。并且日本也在积极推动自动驾驶的远景规划，2020年5月日本发布了《实现自动驾驶相关的报告和方案》4.0版。4.0版政策主要包括无人驾驶服务的实现和普及路线图、先进自动驾驶技术的测试验证两大要点。日本政府计划在2022年左右，能够在有限区域内实现只需远程监控的无人驾驶自动驾驶服务，在2025年，将自动驾驶服务扩大至40个区域。

国际智能网联汽车重要政策见表 2-1。

表 2-1 国际智能网联汽车重要政策

国家	年份	法规	内容简介
美国	2020 年	《智能交通系统战略规划 2020—2025》	由 ITS JPO 协同美国交通部联合发布，主要描述了美国在未来五年中智能交通发展的重点和保障措施，突出了 ITS 部署，从关注自动驾驶、联网汽车和研究上开始加速 ITS 的部署与应用
	2020 年	《2020 年自动驾驶汽车测试修正案》	由华盛顿特区市议会颁布，该法案已于 2021 年 10 月获得全额资助。预计华盛顿特区交通部将在未来段时间制定规则以实施该法案
	2021 年	《实施 H. B. 270 的拟议规则》	新墨西哥州交通部（New Mexico Department of Transportation）公布实施 H. B. 270 的拟议规则，该法案于 2021 年颁布，明确授权该州的自动驾驶汽车业务。关于拟议规则的公开听证会于 2021 年 11 月 16 日举行
欧盟	2019 年	《欧盟自动驾驶车辆许可豁免流程指南》	2019 年 2 月，欧盟成员国达成共识，共同签订自动驾驶指导文件。在 2019 年 3 月对于自动驾驶车辆的豁免程序正成为新法规框架中的一部分。豁免重点为 L3 和 L4 的自动驾驶车辆，且为做过测试并即将在 2020 年量产的车型
	2020 年	《在联网车辆和出行相关应用环境下处理个人数据的指南》（简称《指南》）	2020 年 2 月，欧盟开始征集对于《指南》的意见征求工作。《指南》的目的在于对智能网联汽车在欧洲产生的相关数据进行规范以及保护，明确了车企收集数据后保障和数据安全的义务，另一方面确定了企业收集数据权限问题。对于信息安全也收集了相关意见，从而保证用户数据安全
	2020 年	《通往自动化之路：欧洲未来出行战略》	确定了欧洲未来对于智能网联汽车行业发展以及实用化进行了规划以及规范
日本	2020 年	《道路运输车辆法》	该修正案在 2020 年 5 月实施，为实现自动驾驶实用化规定了安全标准。法案目的是在一定条件下，实现在高速公路和人口稀少地区自动驾驶，力争在高速公路上实现"L3 级"（可在紧急情况下由人驾驶）自动驾驶，在人口稀少地区等限定地区实现"L4 级"自动驾驶的实用化
	2020 年	《实现自动驾驶相关的报告和方案》4.0	法规主要包括三个方面：无人驾驶服务的实现和普及路线图、先进自动驾驶技术的测试验证、政府部门与相关企业的合作，计划在 2025 年将只需要远程监控的无人驾驶服务区域发展到 40 个

2.2 国内智能网联汽车政策动态

我国智能网联汽车发展正在从测试验证转向多场景示范应用新阶段，不断完善政策法规，积极探索融合监管模式，通过准入管理、标准制定、安全监管、产品召回等方式，促进智能网联汽车技术创新、产品研发和安全应用。

2020 年 12 月，交通运输部颁发了《关于促进道路交通自动驾驶技术发展和应用的指导意见》，以贯彻中央创新驱动发展战略，以关键技术研发为支撑，以典型场景应用示范为先导，以政策和标准为保障，按照"鼓励创新、多元发展、试点先行、确保安全"的原则，坚持问题导向，提出了四个方面、十二项具体任务。

2021 年 4 月，工业和信息化部发布了《关于加强智能网联汽车生产企业及产品准入管理指南》，是推动产业发展的需要。智能网联汽车是汽车产业发展的战略方向，正处于技术快速演进、产业加速布局的商业化前期阶段。智能网联汽车在产品结构、功能实现等方面与传统汽车存在较大差异，车辆安全相关基本特征、技术参数仍在不断变化，相关国家也正在加快推进政策法规研究、技术标准体系建立。汽车智能化、网联化发展在带来便利的同时，也会产生如未经授权的个人信息和重要数据采集、利用等数据安全问题，网络攻击、网络侵入等网络安全问题，驾驶自动化系统随机故障、功能不足等引发的道路交通安全问题，以及在线升级（又称 OTA 升级）改变车辆功能、性能可能引入的安全风险。

2021 年 7 月，由工业和信息化部联合中央网信办、国家发展和改革委等 9 部门印发《5G 应用"扬帆"行动计划（2021—2023）》（下称《行动计划》）。《行动计划》分别从标准体系构建、产业基础强化、信息消费升级、行业应用深化、社会民生服务、网络能力强基、应用生态融通、安全保障提升等方面提出了8大行动专项，并在专项行动中设置了4大重点工程，包括实施5G应用标准体系构建及推广工程、面向行业需求的5G产品攻坚工程、5G应用创新生态培育示范工程和5G应用安全能力锻造工程。《行动计划》结合当前5G应用现状和未来趋势，确立了未来三年中国5G发展目标。

2021年7月，由工业和信息化部、公安部、交通运输部联合发布《智能网联汽车道路测试与示范应用管理规范（试行）》（下称《规范》）。《规范》主要包括总则，道路测试与示范应用主体、驾驶人及车辆，道路测试申请，示范应用申请，道路测试与示范应用管理，交通违法与事故处理及附则七个章节。《规范》是对2018年4月旧版本《规范》的修订。为适应新技术新模式新业态发展，加快智能网联汽车产业化进程，《规范》主要在四个方面进行了修订和完善。

2021年8月，工业和信息化部发布了《关于加强智能网联汽车生产企业及产品准入管理的意见》，分为"总体要求、加强数据和网络安全管理、规范软件在线升级、加强产品管理、保障措施"共5个部分、11项内容。

2021年9月，工业和信息化部等八部门联合印发《物联网新型基础设施建设三年行动计划（2021—2023年)》，提出了四大行动12项重点任务，另外对如何突破关键核心技术、推动技术融合创新、构建协同创新机制这三个方面、对如何提升物联网产业创新能力进行规划。

2021年10月1日起，国家互联网信息办公室、国家发展改革委、工业和信息化部、公安部、交通运输部联合发布的《汽车数据安全管理若干规定（试行）》开始实施。该文件在《中华人民共和国网络安全法》等法律法规既有规定的基础上，对实践中汽车行业关注较大的数据安全问题进行了规定。

国内网联汽车重要政策见表2-2。

表2-2 国内网联汽车重要政策

时间	政策条款	简介
2020.12	《关于促进道路交通自动驾驶技术发展和应用的指导意见》	到2025年，自动驾驶基础理论研究取得积极进展，道路基础设施智能化、车路协同等关键技术及产品研发和测试验证取得重要突破；出台一批自动驾驶方面的基础性、关键性标准；建成一批国家级自动驾驶测试基地和先导应用示范工程，在部分场景实现规模化应用，推动自动驾驶技术产业化落地
2021.02	《国家综合立体交通网规划纲要》	为加快建设交通强国，构建现代化高质量国家综合立体交通网，支撑现代化经济体系和社会主义现代化强国建设，编制本规划纲要。规划期为2021—2035年，远景展望到21世纪中叶。其中包括了加强智能化载运工具和关键专用装备研发，推进智能网联汽车（智能汽车、自动驾驶、车路协同）
2021.07	《5G应用"扬帆"行动计划（2021—2023）》	是以5G为代表的新一代信息通信技术创新活跃，结合当前5G应用现状和未来趋势，确立了未来三年中国5G发展目标
2021.07	《智能联网汽车道路测试与示范应用管理规范（试行)》	随着汽车与电子、通信、能源等领域深度融合发展，带有鲜明跨界融合特征的智能网联汽车应运而生，成为全球产业发展方向。为适应新技术新模式新业态发展，加快智能网联汽车产业化进程，推出了本管理规范
2021.08	《关于加强智能网联汽车生产企业及产品准入管理的意见》	是根据《中华人民共和国道路交通安全法》《中华人民共和国网络安全法》等规定提出的意见。目的是确定企业主体责任，加强智能网联汽车数据安全、网络安全、软件升级、功能安全和与其功能安全管理，保证产品质量和生产一致性，推动智能网联汽车产业高质量发展
2021.09	《物联网新型基础设施建设三年行动计划2021—2023年)》	由工业和信息化部、中央网络安全和信息化委员会办公室、科学技术部、生态环境部、住房和城乡建设部、农业农村部、国家卫生健康委员会、国家能源局等八部门联合印发
2021.10	《汽车数据安全管理若干规定（试行)》	在《中华人民共和国网络安全法》等法律法规既有规定的基础上，对实践中汽车行业关注较大的数据安全问题进行了规定

2.3 2020—2021年重要政策解读

1. 国际重要政策解读

(1) 美国:《智能交通系统战略规划2020—2025》

美国智能网联汽车起步较早,智能网联汽车技术和产业结构相对更加成熟。在法律层面,美国各州都有不同程度和方向的法规出台,目前处于开放式发展模式中。

《智能交通系统战略规划2020—2025》(下称《战略》)重点提出了6项重点计划,从新兴技术评估研发到具体技术应用部署,从数据权限共享到网络安全保障,从自动驾驶持续推广到完整出行的全人群全链条出行服务,力求实现ITS技术的全生命周期发展。

计划一:新兴科技。美国交通部协同各部门建立长效机制,识别和评估新兴技术(如人工智能、自动驾驶汽车)在交通系统中的应用潜力,将具备潜力甚至颠覆性的创新技术引入交通系统。

计划二:数据共享。研发创立数据处理系统机制,推进ITS数据的共享,建立具有普遍性、一致性、安全可信赖的访问权限,以支持自动化、人工智能应用程序、交通服务数据与其他基本公共服务的融合。

计划三:网络安全。在交通系统各个环节进行持续性、系统性的评估ITS技术应用带来的风险漏洞,以便将攻击和故障相关的风险降到可接受的水平,并且完善事故发生后的网络韧性恢复能力。

计划四:自动驾驶。以安全第一、技术中立为原则,完善相关法律法规,提倡市场自由发展自动驾驶技术,推动自动驾驶车辆测试、部署和集成,全面促进自动驾驶技术安全、可操作且有效地集成到交通系统中。

计划五:完整出行(ITS4US)。重视弱势地区和弱势群体,针对交通需求难以得到满足的残障人士、交通设施尚不完善的偏远地区居民以及交通出行方式受限的低收入出行者,通过ITS技术提供全链条的智能出行服务体验。

计划六:加快ITS部署。通过ITS技术评估、ITS专业能力构建、ITS架构和标准制定以及ITS宣传交流等途径,促进ITS知识和技术向实践应用拓展,降低市场投资者的不确定性和投资风险,加速ITS技术从研究到落地的整体部署。

《战略》明晰了未来五年美国ITS战略的发展要点,在对《战略》的研究方向、自动驾驶政策、数据共享以及完整出行等趋势形势研判的基础上,聚焦智能交通新基建、自动驾驶技术、数据共享开放、MaaS出行服务和产业协同,为新时期智能交通高质量发展提供指引。

(2) 欧盟:《欧盟自动驾驶车辆许可豁免流程指南》

欧盟高度重视和推进高级自动化和网联化的技术研发,并且在法律法规方面相对健全。欧盟成员国对于智能网联汽车以及新能源汽车的推动力度非常大。欧盟正在以政策引领各车企进行汽车智能网联化,并且部分政策已经到了实施阶段。

欧盟在2019年发布的《欧盟自动驾驶车辆许可豁免流程指南》(下称《豁免指南》)适用于已经做过测试并且有望在2020年量产的L3级、L4级自动驾驶汽车。《豁免指南》中规定了具体的豁免流程,申请豁免的自动驾驶汽车需要满足的安全要求(包括自动驾驶系统性能、人机交互、驾驶任务交接、黑匣子安装、网络安全等),以及型式批准机构应该遵守的安全评估和测试要求。

1) 由企业向欧盟成员国的型式批准机构提出自动驾驶汽车产品准入豁免申请。申请时需要提供自动驾驶汽车符合《豁免指南》中安全要求的说明材料。

2) 型式批准机构对企业提出的豁免申请进行审查,并应在审查通过后立刻将与豁免车型有关的材料告知欧盟委员会和其他成员国。完成告知后,型式批准机构对该车型发放的临时准入许可正式生效,但该许可仅在批准机构所在国家的领土范围内有效。

3) 欧盟委员会收到成员国对豁免车辆型式批准机构的告知材料后,应该在汽车技术委员会中进行投票,决定是否允许对该豁免车型授予欧盟型式批准,允许其在全欧盟生效。对于授予欧盟型式批准的车型，欧盟委员会有权设置豁免时间（最少36个月）和数量限制。此外，在欧盟委员会正式作出是否授予豁免车辆欧盟型式批准之前，其他成员国可依据型式批准机构提交的告知材料，授予该豁免车型临时准入许可（仅在该成员国范围内有效）。

《豁免指南》的目的在于提高自动驾驶汽车的安全要求，并给自动驾驶汽车的应用打下基础，对自动驾驶汽车的安全性能进行规范。

（3）日本：《道路运输车辆法》修正案

日本在2013年就颁发了首个自动驾驶道路测试许可，但当时日本并没有相关立法，在一段时间内关于智能网联汽车的法律规定并不明确。直到2016年日本警察厅发布了《关于自动驾驶系统公共道路验证测试的指南》，进一步补充了关于智能网联汽车的法律法规。在2020年修订并实施了《道路运输车辆法》。

日本修订的《道路运输车辆法》对于法律的修订主要体现在五个方面。

1）在安保标准对象装置中追加"自动运行装置"。自动运行装置，是指通过软件程序使车辆自动行驶时必须安装的一些装置，例如摄像头、雷达等。而这些装置必须有能力代替驾驶员进行认知、预测、判断及操作等。各个自动运行装置的使用条件由国土交通大臣来设定，其中也包括记录车辆运行状态的装置。

2）引入汽车电子检查的同时，与该检查相关的必要的技术信息管理工作由日本独立行政法人——汽车技术综合机构（NALTEC）负责。

3）在车辆检修方面，除了原本的制动、发动机等外，摄像头、雷达等自动运行装置的相关检修也纳入其中。此外，汽车制造商有义务提供检查、整修所需的技术信息。

4）创立许可制度，使用通信电路等方式，允许通过改变汽车自动运行装置的软件程序来改造车辆。与许可制度相关的事务中，技术类的审查同样交由汽车技术综合机构（NALTEC）进行。

5）为了确保整车检查符合汽车认证制度，增加纠错指令，以处理整车检查中的不足之处；随着汽车检查的电子化，创立委托制度，由专门机构负责汽车检查证的记录等事务。

2. 国内重要政策解读

（1）《关于促进道路交通自动驾驶技术发展和应用的指导意见》

《关于促进道路交通自动驾驶技术发展和应用的指导意见》（下称《指导意见》）以关键技术研发为支撑，以典型场景应用示范为先导，以政策和标准为保障，按照"鼓励创新、多元发展、试点先行、确保安全"的原则，坚持问题导向，提出了四个方面、12项具体任务。

第一方面是加强自动驾驶技术研发，包括加快关键共性技术攻关、完善测试评价方法和测试技术体系、研究混行交通监测和管控方法、持续推进行业科研能力建设等，引导创新主体围绕融合感知、车路交互、高精度时空服务、智能路侧系统、智能计算平台、网络安全、测试方法和工具、混行交通管理等，不断健全技术体系。

第二方面是提升道路基础设施智能化水平，包括加强基础设施智能化发展规划研究、有序推进基础设施智能化建设等，推动基础设施数字转型、智能升级，促进道路基础设施、载运工具、运输管理和服务、交通管控系统等互联互通。

第三方面是推动自动驾驶技术试点和示范应用，包括支持开展自动驾驶载货运输服务、稳步推动自动驾驶客运出行服务、鼓励自动驾驶新业态发展等，鼓励按照从封闭场景到开放环境、从物流运输到客运出行的路径，深化技术试点示范。

第四方面是健全适应自动驾驶的支撑体系，包括强化安全风险防控、加快营造良好政策环境、持续推进标准规范体系建设等，主动应对由自动驾驶技术应用衍生的安全问题，优化政策和标准供给，支持产业发展。

（2）《5G应用"扬帆"行动计划（2021—2023）》

《5G应用"扬帆"行动计划（2021—2023）》（下称《行动计划》）分别从标准体系构建、产业基础强化、信息消费升级、行业应用深化、社会民生服务、网络能力强基、应用生态融通、安全保障提升等方面提出了8大专项行动。同时为了进一步促进《行动计划》的落地实施，在专项行动中设置了4大重点工程，包括实施5G应用标准体系构建及推广工程、面向行业需求的5G产品攻坚工程、5G应用创新生态培育示范工程和5G应用安全能力锻造工程。《行动计划》结合当前5G应用现状和未来趋势，确立了未来三年我国5G发展目标。到2023年，我国5G应用发展水平显著提升，综合实力持续增强。打造IT（信息技术）、CT（通信技术）、OT（运营技术）深度融合新生态，为求实现重点领域5G应用深度和广度双突破，构建技术产业和标准体系双支柱，网络、平台、安全等基础能力进一步提升，5G应用"扬帆远航"的局面逐步形成。

《行动计划》量化指标的设置充分考虑中国5G的发展水平，统筹TOB和TOC两个应用领域，兼顾深度和广度两个衡量维度，从用户发展、行业赋能、网络能力三个方面提出了7大量化指标，以引导5G发展方向。一是在衡量5G用户发展方面，提出了5G个人用户普及率、5G网络接入流量占比两项量化指标，推动5G应用逐步在消费市场普及，进一步渗透到工作生活的方方面面。二是在衡量5G行业赋能方面，提出了5G物联网终端用户数年增长率、重点行业5G示范应用标杆数、5G在大型工业企业渗透率3项量化指标，着力推动5G应用在垂直行业形成规模化发展态势。三是在衡量5G网络能力方面，提出了每万人拥有5G基站数、5G行业虚拟专网数两项量化指标，着力提升面向公众覆盖和行业企业覆盖的5G基础设施供给能力。

5G的应用是智能网联汽车发展的重要助力，5G的应用是智能网联汽车发展非常重要的基础技术之一。5G的应用程度和应用效率直接影响了智能网联汽车的智能化和网联化的能力，因此5G的建设和应用与智能网联汽车息息相关。

(3)《智能联网汽车道路测试与示范应用管理规范（试行）》

《智能网联汽车道路测试与示范应用管理规范（试行）》（下称《规范》）主要包括总则，道路测试与示范应用主体、驾驶人及车辆，道路测试申请，示范应用申请，道路测试与示范应用管理，交通违法与事故处理及附则七个章节。

为适应新技术新模式新业态发展，加快智能网联汽车产业化进程，《规范》主要在以下方面进行了修订和完善：

一是在道路测试基础上增加示范应用，允许经过一定时间或里程道路测试、安全可靠的车辆开展载人载物示范应用，并将测试示范道路扩展到包括高速公路在内的公路、城市道路和区域。

二是测试车辆范围增加了专用作业车，以满足无人清扫车等使用需求，对测试示范主体则增加了网络安全、数据安全等方面的保障能力要求。

三是完善智能网联汽车自动驾驶功能通用检测项目，推动实现测试项目和标准规范的统一，明确在一个地方通过检测后进行异地测试时对于通用项目不需重复检测，进一步减轻企业负担。

四是取消"道路测试/示范应用通知书"的发放要求，将相关安全性要求调整为企业安全性自我声明，简化办理程序。

(4)《关于加强智能网联汽车生产企业及产品准入管理的意见》

《关于加强智能网联汽车生产企业及产品准入管理的意见》（下称《意见》）对于智能网联汽车的准入进行了规定，目的在于保障智能网联汽车汽车相关产品能够符合标准，保障设备、信息和使用者的安全性和可靠性。加强智能网联汽车生产企业及产品准入管理，保证智能网联汽车产业健康可持续发展。《意见》分为"总体要求、加强数据和网络安全管理、规范软件在线升级、加强产品管理、保障措施"共5个部分、11项内容。

一是明确管理范围、强化企业主体责任。《意见》明确管理范围为智能网联汽车生产企业及其产品。智能网联汽车是指搭载先进的车载传感器、控制器、执行器等装置，融合现代通信与网络、人工智能等技术，实现车与X（车、路、人、云等）智能信息交换、共享，具备复杂环境感知、智能决策、协同控制等功能。《意见》明确企业主体责任，加强汽车数据安全、网络安全、软件升级、功能安全和预期功能安全管理。

二是加强数据和网络安全管理能力。在强化数据安全管理能力方面，《意见》明确企业需要建立健全汽车数据安全管理制度，加强个人信息与重要数据保护；建设数据安全保护技术措施，解决数据安全风险评估、数据安全事件报告等问题；在中华人民共和国境内运营中收集和产生的个人信息和重要数据应当按照有关法律法规规定在境内存储，需要向境外提供数据的，应当通过数据出境安全评估。在网络安全保障能力方面，企业应当建立汽车网络安全管理制度，保障车辆安全运行；完成网络安全事件报告和处置要求。

三是规范软件在线升级。《意见》明确企业生产具有在线升级功能的汽车产品的，应当建立与汽车产品及升级活动相适应的管理能力。企业实施在线升级活动前，应当确保汽车产品符合法律法规、技术标准及技术规范等相关要求，并向工业和信息化部备案。升级涉及技术参数变更的，要求企业应提前按照《道路机动车辆生产企业及产品准入管理办法》办理变更手续。未经审批不得通过OTA方式新增或更新汽车自动驾驶功能。

四是加强产品管理以责任判定。《意见》提出，企业生产具有驾驶辅助和自动驾驶功能的汽车产品的，应当明确告知车辆功能及性能限制、驾驶员职责、人机交互设备指示信息、功能激活及退出方法和条件等信息。企业生产具有组合驾驶辅助功能的汽车产品的，还应采取脱手检测等技术措施，保障驾驶员始终在执行相应的动态驾驶任务。企业生产具有自动驾驶功能的汽车产品的，应当确保汽车产品至少满足系统失效识别与安全响应、人机交互、数据记录、过程保障和模拟仿真等测试验证的要求。应当确保汽车产品具有安全、可靠的时空信息服务。

五是完善保障措施。《意见》指出企业应当建立自查机制，发现产品存在数据安全、网络安全、在线升级安全、驾驶辅助和自动驾驶安全等严重问题的，应当依法依规立即停止相关产品的生产、销售，采取措施进行整改，并及时报告。不断提升智能网联汽车相关技术和网络安全、数据安全水平。

《意见》对于智能网联汽车行业提出重点工作，智能网联汽车企业需要进行自查，对于自身汽车数据安全、网络安全和在线升级等问题建立监管机制并严格管理；另一方面，政府方面需要加强监督管理体系。

（5）《物联网新型基础设施建设三年行动计划2021—2023年)》

《物联网新型基础设施建设三年行动计划2021—2023年)》（下称《行动计划》）为打造固移融合、宽窄结合的物联网接入能力，加速推进全面感知、泛在连接、安全可信的物联网新型基础设施，提出了四大行动12项重点任务。开展创新能力提升行动，聚焦突破关键核心技术，推动技术融合创新，构建协同创新机制。开展产业生态培育行动，聚焦培育多元化主体，加强产业聚集发展。开展融合应用创新行动，聚焦社会治理、行业应用和民生消费三大应用领域。开展支撑体系优化行动，聚焦完善网络部署、标准体系、公共服务、安全保障。

《行动计划》提出了四大行动12项重点任务：

一是开展创新能力提升行动，聚焦突破关键核心技术，推动技术融合创新，构建协同创新机制。

二是开展产业生态培育行动，聚焦培育多元化主体，加强产业聚集发展。

三是开展融合应用创新行动，聚焦社会治理、行业应用和民生消费三大应用领域，持续丰富多场景应用。

四是开展支撑体系优化行动，聚焦完善网络部署、标准体系、公共服务、安全保障，完善发展环境。

同时，《行动计划》以专栏形式列出了各项任务落实的具体指引。为保障四大行动顺利展开，《行动计划》提出优化协同治理机制、健全统计和评估机制、完善人才培养体系、加大财税金融支持、深化国际交流与合作五个方面的保障措施。

《行动计划》意在打造车联网（智能网联汽车）协同服务综合监测平台，加快智慧停车管理、自动驾驶等应用场景建设，推动城市交通基础设施、交通载运工具、环境网联化和协同化发展。

第 3 章 智能网联汽车标准动态研究

随着汽车电动化、智能化、网联化发展，智能网联汽车的标准也在不断完善。国内外均成立专项工作组开展智能网联汽车相关标准制定工作。国际主要以国际标准化组织（ISO）和智能网联汽车工作组（GRVA）参与研究以及发布智能网联汽车相关标准，先后对智能网联汽车、信息安全、软件升级、自动驾驶等领域进行相关标准制定，促进了全球智能网联汽车、自动驾驶汽车的发展。国内主要是全国汽车标准化技术委员会智能网联汽车分技术委员会（SAC/TC114/SC34）承担自动驾驶规范研究工作，并参与对智能网联、汽车数据安全、自动驾驶等领域的标准制定，规范行业良性发展，助推我国智能网联汽车与智慧交通水平快速提升。

3.1 国际智能网联汽车标准动态

1. 国际标准化组织（ISO）研究或发布的标准

截至2020年4月底，ISO/TC204及其工作组制定的智能交通、智能运输相关标准共计约20个，详见表3-1。

表3-1 ISO/TC204及其工作组制定的智能交通、智能运输相关标准

标准号	标准名称
ISO 11270：2014	智能交通系统-车道保持辅助系统（LKAS）-性能要求和测试程序
ISO 15622：2018	智能交通系统-自适应巡航控制系统-性能要求和测试程序
ISO 15623：2013	智能交通系统-前车碰撞预警系统-性能要求和测试程序
ISO/TS 15624：2001	运输信息和控制系统-交通障碍警告系统（TIWS）-系统要求
ISO 15628：2013	智能运输系统-专用短程通信技术（DSRC）-DSRC应用层
ISO 17361：2017	智能交通系统-车道偏离警告系统-性能要求和测试程序
ISO 17386：2010	运输信息和控制系统-低速操作操纵辅助系统（MALSO）-性能要求和测试程序
ISO 17387：2008	智能交通系统-车道变更决策辅助系统（LCDAS）-性能要求和测试程序
ISO 20035：2019	智能交通系统-自适应巡航控制系统（CACC）-性能要求和测试程序
ISO 20524-1：2020	智能运输系统-地理数据文件（GDF）GDF5.1-第1部分：在多个源之间共享的独立于应用程序的地图数据
ISO/TR 20545：2017	智能交通系统-车辆/道路警告和控制系统-车辆自动驾驶系统（RoVAS）/超越驾驶员辅助系统的标准化报告
ISO 20900：2019	智能交通系统-半自动停车系统（PAPS）-性能要求和测试程序
ISO/TS 21185：2019	智能传输系统-用于在可信设备之间进行安全连接的通信配置文件
ISO 21717：2018	智能交通系统-半自动车内驾驶系统（PADS）-性能要求和测试程序
ISO/TR 21718：2019	智能交通系统-协作ITS和自动驾驶系统2.0的时空数据字典
ISO 22078：2020	智能运输系统-自行车驾驶员检测和减缓碰撞系统（BDCMS）-性能要求和测试程序
ISO 22178：2009	智能运输系统-低速追随（LSF）系统-性能要求和测试程序
ISO22839：2013	智能运输系统-前向车辆碰撞缓解系统-操作、性能和验证要求
ISO 22840：2010	智能运输系统-辅助进行反向操纵的设备-增程后备辅助系统（ERBA）
ISO 26684：2015	智能交通系统（ITS）-交叉路口信号信息和违规警告系统（CIWS）-性能要求和测试程序

数据来源：公开资料整理。

2. 智能网联汽车工作组（GRVA）研究或发布的法规

2020年，联合国发布三项智能网联汽车领域重要法规，涉及信息安全（Cyber security）、软件升级（Software Updates）以及自动车道保持系统（Automated Lane Keeping Systems，ALKS）领域，详见表3-2。

表3-2 联合国发布三项智能网联汽车领域重要法规

时间	文件名称	发布单位	主要内容
2020.06	《信息安全与信息安全管理系统》法规	联合国世界车辆法规协调论坛（WP.29）	本法规适用于与信息安全相关的M类、N类、至少装有1个电控单元的O类以及具有L3级以上自动驾驶功能的车辆。法规包括信息安全相关的一般要求、CSMS合格证书、管理审批等内容，并提出了详细的信息安全威胁、漏洞、攻击方法，以及对应的缓解措施，为汽车行业实施必要的流程提供了一个框架
2020.06	《软件升级与软件升级管理系统》法规	联合国世界车辆法规协调论坛（WP.30）	本法规适用于允许软件升级（更新）的M类、N类、O类、R类、S类、T类车辆。法规主要包括有关软件升级过程的车辆类型批准申请、标识、SUMS合格证书、RX软件标识号（RXSWIN）、一般要求等内容，为汽车行业实施必要的流程提供了一个框架
2020.06	《自动车道保持系统》法规	联合国世界车辆法规协调论坛（WP.31）	本法规是针对"L3级"驾驶自动化功能的第一个具有约束力的国际法规。该法规规定ALKS应在具备物理隔离且无行人及两轮车的道路上行驶，且运行速度不应高于60km/h。该项法规于2021年1月起实施。该法规以联合国《自动驾驶框架文件》为指导，从系统安全、故障安全响应、人机界面、自动驾驶车辆数据存储系统（DSSAD）、信息安全及软件升级等方面对ALKS提出严格要求。其中"系统安全"要求系统在激活后可以执行全部动态驾驶任务；"故障安全响应"要求系统具备驾驶权转换、碰撞应急策略和最小风险策略；"人机界面"规定了系统的激活和退出条件，并明确系统的应提示信息及形式；"DSSAD"要求应记录系统的驾驶状态；"信息安全和软件升级"要求系统应满足"信息安全法规"和"软件升级法规"

数据来源：公开资料整理。

受新冠疫情影响，2021年2月，联合国世界车辆法规协调论坛（UN/WP.29）GRVA开展线上会议介绍相关工作进展。例如，自动驾驶功能要求（FRAV）、自动驾驶测试评估方法（VMAD）、汽车事件数据记录系统/自动驾驶数据记录系统（EDR/DSSAD）、信息安全与软件升级（CS/OTA）、自动紧急制动/车道偏离预警系统（AEBS/LDWS）、自动车道保持系统（ALKS）、先进驾驶辅助系统（ADAS）等；会议围绕近期发布的《信息安全及管理系统》（R155）、《软件升级及管理系统》（R156）及《自动车道保持系统》（R157）等联合国技术法规开展讨论，修订和补充有关转向系统、制动系统的相关法规，明确GRVA在2021年优先开展FRAV、VMAD、DSSAD及AEBS相关工作项目。

3.2 国内智能网联汽车标准动态

智能网联汽车分技术委员会将分阶段建立标准体系，截至2021年底，SAC/TC114/SC34开始实施标准3项，正式发布标准5项，完成审查报批10项，完成标准立项11项，其中包含3项强制标准，启动起草标准7项；开展自动泊车、汽车软件升级等14项标准验证试验，开展多项面向新兴技术的标准化需求研究项目。2025年，SAC/TC114/SC34的目标是系统形成能够支撑高级别自动驾驶的智能网联汽车标准体系，制定100项以上智能网联汽车标准，涵盖智能化自动控制、网联化协同技术以及典型场景下自动驾驶功能与性能技术要求和评价方法。自动驾驶相关国家标准见表3-3。

表3–3 自动驾驶相关国家标准

标准号	标准名称	相应的国际标准	实施日期
GB/T 34590.1—2017	道路车辆 功能安全 第1部分：术语	ISO 26262-1:2011（MOD）	2018-05-01
GB/T 34590.2—2017	道路车辆 功能安全 第2部分：功能安全管理	ISO 26262-1:2011（MOD）	2018-05-01
GB/T 34590.3—2017	道路车辆 功能安全 第3部分：概念阶段	ISO 26262-3:2011（MOD）	2018-05-01
GB/T 34590.4—2017	道路车辆 功能安全 第4部分：产品开发：系统层面	ISO 26262-4:2011（MOD）	2018-05-01
GB/T 34590.5—2017	道路车辆 功能安全 第5部分：产品开发：硬件层面	ISO 26262-6:2011（MOD）	2018-05-01
GB/T 34590.7—2017	道路车辆 功能安全 第7部分：生产和运行	ISO 26262-7:2011（MOD）	2018-05-01
GB/T 34590.8—2017	道路车辆 功能安全 第8部分：支持过程	ISO 26262-8:2011（MOD）	2018-05-01
GB/T 34590.9—2017	道路车辆 功能安全 第9部分：以汽车安全完整性等级为导向和以安全为导向的分析	ISO 26262-9:2011（MOD）	2018-05-01
GB/T 34590.10—2017	道路车辆 功能安全 第10部分：指南	ISO 26262-10:2012（MOD）	2018-05-01
GB/T 29121—2012	道路车辆 乘用车列车 横向稳定性试验	ISO 9815:2010（IDT）	2013-07-01
GB/ 6323—2014	汽车操纵稳定性试验方法	ISO 13674-1:2003（EQV）	2014-06-01
GB/T 38679—2020	车辆行驶跑偏试验方法	—	2020-10-01
GB/T 38186—2019	商用车辆自动紧急制动系统（AEBS）性能要求及试验方法	—	2020-05-01

资料来源：SAC/TC114/SC34。

2020—2021年，工业和信息化部、公安部、交通运输部、国家标准化管理委员会等先后发布了智能网联汽车相关规定及标准，详见表3–4。

表3–4 国内智能网联汽车领域重要标准

时间	文件名称	发布单位	主要内容
2020.04	《国家车联网产业标准体系建设指南（车辆智能管理)》	工信部、公安部、国家标准化管理委员会	到2022年底，完成基础性技术研究，制修订智能网联汽车登记管理、身份认证与安全等领域重点标准20项以上；到2025年，系统形成能够支撑车联网环境下车辆智能管理的标准体系，制修订道路交通运行管理、车路协同管控与服务等业务领域重点标准60项以上
2021.03	《国家车联网产业标准体系建设指南（智能交通相关)》	工信部、交通运输部、国家标准化管理委员会	到2022年底，制修订智能交通基础设施、交通信息辅助等领域智能交通急需标准20项以上，初步构建起支撑车联网应用和产业发展的标准体系；到2025年，制修订智能管理和服务、车路协同等领域智能交通关键标准20项以上，系统形成能够支撑车联网应用、满足交通运输管理和服务需求的标准体系
2021.04	《智能网联汽车生产企业及产品准入管理指南（试行)》（征求意见稿）	工信部装备工业一司	智能网联汽车生产企业应满足企业安全保障能力要求，针对车辆的软件升级、网络安全、数据安全等建立管理制度和保障机制，建立健全企业安全监测服务平台，保证产品质量和生产一致性。智能网联汽车生产企业应依法收集、使用和保护个人信息，实施数据分类分级管理，制定重要数据目录，不得泄露涉及国家安全的敏感信息。在中国境内运营中收集和产生的个人信息和重要数据应当按照有关规定在境内存储。因业务需要，确需向境外提供的，应向行业主管部门报备。智能网联汽车产品应具有事件数据记录和自动驾驶数据存储功能

(续)

时间	文件名称	发布单位	主要内容
2021.06	《车联网（智能网联汽车）网络安全标准体系建设指南》（征求意见稿）	工信部	1. 总体与基础共性标准，包括术语和定义、总体架构、密码应用等三类标准 2. 终端与设施安全标准主要规范车联网终端和基础设施等相关安全要求，包括车载设备安全、车端安全、路侧通信设备安全和测试场设施安全四类标准 3. 网联通信安全标准主要规范V2X通信网络安全、身份认证等相关安全要求，包括通信安全和身份认证两类标准 4. 数据安全标准主要规范智能网联汽车、车联网平台、车载应用服务等数据安全和个人信息保护要求，包括通用要求、分类分级、出境安全、个人信息保护和应用数据安全五类标准 5. 应用服务安全标准主要规范车联网（智能网联汽车）应用服务平台和应用程序的安全要求，以及典型业务应用服务场景下的安全要求，包括平台安全、应用程序安全和服务安全三类标准 6. 安全保障与支撑标准主要规范车联网（智能网联汽车）网络安全管理与支撑相关的安全要求，包括风险评估、安全监测与应急管理和安全能力评估三类标准
2021.08	《汽车数据安全管理若干规定（试行）》	国家发展改革委、工信部、公安部、交通运输部	随着新一代信息技术与汽车产业加速融合，以及智能汽车产业、车联网技术的快速发展，以自动辅助驾驶为代表的人工智能技术日益普及，汽车数据处理能力日益增强，暴露出的汽车数据安全问题和风险隐患日益突出。在汽车数据安全管理领域出台有针对性的规章制度，明确汽车数据处理者的责任和义务，规范汽车数据处理活动，是防范化解汽车数据安全风险、保障汽车数据依法合理有效利用的需要，也是维护国家安全利益、保护个人合法权益的需要
2021.08	《汽车驾驶自动划分级》	工信部	《汽车驾驶自动化分级》是中国智能网联汽车标准体系的基础类标准之一，并为中国后续自动驾驶相关法律、法规、强制性标准的出台提供支撑。其中包括了对驾驶自动化的定义、驾驶自动化分级原则、驾驶自动化等级划分要素、驾驶自动化各等级定义、驾驶自动化等级划分流程及判定方法、驾驶自动化各等级技术要求等

数据来源：公开资料整理。

3.3 2020—2021年重要标准解读

1. 国际重要标准解读

（1）《信息安全与信息安全管理系统》法规

"信息安全"是指道路车辆及其功能受到保护，使其电子电气元件免受网络威胁；"信息安全管理系统（CSMS）"是一种基于风险的系统方法，定义了组织过程、职责和治理方法，以处理与车辆网络威胁相关的风险并保护其免受网络攻击。法规包括信息安全相关的一般要求、CSMS合格证书、管理审批等内容，并提出了详细的信息安全威胁、漏洞、攻击方法，以及对应的缓解措施，为汽车行业实施必要的流程提供了一个框架，如图3-1所示。

"合规认证"主要分为两部分（图3-2），一是网络安全管理体系认证（CSMS），主要审查车辆制造商是否在车辆完整生命周期的各个阶段均制定了网络安全管理流程，以确保汽车全生命周期中都有对应的流程措施。各流程实

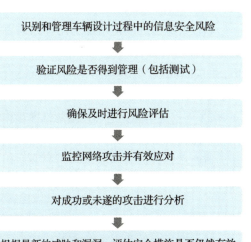

图3-1 汽车信息安全实施必要的流程

数据来源：公开资料整理。

施于开发、生产、量产运维各个阶段,保证信息安全设计、实施及响应均有流程体系指导。二是车辆网络安全型式认证(VTA),针对信息安全开发中具体的工作项进行审查,保证实施于车辆的信息安全防护技术在进行审查认证时足够完备。

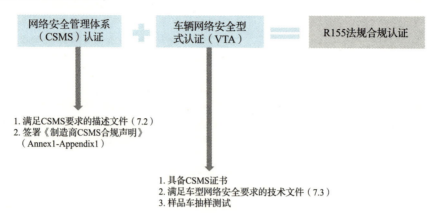

图3-2 R155合规认证要求

数据来源:公开资料整理。

智能网联汽车信息安全成为全社会共同关注的焦点。2021年1月22日,《信息安全与信息安全管理系统》法规正式生效,开放申请CSMS证书、VTA证书,在网络安全方面基本涵盖了乘用车和商用车的适用范围,适用于M类车型、N类车型、至少装备了一个ECU的O类车型、具备L3级及以上自动驾驶功能的L6和L7类车型。此法规规定了车辆制造商需要满足的信息安全强制要求,要求在2022年7月起适用于新车型,2024年7月起适用于所有车型。2022—2024年的现有架构新车型上市,若无法按照CSMS开发,则VTA必须证明在开发阶段已充分考虑网络安全。到2025年1月过渡期结束,要求所有架构所有车型通过认证(CSMS + VTA)。

(2)《软件升级与软件升级管理系统》法规

"软件升级"是指用软件包将软件升级或更新到新的版本(包括更改配置参数);"软件升级管理系统(SUMS)"是一种通过定义组织过程和程序,以符合本法规软件升级要求的系统方法。本法规适用于允许软件升级(更新)的M类、N类、O类、R类、S类和T类车辆。此法规为汽车行业实施必要的流程提供了一个框架,如图3-3所示。

软件升级后的功能增加为用户来带更好的体验。软件在线升级技术的应用日益广泛,2021年6月,欧盟汽车专家组提交了Regulation(EU)2018/858和Regulation(EU)2019/2144关于软件更新的修订法规草案,将R156法规融入其中,预计相关内容将于2022年正式实施。另外,国际标准化组织道路车辆委员会软件升级工作组对ISO 24089《道路车辆软件升级工程》进行立项,旨在为道路车辆软件升级提供一个标准架构,目前该标准处于草案编写阶段,预计将于2024年发布。

(3)《自动车道保持系统》法规

联合国《自动车道保持系统》法规是针对"3级"驾驶自动化功能的第一个具有约束力的国际法规。该法规规定ALKS在具备物理隔离且无行人及两轮车的道路上行驶,运行速度不应高于60km/h。该法规以联合国《自动驾驶框架文件》为指导,从5个

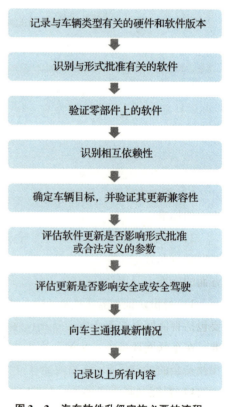

图3-3 汽车软件升级实施必要的流程

数据来源:公开资料整理。

方面对自动车道保持系统提出严格要求。一是"系统安全",要求系统在激活后可以执行全部动态驾驶任务;二是"故障安全响应",要求系统具备驾驶权转换、碰撞应急策略和最小风险策略;三是"人机界面",规定系统的激活和退出条件,并明确系统的应提示信息及形式;四是"自动驾驶车辆数据存储系统",要求应记录系统的驾驶状态;五是"信息安全和软件升级",要求系统应满足"信息安全法规"和"软件升级法规"。

该法规对于安全定义、技术要求更高。该法规要求汽车制造商引入驾驶员可用性识别系统,还需为车辆配备"黑匣子",即所谓的自动驾驶车辆数据存储系统(DSSAD),并明确基于性能的要求。汽车制造商在授权该法规的国家销售配备 ALKS 的车辆之前必须满足该法规的所有要求,其中包括管理型式认证、技术要求、审计和报告以及测试的规定,而且 ALKS 功能还必须符合两项新的联合国条例中规定的网络安全和软件更新要求。目前,英国已经允许装载自动车道保持系统的汽车上路,但是要求这些车辆在高速公路上以不超过 60km/h 的速度自动行驶。不过在技术完全成熟之前,绝大多数国家地区的选择是,有限度地放开自动驾驶汽车测试,并不允许自动驾驶汽车直接上路行驶。

2. 国内重要标准解读

(1)《国家车联网产业标准体系建设指南(车辆智能管理)》

车辆智能管理标准体系建设架构如图 3-4 所示,主要包括基础类标准、智能网联汽车登记管理类标准、身份认证与安全类标准、智能网联汽车运行管理类标准、车路协同管控与服务类标准等 5 部分,共列标准 66 项。

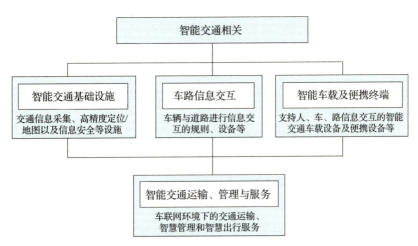

图 3-4 车辆智能管理标准体系建设架构

数据来源:公开资料整理。

1)基础类标准:为其他各部分标准的制修订提供支撑,主要包括术语和定义、分类和编码、符号等方面的标准。

2)智能网联汽车登记管理类标准:主要支撑智能网联汽车运行安全测试、公安交通管理部门开展智能网联汽车登记、在用车定期安全技术检验等安全管理工作,包括运行安全要求、运行安全测试要求等方面的标准。开展登记管理是智能网联汽车运行安全测试和上路行驶的基本前提。

3)身份认证与安全类标准:主要支撑智能网联汽车和道路交通管理系统、设施之间的身份互认,主要包括智能网联汽车身份与安全、道路交通管理设施身份与安全、身份认证平台及电子证件等方面的标准。在车联网环境中,车辆及其驾驶员、道路交通管理设施具有数字身份,对其进行验证是确保信息交互及安全的关键环节。

4)智能网联汽车运行管理类标准:主要支撑公安交通管理部门依法对上路行驶的智能网联汽车进行管理,主要包括交通秩序管理、交通事故处理和实时运行管理等方面的标准。针对智能网联汽车开展道路通行秩序管理、道路交通事故处理等道路运行管理工作,是车辆智能管理的核心所在。

5）车路协同管控与服务类标准：主要支撑车联网环境下道路交通管理设施信息交互及基于道路交通管理相关信息系统提供信息服务。车路协同管控与服务工作是支撑车联网技术在道路交通管理领域应用的根本保障。

（2）《汽车数据安全管理若干规定（试行）》

2021年8月16日，国家互联网信息办公室、国家发展和改革委员会、工业和信息化部、公安部、交通运输部联合发布《汽车数据安全管理若干规定（试行）》（以下简称《规定》）。随着新一代信息技术与汽车产业加速融合，以及智能汽车产业、车联网技术的快速发展，以自动辅助驾驶为代表的人工智能技术日益普及，汽车数据处理能力日益增强，暴露出的汽车数据安全问题和风险隐患日益突出。此《规定》总共有19条有针对性的规章制度，明确汽车数据处理者的责任和义务，规范汽车数据处理活动。以下为该《规定》总结出的9大要点。

1）概念更迭、适用对象覆盖全行业、全链条。相较于国家互联网信息办公室于2021年5月12日发布的《规定（征求意见稿）》（以下简称《征求意见稿》），正式施行的《规定》中将原有的"运营者"概念转换为"汽车数据处理者"，"运营者"概念可能是派生自《网络安全法》中的"网络运营者"，而转换为"汽车数据处理者"则更贴近汽车行业实务中对数据的处理模式。汽车数据处理包括汽车数据的收集、存储、使用、加工、传输、提供、公开等；汽车数据处理者是指开展汽车数据处理活动的组织，包括汽车制造商、零部件和软件供应商、经销商、维修机构以及出行服务企业等。

2）受保护的信息范围呈现汽车行业特征。本《规定》以列举的方式更加有针对性地明确了汽车行业中的重要数据，对汽车制造商、零部件和软件供应商、经销商、维修机构以及出行服务企业等均提供了重要指引。其中，该《规定》删除了《征求意见稿》中的"高于国家公开发布地图精度的测绘数据"，新增了"车辆流量、物流等反映经济运行情况的数据"。将汽车充电网的运行数据、人脸、车牌等定义为重要数据，对智能网联汽车相关企业在数据的收集与管理过程中的合规工作具有重要影响。对于重要数据处理活动，汽车数据处理者应当按照规定开展风险评估，并向省、自治区、直辖市网信部门和有关部门报送风险评估报告。

3）新增"车内""车外"的区域概念，契合汽车特有场景。作为高速发展的智能化产物，汽车在车内可以收集车主、驾驶员及乘客的隐私信息，车外可以收集行人、沿途道路及城市的数据信息，确需加以区域划分。就个人信息及重要数据的跨区域提供问题，《网络安全法》《数据安全法》等均主要着力于境内向境外提供这一数据出境的场景，而该《规定》在前述规定的基础上新增了"车内""车外"的区域概念，契合了汽车行业特有的场景，对汽车数据处理者做出了更明确具体的要求。汽车数据处理者在处理个人信息和重要数据时，首先应坚持车内处理的原则，除非确有必要，不向车外提供；确有必要向车外提供的，应尽可能地进行匿名化。其次，汽车数据处理者处理敏感个人信息时，还应当取得个人单独同意、在保证行车安全的前提下以适当方式提示收集状态，为个人终止收集提供便利。这些也将促使汽车数据处理者进一步提高自身的车内处理技术。

4）明确汽车数据处理者处理个人信息和重要数据的原则。该《规定》明确了汽车数据处理者在开展汽车数据处理活动的原则，删除了此前《征求意见稿》中的"最小保存期限原则"及"驾驶员的同意授权只对本次驾驶有效"的规定，并将"匿名化处理原则"改为"脱敏处理原则"。这是对汽车行业以及车联网产品现实情况的回应，但不意味着监管部门对汽车数据处理监管态度的放宽。智能网联汽车产业对数据需求量巨大，其采集的数据包括车辆数据、用户数据、地图数据、位置数据、视觉数据、路况数据、业务数据和第三方数据等。该《规定》倡导个人信息和重要数据的车载端本地化存储及本地化处理，确有必要向车外提供的，应本着脱敏处理原则，尽可能地进行匿名化和脱敏处理，这对车载芯片计算能力及车辆本地存储能力提出了更高的要求。

5）细化个人敏感信息的处理要求。该《规定》明确汽车数据处理者处理敏感个人信息时，应当符合要求或者符合法律、行政法规和强制性国家标准等其他要求。相比于《征求意见稿》，该《规定》对于敏感个人信息相关规定进行了较大修改，删除了《征求意见稿》中提到的"默认不收集、每次都应当征得驾驶人同意授权，驾驶结束（驾驶人离开驾驶席）后本次授权自动失效"的规定，增加了"取得个人单独同意，个人可以自主设定同意期限"的要求。较《征求意见稿》而言更为灵活，将同意期限的决定权交给个人，代替每次都须取得同意的要求。此外，关于保存时间，《网络安全法》及《信息安全技术 个人信息安全规范》对个人信息的删除期限没有明确规定。然而该《规定》要求，当个人要求汽车数据处理者删除个人信息时，汽车数据处理者应当在十个工作日内删除。

6）明确了个人信息与重要数据跨境传输的相关要求。该《规定》要求重要数据应当在境内存储，因业务需要确需向境外提供的，应当通过国家网信部门会同国务院有关部门组织的安全评估。该《规定》删除了《征求意见稿》中要求个人信息原则上应当在境内存储的要求，仅对重要数据的境内存储义务进行了规定。对于未列入重要数据的涉及个人信息数据的出境安全管理，适用法律、行政法规的有关规定。我国缔结或者参加的国际条约、协定有不同规定的，适用该国际条约、协定，但我国声明保留的条款除外。关于个人信息的存储问题，根据《个人信息保护法》，"关键信息基础设施运营者和处理个人信息达到国家网信部门规定数量的个人信息处理者，应当将在中华人民共和国境内收集和产生的个人信息存储在境内。确需向境外提供的，应当通过国家网信部门组织的安全评估；法律、行政法规和国家网信部门规定可以不进行安全评估的，从其规定。"实践中，由于车企往往会收集处理大量个人信息，不排除被认定为关键信息基础设施运营者的可能性，此时，汽车数据处理者仍将承担将个人信息存储在境内的义务。该《规定》针对汽车数据处理者向境外提供重要数据还提出了相关要求，汽车数据处理者向境外提供重要数据，不得超出出境安全评估时明确的目的、范围、方式、数据种类和规模等。

7）明确了用户同意的特殊规定。无论是在《民法典》《网络安全法》《个人信息保护法》还是本次发布的《规定》中，收集、使用个人信息应当取得被收集人同意是共通的基本规定。但在该《规定》发布之前，汽车行业确实面临实际操作中无法完全符合"取得用户同意"之规定的困境。如在自动驾驶技术中，需要集成大量的摄像头、雷达、测速仪、导航仪等各类传感器，通过实时获取路况、环境、车辆及用户数据等数据来完成，在此过程中，无法避免地会收集行人的个人信息，而要取得行人的明示同意在实践操作中是难以完成的。

8）数据安全年报制度。该《规定》要求汽车数据处理者开展重要数据处理活动，应当在每年12月15日前向省、自治区、直辖市网信部门和有关部门报送年度汽车数据安全管理情况。该《规定》删除了《征求意见稿》对于"涉及个人信息主体超过10万人"这一范围的限定，将数据安全年报报送义务主体扩大至所有汽车数据处理者。

9）加强数据安全管理的平台建设、建立投诉举报通道。关于汽车数据安全监督管理和保障，该《规定》新增了明确国家加强智能（网联）汽车网络平台建设，开展智能（网联）汽车入网运行和安全保障服务等，协同汽车数据处理者加强智能（网联）汽车网络和汽车数据安全防护。国家互联网信息办公室有关负责人也指出，汽车数据安全管理需要政府、汽车数据处理者、个人等多方主体共同参与，各有关部门在汽车数据安全管理过程中，将加强协调和数据共享，形成工作合力。并且，该《规定》也对汽车数据处理者开展汽车数据处理活动提出了新的要求，即应当建立投诉举报渠道，设置便捷的投诉举报入口，及时处理用户投诉举报。整体来看，该《规定》从汽车行业的各项场景实际出发，针对其复杂、繁多的数据主体，以汽车数据处理者及监管者为侧重，有的放矢地提出了各方面数据安全监管要求及措施，对于汽车领域的标准化、规范化数据安全发展来说，具有非常重要的意义。

（3）《汽车驾驶自动划分级》

GB/T 40429—2021《汽车驾驶自动化分级》是中国智能网联汽车标准体系的基础类标准之一，由工业和信息化部提出、全国汽车标准化技术委员会归口。其中包括了对驾驶自动化的定义、驾驶自动化分级原则、驾驶自动化等级划分要素、驾驶自动化各等级定义、驾驶自动化等级划分流程及判定方法、驾驶自动化各等级技术要求等。

《汽车驾驶自动化分级》将未来汽车自动驾驶按6个要素进行划分，分别是：驾驶自动化系统是否持续执行动态驾驶任务中的车辆横向或纵向运动控制；驾驶自动化系统是否持续执行动态驾驶任务中的目标和事件探测与响应；驾驶自动化系统是否同时持续执行动态驾驶任务中的车辆横向和纵向运动控制；驾驶自动化系统是否持续执行全部动态驾驶任务；驾驶自动化系统是否自动执行最小风险策略；驾驶自动化系统是否存在设计运行范围限制。基于这 6 个要素，国家标准再将驾驶自动化系统划分为 0 级（应急辅助）、1 级（部分驾驶辅助）、2 级（组合驾驶辅助）、3 级（有条件自动驾驶）、4 级（高度自动驾驶）、5 级（完全自动驾驶）共 6 个等级，详见表 3-5。不同等级的自动驾驶系统，在用户角色和驾驶自动化系统角色这两大方面存在着明显的要求和差异，详见表 3-6 和表 3-7。

表 3-5 驾驶自动化等级与划分要素的关系

分级	名称	持续的车辆横向和纵向运动控制	目标和事件探测与响应	动态驾驶任务后援	设计运行范围
0 级	应急辅助	驾驶员	驾驶员及系统	驾驶员	有限制
1 级	部分驾驶辅助	驾驶员和系统	驾驶员及系统	驾驶员	有限制
2 级	组合驾驶辅助	系统	驾驶员及系统	驾驶员	有限制
3 级	有条件自动驾驶	系统	系统	动态驾驶任务后援用户（执行接管后成为驾驶员）	有限制
4 级	高度自动驾驶	系统	系统	系统	有限制
5 级	完全自动驾驶	系统	系统	系统	无限制[①]

①排除商业和法规因素等限制。

表 3-6 驾驶自动化系统激活后用户的角色

用户	用户的角色（驾驶自动化系统激活）					
	0 级	1 级	2 级	3 级	4 级	5 级
在驾驶座位的用户	传统驾驶员				乘客	
不在驾驶座位的车内用户	远程驾驶员			动态驾驶任务后援用户	乘客	
车外用户	远程驾驶员				调度员	

注：具备 4 级或 5 级驾驶自动化功能的车辆也可装备驾驶座位。

表 3-7 用户与驾驶自动化系统的角色

驾驶自动化等级	用户的角色	驾驶自动化系统的角色（驾驶自动化系统激活）
0 级	驾驶员： 执行全部动态驾驶任务，监管驾驶自动化系统，并在需要时介入动态驾驶任务以确保车辆安全	1. 持续地执行部分目标和事件探测与响应 2. 当驾驶员请求驾驶自动化系统退出时，立即解除系统控制权
1 级	驾驶员： 1. 执行驾驶自动化系统没有执行的其余动态驾驶任务 2. 监管驾驶自动化系统，并在需要时介入动态驾驶任务以确保车辆安全 3. 决定是否及何时启动或关闭驾驶自动化系统 4. 在任何时候，可以立即执行全部动态驾驶任务	1. 持续地执行动态驾驶任务中的车辆横向或纵向运动控制 2. 具备与车辆横向或纵向运动控制相适应的部分目标和事件探测与响应的能力 3. 当驾驶员请求驾驶自动化系统退出时，立即解除系统控制权
2 级	驾驶员： 1. 执行驾驶自动化系统没有执行的其余动态驾驶任务 2. 监管驾驶自动化系统，并在需要时介入动态驾驶任务以确保车辆安全 3. 决定是否及何时开启或关闭驾驶自动化系统 4. 在任何时候，可以立即执行全部动态驾驶任务	1. 持续地执行动态驾驶任务中的车辆横向和纵向运动控制 2. 具备与车辆横向和纵向运动控制相适应的部分目标和事件探测与响应的能力 3. 当驾驶员请求驾驶自动化系统退出时，立即解除系统控制权

(续)

驾驶自动化等级	用户的角色	驾驶自动化系统的角色（驾驶自动化系统激活）
3级	驾驶员（驾驶自动化系统未激活）： 1. 驾驶自动化系统激活前，确认装备驾驶自动化系统的车辆状态是否可以使用 2. 决定何时开启驾驶自动化系统 3. 在驾驶自动化系统激活后成为动态驾驶任务后援用户 动态驾驶任务后援用户（驾驶自动化系统激活）： 1. 当收到介入请求时，及时执行接管 2. 发生车辆其他系统失效时，及时执行接管 3. 可将视线转移至非驾驶相关的活动，但保持一定的警觉性，对明显的外部刺激（如救护车警笛等）进行适当的响应 4. 决定是否以及如何实现最小风险状态，并判断是否达到最小风险状态 5. 在请求驾驶自动化系统退出后成为驾驶员	1. 仅允许在其设计运行条件下激活 2. 激活后在其设计运行条件下执行全部动态驾驶任务 3. 识别是否即将不满足设计运行范围，并在即将不满足设计运行范围时，及时向动态驾驶任务后援用户发出介入请求 4. 识别驾驶自动化系统失效，并在发生驾驶自动化系统失效时，及时向动态驾驶任务后援用户发出介入请求 5. 识别动态驾驶任务后援用户的接管能力，并在用户的接管能力即将不满足要求时，发出介入请求 6. 在发出介入请求后，继续执行动态驾驶任务一定的时间供动态驾驶任务后援用户接管 7. 在发出介入请求后，如果动态驾驶任务后援用户未响应，适时采取减缓车辆风险的措施 8. 当用户请求驾驶自动化系统退出时，立即解除系统控制权
4级	驾驶员/调度员（驾驶自动化系统未激活）： 1. 驾驶自动化系统激活前，确认装备驾驶自动化系统的车辆状态是否可以使用 2. 决定是否开启驾驶自动化系统 3. 在驾驶自动化系统激活后，车内的驾驶员/调度员成为乘客 乘客/调度员（驾驶自动化系统激活）： 1. 无须执行动态驾驶任务或接管 2. 无须决定是否及如何实现最小风险状态，且不需要判断是否达到最小风险状态 3. 可接受介入请求并执行接管 4. 可请求驾驶自动化系统退出 5. 在请求驾驶自动化系统退出且系统退出后成为驾驶员	1. 仅允许在其设计运行条件下激活 2. 激活后在其设计运行条件下执行全部动态驾驶任务 3. 识别是否即将不满足设计运行范围 4. 识别驾驶自动化系统失效和车辆其他系统失效 5. 识别驾乘人员状态是否符合设计运行条件 6. 在发生下列情况之一且用户未响应介入请求时，执行风险减缓策略并自动达到最小风险状态： ——即将不满足设计运行条件 ——驾驶自动化系统失效或车辆其他系统失效 ——驾乘人员状态不符合设计运行条件（如有） ——用户要求实现最小风险状态 7. 除下列情形以外，不得解除系统控制权： ——已达到最小风险状态 ——驾驶员在执行动态驾驶任务 8. 当用户请求驾驶自动化系统退出时，解除系统控制权，如果存在安全风险可暂缓解除
5级	驾驶员/调度员（驾驶自动化系统未激活）： 1. 驾驶自动化系统激活前，确认装备驾驶自动化系统的车辆状态是否可以使用 2. 决定是否开启驾驶自动化系统 3. 在驾驶自动化系统激活后，车内的驾驶员/调度员成为乘客 乘客/调度员（驾驶自动化系统激活）： 1. 无须执行动态驾驶任务或接管 2. 无须决定是否及如何实现最小风险状态，且不需要判断是否达到最小风险状态 3. 可接受介入请求并执行接管 4. 可请求驾驶自动化系统退出 5. 在请求驾驶自动化系统退出且系统退出后成为驾驶员	1. 无设计运行范围限制 2. 仅允许在其设计运行条件下激活 3. 激活后在其设计运行条件下执行全部动态驾驶任务 4. 识别驾驶自动化系统失效和车辆其他系统失效 5. 在发生下列情况之一且用户未响应介入请求时，执行风险减缓策略援并自动达到最小风险状态： ——驾驶自动化系统失效或车辆其他系统失效 ——用户要求实现最小风险状态 6. 除下列情形以外，不得解除系统控制权： ——已达到最小风险状态 ——驾驶员在执行动态驾驶任务 7. 当用户请求驾驶自动化系统退出时，解除系统控制权，如果存在安全风险可暂缓解除

第4章 中国智能网联汽车产业发展态势

4.1 智能网联汽车市场分析

1. 智能网联汽车渗透率仍处于较低水平

在各方的共同努力下，各国的智能网联汽车发展均取得积极成效，根据普华永道数据，2020年欧盟、美国和中国的网联汽车渗透率分别为25%、32%和16%，仍处于较低水平。尤其是中国较大程度落后于欧洲和美国，未来还需从关键技术创新、基础设施建设、标准法规完善、示范应用推广和商业模式探索等方面协同发力，加快形成产业竞争优势。预计2025年国内智能网联汽车渗透率将达到35%，欧盟和美国则将分别达到51%和72%，市场增量规模显著。全球主要经济体智能网联汽车渗透率及预测如图4-1所示。

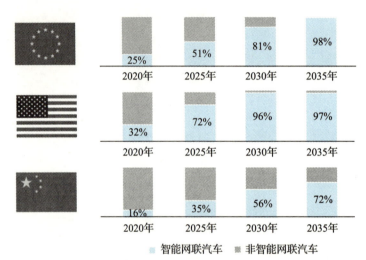

图4-1 全球主要经济体智能网联汽车渗透率及预测

数据来源：普华永道。

2. 我国智能网联汽车市场规模呈连续上升趋势

随着智能网联技术的进步、产品持续迭代升级以及整车电子电气架构发展颠覆性改变，百度、阿里、腾讯等一大批互联网公司涌入汽车市场，以跨界合作方式切入智能网联汽车领域，上汽、北汽、长安、广汽等传统车企开始研发、测试和推出智能网联车型。目前，我国整车及零部件企业已经布局智能网联汽车各个产业链环节中的大部分生产环节，从而引领中国智能网联汽车产业实现由大变强。根据iResearch统计数据，2016—2020年我国智能网联汽车产业规模呈现连续上涨趋势，2020年市场规模增长至2556亿元，同比增长54.3%，如图4-2所示。

3. 我国智能网联汽车多为L1级和L2级

目前，各大主机厂量产车辆辅助驾驶等级大部分为L1级和L2级，并逐渐向L3级演进。但百度、阿里等科技公司则采取更激进的策略，直接研发L4级自动驾驶，并在部分城市路段或特定场景下进行测试，如城市郊区道路、部分高速公路/快速路、园区等，目前多处于示范应用阶段，尚未大规模量产和商业化运营。在汽车智能网联化的变革中，汽车电子、软件、算法等价值将因智能驾驶技术而显著提升。先进的大数据、计算机、人工智能等技术不断应用在智能网联汽车中，成为越来越重要的生产要素。如图4-3所示，2020年我国新车辅助驾驶渗透率（L1+L2）约为32%，L1级、L2级新车占比分别约为20%和12%。

图 4-2 2016—2020 年中国智能网联汽车市场规模及同比增长

数据来源：iResearch。

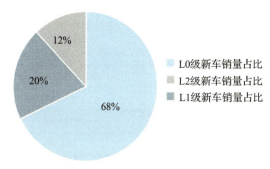

图 4-3 2020 年中国智能网联汽车新车渗透率

数据来源：iResearch。

4. 受 L2 级车型供应和消费者需求驱动，智能网联乘用车销量快速增长

2020 年，智能网联乘用车（L2 级）终端总销量为 303.2 万辆，占乘用车总销量的 15.0%。2021 年 1—10 月，L2 级乘用车终端销量累计 360.02 万辆，同比增长 59.6%，占乘用车总销量的 21.0%。其中，10 月终端销量为 40.99 万辆，同比增长 40.4%。

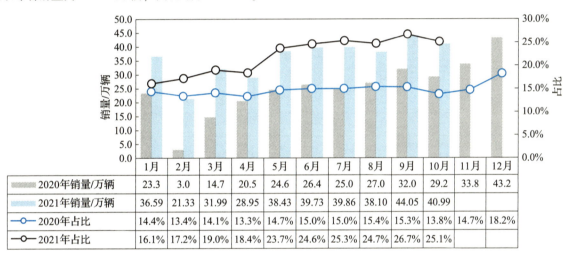

图 4-4 2020 年及 2021 年 1—10 月中国智能网联乘用车（L2 级）销量情况

数据来源：中国智能网联汽车产业创新联盟，中国汽研整理。

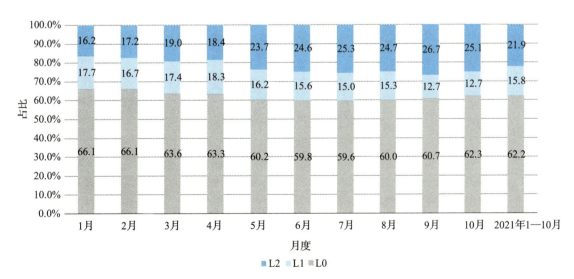

图 4-5 2021 年 1—10 月中国乘用车市场智能网联各等级占比

数据来源：中国智能网联汽车产业创新联盟，中国汽研整理。

从乘用车类别来看，MPV 类型 L2 级辅助驾驶的渗透率最高，依次为 SUV、轿车。其中，别克 GL8、Model Y、卡罗拉分别为三种类型车辆 L2 级渗透率主要贡献者（见表 4-1）。

表 4-1　2021 年 1—10 月不同车型销售情况

车辆类别	1—10 月累计总量/万辆	1—10 月累计 L2 级/万辆	渗透率（%）
SUV	756.19	187.69	24.8
轿车	785.65	151.25	19.3
MPV	64.09	21.08	32.9
车型		1—10 月累计 L2 级/万辆	
MPV 车型排名 TOP5			
别克 GL8	9.31	奔驰 V 级	9.29
本田艾力坤	4.25	大众威然	0.73
本田奥德赛	3.24		
SUV 车型排名 TOP5			
特斯拉 Model Y	10.69	丰田威兰达	7.80
本田皓影	9.78	本田 CR-V	7.49
丰田 RAV4	8.31		
轿车型排名 TOP5			
丰田卡罗拉	24.93	丰田亚洲龙	9.29
丰田雷凌	14.81	本田雅阁	8.27
特斯拉 Model 3	11.25		

数据来源：公开销量数据，中国汽研整理。

根据车辆系别来看，2021 年 1—10 月，日系车型搭载 L2 级辅助驾驶功能最多，渗透率为 36.2%。由于比亚迪汉、第三代长城哈弗 H6、小鹏 P7 等车型上市，L2 级自主车型销量快速增长，前 10 月累计销量 116.87 万辆，增长率最大。

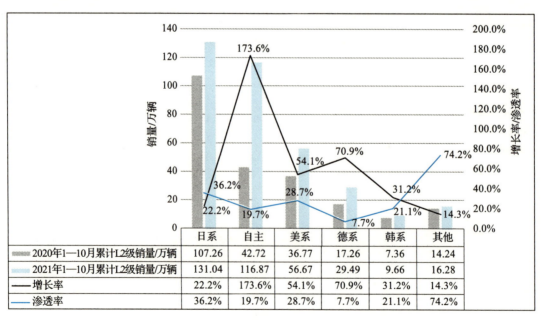

图 4-6　2021 年 1—10 月中国乘用车分系别销量情况

数据来源：中国智能网联汽车产业创新联盟，中国汽研整理。

4.2 典型产品进展

经过多年的发展，智能网联汽车已取得了巨大进步，自动驾驶、人机交互等技术已经大面积应用于量产车型，蔚来、小鹏、理想等典型整车企业不断加快产品迭代，陆续推出众多智能化、网联化代表车型，详见表4-2。

表4-2 典型车企量产的智能网联汽车情况

典型车企	自动驾驶目标等级	代表车型	量产年份
特斯拉	L3-L4	Model Y	2020年
小鹏	L3-L4	P5	2021年底
蔚来	L3-L4	ET7	2022年初
理想	L3-L4	X01	2022年
上汽智己	L3-L4	L7	2021年底
长安	L3-L4	未命名	2022年
北汽极狐	L3-L4	αS HI版	2021年底
长城	L3-L4	摩卡	2021年
吉利	L2-L3	极氪001	2021年
广汽	L2-L3	Aion V	2020年

数据来源：公开数据整理。

1. 特斯拉

特斯拉在电子电气架构变革中处于领先地位，目前推广的智能网联和自动驾驶技术为功能域+区域集中，具备闭环自研软硬件能力。自动驾驶技术采用的是自研芯片+部分控制器+操作系统+算法，空中下载技术（OTA）更新更为便捷。目前，特斯拉E/E硬件架构已发展为"功能域"+"区域"控制器集成。在决策模块中，自动驾驶及娱乐控制模块（CCM）为整车最高决策模块，采集数据均由CCM统一处理、决策，并指挥各执行机构协同操作。在整车自动驾驶域控制器+智能座舱域控制器基础上，率先进行区域控制器集成，将车身控制器划分为左、前、右三部分，节点就近接入，并集成部分电子控制单元（ECU）功能，但分布式控制器之间仍然采用传统汽车CAN/LIN总线进行连接。Model 3在电子电气架构上具备以下核心特征：

1) 自研控制器占比超过50%，自研完全自动驾驶（FSD）芯片。
2) 基于Linux内核打造车载操作系统Version，自研核心算法、自建数据中心，已形成类似苹果的闭环开发模式。
3) 控制器为线束模块化服务，车载线束总长度降至1.5km。
4) 开始部分应用以太网，核心控制器之间环状连接实现冗余。

在自动驾驶芯片的选择上，特斯拉最早在Model S车型中搭载Mobileye Q3芯片。2016年，特斯拉发布了基于英伟达Drive PX2计算平台的全新"HW2"传感器套件和Autopilot 2.0系统；2019年，特斯拉公开自研的FSD芯片并开始走向智能化流程几乎全栈自研的道路，引领行业发展。

2. 小鹏汽车

小鹏汽车目前推广的智能网联和自动驾驶方案采用的是SEPA平台，提供全面智能体验的自研电子电气架构，并支持自动驾驶、智能座舱、底盘域以及车内高速通信。除此之外，"功能域"集中域控制器支持自动驾驶和智能座舱功能。小鹏汽车自研电子电气架构，以中央网关模组为核心，连接自动驾驶、智能座舱两大域控制器，以及车身控制单元（BCM）、整车控制器（VCU）、电池管理系统（BMS）等相关ECU，支持XPILOT 3.0自动驾驶功能以及Xmart OS智能座舱功能。VCU参与协调底盘执行单元的协调工作。VCU 通过接收自动驾驶系统、底盘和制动系统的指令和信息，并协调和控制动力系统（电池、电驱动、高压）的运行，通过监控和协调动力子系统的状态，能够使其作为一个集成系统高效运作。车内域控制器与中央网关之间通过百兆以太网进行连接，将信息传输速率提升 200 倍，支持自动驾驶传感器大量数据传输，并支持云端的数据传输。通过 4G 网络提供数据的传输和上传功能，从而实现整车 OTA 升级。

目前，小鹏汽车在自动驾驶芯片的选择，G3 搭载 Mobileye Q4 芯片，P7 车型搭载英伟达 Xavier 芯片，未来将使用英伟达 Orin 芯片实现自动驾驶功能。

3. 蔚来汽车

蔚来汽车目前推广的智能网联和自动驾驶方案是以千兆以太网络 + 高性能电控单元构成整车电子电气架构，全套的核心三智单元均为自主研发。蔚来是最早采用千兆以太网作为内部传输总线架构的汽车公司之一，高速以太网络加上全车的 60 多个高性能电控单元构成了整车的"神经网络"。整车最为核心的智能网关、智能座舱以及智能驾驶系统，从硬件到软件到应用层都是蔚来自主研发的。但是，下一代自动驾驶域控制器（ADC）将采用英伟达 ORIN 芯片，中央显示控制器单元将采用高通 8155 芯片。

在自动驾驶芯片的选择上，蔚来汽车现有车型主要搭载 Mobileye Q4 芯片，2022 年一季度预计开启交付的 ET7 旗舰车型将搭载 Orin 芯片。

4. 理想汽车

理想汽车在自动驾驶领域推行的是计算中心化、硬件抽象化、数据网关和能源网关卫星化。理想汽车 CTO 由原伟世通架构师担任，并负责整体架构设计。技术组织架构分为智能座舱、自动驾驶和算力平台三大部门。为了实现下一代架构的硬件抽象化，以计算中心化和数据网以及能源网关卫星化的开发为基础。下一代电子电气架构的趋势是建立中央算力平台，实现中心计算化，当前目标是将 BCM 和中央网关进行融合，下一步将数据/能源网关作为区域控制器分布，这样能够将物理上相近的传感器和电机输出的控制在局部整合，然后数据打包以后回到计算中心。

在自动驾驶芯片的选择上，理想 One 早期同样使用 Mobileye Q4 芯片，2021 款理想 ONE 开始搭载地平线"征程 3"，2022 年将推出的全尺寸增程式智能 SUV 上会率先使用 NVIDIA Orin 系统级芯片。

从产品自主研发角度来看，智能化部分的软硬件，只有特斯拉均以自研为主。然而，国内新势力逐步针对核心硬件和软件开始自研，自动驾驶芯片普遍由 Mobileye 向英伟达进行切换。目前，国内小鹏、蔚来、理想三家造车新势力在毫米波雷达、制动等零部件上主要使用博世的产品，电池方面均与宁德时代进行合作，座舱芯片普遍采用高通芯片，操作系统及算法等以自研为主。典型车企关键软硬件合作情况见表 4-3。

表 4-3 典型车企关键软硬件合作情况

部件	具体零部件	特斯拉合作方	小鹏合作方	蔚来合作方	理想合作方
感知层	摄像头	联创电子、Aptina	博世（供 G3）、LG（供 P7）	均胜电子、博世、德赛西威	Mobileye、豪威科技
	激光雷达	暂未采用，与 Liminar 合作测试	Livox	图达通（蔚来资本投资）	禾赛科技
	毫米波雷达	法雷奥、三花智控、百达精工	博世	博世、安波福	博世
	超声波雷达	奥迪威	博世	博世	博世
架构设计	电子电气架构	自研，引领行业	自研	自研	自研

(续)

部件	具体零部件	特斯拉合作方	小鹏合作方	蔚来合作方	理想合作方
决策层	AI芯片	自研FSD芯片	Mobileye、英伟达，同时开始自研	Mobileye、英伟达	Mobileye、地平线、英伟达
	智能座舱芯片	英特尔Gordon Peak BPM + A3950	高通	高通	高通、TI、地平线
	自动驾驶域控制器	自研	德赛西威	自研	宏景智驾（理想One）、德赛西威（下一代车型）
	智能座舱域控制器	自研	德赛西威	自研	德赛西威
	操作系统	自研（基于Linux）	自研	自研	自研
	中间件	自研	自研	自研	自研
	算法（自动驾驶算法）	自研	自研感知+决策+执行算法	目前，自研决策+控制算法；2022年，自研感知+决策+控制算法	目前，自研决策+控制算法；2022年，自研感知+决策+控制算法
地图	高精度地图	百度、四维图新、谷歌	高德	百度	高德、腾讯
	导航地图	百度、四维图新、谷歌	高德	百度	高德、腾讯
关键硬件	转向	万都、博世、安洁科技、百达精工	博世华域	蒂森克虏伯	博世华域
	制动	布雷博、京山轻机	博世华域	博世、布雷博、泛博制动	博世
数据	云上训练数据	自建数据中心	阿里云	—	—
	车辆数据存储	自建数据中心	阿里云	自主积累	星辰天合

数据来源：公司官网、盖世汽车、公开数据整理。

4.3 示范应用进展

目前，全国已建有国家级车联网先导区4家（无锡、长沙、天津、重庆），国家级示范/试点区域22家，省市及企业级示范点超过30个，智慧城市基础设施与智能网联汽车协同发展试点城市16个，全国开放测试区域超过5000km²，测试总里程超过500万km，已有超过3500km的道路实现智能化升级。在各地政府的积极引导及企业的快速布局下，智能网联汽车示范应用范围不断加大、应用场景不断丰富，并积极探索商业化运营模式，为下一步大规模商业化应用奠定坚实基础。

1. 全球首个网联云控式高级别自动驾驶示范区项目

2020年9月，北京市统筹"车-路-云-网-图"等各类优质要素资源进行融合试验，以北京经济技术开发区全域为核心，建设全球首个网联云控式高级别自动驾驶示范区——北京市高级别自动驾驶示范区（以下简称示范区）。示范区以"小步快跑，迭代完善"的思路，持续迭代更新，推动创新加速，不断修正完善后续建设方式和内容，按照1.0阶段（试验环境搭建）、2.0阶段（小规模部署）、3.0阶段（规模部署和场景拓展）、4.0阶段（推广和场景优化）的步骤层层推进，模式成熟后再向其他区域推广，逐步形成具备可商业落地、可复制推广的智能网联汽车城市级应用的"北京方案"。

示范区通过定义一体化投资的标准路口，在全国率先开展"多杆合一、多感合一、多箱合一"规划建设。如图4-7所示，采用摄像头、毫米波雷达、激光雷达、边缘计算单元等在内的多源路侧感知计算基础设施，迭代确定自动驾驶交通、交管底层复用的数字化设施，通过试验验证找到车路能力之间的最佳耦合关系，降低路端建设成本。目前1.0阶段已建设完成并发布，完成经开区核心区12.1km城市道路、双向10km高速公路各类数字化基础设施部署，1个自主泊车停车场改造完毕。

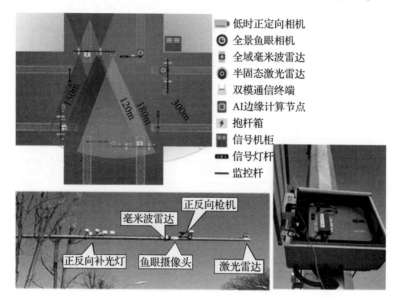

图4-7　标准路口部署方案

网联云控系统对外服务能力初步建立。如图4-8所示，已实现高清视频数据、激光雷达点云数据、毫米波雷达结构化数据、路侧单元（RSU）应用层数据、边缘计算单元（MEC）事件检测、信控灯态等数据全部联通，统一基础数据底座汇聚完成。云控平台完成区域云和边缘云分布式基础架构建设，9大功能平台模块设计完成，17类道路交通事件标准化定义有序进行，车辆实际道路测试正式开展。正逐步实现从基础数据推送、道路事件检测播报到协同感知安全提醒的服务能力。

图4-8　云控平台成果展示

建设不同制式网络组网方案。如图4-9所示，示范区1.0阶段建设遵循两网并行，互为冗余的原则，同步建设C-V2X和超高速移动通信技术（EUHT）两套网络，通过应用场景的实际运营，验证车网深度融合的业务模式，同时探索政务集群通信等其他业务。按照北京市统一部署，组建北京智慧城市网络有限公司，专项推动新型专网部署，实现区域组网。一方面承载车辆远程监控、高级别自动驾驶安全信息传输、超视距制动控制、远程驾驶等29类相关应用业务。另一方面探索在智慧城市方面的创新场景应用，包括城市感知体系互联传输需求以及工业生产专用通信互联网络。

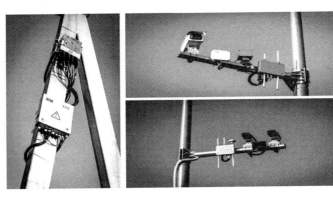

图 4-9 组网设备安装示意

高精度地图试点工作体系初步建立。依托全国唯一的智能汽车基础地图应用试点，开展高精度地图平台建设并完成 1.0 阶段平台搭建。如图 4-10 所示，目前已经开放企业申请试点测试服务，可提供基础地图数据、高精定位等服务，同时完成了地图接口服务开发，可支撑示范区云控平台的多种应用场景，将支撑政府监管和满足智能汽车对高精动态地图的应用需求。

图 4-10 地图平台成果展示

示范区共研究筛选出城市服务应用类、前沿技术研发类、跨界融合创新类 3 大类共计 20 项应用场景，并实现多类场景的全面示范。无人出租车方面，百度、小马智行已部署自动驾驶乘用车 150 余辆，并允许符合条件的车辆在经开区 60 km² 范围内开展商业化试点服务，社会响应十分热烈；终端配送方面，京东集团已部署无人配送车 30 余台，实现了区域性的自动驾驶快递和生鲜配送；无人零售方面，新石器公司已投放 70 余台无人零售车，为产业园区职工提供便利的早午餐供应，目前已完成销售订单 2 万余笔。此外示范区还开放了高速测试场景，并颁发自动驾驶货车号牌 4 张，协同京东物流和主线科技开展干线物流场景示范研究。场景展示如图 4-11 所示。

图 4-11 场景展示

2. 国内首个智能网联汽车政策先行区

2021年4月，北京市紧抓"两区"（国家服务业扩大开放综合示范区和北京自由贸易试验区）建设机遇，依托示范区设立国内首个智能网联汽车政策先行区，打造先行先试的监管沙盒，全面支持示范区建设。如图4-12所示，实施范围包括亦庄新城225km²规划范围、北京大兴国际机场以及周边6条143km高速路段。政策先行区成立以来，以政策和制度创新为核心，首次在北京突破自动驾驶车辆早晚高峰测试限制；率先出台异地测试结果互认管理办法；出台国内首个无人配送车管理实施细则和首个智能网联汽车高速公路道路测试与示范应用实施细则；发布国内首个针对智能网联汽车无人化道路测试特点的规范性政策文件。截至2021年11月，已累计发放乘用车号牌129张，无人车编码76个，货车号牌4张，累计安全测试里程250万km。

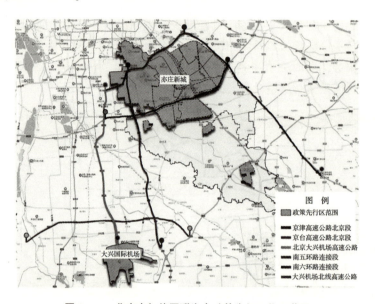

图4-12 北京市智能网联汽车政策先行区物理范围

3. 全球首个城市级车联网（LTE-V2X）应用示范项目

无锡车联网（LTE）城市级应用示范项目基于工业和信息化部、公安部和江苏省在无锡共同建设的国家智能交通测试基地开展，由无锡市组织中国移动、公安部交通管理科学研究所、华为、无锡市公安局交通支队、中国信息通信研究院、江苏天安智联等6家核心单位实施，一汽、奥迪、上汽、福特等车企以及中国交通频道、高德、江苏航天大为等23家单位共同参与标准制定、研发推进、开放道路实测、演示等系列活动。截至目前，无锡市已完成了现阶段全球最大规模的城市级车联网LTE-V2X网络，覆盖无锡市主城区、新城主要道路240个信号灯控路口，共完成170km²的规模，道路总长280km，开放40余项交通管控信号，实现V2I/V2V/V2P信息服务，覆盖车速引导、救护车优先通行提醒、道路事件情况提醒、潮汐车道、电单车出没预警等27个典型应用场景。根据测试数据统计，无锡LTE-V2X车联网应用部署完成后，城市拥堵率有望下降10%。

4. 全国首条支持车路协同自动驾驶的智慧高速

2020年8月31日，全国首条支持车路协同自动驾驶的智慧高速正式通车，共打造了98个智能网联汽车相关场景，主要满足智慧交通管理、智能网联汽车测试及网联辅助驾驶等功能如图4-13所示。该项目由湘江智能负责建设运营，主要包括长沙绕城高速西北端、西南端63km以及此次开通启用的

图4-13 全国首条支持车路协同自动驾驶的智慧高速

G5517长益北线高速30km，全长共计93km，分为标准段、测试段和示范段。

1）标准段：全线长93km，满足网联辅助驾驶和高速公路监管需求。其中，长益复线标准段匝道每个节点部署智能路侧系统，包括一套视觉感知传感器、一套V2X通信设备和一套边缘计算单元。

2）测试段：从观音岩至乌山互通满足车路协同自动驾驶车辆测试、网联辅助驾驶、高速公路运营监管需求。测试段在观音岩互通到乌山隧道高密度覆盖智能路侧系统，每150m部署一处边缘感知，每450m部署一套边缘计算单元。

3）示范段：从梅溪湖隧道南出口到学士路收费站共计3.5km，满足网联辅助驾驶、高级别高速公路监管需求。

除了智能化路侧系统，还部署了云控平台，实现V2N（车与云）的数据交互，支撑智能汽车高速公路安全运行。此外，智慧高速支持包括4G+5G、C-V2X在内的多模通信网，能够实现车辆、路侧单元、云端三者之间的高速低时延数据连接与数据传输，具备实时调度、管理网络以及保证网络安全的能力。长沙首条支持车路协同自动驾驶的智慧高速的建成，也标志着我国车路协同V2X技术已具备开展大规模应用的能力，实现了智能网联V2X应用从0到1的突破，大规模路侧设施的部署进程有望加快。

5. 自动驾驶商用车逐步展开应用

宝日希勒露天煤矿无人驾驶项目填补世界极寒地区矿山设备无人化运行空白，实现了矿区内自动驾驶循环作业应用。矿卡、挖掘设备、云平台通过5G网络沟通明确整个装载协作流程，矿卡根据云平台路径规划和对周围环境的感知，自动行驶至装载区，同时将自身的实时状态信息和任务信息实时发送至装载设备，装载设备也将自身的位置、朝向等信息同步发送至矿卡，实现多车协同作业，如图4-14所示。该矿区自动驾驶系统可动率大于96.7%，截至2021年8月，已累计编组运行超5万km，土方运输量超60万m^3，运输综合效率不低于有人驾驶。天津港自动驾驶集卡应用打通了集卡与生产作业系统、岸桥、轨道桥、智能解锁站间的"信息通道"，集卡与中控端进行作业任务或者场端其他系统进行

图4-14 宝日希勒露天煤矿无人驾驶项目

交互，完成作业任务及其他命令需求。同时，集卡结合港内作业实际情况，基于车队调度管理系统，采用智能化的任务调度和路径规划方法，提高作业效率，减小能源消耗。目前，天津港已投入使用近80台自动驾驶车辆，实现了规模化运营。

4.4 产业发展趋势

1. 单车智能化向车路协同发展

随着智能网联技术飞速发展，道路交通运行场景变得愈发复杂，仅凭单车智能方案难以大规模推广实行无人驾驶，必须采用车路协同技术，有效解决单车智能存在的能力盲区与感知不足问题，并加速推进智能网联汽车商业化进程。车路协同的核心在于通过"灵活的网"，将"聪明的车"和"智慧的路"以及"强大的云"互联。通过路端设备获取的环境信息和基于云端的决策能力，将进一步提升车辆自动驾驶功能的可靠性和安全性，从而更好地推进车辆自动驾驶功能的提升和相关产品的落地。

2. 底层技术驱动行业变革

软件定义汽车的共识下，车企资源向软件倾斜，软硬件解耦导致研发迭代加速，车企间联合布局优势互补的合作成为主流。电子电气架构向集中式发展，控制器主导权从供应商向车企归集，域控制器成为核心能力。车规芯片的算力和功耗影响智能汽车性能，芯片科技巨头和初创公司入局将深刻影响产业发展。车企在智能汽车时代将弱化制造属性而强化创造属性，其同科技巨头的跨界融合及底层技术的演

进将产生投资良机。

3. 软件将成未来角逐焦点

以汽车行业"新四化"为导向，以"软件定义汽车"为主流思想的创新模式，成为汽车产业向电动化、智能化转型过程中的制胜关键。当前，传统燃油汽车的软件代码平均长度已经超过 100 万行，相比日常熟悉的消费电子等多种类产品，这个代码量已是相对最长。在整车电子电气架构功能稍显分散的当下，软件工作量被不同控制单元的供应商所分担。预计到 2025 年，汽车平均代码量将是当前的 5 倍以上。汽车电动化、智能化、网联化将衍生出多种新功能和新应用，这将直接导致整车软件代码量激增，软件研发工作成为车企关注和精力投入的首要重点将是可预见的趋势。

4. 融合发展是未来新趋势

智能网联汽车融合现代通信与网络技术，实现车与人、车、路、网、云等智能信息交互、共享，具备复杂环境感知、智能决策、协同控制等功能，进而使汽车成为智能交通网络系统中重要的功能结点，从而构建"人－车－路－云"协同的智能交通体系。智能网联汽车衍生功能服务主导的新实体经济、人工智能的应用聚化、新型传感零部件产业、出行服务新价值链条，与智慧交通、智慧城市有机结合，汽车产业正被"智能网联"重新定义，成为集交通、通信、电子、信息等相关产业技术创新、生态融合的重要工具和平台载体。智能网联汽车产业的跨行业、跨领域属性突出，涉及汽车、电子、信息通信、交通等多个产业及交通、交管等多个主管部门，因此产业架构复杂，需要多方协同推进。

5. 商业模式决定未来发展方向

成功的商业模式是产业可持续健康发展的关键。现阶段智能网联汽车产业处于发展初期，商业模式尚不明确，智能网联汽车涉及的技术和基础配套设施前期投入巨大，能否找到产业盈利的运营模式是决定产业相关企业和政府长期投入的关键。从企业角度看，用户渗透率的提升、产品成本的下降、营收及利润率的提升等趋势是企业选择产业方向的核心；从城市角度看，除了产值、利税等经济因素外，对产业链的带动作用、对产业质量的提升作用以及对城市形象的推广作用等社会效益因素同样是产业方向选择的重点。高产出比、低风险的商业模式将决定智能网联汽车产业未来发展的主流方向和路径。

第 5 章 智能网联汽车产业热点领域研究

5.1 车载激光雷达

1. 产业概述

（1）概述

激光雷达（LiDAR）即光探测与测量设备，是一种集激光、全球定位系统（GPS）和惯性测量单元（IMU）三种技术于一身的系统。目前激光雷达主要分为机械式、混合固态（MEMS）、固态式（OPA、Flash）三类。其中车载激光雷达是自动驾驶汽车中最重要的传感器之一，对于保证行车安全具有重要意义。激光雷达在自动驾驶技术中的应用主要包括：对车辆周围环境进行3D建模，并获得环境的深度信息，识别障碍物，构建可行驶区域等。目前谷歌、百度、奥迪、福特、宝马等企业都在逐渐使用激光雷达的感知解决方案，它已经成为无人驾驶技术中最基本的配置。

（2）发展历程

激光雷达发展历史已有数十年。1916年，爱因斯坦提出了光的受激发射理论，人类对激光开始有了认知。1960年，人类研制出了第一台激光发生器，开启了利用激光之路。1969年7月美国第一次登月，在月球表面安装了一个类似镜子的后向反射器装置，在地球上通过向该装置发射激光，人类测得了精确的地月距离。2007年Velodyne生产出首台商用3D动态扫描激光雷达，这是该行业的重要时刻。随着Velodyne的崛起和无人驾驶汽车配备激光雷达的前景被看好，越来越多的企业开始了车载激光雷达的研发。2020年，Velodyne的新款固态激光雷达售价已达到100美元（公司官网），正式进入实用区间。激光雷达发展历程见表5-1。

表5-1 激光雷达发展历程

时间	标志性事件
2000年之前	1960年世界上第一台激光器诞生，随后激光雷达率先用于大气等科学研究 1971年阿波罗15号利用激光雷达绘制月球表面 1983年Velodyne成立 1998年Ibeo成立
2004年	美国国防高级研究计划局举办的无人驾驶挑战赛（DARPA）推动了无人驾驶技术的快速发展并带动了高线数激光雷达在无人驾驶中的应用
2005年	Velodyne推出64线激光需达，并在第三届DARPA挑战赛中得到了广泛应用
2007年	Velodyne推出首个商用实时3D激光雷达HDL-64E
2010年	Ibeo同Valeo（法雷奥）合作进行车规级激光雷达SCALA的开发，经过多年的测试和验证，于2017年实现量产
2015年	北科天绘推出公司首款16线激光雷达R-FANS16
2016年	速腾推出公司首款激光雷达RS-LiDAR-16 镭神智能推出三角法系列产品
2017年	激光雷达技术进一步创新，半固态式或固态式激光雷达如MEMS、OPA等技术方案受到市场重视 Velodyne推出固态产品Velarray，Alpha Puck探测距离达到300m 2017年4月禾赛科技发布了40线激光雷达Pandar40
2019年	华为在2019年10月宣布进军激光雷达 FMCW原理的激光雷达技术方案受到了市场的关注，激光雷达朝着芯片化方向发展 Velodyne推出近场探测产品VelaDome，能够检测到接近0.1m的物体

(续)

时间	标志性事件
2020年	镭神智能CH32混合固态激光雷达成为国内首个获得认证的车规级激光雷达 华为首次发布96线程车规级激光雷达，首发搭载于ARCFOXHBT车型 国外激光雷达公司迎来上市潮，Velodyne、Luminar完成NASDAQ上市 Velodyne推出低成本小型固态激光雷达Velabit，售价100美元
2021年	蔚来汽车EI7搭载Innovusion开发的激光雷达，最远探测距离可达500m

2. 市场发展现状

（1）市场规模

资本市场加码激光雷达市场。据统计，2016—2018年，全球激光雷达领域投资规模呈现出平稳增长的态势，2018年投资金额达到23.9亿元。2019—2020年，投资金额稍有回落后，2021年上半年迎来快速增长，仅上半年全球激光雷达领域融资已超120亿元，投资情况如图5-1所示。资本市场为激光雷达产业的发展注入资金，激光雷达和上游厂商获得资本投资的重大事件见表5-2。

图5-1 2016—2021年全球激光雷达领域投资情况

数据来源：光大证券。

表5-2 2020年激光雷达和上游厂商获得资本投资的重大事件汇总

公司	定位	融资轮次	交易金额	投资机构
光勺科技	激光雷达厂商	天使轮	500万元	未披露
富兰光学	上游光学器件厂商	股权融资	未披露	海创汇、建信致远、武汉国兴投资等
一径科技	激光雷达厂商	A+轮	7000万元	复兴锐正资本、松禾资本、元戎启行
力策科技	上游OPA芯片厂商	股权融资	未披露	峰瑞资本
长光华芯	上游半导体芯片厂商	C轮	15000千元	华泰证券、国投创业
探维科技	激光雷达厂商	Pre-A轮	数千万元	清控银杏创投
Ouster	激光雷达厂商	B轮	4200万美元	Fontinalis Partners、Tao Capital Partners
灵明光子	上游单光子传感器芯片厂商	A+轮	数千万元	小米长江产业基金、昆仲资本等
芯世界微电子	上游数据处理芯片厂商	股权融资	未披露	前海中慧基金、上海科创基金等

数据来源：中国汽研整理。

（2）竞争格局

激光雷达市场竞争日益激烈，国产企业发展提速。在测距精度、抗干扰、时间同步、稳定性等方面，头部企业Velodyne处于全球领先地位，并通过现代摩比斯、Veoneer等世界级Tier1进入汽车前装市场。随着国产企业加速发展，Velodyne的领先地位受到影响，国产企业凭借技术与成本叠加优势，速腾聚创、禾赛科技、华为等国内厂商出货量与占有率持续提升。目前国内激光雷达高线束尚无真正通过车规级的成熟量产方案，且零部件进口依赖度较高，但因其兴起时间较短，技术仍处于快速迭代阶段，中外厂商之间并无明显差距。国内厂商在机械式及固态激光雷达技术研发领域体现出强大聚焦与创新力度，部分国内厂商在业内占据技术引领地位，国产激光雷达前景可期。

目前国内具备生产激光雷达资质的企业主要有速腾聚创、一径科技、禾赛科技、镭神智能、Livox、华为等。根据Frost&Sullivan对于中国激光雷达市场规模测算以及各公司公报数据研究，分析得出国内2020年激光雷达行业市场竞争情况：禾赛科技占有14%的市场份额，万集科技与道通科技各4%，2020年国内主要激光雷达企业占据市场份额情况如图5-2所示。

从我国激光雷达企业区域分布来看，激光雷达企业主要分布在北京、广东、浙江、江苏、上海、安徽、陕西、湖北等地区。我国激光雷达产业区域分布见表5-3。

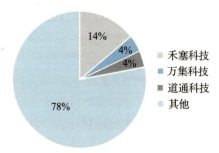

图5-2 2020年国内激光雷达产业市场份额

数据来源：Frost&Sullivan。

表5-3 激光雷达产业区域分布

地区	企业	产品特色
陕西	知微传感	高精度3D深度相机及激光雷达研发
陕西	飞芯电子	激光雷达及探测器芯片研发
北京	一径科技	MEMS激光雷达
江苏	图达通	图像及激光雷达技术研发
上海	禾塞科技	自动驾驶激光雷达研发
安徽	森斯秦克	毫米波雷达传感器智能应用产品研发
湖北	光迹融威	激光雷达系统级芯片设计
湖北	华为	96线中长距激光雷达产品
浙江	洛微科技	纯固态芯片级激光雷达研发
广东	速腾聚创	激光雷达软硬件研发
广东	Livox	高性能、低成本激光雷达研究

（3）产业链

激光雷达产业链上游市场主要是构成激光器、探测器等组件的原材料，包括有色金属材料、激光材料、导航芯片、FPGA芯片、模拟电路芯片等，其中激光材料包括玻璃材料、晶体材料等，有色金属材料包括铜、铝、钛、铷等；激光雷达产业链中游主要是激光雷达生产制造企业；产业链下游是激光雷达应用市场，可分为车联网领域、无人驾驶领域、机器人和测绘领域等，同时激光雷达在其他非民用领域方面也有所发展，如军事、科研等。激光雷达产业链示意图如图5-3所示。

图5-3 激光雷达产业链示意图

1）产业链上游。

①激光器与探测器：其性能、成本、可靠性与激光雷达产品的性能、成本、可靠性密切相关。我国激光器与探测器供应商在产品性能方面与国外供应商水平接近，在产品的定制化上较灵活，价格上具有

一定优势。

②FPGA 芯片：作为激光雷达的主控芯片，国内产品的逻辑资源规模和高速接口性能可以满足激光雷达的需求，但性能上国外供应商的产品大幅领先于国内供应商。

③模拟电路芯片：用于搭建激光雷达系统中发光控制、光电信号转换，以及电信号实时处理等关键子系统。国内供应商相比国外起步较晚，从产品丰富程度到技术水平还普遍存在着一定差距，尤其车规类产品差距会更大。

④光学部件：主要由激光雷达公司自主研发设计，再选择行业内的加工公司完成生产和加工工序。目前国内光学部件供应链的技术水平已经完全达到或超越国外供应链的水准，且有明显的成本优势，已经可以完全替代国外供应链和满足产品加工的需求。

2）产业链下游。

①无人驾驶行业：从车队规模、技术水平以及落地速度来看，国外相比国内仍具有一定的领先优势。

②高级辅助驾驶行业：通常需要激光雷达公司与车厂或 Tier 1 公司达成长期合作，一般项目的周期较长。

③服务机器人行业：国内快递和即时配送行业相比国外市场容量大，服务机器人国内技术发展水平与国外相当，从机器人种类的丰富度和落地场景的多样性而言，国内企业更具优势。

④车联网行业：在"新基建"等国家政策的大力推动下，国内在车联网领域发展较快速。

激光雷达产业链各环节发展情况见表 5-4。

表 5-4 国内外激光雷达产业链各环节发展情况

上游		中游		下游
激光器		激光雷达		无人驾驶公司
国外：OSRAVL AMS、Lumentum 国内：瑞波光电子、纵慧芯光半导体	产品性能已经基本接近国外供应链水平，并已经有通过车规认证（AEC-Q102）的国产激光器和探测器出现	Velodyne	主要为机械旋转方案的多线激光雷达；已发布（半）固态产品，技术方案未对外公布；已布局 ADAS 软件解决方案	海外：GM Cruise、Ford Argo、Aurora、Zoox（2020年被Amazon收购）、Navya 国内：小马智行、文远知行、Momenta、元戎启行等
探测器		Luminar	产品使用 1550 nm 激光器、InGaAs 探测器及扫描转镜；已布局算法感知软件方案	高级辅助驾驶行业
国外：First Sensor、Hamamatsu、ON Semiconductor、Sony 国内：量芯集成、灵明光子、芯世界		Aeva	布局芯片化 FMCW 连续波调频激光雷达	主要包括世界各地的整车厂、Tier 1 公司及新势力造车企业
FPGA 芯片	也可使用高性能单片机（MCU）、数字信息处理单元（DSP）	Innoviz	发布产品为半固态方案，用二维微振镜作为扫描器件；已布局感知算法解决方案	服务机器人行业
国外：Xilinx、Intel 国内：紫光国芯、智多晶		Ouster	在售产品为机械旋转式，采用 VCSEL 和 SPAD 阵列芯片技术；已布局纯固态	①机器人公司 国外：Nuro、Deka Research、Canvas Build、Unmanned Solution 国内：高仙、智行者、优必选、新石器、白犀牛 ②消费服务业巨头
模拟芯片	国内供应商较国外起步晚，存在普遍差距，车规类产品差距更大	Ibeo	在供产品采用转镜方案；已发布基于 VCSEL 和 SPAD 阵列的纯固态产品	
国外：TI、AD1 国内：矽力杰、圣邦微电子		禾赛科技	在售产品包括不同架构的机械旋转方案的多线激光雷达，布局激光雷达的芯片化架构	车联网行业

(续)

上游		中游		下游
光学部件	国内供应链的技术水平已经完全达到或超越国外供应链的水准，且有明显的成本优势	华为	96线中长距激光雷达，扫描方式MEMS	车联网方案提供商，如百度、大唐、金溢科技、星云互联、高新兴等
激光雷达公司一般为自主研发设计，然后选择行业内的加工工序		大聘 Livox	转镜式激光雷达	

资料来源：中国汽研整理。

行业内在业务上具有可比性的主要激光雷达公司包括美国的Velodyne、Luminar、Aeva、Ouster，以色列的Innoviz，德国的Ibeo，以及国内的速腾聚创、禾赛科技。其中Velodyne是全球行业龙头，禾赛科技在国内市场处于领先地位。行业内主要激光雷达企业见表5-5。

表5-5 行业内主要激光雷达企业

激光雷达企业	市场地位及应用场景落地
禾赛科技（中国）	产品广泛用于全球头部无人驾驶项目，同时也服务于机器人及车联网领域
Velodyne（美国）	从2006年到2017年一度是多线数旋转激光雷达市场的最主要提供方。产品广泛应用于服务机器人、无人驾驶等领域
Luminar（美国）	当前产品面向无人驾驶和乘用车的测试及研发项目。与沃尔沃达成供应协议，用于2022年上市的自动驾驶系统
Aeva（美国）	当前尚无信息显示规模化应用。与奥迪自动驾驶子公司合作为乘用车提供传感器
Innoviz（以色列）	当前尚无信息显示规模化应用。与宝马达成供应协议，为2021年推出的L3级量产车提供激光雷达
Ibeo（德国）	与Valeo（法雷奥）合作量产了世界首款车规级激光雷达SCALA，由Valeo负责生产和销售，Ibeo从中收取授权费用。SCALA是目前在ADAS领域唯一在量产车上使用的多线激光雷达
速腾聚创（中国）	主攻机器人市场，是多线机械旋转雷达产品在国内机器人市场的主要供应商之一，同时具有半固态激光雷达产品

资料来源：中国汽研整理。

（4）产品分析

激光雷达从研发到量产有三个关键认证：ISO 16750《道路车辆电气和电子装备的环境条件和试验》、IATF 16949《质量管理体系认证》、ISO 26262《道路车辆功能安全国际标准认证》。只有通过了车规级的认证，企业才能迈入量产的门槛。目前，行业内对用于前装车规级量产的激光雷达有一些相对明确的要求，如测距范围需要200~300m，分辨率要达到0.1°~0.2°，视场角需要达到120°~180°。除了满足性能，激光雷达还面临诸多可靠性问题，如在-40~85℃的范围之内保证正常工作，有足够的对机械振动冲击的稳健性，满足10年车规寿命要求等。国内部分车规级雷达产品见表5-6。

表5-6 国内车规级激光雷达部分产品

厂商	产品型号	最远探测距离	激光安全等级	工作温度	已通过的认证
速腾聚创	RS-LiDAR-M1	200m	Class1	-40~85℃	IATF 16949
Livox	Horizon	260m	Class1	-40~85℃	IATF 16949
	Tele-15	500m	Class1	-40~85℃	IATF 16949
镭神智能	CH32	300m	Class1	-40~85℃	IATF 16949
北科天绘	C-Fans-128	200m	Class1	-40~85℃	IATF 16949
一径科技	ML-X	200m	Class1	-40~85℃	IATF 16949
华为	96线中长距激光雷达	220m	—	—	—

数据来源：中国汽研整理。

1）激光雷达产品成本降低，产品价格持续下降。不同品质的激光雷达在价位上有很大差异，其中，车载半固态和固态式激光雷达价格基本在 1000 美元以内，而部分高端机械式激光雷达价格在 2018 年达 8 万美元。华为智能汽车解决方案相关负责人表示，华为计划将激光雷达的成本降至 200 美元，甚至有望降到 100 美元。由此可见，随着未来激光雷达的快速放量、企业竞争不断加剧，中短期内其价格将呈下降趋势。激光雷达代表厂家雷达价格见表 5-7。

表 5-7 激光雷达代表厂家雷达价格

激光雷达厂商	产品	价格	发布时间
北科天绘	机械式	15 万元	2007 年
速腾聚创	RS-LiDAR-32 混合固态	128000 元	2007 年
	RS-LiDAR-M1 混合固态	1898 美元	
Velodyne	64 线机械式	8 万美元	2007 年
	32 线机械式	4 万美元	
	16 线机械式	8000 美元	
	Velabit 固态	100 美元	2020 年
Aeva	64 线机械式	8 万美元	2018 年
	半固态	500 美元	2019 年
Innovusion	半固态	800 美元	2021 年
华为	半固态	200 美元	2021 年
Innoviz	半固态	800 美元	2021 年

数据来源：中国汽研整理。

2）激光雷达产业化应用正加速推进。全球范围内 L3 级辅助驾驶量产车项目当前处于快速推进中。2021 年多个搭载激光雷达的车型发布量产，华为联合北汽合作开发的极狐阿尔法 S 正式上市并交付，该车搭载了三颗车规级 96 线激光雷达；小鹏搭载了大疆旗下 Livox 公司定制款车规级激光雷达的车型小鹏 P5 也正式发布量产。2021 年开始，国内外主机厂纷纷加速布局高级辅助自动驾驶，搭配激光雷达的量产车型密集发布，这将为激光雷达车载应用市场普及率的提升提供强劲的助推力量。搭载激光雷达即将量产车型及时间见表 5-8。

表 5-8 搭载激光雷达即将量产车型

激光雷达厂商	合作车企	车型	时间
Velodyne	福特	Otosan	2022 年量产
Luminar	沃尔沃	SPA2 平台	2022 年量产
Aeva	奥迪	e-tron	2022—2023 年上市
	大众	ID. BUZZ	2023 年上市
Innoviz	宝马	BMW IX	2022 年量产
Ibeo	长城	WEY	2021 年上市
Innovusion	蔚来	ET-7	2021 年量产
华为	北汽	阿尔法 S	2021 年交付

数据来源：中国汽研整理。

3. 技术应用现状

激光雷达系统可拆分成激光发射系统、扫描系统、激光接收和信息处理四个部分，每个系统技术路线如下。

(1) 激光发射系统

激光发射器由 EEL 向 VCSEL 演进。激光器作为车载激光雷达发射系统的核心器件之一，正由 EEL 向 VCSEL 演进。目前常见的激光器主要包括半导体边发射激光器（EEL）、半导体垂直腔面发射激光器（VCSEL）以及光纤激光器等。EEL 的优势是作为光源具有高发光功率密度，但 EEL 发光面位于半导体晶圆的侧面，生产制造过程需进行复杂的工艺步骤，如切割、翻转、镀膜、再切割，通常只能通过单颗一一贴装的方式与电路板整合，且每颗激光器需独立手工装调，对人的手工装调技术依赖性较大，导致一致性标准化难以保障、生产成本高。VCSEL 的光源发射方向与芯片垂直，其优势一是可直接在晶圆上进行光斑测试，测试成本较 EEL 低；二是 VCSEL 大多采用直接调制，腔长短、集成难度低，在传感领域的性能及量产能力都更为突出。近年来，国内外多家 VCSEL 激光器公司纷纷开发多层结 VCSEL 激光器，据禾赛科技公开报道，多层结 VCSEL 激光器将发光功率密度提升了 5~10 倍。远期来看，VCSEL 有望逐渐取代 EEL 成为主流激光元器件。

(2) 扫描系统

MEMS 渐成主力，Flash、OPA 纯固态方案值得期待。在机械雷达向固态激光雷达转变的过程中出现了更多的技术路线，如扫描方式有转镜式、MEMS、Flash、OPA 等，在固态雷达中也衍生出了 1550nm 波长的雷达产品。目前机械式是自动驾驶公司采用较多的扫描方案，但在实际应用中，机械式激光雷达成本较高成为主要问题，MEMS 激光雷达由于低成本、体积小、稳定性强等优势使其在车载激光雷达领域渐渐成为主力。

传统机械激光雷达的扫描方式通常呈 360°线式扫描，是通过电动机带动整个激光头做圆周运动，这种扫描方式的弊端一是线与线之间有间隙，无论扫描时间多长，都存在漏检物体的可能性；二是包括激光发射、接收等精密的电子器件在内的约占整个雷达 70% 质量的重要部件，都在不停地工作，由此带来的磨损、振动等，使得雷达的稳定性和可靠性降低，且多线激光雷达这种转动的工作模式，若采用滑环设计会容易失效，而无线供电的方式则不够稳定，很难满足车规级别的应用场景。

MEMS 激光雷达通过硅基芯片上微振镜以一定谐波频率的振荡，来反射激光器的光线，从而以超高的扫描速度形成高密度的点云图，扫描角度较广，扫描范围较大。其核心光束操纵元件为 MEMS 微振镜，减少了激光雷达尺寸、激光器和探测器数量，很大程度降低了成本，具有高性能、稳定性强、易于生产制造等优点，兼顾车规量产与高性能的需求。

Flash 激光雷达是目前唯一的非扫描式激光雷达，在发射端采用面光源，短时间发射出一大片覆盖探测区域的面阵激光，再以高度灵敏的接收器，完成对环境周围图像的绘制，能够达到最高等级的车规要求。

OPA 激光雷达无需任何机械部件就可以实现对光束的操纵，它运用相干原理，采用多个光源组成阵列，通过调节发射阵列中每个发射单元的相位差来改变激光的发射角度，通过控制各光源发射的时间差，可以合成角度灵活、精密可控的主光束，实现对不同方向的扫描。

(3) 激光接收系统

APD 是目前首选，SPAD 是未来创新方向。光电探测器是激光接收系统关键器件，它是利用光电效应将光信号转化为电信号，实现对光信号进行探测的装置，目前最常用的主要有雪崩光电二极管（APD）、单光子雪崩二极管（SPAD）和硅光电倍增管（SiPM）等。APD 是一种具有高速度、高灵敏度的光电二极管，当加有一定的反向偏压后，它就能够对光电流进行雪崩放大。而 APD 的反向偏压被设定为高于击穿电压时，内部电场更强，光电流则会获得 105~106 的增益，这种工作模式就叫 APD "盖革模式"。在盖革模式下，光生载流子通过倍增就会产生一个大的光脉冲，而通过对这个脉冲的检测，就可以检测到单光子。SPAD 是一种工作在盖革模式的光电二极管，就像光子触发开关一样，处于"开"或"关"状态。将盖革模式下的 APD 连接一个淬灭电阻作为 1 个像素，就构成了 SiPM 的基本单元，而它输出的总和也构成了 SiPM 的输出，进而可根据该输出进行光子计数或者信号强度的测量。SiPM 只能采用硅技术，其他探测器可以基于硅或化合物半导体。鉴于以上特性，APD 是目前自动驾驶激光雷达系统的首选探测器，但

SPAD 由于其灵敏度高、成本低、可靠性高等优势成为激光雷达厂商的关注重点，SPAD 已经成为一大创新方向，许多激光雷达厂商在加大投入 SPAD 的研发。

(4) 信息处理系统

FPGA 为行业主流，SoC 有望逐步替代。信息处理系统的主要任务是对信号进行处理计算，完成三维图像重构。现阶段最常用的主控芯片是 FPGA 芯片，但随着主流厂商对于性能及整体系统需求的提升，信息处理系统发展逐步向企业自研专用单光子接收端片上集成芯片（SoC）迁移，通过片内集成探测器、前端电路、算法处理电路、激光脉冲控制等模块，能够直接输出距离、反射率信息。目前禾赛科技、Mobileye、英特尔等已率先布局 SoC 技术，未来随着线列、面阵规模的不断增大，逐步升级 CMOS 工艺节点，单光子接收端 SoC 将实现更强的运算能力、更低的功耗、更高的集成度，同时具备器件自主可控的优势，因此更加适合大规模量产，或将逐步代替主控芯片 FPGA。

激光雷达企业依据自身定位及现有产品特性有不同的产品技术路线，国内外主要激光雷达企业技术路线见表 5-9。

表 5-9 激光雷达代表企业技术路线

激光雷达企业	技术路线
禾赛科技（中国）	在售产品包括不同架构的机械旋转方案的多线激光雷达，其中 Pandar40P 和 Pandar64 发射端采用光纤排布的架构，QT 采用 VCSEL + 单光子抵测器的平面化架构，XT 采用禾赛 V1.0 的芯片化架构。深度布局激光雷达的芯片化架构，以应用于半固态和纯固态激光雷达产品
Velodyne（美国）	在售产品主要为机械旋转方案的多线激光雷达；已发布（半）固态产品，技术方案未对外公布；已布局 ADAS 软件解决方案
Luminar（美国）	产品使用 1550nm 激光器、InGaAs 探测器，以及扫描转镜；已布局算法感知软件方案
Aeva（美国）	布局芯片化 FMCW 连续波调频激光雷达
Ibeo（德国）	在售产品采用转镜方案；已发布基于 VCSEL 和 SPAD 阵列的纯固态产品
速腾聚创（中国）	在售产品主要为机械旋转方案和微振镜方案，同时销售激光雷达的环境感知算法解决方案
Innoviz（以色列）	发布产品为半固态方案，选用二维微振镜作为扫描器件；已布局感知算法解决方案

资料来源：中国汽研整理。

4. 产业发展趋势

(1) 国内市场将达百亿规模，车载激光雷达市场空间潜力巨大

国内激光雷达市场规模不断扩大，激光雷达领域国际龙头 Luminar 根据不同细分领域的需求空间和不同应用场景的速度、探测距离对激光雷达的细分市场规模进行划分，其中适配场景运动速度快、探测距离要求高的高速公路自动驾驶市场的市场规模最大，预计 2030 年全球将达到 1800 亿美元。而就中国来看，汽车与工业等下游行业的发展，将带动国内激光雷达市场的发展。从无人驾驶领域来看，据麦肯锡研究报告显示，中国将是全球最大的自动驾驶市场，到 2030 年中国自动驾驶乘用车数量将达到 800 万辆，自动驾驶将占到乘客总里程的约 13%，基于自动驾驶的出行服务订单金额将达 2600 亿美元；从高级辅助驾驶领域来看，中国已经成为全球最大的新车销售市场。

根据 Yole 预测，到 2025 年中国乘用车领域激光雷达市场空间将会达到 378.8 亿元，全球乘用车激光雷达市场将达到 1082.2 亿元，中国市场占全球比重较高，将达到 35%。中国车载激光雷达市场空间潜力巨大，2022—2025 年中国车载激光雷达市场规模如图 5-4 所示。

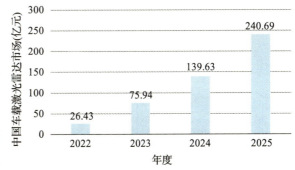

图 5-4 2022—2025 年中国车载激光雷达市场规模（预测值）

数据来源：Yole、中国汽研整理。

（2）性能优势和价格下探共同推动激光雷达加速装车量产

激光雷达性能优势明显，如监测距离更长、精度更高、响应更快、不受环境影响，以及对物体大小、移动速度的计算都有优异的表现，有望成为未来自动驾驶汽车主流的配置。随着技术更新和市场需求增加带来的大规模量产，使得激光雷达价格有明显下降的趋势，且仍有下调空间，有望达到商业化装车量产水平。华为、大疆凭借在光电、先进封装的技术积累拉动激光雷达成本降至万元以内。华为采用前融合简化算法并广泛投资光电半导体Tier2，打通"生产－制造－产品－渠道"全产业链，实现转镜方案的降本。大疆则是基于在无人机领域的电动机转速控制、先进封装经验选择棱镜方案，在减少收发单元数量的同时提高线束。短期，激光器、光电探测器等收、发模块成本占比较高，中长期看芯片将取代机械部件成为激光雷达的核心器件。随着半固态方案同时满足性能、车规、量产、成本的要求，激光雷达前装量产元年已经到来。

（3）机械旋转式方案占据统治地位，逐渐向固态激光雷达路线演进

固态激光雷达从远期考虑在价格、技术演进、产业化趋势上更具有规模化优势。目前的技术趋势为机械式是当下主流，但由于其成本高、寿命短，使其在车规级量产上不具备优势，正在向混合固态、固态发展。由于混合固态和固态式具备低成本和高可靠性等优势，MEMS有望成为车载激光雷达主力，OPA、Flash值得期待。MEMS扫描镜兼具固态和运动两种属性；OPA则完全取消了机械结构，通过调节发射阵列中每个发射单元的相位差来改变激光的出射角度；Flash激光雷达不进行扫描，类似于黑夜中的照相机，光源由自己主动发出；综合来看，固态激光雷达寿命长、稳定性更高，且成本相对机械式低，未来有望逐渐取代机械式雷达。短期内，MEMS雷达技术相对成熟，成本可控，最有希望得到广泛应用。中长期看，OPA、Flash技术上更为先进，未来产业化进程取决于技术成熟度与量产能力。

5.2 车路协同

1. 产业概述

车路协同是通过采用先进的无线通信和新一代互联网等技术，来全方位实施车车、车路动态实时信息交互，并且在全时空动态交通信息采集与融合的基础上开展车辆主动安全控制和道路协同管理，充分实现人、车、路的有效协同，保证交通安全，提高通行效率，从而形成的安全高效和环保的道路交通系统。

车路协同属于智能交通系统重要组成部分。就是"智能的车+聪明的路"。目前，通过多技术交叉与融合，利用无线通信、传感探测等技术手段，实现对人、车、路信息的全面感知，发挥协同配合作用，实现交通安全、高效、环保。车路协同产业关系如图5-5所示。

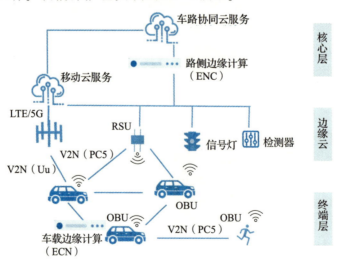

图5-5 车路协同产业关系

数据来源：ITSTECH。

2. 车路协同总体现状

车路协同作为贯穿新基建多个领域的重要产业，不仅为智慧交通注入了新鲜活力，还能帮助城市规划者做好城市管理，合理规划道路并进行相关统筹，最终让人们享受到便捷、安全、高效的出行服务。

从技术角度划分，车路协同主要包括几大关键技术：智能车载技术、智能路侧技术、通信技术、云控技术等，见表5-10。

表5-10 车路协同关键技术

关键技术	描述
智能车载（OBU）技术	指安装在车辆终端，是拓宽驾驶员视野、增加驾驶员对行车环境和车辆运行状态的感知、加强行车安全的单元
智能路侧（RSU）技术	采集道路状况、交通状况等，通过通信网络将信息传递至指挥中心或路侧处理单元处理，通过网络传递至有信息请求的车载端
通信技术	车载端与路侧端之间的通信，用于车与路信息采集、路况信息采集，以及车与车之间的通信中继
云控技术	具备数据存储、计算、决策功能

数据来源：公开数据整理。

技术衍生车路协同产业架构。对应关键技术，车路协同主要涉及四大方面，分别是终端层、边缘层、通信平台和云端。终端层分为车载终端和路侧终端，二者在原有的设备上，通过智能化改造，搭载雷达、摄像头等智能传感器，以实现车辆之间的互联、监测，与路侧端的环境监测，进行信息数据传导，产生交互行为。边缘层负责与路侧系统协同，完成对路况的数字化感知和就近云端算力部署，能够及时发现道路上的交通异常或潜在的交通危险，实现对道路交通状态的实时监测。通信平台负责提供车-车、车-路间实时传输的信息通道，打造低延时、高可靠、快速接入的网络环境，保障车端与路侧端的信息实时交互。云端通过网络管理各个边缘云，实现中心云、边缘云在资源、安全、应用、服务上的多项协同。车路协同产业架构如图5-6所示。

图5-6 车路协同产业架构

数据来源：公开数据整理。

新基建助推车路协同新一轮布局。在新基建助推下，车路协同产业也迸发出了自己的特色，正在围绕数字化、智能化、互联化的产业加速被推进。目前，以政府为主导推行新基建建设，完善公路感知网络，推进智慧公路基础建设，新建5G基站、新能源充电桩等，加速政企融合，促成产业新生态形成。随着智能汽车发展，智能网联汽车测试示范区在全国落地。近两年间，中国智能网联汽车示范区已经从16家实现翻倍增长，据不完全统计，截至2020年，国家级测试示范区和先导区处于稳步推进中，其中工信部授权11家、交通部授权3家、工信部与交通部联合授权3家、住建部授权3家。除此之外，发改委推进了上海基于智能汽车云控基础平台的"车路网云一体化"综合示范建设项目。与此同时，围绕智能网联测试场景的示范工作仍在稳步推进中，尤其是新基建政策发布后，多个地区展开了新一轮布局，见表5-11。

表5-11 2020年全国各地车路协同布局最新进展

地区	最新进展
重庆	2020年3月7日，重庆两江新区智能网联专场活动举办，签约项目总投资62.8亿元
山西	2020年3月24日，山西省"交通强国"建设试点自动驾驶车路协同示范区（城市路段）项目，将在阳泉市进行车路协同规划建设
上海	2020年5月7日，上海市经信委表示，在智能网联汽车方面，上海将重点建设安亭国家智能网联汽车等示范区和车路网云一体化等示范项目，总投资超过20亿元
江苏无锡	2020年5月10日，无锡市政府表示，下阶段将着力布局车联网"新墓建"，创新部署打造示范样板工程
河北沧州	2020年5月14日，沧州市宣布开放第二批智能网联汽车测试路网
河北雄安新区	2020年6月5日，雄安新区绿色智能交通先行示范区车路协同体验活动开启
江苏	2020年6月17日，江苏省发布了《江苏省智能网联汽车集群产才融合推进工作方案》
山东青岛	2020年6月22日，青岛将打造全业态、全场景、全智能的全球首个"智慧新生活之城"
天津	2020年6月28日，天津港（集团）有限公司宣布将打造全国首个港口智能网联测试示范区项目

数据来源：公开数据整理。

从应用角度来看，车路协同的应用场景主要有四个维度：测试示范区建设、智能公交、特定场景、智慧旅游。

(1) 测试示范区建设

车路协同多场景，测试示范区建设助推智能网联汽车发展。自2015年以来，国家层面相继批复了上海市、浙江省、北京市、河北省、重庆市、吉林省和江苏省共7个国家级智能网联汽车测试示范区，为我国智能网联汽车的发展提供测试支持。据不完全统计，截至2020年，部委级、城市级及企业级智能网联测试区已经在超过50个城市展开。2019年，智能网联示范区迎来爆发，新落地项目达到30个，实现了翻倍增长。2020年，示范区规模还在不断扩大。例如，国家智能网联汽车上海试点示范区，截至2020年3月，测试场地共对行业提供了超450天的测试，用户包括传统OEM，如上汽、通用、福特、沃尔沃、宝马等传统车企，以及零部件厂商，如博世、德尔福等。信息互联网企业、科技企业、高校、科研院所也在此进行了场地测试。

(2) 智能公交

车路协同技术提升智能公交管理水平。智能公交体系建设中，主要依赖车路协同中央控制系统、车路协同路侧信号控制中枢、车路协同智能车载终端设计运用。截至2020年，智能公交体系主导建设者均为各地政府，在长沙、成都、武汉、北京等地分别实施了智能公交项目。智能公交车可通过智慧公交平台系统获取公交调度信息、道路拥堵信息、突发状况报警信息、道路实时交通信息，其通过专网实时传输至车载智能终端显示屏，辅助驾驶员高效、安全驾驶。例如，当公交车即将到达路口时，车路协同系统可以感知车辆通行需求，并计算公交车的运营速度和时间，根据公交车运行位置和速度状态，车路协同路侧信号控制中枢能实时调整信号控制的信号灯相位及时长，保证公交车快速通过。智能公交应用如图5-7所示。

（3）特定场景

特定场景中的车路协同技术助推自动驾驶发展。在自动驾驶领域，特定场景是如今大多数自动驾驶全栈解决方案提供商的商业化路径。目前主流应用特定场景有园区、机场、矿区、停车场、港口、高速公路、城市道路等。目前，一系列初创企业如新石器、智行者、主线科技、慧拓科技、驭势科技等均已在园区、矿区、港口、机场等限定场景实现试点运营。此外，一批Robotaxi企

图5-7 智能公交应用
数据来源：公开数据整理。

业，如文远知行、AutoX等企业的业务也已经落地。自动驾驶的车路协同对区域进行信息化改造，通过装载的车载单元及路侧单元，能够实现车辆与车辆、车辆与基础设施、车辆与云端的互通互联。例如，高速公路场景延崇高速（北京段）智慧高速试点项目，在项目构成中，通过部署摄像头、雷达等路侧感知终端和包含路侧单元（RSU）、路侧计算设备（RSS）、V2X Server的C-V2X解决方案，打造智慧高速公路；杭绍甬智慧高速公路项目，是国家公路网G92杭州湾地区环线并行线，经杭州、绍兴、宁波三地，全长约174km，项目服务目标包括全面支持自动驾驶、实现自由流收费、提升整体通行效率、全天候快速通行、提升电动车续驶能力、更加安全等。特定场景应用如图5-8所示。

机场

港口

高速路

矿区

图5-8 特定场景应用
数据来源：公开数据整理。

（4）智慧旅游

1）车路协同技术助推智慧旅游建设。福建省漳州"双鱼岛"智能车路协同系统包含自动驾驶小巴旅游观光示范线和自动驾驶性能综合测试示范路。该自动驾驶小巴旅游观光线全程共5.2km，包括桥梁、环岛、灯控交叉口、非灯控交叉口、停车场、公交停靠站等基础设施，道路分双向4车道、双向2车道。全线共设置了18种V2X应用场景，其中车车通信场景8种，车路通信场景10种。自动驾驶性能综合测试示范线全长约5km，可开展一般行为能力类、异常处理能力类、退出机制类、操作类测试项目。"双鱼岛"智慧旅游应用如图5-9所示。

图 5-9 "双鱼岛"智慧旅游应用

数据来源：公开数据整理。

2）车路协同等前沿科技完善智慧旅游新模式。2020年5月，"5G+无人驾驶"体验项目在海南呀诺达雨林文化旅游区正式投入运营，也是国内首批无人驾驶旅游项目。游客可乘坐无人驾驶车，按照固定路线往返于多个站点之间。该项目由海南联通、海南呀诺达圆融旅业股份有限公司、联通智网科技有限公司共同打造，是国内首批实现商业化运营的无人驾驶项目。该体验项目运用了车路协同、无人驾驶、AR等大量前沿科技，将无人驾驶和5G、边缘计算应用进行结合。

3. 细分领域发展现状

（1）智能车载

随着信息通信、互联网、大数据、云计算、人工智能等新技术在汽车领域的应用，汽车正由人工操纵的机械产品加速向智能化系统控制的智能产品转变。智能车载单元借助当前主流的LTE-V2X以及新一代5G-V2X信息通信技术，实现车辆之间、车路之间、车与行人、车与云端之间的全面信息交互。从产业结构角度来看，车载终端主要包括通信芯片、通信模组、终端设备、V2X协议及V2X应用软件。截至目前，以车路协同为核心、智能化和网联化为基础的智能辅助驾驶、自动驾驶时代正在加速到来。按照产业发展形态划分，其产业层次主要包括软件层面和硬件层面。

1）软件层面。在智能网联汽车发展过程中，软件定义汽车已成为汽车产业发展的战略共识，它是未来汽车智能化的核心，是汽车产业数据驱动的体验可持续迭代和汽车全生命管理的重要支撑。当前，此领域的竞争主要发生在车载操作系统层面，主要公司有苹果、百度、阿里、华为。具体划分上，操作系统可以分为娱乐车机系统和汽车电子控制装置。娱乐车机系统集成了各类娱乐影音、地图导航，以及基于场景化服务的APP和小程序等；汽车电子控制装置则直接向执行机构发送指令以控制车辆关键部件，如发动机、变速器、动力电池等协同工作。目前国内车载操作系统尚缺乏商业化的与车路协同系统相结合的车载终端人机交互系统，主要以导航和娱乐作为主导。车路协同背景下，产业发展对车载操作系统提出了更高的要求，需要同时兼容多芯片组、多车型、多传感器。除此之外，OTA技术也正在得到普及，其能够通过网络自动下载升级包升级。

2）硬件层面。2020年，在新基建推动下，智能车载终端领域迎来新一波利好。与普通车载终端不同，智能车载终端在功能强化、使用便捷、操作简单等方面表现突出。由于融合了里程定位技术、GPS技术及汽车黑匣技术，智能车载终端可广泛用于行车安全监控管理、智能集中调度管理等多个层面。截至目前，智能硬件领域已有多家企业参与，很多企业将硬件作为切入智能车载市场的入口。T-BOX、雷达、智能摄像头、通信模组环节将迎来进一步发展。其中，T-Box作为智能网联汽车中的重要基础硬件之一,是车联网商业化的关键。随着 5G 商用,5G T-Box 的渗透率正逐步提升。车联网技术的不断演进,将促使汽车逐步由机械式向电子式方向发展,采用的芯片颗数大增,到 2020 年,每一辆汽车约使用 1000 颗芯片。通信芯片的主导权依旧牢握在传统国际芯片巨头手中,中国企业很难突出重围。智能车载终端参与者如图 5-10 所示。

图 5-10　智能车载终端参与者

数据来源:公开数据整理。

(2) 智能路侧

通常情况下,一条智能的道路至少需要三个要素:RSU(路侧单元)、路侧智能感知一体化设备和 MEC(边缘计算)。智能路侧系统在车路协同体系中,通过部署智能设备,收集路侧信息。其通过智能传感器设备,结合智能车载信息,提供危险驾驶提醒、车辆违章预警、道路异常提醒、道路拥堵分析、交叉路口、协调调度等功能。整个系统的运转流程是,通过架设在道路侧传感器感知到的实时道路信息与车辆共享,使车辆拥有超视野感知能力,提供较全面的路侧环境信息,与车辆进行信息数据共享,同时将车侧信息收集至云端,最终进行应用。智能路侧系统在车路协同中的体系如图 5-11 所示。

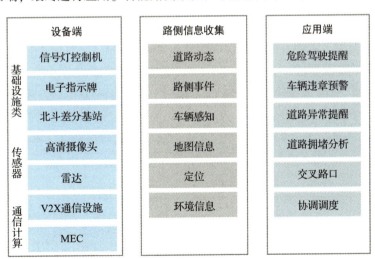

图 5-11　智能路侧系统在车路协同中的体系

数据来源:公开数据整理。

按照职能板块划分,智能路侧系统主要包含智能基础设施板块、智能传感器板块、通信计算板块等。智能基础设施板块主要包括信号灯控制机、电子指示牌、北斗差分基站等设备要素;智能传感器板块主要包括激光雷达、高清摄像头、毫米波雷达等,可探测车辆状态、道路实时状况等;通信计算板块则是指其中的通信通道,包括LTE/NR模组,能够支持数据传输等。同时,路侧单元一些实时信息需要在边缘侧进行数据计算,以解决道路交通中的应急事件。

国内车路协同产业中的智能路侧建设已经取得了一定进展。围绕试点单位的智慧公路正在各个省市展开部署,交通部门正在规划对道路本身进行智能化改造。截止2020年底,全国智慧公路有9个建设示范点,见表5-12。

表5-12 智慧公路建设示范点

地区	建设情况
北京	北京经开区智慧道路已经扩展至40km,覆盖36个路口,其中包括6个智能感知路口
河北	河北省延崇高速河北段合同段路基工程已基本完成,桥梁工程完成75%,路面工程正在按进度推进中
吉林	吉林省首条智能化高速公路SMA沥青路面摊铺收官。项目建成后,双辽至洮南将从现行4h的车程缩短到2h以内
江苏	布局了342省道无锡段、524国道常熟段、五峰山高速、沪宁高速等一批智慧公路试点工程
浙江	杭绍台高速公路先行段已正式通车。通车段全长约67km,比原计划时间提前3个月通车
福建	福建普通国省干线公路已具备一定数字化与信息化基础。建设了覆盖重点路段的视频监控信号和200余处交调站点数据
江西	江西省5G车联网及人车路协同智慧高速构建与示范项目昌九5G智慧高速项目一期新祺周至永修测试路段试运行
河南	河南济源境内的智慧公路试点项目正式开工,此试点项目主要是把济源境内国道208和国道327共120.8km路段作为"应急示范路"
广东	深圳市建设的首条智慧交通样板工程、侨香路路面修缮及交通改善工程可识别车流量和人流量,实现红绿灯时长动态调整

数据来源:公开数据整理。

当下背景下,终端感知设备安装及通信设施建设正在成为智能路侧市场的主战场。玩家类型较为丰富,如华为、百度、四维图新等,见表5-13。

表5-13 企业在智能路侧市场进展情况

企业	市场进展
华为	目前已有六家国内外车企搭载了其LTE-V2X车载终端测试
百度(Apollo)	在路侧感知传感器方案、算法、V2X终端硬件及软件方面均有布局
千方科技	提供"智慧公路解决方案",全面面向公路建设、管理、养护、数据运营、出行服务等
四维图新	提供电子导航定位服务
银江股份	产品包括城市交通智能化管控综合平台系统、城市交通智能化诱导系统、快速公交信号优先控制系统等
皖通科技	从事高速公路信息化建设领域的系统集成、应用软件开发及运行维护业务
捷顺科技	正研发智能停车,产品涵盖智能停车管理系统、智能门禁管理系统等

数据来源:公开数据整理。

(3)通信技术

通信技术作为车路协同中的连接通道,主要负责提供车与车、车与路间实时传输的信息通道,通过低延时、高可靠、快速接入的网络环境,保障车端与路侧端的信息实时交互。目前,主要的通信技术有移动通信网络、WiFi、DSRC专用短程通信技术、ZigBee无线通信技术,见表5-14。

表 5-14　主要通信技术

主要通信技术	特点	缺点
移动通信网络	目前大部分城市已形成 LTE（4G）覆盖的网络，可远距离通信	以基站为中心，数据通过基站转发，基站通信压力大，容易误发；在通信干扰、连接时间以及 OoS 等存在问题
WiFi	WiFi 技术基于 IEEE 802.11，易用、便捷。2010年，WiFi 联盟推出 WiFi Direct	需认证才能建立；通信干扰较多；市场大部分传统设备不支持此功能；转换性较差
DSRC 专用短程通信技术	针对车载环境设计的通信方式。视距传输，最大通信距离可达 1km	DSRC 的频谱利用率不高；信道竞争问题较大；大量设备不适配
ZigBee 无线通信技术	低速率、低功耗、组网方便、网络容量大	难满足后续大量数据应用；现有的大部分 ZigBee 设备不支持 IP 网络，扩展性差

数据来源：公开数据整理。

目前国内主推 C-V2X 技术。C-V2X 包含 LTE-V2X 和 5G-V2X，其中 LTE-V2X 标准可向 5G-V2X 平滑演进，具有良好的向后兼容性。与 DSRC 相比，C-V2X 具备诸多优势，如支持更远的通信距离、更佳的非视距性能、更强的可靠性、更高的容量等。此外，基于 802.11p 的 DSRC 技术需要新建大量 RSU（路侧单元），而 C-V2X 基于蜂窝网络可与目前的 4G/5G 网络复用，额外的部署成本较低。2020 年 7 月，5G R16 标准冻结，5G 凭借其优异性能可支持 V2V、V2I 等众多车联网场景的应用，5G-V2X 技术也将逐步落地，加快智联网联汽车的发展。当前，中国在车联网方面走在了世界前列，通过深入测试，验证并完善了基于 C-V2X 的车联网架构的可行性与先进性，同时为 5G 技术下的 C-V2X 奠定了理论基础和事实依据。未来中国有望凭借产业链领先优势，引领全球车联网产业发展，抢占全球 C-V2X 市场份额。C-V2X 技术特性见表 5-15。

表 5-15　C-V2X 技术特性

技术特性	描述
宽视野	远距离和盲区预警
低时延	直接通信，无需蜂窝网络
高速场景	相对速度 500km/h 下依然连接稳定
高性能	覆盖更远，可靠性更强
低成本	可利用现有车载调制调节器支持
高可靠	车辆高密度部署场景中依然保持连接稳定
安全	安全性能更高、更一致
高稳定	即使没有 GNSS（Global Navigation Satellite System，全球卫星导航系统）也能支持稳定同步

数据来源：公开数据整理。

C-V2X 逐步成为全球范围广泛接受标准。美国当地时间 2020 年 11 月 18 日，C-V2X 技术标准正式登上国际舞台，联邦通信委员会（FCC）正式投票决定将 5.9GHz 频段（5.850~5.925GHz）划拨给 WiFi 和 C-V2X 使用，其中 30MHz 带宽（5.895~5.925GHz）分配给 C-V2X，这标志着美国正式宣布放弃 DSRC（IEEE 802.11p）并转向 C-V2X。C-V2X 不仅是车路协同落地的关键，同时也是赋能汽车交通行业数字化转型的基础。C-V2X 技术与通信、交通、汽车、自动驾驶平台与应用软件企业等数据提供方业务流融汇互通，应用场景涵盖测试认证、整车制造、通信芯片、运营服务、终端设备、通信模组，使汽车从单车智能迈向车路协同，加速中国数字交通使命愿景落地。C-V2X 应用场景如图 5-12 所示。

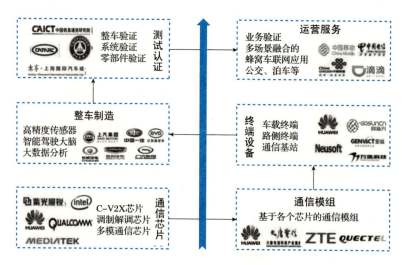

图 5–12　C–V2X 应用场景

数据来源：公开数据整理。

在新基建助力下，以 5G 为核心的网络基础设施建设为 C–V2X（LTE–V2X、5G–V2X）提供通信网络支撑。5G 相比 4G 优势明显，拥有更低的时延和更高的带宽。万物互联场景下，5G 将发挥更大作用，5G 商用将带动广阔的下游应用场景发展，如自动驾驶、AR、VR 等新应用对 5G 需求十分迫切。自动驾驶等应用将获得技术保障，也将带动自动驾驶全产业链共同繁荣。5G 与 4G 关键技术指标对比见表 5–16。

表 5–16　5G 与 4G 关键技术指标对比

技术指标	4G 参考值	5G 目标值	提升倍数
用户体验速率	10Mbit/s	0.1~1Gbit/s	10~100 倍
峰值速率	1Gbit/s	20Gbit/s	20 倍
流量密度	0.1Tbit/s/km^2	10Tbit/s/km^2	100 倍
连接数密度	10^5/km^2	10^6/km^2	10 倍
空口时延	10ms	1ms	0.1 倍
移动性	350km/h	500km/h	1.43 倍
能效	1 倍	100 倍提升	100 倍
频谱效率	1 倍	3~5 倍提升	3~5 倍

数据来源：公开资料整理。

2020 年全球各国纷纷进行 5G 建设投资。根据工信部数据，截至 2021 年三季度，我国 5G 基站数达 115.9 万站，占全球 70% 以上，是全球规模最大、技术最先进的 5G 独立组网网络。全国所有地级市城区、超过 97% 的县城城区和 40% 的乡镇镇区实现 5G 网络覆盖。2019—2021 年 5G 基站数如图 5–13 所示。

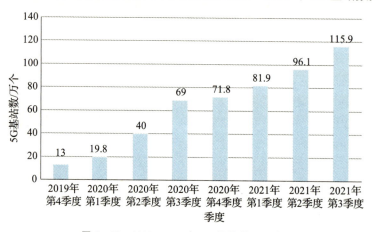

图 5–13　2019—2021 年 5G 基站数（万个）

数据来源：工信部，中国汽研整理。

(4) 云控平台

云控平台能为智能汽车及其用户、管理及服务机构等提供车辆运行、基础设施、交通环境、交通管理等动态基础数据，具有高性能信息共享、高实时性云计算、大数据分析、信息安全等基础服务机制，是支持智能网联汽车实际应用需求的基础支撑平台。云控平台的搭建能够增强智能网联驾驶服务能力，降低交通事故伤亡概率，减少交通拥堵时间，提升交通效率。目前，通过云控基础平台的物理架构，已经基本形成车端－边缘云－区域云－中心云四级支撑体系。云控平台首先可以实现协同感知和融合感知，在路侧即可做大规模信息融合，再上传至边缘端，然后下发至车端做出决策。云控平台服务能力如图5-14所示。

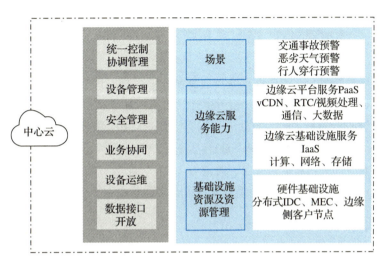

图5-14 云控平台服务能力

数据来源：边缘云计算技术与标准化白皮书。

1）边缘云计算是云控平台重要组成部分。其发挥着重要作用，负责全局性、非实时、长周期的大数据处理与分析。截至目前，边缘计算则被更多提及，其将云计算能力拓展至距离终端最近的位置，并通过云边端的统一管控实现云计算服务下沉。边缘计算平台概括起来主要有两种：一种部署在网络的接入侧，即与不同级别的宏基站联合部署；另一种则直接部署于设备现场，就近提供计算服务。对应至车路协同产业，真实的道路场景中，对云计算服务的需求较为复杂。尤其在业务场景中，有些场景需要对集纳的数据信息进行快速分析计算，并将结果及时反馈给其他车辆。边缘计算的出现，让车路协同最终实现更具可能性。边缘云计算技术特点见表5-17。

表5-17 边缘云计算技术特点

技术特点	描述
低延时	因就近提供计算和网络覆盖，数据产生、处理和使用都发生在数据源附近，接收并响应终端请求的时延极低
自组织	当网络出现问题甚至中断时，边缘云的节点可以实现本地自治和自恢复
可定义	边缘云服务及业务逻辑不是一成不变的，而是可以由用户修改、更新和定制
可调度	业务逻辑可以由中心云动态分发，具体在哪个边缘节点执行可以调度
高安全	能提供与传统云计算一体化的安全防护能力
标准开放	提供标准化且开放的环境，具有和其他系统互联及互操作的能力

数据来源：边缘云计算技术与标准化白皮书。

以目前需求来看，车路协同云控平台项目的建设需求主要有几大方面，包括安全监管、标准化、数据融合及云端协同、应用接口、仿真测试、互通互联等。车路协同云控平台建设需求见表5-18。

表 5-18 车路协同云控平台建设需求

云控平台建设需求	描述
安全监管	为各交通部门协助响应平台改造升级和数据接口开发
标准化	联合行业标准化组织，对智能网联云控管理平台涉及的数据、接口、通信协议、认证与安全等进行标准化
数据融合及云端协同	融合来自人、车、路第三方云平台的数据，对道路全要素精确感知，基于全局实时及历史感知数据，对区域驾驶行为进行微观实时协同，对交通进行宏观准实时协同
应用接口	为第三方应用开发者提供利用智能网联云控管理平台通用共性能力的接口
仿真测试	基于智能网联云控平台的基础设施和数据，联合相关企业进行仿真测试
互通互联	一方面实现车辆和路侧设施与平台的数据互通，另一方面，打通各领域平台

数据来源：公开资料整理。

2）BATH 已经布局云控平台。国内巨头企业包括腾讯、百度、阿里、华为等，在行业内已经形成绝对优势。其他创业公司要想再切入此领域，较为困难。腾讯构建了云控数据平台，支持车路协同相关的数据挖掘、智能决策、模型训练、智能调度等。百度宣布，未来十年将继续加大在人工智能、芯片、云计算、数据中心等新基建领域投入。预计到 2030 年，百度智能云服务器台数超过 500 万台；百度智能云已经覆盖了北京、苏州、广州、阳泉、武汉、香港等 10 多个地区。阿里将云计算、大数据、人工智能、IoT 等技术用于智慧高速公路的建设。华为搭建了城市智能运营中心解决方案架构。

4. 车路协同产业发展趋势

（1）车路协同产业将从封闭场景走向开放道路

随着车路协同技术的快速发展，各地开始建设智能网联示范区，将该技术的应用范围限定在工业园区、港口、矿区、旅游景区、高速公路等封闭场景内，随着封闭场景的落地，开放道路是未来车路协同的发展方向。从外部角度而言，封闭场景对车路协同技术需求旺盛，且具备政策支持条件。就封闭场景运行的车辆类型而言，商用车和专用车居多。由于人力成本过高，这类车辆对车路协同技术的需求更为旺盛，如重卡的人工成本在其运营成本中占比达到近 30%。从内部角度而言，与开放场景相比，封闭场景内车辆与行人数量较少，驾驶环境相对简单，意外情况出现概率较低，即便发生极端情况，其风险承受能力也高于城市交通场景，更加安全可控。在此场景下，相关企业能够先小范围地验证商业模式，并逐渐形成产业协同，如通信、云计算、终端设备等不同类型企业可在其中验证商业模式，随着成功案例推广以及更多示范区落地，从而向开放道路迈进。

（2）路侧设备等 IT 硬件市场将成规模发展

随着进入企业增多以及车路协同项目落地，路侧单元设备研发制造等车路协同相关硬件设施将率先获得发展。车路协同系统包含大量的路端设备以及云端服务器，经济投入成本较高。但在新基建助推下，车路协同技术可嵌入至其体系下，部署难度也将降低。与通信网络建设基本一致，只有基础设施完善，才能推动车路协同产业终端的普及以及运营和应用推广。2020 年，中国公路通车里程或将达到 500 万 km，高速公路建成里程达到 15 万 km，预计未来几年仍将保持快速增长趋势，到 2030 年，中国公路里程将达到 615 万 km。假设每千米公路需要 2 个路侧单元，每 50km 需要设置边缘计算单元一个，到 2030 年，中国路侧单元（RSU）应用渗透率为 30%，汽车搭载 OBU（集成 ADAS）、高清地图渗透率为 5%，对应的车路协同主要 IT 硬件投资规模将扩大，如基于 RSU 设备、交通信号控制、车载 OBU 设备的传统智能交通市场需求将扩大。

（3）车路协同在 5G 通信技术迭代升级下发展

5G 相比 4G 优势明显，拥有更低的时延和更高的带宽。在万物互联场景下，5G 将发挥更大作用，5G 商用将带动广阔的下游应用场景发展。在 5G 产业中，其受益顺序基本遵循着"电信设备—终端—运营商—应用服务商"的顺序。车路协同市场与通信网络建设有异曲同工之妙，所以，其未来发展将沿"后装带动前装、示范带动规模、路侧带动车载"的发展脉络发展。

（4）科技互联网巨头或将引领车路协同产业发展

未来，BATH 等科技互联网公司将成车路协同产业主力，围绕产业发展的合作模式将逐步形成。从产业落地能力来看，由于车路协同产业与自动驾驶产业息息相关，所以在建设步伐上，车路协同产业也将与自动驾驶产业发展路径逐步融合。大多数自动驾驶领域的科技互联网企业已经在相关场景进行了落地，落地经验丰富。所以，未来会有大批自动驾驶企业将业务延伸至车路协同场景，进行技术验证。其中，巨头科技互联网公司处于行业领先位置。从组织力来看，巨头科技互联网公司具有天然的流量优势，在产业连接方面，能够通过自身的技术、资本、人才优势，打通产业链上下游，起到润滑剂作用，推动行业走向融合。从资源方面来看，巨头科技互联网公司凭借自身优势，能够吸引更多从业者与之达成合作，以各自优势，通过合作抢占市场，最终构建起产业生态，打造出具有竞争力的商业形态。在此路径下，巨头科技互联网公司可以在先期积极融入示范区等封闭场景建设积累经验，再将其复制至更多示范网点，向行业展示出车路协同能力，以此形成建设规模，占领更多市场。

5.3 智能座舱

1. 产业概述

（1）概述

智能座舱是指配备了智能化和网联化的车载产品，从而可以与人、路、车本身进行智能交互的座舱，是人车关系从工具向伙伴演进的重要纽带和关键节点。它主要分为 5 大部分：车载信息娱乐系统、流媒体中央后视镜、抬头显示系统（HUD）、全液晶仪表、车联网模块。它通过多屏融合实现人机交互，以液晶仪表、HUD、中控屏及中控车载信息终端、后座 HMI 娱乐屏、车内外后视镜等为载体，实现语音控制、手势操作等更智能化的交互方式。

（2）发展历程

智能座舱的发展历程可以分为四个阶段：传统座舱，信息座舱，智能座舱，智慧座舱。2016 年以前属于传统座舱阶段，该阶段只有指针仪表、导航娱乐等少数功能；2016—2018 年属于信息座舱阶段，该阶段开始有大尺寸液晶中控屏、全液晶流量仪表、HUD、在线服务和车联网；2018—2021 年属于智能座舱阶段，该阶段增添了驾驶员、乘客识别个性化服务，语音识别，手势控制，自动驾驶系统，面部识别，智能座椅等更多功能；2021—2025 年属于智慧座舱阶段，该阶段增添了人、车、环息的深度学习功能，为驾驶过程提供辅助。智能座舱发展历程见表 5 – 19。

表 5 – 19 智能座舱发展历程

时间	阶段	主要技术
2016 年以前	传统座舱	指针仪表、导航娱乐
2016—2018 年	信息座舱	大尺寸液晶中控屏、全液晶流量仪表、在线服务、HUD、High – level IOV
2018—2021 年	智能座舱	个性化服务、语音识别、手势控制、自动驾驶系统、面部识别、Low – level V2X
2021—2025 年	智慧座舱	人、车、环境等信息的深度学习，座舱处理器具备自学习能力，为驾驶过程提供辅助，High – Level V2X，感知用户行为

2. 市场发展现状

（1）市场规模

1）智能座舱需求上升空间大。根据 IHS Markit 调研统计显示，座舱智能科技配置需求的相关消费习惯尚在培育阶段，但仍有超过 60% 的用户认可座舱智能配置的价值并有望实现需求的转化，反映出用户层面的座舱智能配置需求有很大的上升空间。用户对智能座舱配置的需求意向情况如图 5-15 所示。

2）电动车及传统燃油车智能化促进智能座舱渗透率提升。在电动车智能化过程中，主要的推进力量是造车新势力和传统车企。头部的造车新势力以特斯拉、理想、小鹏、蔚来等为代表，不断推出装备了智能座舱的新产品；传统车企如大众、吉利、上汽、比亚迪等也推出了多款安装智能座舱的电动车，共同推进电动车行业向智能化方向发展，智能座舱渗透率提升。

根据 IHS Markit 数据显示，2020 年国内智能座舱配置新车的渗透率为 48.40%，相比于 2019 年快速增长。2019—2021 年智能座舱配置新车的渗透率情况（2021 年数据为预测数据）如图 5-16 所示。

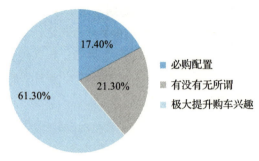

图 5-15 用户对智能座舱配置的需求意向情况

数据来源：IHS Markit。

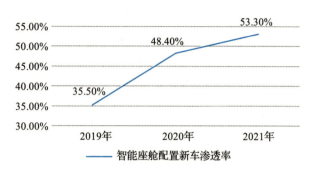

图 5-16 国内智能座舱新车渗透率

数据来源：IHS Markit。

（2）竞争格局

1）传统汽车零部件公司和高科技芯片公司成为智能座舱产业主要布局者。纵观整个智能座舱行业，参与者主要是传统的汽车零部件公司和高科技芯片公司。传统的零部件公司从做驾驶舱的零部件起步，逐步拓展至整个智能座舱相关业务，主要布局领域包括 HUD、智能仪表、车载信息娱乐系统和驾驶安全系统，具体的供应商包括博世、大陆、德赛西威、华阳集团和中科创达等；部分高科技芯片企业原本为智能座舱提供相应的芯片，也逐步开始转向做智能座舱的其他部件，主要以软件系统为主，例如 NXP 在提供相关芯片之外还提供智能仪表、车载信息娱乐系统，联发科在提供芯片之外也提供车载信息娱乐系统。从整体看，智能座舱的参与者中传统汽车零部件公司布局更广泛一些，除了芯片没有布局外，HUD、智能仪表、软件系统都有相应的业务布局，而芯片科技公司在 HUD 等部分领域没有企业涉及，且除芯片领域外其他环节的参与者比较少，头部芯片企业如高通、英特尔仍然是主要负责提供智能座舱的芯片。

2）我国智能座舱与国际龙头企业存在差距。国外智能座舱行业竞争格局相对分散，主要参与者包括 Tier 1 的零部件企业和消费电子企业两大类。零部件企业主要包括博世、大陆、伟世通、弗吉亚等，通过和车企本身保持的紧密联系获取一定市场份额，消费电子企业如哈曼国际、松下、先锋电子等本身在消费电子领域有一定的技术和实力积累，开始转向汽车智能座舱新领域布局。相对智能座舱行业国际龙头，我国智能座舱企业差距较大。部分企业在 2010 年后随着国内智能化突破而成立，在技术和综合实力上与国外企业仍有差距。

（3）产业链

智能座舱产业链上游分为硬件、软件两个部分，硬件部分主要包括功率插件、显示面板、PCB 以及芯片等，软件部分包括底层操作系统、中间软件、其他 APP 等。产业链中游包含汽车智能座舱产品、服务供应商，中游软硬件结合形成完整的控制和显示系统。产业链下游为需求主体车企，主要是传统车企和造车新势力。中游的零部件集成到下游的整车上，形成完整的智能座舱系统。智能座舱产业链示意图如图 5-17 所示。

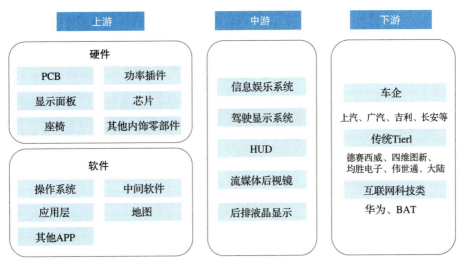

图 5-17 智能座舱产业链示意图

1）芯片：芯片是智能座舱产业链的核心。在人和车辆进行交互的过程中，智能座舱中的底层芯片将根据各个电子电气控制单元反馈的数据了解车辆当前状态，通过计算给出相应的调整和控制方案，以中控多媒体、语音为代表的智能座舱已经在智能汽车各项功能中占据更高渗透率。芯片是决定智能座舱性能的关键因素，其算力高低及结构设计很大程度上影响智能座舱各项功能。以中控多媒体、语音为例，芯片算力高低将影响中控多媒体对用户需求的反应时间，同时影响智能座舱对用户语音的识别准确率、识别速度等参数，一芯多屏的发展趋势对芯片算力提出更高要求。目前智能座舱芯片供应商主要包括两类：传统汽车电子和消费电子公司。传统汽车电子供应商主要包含德州仪器、NXP、瑞萨等，消费电子供应商包括高通、英特尔、谷歌、英伟达等，消费电子领域的企业正积极向汽车领域拓展。智能座舱相关芯片生产厂商如图 5-18 所示。

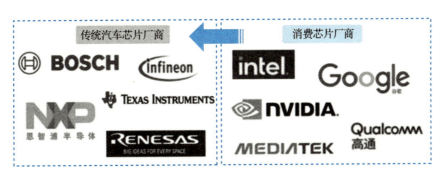

图 5-18 智能座舱相关芯片生产厂商

全球智能座舱芯片中高通一直占据领先地位，英特尔、瑞萨较为高端，德州仪器、NXP、联发科等相对偏中低端。从各企业智能座舱芯片算力看，高通以高达 85k 的 CPU 算力和 1142G FLOPS 的 GPU 算力大幅超过其他芯片供应商，同时还拥有最为广泛的客户，英特尔、瑞萨等芯片算力相比于高通次之，但其算力水平仍属于较高端，国内智能座舱芯片和全球企业存在差距。与国外芯片企业相比较，国内开始研发时间较晚，均在 2010 年后，主要芯片企业是华为和地平线。2019 年 8 月世界人工智能大会上，地平线发布的征程 2 芯片成为国内首款车规级 AI 芯片，实现了中国车规级 AI 芯片量产零的突破，补齐了国内智能汽车芯片产业生态建设的关键环节，目前其智能座舱芯片已经应用于长安 UNI-T、理想 ONE 等车型上。据报道，华为麒麟芯片正独立探索在汽车数字座舱领域的应用落地，首款产品麒麟 710A 已经和比亚迪合作，将借助比亚迪新车型打开全新市场空间。国内主要智能座舱芯片企业及产品见表 5-20。

表 5-20　国内主要智能座舱芯片企业及产品

国内企业	芯片系列	芯片名称	合作车企	合作车型	新车上市时间
华为	麒麟	麒麟 710A	比亚迪	—	—
地平线	征程	征程 2	长安汽车	长安 UNI-T	2020 年 6 月
			理想汽车	理想 ONE	2019 年 4 月

2）全液晶仪表盘及 HUD。全球液晶仪表盘市场份额集中度较高，基本被零部件龙头公司所占据，大陆集团、爱信精机、电装、伟世通和博世五大供应商合计市场份额达到 80%，市场份额分别为 25%、17%、15%、15% 和 8%。国内液晶仪表盘市场中，市场份额主要被大陆、伟世通等品牌的合资公司占据。本土供应商中，以德赛西威为代表的公司正逐步获得包括吉利汽车、长城汽车、奇瑞汽车、广汽乘用车、比亚迪等自主品牌整车厂的订单，拉动市场份额提升。国内液晶仪表盘企业包括德赛西威、中科领航、新通达等，国内本土企业的不断成长将为相应的国内液晶仪表盘供应商带来新机遇。全球液晶仪表盘相关企业及主要客户见表 5-21。

表 5-21　全球液晶仪表盘相关企业及主要客户

类别	企业名称	国家/地区	主要客户
国外	大陆	德国	福特、通用、马自达、奥迪、宝马、一汽大众、上汽大众、奇瑞、比亚迪、东风汽车、奔驰、吉利、华晨汽车
	爱信精机	日本	主要为丰田、本田配套
	电装	日本	丰田、本田、日产
	伟世通	美国	马自达、捷豹路虎、上汽通用、上汽大众、长安福特、吉利、广汽、日产、现代、起亚
	博世	德国	通用、大众、宝马
	马瑞利	意大利	奥迪、通用、宝马、大众、路虎、标致、福特、雪铁龙、东风日产
国内	德赛西威	惠州	东风柳汽、广汽、上汽通用、一汽大众、长安汽车等
	中科领航	杭州	海马、众泰、华泰、南京金龙、宇通、红旗
	浙江汽车仪表	绍兴	一汽集团、东风公司、上汽集团、北京吉普、北汽福田、长城公司、济南重汽、厦门金龙等
	新通达	江苏	广汽丰田、江淮大众、江铃福特、郑州日产、一汽、长安、吉利、长城、上汽、北汽、比亚迪

目前，我国 HUD 行业处于起步阶段，其装配率较低。根据数据显示，2020 年我国前装 HUD 市场规模为 959.7 亿元，同比增长 12%，渗透率为 2.5%。目前我国前装产品主要以 W-HUD 为主，占据 HUD 国内市场份额较大的为精机、电装、大陆、怡利等。据数据显示，2020 年，爱信精机市场份额占比达到 33%，位居第一；其次是大陆集团，市场份额占比为 27%。近年来华为、舜宇光学等企业开始积极布局 HUD 产业，泽景、未来黑科技、炽云科技等初创公司也开始尝试。全球主要 HUD 企业产品及主要客户见表 5-22。

表 5-22　全球主要 HUD 企业产品及主要客户

类别	相关企业	成立时间	主要产品	主要客户
国外	爱信精机	1916 年	W-HUD	奔驰、宝马（5 系、7 系、X 系）、通用（别克、凯迪拉克）、奥迪（Q7）
	大陆	1817 年	AR-HUD	奔驰（C 级）、奥迪（A6、A7）、宝马（3 系）
	电装	1949 年	—	丰田、雷克萨斯、马自达、讴歌、沃尔沃、凯迪拉克、别克
	伟世通	2000 年	AR-HUD	宝马 Mini
	博世	1886 年	—	PSA

(续)

类别	相关企业	成立时间	主要产品	主要客户
国内	华阳集团	1993年	W-HUD、AR-HUD	长城汽车、长安汽车、广汽集团
	舜宇光学	1984年	C-HUD、AR-HUD	蔚来、吉利、北汽新能源等
	京东方	1993年	AR-HUD	宝马、长安汽车
	泽景电子	2010年	W-HUD	蔚来、吉利、北汽新能源、长城汽车、大众
	未来黑科技	2015年	W-HUD	奇点汽车、上汽大众

3）软件操作系统。操作系统能够管理和控制智能座舱的硬件与软件资源，大部分软件操作等将基于底层的操作系统实现，操作系统成为智能座舱的核心控制软件。当前主流的车载操作系统包括QNX、Linux、安卓、WinCE四类。QNX、Linux、WinCE已经有多年的发展历程，安卓基于Linux架构演化诞生，2008年9月安卓1.0操作系统正式发布，由于发展时间较短，该操作系统在安全性和稳定性方面存在不足。目前QNX系统需要付费授权使用，Linux和安卓已经实现免费应用。QNX拥有最广泛的主机厂和零部件供应商客户，其中包括保时捷、宝马、奔驰等一系列高端客户。安卓主要客户包括蔚来、小鹏、吉利、比亚迪等较多国内车企，随着国内新能源汽车销量的大幅提升，有望扩大在全球的市场份额。WinCE7.0后已经停止更新，当前拥有较少开发者和应用，未来将逐步退出操作系统行业。主要操作系统发展现状及相关合作主机厂见表5-23。

表5-23 主要操作系统发展现状及相关合作主机厂

操作系统	发展现状	合作主机厂/零部件供应商
QNX	居于市场主导地位，占据最大份额	通用、克莱斯勒、凯迪拉克、雪佛兰、雷克萨斯、路虎、保时捷、奥迪、大众、别克、丰田、捷豹、宝马、现代、福特、日产、奔驰、哈曼、伟世通、大陆、博世等
Linux	车载中控、仪表等均有应用	丰田、日产、特斯拉等
安卓	市场份额逐渐提升，国内更多车型开始采用	奥迪、通用、蔚来、小鹏、吉利、比亚迪、博泰、英伟达等
WinCE	WinCE7.0停止更新，逐渐退出市场	菲亚特、日产、起亚、福特等

软件的重要性促使国内部分企业开始进行智能座舱底层操作系统的自研，或在传统的安卓、Linux等操作系统上进行相应改进以掌握软件研发能力，具体情况见表5-24。

表5-24 部分企业转向操作系统自研或者定制化服务

企业	OS名称	提出时间	修改程度	底层操作系统	应用车企或车型
阿里巴巴	AliOS	2017年	纯自研	AliOS	荣威、红旗、名爵、大通、斯柯达、宝骏、神龙、观致、长安、东风雪铁龙、福特等
华为	Harmony OS	2019年	纯自研	Harmony OS	比亚迪汉、吉利汽车等
理想	Li OS	2020年	纯自研	Li OS	研发中，预计后续将用于理想全部汽车
百度	Duer OS	2017年	定制化	安卓	福特锐界ST、哈佛H6、奇瑞星途、北汽新能源EX3
小鹏	Xmart OS	2019年	定制化	安卓	小鹏G3、小鹏P7
大众	VW.OS	2018年	定制化	Linux	大众全系车型，如大众ID.3等

（4）产品分析

我国企业仍然以供给自主品牌车企为主，目前逐步拓展至合资车企，如德赛西威、华阳集团、中科创达等凭借受到认可的车载信息娱乐系统、驾驶安全系统等产品切入外资或合资车企供应链体系。我国智能座舱相关企业及产品见表5-25。

表5-25 国内智能座舱相关企业及产品

企业名称	主要产品	是否上市
德赛西威	车载信息娱乐系统、空调控制器、驾驶信息显示系统	是
华阳集团	车载视频播放器、车载影音导航系统、车载音频播放器	是
均胜电子	驾驶员控制系统、空调控制系统	是
华域汽车	座舱系统、仪表板等内外装饰	是
中科创达	安全驾驶系统、车载信息娱乐系统	是
华为	鸿蒙OS软件系统、车载智慧屏、HUD	否
远特科技	智能座舱平台、智能车机、数字仪表	否
博泰车联网	芯片、智能仪表、娱乐操作软件	否

目前配备智能座舱的车型主要是以特斯拉、蔚来、小鹏、理想为代表的造车新势力车型以及部分传统车企新上市车型，智能座舱产品配置情况见表5-26。

表5-26 智能座舱产品配置情况

企业名称	车型	智能座舱产品配置情况
特斯拉	Model Y	方向盘加热、调节、记忆，前后排座椅加热，中控触控液晶屏，语音识别
蔚来	ET7	方向盘加热、调节、记忆，全液晶仪表盘，抬头显示，前后排座椅加热、通风、按摩，中控触控液晶屏，语音识别
小鹏	P7	方向盘调节，全液晶仪表盘，丹拿音响，前排座椅加热、通风（仅驾驶位），中控触控液晶屏，面部识别，语音识别
理想	ONE	方向盘加热、调节，全液晶仪表盘，前排座椅加热、通风，后排加热，中控触控液晶屏，语音识别
上汽	智己	高通8155芯片、39in巨幅场景屏和12.8in曲面智控中枢屏、IMOS智能操作系统

3. 技术应用现状

智能座舱系统的技术框架主要分为五层：硬件层包含传感器、内存、用于人工智能感知的芯片（AI SoC）、应用处理器（Application Processor，AP）等基本硬件设备；系统软件层包含驱动、通信等基本系统软件；功能软件层则是完成智能座舱核心功能的层，主要在AI SoC完成感知，在AP完成上层应用；服务层，也即云服务体系，包含语音识别，场景网关等相关服务；支撑层是支撑软件的快速开发工具，也可称为成长平台。智能座舱系统的技术框架如图5-19所示。

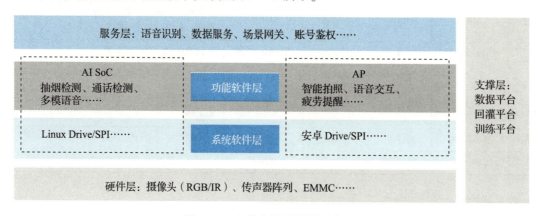

图5-19 智能座舱系统的技术框架

(1) 传感器

1) 单车传感器搭载量将超过 11 亿个。人车交互不再局限于按键、触控及语音等方式，智能网联汽车中陆续出现语音助手、手势识别、指纹、声源定位、人脸识别、全息影像等多种人车交互方式。交互场景的实现需要大量传感器作为支撑，因此传感器的装车量将大幅提升。根据 IHS Markit 预测，仅包含摄像头、毫米波雷达的口径下，短期内由于单车传感器数量在两位数以上的智能网联汽车销量占比较低，单车传感器数量较少，远期到 2030 年，平均单车传感器搭载量将超过 11 亿个，尚不包含 ToF 等装备。传感器装车应用的总量趋势（仅含摄像头与毫米波雷达）如图 5-20 所示。

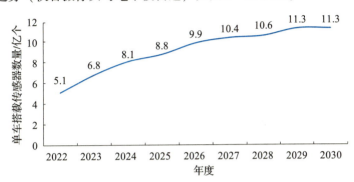

图 5-20 传感器装车应用的总量趋势（仅含摄像头与毫米波雷达）

数据来源：IHS Markit。

2) 座舱传感器数量持续增加。汽车座舱在向智能移动空间演变升级过程中，为完成人车交互功能，汽车装载的传感器数量将持续增加，未来的高度智能座舱在传感器搭载上主要包含 DMS 摄像头、IMS 摄像头、对外摄像头与传声器阵列。根据 IHS Markit 预测，到 2025 年，在一些领先方案中，座舱摄像头个数可能达到 9 个。座舱传感器数量趋势见表 5-27。

表 5-27 座舱传感器数量趋势

座舱传感器		2021 年	2022 年	2023 年	2024 年	2025 年
DMS 摄像头	摄像头像素（MP）	2	2	5	5	5
	摄像头个数	1	1	1	1	1
	摄像头类型	IR	IR/TOF	IR/TOF	IR/TOF	IR/TOF
IMS 摄像头	单摄像头像素（MP）	6	6	8	24	24
	摄像头个数	2	2	3	3	4
	摄像头类型	RGB/RGB-IR	RGB/RGB-IR	RGB/RGB-IR	RGB/RGB-IR	RGB/RGB-IR
用于座舱应用的对外摄像头	摄像头像素（MP）	2	2	5	5	5
	摄像头个数	1	1	2	2	4
	摄像头类型	IR	双目 IR	双目 IR/RGB	双目 IR/RGB	双目 IR/RGB
语音交互传声器个数		2	4	4	6	6

数据来源：IHS Markit。

(2) 感知算法

智能座舱是一个典型的多模交互场景，作为除了办公、居家以外的第三生活空间，具有空间较小、空间形态相对单一、活动范围有限的特点，在传感器与智能装备加持下，较易实现多模交互。

1) 视觉技术。随着座舱领域功能由 DMS（驾驶员监控系统）向 IMS（智能座舱监测系统）发展，摄像头和传感器的数量将持续增加，分辨率将不断升级，这些变化对承载座舱计算机视觉技术的 AI 芯片提出了更高的算力要求，而更充足的算力之下视觉技术也呈现出新的发展趋势，具体内容见表 5-28。

表5-28 视觉技术发展趋势

视觉技术趋势	主要内容
从单帧感知走向时序感知	当前的座舱视觉算法,绝大多数落地方法均基于单帧图像进行分析感知,之后在功能实现时进行较为简单的多帧融合规则处理。这种方法对于依赖时序上下文的行为识别来说,存在天然的局限。结合时序信息,对动作的起止和详细特征可以进行更好的刻画
从平面感知走向立体建模	汽车智能座舱是一个多人空间,驾乘人员以及车内设备的相互关系建模为车内高质量的交互感知提供保证。同时,空间的立体建模可以对精细化手势和高精度视线提供技术支撑
从单模态走向多模态学习	人体通过视觉、听觉、触觉等能力和外部完成交互。对于计算机视觉,也逐步形成多类、多个传感器的多模态信息联合学习的趋势,以达到更好的召回和准确率
从监督学习走向半监督/自监督/联邦学习	由于场景功能和个性化需求的增加,及法律法规的相应要求,对于智能座舱的视觉算法,长尾小样本数据挑战逐步显现。基于小样本的半监督、自监督以及联邦学习方法开始逐步展现出较强的实用价值

2) 语音技术。语音交互作为多模态交互的核心组成部分,未来在智能网联场景中占据十分重要的地位,个性化、自然化、定制化成为语音交互未来发展方向。在语音交互过程中,任一环节都至关重要。当前单模语音技术已经进入瓶颈期,由于单模本身的单一维度限制,在高噪背景或者外界干扰情况下,语音信息会被淹没,仅靠单模技术已难以有更好的性能提升。多模语音技术将极大提升语音交互体验,该技术深度融合了语音和唇部图像信息,无论语音前端和语音后端都可以借助于多模技术提升算法性能,该技术的主要优点是图像信息的引入、误唤醒的控制以及音区个数的增加。智能主动式服务也是语音交互的重要方向,未来的语音交互趋势朝着更自然、更主动和更人性化的方向发展,见表5-29。

表5-29 语音技术趋势

智能主动式服务技术	内容
人工智能技术	车载场景不同于家居,不仅要面对复杂的车内外环境,还要考虑不同用户在车内的用车场景和驾驶安全问题,同时还要执行对于车辆控制的指令等。人工智能技术可以帮助车机更有效地进行人机对话
外接生态丰富性	车内语音交互正在从信息娱乐向车身控制与车外场景联动的方向延伸;语音技术和车机协议、车内生态正在逐渐打通。而未来发展的趋势在于,如何在车内通过语音控制车外生态,实现车内外生态的联动,扩大语音交互的使用场景
用户情感化交互	情感化交互是提升用户人机交互体验的重要方向,未来智能化的语音交互体验应当能够基于用户行为、历史使用习惯、用车场景和时间等情况主动推送应用服务,同时在交互模式上可以结合用户的语音、面部识别、肢体动作等方面来针对用户的情绪状态,更加精准判断语音语义,让用户体验到人性化的顺畅沟通

3) 端云结合技术。感知算法进行端云结合,且更多向离线倾斜。在线交互带来的最大问题是系统延迟大、依赖于网络,用户对系统延迟的要求越来越高,离线本地交互在足够的端侧算力情况下,延迟一般比云端快一倍。

(3) 芯片

人工智能SoC芯片的算力需求将持续上升。IHS Markit根据各个影响因子在不同年份的变化情况预估NPU和CPU算力趋势如图5-21所示。该评估不代表产品包需求,不同的产品包需求需要不同的算力,也不包括未来OTA升级算法预留空间,该预估只包含实时算法。

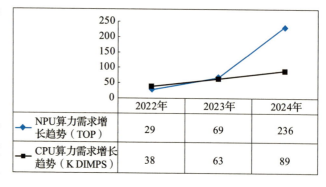

图5-21 NPU、CPU算力需求趋势

数据来源:IHS Markit。

（4）云服务

1）端云融合技术。智能座舱内会融合越来越多的传感器，传感器在形态多样化、产生数据丰富性和精细化能力上不断增强，同时对座舱内算力需求不断飙升，对端侧融合传感器数据、丰富创新座舱智慧场景、提升交互体验期望的要求也越来越高。将终端设备的智能部署在边缘和云端，通过协作和不断的训练，持续不断地提高终端设备智能，如通过边缘计算能更好地支持实时的多机协作，支持实时的知识图谱提取、理解和决策，持续不断地提高终端设备的智能。边缘计算和云计算还可以解决终端设备升级维护的困难，在终端设备本体的生命周期内不断升级，提高终端设备的能力，增强数据安全和隐私保护。

2）场景大脑技术。未来的智能座舱内会建立动态和个性化的知识图谱，知识图谱和感知、决策紧密结合，帮助实现更高级的持续学习能力。智能座舱的场景大脑需要具备场景自适应技术，通过对场景进行三维语义理解的基础上，主动观察场景里人与物的变化，并预测可能发生的事件，从而产生与场景发展相关的行动建议。

4. 产业发展趋势

1）智能座舱市场规模可期。智能座舱是智能网联汽车首选落地的环节，根据 ICV Tank 统计及调研预测数据显示，2020 年中国智能座舱市场规模约达 567 亿元，预计近几年市场规模快速增长，2025 年将突破 1000 亿元，2020—2025 年复合增长率为 12.68%。2022—2025 年智能座舱市场规模预测如图 5-22 所示。

2）后端生态是未来发展重点。智能网联汽车的软件内容将是未来汽车主要增量，根据麦肯锡预测，预计 2030 年软件占比将超过 30%，全球规模有望达

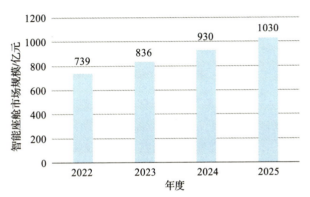

图 5-22　2022—2025 年智能座舱市场规模预测

数据来源：ICV Tank、中国汽研整理。

到 840 亿美元，主要软件价值领域集中在智能驾驶和智能座舱，全球软硬件占比趋势情况如图 5-23 所示。车企从传统制造向智能化转型升级，操作系统的定制需求处于爆发期，QNX 全球操作系统授权费达到 4.9 亿美元，软件服务商业务进入高速发展期。应用软件是智能座舱未来发展的重点，尤其 SP 将是未来车载体验的最大差异点。传统 SP 主要是导航引擎、地图引擎等，未来环视系统、自动泊车、疲劳监控以及基于 V2X 的服务有望成为热门应用。

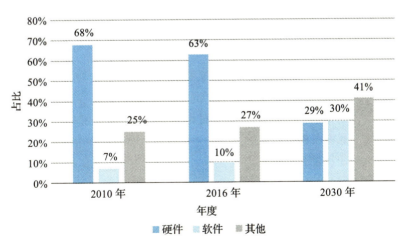

图 5-23　全球软件与硬件内容占比趋势

数据来源：麦肯锡、中国汽研整理。

3) 多屏融合互动。传统座舱由于技术限制，中控、仪表等系统相互独立，并分别由单一芯片驱动，各控制器间通信成本较高。随着智能化发展，汽车座舱内屏幕数在增加，多个屏幕融合、互动的趋势越来越明显，主要体现在双屏、多联屏设计以及一芯多屏技术（座舱域控制器）的应用。一芯多屏通过 QNX Hypervisor 软件虚拟化技术，在高性能 SoC 系统级芯片上同时运行多个应用场景操作系统，多屏共享处理器硬件资源，使得 IVI、液晶仪表、HUD 等多屏间高效互动成为可能，典型如中控屏、液晶仪表双屏互动，中控屏、液晶仪表、前排乘客座娱乐屏、车辆控制屏四屏互动，或者在四屏互动基础上再加上后座娱乐屏五屏互动。小鹏 P7 双联屏设计如图 5-24 所示。Model 3 中控屏分区设计如图 5-25 所示。

图 5-24　小鹏 P7 双联屏设计　　　　图 5-25　Model 3 中控屏分区设计

4) 智能、互联、娱乐多功能集成。汽车作为未来智能移动出行终端，其智能、互联、娱乐属性将更多为 IVI 所承接，智能方面如驾驶辅助，互联方面如手机互联、智能家居控制，未来伴随车载服务和应用生态的逐步建立和完善，IVI 应用场景将加速拓展，功能更加多样化、生活化，如基于车辆位置信息，提供智能推送、智能停车充电、线上预订、车机快捷支付、车辆身份认证等，为车主提供更加方便快捷的车辆及生活服务。

5) AR-HUD 将成为人车交互新窗口。汽车正处于以车为中心的交通工具转变为以人为中心的移动第三空间的阶段，未来将成为除了智能手机外的又一智能移动终端。伴随智能化快速发展，语音识别控制、手势识别、人脸识别等技术逐渐在汽车智能座舱上应用，传统的交互方式逐渐被取代，如以往的驾乘人员通过手动点击操作中控和仪表屏幕来输入信息完成人车交互的方式正在转向智能化，但驾驶员在紧要关头控制汽车的少数且关键的实体按键不会完全消失。随着座舱内智能化功能的快速发展，通过声音、手势等方式进行情感式人车交互将成为新趋势。在此背景下，以前风挡为显示界面的 AR-HUD 有望凭借更大的显示尺寸以及更优的沉浸式体验逐步替代中控及仪表，成为人车交互的新窗口。

5.4　车规级芯片

1. 产业概述

车规级芯片是满足车载等级要求的元器件，需要满足 AEC Q100 针对有源（Active Device）元件和 AEC Q200 针对无源（Passive Device）元件的设计要求。考虑到安全性、工作环境等一系列因素的影响，车规级芯片不同于军工级、汽车级、工业级和民用/商业级，汽车级芯片的制作要求远高于工业级芯片和民用级芯片。一般车规级芯片在车辆上的使用周期是十年以上，承受的温度范围一般在 -40~150℃ 之间，电路采用多级防雷设计、双变压器设计、抗干扰技术、多重短路保护、多重热保护、超高压保护以应对户外、高温、高寒、潮湿等苛刻的环境要求。常见的四种芯片等级标准对比见表 5-30。

表 5-30　四种芯片等级标准对比

参数	军工级	汽车级	工业级	民用级
温度	-55~150℃	-40~125℃	-40~85℃	0~70℃
材料选用	采用进口民品顶尖工业级元器件	采用进口民品工业级元器件	采用进口民品工业级元器件	采用国产元器件

(续)

参数	军工级	汽车级	工业级	民用级
工艺处理	耐冲击、耐高低温、耐霉	增强封装设计和散热处理	防水、防潮、防腐、防霉变处理	防水处理
电路设计	辅助电路和备份电路设计、多级防雷设计、双变压器设计、抗干扰技术、多重短路、多重热保护、超高压保护等	多级防雷设计、双变压器设计、抗干扰技术、多重短路、多重热保护、超高压保护等	多级防雷设计、双变压器设计、抗干扰技术、短路、热保护、超高压保护等	防雷设计、短路、热保护等
系统成本	造价非常高、维护费用也高	积木式结构，每个电路均带有自检功能并增强了散热处理、造价较高维护费用也较高	积木式结构，每个电路均带有自检功能、造价稍高但维护费用低	线路板一体化设计、价格低廉但维护费用较高

数据来源：CSDN，中国汽研整理。

1）车规级芯片按功能可分为控制类（MCU 和 AI 芯片）、功率类、模拟芯片、传感器和其他（如存储器）。传统汽车的控制芯片主要为 MCU，其制程普遍在 40nm 以下，MCU 以控制指令运算为主，算力要求较低；智能汽车时代引入 AI 芯片，AI 芯片以智能运算为主，算力较强；功率类芯片包括 MOSFET 和 IGBT，制程在 90nm 以上，生产模式以 IDM（厂商自行设计、制造、封装、测试）为主；模拟芯片主要包括电源管理芯片和信号链芯片，电源管理壁垒相对较低；传感器芯片可以分为车辆感知（动力、底盘、车身、电子电器系统）和环境感知（车载摄像头、超声波雷达、毫米波雷达、激光雷达）；其他如存储芯片，又称半导体存储器，是以半导体电路作为存储媒介的存储器，用于保存二进制数据的记忆设备，随着汽车智能化、网联化的发展，车辆需要处理和存储更多的视频、语音等数据信息。

2）车规级芯片主要运用于汽车八个部位（图 5 – 26）。控制类芯片是智能汽车的"大脑"，负责调度管理、协调、运算工作；功率芯片是智能汽车的"心脏"，作用在发动机、驱动系统中的变速器控制和制动，或者转向控制中；摄像头 CMOS 是智能汽车的"眼睛"，用于倒车后视、环视、前视、监控转弯盲区等，从数量上，L3 以上的自动驾驶会用到 18 颗；射频接收器是智能汽车的"耳朵"，未来，射频芯片将像汽车的耳朵一样助力 C – V2X 技术发展，将"人 – 车 – 路 – 云"等交通参与要素有机联系在一起，弥补单车智能的不足，推动协同式应用服务发展；超声波/毫米波雷达是智能汽车的"触角"，智能汽车通过传感器获得大量数据，L5 级别的汽车会携带传感器将达到 20 个以上；存储芯片是智能汽车的"记忆"，智能汽车产业对存储器的需求与日俱增，随着云和边缘计算的快速发展，将在智能汽车领域大放异彩；以太网是智能汽车的"神经系统"，车载以太网具有高带宽、高灵活性、低布线成本等优势；LED 是智能汽车的"目光"，LED 已经全面普及至智能汽车的照明领域，随着 LED 芯片体积、技术的发展，其智能化潜力开始被大力开发，进而向着高亮、智能、酷炫的方向大步迈进。

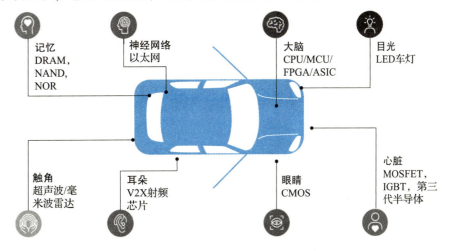

图 5 – 26 芯片在汽车八个部位的应用

数据来源：德勤，中国汽研整理。

2. 车规级芯片产业现状

随着汽车智能化、网联化的发展,芯片的需求不断扩大。目前已出现车规级芯片行业集中度相对较高的市场规模,未来市场 AI 芯片增速最快。从车规级芯片市场表现来看,国内替代率低,国外厂商市场占有率高,形成了 TOP5 供应商之间的竞争格局。汽车缺芯问题已成为全球汽车行业热点话题。

(1) 市场规模

车规级芯片行业集中度相对较高,MCU 芯片现阶段市场空间最大,AI 芯片未来市场空间增速最快。目前各种车规级芯片前五大厂商市占率之和均大于 60%,车规级芯片市场集中度相对较高。据公开数据显示,2020 年车规级 MCU 芯片市场空间为 65 亿美元,远超其他车规级芯片,2026 年预计增长至 88 亿美元。车规级 AI 芯片 2019 年市场空间为 10 亿美元,预计以 CAGR+35% 的速度迅速扩张,到 2026 年 AI 芯片市场空间将达到 120 亿美元,成为市场空间最大的车规级芯片。各类车规级芯片市场规模及预测如图 5-27 所示。

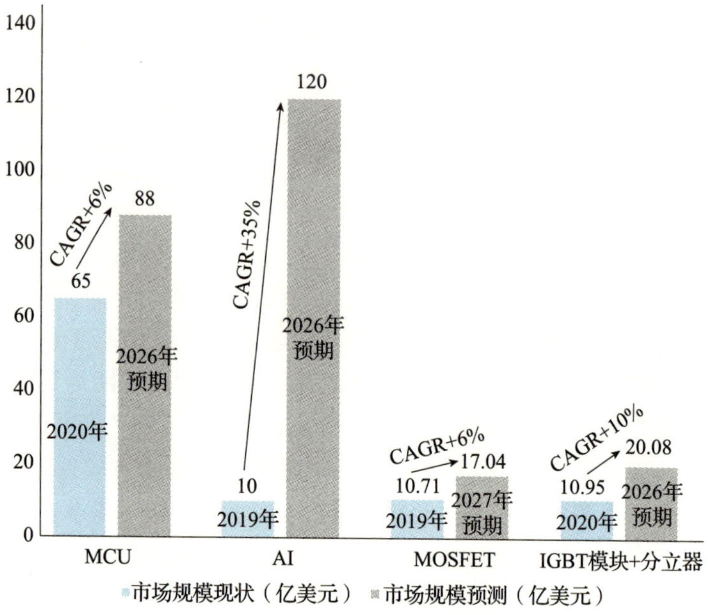

(2) 竞争格局

车规级芯片市场份额基本被国际巨头垄断。在 MCU 芯片、功率类芯片厂商中前五大均为海外企业。MOSFET 方面:英飞凌是龙头,占据 28% 的市场份额,外资占据绝大部分市场份额,中国厂商以生产低压 MOSFET 进行国产替代,但主要用于工业和消费类产品,在车规级 MOSFET 上几乎没有份额。IGBT 方面:英飞凌占据 33% 的市场份额,TOP5 供应商占据绝大部分市场份额,比亚迪、斯达半导、中国中车近年来正在实现国产替代,但在制造工艺等方面仍然落后于国际巨头供应商。MCU 方面:前五供应商均为国外企业,市场份额基本被国外垄断。国产化率不足 2%,替代空间大。国内企业技术相对薄弱,企业规模与前八大厂商差距较大,现阶段主要为工业控制、仪器仪表、消费电子、物联网等通用领域供货。车规级芯片 2018—2020 年市场竞争格局见表 5-31。

图 5-27 各类车规级芯片市场规模及预测

数据来源:公开数据整理。

表 5-31 车规级芯片 2018—2020 年市场竞争格局

2020 全球 MCU 厂商	市场占有率	2019 全球 MOSFET 厂商	市场占有率	2018 全球 IGBT 模块厂商	市场占有率
瑞萨电子	30%	英飞凌	28%	英飞凌	33%
恩智浦	26%	安森美	13%	富士通	11%
英飞凌	14%	意法半导体	8%	三菱	10%
赛普拉斯	9%	瑞萨电子	7%	西门康	8%
德州仪器	7%	东芝	7%	Vincotech	6%
微芯科技	7%	威世	6%	日立	4%
意法半导体	5%	A&O	5%	丹佛斯	3%
其他	2%	安世	4%	东芝	2%
		罗姆	2%	博世	2%
		其他	21%	斯达半导	2%

数据来源:IHS Markit,中国汽研整理。

（3）行业热点

1）汽车缺芯问题已经全球化。受全球新冠疫情（COVID-19）影响，多家车企减产或停产。自2020年年末大众因为大陆和博世的ESP芯片短缺停产开始，"缺芯片"问题陆续影响全球车企（见表5-32），大众、沃尔沃、通用、福特、丰田、本田、日产等跨国车企陆续因半导体供应紧张而暂停部分工厂的生产，其中涉及多款热销车型。国内的一汽、长城、蔚来等厂商也受到芯片短缺影响而减产或推迟新车型的上市计划，扶持国产芯片上升到国家战略层面。

表5-32 缺芯对各大车企的影响

汽车企业	减产或损失
通用汽车	芯片短缺将使2021年调整后的收益减少15亿~20亿美元
福特汽车	2021年1月8日，福特宣布其位于美国肯塔基州的工厂因为芯片短缺被迫停产，公司第一季度产量可能减少五分之一，或导致今年调整后的税前利润减少10~25亿美元
丰田汽车	2021年1月18日宣布在日本的8家工厂共11条生产线将暂停生产，其中停产时间最长的富士松工厂将达到13天
大众汽车	由于芯片短缺，将调整中国、北美，甚至欧洲的汽车产量
雷诺汽车	芯片供应瓶颈将在第二季度达到顶峰，并可能导致雷诺集团的工厂停产，预计公司今年的汽车产量或减少10万辆
本田汽车	减少雅阁、思域、Insight三厢车、Odyssey、Acura RDX的生产
蔚来汽车	因芯片短缺，2021年3月29日，合肥江淮蔚来制造工厂暂停生产5个工作日。受全球芯片短缺，蔚来汽车月产1万辆新能源汽车的产能，目前仅限于月产7500辆
上汽集团	2020Q3、Q4，上汽大众部分车型因芯片短缺面临产能紧张。2021Q1上汽大众部分车型阶段性停产
广汽集团	2020年1月汽车产量13.8万辆，比去年同期减少24.31%，乘用车产量同比减少24.35%，轿车产量同比减少32.16%
一汽集团	一汽大众奥迪计划2021年4月减产30%，减产车型有A4L、A6L、Q5L等；2021Q2原计划生产汽车61万辆，由于芯片短缺，实际生产40万辆，减产30%；2021年4月因ESP芯片短缺，减产2万辆；2021年9月仍有29款车型生产能力受芯片供应影响
长城汽车	受缺芯影响，2021Q1长城汽车产量环比下降9.4万辆
吉利汽车	2021年5月6万套零部件需求，减少供应到2万套，供货率不足40%

数据来源：公开数据整理。

2）芯片厂商基于生产经济性，扩产意愿较弱。相比之下，由于车规级芯片对安全性及稳定性需求高，主要使用成熟制程的8in（200mm）产线生产。芯片厂商为了覆盖下游应用更广，使用生产效率更高的300mm产线，导致产能扩张主要以12in（300mm）芯片为主，用于生产以电脑、平板、智能手机为主的消费电子类产品。

3）芯片车规认证门槛高，验证周期长。首先，汽车对芯片和元器件的工作温度要求更宽，根据不同的安装位置等有不同的需求。第二，汽车电子元件对运行性稳定要求极高。第三，汽车对器件的抗干扰性能要求极高。第四，一般汽车的设计寿命都在15年50万km左右，远大于消费电子产品寿命要求，所以对应的汽车芯片使用寿命要更长，故障率更低。第五，长期有效的供货周期。第六，极高的产品一致性要求，导致不能随便换产线。比如：车载IGBT认证。IGBT厂商进入车载市场需要获得AEC-Q100等车规级认证，认证时长约为12~18个月，且在通过认证门槛后，IGBT厂商还要与汽车厂商或Tier 1供应商进行约2~3年的车型市场导入测试验证。在测试验证完成后，汽车厂商也往往不会立即切换，而是要求供应商以二供或者三供的身份供货，再逐步提高装机量。

3. 典型产品发展现状

（1）MCU 微控制单元（Microcontroller Unit）

传统汽车中的控制芯片为MCU，是在ECU当中负责数据处理和运算的芯片，主要有8位，16位和32

位三种型号。其车规级 MCU 应用场景见表 5-33。当前此三种型号的 MCU 在汽车的应用场景上有所不同，随着位数的增加，MCU 的运算能力逐级增强，适用的场景也更加高端。在传统的燃油汽车当中主要采用的是功能芯片 MCU，可以满足汽车对于发动机控制、制动控制、转向控制等一系列简单功能的实现。随着汽车电子电器的发展，32 位 MCU 开始扮演车用电子系统中的主控处理中心角色，即将分散各处的低阶电子控制单元（ECU）集中管理。

表 5-33 不同位数的车规级 MCU 应用场景

位数	主要用途
8 位	主要应用于车体的各个次系统，包括风扇控制、空调控制、刮水器、天窗、车窗升降、低阶仪表板、集线盒、座椅控制、门控模块等较低阶的控制功能
16 位	主要应用为动力传动系统，如发动机控制、齿轮与离合器控制和电子式涡轮系统等；也适合用于底盘机构上，如悬架系统、电子式动力方向盘、扭力分散控制，和电子帮辅、电子制动等
32 位	主要应用包括仪表板控制、车身控制、多媒体信息系统、发动机控制，以及新兴的智能性和实时性的安全系统及动力系统，如预碰撞（Pre-crash）、自适应巡航控制（ACC）、驾驶辅助系统、电子稳定程序等安全功能，以及复杂的 X-by-wire 等传动功能

数据来源：公开数据整理。

1）MCU 市场、产品及技术成熟。传统车规控制芯片 MCU 以国外厂商为主，包括瑞萨电子、恩智浦、英飞凌、德州仪器、微芯电子、意法半导体等。其 MCU 产品及特点见表 5-34。从产品和技术方面而言，前五大 MCU 厂商的产品系列丰富、种类多样，具备从基础功能到高性能芯片的覆盖，同时随着技术进步也在不断出新。MCU 市场发展至今，制造技术和产品相对成熟，各家产品也各有特点，如日本瑞萨电子的 RH850 系列采用瑞萨 40nm 工艺制造为业界首创，且还提供具有强大成本效益的功能和特性。恩智浦基于高性能混合信号的专业性，产品支持多种 IoT 景观、提供极高集成度且广泛的软硬件支持。而英飞凌在开发产品时侧重于能源效率、移动性和安全性，且其于 2019 年收购赛普拉斯，强强联合。

表 5-34 主要厂商汽车 MCU 产品及特点

公司	系列及产品	简介/特点
瑞萨电子	RL78 16 位汽车用 MCU	具有超低功耗
	RH850 AutomotiveMCUs	该 32 位 MCU 系列采用瑞萨电子 40nm 工艺
恩智浦	S32 汽车电子处理平台系列	基于 Arm®-R52 的微控制器，目前尚在样品阶段
	S32K 微控制器	基于 Arm® Cortex®-M 系列的低功耗微控制器
	EA 微控制器系列	入门级 MCU 系列，适用于高质量通用汽车
	MAC57Dxxx 微控制器	基于多核 Arm® 的 MCU，适用于仪表板以及显示管理
英飞凌	32 位 TriCore™ 微控制器	基于 TriCore™ 的产品在汽车中的应用非常广泛
	32 位 Traveo™ Arm® Cortex® 微控制器	infineon + Cypress 产品
	32 位嵌入式电源 IC	基于 Arm® Cortex® M
德州仪器	基于 Arm 的微控制器	适用于工业和汽车系统的高度集成、低成本 MCU，基于 Arm® 的 32 位微控制器（MCU）
	C2000 实时微控制器	采用专有的 32 位内核（C28x CPU），已针对处理、传感和驱动进行优化以提高闭环性能
微芯科技	8 位 PIC® AVR® 车用 MCUs	PTC 用于创建经济高效、低功耗的触摸设计
	16 位 PIC 24 车用 MCUs	适合所有类型的动力总成应用，包括内燃机、电动和混合动力电动汽车
	32 位车用 MCUs	可应用于高级驾驶员辅助系统和抬头显示器

(续)

公司	系列及产品	简介/特点
意法半导体	SPC5 32 位汽车用 MCU	32 位 MCU 专用于车身和便利应用，配有适合实时应用的先进计时器
	ST10 16 位汽车用 MCU	集成了可扩展的单电压嵌入式闪存
	Stellar 32 位汽车用 MCU	具备安全数据路由的功能加速器并提供通信接口、具有多达六个 Arm® Cortex® - R52 内核

数据来源：公司官网。

2）车规级 MCU 国产渗透率低，以中低端品类为主。由于车规级 MCU 研发周期长，认证要求远高于消费和工业级 MCU，中国仅几家企业包括上海芯旺微电子、杰发科技、赛腾微电子和比亚迪半导体具备生产能力。其产品及量产情况见表 5-35。比如在 2018 年底，四维图新的子公司杰发科技自主研发并量产了国内首颗车规级 MCU 芯片 AC781x；在 2020 年比亚迪半导体的车规级 MCU 已批量装载在比亚迪全系列车型上，累计装车超 500 万颗，可见国产 MCU 产品也在不断发展。

表 5-35 国内车规级 MCU 厂商产品及量产情况

公司	产品	位数	性能特点	量产情况
上海芯旺微电子	8 位汽车 MCU - KF8A 系列	8 位	基于 KungFu32 内核	2019 年，KF8A（AEC - Q100）实现量产，KF32A150 汽车 MCU 准备量产
	32 位汽车 MCU - KF32A 系列	32 位		
杰发科技	车规级 MCU - AC781x	32 位	芯片基于 ARM Cortex® - M3 内核	2018 年底，自主研发并量产了国内首颗车规级 MCU 芯片 AC781x 母公司四维图新已经和宝马、丰田、福特、大众等国内外车企建立了全面合作
			适用于汽车电子和高可靠性工业应用	
	车规级 MCU - AC7801x		芯片基于 ARM Cortex® - M0+ 内核	
			主要用于电控领域	
赛腾微电子	8 位低功耗型 MCU - ASM87L(A)164X	8 位	单周期 8051 兼容 CPU 内核	截至 2019 年，针对汽车 LED 尾灯流水转向灯的主控 MCU 芯片（ASM87F0812T16CIT）已通过国内知名汽车厂家一系列上车测试认证，出货量超百万颗
	8 位超值型 MCU - ASM87F(A)081X		1T 8051 兼容 CPU 内核	
	32 位电机控制型 MCU - ASM30(A)M083X	32 位	ARM Cortex® - M0 内核	
比亚迪半导体	第一代 8 位车规级 MCU 芯片	8 位	基于 8051 内核的通用型 8 位 Flash 存储 MCU	截至 2020 年，比亚迪半导体车规级 MCU 批量装载在比亚迪全系列车型上，已累计装车超 500 万颗
	第一代 32 位车规级 MCU 芯片	32 位	BF7006AMXX 芯片系统	

数据来源：公司官网。

3）亚洲是 MCU 厂商的主要战场。根据 2016—2020 年的企业数据，瑞萨电子、恩智浦、英飞凌、德州仪器、微芯科技和意法半导体这六家 MCU 厂商主要市场为亚洲地区，而亚洲地区以日本、中国以及新加坡这三国为主。从各自的主要客户来看，六家 MCU（市场份额见表 5-36）主要厂商的重要客户范围覆盖全球及多个行业，包括知名车企（如比亚迪、本田等）、汽车供应商（如德国大陆）、通讯科技公司（如华为）、高科技公司（如苹果）等，而与其合作的企业也多为各自行业的龙头企业。

表 5-36　2016—2020 年主要 MCU 厂商市场份额

公司	主要客户/知名合作客户	主要市场份额
瑞萨电子	最大客户为日本 RYOSAN，知名合作伙伴有丰田、日产、本田等日系汽车公司	日本（39%）、中国（20%）、其他亚太地区（16%）、欧洲（15%）
恩智浦	苹果、安波福、博世、德国大陆、电装、爱立信、华为、LG、三星以及伟世通等	中国（38%）、新加坡（12%）、美国（9%）、日本（8%）
英飞凌	安波福、博世、德国大陆、电装、比亚迪、现代、三菱、日立、李尔、万都、日本京滨等	中国（22%）、德国（15%）、美国（12%）、其他亚太地区
德州仪器	知名合作伙伴有奥迪、百度、本田等	亚洲（60%）、欧洲中东非洲（18%）、美国（13%）
微芯科技	英特尔、戴尔、洛克希德·马丁、惠普、波音公司等	亚洲（55%）、欧洲（19%）、美洲（25%）
意法半导体	苹果、博世、德国大陆、华为、特斯拉、三星、惠普、希捷、任天堂、英特尔等	新加坡（45%）、荷兰（24%）、美国（10%）、亚太地区（9%）

数据来源：公司官网。

（2）IGBT 芯片

IGBT（绝缘栅双极型晶体管，Insulated Gate Bipolar Transistor）是三端器件电路开关，可以透过开关控制改变电压，属于分立器件中的全控型器件，并具有自关断的特征，可以同时控制开通与关断。IGBT 拥有栅极 G（Gate）、集电极 C（Collector）和发射极 E（Emitter），其开通和关断由栅极和发射极间的电压 UGE 决定；在 IGBT 的栅极和发射极之间加上驱动正电压，PNP 晶体管的集电极与基极之间成低阻状态而使得晶体管导通。IGBT 结合了 MOSFET 与 BJT 的优点，既有 MOSFET 的开关速度快、输入阻抗高、控制功率小、驱动电路简单、开关损耗小的优点；又有 BJT 导通电压低、通态电流大、损耗小的优点。IGBT 被各类下游市场广泛使用，是电力电子领域较为理想的开关器件。

如图 5-28 所示，IGBT 厂商在汽车产业链中处于中游位置，如英飞凌、塞米控、比亚迪等；其上游包括材料供应商、设备供应商以及代工厂，如日本信越、晶瑞股份、晶盛机电、日立科技、高塔、华虹等；其下游包括 Tier 1 厂商以及整车厂，如博世、三菱电子、大众汽车、特斯拉等。

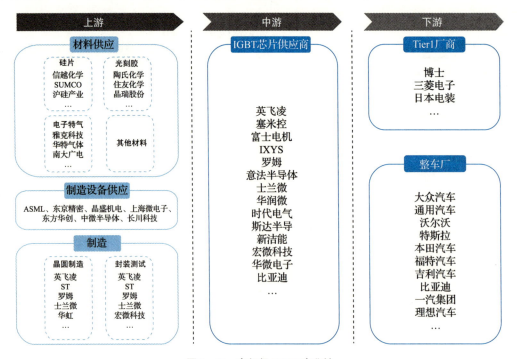

图 5-28　车规级 IGBT 产业链

数据来源：公开数据整理。

1）车规级 IGBT 模块是新能源汽车电机控制器的核心元器件。车规级 IGBT 主要应用于电池管理系统、电动控制系统、空调控制系统、充电系统等，主要用途是在逆变器中将高压电池的直流电转换为驱动三相电机的交流电。尤其 IGBT 直接控制驱动系统直、交流电的转换同时负责电机变频控制，因此 IGBT 的技术水平决定电动车驱动系统的转矩（对应汽车的加速能力）和最大输出功率（对应汽车的最高时速）等；在车载充电机（OBC）中将交流电转换为直流并为高压电池充电；用于 DC/DC 变换器、温度 PTC、水泵、油泵、空调压缩机等系统中（见表 5-37）。

表 5-37 IGBT 模块应用

类别	组件	功率等级/kW
主逆变器	IGBT SiC	30~400
车载充电机	CoolMOS IGBT SiC	3.3~22
PTC 加热器	IGBT	2~5
压缩机	IGBT SiC	1.5~5
水泵	IGBT	0.2~1
油泵	IGBT	0.2~1

数据来源：公开数据整理。

2）IGBT 具有工艺复杂、设计难度高，产品生命周期长的特点。IGBT 器件需要承受高电压和大电流，对于稳定性、可靠性要求较高，结构比较复杂。IGBT 芯片结构分为正面（Emitter side）和背面（Collectoer side）。IGBT 正面技术从平面栅（Planar）迭代至沟槽栅（Trench），并演变为微沟槽（Micro Pattern Trench）；背面技术从穿通型（Punch Through，PT）迭代至非穿通型（Non Punch Through，NPT），再演变为场截止型（Field Stop，FS）。技术的迭代对改善 IGBT 的开关性能和提升通态降压等性能上具有较大帮助，但是实现这些技术对于工艺有着相当高的要求，尤其是薄片工艺（8in 以上的硅片当减薄至 100~200μm 后极易破碎 1in = 2.54cm）以及背面工艺（因正面金属熔点的限制，所以背面退火激活的难度大），这也导致 IGBT 迭代速度较慢。因此，IGBT 产品具有生命周期长的特点。未来，IGBT 会朝着更小尺寸、更大晶圆、更薄厚度发展，并通过成本、功率密度、结温、可靠性等方面的提升来实现整个芯片技术的进步。

3）全球市场由欧美日瓜分，我国处于起步阶段。全球 IGBT 市场主要被日、欧、美等国瓜分，国际上比较知名的 IGBT 厂商主要有日本的三菱、富士电机、日立和东芝，美国的安森美等，瑞士的 ABB、英飞凌等。高端 IGBT 芯片技术基本上都被这几大公司掌握。相比国外，我国 IGBT 整体起步较晚，整体技术相对滞后，芯片设计基础薄弱，工艺平台不够先进。2020 年全球功率 IGBT 主要供应商排名如图 5-29 所示。

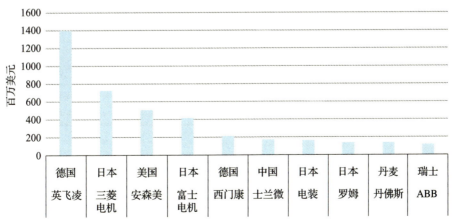

图 5-29 2020 年全球 IGBT 主要供应商排名

数据来源：Yole。

4）国内企业奋起直追，形成三强领跑，多家跟进的格局。国内目前已经有比亚迪半导体、中车时代电气、斯达半导体等包含车规级 IGBT 生产线的企业。士兰微、宏微科技、华微电子、华大半导体、中科君芯、达新半导体、深圳芯能、东风公司（智新半导体）等企业也开始布局 IGBT 产业，国内 IGBT 产业逐渐呈现三强领跑趋势。根据 NE 时代数据，英飞凌以 58.2% 的市场份额，占据国内绝对领先地位。国产厂商中，比亚迪半导体借助于比亚迪汽车在新能源汽车领域的优势，成为国内新能源汽车 IGBT 市场的龙头，市占率达 18.0%，而斯达半导和时代电气也挤进了前十，在国内市场份额分别为 1.6% 和 0.8%，三家企业国内市占率合计约 20.4%，国内 IGBT 国产化率尚处低位。

5）IGBT 需求随着充电桩市场扩大而上升。随着新能源汽车的普及，2020 年 9 月—2021 年 8 月，我国公共充电桩保有量从 61 万台增长至 98 万台。根据中国充电联盟的数据，2020 年，我国充电桩市场中，直流电桩约为 30.9 万台，占比约为 38.3%；交流桩约为 49.8 万台，占比约为 61.7%。在直流充电桩中，IGBT 占原材料成本的 20%~30%（数据来源 Yole）。虽然充电桩市场对于 IGBT 来说仍然较小，但由于充电桩的部署对于扩大新能源汽车市场规模来说至关重要，所以未来充电桩用 IGBT 市场有望快速增长。

（3）AI 芯片

AI 芯片也被称为 AI 加速器或计算卡，即专门用于处理人工智能应用中的大量计算任务的模块（其他非计算任务仍由 CPU 负责）。从广义上讲，只要能够运行人工智能算法的芯片都叫作 AI 芯片。但是通常意义上的 AI 芯片，指的是针对 AI 算法做了特殊加速设计的芯片，当前阶段的 AI 算法一般以深度学习算法为主，也可以包括其他机器学习算法。

1）ASIC 是 AI 芯片未来主流。第一类是 GPU，第二类是 FPGA，第三类是 ASIC。其对比见表 5-38。当前主流的 AI 芯片是 GPU，未来可能被 ASIC 替代。GPU 属于通用型芯片，ASIC 则属于专用型芯片，而 FPGA 则是介于两者之间的半定制化芯片。三种 AI 芯片各有优劣，但是由于当前用量有限，ASIC 难以形成规模，而 FPGA 的量产成本高，相比于 GPU 而言开发门槛又高，因此目前二者在 AI 芯片市场的占比均不高，GPU 由于运算速率快，且通用性强，开发难度又相对较低，因此在目前及未来一段时间都将占据主流地位。但是随着 AI 芯片市场规模的扩大，预计未来高性能、功耗低，量产成本又低的 ASIC 将对功耗高、成本高的 GPU 形成替代，成为主流的 AI 芯片。而 FPGA 由于功能可修改这一优势，在算法不断更新、迭代的环境下将有很强的竞争优势，在需求量较小的专用领域将保持住一定的市场份额。

表 5-38 三种 AI 芯片的对比

指标	GPU	FPGA	ASIC
特点	通用型	半定制化	专用型
芯片架构	叠加大量计算单元和高速内存，逻辑控制单元简单	具备可重构数字门电路和存储器，根据应用制定	电路结构可根据特点领域应用和特定算法定制
擅长领域	3D 图像处理，密集型并行运算	算法更新频繁或者市场规模较小的专用领域	市场需求量大的专用领域
优点	计算能力强，通用性强，开发周期短，难度小，风险低	功能可修改，高性能、功耗远低于 GPU，一次性成本低	专用性强、性能高于 FPGA、功耗低、量产成本低
缺点	价格贵、功耗高	编程门槛高、量产成本高	开发周期长、难度大、风险高、一次性成本高

数据来源：公开数据整理。

2）Mobileye 是 AI 芯片的领导者，全球市场向好。全球主要 AI 芯片厂商为高通、Mobileye（被英特尔收购）、英伟达，国内主要厂商为地平线、华为、黑芝麻。据商业新知数据，2025 年中国 AI 芯片市场规模将达 91 亿美元，2030 年有望达到 177 亿美元，2020—2030 年 CAGR 约为 22.8%。车载 AI 芯片是实现自动驾驶决策控制环节的基础，自动驾驶汽车数据处理量巨大，对汽车芯片要求极高，随着智能汽车 E/E 架构升级，域控制器/中央计算平台的广泛使用，车载 AI 芯片市场规模将持续增长。据官网公布，截至

2021年12月，Mobileye EyeQ系列芯片出货量累计超过1亿颗，ADAS市场占有率约为70%，在全球28家主流车企、超过300款车型上搭载。地平线截至2020年AI芯片出货量16万颗，与行业龙头还存在一定差距。

3）AI芯片加速上车，上市新车型开始使用AI芯片。各大车企上市的新车型开启了AI芯片上车的时代，其中英伟达、高通、Mobileye的市场占有率较高。AI芯片在2021年新车型上的使用情况见表5-39。同时，自主AI芯片厂商近两年发展迅速，产品更新速度快，与国内整车厂广泛合作，同样具有较强竞争力，以地平线和华为为代表。地平线的征程5对标英伟达Orin、Mobileye EyeQ5，征程6也预计在2023年发布。客户合作上，征程系列芯片已搭载或即将搭载于长安UNI-T、奇瑞大蚂蚁、上汽智己L7、传祺GS4 Plus、岚图FREE、思皓QX、大通MAXUS MIFA等多款车型上。华为的车载AI芯片包括座舱领域的麒麟芯片和自动驾驶领域的昇腾芯片，在工艺、功耗、算力等方面保持领先水平。客户合作上，除了在极狐Alpha S华为Hi版和金康赛力斯上应用外，与上汽、吉利、江淮、一汽红旗、东风汽车等车企也开展了深度合作。

表5-39 AI芯片在2021年新车型上的使用情况

芯片厂商	芯片型号	车企	车型
英伟达	英伟达Orin	北汽集团	奔驰EQS
Mobileye	Mobileye EyeQ5H	华晨汽车	宝马iX
英伟达	英伟达车机芯片	一汽集团	奥迪e-tron
Mobileye	Mobileye Eye4	上汽大众	大众ID6
英伟达	英伟达Orin	上汽集团	智己轿车
英伟达	英伟达Orin	R汽车	R汽车ES33
德州仪器、地平线	德州仪器方案、地平线征程2	岚图汽车	岚图FREE
华为	麒麟990A、MDC810	北汽新能源	极狐Alpha S华为Hi版
华为	麒麟芯片组、MDC	赛力斯、华为	赛力斯华为智选SF5
英伟达、高通	英伟达Xavier、高通SA8155P	小鹏汽车	全新小鹏P5
英伟达、高通	英伟达Orin、高通SA8155P	蔚来汽车	蔚来ET7
Mobileye	Mobileye EyeQ5H	极氪汽车	极氪001
亿咖通科技	车载芯片E01	吉利汽车	几何C
高通	高通SA8155P	吉利汽车	星越L
高通	高通SA8155P	长城汽车	长城摩卡
Mobileye	Mobileye EyeQ4	理想	理想ONE
Mobileye	Mobileye EyeQ4	大众汽车	ID.4
Mobileye	Mobileye EyeQ4	广汽埃安	Aion V
Mobileye	Mobileye EyeQ5H	领克汽车	ZERO Concept

数据来源：公开数据整理。

4）AI芯片高算力已用于智能座舱和自动驾驶领域。目前，进入智能座舱和自动驾驶领域的厂商有高通、英伟达、Mobileye、地平线、华为和黑芝麻等（见表5-40）。随着新型AI芯片的不断推出，已涵盖L1～L5级全自动驾驶功能。英伟达是自动驾驶领域的龙头，全新的自动驾驶SoC Atlan，单颗算力能够达到1000TOPS，相比上一代算力提升接近4倍。高通在智能座舱领域占统治地位，并开发高度可扩展、开放、完全可定制化的Snapdragon Ride平台，提供功耗高度优化的自动驾驶解决方案，长城汽车将在2022年推出的高端车型上率先采用具备强大性能的Snapdragon Ride平台。

表 5-40　AI 芯片在智能座舱和自动驾驶领域的应用

品牌	应用领域	产品	发布时间	自动驾驶等级	车规
英特尔	智能座舱	英特尔 A3930	2016 年 8 月	—	AEC-Q100
		英特尔 A3940	2016 年 8 月	—	AEC-Q100
		英特尔 A3950	2016 年 8 月	—	AEC-Q100
		英特尔 A3960	2016 年 8 月	—	AEC-Q100
		英特尔 A3920	2018 年底	—	AEC-Q100
英伟达	辅助驾驶、自动驾驶	Tegra K1	2014 年 1 月	—	—
		Tegra X1	2015 年 1 月	—	—
		Tegra Parker	2016 年 8 月	—	ASIL-B
		Xavier	2018 年 1 月	L2 及以上	ASIL-C
		Orin	2019 年 12 月	L2~L5	ASIL-D
		Atlan	2021 年 4 月	L4/L5（目标）	ASIL-D
高通	智能座舱	602A	2014 年 1 月	L2	AEC-Q100
		820A	2016 年	L3/L4	AEC-Q100
		SA6155	2019 年	L2/L3	AEC-Q100
		SA8155	2019 年	L3/L4	AEC-Q100
		SA8195	2020 年 1 月	L4	AEC-Q100
	自动驾驶	Ride	2021 年	L1~L4	AEC-D
Mobileye	自动驾驶	EyeQ3	2013 年 5 月	L2	—
		EyeQ4	2015 年 3 月	L3	—
		EyeQ5	2018 年	L4/L5	AEC-D
		EyeQ6	2020 年 12 月	—	—
地平线	自动驾驶	征程 2	2019 年 8 月	L2	AEC-Q100/Grade 2
		征程 3	2020 年 9 月	L3	AEC-Q100/ASIL-D
		征程 5	2021 年 5 月	L3/L4	ASIL-B（D）
华为	自动驾驶	昇腾 310	2018 年 10 月	L3/L4	ASIL-D
		昇腾 910	2019 年 8 月	L4	
	智能座驾	麒麟 710A	2018 年 7 月	L3、L4	—
		麒麟 990A	2021 年 4 月	L4	ASIL-A
黑芝麻	自动驾驶	华山一号 A500	2019 年 8 月	L2	AEC-Q100/Grade2
		华山二号 A1000	2020 年 6 月	L2/L3	AEC-Q100/ASIL-B/ASIL-D
		华山二号 A1000L	2020 年 6 月	L2/L3	AEC-Q100/ASIL-B
特斯拉	辅助驾驶、自动驾驶	HW3.0	2019 年 3 月	L3	AEC-Q100
		HW4.0	2021 年	L3/L4	
		DOJOD1	2021 年 8 月	—	

数据来源：公司官网、中国汽研整理。

4. 车规级芯片产业发展趋势

1）汽车电子电气架构正从分布式走向集中式。在早期，汽车电子是以分布式 ECU 架构为主流，每个单独的模块都拥有自己的 ECU，此时芯片的计算能力相对较弱。随着近年来消费者对汽车经济性、安全性、舒适性、娱乐性等需求的提升，分布式电子电气架构已无法满足未来更高车载计算能力的需求。不仅如此，电动智能化进一步推动了电子控制器的数量，随着车内 ECU、传感器数量增加，整车线束成本和布线难度也跟着大幅提升。因此无论是对更强大的算力部署、更高的信号传输效率需求，还是出于车身减重和成本控制的考量，都要求汽车电子电气的硬件架构从传统分布式朝着"集中式、轻量精简、可拓展"的方向转变（见图 5-30）。

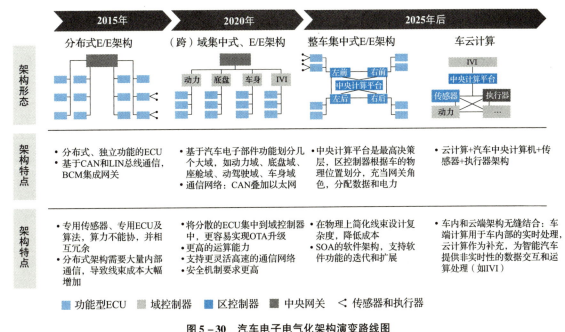

图 5-30　汽车电子电气化架构演变路线图

数据来源：德勤分析。

2）芯片算力的提升是发展自动驾驶的关键。无论云端训练还是边缘端推理，AI 都需要高能效的算力支持，而 AI 芯片无疑是输送算力的硬件保障。传统的通用型 CPU、GPU 甚至 FPGA 难以满足特定应用场景的 AI 需求。AI 芯片近年来快速发展，众多企业纷纷布局，新型芯片架构不断涌现，多个场景下的智能芯片应用正在加快部署。在第二届世界人工智能大会（WAIC）上，国内外 7 家知名企业展示了 10 款芯片包括华为"麒麟 810"、高通"骁龙 855"、地平线"征程/旭日"系列、依图科技"求索"、平头哥"玄铁 910"、紫光展锐"锐虎贲 T710"。随着自动驾驶的发展，目前 L3 自动驾驶算力需求为 30～60TOPS，L4 需求 100TOPS 以上，L5 需求甚至达 1000TOPS，芯片算力需求提升明显，芯片主要向着大算力、低功耗和高制程三个方向发展。

3）芯片受制于国外厂商，自主研发是趋势。车规芯片相对消费芯片具有更高的要求，自主可控供应链引起关注和重视。芯片设计业者进入车用芯片供应链最基本的资格要求就是取得 AEC-Q100/101/200 认证，这是由北美汽车产业所推的针对集成电路应力测试认证的失效机理认证测试，其中 AEC-Q100 针对 IC 类产品、101 针对离散器件、200 针对被动零件。除此之外，车规级芯片的生产流程需要符合零失效的供应链品质管理标准 ISO/TS16949 规范要求，模块的质量测试需要符合 ISO16750 标准中"道路车辆-环境条件以及电气电子设备测试标准"的相关规定。对于消费型产品的功能设计，国内芯片设计业者已驾轻就熟，但鉴于车规级芯片的更高要求和更大难度，以及需要投入高额的研发成本，目前国内企业涉及该领域的非常少。当前汽车缺芯背景下，国内企业受制于上游的国外厂商，缺乏国产替代产品，缺乏自主可控供应链问题引起关注和重视。

第 6 章 行业观点

贺刚　聚焦智能化与电动化产品，树立中国智能网联汽车产品标杆

贺刚，长安汽车智能化研究院总经理、有限自动驾驶（三级）技术研究项目总监。高级工程师，中国兵器装备集团公司青年科技拔尖人才，中国汽车信息化推进产业联盟副理事长。目前担任长安汽车智能化研究院总经理、有限自动驾驶（三级）技术研究项目总监。

15年的行业生涯，使贺刚在长安汽车各个单位中拥有丰富的任职经历。他从长安汽车研究总院起步，历任长安新能源汽车电子电器部经理、北京梧桐车联科技执行副总经理，2020年回到智能化研究院，现担任总经理。基于多公司多岗位锻炼的经历，贺刚成为具备互联网跨界复合型专家。在公司新的战略发展规划下，以软件定义汽车为牵引，以建立"新汽车 新生态"为目标，推进"技术与管理"并重、"学术与工程"并重。他先后荣获"重庆市五四青年奖章""重庆市青年岗位能手""中国兵器装备集团公司青年科技拔尖人才"等个人荣誉，同时带领团队荣获"中国汽车工业技术发明奖二等奖""重庆市科学技术成果奖""重庆市企业技术创新奖"等荣誉。累计申请专利26项，授权17项，发布技术规范10篇，论文10篇。

1. 贡献和成就

在智能化和电动化两大领域，贺刚担任智能驾驶、人因工程项目、多合一电驱等三个核心项目总监，同时负责智能驾驶、腾讯生态座舱系统、超级账号体系、数字孪生开发平台、人因工程、新汽车架构、敏捷开发、超算中心等八大亮点工作，树立中国智能网联汽车产品标杆。

在他的带领下，开启了新能源动力系统自主平台。国内首发"三合一"电驱，布局全球首发"超集电驱"。在电池领域，他主持研发动力系统电池平台，突破了动力电池高集成度、高安全性及长寿命的关键技术瓶颈。在电驱领域，他2016年担任项目总监，国内首发"三合一"电驱产品，已批产10万余台；布局全球首发"超集电驱"实现投产。

开创了"汽车＋互联网"新纪元。他主持构建开放架构，打造行业领先的智能网联解决方案（TINNOVE OS），通过构建开放的智能网联车载操作系统，快速接入不同厂商的互联网生态资源，通过轻应用和小程序，快速接入生态，实现最快10min内可以进行上手开发，目前已成功搭载4大OEM品牌（长安、奇瑞、奥迪、福特），量产57万台。他主持构建了"超级账号"系统，实现了"用户-OEM-第三服务"全链路打通，主导打造国内规模最大、生态品类最全的多模式、多生态的"超级账号"体系，实现基于FaceID、蓝牙钥匙、物理钥匙多模式统一的认证账户体系。当前会员规模达到1900万（智能网联车主200万），每年新增会员600万。

转型"新赛道"，实现"新汽车"。他主持研究"新汽车"具备的四大技术特征，规划"芯器核图云网天"七项核心技术，主持建设平台工程能力，从"点、线、面、体"，实现"产品、平台、技术"的协调统一，提升"体验、工程、商业"迭代效率。

突破智能驾驶核心技术，取得多项行业第一里程碑。他带领长安智能驾驶团队，实现智能驾驶持续行业领先，连续三年获得中国智能汽车指数第一名，APA智能泊车系列产品力连续5年（2017—2021年）保持国内领先。他担任智能驾驶项目总监，实现智能驾驶量产体验国内首发，带领团队中国首次实现结构化道路交通拥塞工况长时间脱眼，并以满分成绩斩获2021世界智能驾驶挑战赛金奖，获得国内首份有限条件自动驾驶ISO 26262 ASIL-D功能安全证书；构建了高阶智能驾驶软件平台，实现自主开发，带领团队首次采取自研为主方式，系统自主开发代码超过80%，代码量超1000万行；主持技术攻关，突破5R5V12U多元信息融合难点，达到高精度环境感知，带领团队申请专利130余项。

主导搭建行业首发的全场景数字孪生开发平台。他带领团队，首创高性能PC+SOC+云的混合架构，算力增长1000倍（本地1000Tpos、云端12万Tops），提升开发效率；开放API接口，将传统3~5个月的开发周期压缩到1~2周，使开发效率提升20倍；引入原子化服务应用到座舱平台，通过600+原子化服务，可实现10000+的功能服务。他主持建立开发者服务平台，构建了"用户+车企+开发者"生态圈，从整车控制、智能座舱、云控服务、数据服务等方面提供SDK、API、技术文档、运营管理工具，让服务创造者可以高效开发。通过标准化发布接口，面向真实用户，快速导入量产车型，开发效率提升了12倍。

领衔打造智能网联产品人因工程项目。他带领策划组织首个中国人因工程设计赛事："长安汽车杯"首届中国人因工程设计大赛，4位院士颁奖，10位航空、航天、核电、消费电子等各领域评审专家；清华大学、天津大学等10余所顶尖高校，地平线、科大讯飞等科技公司参赛；国内首次汽车、航空、航天、舰船跨领域大赛，探讨汽车智能驾驶、多模态、座舱监控等难点课题。他带领团队率先在汽车领域发展人因工程，组建汽车智能网联产品人因工程技术专项，并担任项目总监，与中科院、北京理工大学、湖南大学等高校以"产学研"深度合作模式，开展多议题探索，研究智能网联产品标准体系，建立专业人因工程实验室，填补汽车领域人因工程空白。

建立智云平台，以数据驱动研发转型。他推动建立大数据超算中心，实现"现状可见、问题可察、风险可辨、未来可测"。融合客户数据、互联网数据、企业运营数据、IOT数据等大数据资源；目前达到20BP级数据处理能力，2024年将达到100BP以上，满足1000万级车辆数据管理；已实现对80万车辆电源系统监控，提前预测亏电问题，降低20%客户亏电抱怨。

创新模式，建立以敏捷为驱动的研发体系。他主持建立快速响应的"铁三角"模式与数据驱动的"小循环+大循环"，实现敏捷开发。建立由"产品经理+测试经理+开发经理"为三角核心的团队模式，构建产品货架快速响应应用户需求，实现敏捷式迭代开发；建立长安汽车大数据应用两级闭环管理机制，实现数据驱动智能化产品的快速迭代。

培育新四化人才团队，打造科技研发人才高地。立足新能源领域，他主持建立新能源自主开发团队，构建了一支专业的新能源动力研发团队，覆盖电驱、电池和试验三个领域，共计170余人，其中行业专家3名、资深工程师110余人。立足智能网联领域，他主导搭建了梧桐科技研发团队，从梧桐车联2018年5月创建开始，主持筹建产品规划、研发、工程交付、互联网运营、ToB销售等全职能组织，使团队规模发展到500余人。

在担任智能化研究院总经理期间，定位"掌握智能化核心技术能力，支持公司智能化战略实现"，他主持扩展了长安智能网联汽车自主研发团队，引进行业专家10余名，目前已经形成"两国三地"1122人的自主研发团队；智能化团队目前已握286项核心技术，已经投放智能网联汽车144.5万辆，位居全球前列，国内第一。在他的带领下，培养了多位技术领域的专家与骨干20余人。同时，为了创新组织激发活力，通过在组织内部建立"技术委员会+专委会"，各领域专家（副总工程师）对各专业技术进行把关，把专业团队的考核权、绩效权、晋升权授予专家，充分发挥专家的专业能力并提升主动性。

2. 中国智能网联汽车产业发展的现状及前景分析

一是需求在变化。在供给侧和需求侧的双向推动下，未来汽车产业将不再是传统制造业，而是新兴高科技产业；未来汽车产品也不再是传统意义的交通工具，而是智能高科技产品，是大型移动智能终端、数据采集载体、能源储能单元和移动多功能空间。

二是技术加快升级。汽车产业与互联网、大数据、云计算、人工智能等领域不断融合。以"软件定义汽车"为特征的新汽车产业加速形成，从技术端推动"软硬分离"实现，企业更加重视电子电气架构的集中程度、操作系统的自主开发。传统的V型开发向软硬协同的敏捷开发转型，企业不断提升自主化率，形成全栈式能力。

三是新赛道、新汽车、新格局正在形成。未来汽车的无限可能，吸引了造车新势力和科技创新公司躬身入局。新鲜血液的加入，将促进传统汽车的转型升级、加速汽车品牌的优胜劣汰，对产业结构调整和社会变革带来积极作用。汽车行业正初步形成以传统车企、造车新势力、科技创新公司为代表的三大造车格局。

黄刚　夯实信息基础，赋能智慧交通

黄刚，研究生学历。中国移动智慧交通平台总设计师；中国移动车联网产品、高精度时空产品、5G智慧港口示范应用总负责人。黄刚先生长期从事中国移动面向5G智慧交通领域的相关工作，现任中移（上海）信息通信科技有限公司副总经理，中移智行网络科技有限公司董事会董事、总经理。主要从事为交通、金融、工业等行业提供信息化产品和能力的专业研发，结合5G、人工智能等新技术，面向垂直行业提供关键ICT（信息计算机技术）产品和解决方案，打造开放共享的新型产业生态圈。

1. 贡献和成就

黄刚先生曾先后担任上海市长途电信局移动局班长、办公室专业秘书、副总工程师，中国移动上海公司网络部副总经理、运行维护中心总经理兼党总支书记、集团客户部总经理兼党总支书记、综合管理部总经理，中国移动通信集团上海有限公司董事会董事、副总经理，中国移动通信集团有限公司政企客户分公司副总经理。2019年9月起担任中移（上海）信息通信科技有限公司副总经理兼中移智行网络科技有限公司董事会董事、总经理。

黄刚先生曾获得的荣誉有2010年中国移动上海公司世博工作先进个人、2007年第五届"上海IT青年十大新锐"、全国通信行企业管理现代化创新成果三等奖等。

2. 中国智能网联汽车产业发展的现状及前景分析

以5G为代表的新一代信息技术正日益融入经济社会民生的各领域全过程。以5G推进交通新基建，融合智慧交通新技术要素，从而激发产业新动能，进一步赋能数智化生产、改善数智化生活、支撑数智化治理，共同推进5G发挥更大社会效益。

冀磊　新概念：车联网网络安全靶场平台

冀磊，360集团工业互联网安全研究院独角兽安全团队负责人，物联安全生态联盟终端安全组副组长。知名安全会议Black Hat USA和HITB演讲人。曾在美国德州仪器半导体公司负责北方区无线和低功耗微处理器产品的技术支持，在美国赛普拉斯半导体公司担任北方区无线和IoT产品线技术市场经理。曾受聘于北京理工大学国家大学科技园为无线通信和IoT行业专家，主导IoT实验室建设。作为负责人完成多项北京市科委重点支持项目，获得汽车电子和IoT相关发明专利6项。

1. 贡献和成就

冀磊一直致力于智能网联汽车安全工作，他提出并构建了一套以360安全大脑为基础的，用于车联网安全的新一代安全能力框架——车联网网络安全靶场平台。该框架包括四个部分：一是安全基础设施体系，二是车联网安全能力验证体系，三是安全专家运营应急体系，四是安全服务赋能体系。

车联网网络安全靶场平台建设的中心思想是"虚实结合、以攻验防、安全评估、动态修复"，以现有基础设施建成实网靶场，配合重要网络设备和流量的虚拟化，高度提炼攻击验证手段和全流量存储和监测，分析攻击行为并闭环修复，形成一套包括安全咨询、产品设计、安全开发、安全测试、运营监管，而且不断迭代的一体化、可持续、闭环生态式的安全保障体系。解决了目前车联网安全市场碎片化、界线强、数据难以打通、照搬传统/移动互联网安全经验、缺少行业深耕、缺乏一体化方案、软硬件无法良好融合、一次性合作、无后续产品服务迭代等老大难问题。

车联网网络安全靶场平台解决了以下五大技术难题：

1）推动车联网靶场技术、演习训练模式从仿真模拟时代进入实网对抗时代，促进车联网安全能力的提升。

2）在确保平台架构自身安全可靠与攻防过程严格可控的前提下，最大限度地发挥攻击方的主动性与攻击能力。

3）在开放型靶场攻防演习产生大规模平台用户活动与海量攻击流量的前提下，解决实时分析、实时建模与实时管控难题。

4）常态化攻防演习积累了海量攻防数据，解决挖掘利用的难题，不断提升对抗水平，并发展出具有自动化、智能化特色的攻防技术。

5）面对攻防演习检测出防护体系和安全产品的技术缺陷与能力短板，解决了如何完善安全产品技术标准的难题。

依据这个框架，冀磊建立了一套能力完备、可运营、可成长、可输出的车联网安全体系。在这套安全能力框架的支撑下，车联网车－路－云之间互有支撑、互有数据协调，通过对这些基础方案的按需组合，扩展出了支撑多种场景，形成面向场景的车联网安全体系。

2. 中国智能网联汽车产业发展的现状及前景分析

智能汽车是汽车领域的重要发展方向，国家也多次出台配套政策标准推动行业发展。2021年2月，《国家综合立体交通网规划纲要》指出将加强智能化载运工具和关键专用装备研发，推进智能网联汽车（智能汽车、自动驾驶、车路协同）、智能化通用航空器应用。

《智能网联汽车技术路线图2.0》指出到2025年PA、CA级智能网联汽车渗透率持续增加，到2025年达50%；C－V2X终端的新车装配率达50%。工信部表示下一步将加快构建形成综合统一、科学合理、协调配套的国家车联网产业标准体系。

根据国家工业信息安全发展研究中心预测，随着智能网联新车型加速投放市场及潜在消费者对于智能网联汽车认可度的提升，智能网联新车市场渗透率还将进一步提升。

随着智能网联技术的快速发展，智能汽车领域正成为新一轮科技革命和产业革命的战略高地。我国智能汽车行业迎来了发展的黄金期，智能网联汽车的数量不断增加。据国家发展改革委预计，2025年中国的智能汽车渗透率将达82%，数量达到2800万辆。2030年渗透率将达到95%，数量约为3800万辆。

根据中国汽车工业协会预测，中国将在2020—2025年间实现低速驾驶和停车场景下的自动驾驶；2025—2030年间实现更多复杂场景下的自动驾驶。2035年中国智能汽车产业规模将超过2000亿美元，中国将成为世界第一大智能汽车市场。

高洪伟　推动智能座舱敏捷创新，助力红旗品牌持续向上

高洪伟，中国一汽智能网联开发院副院长，博士，高级工程师，中国一汽红旗品牌车联网领域带头人，中国智能交通协会（ITS－China）第三届理事会常务理事，第二届吉林好青年（创新创造类）获得者，吉林省拔尖创新人才，具有10余年汽车研发领域工作经验，在电子电气、智能座舱、车联网及项目管理方面做出突出贡献。主持完成奔腾B90/B70/B30/X40/X80系列车型的电子电气架构、车载网络设计、整车电能源管

理、电气集成测试等工作；主持完成红旗 E-HS3、HS5、HS7、H5、H9 和 E-HS9 等系列车型的智能座舱与车联网的产品开发设计和测试验证等工作，研发经验丰富。在技术开发方面，主持完成了车路协同 V2X 应用的车辆编队示范、基于 5G 的远程遥控驾驶应用，并牵头攻关 5G、V2X、高精度定位、车路云协同、智能语音、智能推荐、生态聚合等关键技术。此外，在智能网联开发院项目管理、体系建设、战略规划、新技术开发及应用、对外合作、生态圈构建等工作中均取得较好成效，为红旗产品研发起到关键支撑作用。申请及获得发明专利 30 余项，发表论文 9 篇，荣获吉林省科技进步奖、高工智能汽车金球奖、物博会金奖、ICCE"产业创新实践奖"、智能网联汽车行业创新技术量产突破奖等多个奖项，主持多项国家及吉林省科技创新项目。

1. 贡献和成就

（1）车联网领域的奠基者——以云端为核心、打造车辆云控与智慧服务大脑

作为一汽红旗车联网领域的奠基者，针对车联网新业务深入快速梳理，建立"端-管-云"架构体系。以云端为核心，突破远程控制、远程诊断、远程升级、驾驶行为分析、生态聚合、智慧服务、智能语音、车路云协同等关键技术；建立红旗首个场景推荐引擎和个性化服务平台；搭建数据采集平台和车联网数据分析可视化系统；完成了红旗 H5、H9、E-HS9、E-HS3、HS5、HS7 等多款车型的车联网产品开发，实现红旗品牌在车联网领域"零"的突破。

（2）V2X 产品的开拓者——打造智能通信终端拳头产品，实现 V2X 国内首发

作为 V2X 产品的开拓者，打造国际领先的智能通信终端产品平台，实现智能天线全球量产首发。支持亚米级高精度定位，集成 T-BOX、Tuner、GNSS、WiFi、大数据采集、上传和埋点等功能于一体，全球首发量产搭载前装 C-V2X 终端产品，实现了前向碰撞预警（FCW）、盲区提醒/变道预警（BSW/LCW）等六大典型应用场景搭载，以高度的精确性、可靠性及强大的非视距性能为用户带来更智能、更安全、更便捷的驾乘体验。

2. 中国智能网联汽车产业发展的现状及前景分析

随着信息化与汽车的深度融合，世界汽车工业正在迈向电动化、网联化、智能化时代，发展智能网联汽车对于国家而言具有极大的战略意义。我国多次出台配套政策及标准推动行业发展，并建立试点城市发挥引领作用。2021 年 2 月，中共中央、国务院印发《国家综合立体交通网规划纲要》中指出要打造便捷顺畅、经济高效、绿色节约、智能先进、安全可靠的高质量国家综合立体交通网，同时要求在 2035 年之前智能网联汽车（智能汽车、自动驾驶、车路协同）技术达到世界领先水平；同年 4 月，北京、上海、无锡等地出台智慧城市基础设施与智能网联汽车协同发展规划。智能网联汽车领域正成为新一轮"工业革命"的战略高地。

当前中国智能网联汽车的数量已经达到千万级别，与此同时，随着智能网联技术的快速发展和带给用户的良好体验，其市场渗透率还在不断提升，处于快速发展阶段。近年来，国内各大主机厂和造车新势力正在加大智能网联汽车研发投入，大批互联网公司以跨界合作方式进军智能网联汽车领域，智能网联汽车产业规模正在稳步提高。

智能网联汽车产业的发展依赖于智能网联技术发展，智能网联技术呈现以下趋势：智能驾驶从"单车智能"向"车路协同"的群体智能方向发展；车联网技术从"车云互联"向"V2X 万物互联"方向发展；人机交互超越屏幕界限，结合 AI 和新型感传技术，向"智能化""情感化"方向发展；EE 架构从域控制架构向中央计算+区域控制架构方向发展；功能安全由自动驾驶系统级向整车级发展，同时趋向安全融合技术发展及合规性要求；信息安全技术从静态单点向动态全体系安全方向发展；汽车网络朝向高带宽、低延时、可扩展、高安全方向发展；仿真测试从"算力孤岛"向"云端集群"方向发展。同时，新型互联网技术也将与网联汽车进行融合，区块链技术通过智能合约、去中心化机制提高智能汽车车辆、用户等数据的安全性和可靠性，具有很多应用场景，如数据监管平台、智能驾驶、信息安全等；整合多

种新技术的元宇宙也给智能网联汽车行业带来了新的思考，元宇宙需要强大的软硬件能力，如传感器、芯片算力、5G、区块链、云计算能力等，而这些能力也正被智能网联汽车所需要。未来，汽车可能成为元宇宙的一个终端，同时元宇宙为汽车用户带来数字虚拟世界的沉浸式生活体验。

此外，智能网联汽车产业的发展也依赖于基础设施体系的发展，未来将打造智慧城市＋智能出行＋智享生活的汽车新业态模式。基础设施体系包含无线通信网络、大数据云控基础平台、智能交通基础设施、智能汽车基础地图、高精度定位等服务。其中，5G通信的普及，将真正实现车与车、车与网、车与基础设施、车与人互联，可有效解决自动驾驶功能中信号的延时问题，保证自动驾驶系统的及时性、可靠性、安全性；大数据云控基础平台将结合新一代的人工智能技术、云计算技术，实现海量数据的快速分析处理；伴随着智能交通基础设施的完善以及精度越来越高的地图服务、定位服务，单车信息业务将逐步向V2X业务演进，汽车通过"端－管－云"架构实现环境感知、数据融合计算、决策控制，从而使汽车获得超视距感知、千人千面的个性化推送等能力。

未来，汽车作为智慧城市的基础设施和智慧生活的接入平台，将全面整合优质生态资源，融合人、车、生活各种场景，在给用户带来丰富多彩的生态服务的同时，通过大数据、AI等技术，为用户带来更加智能、舒适、安全、节能的个性化出行服务，全面实现"美好生活 美妙出行"的愿景。

李晓翔　智能网联汽车将为我国高速公路、城市交通、客货运输、汽车产业带来一场巨大变革

现任东莞正扬电子机械有限公司（KUS集团）市场处总经理兼广州正扬智能汽车科技总经理，具有十余年汽车行业从业经验，先后从事动力排放、新能源和智能驾驶产品的研发应用和业务拓展，积累了丰富的全球车厂项目合作经验，对智能网联汽车的发展及前景有深刻的认识和理解。

1. 主要成就和贡献

（1）智能驾驶方面

基于深度学习的算法平台，主导开发一系列ADAS产品。通过摄像头、毫米波雷达、ECU等技术设备及时感知汽车周围环境，提取路况信息和监测障碍物，将决策依据提供给智能网联汽车，进行准确的危险预警、避障与路径规划等决策控制实现"视觉＋雷达"的技术融合。积极推进ADAS产品在智能网联汽车的创新性研究及应用，产品均通过严格的测试及长时期的使用验证，实现了从轻卡、重卡、农机到工程机械多领域的覆盖，为人们带来更安全、更智能、更舒适的智慧出行体验。近两年，凭借ADAS产品的稳定性、创新性优势，获得了众多客户的一致好评，也斩获了高工智能汽车金球奖、汽车电子科学技术领军企业奖。

（2）新能源汽车方面

主攻新能源汽车热管理系统及控制系统，立足场景化需求，进行市场应用开发。经过多年的研究和探索，突破多项关键技术瓶颈，已掌握新能源汽车整车控制开发和系统集成核心技术，并成功研发系列新能源汽车关键零部件，包括PTC水加热器、FCCU燃料电池主控制器、VCU整车控制器、膨胀水箱以及压力传感器、温度传感器、水位开关等产品，应用于采用燃料电池、纯电动、混合动力技术的车辆，确保新能源汽车稳定安全运行。经过大量的测试、推广和应用，研发的新能源汽车产品目前已在多种车型上搭载使用，满足不同场景的使用需求。

2. 中国智能网联汽车产业发展的现状及前景分析

近年来，我国智能网联汽车产业发展迅速，已初步形成主流的技术架构及集成方案，不少企业已具

备 L2 及以上智能汽车技术的研发和测试的能力，实现 L2 级辅助驾驶车辆的量产，而搭载 ADAS 系统功能也成为市场上智能网联汽车的标配。未来 ADAS 系统将逐步从单一功能向多数据、多系统融合演变，提供更高级别自动驾驶的出行体验。

由于自动驾驶技术的限制和道路交通场景过于复杂，自动驾驶技术的普及还有很长一段路要走，但封闭/特定场景的自动驾驶有望快速落地，比如物流区、园区、港口码头矿区以及固定路线区域接驳、清扫等场景，实现无人配送车、无人环卫车、无人客车等车型的应用和量产。

未来数十年，智能网联汽车将为我国高速公路、城市交通、客货运输、汽车产业带来一场巨大变革，虽然这种变革是循序渐进、充满挑战的，但也是助力我国在这一领域实现两化融合，助力弯道超车的重大机遇。

李云川　技术发展护航汽车行业数智化，车、人、路、云、安全多角度全面发展

李云川，有 20 年以上的 IT 工作经验，10 年以上的中高层管理经验，现任亚信科技副总裁兼运营事业部总经理。作为运营事业部的领军人，于 2017 年成功进入大型企业和物联网市场，将运营事业部复用亚信科技 5G、物联网、数据中台等成熟技术能力引入汽车产业，主攻汽车智能网联创新产品与技术，建立专拓汽车行业及物联网市场的智联产品部，目前已服务了知名汽车企业、第三方机构、政府部门等近 10 家客户，对推动智能网联汽车产业发展，推动我国由汽车大国向汽车强国的健康发展发挥了重要作用。

1. 贡献和成就

（1）建阵地，组建亚信科技汽车行业专项服务产品线

李云川领导成立亚信科技运营事业部智联产品线，承担汽车行业创新技术与产品服务的重任。发展至今，拓展了合资与头部自主品牌车企、权威第三方汽研机构、政府主管部门、汽车行业运营企业、运营商集团等多类型客户，服务覆盖 5G 在汽车行业落地应用、车联网连接管理应用、汽车企业单位数据中台构建、车联网大数据平台、人工智能汽车领域落地应用、汽车行业数字化运营等多项能力，完成亚信科技在汽车行业的服务阵地建设并不断壮大。

（2）集产品，创新研发与复用落地沉淀汽车行业产品池

李云川多年间带领亚信科技运营事业部实现成熟技术在汽车行业的落地复用与创新研发，实现亚信科技产品与能力的丰富与完善。围绕汽车行业转型升级、长远发展的远景目标，沉淀包括 5G 车联网卡管平台、车联网流量运营平台、车联网设备管理平台、基于微信生态的运营工具智微车管家、实现大数据及数据资产化治理与管理的 DataOS 和 DadaGO 数据中台建设工具、实现人工智能分析与挖掘的 AI^2 全域人工智能平台等产品与案例，为我国汽车行业"数智"化提供技术护航。

2. 中国智能网联汽车产业发展的现状及前景分析

（1）技术发展护航汽车行业数智化，行业整体智能化水平将飞速提高

数字化转型贯穿于汽车行业的制造、生产、营销、管理、运维以及后服务等各个环节。基于大数据、算法、5G 通信等尖端技术的软件服务将推动车企的柔性制造、精准营销、自动驾驶、车联网、智慧汽车交通的发展。技术发展与落地应用的速度将飞速提高，汽车行业智慧生产、数字化营销与运营、汽车自动驾驶、汽车交通管理等各环节将得到信息化技术落地的助力，从原本较为粗犷的、低效率的运转模式变得更精细、更高效、更智能。伴随着这一变革，汽车行业数字化建设的需求将喷薄而出，信息化新基建从新建到升级将十分活跃，这一波数智化浪潮将有效提升汽车行业整体智能化水平。

(2) 汽车行业数智化，车、人、路、云、安全多角度全面发展

汽车行业智能化、网联化从单车渗透率来看，智能网联汽车销售占比将持续快速走高，汽车不再是移动工具将更深入地刻画进人们的认知，基于日新月异的汽车智能化技术发展以及网联化生态建设，汽车将逐步成为集移动、休闲、娱乐、消费、生活各项服务于一身的解决方案载体。从智能网联汽车的发展方向来看，基于单车体验的智能座舱建设、基于集群交互的 V2X 车路协同建设、基于智慧汽车交通管理的云控平台建设、基于车联网数据资产化管理的汽车数据中台建设、基于海量隐私及数字资产的车联网安全建设等维度的信息化需求将高速增长，而需求的增长将促进市场与技术的飞速发展，最终加速实现我国成为汽车强国的目标。

梁伟强　加紧开发新一代电子电气架构

梁伟强，广汽研究院院长助理兼智能网联技术研发中心主任，高级工程师，被聘任为新能源汽车国家大数据联盟副理事长、中国专业标准化技术委员会委员、国汽智联技术委员会委员、广州市智能网联汽车专家等。其主持的"智能化整车电子电器平台开发与应用"项目获得"中国汽车工业科学技术二等奖"、主持的"智能车联网系统及其核心技术的自主开发与应用"项目获得"广东省科学进步二等奖"。同时，作为广汽 M8 车型总监成功主导研发广汽第一款 MPV。该车型上市后，已连续 25 个月蝉联中国品牌 20 万价位 MPV 市场的销量冠军，成为自主品牌豪华大型 MPV 的标杆。

1. 贡献和成就

梁伟强一直从事汽车电子电气系统、智能网联技术和新能源系统的研发工作，具备丰富的汽车设计和管理相关的工作经验。主持了国内领先的"ADIGO（智驾互联）生态系统"的研发；建立了中心技术创新管理体系，带领团队完成智联领域的技术创新路线规划，成立了前沿技术工作组，推进 5G、AI、大数据、软件定义汽车等领域的规划，并有序地推进 L3/L4 自动驾驶、数字座舱、操作系统、V2X、大数据、下一代电子电气架构、云平台等相关方向创新项目的研发，通过技术创新引领传祺品牌向上。在目前各车企均投入到新一代电子电气架构的研发时机，此项技术为各企业核心技术，他提出并主导开发广汽新一代车云一体集中运算式电子电气架构。

该架构由数字镜像云，中央计算机、智能驾驶计算机、信息娱乐计算机三个核心计算机，以及区域控制器组成，集成了高速以太网、5G 和信息安全、功能安全等技术。相比广汽上一代架构，新架构的算力提升 50 倍，数据传输速率提升 10 倍，线束缩短约 40%，控制器减少约 20 个，具备一定的行业领先性。该架构主要有以下特点：

1）实现车云融合。通过车端和云端的算力融合、数据融合、生态融合，实现了车云一体化计算、大数据赋能和生态场景拓展，有效提升了智能驾驶、信息娱乐、新能源等系统的性能与体验。

2）基于数字孪生理念。整车功能采用 SOA 服务化架构设计，将车端软件架构和数据镜像到云端，让车上的功能与云的服务融合，形成车云功能一体协同控制。

3）采用基于模型的全数字化架构开发模式。整车可实现功能服务灵活部署与组合，让用户解锁"百变千面"的新功能、新服务和新体验。

广汽星灵电子电气架构可支撑 L2++ 智能驾驶、L4 级别自动驾驶、5G 互联等多样化新功能的实现，灵活适配 SUV、MPV、轿车等多个车型平台，以及不同动力系统。该架构将支撑广汽智能网联的技术升级和快速应用，推动广汽智联化、数字化战略的落地，助力广汽向科技企业转型。

2. 中国智能网联汽车产业发展的现状及前景分析

如今的智能汽车是用户需求驱动下的出行服务载体，围绕智能汽车，新一代架构、大数据、软件定

义、高性能运算、生态服务和智能驾驶已经成为发展的关键词。

智能汽车的构成愈发智能网联化，云服务（网络）、智能驾驶（软件）、智能座舱（软件）、域控制器和电子电器架构（主机）等正在为智能汽车的各项功能赋能，在提供安全高效的出行体验、用户交互体验等方面发挥着重要作用。

基于智能汽车对迭代速度、可扩展性、大数据、功能安全、数据安全、冗余备份等要求，智能汽车的核心电子电器架构正在加速向集中式架构演进。在这种趋势下，软件和操作系统成为智能汽车的关键。智能汽车对软硬件都提出了新的要求。通过软件，智能汽车能够发挥出智能驾驶、座舱和交互功能。通过提高和促进硬件系统的标准化和平台化，智能汽车最终能够实现软硬件的分离。在应用软件模块化和硬件标准化的中间侧，操作系统是衔接软件、硬件和实现自动化关键要素。

智能汽车的发展也让智能汽车的产业链发生了变化。随着智能汽车的发展，整车企业开始涉及自主设计软硬件分层的架构和标准化流程体系，并深度参与到智能汽车产品软件的开发中。

在风云变幻的智能汽车行业，汽车的研发需求不断发生着变化，车企技术的迭代速度不断加快，汽车行业的技术开始跨界融合，市场需求持续分化，软件和芯片成为发展的重点，智能驾驶技术的难度也随着场景的拓展不断增加。面对这样的新变化，智能驾驶进入了发展的关键时期。随着智能驾驶功能等级的提升和场景的不断拓展，智能驾驶技术的难度将不断提升。整车企业需要逐步深入开发通用的软硬件平台，这对整车企业开发和协调能力要求极高。

孙克文　深度定制，助力智能汽车和智慧出行

孙克文，沈阳美行科技有限公司创始人，现任美行科技董事长。作为国内最早的汽车导航技术专家，长期专注于智能汽车和智慧出行领域的技术研发和产品推广。

孙克文出生于1972年，1995年获厦门大学计算机软件专业学士学位，2005年获东北大学工商管理硕士学位。1995年至2008年任东软集团AVNC事业部总经理，2008年7月创办美行科技，任董事长至今。

先后被评为中组部国家"万人计划"科技创业领军人才，国家科技部科技创新创业领军人才。曾获得辽宁省科技进步奖、J. D. Power大奖、沈阳市科技振兴奖、沈阳市优秀科技工作者、沈阳市创新型企业家、沈阳市高层次人才，主持参与国家发改委高新技术产业发展示范工程、沈阳市产业化项目等纵向课题，具有深厚的科技研发能力、卓越非凡的领导力和丰富的商业运营经验。

1. 贡献和成就

孙克文在2008年创立美行科技之后，把握住后装车载导航发展的契机，带领强大的技术团队，以行业领先的数据转换平台和软件架构为基础，凭借差异化、定制化的理念，推出SCAR导航产品，凭借优秀的服务能力和专业的营销团队，迅速在后装市场取得突破。至2016年出货已经超过230万套，占领了后装车载导航市场62%的份额。

在后装市场高歌猛进的同时，孙克文把握住汽车智能化时代来临的脉搏，提前布局车载前装导航市场，以国际领先的技术为基础，为车厂进行深度定制，提供与汽车智能和互联网生态深度融合的产品，获得了国内头部中国品牌车厂和合资品牌车厂的认可，连续多年位居中国前装市场年度出货量第一，前装导航累计销量超过了2000万台。

面对汽车自动驾驶浪潮，孙克文凭借敏锐的行业洞察力和技术掌控能力和前瞻性布局，敢于投入、精准把控，长期深度布局数字化车联网产品和技术，坚定投入"端""云""侧""营""数"完整的业务

链。目前美行科技已经成长为一家拥有完全自主知识产权的细分行业头部企业，形成了智能网联导航、智能座舱软件产品、智能网联硬件产品、城市级智慧停车平台、汽车数字化位置服务、高精度定位、高精度地图暨数字孪生城市（CIM）等重点业务。

在孙克文的决策和领导下，美行科技取得了一系列令行业瞩目的成绩：成为第一家 NDS 技术国内量产企业；中标有史以来最大的国际车厂项目订单；业界首家实现整个城市智慧路内路外停车场信息化管理的创新系统；成为东北第一家获得腾讯投资的科技型企业。至今，美行科技已经成为国际汽车厂商发起的 NDS、GENIVI、ADASIS、SENSORIS、CCC 等专业技术组织成员，是国家重点软件企业、科技部认证瞪羚企业、中国汽车行业隐形独角兽企业、国家级"专精特新"小巨人企业，为沈阳老工业基地的科技创新与经济发展做出了卓越的贡献。

（1）推动车载导航从平面导航向实景导航演变

一直以来，传统车载导航在视觉效果上都只是停留在平面的路线规划和引导，在实际应用中体验并不是特别好。为突破传统车载平面导航的壁垒，孙克文主导了导航引擎技术攻关，克服了软硬一体的开发难题，把导航引擎算法与图像识别技术相结合，在 2014 年，推出了划时代的国内首个实景导航引擎（AR 导航的前身），使行业传统的平面导航跨越成为实景导航。利用现实增强技术，结合实时实景，在摄像头实时拍摄到的真实道路画面基础上，由虚拟模型、箭头、虚线等元素为用户指引方向。实景导航相对于传统的平面导航在导航的准确性与便捷性方面有着质的提升，首次给用户带来沉浸式的导航体验，将虚拟信息与现实世界巧妙地融合在一起，使车载导航的视觉感知第一次得到重大提升，引起行业轰动。

（2）推动 NDS 数据格式在国内首家量产

NDS 是高精度地图数据全球领先的专业标准之一，作为高精度地图数据存储格式，其中定义了自动驾驶所需的所有地图要素，同时具有延展性强和可持续发展的特征。NDS 成员包括大众、宝马、奔驰、雷诺等全球主流的车厂；博世、JOYNEXT、SK 等导航系统软硬件供应商；华为、Elektrobit、NNG、美行科技等系统解决方案提供商；TOMTOM、HERE、高德、四维、腾讯等导航数据供应商。除了国际车厂以外，越来越多的民族车厂也开始将 NDS 作为自动驾驶的地图数据应用格式。

美行科技早在 2011 年就开始进行 NDS 数据编译和导航引擎研发，2015 年基于 NDS 数据发布美行混合导航产品；2016 年第一款美行 NDS 导航引擎在日系车厂项目上国内量产；2019 年美行 NDS 导航引擎在德系车厂量产。美行基于 NDS 标准的导航引擎与数据编译平台具备全球适应性，迅速获得主流国际车厂的青睐。

在孙克文的引领下，美行科技对 NDS 数据格式的标准制定发挥了积极作用，推动了 NDS 格式在国内的大规模量产，为自动驾驶时代高精地图的技术打下了坚实的量产验证基础。

（3）推动第一家城市智慧停车平台落地

随着经济社会快速发展，人民生活水平不断提高，城市机动车的拥有量也迅速增加，停车难、停车贵问题已成为近年来各个城市的普遍性难题。

2015 年，孙克文成立北京筑梦园科技有限公司，打造了一套城市停车整体解决方案，包含城市级智慧停车、路内停车系统、无人值守停车系统、停车诱导系统。智慧停车管理平台接入前端各停车点，整合停车点，汇聚停车点数据，实现了对数据进行梳理与综合应用。为车主提供车位查询、车位预订、电子支付、账单查询等便捷的停车服务。筑梦园科技通过搭乘科技快车，为打造智慧城市、缓解停车难题赋能提效，为城市管理者、停车场运营机构提供城市级智慧停车平台 SAAS 服务，实现停车服务的全场景覆盖，让沈阳成为国内首个落地城市级智慧停车解决方案的城市，以及交通部 ETC 智慧停车平台唯一试点城市。

2. 中国智能网联汽车产业发展的现状及前景分析

1）新能源化。为新能源车寻找节能路线，挖掘用户能耗历史数据，建立路线能耗模型；分析路形、交通、环境信息，寻找最节能路线；注重节能减耗。

2）共享化。共享平台的运营商雨后春笋般地出现，运营方式多种多样。针对目前标准化的导航个性不足的特点，应打造基于导航和平台的应用，让用户更加便捷，保留更加个性化的体验，从而让用户在享受共享服务的同时在情感上也得到满足。

3）自动化。自动驾驶是最终实现汽车高度共享的基础，在实现完全自动驾驶之前，汽车共享只是一种产品共享，而非真正的运输服务的共享，自动驾驶也是汽车智能化的助力。只有解放了驾驶员，才能得到好的应用场景。

4）智能化。汽车+互联网是一个大的系统工程，需要各个方面的资源配合来实现。美行也将持续与车企、图商、服务商、传感器厂商、系统厂商等共同协力，通过车载导航软件与大数据云生态、云混合导航和汽车传感器的融合，以智能导航产品技术及服务衔接人、汽车和互联网，满足不同场景下的出行需求，给消费者不断带来极致体验的导航产品。

邹广才　汽车是一个可以不断进化的"新物种"

邹广才，国家新能源汽车技术创新中心副总经理，兼任中国汽车芯片产业创新战略联盟副秘书长、中国仿真技术产业联盟专家委副主任。

1. 主要成就

带领国创中心智能网联团队深入开展关键技术攻关，在系统集成、感知融合、虚拟仿真等方面取得丰硕成果，指导完成了2021年教育部智能网联汽车虚拟仿真竞赛仿真平台和自动驾驶决策控制算法测评体系开发，支撑活动圆满完成，牵头承接国家重点研发计划"智能新能源汽车车载控制基础软硬件系统关键技术研究"课题以及其他国家级车规芯片重大课题。2020年9月，作为核心人员牵头组建"中国汽车芯片产业创新战略联盟"，截至目前成员单位包括汽车和芯片企业、高校院所、行业组织等超过180家，主持发布《国产汽车半导体供需对接手册》，组织开展汽车芯片标准体系研究课题，推动"汽车芯片保险机制"首创工作，推动国产汽车芯片测试评价，组织首届中国汽车芯片应用创新拉力赛，在国产汽车芯片研发测试和应用推广方面取得一定成绩，获得行业一致好评。

2. 中国智能网联汽车产业发展的现状及前景分析

当前汽车产业发展越发成熟，电动化、网联化、智能化已成为汽车产业发展的潮流和趋势，我国正加快推动智能网联汽车发展。智能汽车领域正成为新一轮科技革命和产业革命的战略高地。2025年中国智能汽车数量有望达2800万辆，我国智能汽车行业迎来了发展的黄金期。

（1）跨界融合引领产业升级，"软件定义汽车"时代到来

随着越来越多的以互联网+企业为代表的造车新势力加入造车行列，汽车产业正在发生着深刻变革。造车新势力的加入给传统汽车产业带来了全面的技术革新和商业模式转变。以新一代信息技术为代表的跨界技术的融入，不断拓宽汽车的功能边界。汽车已经从一个"买到手就开始落后"的"死物"转化为一个可以不断进化的"新物种"。

从汽车的电动化、网联化、智能化到最终的无人驾驶，汽车零部件的概念和范畴发生了根本性变化。从电池、电机、电控系统，到自动驾驶涉及的芯片、传感器、控制器、机器视觉、计算单元和执行器件，到车载执行控制系统、车载服务系统软件、高精地图、网联通信、云控平台、AI算法等，都成了产业链的重要组成部分，软件比重越来越大。

在"软件定义汽车"的时代，汽车厂商与用户将由一次性买卖关系转化成全寿命周期的合作关系，形成"用户不断提供数据，厂商不断扩展服务"的良性循环。汽车厂商的商业模式由"制造"将转变为

"制造+服务",而服务收益的占比会逐步增长。这对传统车企来说是严峻挑战。面对如此大跨度的高新技术群,车企很难独家拿下。跨界融合、协同创新,重建产业链、创新产业生态已成为走向成功的必由之路。实际上,面对"软件定义汽车"的发展形势,汽车厂商正不断转变观念,把握未来汽车的属性和定义,并以此为基础,重新进行自我定位。从长远看,价值链在快速向软件转移,汽车厂商的利润来源将由卖车逐步转向服务,依靠"用户黏性"赚钱。

(2) 用户需求带动技术变革,新型电气架构不断革新

随着汽车"新四化"不断推进,智能汽车的电子电气架构正从分布式走向集中式。为了提高汽车的智能化、安全性和舒适性水平,车内增加了大量的传感器、控制器、执行器等电子模块,使得车内网络架构愈发复杂,对通信连接技术的要求越来越高,原有的电子电气架构已趋于饱和,不能满足"新四化"发展的功能要求。

目前,智能网联汽车电子电气架构正从分布式 ECU 向中央集成计算平台快速演进。新型车载高速网络技术的引入,"域控制器+以太网"的新型架构不断成熟,通信网络从传统 CAN 网络发展至千兆以太网。在域控制器的体系架构之下,各功能部件均成为独立的域,在每个域之下有相应的控制功能集合。域与域之间可以做到安全隔离,也可以根据需求进行通信和互操作,形成类似以太网总线上的计算机局域网,变成了松散耦合的架构。该架构采用类似智能手机、平板电脑系统的 SOA 架构(面向服务的应用)以实现软硬件解耦和分层控制。软硬件解耦使更多的企业得以加入到新型软硬件设计和集成中,带来更多的新设计方案。

(3) 推广应用突显安全要求,相关指导政策连续出台

智能网联汽车产业生态信息处理链条长,涉及企业多,包括供应商、整车企业、售后服务商等。相对传统行业,智能网联汽车在满足一般汽车安全性能要求的基础上,新增了复杂电子部件功能安全和车联网信息安全两类重要的安全性能要求,以满足不断涌现的新应用场景,数据处理和保护难度大幅增加。同时,汽车智能化、网联化也带来了未经授权的个人信息和重要数据采集、利用等数据安全问题;网络攻击、网络侵入等网络安全问题以及驾驶自动化系统随机故障、功能不足等引发的道路交通安全问题。

在当前国家战略层面加强智慧交通相关数据管控力度的背景下,信息安全和数据安全作为智能网联时代整车安全性能的重要组成部分,成为车辆上路行驶的重要前提。2021 年 8 月 12 日,工业和信息化部《关于加强智能网联汽车生产企业及产品准入管理的意见》(工信部通装〔2021〕103 号)发布,旨在加强智能网联汽车生产企业及产品准入管理,强化智能网联汽车数据安全管理能力和加强网络安全保障能力。8 月 20 日,《汽车数据安全管理若干规定(试行)》发布,自 2021 年 10 月 1 日起施行,明确汽车数据处理者的责任和义务,规范汽车数据处理活动,保障汽车数据依法合理有效利用,维护国家安全利益、保护个人合法权益。汽车厂商需不断强化技术手段和管理机制,提升数据安全保障能力,并在信息抓取、自动驾驶、智能座舱等新技术上做好风险规避。

汪建球　5G+赋能智慧交通新基建应用实践

汪建球,计算机专业硕士学历。中国移动智慧交通平台负责人;中国移动车务通、智能驾驶类关键信息服务、远程驾驶系统、车货运输调度平台负责人。汪建球先生长期从事汽车以及智慧交通领域相关工作,现任中移(上海)信息通信科技有限公司智慧交通产品部总经理、中移(上海)信息通信科技有限公司武汉分公司总经理、中移智行网络科技有限公司副总经理。主要面向 5G 智慧交通行业提供信息化产品和能力的专业研发,结合 V2X、人工智能、车联网、多级云控平台等新技术,提供

面向智慧交通行业关键ICT的产品和解决方案，打造开放共享的新型智慧交通产业生态圈。

1. 贡献和成就

汪建球先生在智慧交通和汽车相关领域深耕20余年，曾先后担任联通智网科技有限公司副总经理、联陆智能交通有限公司董事，浙江吉利汽车研究院有限公司车载网联部部长，华为Marketing & Solution IoT高级营销总监，德国电信（中国）M2M高级部门经理等国内外著名汽车以及车联网科技公司要职，有着贯通中西的视野以及丰富的行业经验和技术。

2. 中国智能网联汽车产业发展的现状及前景分析

随着5G通信、人工智能、物联网等新基础设施建设的建成，交通信息基础配套不断夯实，正逐步形成"云–网–边–端–安全–应用"协同一体的交通数字化底座，智慧交通技术融合新场景也将随之不断开创及衍生，未来将带动产业应用，进一步构建交通经济动能。

杨子发　跨界合作将成为汽车生态圈新的价值分配的主要方式

杨子发，研究员及高级工程师，北京汽车研究总院有限公司党委委员、副院长。

国务院政府特殊津贴获得者，1992年参加工作，从事汽车行业29年，目前担任北汽研究总院党委委员、副院长兼整车架构中心主任，分管智能网联中心，同时是北汽新能源公司研发工作的主要负责人。他时刻牢记"发展新能源汽车是我国从汽车大国迈向汽车强国的必由之路"的指示精神，致力于中国品牌新能源汽车研发工作，推动整车及关键系统核心技术自主掌控。他承担过国家"863"项目2项，国家三部委组织实施的重大专项1项，国家科技部科研项目1项，北京市科委科研项目2项，先后荣获中国汽车工业科学技术一等奖2项、二等奖3项、三等奖3项，北京市科技进步奖一等奖1项，已授权发明专利10项、实用新型48项、外观设计7项，先后获评中关村高聚工程创新领军人才和新创工程"亦麒麟"领军人才。

1. 贡献和成就

杨子发立足国产新能源汽车领域，潜心新能源汽车与核心零部件的研究开发，以电动化为突破口，以科技创新为核心，提出打造具有先进技术特色、突破传统燃油车架构的国产全新纯电动乘用车平台技术。自"十一五""863"计划课题"哈飞赛豹纯电动车开发"项目开始纯电动车开发，从长安纯电动乘用车项目实现我国首个纯电动车五星碰撞成绩，开创中国电动车"带电第一撞"，到北汽新能源ARCFOX全新轻量化纯电动乘用车高端平台的实现，他提出的纯电动平台技术，已在哈飞、长安首批纯电动乘用车以及北汽新能源BEIJING/ARCFOX两大产品品牌5大系列15款车型产品中予以应用；推动北京新能源汽车股份有限公司成为行业领先、体系完善、市场占有率高的纯电动新能源乘用车生产企业，2013年—2019年连续七年蝉联中国纯电动汽车产销量第一。

杨子发以促进北汽新能源建成"世界级新能源汽车科技创新中心"和"世界级新能源汽车企业"为宗旨，构建以工程研究为核心，高校、科研联合，海外先进技术为引领的"四层次立体研发体系"，打造了国产新能源汽车高端研发团队，建设了拥有CNAS认证的北京市重点实验室——北汽新能源汽车试验中心，促进了北汽新能源纯电平台开发与验证能力迅速提升，达到国际先进水平。

杨子发带领研发团队开发出EV、ES、EC、EU、EX、ARCFOX αT等多款纯电动乘用车系列产品，在核心技术掌握方面，以"轻量化、网联化、智能化"为技术发展战略，取得了丰硕的创新性成果，多次获中国汽车工业科学技术进步一、二、三等奖。

其中，杨子发主持研发的，具有自主知识产权的"纯电动汽车高安全电子电气架构关键技术及产业化"项目，在 2021 年 10 月 19 日召开的 2021 年度"中国汽车工业科学技术奖"颁奖会上，喜获中国汽车工业科学技术进步奖三等奖。2021 年 1 月，该项目的 EE 架构技术以固定价款人民币 1.92 亿元实现海外输出，创造了中国自主新能源车企历史性突破，引起了行业内广泛关注。此次知识产权技术许可，一方面标志着北汽新能源电动汽车相关技术得到了国际先进制造企业的认可；另一方面，这也有助于北汽蓝谷在技术研发领域的国际化进程推进，利于企业在国际范围内的知识产权共享及深化发展。按照技术路线规划，杨子发带领的研发团队对整车电子电气 EE 架构进行持续迭代开发，以"软硬件解耦、功能软件集中、功能扩展到服务、端管云打通支撑服务"为核心，在智能车控、智能座舱、智能驾驶及智能互联等领域形成面向服务的"软件 + 服务"产品。

在主抓技术研发之外，杨子发还始终将研发人才视为最宝贵的核心竞争力，在研发队伍建设方面不遗余力、广纳贤才。在他的努力下，北汽新能源工程研究院 1400 余名研发人员中，硕士以上 500 多人，海归、博士学历 58 人，外国专家 4 名，逐步搭建起一支高素质、高能力、高产出、结构合理的研发人才队伍。围绕研发业务需求，他秉承"服务研发、创造价值"的人才理念，从"选、育、用、留、管"五个方面构建研发人才培养体系，开展"五大工程"人才培养项目，创新性地探索并落实 HCOBP 专职化试点，实现党建工作与研发业务的深度融合，在责权利相统一、内部组织变革、绩效方式改进、部门文化焕新、思想动态掌控、人力降本增效、团队状况分析、离职风险管控等方面均取得了显著成果。

在行业里，杨子发还担任电动汽车产业技术创新战略联盟理事等职务，积极组织所在企业开展与诸如中国汽车工程学会、中国汽车工业协会、中国电动汽车百人会、北京汽车经济研究会（集团）等多个社会团体、学会的合作，共同探讨新能源汽车创新技术与发展趋势，积极为我国的新能源汽车工业发展贡献力量。此外，杨子发注重与高校保持学术交流和对创新型汽车工程技术人才的培养，积极推动与清华大学、哈尔滨工业大学、北京理工大学等高校在新能源电动汽车技术等方面的学术交流，促进新能源汽车行业产学研一体化和科技转化；培养了国内研发实力强大，专业化、系统化的纯电动车研发机构和人才队伍，为推动我国汽车产业发展、培育新时代创新型汽车工程技术人才做出了积极的贡献。

20 多年的辛勤耕耘，杨子发不仅在研究领域获得了诸多成就，所取得的诸多技术成果在转化为汽车产品方面，也产生了巨大的社会和经济效益。

在社会效益方面，杨子发主持开发的纯电动车，因其综合性能与品质突出，多款车型成为 APEC、G20、达沃斯论坛、全国"两会"等国际及国家级会议官方指定用车，响应了国家建设"美丽中国"的大政方针，树立了我国清洁能源推广应用的国家形象。同时，他还培养了具有 ISO26262 和 ISTQB 等专业技能资质掌握三电系统技术研究创新、工程化和产业化核心技术的团队。同步培育了国内多家电池、电机企业，带动了三电核心零部件制造企业的研发与制造能力，推动了行业技术及供应链的进步，为我国电动汽车推广应用及行业发展做出了重要贡献。由他主持开发的车型累计行驶里程超过 97 亿 km，节约电能超过 11.54 亿度，共计减少碳排放超过 165 万吨，相当于种植大树超过 602 万棵。同时，在全国抗击新冠疫情期间，在全国 20 个主要运营城市，北汽新能源为疫情一线人员无偿提供纯电动用车，体现了汽车企业的社会责任感。在经济效益方面，杨子发主持开发的车型产品总销量累计超 50 万辆，获得了较大的经济效益。

2. 中国智能网联汽车产业发展的现状及前景分析

配备有 L2 级以上辅助驾驶能力、具备车联网 OTA 升级功能的智能网联汽车发展正在逐渐提速。从机动车交强险数据（包含进口和国产数据）来看，2021 年前 9 个月国内上牌的智能网联汽车累计已达 166 万辆，累计渗透率持续上涨至 11%。从配备 L2 级辅助驾驶和 OTA 在线升级功能在整体从销量中的占比可以看出，电动车领先的趋势很明显，燃油车普遍不及电动车。9 月份的一个统计数据显示，36 个燃油车品牌，只有两个品牌车型全部有智能化配置（销售车型全系标配）。智能网联化的燃油车销量与其整体销量的占比为 15%，而电动车达到了 60%。尽管 9 月份整体乘用车销量同比下降了 14%，但是，智能网联汽车销售却逆势增长，这就意味着市场对智能网联化的配置需求正在提升，从而倒逼车企不断加码智能网联的布局。

从整体来看，我国已有3500多km的道路实现智能化升级，搭载网联终端车辆超过500万辆。而在数字化和信息化双重作用下，人工智能、5G、大数据等技术与汽车产业深度融合，电动化、智能化、网联化正以一种相互促进、相互融合的方式重塑汽车产业生态，并推进汽车产业链供应链的重构。

从技术应用来看，L3级以上的自动驾驶技术有望加速落地，对应目前的"缺芯"现状，迫切需要具备自主知识产权的自主品牌芯片担起大梁，以助力中国汽车产业的大发展。

从中国的智能网联汽车产业发展趋势来看，LTE-V2X将向5G-V2X过渡。在功能上来看，5G-V2X将有效增强车联网的自动驾驶功能，包括车辆编队、高级驾驶、扩展传感器、远程驾驶四大类功能以及25种应用场景。

另外，由于自动驾驶技术的不断发展，也推动着中国汽车产业格局的改变。以往车企的中心地位将有较大变化，汽车生态圈将向扁平式的生态建设推进，跨界合作将成为新的价值分配的主要方式。而传统车企也将有望突破制造环节，在"软件定义汽车"和出行服务方面进行延伸，创新汽车产业发展模式。

王钊　践行"新业态、新模式、新技术、新产品"理念，推进陕西省汽车产业"两链"融合的快速发展

王钊，博士，高级工程师，现任陕西汽车集团股份有限公司技术中心党委书记、主任；德创未来汽车科技有限公司执行董事。

1. 贡献和成就

在陕西汽车集团股份有限公司（以下简称"陕汽"）工作期间先后主导开展商用车车联网、自动驾驶及网联平台等方面的研究与应用，主要包括主持"第一代陕汽重卡车队管理系统"研发项目，实现车辆管理、油耗管理、跟踪定位、电子围栏、智能配货、驾驶行为分析等功能，满足了管理者对车队及时有效的管理需求，完成整个车队管理系统的设计、验证及上线。该系统支持了某煤炭物流项目、某钢铁运输项目等的开展，为陕汽车联网技术奠定了行业领先的地位。

组建"陕汽大数据分析"团队，主持完成数百项算法开发，实现整车与零部件故障诊断、全国运营情况分析、各细分市场分析、多属性路谱等功能。开拓了大数据市场细分、产品性能跟踪、UBI保险、预测性控制等新的应用领域。协助研发、销售、售后等部门完成数万次数据分析工作，提高研发效率、改善售后工作模式以及对市场服务的精准定位，为公司节省了研发、售后费用一千余万元。

主持"陕汽第二代智能网联平台"的开发。完成了涵盖人工智能开发系统、自动驾驶研发系统、大数据分析系统、数据开放系统、数据接入系统、车辆远程控制与OTA系统等多个子系统在内的大型智能网联平台的搭建。该平台提高了车辆智能化和网联化水平，也奠定了陕汽自主研发自动驾驶系统的基础。

主持"陕汽自主新能源监控平台"的开发。完成了平台搭建，通过国家标准认证。目前该平台已正式上线商用，可实现新能源车辆接入、车辆运营管理、车辆状态监控、历史轨迹查询、电量报警管理等先进功能，预计每年可为集团节省近百万的平台租赁及开发费用。

他主导的"无人驾驶矿车整体解决方案及运营"项目获陕西省科技工作者创新创业大赛铜奖；"车载智能终端网联感知与接入关键技术及其产业化"项目获陕西省科学技术进步奖；"网联汽车电子地图关键技术及应用"项目获中国汽车工程学会汽车行业科技进步奖；"基于车联网的汽车智能导航关键技术与应用"项目获教育部高等学校科学研究优秀成果科学技术进步奖等。同时他还获得西安市"地方级领军人才"、陕西省"科技创新标兵"、共青团陕西省国资委工作委员会"青年岗位能手"、陕西省科技厅"陕西青年科技新星"、教育部"高等学校科学研究优秀成果科学技术进步奖"等荣誉。德创未来汽车科技有

限公司智能网联创新研发团队开发的一系列技术领先的商用车的智能网联技术及产品,为陕西省汽车智能网联产业的发展做出了突出的贡献,创造经济效益的同时,推动商用车技术的进步。他创立的新能源智能商用车创新中心践行"新业态、新模式、新技术、新产品"的理念,将有效推进陕西省汽车产业"两链"融合的快速发展。

2. 中国智能网联汽车产业发展的现状及前景分析

智能网联汽车将会成为国际公认的未来发展方向,向人类提供更智能、更安全、更节能、更环保、更便捷的出行方式。

德创未来将打造的是协同创新网络和产业创新生态,形成汇聚全新要素的新型研发机构,成为高新技术成果转化和高新技术企业创立、成长、壮大的摇篮,孵化出智能网联技术自主可控的企业集群,形成围绕创新链布局产业链的科技创新产业园。

隗寒冰 探索人机共融在智能汽车中的应用

隗寒冰,重庆交通大学机电与车辆学院工程中心主任,澳大利亚昆士兰大学和美国凯特琳大学访问学者。研究方向为智能电动车辆感知决策与控制技术、地面移动机器人机共融、车辆动力传动系统及控制技术等。主持国家自然基金项目2项、四川省科技厅重点研发项目1项,重庆市发改委重点项目1项,企业横向项目30余项。在《The International Journal of Automotive Technology》《Imech:Part D – Journal of Automobile Engineering》《机械工程学报》《中国公路学报》《汽车工程》等国内外重要学术刊物以及国际会议上发表论文60余篇,授权国家发明专利5项。担任SAE中国技术委员会委员、重庆市特种应急装备技术创新战略联盟特聘专家等社会兼职。

1. 贡献和成就

(1) 工程应用方面

自主开发了整车感知、决策、规划和控制算法,实现了封闭园区/半开放测试区域内L3级自动驾驶寻迹、避障、超车、汇入等功能,同时支持LTE – V/DSRC车路协同感知与决策。整车核心算法包括基于多源异构信息融合的多目标检测与跟踪、适应于山地城市复杂工况的局部路径规划、多任务集成的综合拟人化决策控制、基于驾驶人NMS特征的人机共驾控制权自适应分配以及基于视觉的SLAM同步定位与建图等,拥有全部自主知识产权。整车在无人驾驶状状态时的最高车速>50km/h,目标检测准确率>90%,定位精度<5cm。团队在该领域发表SCI论文20余篇,授权发明专利4项,荣获2019年重庆汽车行业年度技术风云团队奖。为行业培养了30余名优秀人才,均在博世、大陆、法雷奥、毫末智行、MINIEYE、意高美、北京恒润等一流科技公司任职。

(2) 理论研究方面

从车辆系统动力学、神经肌肉动力学、强化学习理论和现代控制理论等多学科交叉角度,创新性的提出了一种基于驾驶员神经肌肉NMS特征参数的简化HVSC动态模型,该模型考虑了上肢延展反射系统、反射刚度等NMS特性,能更好的阐明人机共驾过程中换道 – 跟随并行动作对驾驶人个体NMS特征的影响机理问题;在此基础上,应用强化学习理论的行为 – 评估(Actor – Critic)思想,构建鲁棒自适应动态规划算法,在驾驶模拟器上开展驾驶人主动辅助的共享控制实验研究,建立人机共驾控制权分配控制策略。前期工作已获得国家自然基金、重庆市自然基金等项目支持,发表SCI/EI论文8篇,授权发明专利3项。

2. 中国智能网联汽车产业发展的现状及前景分析

（1）发展历程

1）第一阶段（2015年以前）：车联网被大力鼓励发展。"十二五"期间，车联网作为横跨物联网、新能源汽车两大战略性新兴产业的综合系统得到国家、地方政府部委大力支持，发展迅速。科技部通过科技重大专项发展物联网核心技术，在车联网、车路协同技术等方面已进行政策支持和多个"863"计划项目立项。

2）第二阶段（2015年至今）：智能网联汽车上升至国家战略。《中国制造2025》规划系列解读中，首次提出智能网联汽车概念，在此之后，政府、企业、科研院所和行业组织等均积极推动我国智能网联汽车产业发展。近年来，国务院、发改委、科技部、工信部、交通运输部、公安部等部委加快出台一系列政策、标准及法规推动产业发展，如表1所示，并着重提出要建设自主完全可控的产业链。2020年2月国家发改委、科技部、工信部等11个部门联合印发《智能汽车创新发展战略》，将智能网联汽车创新发展作为国家战略重要一环，明确提出要建设中国标准智能网联汽车体系，并提出具体目标及重点任务。目前智能网联汽车发展目标、技术路线均已发布，前瞻指引明确，关键技术规划发布，标准建设加快。

表1 我国智能网联汽车重点政策

发布时间	发布单位	政策文件	核心内容
2015年5月	国务院	《中国制造2025》	将智能网联汽车作为发展重点，明确提出建立智能网联汽车自主研发体系及生产配套体系
2016年5月	国家发展改革委、交通运输部	《推进"互联网+"便捷交通促进智能交通发展的实施方案》	提出了我国智能交通（ITS）总体框架和实施举措
2017年6月	工信部	《国家车联产业标准体系建设指南（智能网联汽车）（2017）》	包括总体要求、智能联汽车、电子产品和服务、信息通信、智能交通、车辆智能管理标准等
2017年4月	工信部、国家发展改革委、科技部	《汽车产业中长期发展规划》	提出要实施智能网联汽车技术路线图；明确近－中－远期目标
2019年9月	中共中央、国务院	《交通强国建设纲要》	明确提出加强新型运载工具研发，加强智能网联汽车研发，形成自主可控完整的产业链
2020年2月	国家发展改革委、科技部等11个部委	《智能汽车创新发展战略》	明确智能网联汽车创新发展战略地位，提出战略目标、重点任务、保障措施

（2）发展特征

产业推进总体思路：政府发挥体制优势从顶层强力推动，试验示范先行带动产学研深度协作。国家层面主要推动"示范区－半开放道路－开放道路－典型城市－主要城市覆盖"示范发展路线。工信部与多地联合组织开展智能网联汽车测试基地与示范区试点布局，以部省市合作的模式共建10家国家级智能网联汽车测试区，其中重庆i-VISTA是10个国家级测试示范区之一。当前全国已有近30个省、市、地区发布道路测试实施细则，提供城市道路、乡村公路、冰雪寒区、山路、高速等丰富道路测试场景，取得良好效果。依托于示范区及开放道路，各地方形成研发机构、整车企业、零部件企业、互联网企业、通信企业、交通企业、高校、产业联盟配套的产业集群，并实现重大项目和重点项目落地，加速智能网联汽车产业发展。

技术路线演变：路线基本与国际同步。我国智能驾驶起步较晚，但追赶速度快，正加快推进高级别自动驾驶技术量产；而车联网研究起步早，技术路线达成国际共识，基于实际场景下的车路协同技术成为当前重点。

创新格局方面：多创新主体涌现，行业联盟助力协同融合。当前各整车企业、零部件企业、互联网企业、通信企业率先推出智能网联汽车相关产品并提供相应市场服务，抢占行业高地，涌现一批竞争力强的企业，包括各类元器件和芯片生产企业，汽车生产商、各类设备生产商、平台运营商等，行业正进入产业融合新阶段。行业联盟对跨界协同创新推动明显，2018—2020年连续三年，由IMT-2020（5G）推进组、中国智能网联汽车产业创新联盟、中国汽车工程学会、上海国际汽车城（集团）有限公司共同举办的C-V2X"三跨""四跨""新四跨"活动，不仅实现了跨整车、跨通信终端、跨芯片模组、跨安全平台互联互通的应用示范，还不断深化C-V2X相关技术和标准测试验证，聚集来自整车、芯片模组、终端、安全、地图、定位等130余家企业共同参与，加速C-V2X规模化商用步伐。

产业进程见表2：发展起步较晚，但追赶速度快，已基本形成产业链条。依托于国内围绕示范区及联盟推动已初步构建起完整的产业链，从自主技术创新角度，在控制执行技术、系统设计技术等方面与国际水平存在一定差距，但车联网相关产业链领域具有自主优势。

表2 国内各产业推进进程

技术领域			推进阶段	国内技术推进现状
车辆关键技术	环境感知	机器视觉	量产商用	摄像头水平视野可达100°，检测距离200m以内，应用增强型视觉技术
		激光雷达	示范商用	自主研发出200线混合固态激光雷达，最远探测距离达到200m，探测精度±2cm
		毫米波雷达	示范商用	基于下一代77GHz RFCMO技术、最大带宽2GHz、最大作用距离220m的远程雷达，原材料供应已实现自主化
	智能决策	融合/决策算法	示范商用	深度学习加强化学习的算法已无限趋近于处理所有场景
	控制执行	线控技术	研发实验	目前自主品牌正推进样机开发和小批量生产，整体处于追赶跟随阶段，距离成熟应用尚有较长时间
		电子控制技术	研发实验	电子液压制动技术、电子机械制动技术研发实验阶段
	系统设计	电子电气架构	研发实验	最新一代自动驾驶域控制器TITAN 4，可支持16路摄像头、10路CAN总线、多路1000M车规级T1网络接入
		操作系统	研发实验	基于WinCE、Linux、Android、QNX、IOS五大底层架构的车载OS均已开发成功，其中部分已具备全车感知、协同计算、多模交互、互联服务、开放生态等先进功能
		智能座舱	研发实验	布谷鸟智能座舱系统（AutoCabin-J3），以ACU202智能座舱域控制器为核心，通过连接T-BOX可以支持车辆与云端网络通信等，实现新一代人机云交互
		智能计算平台技术	示范商用	ADAS智能计算平台、高度自动驾驶（HA）及以上智能驾驶平台
信息交互关键技术	C-V2X通信网络	C-V2X通信网络	示范商用	LTE-V2X测试芯片模组已完成商用示范，5G基带芯片已完成研发
	设备终端	终端设备RSU、OBU	示范商用	基于LTE-V2X测试芯片模组的终端已完成商用示范，基于5G芯片的终端设备尚在研发中
	计算控制	大数据云控平台	示范商用	已建成可提供车辆运行、基础设施、交通环境、交通管理等动态基础数据，具有数据存储、数据运维、大数据分析、云计算、信息安全服务基础支撑平台
	车路协同	C-V2X车路协同应用技术	示范商用	LTE-V2X开始逐渐导入应用，基于3GPPRel 14的直连通信（PC5口）可以实现完整的互联互通，已具备商用技术；5G-V2X尚在研发测试阶段，距离商用尚有一定时间
基础支撑关键技术	高精度地图和定位技术	高精度地图	示范商用	已基本覆盖全国高速并实时更新
		高精定位	示范商用	千寻位置提供车规级双频高精度卫星惯导融合定位模组LG69T

智能驾驶产业进程：紧随美欧日等强国。国内大部分企业进入由部分自动驾驶（PA）向有条件自动驾驶（CA）商业化过渡阶段，整车厂商中，广汽、上汽荣威、长安、吉利等均在2020年推出有条件自动驾驶（CA）量产车型；更高级别智能驾驶技术开始示范应用，如百度智能驾驶车辆的总自动驾驶里程超过1400万公里，在国内处于领先水平；造新势力龙头蔚来、小鹏均以特斯拉为标杆推进高级别智能驾驶量产车型，且当前国内科技巨头、整车企业都陆续加入围绕物流配送等商用市场以及出行服务商业模式探索中。

车联网产业进程：具有一定国际先发优势。我国车联网起步早，且随着通信技术方面实现4G追赶、5G超越，开始在通信、网联方面具有一定国际先发优势。目前国内C-V2X核心标准规范基本建设完成，工信部等政府部门和运营厂商也在积极推动技术创新和产业化，我国有望凭借C-V2X实现车联网技术创新和产业发展在国际上的领先。当前全国正着重推进车联网先导区的建设，将发挥先导性综合服务的重要作用，构建"人、车、路、云"协同基础设施环境，促进车路协同应用场景部署，进一步丰富测试与应用场景，解决产业化过程关键问题，加速智能网联汽车规模示范应用。

根据国家顶层设计愿景，2025—2035年将会是我国智能网联汽车产品成果、中国标准智能网联汽车体系建设成果不断落地，逐步实现交通强国愿景决胜时期。而作为全球战略性新兴产业，智能网联汽车所需核心技术、科技创新要素众多，达成国家战略愿景尚有诸多技术创新、基础设施、法规标准、安全体系等一系列难点和重要课题亟待突破，技术产品转化应用、商业模式等尚需探索，产业化基地建设势在必行。

文军红　打造"端云一体"网联产品，共筑智慧"人·车·生活"

文军红，深圳联友科技有限公司总经理助理，华南理工大学计算机科学与技术专业硕士，汽车电子科学技术突出贡献人物，广州花都科技人才，18年汽车行业从业经验。主导建立了企业级端、管、云、营车联网体系，主导研发的联友T-BOX产品实现百万级年搭载量。带领团队围绕智能网联汽车持续布局，主持研发联友智能驾驶系统、L2+AD域控制器、智能座舱、端云一体车载OS等智能终端产品。

1. 成就和贡献

他主导建立了企业级端、管、云、营车联网体系，主导研发的联友T-BOX产品实现百万级年搭载量。带领团队围绕智能网联汽车持续布局，主持研发联友智能驾驶系统、L2+AD域控制器、智能座舱、端云一体车载OS等智能终端产品。2015起主导车联网产品预研，2017年率团队完成4G T-BOX产品量产，2020年团队完成5G&V2X产品开发，并于2021年实现量产。截至目前，T-BOX产品搭载量突破300+万台。

他从2017年开始搭建联友智能驾驶团队，重点布局车端域控全栈智能驾驶技术预研，带领团队开发的L2级域控产品于2021年底实现量产。目前，团队能力将近达到L2.9+的车端行泊一体域控以及更高阶端云一体智能驾驶领域。

2. 中国智能网联汽车产业发展的现状及前景分析

（1）智能网联汽车行业发展现状

汽车的发展本质上是需求驱动的，比如交通安全需求、出行效率需求等。要解决一些传统汽车技术、交通场景的问题，需要有智能驾驶和智能交通参与。现有的驾驶辅助和智能交通受到一系列限制，因此以新的思路、新的方法提升安全和效率尤为重要。未来的智能汽车技术发展趋势不是单车智能，也不是云端单独控制，而是两者的融合，所以我们称之为车、路、云融为一体的系统。此发展方向可以对现有交通安全、出行效率和其他一系列交通行驶问题进行改进，我们称之为新一代智能网联汽车系统。

美国提出的基于智能化、信息化、共享化和智慧城市融合，需要用到网联和智能化一体技术。

欧洲公布依靠不同智能化程度分级的基础设施来支持自动驾驶。基础设施分为 A、B、C 级，最高级（A 级）需要用协同决策来做自动驾驶，B 级需要用协同感知，车、云两者之间融合做感知决策。

我国认为，智能网联汽车需要智能化和网联化融为一体，将有协同的感知决策控制融合。在国家项目的支持和行业的合作下，我们正在做一系列的研究推进工作。

(2) 智能驾驶向上趋势得到强化

2019 年全球自动驾驶步入寒冬，从行业明星 RoadStar.ai 倒闭，到 Drive.ai 因资金困境无奈被苹果收购，再到 Oryx Vision 宣布停止运营。各车企和技术公司纷纷推迟产品发布时间，一些公司缩减投资，自动驾驶科技公司融资困难，陷入资金困境，行业悲观情绪弥漫。但今年已经完全不同，车企、Tier 1 都在全力研发智能驾驶，加大投入力度，同时自动驾驶科技公司纷纷获得新的大额融资。行业不再悲观，市场需求强烈，消费者抱有高期待。一方面，智能驾驶是造车新势力同质化市场竞争下打造差异化竞争的核心，特斯拉就是一个漂亮的例子，企业市值高居榜首；另一方面，传统车企面对挑战，也在加快智能驾驶技术自研，同时投资、并购初创企业，提高自身技术实力。比如，通用投资并购 Cruise，福特、大众投资 Argo，上汽投资 Momenta 等。

(3) 车企与科技公司合作明显增强

在对智能驾驶市场前景看涨的前提下，除前述所提及的车企投资并购智能驾驶初创企业外，为弥补相互之间的短板，车企与科技公司纷纷展开跨界合作。比如，百度与吉利合资成立集度汽车、上汽与阿里合资成立智己汽车、北汽与华为推出极狐 HI、长城成立毫末智行等。

(4) 传统 ADAS 和辅助驾驶是目前市场主流

智能驾驶虽然走出寒冬，但行业也变得更加务实，更注重产品的量产落地。严格意义上的 L3 和 L4 自动驾驶由于法规缺失或者无法满足法规要求无法商业化落地，科技公司仍是主要玩家，并且只能是 DEMO 形态，无法交付给市场消费者。车企智能驾驶车型落脚点是 L2 驾驶辅助，目前已经开始批量上市，被消费者广为接受，直接转化为经济效益。传统 ADAS 的自主化替代，与 L2 + 级智能驾驶市场空间的争夺同时进行。在传统 ADAS 市场，国产自主化产品凭借产品先进性、经济性以及更好的车企服务支持不断扩大市场份额。

(5) 智能驾驶量产车型在功能和价格上不断突破

智能驾驶量产车型在功能上向上突破，装备激光雷达、多目视觉、4D 毫米波雷达、高精度地图的车型不断涌现；高速导航辅助驾驶、停车场记忆泊车技术已经大行其道。不少车型采取硬件预埋，后期 OTA 升级方式，辅助行车逼近 L3 级别体验，自动泊车逼近 L4 级别体验。另一方面，智能驾驶量产车型在价格上向下突破，10 万元级的车也具备 L2 + 行泊功能。比如小鹏 G3i，哪吒 U pro 等。

(6) 进入智能汽车时代，座舱产业价值链发生显著变化

软硬件解耦加速，域控 + 软件 + 多功能融合成为技术发展关键词。软件层面，操作系统定制化、应用程序 SDK 用户黏性强，相关数据商业价值潜力巨大，或成为兵家必争之地，主机厂及互联网公司积极卡位；底层 OS 及 Hypervisor 格局相对稳定，寡头垄断趋势明显。硬件层面，座舱域控制器作为智能座舱核心部件，其增长确定性高；主控 SoC 芯片替代多个传统 MCU 功能芯片的趋势已经明晰。

座舱供应链体系重构：在智能化时代，传统的垂直链式产业体系将被打破，逐渐演化为以主机厂为中心的"圆桌模式"。

钱国平　汽车产业链的核心争夺点在于不同域内的价值分工

钱国平，高级工程师，现任福田汽车智博汽车科技（上海）有限公司总经理、福田汽车智能控制模块开发副总工程师，并作为福田汽车智能网联领域专家，担任福田汽车产品创新技术管理委员会委员。在福田汽车推动商用车电子电器架构升级，建立智能网联智能控制模块自主开发方面起到了重要作用。

1. 贡献和成就

在福田汽车聚焦商用车-2025战略发展规划指导下，组织成立智博汽车，建立了福田汽车智能控制单元软硬件开发能力和流程体系，在智能车身控制、智能驾驶、车联网等业务方向为福田汽车开发并配套了多个产品，推动了福田汽车智能网联自主开发能力建设。近两年，已发表或确定录入论文6篇，专利授权10余项，带领的团队每年专利提案近20项，申请软件著作权10余项。代表福田汽车参与了全国汽车标准化技术委员会智能网联汽车分标委组织《车控操作系统架构研究报告》《车控操作系统总体技术要求研究报告》《车载操作系统架构研究报告》《车载操作系统总体技术要求研究报告》等的编制。

负责自主开发《可预见性巡航节油技术研究及开发项目》，通过集成ADAS地图的车联网终端获取的道路前方地理信息，然后调整巡航车速及扭矩，可节省3%~7%的油耗。项目荣获2019年度福田汽车集团技术创新二等奖，推动福田成为全国首家自主实现可预见性巡航节油技术的商用车公司，此系统在福田重卡已批量装车数万台，为国家节能减排做出了企业贡献。负责自主开发《卡车类车辆紧急制动系统（AEBS）平台化开发项目》，通过智能摄像头与毫米波雷达融合控制，实现LDW、FCW、ACC、AEB和LKA等功能，项目通过平台化规划和自主开发，在满足国家主动安全法规基础上，实现一套系统在福田全系列卡车的模块化应用。项目荣获2020年度福田汽车集团技术创新二等奖，并已实现批量装车十几万台。

2. 中国智能网联汽车产业发展的现状及前景分析

（1）电子电器（EE）架构升级是汽车智能化发展的基础

当前汽车主流采用的基于CAN总线分布式EE架构因计算能力不足、通信带宽不足、不便于软件升级等瓶颈，无法满足智能汽车发展的需求，将EE架构升级为基于以太网的域控/中央集中式架构，将助力智能汽车实现跨越式革新。汽车EE架构升级主要体现在硬件架构升级、软件架构升级和通信架构升级3个方面。

1）硬件架构升级。硬件架构由分布式ECU向域控制/中央集中架构方向发展，升级路径表现为分布式（模块化→集成化）、域集中（域控制集中→跨域融合）、中央集中式（车载电脑→车-云计算）。

集中化产生的域控制器和中央控制器相对于主要基于MCU的分布式控制器来说，其算力需求大大提升，传统的MCU已经无法满足，需要采用集成CPU、GPU、NPU等单元的SoC来进行运算处理。即使在域控制集中阶段，域控所采用的CPU算力也高达几万DMIPS，而用于智能驾驶AI处理的SoC，除了CPU算力，还需要几十到几百TOPS的AI算力。未来把智能驾驶、智能座舱和动力行驶域集中成中央控制单元，其算力还需要成倍上升，因此面向智能汽车的域控/中央集中架构发展必将大大推动车载芯片行业的发展。

2）通信架构升级。车载网络骨干由CAN总线向以太网方向发展。基于域控/中央集中的自动驾驶需要以更快速度采集并处理更多数据，传统汽车总线无法满足低延时、高吞吐量要求。因此，集高带宽、低延时等诸多优点的以太网有望成为未来车载网络骨干。

2015年首个车载以太网规范100Base-T1发布，仅需要一对双绞线进行数据传输，可以减少整车网络70%~80%的连接器成本，减少30%以上的重量，并且能够有效地满足车内EMC电磁干扰的要求。随着1000Base-T1以及更高带宽NGBase-T1以太网标准推出和车载以太网相关的DoIP、SomeIP、AVB/TSN标准协议的发布，以太网必然成为未来智能汽车时代的车载主干网络。

3）软件架构升级。汽车智能化更新迭代通过整车OTA、SOA面向服务架构升级成为新趋势。区别于面向信号的传统架构，SOA将车载控制器的硬件能力以服务的方式提供出来，SOA中的每个服务都具有唯一且独立互不影响的身份标识（ID），并通过服务中间件（Service Middleware）完成自身的发布，对其他服务的订阅以及与其他服务的通信工作。

AutoSAR为汽车EE架构建立了一种开放式的行业标准，以减少设计复杂度，增加灵活性，提高开发效率。由于控制器从MCU向SOC发展，因此ClassicAutoSAR架构也逐步向基于SOC的Adaptive AutoSAR架构发展。AdaptiveAutoSAR基于POSIX操作系统，支持SomeIP和DSS作为IPC通信，符合SOA面向服务架构标准。软件架构升级的好处在于：可实现软件/固件OTA升级、软件架构的软实时、操作系统可移植；采集数据信息多功能应用，有效减少硬件需求量，真正实现软件定义汽车（SDV）。

（2）全新架构下车企和供应商的挑战和机会

汽车产品属性由硬件主导转向软件主导：

1）硬件供应商产业地位下降，软件供应商产业地位上升。
2）软件层面车企普遍希望掌握自主权，但由于前期软件能力较弱，一般会选择与供应链伙伴合作。
3）硬件层面供应链将继续维持开放式，即车企更多放权给供应商，采取模块化供应方式。

主机厂和供应商的分工发生改变，供应商提供执行器产品而不再是整体的解决方案，主机厂通过控制策略的开发实现硬件资源的共享和功能的实现，因此软件能力成为主机厂最核心的竞争力。目前特斯拉已经实现大量软件自研，对于多数车企，软件方面布局刚刚起步，目前大众、长安、上汽都在斥资成立软件中心。

当前域控制架构趋势下，汽车产业链的核心争夺点在于不同域内的价值分工：

1）动力行驶域：其中动力系统由"发动机+变速箱"向"电池+电机+电控"转变，核心仍掌控在车企手中。其中电池领域多数厂商会选择与宁德时代等外部电池企业合作，但也会有部分车企构建自研电池能力，例如比亚迪的刀片电池、广汽埃安的弹匣电池、长城汽车的大禹电池等。底盘系统要求企业对车本身理解深厚，且安全性要求高，传统的供应商巨头（博世/大陆）依然把控话语权，因此未来动力行驶域还是会由车企或传统供应商巨头把控。

2）智能座舱域：和手机最类似的一个领域，也是互联网企业优势最强的地方，是过去3~5年升级最快的汽车技术，重要性日益上升，其中车企-芯片-供应商三方都在争夺自身能力边界。

3）智能驾驶域：重要性提升最快的一个域，也是未来汽车大脑最核心的域。目前车企-芯片-供应商-软件方案商三方争夺最厉害的地方。

颜丙杰　加速开发底盘线控制动执行系统

颜丙杰，天津英创汇智汽车技术有限公司TBS事业部总监，清华大学博士、博士后。

1. 贡献和成就

智能化、电动化为汽车工业带来颠覆性变革，智能新能源汽车成为全球行业竞相角逐的战略高地。底盘线控制动执行系统是其核心部件，而我国长期面临国外核心技术封锁与垄断的困境，成为制约汽车产业自主可控与可持续发展的瓶颈。颜丙杰博士针对智能新能源汽车主动制动、冗余制动以及深度制动能量回收等不同层面技术需求，开发了半解耦式线控制动系统，采用Tbooster＋ESC的"双核"架构，满足主动制动快速建压以及电制动与机械制动解耦控制需求的同时，实现制动系统安全冗余。

颜丙杰博士在学期间累计发表SCI论文5篇，申请/授权发明专利十余项，获北京市科技发明一等奖1项。2016年加入天津英创汇智创业团队，为公司联合创始人，工作期间主要从事智能线控底盘Tbooster的研究与产业化开发，为我国线控底盘行业技术发展路线提供有益探索。

2. 中国智能网联汽车产业发展的现状及前景展望

智能网联汽车是汽车产业发展的重要方向，以环境感知、智能决策、线控底盘、先端通信和智能座舱为基础的智能网联汽车是实现完全无人驾驶和道路交通高效通行的关键，其性能的好坏依赖于各环节核心零部件的设计和制造。以下主要从线控底盘方面介绍当前产业的发展现状。

（1）国外产品占主导地位，引领产品发展趋势

国际零部件供应商如德国博世（BOSCH）、德国大陆（Continental）、美国天合（TRW）（2015年被采埃孚ZF收购）、日本电装（Denso）等凭借其在汽车底盘电控方面的技术优势及长期的市场积累，基本在国内实现了技术封锁及市场垄断地位。其中电装只为日本汽车企业进行配套，市场相对比较封闭；博世、大陆、天合作为全球零部件供应商，在汽车底盘制动控制领域不断推出新产品，引领产业发展升级。它们都具有成熟的ABS、ESC产品，并分别在ESC技术基础上面向智能汽车应用开发出了集成式线控制动产品，即"One Box"方案产品，如Bosch IPB、TRW IBC以及Conti MKC1等，此外博世也开发出了新型的电动制动助力系统（iBooste），与ESC配合构成冗余线控动系统，即"Two Box"方案。

在商用车气压制动系统领域，基本被德国克诺尔（KNORR）、美国威伯科（WABCO）等国际巨头所垄断，具有完整成熟的产品系列，涵盖常规的气压ABS系统以及线控制动系统EBS等。

（2）部分核心技术实现突破，自主产品加速发展

我国在汽车制动防抱死系统（ABS）方面技术已经相对成熟，并实现了批量生产，在国内整车厂批量应用，基本可以与BOSCH等国外产品直接竞争，但由于技术相对成熟，国外同类产品价格相对较低，造成国内该领域零部件供应商利润空间较低，竞争基本呈白热化。

在电子稳定性控制系统（ESC）方面，国内已经实现高速开关阀设计、制造以及整车稳定性控制等核心技术的突破，部分企业已实现产业化应用。但由于该产品涉及车辆安全，需要大量的实车运营支持产品的质量可靠性以及一致性验证，因此整车企业更倾向于可靠性以及一致性更好的国外产品，但由于中美科技领域竞争加剧等国际环境影响，国内整车企业有意将国内零部件厂商引入供应链体系，为国内零部件企业提供了很好的发展机遇。

在电动制动助力器以及集成式制动系统等先进线控制动系统方面，依然以国外产品为主，但国内与国外类似产品起步时间相差不大，在电动制动助力器方面，国内已有多家企业实现产业化生产，但在集成式制动系统开发方面依然受制于电磁阀的设计、制造水平，国内零部件企业和整车企业基本处于预研阶段。

随着智能网联汽车的发展，线控底盘重要性愈发凸显，成为制约产业健康可持续发展的关键一环。目前国内企业已经实现了核心技术的突破，并且随着国内零部件以及整车企业持续向该领域聚焦，该领域产品自主化进程进一步加快。

顾敏 从车联网到数字营销，建设战略数字化产品

顾敏，上汽乘用车营销数字化及车联网研发负责人，具有15年以上企业数字化转型工作经验，对汽车新零售、移动出行、智能网联等具有深刻理解和实战经验；具有大型项目管理、产品设计和系统建设经验，以及丰富的汽车行业知识。在上汽乘用车工作期间，在推进营销数字化转型及智能网联产品创新方面获得多项成绩。落地建成汽车行业内首个"新零售"营销体系。作为上汽集团数字化转型的实践者，负责并主导集团内多个重点战略数字化产品的建设。不仅对市场高度敏感，深刻理解用户需求，而且对数字赋能具备很强的前瞻性。

1. 贡献和成就

在车联网领域，他主导了包括"全球首款量产互联网汽车"荣威RX5、荣威RX5 MAX"智能座舱""燃油新势力"MG ONE等众多具有前瞻科技属性的产品的规划和实现。荣威RX5 MAX搭载AR-Driving实景驾驶辅助系统2.0版，新增高速和城市场景AR-POI实景标签，令导航与实景深度融合，让人、车、城市紧密沟通，助力推动智慧交通、智慧城市建设。

主导智能座舱的进化，完成两大升级：一是交互手段的升级；二是"交互"到"交流"的升级。该智能座舱技术还包括五大特征，即聚能全舱空间、聚能全舱全员、无摩擦交互理念、连接人与万物、全车FOTA个性化升级，此外，还包括车主喜爱的无感蓝牙数字钥匙、手机RPA自动泊车等科技创新产品。

在营销数字化方面，他带领团队积极推进上汽乘用车营销数字化转型，并率先推出了行业首个面向用户体验、数字化的"新零售"系统，为用户提供全生命周期的购车和使用体验。推动上汽集团数字化转型形成闭环，将业务框架、技术框架持续完善，赋予新能力。

通过数字化手段来规范整个业务链运营的过程，将体验流程与标准在经销商体系内进行有效执行，并进一步实现数据化的量化运营；用数字化工具服务用户，让用户的体验更好；多元化触达客户，改变传统主机厂通过经销商间接与客户建立连接的模式，实现通过官网、APP、小程序等多元化渠道触达和服务用户。

2. 中国智能网联汽车产业发展的现状及前景分析

（1）智能网联汽车产业的发展意义

成熟的车联网技术将给社会带来非常大的社会价值和经济价值。基于5G的车联网对于提高安全性、减少交通事故有重大意义。

车联网能够缓解甚至消除交通堵塞，有效提高交通效率。车辆和基础设施之间的协调也将减少不必要的停车和制动，进一步减少燃料消耗和排放。

（2）车联网的现状

2021年是"十四五"开局之年，建设"数字中国"迈入新台阶。车联网产业是汽车、电子、信息通信和道路交通运输等行业深度融合的新型产业。2021年2月24日，中共中央、国务院印发了《国家综合立体交通网规划纲要》将智能网联汽车、智慧交通基础设施建设均作为重点任务化协同发展。

1) 中国智能网联汽车驱动因素。中国已经迈入数字经济时代，车联网正是先进制造业和现代服务业深度融合的新业态。《智能网联汽车技术路线图2.0》指出，PA、CA级智能网联汽车渗透率持续增加，2025年将达50%，2030年将超过70%；2025年，C-V2X终端的新车装配率将达50%，2030年达到基本普及。车联网的核心技术在不断升级，在车载端，从简单的车载实时OS，到具备综合业务智能OS；在管端，5G-V2X是重点通信技术；在云端，封闭式车联网运营平台逐步向开放式车联网数字化运营平台

发展。

2）中国智能网联汽车行业价值链条。中国车联网产业化进程逐步加快，围绕 C－V2X 形成包括通信芯片、通信运营服务、测试认证、高精度定位及通信模组、终端设备、整车制造、运营服务、测试认证、地图服务等较为完整的产业链生态。随着新技术的创新发展与融合，产业开始探究以脑机接口、量子计算、云原生等代表的新兴技术如何与智能网联汽车产业相结合，共同推动中国车联网产业迈向更高的发展水平。

（3）车联网的发展趋势

1）汽车智能化是产业趋势。智能座舱通过搭载智能网联设备或服务，使得"人－车－路－云"之间的交互内容更加丰富、形式和过程更加便利。除了像 FSD、NOA、XPILOT 这样的智能驾驶方案，还有独立配置 BSD、AEB、ACC 这样的辅助驾驶产品。

2）网联化趋势下，重点关注 5G 与 V2X 的基础设施属性。5G 与车载智能硬件的结合，将让语音交互以及智能娱乐、驾驶信息辅助等功能进一步升级，全面提升驾乘体验。V2X 无线通信技术能够将"人－车－路－网－云"等交通参与要素结合在一起，促进自动驾驶技术的创新和应用。

3）智能化趋势下，软件定义汽车。除了智能化、网联化外，由技术变革带来的商业模式改变同样是一大看点。随着"软件定义汽车"时代逐步到来，智能汽车演化出多种商业模式：

①一次性买断制，其按照实现功能的不同，从低到高分为几个档位。

②订阅制，用户按月、按年付费。汽车将从单纯的出行工具进化为融合出行、娱乐和办公功能为一体的移动智能空间，将能够提供多种移动服务。

赵旭 深兰科技第三代智能客舱 AI 提高了系统安全性

深兰科技董事副总裁，毕业于中南大学，师从中国工程院院士。赵旭博士是资深全栈开发工程师，TUV 认证 ISO26262 功能安全工程师，深耕人工智能行业十余年，在人工智能及自动驾驶技术领域具有深刻的认知和理解。

1. 贡献和成就

牵头带领团队先后完成某 10m 客车智能驾驶、某 12m 客车智能驾驶、某铰接车体集成感知、某智能液压传动铰接式集成控制底盘等一系列大型科研项目，提出并牵头开发高实时性智能驾驶框架 DBAC。赵旭博士目前负责深兰自动驾驶和智能环卫板块，带领团队完成熊猫智能公交车、熊猫智能扫路王、井工自动驾驶胶轮车和井工智能装载机等大型智能化/无人化商用和各种装备车辆。

最近五年牵头带领团队先后完成多项智能交通和智能网联汽车研究课题，譬如《智能驾驶系统决策控制软件开发》《智能驾驶决策控制平台软件开发》《某车型智能驾驶控制系统》，开发过程中申请专利 40 余项。

2. 中国智能网联汽车产业发展的现状及前景分析

早期以乘用车为载体进行开发，2014－2016 年间完成了以视觉为主的 ADAS 研发，并于 2016 年完成了以机器视觉为主的多传感器（激光雷达、毫米波雷达等）融合的感知开发，2017 年首次实现了自动驾驶系统车规级研发、生产、测试，同年在长沙进行了 12 米公交的车载系统首次路测。2018 年该自动驾驶技术应用到智能汽车（智能移动零售车、熊猫智能公交、熊猫餐车）的产品研发中。

2018 年 6 月，深兰发布了智能移动零售商用车；同年 12 月，推出了一款移动餐车——熊猫餐车，有多种外观可选，搭载计算机视觉、生物智能、智能语音等多种人工智能技术，新能源动力系统以及智能厨房和送餐管理服务生态，便于移动且更加低碳环保。经过几年的技术积累和迭代，深兰于 2019 年 1 月推出全新正向设计的自动驾驶商用车——熊猫智能公交车，在 AI 闪耀一带一路新一代人工智能未来发展峰会上公开发布，并举行了多城启动仪式，在包括天津、长沙、武汉、上海、广州、深圳、衢州、鞍山、襄阳等多个城市交付落地（见图 1）。

图 1　自动驾驶测试牌照

随着产品的不断应用和数据的不断积累，逐步完善了公司自动驾驶技术平台和体系结构，已先后获得广州、上海、武汉、长沙、深圳的智能网联客车道路测试牌照，并在武汉获得自动驾驶车辆的道路运输经营许可证。上述测试牌照在多地属于首张、首批或唯一发放。

值得一提的是，熊猫公交还融合了多项深兰自主研发的技术，包括视觉感知、生物识别、语音语义识别等，旨在以智能化方式提供更高效、安全舒适的乘车体验，同时瞄准用户乘车的黄金时间段，提供更多的价值转化能力和新的商业探索方式，其搭载深兰科技第三代智能客舱 AI 系统由车载边缘云基础架构系统、手脉识别扣费系统、眼控计时广告系统、乘客异常行为分析系统和语音交互系统组成。车载边缘云基础架构系统为整车智能客舱 AI 系统提供一套完整的边缘云计算基础架构，与传统客车及行业伙伴相比，车辆搭载的智能驾驶及 AI 功能使其在安全、效益、服务等方面有了重大升级和变革。

杨冬生　推动智能网联产业发展，打造比亚迪车型智能化"脸谱"

杨冬生，教授级高级工程师，现任比亚迪集团副总裁兼产品规划及产品规划及汽车新技术研究院院长。2005 年加入比亚迪汽车工业有限公司，主导公司双模插电混合动力系统 DM 开发、智能座舱智能网联系统 DiLink 开发、智能驾驶辅助系统 DiPilot 开发。

1. 贡献和成就

比亚迪是插混汽车的开创者和领导者，是全球第一个量产双模车型的企业，双模产品累计销量全球第一。作为比亚迪 DM 技术总设计师，2020 年主导研发了全新一代 DM-i 超级混合动力平台，其中 DM-i 超级混动 1.5NA 发动机获得全球量产最高热效率 43.04% 认证。搭载 DM-i 超级混合动力系统的唐、宋、秦等多款车型，整车性能表现全面引领行业，深受消费者追捧，市场供不应求，加速了新能源汽车全面取代传统燃油车的步伐。

汽车智能化方面，2018年主导研发了全球第一个完全开放的智能网联系统DiLink，凭借大算力硬件平台、百分百兼容手机生态等树立了行业标杆地位，同时在比亚迪全车型上标配，成为比亚迪车型的"脸谱"。2021年8月，汉EV 5G旗舰款发布，搭载DiLink 4.0（5G），是目前5G技术在汽车行业首次实现量产，单体成本最低。作为第一负责人，主导比亚迪智能进入数字化转型。2020年3月，开发手机NFC车钥匙搭载宋Pro全球首发，支持华为、小米、OPPO、VIVO等主流手机品牌（机型支持数量行业第一），实现云钥匙、无网蓝牙钥匙、无电NFC钥匙全场景覆盖。2021年，开发智能穿戴NFC设备，提升用户口碑和使用黏性，全面引领汽车数字钥匙发展方向。

主导制定比亚迪智能驾驶发展战略和技术路线，定义了DiPilot智能驾驶系统平台。除高阶智能驾驶辅助功能开发以外，创造性地定义了DiTrainer教练模式，做到"千人千面"，陪伴车主成长与生活。

工作期间，作为项目主要完成人参与了多项国家和省部级科技重点攻关项目的研发工作，授权发明专利152件，并以第一完成人的身份荣获2021年中国汽车工业科学技术奖二等奖，2020年中国机械工业科学技术二等奖、中国汽车工业科学技术进步奖三等奖、广东省机械工业科学技术特等奖、广东省机械工业科学技术奖一等奖、广东省电子信息行业科学技术奖一等奖，也曾多次荣获中国专利优秀奖。2015年当选中国汽车工业协会汽车行业工业强基和技术改造专家，2017年当选全国汽车标准化技术委员会智能网联汽车分技术委员会；同年当选中国汽车动力电池产业创新联盟技术专家委员会专家、国家智能网联汽车分标准委员会委员及国际标准化组织（ISO）专家，2018年当选深圳市"高层次人才"，并获得深圳市政府特殊津贴。2021年担任科技部十四五"新能源汽车"重点专项编制专家，推动新能源汽车行业标准建立，快速健康发展。

2. 中国智能网联汽车产业发展的现状及前景分析

过去20年是互联网在国内发展的黄金时期，互联网不仅改变了人们的生活方式，也给传统制造业带来了巨变。以汽车为例，"智能化""网联化"已经成为整个行业的发展新趋势，如今越来越多的汽车搭载了智能网联系统，人们的用车和出行也因此变得更加便捷。

传统汽车在向智能网联汽车演变的过程中，朝着更加安全、便利、智能、智慧四个方向发展。车内屏幕已经成为继电视、电脑、手机之后的第四块屏。同时，智能互联的未来将会是开放、生态以及个性化需求满足的三个特点。

1）开放：开放是一个趋势，让生态进入更加便捷。比如让整车数据接口开放，自动驾驶的平台开放，从而增加更多生态应用的可能。

2）生态：汽车生态将不断丰富，实现"人－车－生活－社会"的全面链接是大势所趋。

3）智能网联将不断满足车主个性化需求：未来的车主将从对车辆外观和动力性的追求，转变成对智能网联的个性化追求。各大车企品牌将会配备庞大的智能网联团队做个性化差异化的创新研究。

当手机数据云化时，汽车的数据与控制也在云化，汽车的云服务功能应该有强大的数据来支撑。比亚迪的云服务体现在它是一个手机终端，比亚迪的产品可以让用户的手机除了不能开车之外，可完成车上的其他所有功能。

第 7 章 主要汽车企业集团发展概况

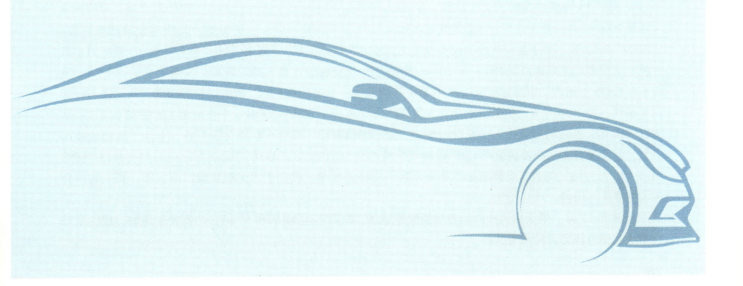

重庆长安汽车股份有限公司

1. 发展概况

重庆长安汽车股份有限公司（简称长安汽车）是中国汽车四大集团阵营企业，拥有 160 年历史底蕴、38 年造车积累，全球有 14 个生产基地、33 个整车/发动机及变速器工厂。2014 年，长安系中国品牌汽车产销累计突破 1000 万辆；2016 年，长安汽车年销量突破 300 万辆；截至 2021 年 9 月，长安系中国品牌用户累计突破 2110 万，领跑中国品牌汽车。

长安汽车始终打造世界一流的研发实力，连续 5 届 10 年居中国汽车行业第一。拥有来自全球 27 个国家的工程技术人员 12000 余人，其中高级专家近 600 人，居中国汽车行业前列；分别在重庆、北京、河北定州、安徽合肥、意大利都灵、日本横滨、英国伯明翰、美国底特律和德国慕尼黑建立起"六国九地"各有侧重的全球协同研发格局；拥有专业的汽车研发流程体系和试验验证体系，确保每一款产品满足用户使用 10 年或 26 万 km。

2018 年，长安汽车发起"第三次创业——创新创业计划"，在传统制造的基础上，拓展后市场及相关价值链，培育智能、出行、科技三大新动能，打造成为智能出行科技公司，向世界一流汽车企业迈进。

长安汽车推出了 CS 系列、逸动系列、UNI－T、UNI－K、锐程 CC 等一系列产品，坚持"节能环保、科技智能"理念，大力发展智能新能源汽车。在智能化领域，发布"北斗天枢计划"，打造了智能语音秘书"小安"，为用户提供安心、开心、贴心、省心的"四心"汽车平台，通过"知音伙伴、合作共创、智能体验、智能联盟、千人千亿"行动，助推长安汽车从传统汽车制造企业向智能出行科技公司转型。在新能源领域，发布"香格里拉计划"，制定了千亿行动、万人研发、伙伴计划与极致体验四大战略行动，到 2025 年，将全面停售传统意义燃油车，实现全谱系产品的电气化。

长安汽车积极寻求合资合作，成立长安福特、长安马自达、江铃控股等合资合作企业，并向外资企业输入中国品牌产品，建立中国车企合资合作新模式。

长安汽车以"引领汽车文明 造福人类生活"为使命，努力为客户提供高品质的产品和服务，为员工创造良好的环境和发展空间，为社会承担更多责任，向"打造世界一流汽车企业"的宏伟愿景迈进。

2. 生产经营

长安汽车集团 2021 年累计销量突破 230 万辆，同比上涨 14.8%。

长安系中国品牌汽车 2021 年累计销量突破 175 万辆，同比上涨 16.7%。

长安系中国品牌乘用车 2021 年累计销量 120 万辆，同比上涨 23.1%。

3. 技术进展及研发能力

自 2009 年起，长安汽车开始智能化技术研发。经历了起步、成长、资源整合与快速发展四个阶段。从 2009—2013 年，处于起步阶段的长安智能化，经过 5 年的积累，长安量产出了首台具备 3G 联网的车机系统，从此进入了车辆网联时代；从 2014—2016 年，长安智能化进入成长阶段，实现了智能化 L0/L1 级技术在 CS75 上量产，研发量产 inCall3.0 智能车机系统，具备远程控制、智能语音等功能，从此进入智能汽车时代，在 2016 年 4 月，长安更是首次实现国内"重庆-北京"2000km 中长距无人驾驶实车测试；从 2017 年开始，长安智能化进入了资源调整期，公司聚焦资源，成立了智能化研究院，专注于智能化技术研究，并实现自主品牌首次量产 L2 级智能驾驶技术全自动泊车 APA4.0 与集成自适应巡航（IACC）；从 2018 年 8 月开始，随着长安智能化"北斗天枢"战略的发布，成立了"天枢联盟"朋友圈，长安智能化进入快速发展阶段。

2018 年 11 月，两天内两次刷新吉尼斯世界纪录，先后实现 44 辆和 55 辆自动驾驶车巡游，成为全球首个成功创造该记录的汽车品牌。

2019年7月25日，在仙桃数据谷率先实现公共道路Robotaxi无人网约车示范运营，结合车端、云端、场端，依托5G网络，实现L4级自动驾驶和5G车路协同。

2019年9月，APA5.0搭载CS75 Plus首发上市，采用12U+4V+1FC+3R架构，可以在20m内自动寻找车位，不仅实现水平、垂直、斜列式泊车，还将超声波雷达与高清摄像头进行数据融合，识别车位线、车辆、行人等，并在泊车过程中提醒周围行人。人在车外时，可以通过手机App和实体钥匙遥控泊车，实现常规场景95%覆盖率，解决用户停车难的痛点，达到当前全球量产遥控泊车的最高水平。

2020年3月，通过UNI-T完成中国首个L3级别自动驾驶量产体验，整个体验过程长达23km，长安汽车CEO朱华荣亲自参与其中，用直播的方式展现出长安L3自动驾驶在开放路段如何实现解放手、脚、眼。这是中国首个基于实车发布达到量产状态的L3级自动驾驶核心技术——交通拥堵自动驾驶（Traffic Jam Pilot，TJP），树立了中国自动驾驶领域行业标杆。

2021年8月，公司在长安汽车科技生态大会上发布一系列新技术。在新能源方面，发布长安新一代超集电驱；在智能化方面，国内首发全场景数字孪生开发开放平台，实现用户共创，生态伙伴共赢；量产首发智能泊车APA6.0以及技术首发远程无人代客泊车APA7.0。

4. 主要产品与服务

- CS系列：CS75PLUS、CS55PLUS蓝鲸版、CS35PLUS、CS85COUPE
- 逸动系列：逸动PLUS
- 锐程系列：锐程CC蓝鲸版
- UNI系列：UNI-T、UNI-K、UNI-V

5. 发展规划

长安汽车将搭建"端、云、边"的一体化架构，建立标准化软件接口与开放硬件平台，形成创新协同开发机制，鼓励开发者与整车厂共创共赢；与开发者、合作伙伴一起建立道路场景与驾驶行为数据库，相互赋能，持续优化感知、规划决策和交互控制算法。预计到2025年，长安汽车将实现车载功能100%语音控制，建成L4级自动驾驶智能开放平台。

中国第一汽车集团有限公司

1. 发展概况

中国第一汽车集团有限公司（简称一汽或一汽集团）智能汽车发展历史悠久，其发展历程基本上代表了国内智能驾驶技术和产业化的进程。一汽智能汽车产业化研究最早可以追溯到2004年，至今已有18年的历史，研发历程可以三个历史阶段进行全方位的展现。

第一阶段——创业/探索阶段（2004年—2008年）

早在2004年，一汽集团就洞悉到汽车智能化、信息化发展的未来趋势，率先与国防科技大学展开技术攻关，在当时红旗旗舰CA7460的基础上，开发出了全自动驾驶汽车，率先在高速公路通过了近百公里的试验并获得了成功。由此，一汽成为国内最早开展互联智能汽车技术研究的企业，也率先开启了我国智能汽车产业化的序幕。这款完全由我国自主开发的红旗牌无人驾驶轿车能实现130km/h的自动驾驶能力，并具备安全超车功能，控制系统实现小型化。为此，新闻媒体把它称为中国汽车界的"神舟号"，中外来宾、新闻媒体和各界观众慕名而来。

2006年，一汽又推出了基于红旗HQ3改装的无人驾驶汽车，该产品无论从车辆传感器的选型还是布置都更加接近量产形态，并受到了当时国务院副总理吴仪的肯定。随着探索的不断深入，一汽清楚地意识到要发展好智能汽车，必须要有系统性的规划，做到规划先行，谋定而后动。为此，由技术总监牵头，十多名经验丰富的专家历经一年左右的时间制定了国内最早的智能驾驶发展技术路线：以驾乘人员安全为己任，通过主动安全、被动安全技术为主要手段，逐步实现驾驶辅助、智能避撞、零伤亡汽车社会三阶段发展技术路线（见图1）。

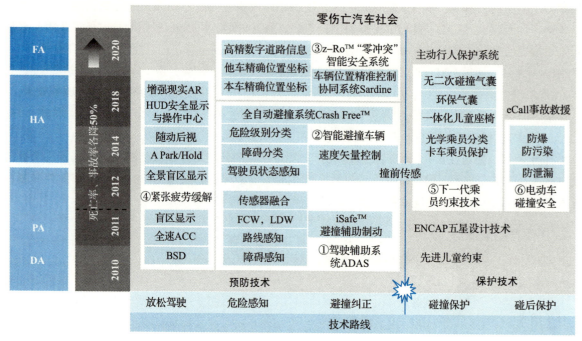

图1　一汽最早提出的智能汽车发展技术路线

第二阶段——发展/量产阶段（2009—2016年）

经过第一阶段的创业探索，一汽智能汽车研发团队继续潜心钻研，率先将智能化技术应用在了红旗H7高级轿车的量产中，实现了将智能化技术导入国内并量产的目标。

按照一汽智能战略规划，2009年全新开发的红旗H7高级轿车（内部代号C131）聚焦在了汽车智能安全领域，并将目标锁定在当时国外最先进的驾驶辅助系统上，率先将车载摄像头、车载毫米波雷达这些智能化装备配置在汽车上，在机电一体化技术、车内网络技术、车联网技术、车车/车路网络技术等五项技术的研究中均取得了重大突破（见图2）。同时，搭建了当时国内最大最完整HIL整车测试台架、国内最早的智能驾驶高精度定位测试装置（VBOX），实现了从开发到验证全方位破冰，带动了国内智能汽车行业的迁跃性发展。历经4年的开发、测试和验证，应用了具有先进驾驶辅助技术的电子电气网络架构研发成果，红旗H7高级轿车于2013年正式投放市场，成为国内首款具备智能巡航、紧急制动、偏道预警、防撞预警等L1级智能化功能的汽车。全车配备4路CAN和2路LIN，并在车机上嵌入了一汽的D-Partner车联网服务平台。经欧洲权威认证中心IDIADA测评，认为其智能化性能与当期中国国内市场占有率最高的德国某高级轿车水平相当，在个别性能上领先，车辆表现达到与国外先进技术同步。

图2　红旗H7智能化功能一览

LDW—车道偏离预警系统　LKP—驾驶员状态监测系统　ACC—主动巡航控制系统　FCW—前碰撞预警系统
ABP—主动预制动系统　NV—夜视系统　PGS—倒车引导系统

2015年4月，一汽在上海车展上正式发布智能网联"挚途"技术战略，这是立足未来十年、着眼长远发展的一汽互联智能汽车技术战略规划。"挚途"战略的目标为："挚途"1.0 实现基于传感融合的先进辅助驾驶；"挚途"2.0 实现基于"互联网+"的短时自动驾驶；"挚途"3.0 实现智能汽车的长时自动驾驶；"挚途"4.0 实现基于智慧城市的全自主驾驶。"挚途"战略的发布标志着中国一汽红旗智能汽车已驶出"实验室"，开始向产业化、商品化行进。一汽红旗"挚途"战略研发车辆如图 3 所示。

图 3　一汽红旗"挚途"战略研发车辆

有了清晰的战略和稳定的队伍，一汽智能汽车发展按下了快进键。2016 年开始，同步开展"挚途"2.0 量产开发和"挚途"3.0 技术研发工作，开启了一汽智能驾驶技术快速发展阶段。"践行'中国制造 2025'，实现两化融合，完成转型升级"，是一汽"挚途"战略的核心目标。"蓝途"与"挚途"战略的融合，构建了中国一汽"低碳化、信息化、智能化、高品质"的"三化一高"技术创新体系，持续驱动了中国一汽自主品牌创新发展。

2016 年是挚途战略落地的重要阶段，在研产品均新增了智能化 L2 级功能。一汽先后推出红旗 HS7、红旗 EV 等互联智能车型，使广大消费者真正感受到智能汽车技术带来的全新出行体验。

产品化的同时，技术方面也全面发力。一汽先后承接国家级智能汽车科研课题近 10 项，设立专项课题 20 余项，涉及经费近亿元，极大支撑了智能汽车技术自主攻关。累计形成相关标准 20 余份，申报相关专利 30 余项（授权 1 项），培养了几十名智能化相关人才。同时，积极推进行业交流，与国际知名合作商，如博世、西门子、电装、德尔福、美国密歇根大学、IDIADA 等进行了多维度、多层次的交流与合作。此外，为国家领导、国家各部委以及地方各级领导进行智能汽车演示活动百余次，得到了各级领导的一致好评，为推动行业进步和智能汽车发展做出了积极贡献。

自此一汽红旗智能汽车在产品与科研两个维度实现了全面发展，扎扎实实为下一阶段全面自主开发和智能技术腾飞奠定了重要基础。

第三阶段——布局/腾飞阶段（2017 年—至今）

2017 年，对于一汽来说是意义非凡的一年，作为新中国第一台汽车的发源地，经过几代一汽人的不懈努力，一汽见证了新中国发展壮大的历史时刻。一汽的振兴，红旗的复兴不仅是老一辈一汽人的梦想，更是中国人的梦想。为此，一汽集团的管理者明确提出要抓住全球汽车产业变革和新时期全面深化国有企业改革的机会，坚决做到扛红旗、抓自主、强合作、狠创新、快布局、勇改革，努力实现"打造中国第一、世界一流的出行服务公司"的新要求。

2018 年，红旗品牌发布了围绕五化的 R.Flag"阩旗"技术品牌，将打造面向未来的超级绿色智能汽车技术平台，将一汽智能汽车发展规划推向了新的高度。R.Flag"阩旗"技术品牌战略是由：红旗 i.RFlag"旗偲计划"、红旗 e.RFlag"旗羿计划"、5f.RFlag"红旗五觉体验"及红旗 m.RFlag"旗麟计划"四大技术规划组成的。其中"旗偲计划"是红旗在智能网联化领域的技术品牌，旨在为用户提供智能的驾乘安全、极致的人机交互、伴侣式舒适体验，不断推出更加智能化、高度自动化、完全自动化驾驶的新红旗产品。一汽红旗以旗偲·微笑技术战略为指引，以坚持自主开发不动摇为首要原则，加大力度打造核心技术平台，实现可持续的、迭代升级的创新发展。自此，一汽迈入布局腾飞新阶段。

2019 年，红旗完成旗偲·微笑技术战略制定并发布，明确打造中国领先、世界一流的智能网联全场景平台架构的整体愿景，致力于打造"智驾""智享""智控"三大产品平台，逐步形成人才、生态、产业联盟三大资源优势，持续为业务赋能。

2020 年，中国一汽不断加大智能网联技术的研发投入，先后成立了一汽（南京）科技开发有限公司和北京旗偲智能科技有限公司。一汽南京公司承载一汽集团"三国五地"重要布局，立志成为"中国第一、世界一流"的人工智能研发中心，打造 AI 与汽车相结合的产业格局，聚焦智能驾驶、大数据、智能交互、智慧出行、智能制造、智慧物流六大业务板块，助力集团战略转型。北京旗偲公司作为一汽集团"旗偲·微笑"智能网联技术战略实施的重要载体，聚焦汽车智能座舱、车联网的产品服务研发，打造座舱域控制器、旗偲 OS、旗偲云、TBOX、自动驾驶域控制器等产品，持续为红旗用户提供中国第一的数字化智能体验。一汽南京公司和北京旗偲公司与长春总部能力互补、高效协同，赋能一汽智能网联汽车产品研发。

2020 年 7 月 23 日，习总书记考察一汽，肯定了一汽技术创新和自主品牌建设成果，并且强调一定要把关键核心技术掌握在自己手里。一汽红旗牢记书记嘱托，坚持以客户为中心、以产品创新为主线，深度布局"智驾""智享""智控"三大产品平台，成功自主研发并量产智能驾驶 L3 级及以下功能 40 余项、网联服务功能 186 项和九屏联动的智能座舱 3.0 系列产品，为红旗 H9、E－HS9 等爆款、经典量产车型提供强大的科技支撑。

2021 年，红旗完成"F－3－12－10"第一战略布局。在"智驾""智享""智控"三大产品集群持续发力，突破 12 项核心技术，夯实 10 项关键能力，最大限度地发挥产品开发、技术预研、生态构建、体系联动、人才互补等优势，各领域均取得较大突破。

1）智驾产品平台方面：L2 级智驾产品全面提升驾驶辅助系统功能性能；L3 级智驾产品持续优化、广泛开展实车道路测试；L4 级智驾产品全栈软件自主研发，整体性能显著提升，智能泊车产品全功能软件首版发布。

2）智享产品平台方面：信息娱乐系统产品平台软硬件全面升级，采用端云一体化设计方案，搭载最新红旗智联平台产品，打造极致用户体验；灯光系统产品完成极具红旗创新的灯光仪式感设计；红旗智联产品支撑集团平台化战略，完成红旗智联产品平台化落地。全新一代红旗智联产品平台围绕情感化、场景化、智能化，完成地图、语音、智能推荐场景等核心功能的全面优化升级；智能通信终端产品支撑集团出海战略，实现智联海外版平台搭建、通信终端平台化认证；AI 大数据业务板块中，打造数据云脑 1.0 平台，开发红旗大数据产品，实现红旗全系车型量产搭载。

3）智控产品平台方面：全新一代架构"飞刃平台"完成预研；动力控制创建了 4GC 混动等多个发动机电控平台；传动控制完成二代 DCT 电控系统产品平台基础搭建；中央网关、智能底盘控制平台全自主开发。

2. 生产经营

中国一汽前身为中国第一汽车制造厂，1953 年动工兴建；现有员工 15 万人，资产总额 4,340 亿元、注册资本金 354 亿元；已构建了从东北到华北、华东，再到西南、华南的产业布局，业务覆盖红旗、解放、奔腾、合资合作、新兴业务、海外业务和生态业务七大业务板块。构建以长春为总部的"四国十地"全球研发布局，总部直接运营红旗，对其他业务进行战略或财务管控，形成了面向市场、直达客户的全新运营和管控模式，"红旗""解放"品牌价值在国内自主轿车和自主商用车中保持第一。2020 年，中国一汽实现整车销售 370.6 万辆，实现营业收入 6960 亿元、利润 467 亿元，位居《财富》世界 500 强第 66 位。

3. 技术进展及研发能力

中国一汽始终坚持以用户体验为本，全面布局"十四五"战略发展规划，以行业内全面领先为目标，全力打造"智驾""智享""智控"三大产品平台，建设具有世界一流水平的智能网联研发能力和人才团队。

1) 智驾产品平台方面，基于前视摄像头与前向毫米波雷达融合（1V1R）开发方案的高级驾驶辅助系统全面开发落地，搭载国产化感知 AI 芯片，自主完成了 AEB、ACC 等智能辅助驾驶系统的量产开发；打造世界首款具有全冗余电子电气架构和全冗余底盘的高速代驾（HWP）和拥堵自行（TJP）L3 级自动驾驶系统，核心技术处于国内领先水平；基于国内首发的"视觉+固态雷达"L4 智能驾驶乘用车解决方案，自动驾驶全栈软件自主研发，整体性能提升 25%；红旗二代智能小巴车型搭建全新一代 L4 车控平台，拥有自主研发的高精定位和规划控制技术；自主开发的自动泊车系统提升了泊车精度，优化了交互体验，实现一键搜索车位、一键泊车等功能；红旗首个全自主智能驾驶软件平台在相关车型量产开发启动，全栈自研智驾软件平台实车搭载，千公里接管次数<10 次，Tor 接管时长<10s，性能行业顶尖，自主可控，可同步迁移后续红旗全系 L3 级自动驾驶车型；第二代以视觉为主的 L4 robotaxi/robobus 技术迭代，在多地商业化运营，完善自动驾驶场景库，积累宝贵数据资产，整车一致性和鲁棒性提升，接管率 MPI≥150km/次（达到国内领先水平），路测里程≥35 万 km，形成商业化运营标准化方案，具备商业化运营复制能力。

2) 智享产品平台方面，行业首发一芯双系统多屏幕信息娱乐系统，结合全方位防护方案构建信息安全屏障；创新性地实现大曲面、一体式、环抱屏幕的首次量产；打破传统分离式架构，实现高集成四合一车身域控平台；基于外置功放的模拟音频传输架构，突破整车扬声器定制技术和座椅声场技术；突破 OLED 在高温条件下寿命衰减的技术难点，实现了国内首发量产的 OLED 尾灯；解决了在高温条件下光引擎色衰及光导纤维脆化的难题，实现了国内首发梦幻顶棚技术；以用户需求为中心，固化 HMI 设计基因，引入 3D 视觉、多模态交互等前沿设计手段，打造有温度、有情感、智慧的红旗原创 HMI 设计；自主打造红旗智联产品平台，基于安卓和云端微服务架构，首次正向开发端云一体化设计架构；交互层面创新了智能场景桌面、多屏幕联合设计，融合了语音、地图、音乐、电台、美食、酒店等 20 多项生态数据，实现了生态接入标准化；创新性通过构建完善的多维度用户画像标签体系、场景属性库，基于搜索及 AI 技术，打造面向智能用车+个性化内容/服务的全场景智能推荐引擎云端框架；首创无线射频通信天线与控制器融合设计，创造了 LTE-V2X（2 路）、4G（2 路）、WIFI/BT、GNSS、AM/FM 共七路天线组合的结构设计，与传统车载远程通信终端产品模块化融合；全球首发量产前装 LTE-V2X 技术，搭载红旗车型突破实现了前向碰撞预警（FCW）、盲区提醒/变道预警（BSW/LCW）、交叉路口碰撞预警（ICW）等六大 LTE-V2X 应用场景，实现了 LTE-V2X 技术量产应用零的突破；数据云脑（车辆健康助手、AI 驾驶助手、UBI 保险模块）在 12 款红旗量产车型首发，从出行、金融、生活、健康、家庭等七大领域，全方位融入用户日常生活，车辆学会察言观色，让技术有温度；数据驱动业务平台（数据统计模块）上线，为业务部门服务，实现"3D"（Data-Driven Design）方法论的实践应用，以数据改变 OEM 业务模式。

3) 智控产品平台方面，域控制架构 2.0 平台已搭载红旗及奔腾两大品牌车型实现量产应用，七重安全冗余架构支撑高等级自动驾驶，架构平台技术水平处于国内领先、国际相当的地位；与此同时，基于集团公司数智化转型战略，代号"飞刃平台"的 SOA 架构预研项目正式启动，该平台由三类核心产品组成，一是依托新一代物理架构的升级衍生出的中央计算平台及区域控制器产品，二是面向服务理念打造的 FAW.OS，三是面向生态的车云一体化软件开发平台，预计 2023 年开始逐步搭载车型量产；自主突破 SOA 架构开发、GPF 系统控制、POSIX 操作系统集成、中央网关全自主开发、云仿真平台构建、L3 级自动驾驶安全融合等 20 多项关键技术；首次实现局部 SOA 量产、基于国产芯片的"龙驰"中央网关装车；以完备的电子电气测试流程为依托，以"测试及评价关键技术"和"全业务流资源保障"为支撑，打造车载网络及网联通信、功能安全及信息安全、自动驾驶仿真、电气性能、电磁兼容五大核心测试平台，已完成车载以太网、OTA、无线通信、信息安全、MIL/SIL/HIL/VIL 自动驾驶、复杂电磁环境的电磁兼容测试平台构建，以及智能驾驶云仿真平台、高动态多自由度驾驶模拟器、雨雾光环境模拟试验室建设规划，满足智能网联全场景测试需求，保障红旗品牌车型"极致安全、极致品质、极致体验"的目标达成。

4. 主要产品与服务

红旗是由中国第一汽车集团公司直接运营的高端汽车品牌。新红旗家族将包括四大系列产品：

- L系列——新高尚红旗至尊车
- S系列——新高尚红旗轿跑车
- H系列——新高尚红旗主流车
- Q系列——新高尚红旗商务出行车

新红旗战略目标旨在把新红旗打造成为"中国第一、世界著名"的"新高尚品牌"，满足消费者对新时代"美好生活、美妙出行"的追求，肩负起历史赋予的强大中国汽车产业的重任，不断秉持着打造"红旗心服务体系"的服务理念，建立红旗线下体验中心、数字体验中心、旗仕团，践行红旗共享出行和终身免费（保修、救援、取送）的红旗服务承诺。

5. 发展规划

一汽力争用5年左右的时间在智能网联领域全面引领，实现从单车智能到车路协同智能以及智慧出行的全面提升，突破包括高精定位感知、V2X车路协同、人工智能、SOA架构与软件等在内的12项核心技术，联合产业资源，共同搭建智能网联产业生态，构建"智驾""智控""智享"三大技术平台。其中，"智驾"平台聚焦感知融合、规划决策、协同控制、动态定位领域，在2025年左右实现在智驾领域L4级自动驾驶全面量产普及；"智享"平台聚焦人机交互、智能语音、数据挖掘、V2X领域，打造以"数字生态＋融合空间"的座舱智享平台，构建更丰富、更多元的出行模式及生活方式；"智控"平台聚焦EE架构、超算平台、信息安全、功能安全领域，力求实现行业领先、核心技术自主可控的目标。一汽将继续秉承开放、合作、共享、共赢的原则，携手产业伙伴共建智能网联产业生态，共同推动智联网联行业发展。

广州汽车集团股份有限公司汽车工程研究院

1. 发展概况

广州汽车集团股份有限公司汽车工程研究院（简称广汽研究院，GAC R&D CENTER）成立于2006年，作为广汽集团的技术管理部门和研发体系枢纽，核心职责包括自主产品开发、自主技术规划制定与实施，以及统筹集团技术管理工作。广汽研究院已构建以广州总部为中心，以美国研发中心、上海前瞻设计工作室为支撑，并聚合全球优势供应商和研发机构资源的广汽全球研发网；始终坚持自主正向开发，围绕用户需求，构建了涵盖软件、硬件的V模型产品开发流程，拥有完善的企业技术标准体系，具备CMA、CNAS等验证资质，构建了涵盖新能源/智能网联验证能力的、国内最全面的整车与零部件试验验证体系，具备较为完整的整车（含常规车、新能源车）和核心系统部件开发能力，整体水平处于自主品牌前列。

2. 生产经营

广汽研究院当前在职研发人员数量约4300人，员工敬业度高，具备同步研发十款以上全新车型的能力，研发效率达到自主品牌前列。

广汽研究院累计开发了30余款整车产品，支撑广汽自主品牌实现快速发展，正加速实现从速度向质量、从制造向创造、从产品向品牌三个转变；推出GS4、GS8、M8、影豹等经典常规动力产品，广汽传祺累计销量、营收利润均超"十三五"规划目标；推出AION S、AION Y、AION V、AION LX等明星新能源产品。广汽埃安自2017年成立以来，年均复合增长率达到128.9%，跻身国内新能源汽车第一阵营，成为新能源最具成长性企业。

3. 技术进展及研发能力

广汽研究院持续加大技术创新投入，聚焦"电动化、智联化、场景化、数字化"重点突破，加快推进科技转型，系列技术成果逐步落地；围绕高安全、超快充、长续驶三大重点方向，持续深化"三电"核心技术，首次推出了弹匣电池系统安全技术，实现三元锂电池整包针刺不起火；自主研发的"海绵硅负极片电池技术"成功实现锂离子电池体积缩减20%、重量减轻14%，最高可实现1000km的综合续驶能力，能量密度行业领先；超级快充电池技术，6C高倍率快充可实现充电8min，续驶400km，在1600次循环后其容量保持率仍然高达95%；完成国内首个燃料电池SUV产品的开发——AION LX FUEL CELL，已投入示范运行；智能网联方面，聚焦软件和场景体验，坚持自主创新与开放合作有机结合，ADiGO智驾互联生态系统结合5G、人工智能、大数据等技术，集智能工厂生态、自动驾驶系统、物联系统于一身，实现对用户驾驶全过程的主动服务，下一步将继续推出支撑未来出行的车云一体集中计算式电子电器架构、G-OS车载操作系统、L2+领航驾驶辅助系统和L4自动驾驶系统等先进技术。

广汽研究院累计研发投资超300亿元，打造了一支超4300人的国际化研发团队，由海内外高端专家团队领军，研发效率自主领先；拥有国家认定企业技术中心、海外高层次人才创新创业基地、国家引才引智示范基地、博士后科研工作站、国家级工业设计中心等创新平台，与国内外知名院校和科研机构开展产学研合作，推进在研项目数十个，吸纳海内外人才创新资源。广汽研究院有效专利申请累计超10000件，其中发明专利占比超40%，国外专利申请约170件，已授权40余件，荣获"中国外观设计专利金奖""广东省专利金奖"等奖项，广汽获得"国家知识产权示范企业"荣誉；累计获得40余项行业、省、市科技奖励，包括中国汽车工业科学技术一等奖、广东省科学技术一等奖等；承担国家、省、市各类科技项目110余项，累计获得资金超5亿元；总体研发能力快速提升，在2019年国家认定企业技术中心评价中名列全国第六、汽车行业第一。

4. 主要产品与服务

2014年，自主开发广汽跨平台模块化架构（G-CPMA），荣获"中国汽车工业科学技术奖一等奖"；2019年，开发了第二代广汽全球平台模块化架构（GPMA）、广汽纯电专属平台（GEP），对平台架构进行全面技术升级，提升用户体验、支撑电动化发展。基于自主平台开发了一列自主品牌产品，包括2大系列30余款整车，以及20余款发动机、变速器等。

常规车方面，打造了传祺GS4、GS8、M8、M6、GS3等明星产品，传祺GS4累计销量超120万台，连续两年在中国SUV市场排名第二，荣获2018年"中国汽车工业科学技术奖一等奖"；传祺GS8月销多次超越合资品牌登大7座SUV榜首，代表自主乘用车首次突破20万元价格天花板；传祺MPV家族（M8与M6）月销超1.1万台，销量增速强劲，传祺M8打破国产MPV 20万元价格天花板，2020年获得同级别自主豪华MPV销量冠军；运动轿车影豹EMPOW月销过万，深受市场欢迎。

新能源车方面，已掌握纯电动、混动产品开发技术，累计9款新能源产品上市，GE3、Aion S、Aion LX、Aion V、AionY等车型广受消费者欢迎。纯电SUV车型GE3斩获"广东省科学技术奖一等奖"、第五届轩辕奖"新能源奖"；智能纯电轿车AION S销量稳居15万级别纯电汽车第一；智能纯电超跑SUV AION LX，搭载全新广汽ADiGO生态系统，销量稳居细分市场前二；智能纯电SUV AION V，采用GEP2.0全铝纯电专属平台、ADiGO 3.0自动驾驶系统，一键遥控泊车，位居A+级纯电SUV细分市场销量冠军；都市潮玩智能纯电SUV AION Y，搭载埃安弹匣电池，全球首次实现三元锂电池整包针刺不起火，全球首创5G自拍，位居A级纯电SUV细分市场销量冠军。为广汽三菱、广汽丰田、广汽本田、广汽菲克等品牌开发新能源车，首次实现向合资品牌输出自主技术的历史突破。

动力总成方面，具备完整的传统和混动系统动力总成产品开发能力，打造广汽全新动力总成平台品牌"钜浪动力"，技术水平比肩国际水平。广汽第三代增压直喷发动机1.5TGDI、2.0TGDI及第四代阿特金森发动机2.0ATK热效率均超过40%，获中汽中心"能效之星"认证，其中2.0ATK热效率达42.1%，达到国际领先水平；广汽自研混动专用变速器GMC1.0、广汽首款自研7速湿式双离合自动变速器7WDCT分别荣获第二届、第三届"世界十佳变速器"称号。

5. 发展规划

践行"务实、敬业、开放、创新"企业文化精神，聚焦"产品开发、技术创新、运营管理、人才优化"四大战略，实现"电动化、智联化、场景化、数字化"四个提升，总体研发能力达到自主前三。

北京汽车研究总院有限公司

1. 发展概况

北京汽车研究总院有限公司（简称研究总院）是北京汽车集团有限公司（简称北汽集团）旗下的核心研发机构。2007年6月8日，研究总院正式挂牌成立；2009年10月，支持筹建新能源工程院；2013年，拆分为股份研究院和越野车研究院，越野车研究院在2013—2017年期间使用研究总院的法人主体开展运营工作；2018年1月29日，研究总院重新授牌并实体化运营，主要开展商品企划、造型设计、试验验证、智能网联技术和轻量化技术等研发业务。

2021年5月，研究总院、股份研究院、新能源工程院、越野车研究院等整合初步完成，研究总院实现焕新运营。整合后的研究总院包括9个中心、49个部门，近4000人，涵盖整车研发全过程业务，将在深化融合、聚焦重点产品和核心技术开发、夯实研发能力的基础上，围绕"平台化、家族化、智能化、电动化"深入推进转型，实现高质量发展。

经过十余年的发展，研究总院获得国家级、省市级奖项众多，包括国家级企业技术中心、国家高新技术企业、国家级工业设计中心、中国汽车工业科学技术进步一等奖等重磅奖项。这些不仅是对北汽自主研发能力的肯定，更是研究总院持续发展的动力。另外，在知识产权方面也是硕果累累，连续4年获"中国专利优秀奖"等。

2. 发展规划

在平台化方面，研究总院基于现有的3个纯电动车平台和2个燃油车平台，进一步提升通用化、模块化水平，加快产品研发速度和降低产品研发成本。家族化方面，强化三大品牌家族基因，ARCFOX品牌聚焦性能、前卫、智慧，北京品牌专注越野和可靠，BEIJING品牌强化共享。智能化方面，在当前完成L3级以下智能驾驶技术开发的基础上，强化与华为等重点伙伴的合作，加快普及全天候全场景自动驾驶技术，同时充分发挥鸿蒙OS智能互联系统的万物互联优势，持续扩大应用生态，充分满足客户体验。电动化方面，电池技术在安全预警和测试验证等核心技术及能力方面趋于成熟，且处于行业领先水平；换电V1.0技术荣获中国汽车工业技术进步奖，目前正在推广快换V2.0技术；电机技术强化集成能力、新一代总成系统效率和NVH达到国际一流供应商水平。

同时，在传统研发领域，研究总院围绕产品开发、技术开发、项目管理、质量管理、成本管理、技术标准等建立了较为完备的正向研发体系，从整车集成、工程开发、性能开发到分析验证均已具备完全自主的正向开发能力，达到行业领先水平，为加速转型、实现高质量发展夯实了基础。

未来，研究总院将深入践行"奋力拼搏、团结协作、知难而进、志在必得"的企业精神和"责任、创新、共享、匠心"的企业核心价值观，继续承担北汽自主品牌乘用车研发使命，为实现打造一流汽车研发中心的目标而努力奋斗，为"百年北汽"提供强有力支撑。

德创未来汽车科技有限公司

1. 发展概况

德创未来汽车科技有限公司的前身是陕西汽车集团技术中心（以下简称陕汽）。陕汽的发展承载着党和国家加快建设汽车强国的殷切期望，50多年来，得到了党和国家的亲切关怀和大力支持。习近平总书记2020年4月22日亲临视察，做出了发展"新模式、新业态、新技术、新产品"的重要指示，开启了陕汽高质量发展的新篇章。作为国有企业创新改革的先行军，陕汽全面落实习近平总书记视察陕汽时做出的重要指示、陕西省国企改革及秦创原创新驱动平台建设要求，联合西咸新区泾河新城管委会、汽车产业上下游公司及运营团队于2021年合资成立集"政产学研用金"全要素融合的德创未来汽车科技有限公司。

德创未来汽车科技有限公司是陕汽集团新能源及智能网联战略的唯一承担主体，陕西省国资委与陕汽集团混改试点单位，秦创原创新平台省级重点建设项目。德创未来汽车科技有限公司成立于2021年，总部位于陕西省西咸新区，是陕汽集团与西咸新区泾河新城管委会、汽车产业上下游公司及运营团队合资成立的商用车公司。

德创未来汽车科技有限公司全面围绕商用汽车"智能化、电动化、网联化、轻量化"开展科研创新、成果转化、科技孵化、产业集聚；业务涵盖汽车、材料、信息技术研发与服务，新能源汽车整车销售，汽车零部件及配件制造、销售，投资及投资咨询服务等。

德创未来汽车科技有限公司打造协同创新网络和产业创新生态，形成汇聚全新要素的新型研发机构，成为高新技术成果转化和高新技术企业创立、成长、壮大的摇篮，孵化出商用车新能源、智能网联技术自主可控的企业集群，在集团属地形成围绕创新链布局产业链的科技创新产业园。

2. 技术进展及研发能力

德创未来汽车科技有限公司已在智能网联方面有一定的积累，已掌握高精度地图制作、自动驾驶仿真、决策、规划、控制等核心技术，确定了环卫、矿山、干线物流等多个应用场景。同时，研发团队具备全新整车平台产品开发、应用集成创新等能力，拥有丰富的研发积累和市场经验，在商用车智能网联技术方面具备竞争力，在特种车开发方面处于国内领先地位。研发团队主要面向全系列新能源智能商用车，打造高度融合的智能网联技术商用车整车开放平台，聚焦自动驾驶系统等关键技术开发。研发的成果中，网联汽车电子地图关键技术及应用获得"中国汽车工业科技进步奖"特等奖、车载智能终端网联感知与接入关键技术及其产业化获得"陕西省科学技术进步奖"一等奖，团队还获得2019年度省国资委"科技创新优秀团队"、团省委第八届"陕西好青年"集体，陕西省科技工作者创新创业大赛金奖1项、二等奖1项、三等奖1项。

3. 主要产品与服务

德创未来汽车科技有限公司智能网联研发创新团队基于《节能与新能源汽车技术路线图2.0》和《智能网联汽车技术路线图2.0》行业发展规划，结合市场需求，落地于智能网联新能源商用车产品开发。在汽车电子地图、网联服务、云控平台、自动驾驶、智能诊断、车路协同等技术研究方面获得了显著成果。对应场内运输、城市物流、干线物流、移动出行、特种作业五大场景，先后完成矿用车、快递物流车、高速牵引车、自动驾驶微公交、吸尘车等智能网联商用车开发。

目前，德创未来汽车科技有限公司自主开发了轻量、高效、跨平台的分布式自动驾驶中间件软件产品，研发了厘米级高精度车辆控制技术；掌握了车辆控制、路径规划、智能决策等园区自动驾驶核心技术。基于M/H/X3个平台，面向11个细分市场，已有覆盖12~120T的全系列新能源商用车产品矩阵。

以此作为全电一体化底盘基础开发了长头牵引车、90t矿车、增程式扫路车、纯电动吸尘车、自动驾驶微公交车等自动驾驶车型；其中，长头牵引车已完成封闭测试场和公开道路试运行；自动驾驶微公交产品承担西安第十四届全运会无人接驳任务。

其中，智能重卡长头车系列——轻德·焱（见图1）搭载了按照车规量产标准设计和制造的前装自动驾驶线控底盘，在长安大学车联网与智能汽车试验场和指定公开道路开展21项自动驾驶功能测试，实现一键起动、车道保持、自适应巡航、紧急停车等单车智能，支持指定公开道路L3级自动驾驶和封闭半封闭园区的L4级自动驾驶，具备自动驾驶牌照申请条件。此外，其搭载的自动泊车系统可实现带挂泊车功能，荣获2020年i-VISTA自动驾驶挑战赛"最佳自动驾驶重型商用车奖"。

图1　智能重卡长头车系列——轻德·焱

在面向短途无人接驳运营场景中，德创未来推出全面聚焦软硬件一体的自动驾驶整车产品解决方案，全车布局线控、传感器、域控制器等核心硬件，车门、车灯、语音播报、LED屏幕等所有附件均支持线控，是一台设计先进、造型独特、性能可靠的前装车规级智能驾驶平台（见图2）。搭载德创未来自主研发的自动驾驶系统，打造固定区域内的L4级无人驾驶，支持直道、弯道、交叉路口、减速带、环岛等常见道路场景，具备车道保持、智能跟车、超车并线、紧急制动等智能决策能力。

图2　智能微公交

在智慧矿山运营场景中，德创未来汽车科技有限公司部署90t柴油版自动驾驶矿车（见图3），完成从设计、试制、调试到自动驾驶功能验证的正向开发与测试。该自动驾驶矿车在山西昌元煤矿和山西宁武矿区进行了实际道路循迹和泊车试验。

在环卫场景中，搭载自主研发的自动驾驶系统，实现循迹、换道避障、泊车等功能的基于增程式的自动驾驶扫路车（见图4）开发项目获2020年陕西省科技工作者创新创业大赛铜奖。

图3　自动驾驶矿车　　　　　　图4　自动扫路车

4. 智能化线控底盘平台

德创未来汽车科技有限公司基于自主开发的智能化线控底盘技术，采用模块化管理方案，突破多源起动、多模式识别、无线充电管理、遥控控制等技术难点，实现线控底盘控制功能及接口标准化。通过对标行业知名的无人驾驶汽车品牌，全新开发的智能化线控多功能运输平台底盘，支撑自动驾驶微公交、90t 自动驾驶矿车以及自动驾驶城市物流载货车多款车辆交付，有力推动了自动驾驶相关技术的快速发展，为探索新能源与自动驾驶业务新模态，助力场景式产品开发及德创未来汽车科技有限公司自动驾驶产品快速落地提供了良好的技术支撑。

北汽福田汽车股份有限公司

北汽福田汽车股份有限公司（简称福田汽车）成立于 1996 年，1998 年在上海证券交易所上市，是中国品种最全、规模最大的商用车企业；2021 年，品牌价值达 1808.36 亿元，连续 16 年蝉联中国商用车行业第一位。2021 年是福田汽车成立的第 25 周年，总销量突破 1000 万辆，成为中国汽车工业史上首个销量突破千万辆的商用车企、中国首个千万级"双自主"商用车企、全球突破千万销量用时最短的商用车企；海外累计出口 65 万辆，连续 10 年位居中国商用车出口第一，产品覆盖全球 110 个国家和地区。

福田汽车已形成集整车制造、核心零部件、汽车金融、车联网、福田电商、二手车为一体的汽车生态体系，涵盖整车、零部件、汽车后市场三大业务版块。整车业务覆盖货车、大中客车、轻型客车、皮卡、工程机械与环境装备、新能源汽车等 6 大业务单元及 18 个产品品牌。在超级动力链层面，福田汽车与康明斯、采埃孚等全球合作伙伴，全球首创动力链集成创新模式，成立福田汽车动力集成创新中心（PDIC），定制打造福田汽车第一条动力链产品——"X 超级动力链"，引领中国商用车动力系统变革。

（1）推动产业创新发展。

福田汽车秉承"聚焦价值精益运营"的经营理念，围绕"智能化、新能源化、网联化、轻量化"创新理念，引领行业突破创新。福田汽车积极参与国家强制性标准制定 29 项，授权专利达 6000 件。紧跟全球趋势打造智能制造标杆，入选中华人民共和国工业和信息化部（简称工信部）智能制造试点示范项目，并荣获"国家级绿色工厂"称号。2018 年 4 月，重庆市政府召开自动驾驶道路测试启动仪式，福田汽车以不俗的表现，一次性 100% 通过了 6 个项目在内的全部性能测试，获国内首张商用车自动驾驶路测牌照（见图 1）。2019 年，"国创中心—福田汽车新能源智能物流车实验室"揭牌。作为国内最早一批布局新能源领域的商用车

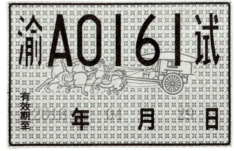

图 1　国内首张商用车自动驾驶路测牌照

企业，福田汽车自主掌握核心三电科技，并成为国内首家获得智能重卡开放道路测试牌照的商用车企业。2020 年 7 月，首批福田智蓝新能源换电重卡车辆交付仪式在北京密云举行，标志着福田汽车又一次成为新能源商用车的领军者和驱动力。

（2）聚焦合作伙伴价值。

福田汽车坚持"以客户为中心"，携手国家电网、中国铁建、中储粮、中石油、中国邮政、顺丰速运、京东物流等客户，建立战略联盟，打造价值共同体，构建共赢生态圈。2019 年 4 月，福田汽车与华为达成战略合作，布局 5G 时代智能网联商用车。

（3）践行企业责任。

福田汽车积极参与国际峰会赛事与国家重大活动，在庆祝中华人民共和国成立 70 周年、"一带一路"

国际合作高峰论坛、G20峰会、APEC会议、庆祝中国共产党成立100周年大会等重大活动中承担重要任务，并以绿色科技实力助力北京奥运会、平昌冬奥会等国际赛事。2019年，福田汽车以优异的服务护航北京世界园艺博览会。面对新冠肺炎疫情，福田汽车第一时间响应国家号召，向全国投放650辆福田负压救护车，累计捐赠物资数千万元。2020年9月，全国抗击新冠肺炎疫情表彰大会上，北汽福田党委书记、总经理巩月琼荣获"全国抗击新冠肺炎疫情先进个人"殊荣（见图2），北汽福田汽车赴武汉突击队临时党支部荣获"北京市抗击新冠肺炎疫情先进集体"荣誉称号。2020年11月，北京市委书记蔡奇一行先后参观福田汽车，并对福田汽车持续深入新能源、智能网联技术探索，依托科技创新在疫情防控中做出的突出贡献给予了高度肯定。

图2　北汽福田党委书记、总经理巩月琼荣获"全国抗击新冠肺炎疫情先进个人"殊荣

2021年，福田汽车跃升至新的发展高度，在技术突破、产品升级、营销模式、服务理念等方面引领行业发展，开启了中国商用车"X新世代"。2022年，福田汽车将持续建设世界级自主品牌核心能力，力争成为绿色、智能、高科技的全球主流汽车企业。

未来，福田汽车将以科技引领发展，以品质铸就价值，为客户提供智慧与高效的综合解决方案，持续强化中国商用车第一品牌价值，努力成为科技与品质领先的世界级商用车企业。

上海汽车集团股份有限公司乘用车分公司

1. 发展概况

上海汽车集团股份有限公司乘用车分公司成立于2007年（简称上汽乘用车）成立于2007年，负责上汽集团旗下自主品牌荣威、MG和R汽车的建设。上汽乘用车依托上汽集团20多年合资合作所积累的技术、制造、采购、营销和管理优势，以国际化的视野，创造性地集成全球优势资源，以高品质的产品与服务，满足消费者高品位需求，涵盖了中高级车、中级车、大众普及型车及跑车等宽泛领域；以国际合作团队，打造中国人自己拥有的国际汽车。

"荣威"是中国汽车工业的第一个国际化品牌，"贵雅亦激情"的品牌口号与其经典、创新和自主掌控的品牌核心价值表达了上汽以国际化的视野、创新的理念传承国际汽车的先进技术，打造国际品牌新经典的决心和信心。

"MG"则是中国第一个利用收购获取的国际高端自主品牌。80余年的悠久历史与经典，使MG名爵充分传承与发扬了纯正英国汽车文化。

"R"汽车秉持"科技兑现想象"的理念，以"品位、创新、信赖"为基石，致力让用户从喜爱到信赖。

2. 生产经营

受芯片短缺的影响，上汽集团2021年前三季度累计销售新车361.9万辆，同比微增0.16%，完成全年销量目标的58.65%。不过，上汽集团2021年前三季度共计销售新能源汽车47.9万辆，同比增长231.23%。

2021年9月，上汽新能源汽车实现批售6.4万辆，同比增长61.3%，终端交付表现更为亮眼，交付量达7万辆，同比增长145%，继续站稳月销7万辆的新高度。

3. 技术进展及研发能力

（1）技术进展

2021年3月18日，在"R品牌共创者生态大会"上，上汽乘用车R汽车打造了全栈自研的高阶智驾方案PP–CEM™，拥有融合了激光雷达、4D成像雷达、5G–V2X、高精地图、视觉摄像头和超声波雷达的"六重融合式感知体系"。在高带宽、高算力芯片平台上，构建了数字化的环境镜像，能够更加精准地预知行人、车辆等障碍物的行为和行动轨迹。

（2）研发能力

公司拥有上海临港、南京浦口和英国长桥等整车生产制造基地，负责生产荣威品牌、MG品牌整车系列及KV6、K4、NSE发动机系列等汽车产品。其中，临港生产制造基地完整地涵盖了冲压、车身、油漆、总装、发动机车间五大工艺，整车生产规模可达到15万辆/年；而浦口基地则拥有全球最大、产品最为丰富的单体动力总成厂，全中国唯一的一座无人焊装厂、英国的全套现代化生产线等先进设备。

4. 主要产品与服务

（1）产品

1）荣威RX5：该车采用"蓝芯"高效动力科技，搭载2.0T和1.5T两款缸内中置直喷涡轮增压发动机。2.0T发动机最大功率220hp（1hp=745.7W），峰值转矩350N·m，百公里综合油耗最低8.1L；1.5T发动机最大功率169hp，峰值转矩250N·m，百公里综合油耗仅6.8L。

2）首款纯电旗舰轿车ER6：具有同级唯一620km的超长续驶、15min充电200km的超快充电速度以及12.2kW·h同级最低百公里电耗等超强实力。

3）纯电动名爵EZS：率先使用"水冷+电加热"电池温控系统，确保车辆在不同气候的国家和地区都能正常使用；搭载上汽最新一代运动级高性能电机——Hair–pin绕组电机，实测0—50km/h加速仅需2.8s，同级最快。

（2）服务

R汽车新零售服务模式正在全国范围内进行布局，R–Super Center城市旗舰店、R–Center城市中心店、R–Store城市商超店、R–Station等网络生态渠道正在全国范围加速落成，将通过全新的渠道体验、直营交付、无忧服务等方式，为用户提供"购–用–养–换"的一站式服务。

5. 发展规划

上汽乘用车在整个制造领域聚焦全业务链数字化的运作，主要体现在"智工艺、智生产、智物流、智品质、智运营"5个方面：

1）智工艺：应用虚拟仿真技术和数字化协同技术实现工艺规划的设计、分析、验证和优化，并拓展到整个产品生命周期制造工艺体系的精细化管理。

2）智生产：依托信息技术（IT）与运营技术（OT）深度融合，构建以制造执行系统为主的跨界互联平台，打造具备数据自动流动的状态感知、实时分析、科学决策、精准执行的闭环生产体系，为生产赋能。

3）智物流：依托各类物联网、大数据、自动导引运输车（AGV）、智能分拣等软硬件技术，贯通全供应链和全业务链数据信息流，结合运输管理系统、库存管理系统、高级排产系统等综合应用，提升各环节运作响应效率、预测与风险应对能力。

4）智品质：基于产品质量向"在线化、数据化、实时化"的模式转变，通过构建质量检测、防错预警和质量分析等一体化的质量管理系统，实现关键质量数据的实时采集和存储、异常情况的预警与通知，全面提升产品质量。

5）智运营：公司还自主研发了大数据平台，通过"数据–信息–价值"赋能模型，构建工厂级、车间级和个人数字应用平台，实现信息共享透明化、互动更新及时化、业务执行信息化、分析决策智能化，全面赋能工厂智慧运营。

摩登汽车有限公司

1. 发展概况

摩登汽车有限公司（简称摩登汽车）成立于2019年，是一家以智能电动汽车整车研发、智造为核心的科技公司，致力于将最先进的新能源技术、最人性化的智能技术和最潮流的品牌元素提供给追求时尚的年轻消费者，其愿景是让每一个人都享受到电动汽车的乐趣。摩登汽车核心团队成员平均拥有超过20年的深厚行业积淀，研发人员占到员工总数的70%以上，公司成立不到2年就取得高新技术企业称号，并已累计申请专利600余项。

2. 所获荣誉

- 高新技术企业
- 国家科技型中小企业
- 第七届上海市十佳创业新秀
- 2021年度"临港园区希望之星"
- 上海华夏文化经济促进会理事单位
- 上海市首发经济促进联盟成员单位
- 江苏省民营科技企业（盐城生产基地）
- 通过ISO9001认证——新能源车的研发和设计
- 连续两年蝉联毕马威《中国领先汽车科技企业50》新锐企业
- 入围上海市2021年度"科技创新行动计划"科技型中小企业技术创新资金

3. 生产经营

摩登汽车拥有江苏盐城及河北黄骅的双整车生产基地，能够保证摩登车型项目顺利开发及生产，工厂建设规划产能为5万台（10JPH），包括冲压、焊装、涂装、总装在内的完整四大工艺规划与布局。

盐城及黄骅两地良好的生产制造环境及经验，双工厂精益的生产条件及成熟的研发制造体系均支持摩登汽车的稳步发展。

4. 技术进展及研发能力

摩登汽车研发中心具备完整的整车造型、工程设计开发、软件开发、整车试制、试验验证、电子系统标定、整车性能调校等整车正向开发能力。整车核心技术优势围绕造型、三电系统及智能网联等领域展开。

全新新能源整车平台化设计（OMEGA平台），兼容三厢车、两厢车、小型SUV、中型SUV和MPV的全新纯电动架构平台，以模块化开发为理念进行架构开发，主要分为三块主模块——前端、中端、后端，可适应A0~B级车型性能需求，小型SUV与两厢车的零部件按开发成本计算通用化程度达到70%，电池横向效率94.3%，纵向空间利用率达到71%，横向空间利用率75%，高度空间利用率81%。模块化平台的设计，可以做到一个平台支持五个车型，实现满足中国以及欧洲的需求标准，加上NCAP双五星架构的开发，柔性化的底盘架构，全系标配ESC，致力打造摩登汽车的新亮点。

造型设计，依托于MD12项目开发，实现架构零件共用化、功能零件自主化、装饰零件个性化，全面打造摩登汽车车身内外饰。以中国血统，打造全球化摩登设计，充分关注年轻一代的审美与个性需求，着力打造时尚"潮"车。

摩登汽车自主开发动力域控制器（DCU）是融合了整车控制器（VCU）、电池管理系统（BMS）主控、空调控制、雷达信标系统（RBS）、高级驾驶辅助系统（ADAS）、智能可变进气格栅（AGS）的六合一产品，推出了国际最新一代基于无线通信的域架构，超低工作电压（4.5V），满足 ISO 26262、AUTOSAR 的标准；具有 VCU 的控制策略、软/硬件深度自主研发、制造能力；整合国内外量产的硬件及底层开发平台资源，掌握自主知识产权，性能达到行业领先水平；进一步降低整车成本，打造摩登汽车新亮点；提升团队研发能力，除配套摩登汽车车型外，还可以供应给其他 OEM 厂家。

5. 主要产品与服务

摩登汽车目前已上市一款车型，以 Cross 的设计风格定义 CUV（Car-Based Utility Vehicle）。该车型车身长 4473mm，宽 1822mm，高 1550mm，NEDC 综合工况续驶里程高达 610km，无论是日常通勤还是远游出行，用户不会再有里程焦虑；配合 30min 超级快充，喝杯咖啡的时间就可以多跑 300km，280N·m 最大转矩，120kW 峰值功率，0—50km/h 加速只需 3.8s，带来非凡提速操控体验。该车型采用先进的硬件控制器，应用行业领先的 3 核 MCU 芯片以及先进可靠的机器生成代码，实现国内领先的 N 合 1 高集成度智能车辆控制单元；拥有由国内外主流车企资深团队打造的底盘系统；主要零件源自于美国成熟零部件开发体系；在追求操控性和舒适性之间的完美平衡基础上，增加多维度智能驾驶功能，实现全套自动驾驶集成系统。

6. 发展规划

截至 2021 年 10 月底，摩登汽车已累计签约经销商 42 家，累计预售订单突破 4000 辆，销售渠道覆盖 11 个省、33 个城市，销售网络密集布局，主城区品牌体验店进驻，摩登 BOX 下沉至县域，建立区域性渠道优势，推广资源集中投放，迅速拉升区域内品牌认知，重点关注核心市场区域中有限牌或限购城市，借助当地良好的新能源接受度及配套设施优势，快速落子布局销售网络；与经销商共同建立品牌知名度，充分打造主场优势，配合当地政府旗帜引导作用，实现品牌的高认知度和高信任度，与本土伙伴企业深层合作，打造多样化用车及售车场景，实现多维度品牌和产品输出。

天际汽车（长沙）集团有限公司

1. 发展概况

天际汽车（长沙）集团有限公司（简称天际汽车）是一家集新能源汽车研发、生产、销售和服务为一体的整车企业，依托深厚造车底蕴，汇聚前瞻驾驶科技，融合多维互联生态，致力于为用户创造不断迭代的完美出行，持续探索未来移动智能生活的更多可能。天际汽车成立于 2017 年，核心团队成员平均拥有超过 20 年的深厚行业积淀，研发人员占到员工总数的一半以上，而智能化、车联网方面的研发人员又占研发团队的一半。天际汽车打造了一支实力超强的整建制造车团队，并始终坚持正向研发，在新造车领域独树一帜。

2. 生产经营

天际汽车倾注大量资金自建多座匠心智造工厂。其中湖南长沙匠心智造工厂最为典型，占地面积约 390 亩（1 亩=666.67m²），建筑面积约 10.7 万 m²，完全秉承德国工业 4.0 标准打造，设有焊装车间、涂装车间、总装车间及其生产线，具备年产 6 万辆乘用车整车生产能力。2021 年上半年，天际汽车主要围绕工艺设备自动调试和工艺验证为主，开展小批量试生产和质量提升等工作，10 月份实现了首款增程式车型天际 ME5 的正式批量投产。

绍兴匠心智造工厂具备年产 6 万辆乘用车整车生产能力，在 2020 年已经实现了投产交付，2021 年主要以满足市场交付为工作重点，并同步在绍兴开展生产运营管理、制造体系完善和市场质量改善等提升工作。

青岛匠心制造工厂具备年产2万辆商用车整车生产能力，各车间工艺设备主体基本安装完毕，目前处于设备安装和调试阶段。

3. 技术进展及研发能力

天际汽车研发中心具备完整的整车造型、工程设计开发、软件开发、整车试制、试验验证、电子系统标定、整车性能调校等整车正向开发能力，研发工程师800余人。整车核心技术优势围绕造型、三电系统及智能网联等领域展开。

从造型方面来看，天际汽车目前已具备了国内领先的从造型创意、油泥模型制作、数字模型、色彩定义到造型验收模型的高端车型造型开发能力。

天际汽车在三电方面也具备了电机、电控、电池系统的核心技术，搭载德国Bosch最新一代永磁同步电机系统，采用扁铜线，产品性能卓越，峰值功率为170kW，峰值转矩330N·m，效率高达98%，属于行业内领先水平；在整车控制方面，采用域控制器架构，整车控制器与电池管理系统合二为一，域控制器硬件、基础软件及应用层均为自主开发。天际汽车还创新性地开发了整车单踏板控制模式，整车效率可以提升3%在电池系统方面，具备自主开发高性能电池系统的研发能力，天际汽车首款产品ME7电芯采用万向A123的软包电池，电芯能量密度为258W·h/kg，电池系统密度为165W·h/kg，NEDC综合工况续驶里程为530km，60km/h等速工况续驶里程高达700km，处于行业领先位置。

天际汽车针对高度智能化汽车（指全时互联、自动驾驶、人工智能、全车电气化等）全新打造的创新架构——智能数字化架构（intelligent Modular Architecture，iMA），被誉为"中国智能电动汽车第一架构"，与传统的物理性整车平台架构不同，iMA在设计之初就被赋予了软硬件结合、多层架构协同的属性，是一个智能模块的数字化集成。其自下而上由网络架构、硬件、驱动层、应用层及云端5个层次组成，聚合了整车、IT、互联网等领域前瞻技术，具有良好的升级和兼容能力，可全时响应消费者对于电动汽车的智能网联需求，给予用户极致驾驶体验和全域安全。

针对用户对新能源汽车的里程焦虑，天际汽车自主研发了iMES智慧增程系统，首创高效可靠的飞轮转子一体式增程器，拥有自主研发整车及增程系统控制算法，带来超1012km的NEDC综合续驶里程与超高效能，并拥有卓越的NVH、强加速、低油耗等性能，品质卓越。iMES智慧增程系统凭借卓越的技术优势，荣获了世界三大汽车动力评选之一的"中国心"2021年度十佳新能源汽车动力系统大奖。

4. 主要产品与服务

天际汽车目前已上市两款车型，第一款是B级SUV——五屏互联智能纯电旗舰SUV天际ME7已于2020年第四季度交付，NEDC续驶里程530km，以"先锋重构美学"的设计理念，荣获德国iF设计大奖；凭借匠心智造工艺和安全驾乘体验，中保研2021年碰撞测试结果全优；拥有车载五屏联动、Face ID、AI智能助手、ME Pilot智能驾驶系统等84项智能科技配置，获2020驾舱数字化榜单第一名。第二款是A+级SUV——轻奢国民新能源车、京选好车天际ME5已开启交付，搭载自主研发的iMES智慧增程系统，匹配首创的飞轮转子一体式增程器，带来超1012km的NDEC续驶里程。

5. 发展规划

截至2021年11月底，天际汽车已累计建成超70家销售门店，超90家服务门店，覆盖56座城市；计划到2025年，销售网络全面布局一、二线城市及部分三、四线城市，销售服务门店数量超过300家。全球汽车市场将持续聚焦绿色出行，天际汽车亦将为此不断突破创新：计划在2023年之前，每年推出1~2款车型，并将其打造成精品。在智能网联方面，天际汽车已与京东达成战略合作，旨在融合双方技术硬实力与生态软实力，围绕"智能车生活"主题，构建"人·车·家·生活圈"的全场景智能生态体系。天际汽车将与京东形成线上线下一体化的强大合力，以契合用户在移动出行中的多样化需求；比如，将以用车服务为核心功能的小程序，装载于天际车载互联系统之中，形成自有"小生态群"，并赋予车主特别身份，提供更加优享的购买福利等。此外，随着天际汽车与京东战略合作的逐渐深入，京车会也将成为天际汽车销售系统的一部分，全面赋能天际产品，打造以用户感知、便利为核心的服务体系。未来，天际汽车将作为优质技术资源集成的平台，与大量相关高科技企业、科研院所、创业企业开展深度合作，整合先进技术，资源互补，形成共赢的局面，强强联合，全面打造绿色智能出行美好生活。

上汽大通汽车有限公司

1. 发展概况

上汽大通汽车有限公司（简称上汽大通）自 2011 年 3 月成立，作为上海汽车集团股份有限公司（简称上汽集团）的自主整车企业，依托集团优势资源及自身强势发展，在十年的时间里取得了迅速发展的成果，在业界被称为"大通速度"。其中，强劲的研发体系源于上海汽车集团股份有限公司商用车技术中心（简称上汽商用车技术中心）。上汽商用车技术中心成立于 2007 年 7 月，作为上汽集团商用车板块的研发平台，已形成五地六大园区，承担上汽大通、南京跃进、申沃大客车、重庆红岩、南京依维柯及上柴的产品开发任务。上汽商用车技术中心以整车及动力总成开发为基础，以新能源及智能网联技术为核心，研发满足并超越顾客期望的汽车产品；产品涵盖多功能乘用车（MPV、SUV）、宽体轻客、房车、中大型客车、皮卡、轻型货车、重型货车和城市公交等全系商用车产品。上汽商用车技术中心已形成一支富有使命感、责任感、紧迫感的团队，专业技术人员超 3300 人，新能源人员超 600 人，软件开发人员超 1000 人，其中本科及以上学历达 93%、硕士以上学历达 38%。

2. 生产经营

2021 年上半年，上汽大通零售销量达 10.6 万辆，同比增长 57.2%。其中，MPV 累计销售 19402 辆，同比增长 50%；宽体轻客累计销售 38135 辆，同比增长 76%，持续夯实宽体轻客市场领军地位；皮卡累计销售 14682 辆，同比增长 66%；海外累计销量 21737 辆，同比增长 281%，热销欧洲、南美洲、澳大利亚等发达国家和地区市场。

3. 技术进展及研发能力

1）上汽商用车技术中心建立了适用于整车开发特点的 CVDP 产品研发体系与 PQRR 项目全周期质量阀管控体系，围绕 CVDP 流程搭建并完善了由工程开发流程及工作指导书组成的标准文件管理基础，实现了全周期研发体系保障、全过程工程质量管控以及高效、严苛的验证过程。同时，运用互联网思维打造体系化、个性化和智能化的知识生态系统 iMaxus，实现分散知识集成化、隐性知识显性化。目前，上汽商用车技术中心已形成设计流程 368 份，涵盖大通、申沃及跃进产品开发；专业设计指导书 819 份；虚拟试验场（VPG）覆盖 100%；企业技术标准 2066 份，覆盖宽体轻客、轻卡、大客车等各类型车的整车及系统部件、传统与新能源、试验及测试规范等研发全过程。新项目研发阶段工程一级交付物 183 份，二、三级交付物 349 份。

2）上汽商用车技术中心高度重视开发体系和能力在行业内的领先地位，近 5 年来累计投入设备设施 23 亿元、项目开发费用超 100 亿元。

3）结合产业升级和新技术发展规划，商用车板块试验设施包含军工路技术中心、南京工程院、大客车分中心、红岩技术中心；建立并完善了包括发动机实验室、动力总成实验室（含混动）、整车排放性能实验室（包括轻型车和重型车）、结构实验室（如车身门盖、关键零部件）、关键总成实验室（如车桥、车架）、整车振动噪声实验室、动力总成噪声实验室、子系统安全实验室、电气化实验室、整车模态实验室、电子电器实验室、调校实验室、材料实验室等 13 类实验室，核心及关键设施设备达 360 余台套。实验室范围覆盖电池测试、动力总成与发动机测试、整车 NVH 测试、整车标定与性能测试、整车热管理与空调测试、整车结构疲劳耐久、子系统安全测试、底盘调校、车身试制、整车数据采集与分析、电子电器测试、基础材料分析等，全面满足整车和零部件设计开发试验的要求。同时，上汽商用车技术中心建立了造型设计中心，覆盖全系商用车产品的造型设计开发工作。

4）上汽商用车技术中心从新技术规划、研究和成果应用三个模块构建创新流程，从业务链、平台渠道、激励体系、理念文化、支持管理五方面构建完整的创新机制；同时，建立了完善的"产学研"工作站、创新基金，有效地实现了技术前瞻性、技术创新性和技术的产业化。上汽商用车技术中心获得已授权专利942项，其中发明专利108项、实用新型546项；主导/参与国际标准起草21份；主导/参与国家标准起草127份；荣获国家级奖项10项，上海市奖项17项，集团奖项31项。

4．主要产品与服务

面对未来的市场演变、科技进步和产业变化，上汽商用车技术中心开展前瞻技术探索和研究，夯实产品未来发展核心技术基础，通过高效合理配置，深入推进协同创新和开放创新，构建高效强大的关键技术创新体系，将前瞻技术从内在逐步转化到产品及服务应用上，实现可持续发展，目前已经形成：以多技术路线的动力电池开发能力、平台化高效电驱系统解决方案、三大核心电控技术为核心，实现纯电动、混合动力、燃料电池多种新能源技术路线的产品市场化应用；以智能感知技术和决策与控制技术为架构，实现面向未来的智慧物流以及智能出行。以互联网科技为基础，通过无线互联平台、垂直化行业升级、构建智能生态，实现用户个性化、定制化智联平台。

5．发展规划

（1）发展定位

上汽商用车技术中心"十四五"定位目标如图1所示，紧紧围绕集团"十四五"发展战略，与集团资源紧密协同，聚焦板块创新业务，站位商用车板块研发中台，为各品牌持续赋能，提升产品竞争力。

（2）"223"规划策略

1）"2"：瞄准国内、国外两个市场。

2）"2"：以集团技术资源充分协同和板块研发一体化双轮驱动。

3）"3"：围绕三条发展核心主线，推动"十四五"期间技术创新能力发展及战略目标达成。

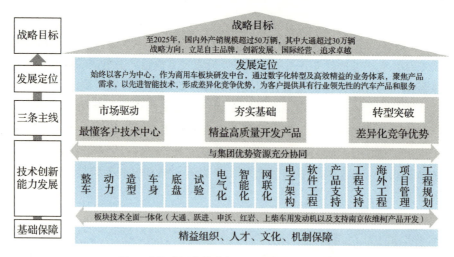

图1 上汽商用车技术中心"十四五"定位目标

（3）工程能力建设

聚焦面向新四化的工程研发能力建设：

1）智能网联：结合商用车板块差异化场景需求，以智能驾驶为核心，聚焦MPV世家及重型商用车，充分协同电子架构底层工具和算法，实现智驾和交互体验的突破，支持"十四五"商用车市场和品牌的发展。

2）技术研发体系：通过产品开发、新技术研究和知识体系建设（包括DFMEA、LL以及工程队伍的梯队建设），完善商用车细分领域的差异化工程知识体系。

（4）以"人人行动、专业先行、数字引领、文化落地"为举措，打造最懂客户的技术中心

1）赋能一线：以工程师轮岗一线、数字化直联等线下线上不同渠道，突破职能边界，实施人人践行"客户之我见"专项行动计划，快速响应客户需求，做最懂客户的工程团队。

2）工程在线：直联市场和客户，持续完善市场分析和产品解决方案的智能知识库，精准产品定义。通过用户数据接入、智囊中台及大数据分析，提升业务数据化能力。

（5）房车生活家项目

在房车行业率先推进和实践产业互联网业务模式，打造用户首选的房车生活一站式服务平台，逐步实现用户价值变现和企业可持续性发展。通过打通线上平台和线下服务，创造丰富、美好的用户直连消费场景，提供智慧房车产品和文旅出行服务产品。

2021—2022年，形成房车生活一站式平台布局，2022年实现经营性正现金流；2023—2024年，形成核心竞争优势，建立最大的房车用户行为数据库，实现盈亏平衡；2025年起，规模化运营、业务复制、全球布局，成为业界独角兽企业。

（6）智能重卡实现L4级无安全员规模化商业运营

智驾系统软硬件全面升级，辅以全息感知车路协同，研发全域融合、高安全可靠的自动驾驶系统：2022年底，综合接管里程超20km，具备真正L4级无安全员能力；完成电控底盘和智驾系统安全冗余开发，虚实结合测评验证；软件算法优化提升预期功能安全，配置保底安全策略，确保车辆故障时可靠边停车或本车道停车，辅以远程驾驶避免次生安全事故风险。开发"感知–预测–融合–规划–控制"五层联合原创深度学习模型；基于商业化后的海量数据，形成先进的数据驱动迭代能力，实现敏捷开发，有效解决边缘场景和减少长尾问题。

比亚迪股份有限公司

1. 发展概况

比亚迪股份有限公司（简称比亚迪）成立于1995年2月，经过20多年的发展，已成长为在全球六大洲实现战略布局的高新技术企业。比亚迪是中国香港和深圳上市公司，营业额和总市值均超过千亿元，业务布局涵盖汽车、轨道交通、新能源和电子等领域，从能源的获取、存储，再到应用，全方位构建零排放的新能源整体解决方案。

比亚迪始终坚持"技术为王，创新为本"的发展理念，凭借强大的研发实力和创新的发展模式，获得了全面的发展，并在汽车、轨道交通、新能源和电子等多个领域发挥着举足轻重的作用。

2. 生产经营（均含出口）

汽车、轨道交通、新能源和电子领域。

3. 技术进展及研发能力

在汽车领域，凭借雄厚的技术研发和创新实力，比亚迪已经掌握绝缘栅双极型晶体管（IGBT）芯片、电池、电机、电控等新能源车核心技术。目前，比亚迪新能源车已经形成乘用车、商用车和叉车三大产品系列，涵盖七大常规领域和四大特殊领域（即"7+4"战略，其中"7"为私家车、出租车、城市公交、道路客运、城市商品物流、城市建筑物流、环卫车；"4"为仓储、港口、机场、矿山专用车辆），实现全领域覆盖。

在轨道交通领域，为解决城市交通拥堵问题，比亚迪历时 5 年研发了中运量跨座式单轨 "云轨"，历时 7 年研发了小运量胶轮有轨电车 "云巴"。"云轨" 和 "云巴" 均搭载无人驾驶系统、多功能深度集成的综合调度系统、人脸识别等高科技配置，具有高安全、高智能、高适应、高颜值、建设成本低、建造周期短等优势，能为乘客提供更加智能、便捷的出行体验，助力城市交通新升级。

在新能源领域，比亚迪拥有电池、太阳能、储能等丰富的产品。比亚迪具备100%自主研发、设计和生产电池的能力，凭借 20 多年的不断创新，产品已经覆盖消费类 3C 电池、动力电池（如磷酸铁锂电池和三元电池）以及储能电池等领域，并形成了完整（原材料、研发、设计、制造、应用以及回收）的电池产业链。

在电子领域，比亚迪电子（国际）有限公司（简称比亚迪电子）于 2007 年在中国香港联合交易所主板独立上市，是全球领先的智能产品解决方案提供商。经过 20 多年的发展，比亚迪电子业务目前涵盖智能手机和笔记本计算机、汽车智能系统以及新型智能产品三大领域。比亚迪电子是全球唯一一家能够大规模提供精密金属、玻璃、陶瓷、塑胶等全系列结构件及整机设计制造解决方案的公司，凭借丰富的国际化合作经验、卓越的产品及服务品质、强大的材料研发能力、行业领先的精密制造能力，为全球顶级智能产品客户提供研发、设计、制造、供应链管理等全方位服务。

4. 主要产品与服务

在乘用车市场，比亚迪涉及燃油车和新能源车两大领域。自 2008 年推出全球首款量产的插电式混合动力车型以来，比亚迪陆续推出 e6、秦、唐、宋、元等多款新能源车型，并获得市场的极大认可，助力公司连续六年位居全国新能源乘用车销量第一。

在商用车市场，比亚迪拥有丰富的纯电动巴士、纯电动货车产品线。2010 年，比亚迪发布 "城市公交电动化" 解决方案，随后上升为中国国家战略。比亚迪 K9 是全球首款集欧、美、日等多项权威认证于一身的纯电动巴士，早在 2011 年就陆续在深圳投入商业运营。比亚迪各类纯电动商用车获得包括深圳巴士集团、伦敦交通局、洛杉矶大都会交通局、悉尼机场、斯坦福大学、Facebook 等国内外顶级客户的高度认可，足迹遍布中国、美国、英国、日本、澳大利亚、法国等数十个国家和地区，并屡次创造行业纪录。比亚迪已累计向全球合作伙伴交付超过 5.5 万辆纯电动巴士，并占据英国 60% 以上的纯电动巴士市场份额。

2016 年 10 月，比亚迪发布 "云轨"，正式宣告进军轨道交通领域。2017 年 8 月，全球首条跨座式单轨 "云轨" 线路在银川投入运行。比亚迪 "云轨" 和 "云巴" 受邀亮相 2019 年中央广播电视总台春节联欢晚会，向全球展示中国科技成果和 "未来城市" 的发展趋势。

在新能源领域，比亚迪拥有电池、太阳能、储能等丰富的产品。

比亚迪电子业务目前涵盖智能手机和笔记本计算机，汽车智能系统以及新型智能产品三大领域。

5. 发展规划

乘用车方面，随着前奥迪设计总监 Wolfgang Egger、前法拉利外饰设计总监 JuanMa Lopez、前奔驰内饰设计总监 Michele Jauch-Paganetti、原奔驰底盘调校专家 Heinz Keck 等全球顶级人才的加盟，比亚迪已迈入 "造车新时代"。

商用车方面，随着全球各地订单的爆发，比亚迪正逐步完善研发和生产布局，已于中国、美国、匈牙利和法国等国家设立纯电动商用车工厂。

轨道交通方面，比亚迪已经与国内外多个城市就 "云轨" "云巴" 达成战略合作，发展前景广阔。

秉承 "用技术创新，满足人们对美好生活的向往" 的品牌使命，比亚迪通过强有力的市场布局，以及坚定推动全球可持续发展的战略举措，赢得了《财富》杂志 "改变世界的 52 家公司" "扎耶德未来能源奖"，以及 "联合国特别能源奖" 等一系列赞誉。

第8章 主要汽车企业集团智能网联汽车技术创新成果

重庆长安智能化网联自主创新成果

重庆长安汽车股份有限公司

新一轮科技革命和产业变革方兴未艾，汽车智能化已成为全球汽车产业发展的战略方向。国家《智能汽车创新发展战略》中也提出要构建协同开放的智能汽车技术创新体系，突破关键基础技术。长安公司提出构建"天上一朵云，空中一张网，中间一平台，地上全场景"新的产业模式。2021年8月，长安发布了全场景数字孪生开发开放平台、量产首发智能泊车APA6.0以及技术首发远程无人代客泊车APA7.0。

1. 全场景数字孪生开发开放平台

随着用户的消费升级与技术发展双驱动，座舱不仅仅是驾驶的交互空间，更延伸成为一个有智慧、有情感的数字化移动空间。以前人要懂车，未来车会懂人。未来的智慧座舱更像一个有智慧的生命体。她是有情感，有温度的，是消费者的智慧伙伴，与消费者心有灵犀。她是能进化迭代的，不断通过与消费者的互动，结合最新的智能科技，进行快速的成长和进化。她是更贴心的伙伴，像你的家人和朋友一样懂你，懂你的需求，懂你的感受，给你安全、温暖的陪伴。

要成功打造有智慧的生命体，只有时刻围绕消费者，集大家之力才能完成。基于这样的理解，长安在行业首发用户、车企和开发者的全链路打通全场景数字孪生开发开放平台。一方面支持灵活的硬件接入、快速的软件迭代，具有成长性；另一方面支持用户、合作伙伴高频共创，链接形成开放生态圈。

该平台具备底层可扩展的算力（见图1）。在此基础上开发了座舱母体，集成丰富的交互能力。通过标准的驱动接口，灵活接入交互设备，支持硬件即插即用。通过标准的服务接口，接入海量应用服务，实现服务可扩展。基于原子化服务设计中间件，资源灵活可调度，支持功能无限组合。整车级智能化数字孪生模块，具备环境和驾驶仿真能力，支持全车场景编排。用户可以身临其境地在这个平台上进行单体、系统、整车级体验评价。

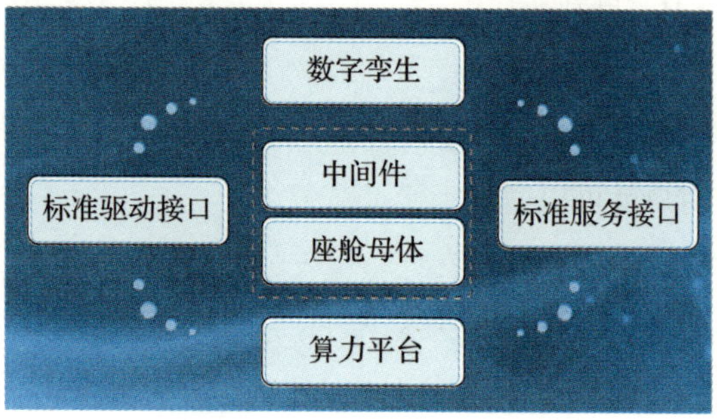

图1 全场景数字孪生开发开放平台架构

该平台在四个方面实现突破领先：

（1）原子化服务

首次将原子化服务应用到数字座舱平台，实现功能的无限组合。已经实现600+的原子化服务，提供1万+的功能组合可能。

（2）数字孪生

行业首发驾驶、座舱、车控三域打通的整车级虚拟仿真环境，实现全车功能场景可编排。

（3）无限算力服务

提供无限的算力，本地加云端拥有上百万TOPS算力储备，能够满足未来5~10年的平台开发需求。拥有丰富的云服务，为开发者提供10类260个API接口。目前已经接入超过100个合作伙伴、上线超过200个应用；后续无限扩展中。

（4）极致体验

支持快速开展单体级、系统级、整车级的体验评价；支持虚拟现实、混合现实体验评价。以前，进行全场景整车智能化体验评价，至少需要3~5个月周期。基于数字孪生平台进行混合现实体验评价，仅需1周，效率提升20倍。

该平台要发挥极致的作用，离不开用户、合作伙伴的参与。

（1）快速响应用户的真实需求

通过车机端、手机端、论坛社区、产品体验等多种渠道，让用户及时参与共创，使用户需求即时呈现。用户需求响应周期从3个月缩短到1周。

（2）生态伙伴共赢

为合作伙伴提供用户需求直达的快捷通道，可以降低整车开发环境搭建成本，缩短量产部署周期。相比以前导入一款新产品，比如增强现实抬头显示器，合作伙伴按照长安定制需求，开发周期至少12个月。而基于这个平台，接入周期小于1个月，效率提升了12倍。

为了让平台持续发展，对活跃用户、高价值提案的用户，每个季度进行奖励，最高提供50万元价值奖励。对技术创新和设计方案开发者，长安在用户需求直达、整车集成环境部署、大规模量产落地上提供技术支持，为合作伙伴赋能。

合作伙伴在该平台上，围绕未来科技座舱进行了第一轮共创（见图2），4个月内先后实现了24项行业内先进技术的搭载。

图2 第一轮共创的未来科技座舱

2. APA 智能泊车

长安汽车对智能泊车技术的研究从未停下探索的步伐。从人在车内的辅助泊车2.0到主动辅助泊车4.0，再到遥控泊车5.0。

（1）远程智能泊车6.0

量产发布的远程智能泊车6.0，真正打破空间限制，实现"千里之外，控车自如"。只要有4G信号，用户就可以通过手机远程泊车和挪车。

APA6.0突破了行业小车位泊车极限，可做到垂直车位车宽加65cm，平行车位车长加65cm的小车位泊车，综合性能行业第一。

（2）智能泊车系统APA7.0

下一代智能泊车系统APA7.0远程无人代客泊车，为用户打造"呼之即来，挥之即去"的专属停车场私人代驾。

1）无人自主排队泊车功能（见图3a）。在满足国家相关法规的前提下，APA7.0首发车库外的无人自主排队泊车功能——用户可直接在车库外下车，由系统自主排队，驾驶车辆自主通过道闸、自主寻找车位，自主泊车。

2）电梯口接驾功能（见图3b）。用户可以提前预约接驾时间，系统自己泊出车位，并在约定时间到达电梯口接驾。

3）车库外接驾功能（见图3c）。系统可以自主排队出库接驾，节约用户时间。

4）高速公路服务区代客泊车功能（见图3d）。用户可以在服务区门口下车，系统自行去寻找车位泊车，也可以使用一键召唤上车。

APA7.0以上功能的实现，满足了消费者各种场景下的泊车需求。为了实现上述强大功能，长安汽车从四个方面进行了突破。

1）超感知硬件系统。共使用27个传感器，5颗专为解决停车场感知的4D成像毫米波雷达，12颗新一代编码超声波雷达，10颗高性能摄像头，单摄像头像素达800万。

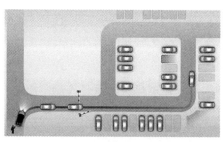
a）无人自主排队泊车功能

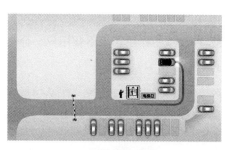
b）电梯口接驾功能

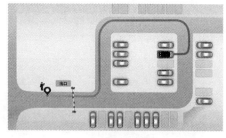
c）车库外接驾功能

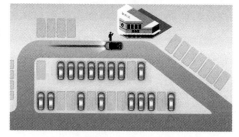
d）高速公路服务区代客泊车功能

图 3　智能泊车系统 APA7.0 核心场景

2）先进的算法技术。利用深度学习和多传感器融合实现精准感知；通过视觉语义与特征融合实现精准定位；通过图像搜索和优化算法应对复杂多变的停车场环境。

3）生态智慧停车场系统。长安与合作伙伴一起推动在全国主要城市建立智慧停车场系统生态，预计在 2022 年底实现覆盖全国主要城市核心商圈、大型医院等公共停车场 500 个，5 年后将扩展到全部二三线城市大型商圈、医院等公共停车场等。

4）数据驱动智慧云系统。通过海量数据驱动、云端算法的训练与优化，持续提升 APA7.0 系统的各项性能，实现产品的 OTA 迭代升级。

长安是一家百年企业，保障用户安全一直是我们最重要的使命。在智能驾驶安全开发上面，拥有健全的开发和测试评价体系，测试覆盖基础场景数万个、泛化场景 100 多万个、数理推断场景上亿级。长安也是国内第一家获得"有限条件自动驾驶"最高功能安全 D 级认证（见图 4）和 ASPICE 2 级认证的车企（见图 5）。长安始终把安全放在第一位。

APA7.0 远程无人代客泊车系统，将率先在长安新车型 C385 上量产搭载。

图 4　功能安全 D 级认证

图 5　ASPICE 2 级认证

打造数据驱动智能座舱，开启智慧出行全新体验

中国第一汽车股份有限公司

作者：高洪伟，郑红丽，吕贵林，陈涛，回姝，王硕，王淑琴

中国第一汽车股份有限公司（简称一汽）智能网联开发院深入贯彻习近平总书记视察一汽重要讲话精神，切实落实总书记关于"要把关键核心技术掌握在自己手里"的殷切期望，以"旗偲·微笑"技术战略为指引，围绕"中国第一、世界一流"总体发展目标，聚焦智能化、体验化、科技化、基因差异化智能座舱产品开发，掌控多模交互、车路协同、智能语音、车用网络通信、操作系统与中间件等核心技术，实现智能座舱产品的快速迭代和市场问题的快速响应，从视、听、嗅、触、知全面提升用户体验。

在汽车智能化和电动化快速发展的今天，车联网已成为各大车企和互联网企业的兵家必争之地，无论是传统车企还是新兴造车势力，无论是原始设备制造商（OEM）还是互联网企业，都纷纷入局，竞相布局车联网。一汽早在2017年便开展车联网相关产品的自主研发，2017—2018年，首次确立了红旗车联网"端－管－云"技术架构，完成了座舱网联产品IVI1.0开发，搭建了云平台、红旗智联APP、智能天线、座舱基础四大产品平台。其中，云平台具备账号管理、远程控制、远程诊断、驾驶行为分析等功能，并支撑红旗汽车全生命周期运营服务；红旗智联APP具备车辆控制及用车服务，支持手机远程控车，如远程空调、远程启动、远程解闭锁等功能，在行业内首先实现通过手机遥控汽车；智能天线平台推出红旗首款3G T-Box产品，提供车况查询、远程车控、远程寻车等功能；座舱基础平台成功打造了网联化、安全化、家族化的红旗座舱，自主突破多项核心技术，融合国内领先的语音识别系统，并加入了语义的优化，让用户在导航、音乐、车友圈、车应用、车服务、车智能、主题产品上都有最优良的体验。IVI1.0搭载红旗H5车型，深受用户喜爱。红旗H5车型如图1所示。

2018—2019年，红旗完成座舱网联产品IVI2.0的开发工作，相比于IVI 1.0产品，其功能和体验上有了较大提升。云平台包含14大类产品服务，近70余项功能，为用户提供了丰富的生态资源。统一账户、生态聚合、智能推荐等核心服务强力支撑了产品体验提升和车联网服务运营工作；红旗智联APP实现了多车型兼容，除车主服务外，扩展了运营服务功能，手机控车部分升级了远程灯光、天窗、车窗、手机泊车、远程充电等控车功能，为用户带来了高效便捷的控车体验；智能天线平台实现多产品首发量产，E－HS3车型搭载首款通过新能源国标认证的4G T-Box，可提供车况查询、远程车控、远程寻车等功能，H5车型搭载首款安卓操作系统T-Box，在传统车联网功能基础上，集成红旗智联微应用，提供地图导航、音乐、语音识别、想聊等功能；座舱基础平台采用多项先进技术，包括虚拟化一机2/4屏、双区语音识别、多屏音视频同步、3D界面设计、AFS/ALS系统、64色氛围灯、OTA等，系统采用的虚拟化技术实现的1机带2屏方案，是业内首个量产的同类方案，领先业内1年以上。IVI2.0解决了产品平台化问题，成功搭载了红旗EV/HS5/HS7等车型量产，目前HS5作为IVI2.0平台主销车型，为红旗2021年突破30万销量大关做出了突出贡献。红旗HS5车型如图2所示。

图1　红旗H5车型

图2　红旗HS5车型

2019—2020年，红旗智能座舱团队不忘初心，成功开发了红旗座舱网联家族革命性创新产品IVI3.0。首次实现服务即桌面的先进设计理念，打造数字音频音响、AR-HUD和智能灯光技术等6大行业领先产品，1个人机交互基因，多屏互动、四声源定位等11项行业首发领先技术。云平台聚合生态14项，采集数据3000+项，打造智慧服务场景16项，具备红旗统一账户、生态聚合、智能语音等5大亮点功能，为手机和车机应用平台提供稳定的云服务支撑；红旗智联APP面向用户车外生活场景，有效连接了用户生活场景和用车场景，实现了27项手机功能，全球首发蓝牙钥匙产品；智能天线实现高集成度开发，首创多合一天线与控制器融合设计，集成了LTE-V2X（2路）、4G（2路）、WIFI/BT、GNSS、AM/FM共七路天线，全球首发量产前装C-V2X技术，启动5G网联通信终端量产产品开发，打造红旗网联5G新体验；座舱基础平台面向用户行车场景，实现了24项在线应用，打造了服务即桌面、多屏互动、智能语音四声源定位和分区域发声、SOTA 4大亮点功能。IVI3.0作为魅点产品搭载H9和EHS9车型实现首发，团队专业能力有了大幅提升。相较于前两代产品，IVI3.0产品的功能体验再次实现质的飞跃，并得到行业和用户的一致认可。H9车型作为C+级车型，销量在中国豪华车市场名列前茅。2021年11月，IVI3.0系统获得高工年度OEM标杆量产功能金球奖。为红旗H9车型如图3所示。

目前，红旗智能座舱团队正在有序推进红旗智联3.0plus产品开发，重点打造产品HMI、智能语音、定制地图、智能推荐、手机互联、5G、V2X等核心功能；构建"场景化智能服务"基础能力，聚焦"品牌音频、智慧出行、情感语音和随身车联"四大核心用户高频使用场景，打造极致用户使用体验；基于"简而美"新理念进行HMI设计，打造极简化交互，完成简洁、科技、具有品牌力的艺术化新视觉。

图3 红旗H9车型

红旗智能汽车优良的驾驶体验离不开智能座舱技术突破。

（1）虚拟化、高聚合、多显示的智能交互座舱域平台相关技术

行业首发基于ARCN框架资源共享的一芯双系统多屏信息娱乐系统，同时系统采用多项信息安全技术全方位打造数字座舱堡垒，并实现多项核心算法白盒化；突破传统分离式控制架构，打造高度集成的车身域控制平台，实现了多账户个性化设置、一键舒躺以及尊享按摩功能；国内首创一体环抱式曲面大屏，将3块16.2in（1in=2.54cm）的高清屏进行无缝拼接，长度达1.4m，突破行业瓶颈，采用曲面贴合工艺，在红旗车首发量产。在2021年上海车展现场惊艳亮相的红旗自主研发的智能座舱域控制器，实现从无到有的突破，完美展示国内首个一机带五屏的智能座舱产品，荣获上海车展组委会智能座舱领域唯一大奖——智能网联创新奖。

（2）沉浸式、多通道、虚拟环绕音响系统平台相关技术

通过定制座椅头枕内轻量级、小尺寸钕磁铁超近场扬声器，突破座椅声场信号处理技术，实现360°沉浸式音效首发量产。基于整车音响定制技术，解决传统车内布置空间局限和声学传输环境不佳的问题，并通过专属虚拟环绕声算法和SurroundStage技术，提供绝佳的聆听体验。该系统在2021年上海车展实现首秀，大大提升了红旗品牌美誉度。

（3）匀光溢彩、星光璀璨的智慧灯光系统相关技术

突破OLED在尾灯使用中耐热性问题，实现国内OLED尾灯首发量产，具有高亮度、高均匀、高可靠、高美观等特性，彰显科技感；突破高温下光引擎色衰及光导纤维脆化难题，实现国内首发星空顶量产，通过定制星空元素与中国传统刺绣呼应，使汽车顶棚更具观赏性。2021年，星空顶灯和高像素OLED尾灯成功搭载H9+车型，打造极致用户体验。同时，红旗完成DLP数字前照灯预研工作，实现13个场景交互功能，为红旗车型魅点赋能。

(4)端云一体化设计的车联网产品平台相关技术

首创智能场景桌面、多屏幕联动、统一账户,突破生态聚合技术,实现生态标准化接入;打造智能语音系统端云一体化架构平台,实现有温度、有情感的智能语音交互体验;基于大数据+AI场景引擎、自学习服务召回技术,打造个性化精准智能推荐平台;基于无线射频通信的多天线融合技术,首创无线射频通信天线与控制器融合设计,解决了布线难、线损大的难题,达到国内领先;基于LTE-V2X通信的车路协同交互应用技术,突破6大关键场景预警技术,实现全球首发LTE-V2X技术的量产。该产品平台为新红旗H9、E-HS9等相关车型提供了智能语音、多屏互动、数字音频、AI智能推荐、V2X等崭新魅点,打造了豪华高品质、智慧高情商的东方意境智能座舱。

(5)有温度、有情感、智慧的红旗HMI相关技术

红旗原创一体化屏内HMI设计,融入现代与民族文化元素,提炼红旗HMI设计基因,实现多尺寸屏同平台交互方案,形成红旗品牌HMI设计语言;围绕"场景即桌面"的设计理念,基于智慧推荐系统,定义出行、娱乐、车辆、服务、账户五大核心场景,以桌面的形式布局界面设计,打造核心场景的"一站式"交互,操作指引明确,内容信息全面,具有独创性;仪表可视化信息显示设计,减少用户读取时间,保障驾驶安全;基于驾驶状态的3D场景化视觉设计和L3级自动驾驶的人机驾驶权多级接管交互设计,国内独创;梳理并优化座舱交互逻辑,精简功能设置项,精简物理按键,丰富触控、语音等多模态交互场景,打造行业领先"极简"座舱交互体验。

广汽集团智能化、网联化自主创新成果

广州汽车集团股份有限公司

广汽研究院秉承广汽集团"e-TIME行动"和"1615战略",2021年持续加大智能网联领域的研发投入,稳步推进各项前沿智能网联技术的研发。在车云一体化电子电气架构、自动驾驶、ADiGO智能物联系统等方面取得了阶段性的进展。

1. 电子电气架构

广汽星灵架构是广汽研究院自主研发的车云一体化电子电气架构(见图1),这套架构由数字镜像云、中央计算机、智能驾驶计算机、信息娱乐计算机三个核心计算机和区域控制器组成,集成高速以太网、5G和信息安全、功能安全等技术。相比广汽上一代架构,新架构的算力提升约50倍,数据传输速率提升10倍,线束缩短约40%,控制器减少约20个,该架构具有两个非常显著的特点。

图1 广汽星灵电子电气架构

第一个特点是"融合"。通过三个层面的融合,实现了智能汽车的"万物互联"。首先是车云融合,通过车端和云端的算力融合、数据融合、生态融合,实现了车云一体化计算、大数据赋能和生态场景拓展,有效提升了智能驾驶、信息娱乐、新能源等系统的性能与体验。其次是虚实融合,基于数字孪生理念,整车功能采用SOA架构设计,将车端软件架构和数据镜像到云端,让车上的功能与虚拟云的服务融合,形成车云虚实空间功能一体协同控制。还有更值得期待的人车融合,通过人工智能的应用,让AI读懂车主需求,实现自然的主动式交互,让车更有温度。

第二个特点是"百变"。首先是车型百变,广汽星灵电子电气架构可以灵活适配SUV、MPV、轿车等多个车型平台,以及燃油、纯电、混合动力等不同动力系统,缩短车型开发迭代周期。其次是功能百变,整车功能采用SOA服务化架构设计,可实现功能服务灵活部署与组合,让用户解锁百变千面新功能、新服务、新体验。更有开发百变,广汽星灵架构基于模型的全数字化敏捷开发模式和软件模块化设计;借

助软件定义汽车理念，开发者可从车厂拓展到合作伙伴、用户、创客，打造统一的软件共享开发平台，形成共创、共建、共享的车载软件数字化生态圈。

2. 智能驾驶

在智能驾驶方面，在广汽埃安 Aion V plus、Aion LX 上搭载了最新的智能驾驶系统，实现了高速公路辅助驾驶、自动泊车、遥控泊车功能（见图2），后续将通过不断的技术优化和升级不断精雕细琢，提升系统的性能和易用性。在高级智能驾驶方面，广汽部署高低两个算力平台，搭配不同价位车型，实现向智能车的过渡。

图2　广汽埃安 Aion V plus 搭载的泊车系统

广汽的 L2＋＋级领航驾驶辅助系统（NDA）搭载高性能传感器和高算力计算平台，配置包括激光雷达、800万像素摄像头在内的31个智能感知传感器，支持自动按照设定导航路径的辅助驾驶，可实现主路和匝道内单车道巡航、自动上下匝道、自动换道、自动超车、自动超障碍物等功能（见图3）。

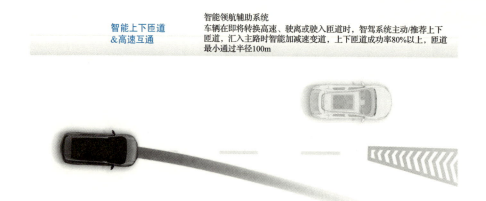

图3　广汽智能领航辅助系统

在 L4 级自动驾驶（Robotaxi）领域，广汽集团打造面向未来的移动出行生态，包含以如祺出行为核心的移动出行平台，以广汽研究院、广汽埃安、广汽传祺为核心的车辆平台，以广汽研究院全栈 L4 级自动驾驶技术研发为核心的自动驾驶技术平台。目前，搭载广汽自研自动驾驶技术的 Robotaxi 已在广州进行示范运营和相关测试工作（见图4）。广汽基于 Aion LX 打造的 GIVA 无人驾驶平台车已经逐步交付到百度、文远知行、小马智行等合作伙伴。这些科技企业正在广汽平台车上进行智能驾驶系统的开

图4　广汽研究院 Robotaxi 示范运营

发，并逐步在北京、广州、深圳等地开展示范运营。

3. 智能座舱

ADiGO 智能物联系统已升级到 ADiGO 4.0 实现了全球领先的智能座舱四屏联动、应用双开及四音区智能语音交互功能，全系应用 14.6in/15.6in 屏幕，并于 2021 年二季度在 Aion Y、Aion S Plus、GS8、Aion V plus 等车型上量产（见图 5～图 7）。未来将进一步结合科技与美学，通过 AI、大数据赋能，实现千人千面的内容服务推荐。

图 5　广汽埃安 Aion V plus 搭载的 ADiGO 4.0 系统

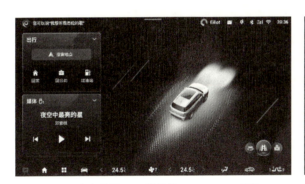

图 6　广汽传祺 GS8 搭载的 ADiGO 4.0 系统

图 7　广汽埃安 Aion Y 搭载的 ADiGO 4.0 系统

北汽智能化、网联化自主创新成果

北京汽车研究总院有限公司

作者：冯硕，黄殿辉，韩微微，张兆龙，孙江辉，张永刚，笪琦，张鲁楠，王子宜，马如斌，白天睿，王浩杰，王琪，吴全中，陈新，菅少鹏，郝荣，张静宜，饶淼涛

1. 数字化云平台应用案例

（1）智能网联数据云控平台

北汽智能网联数据云控平台是由数据收集、数据监控、远程控制、OTA、TSP、远程诊断、PKI、数据分析与应用等多个子系统组合而成的汽车监控管理平台；以汽车运行大数据为基础，构建了状态评估、故障诊断、安全预测预警技术体系，保证其安全状态可感知、可预判、可处置；发现汽车应用新规律，构建了有序充电引导、车桩网互联调度为主的车桩网协同管控技术体系，提高了应用便捷性和可靠性。

通过高效能的数据信息共享，解决了各系统的信息孤岛，实现汽车+用户+企业三个环节信息高效打通（见图1）；以采集、分析、建模及应用为主线，形成数据应用体系，为企业内部（规划、研发、销售、质量等）开展数据变现相关合作模式实现拓展；通过软件定义汽车的方式，提升了用户体验，实现了汽车监控、诊断、更新的全生命管理；同时，也解决了传统车企在软件系统应用的分散开发、重复投资、数据割裂、资源分散等一系列问题。

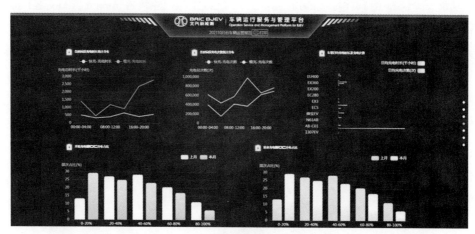

图1　北汽新能源车辆运行与管理平台

目前，北汽的智能网联数据云控平台已经应用到20多个量产车型中，在整车开发中，关联整车60多个零部件实现智能化提升，同时，高效能技术为整车能耗带来了显著的降低。平台运行至今，为54万接入车辆提供安全监控、远程升级、远程控车、远程诊断等功能。

该数据云控平台建立了国家-地方-企业三级新能源汽车大数据平台系统构架，建成了国际上规模最大的新能源汽车监控管理网；以新能源汽车运行大数据为基础，构建了新能源汽车状态评估、故障诊断、安全预测预警技术体系，保证其安全状态可感知、可预判、可处置；发现了新能源汽车应用新规律，构建了有序充电引导、车桩网互联调度为主的车桩网协同管控技术体系，提高了应用便捷性和可靠性。

该技术体系促进了新能源汽车及其零部件的全生命周期、全产业链的数字化变革，构建了车辆用户与制造商直接连通的通道，为车辆网联化应用探索了一条切实可行的道路，形成了汽车设计自主技术验证的新体系和新标准。

（2）OTA技术量产实现

汽车"新四化"趋势下，智能网联化成为产品发展的重要方向，OTA在线升级成为汽车软件的智能、网联提升的关键核心能力。OTA出现之前，用户升级软件需要先和4S店预约，还要经过排队、等候、维修等复杂流程，导致智能汽车的生命成长变得很艰难。而OTA赋能汽车升级，摆脱时间与空间的束缚，极大程度地节省了用户时间，提升了用户的体验，OTA开启了智能汽车不断成长的生命通道。

整车OTA系统是一个庞大的车云一体化智能网联系统，极狐全新一代整车智能OTA系统具备整车全域升级、全生命周期升级、全场景升级能力（见图2）。该系统采用先进的"云-管-端"智能网联技术，打通八大云管端系统；突破了车内多通信、多网段、多系统控制器的协同刷写；实现了覆盖三电系

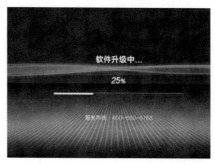

图2　北汽极狐OTA系统升级

统、底盘系统、智能驾驶系统、智能座舱系统、车身电子系统、信息娱乐系统、智能网联系统七大系统的整车全域系统软件升级；实现了覆盖车辆从研发、生产、售后的全生命周期升级；实现了标准升级、无感静默升级、零部件升级和整车升级等多种升级模式，以及车内近端和手机 APP 远程等多种升级场景的全场景 OTA 升级。用户不仅可以在车内享受 OTA 升级的科技感，也可离车享受预约和手机远程升级带来的便捷，更可以享受 OTA 带来的新功能、新体验。

自极狐上市以来，已经为用户推送了 7 次 OTA，为用户带来近 100 项新的功能体验。"飞屏"让驾乘操作更加方便；"腾讯视频"让小朋友可以看动画；"遥控泊车"让新手倒车入库不再发愁；"弹射模式"让"飙车党"体验了动力快感；冬天我们为用户送去低温续驶里程提升，夏天我们为用户送去空调异味净化……每次 OTA 都得到了广大用户的好评，用户是这样说的："极狐车功能的不断完善超出我的预期，使用起来越来越方便、顺手，简直就是国货之光。"

2. 电子电气架构创新应用案例

（1）北汽域集中式电子电气架构优势

北汽依托几十年汽车发展经验及技术积累，打造出以高安全、强智联、高效能为技术特点，具备行业领先水平的整车电子电气（EE）架构，构建了三横两纵六层的开发系统和模块化设计平台。电子电气架构平台历经三代更新迭代，形成了三大平台、十余个架构、近百款车型，支撑覆盖北汽纯电动车、燃油车、混动车三种动力形式的产品。极狐品牌旗下车型及其他品牌部分已量产车型应用 EEA2.0 平台域集中式电子电气架构（见图 3）。

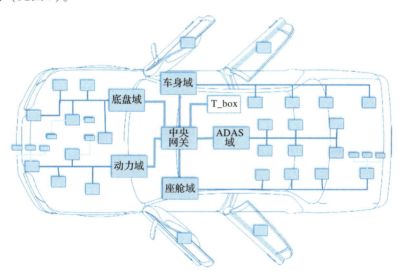

图 3　EEA2.0 平台域集中式电子电气架构

该平台具有高安全、高带宽、高柔性、低耦合等特点，详细介绍如下。

1）以功能域为导向的开发，分为动力域、底盘域、车身域、座舱域、ADAS 域及 T-box 六大控制域，其中行业内首次实现一机多屏的信息娱乐控制方案。

2）架构支持和应用了 CANFD、CAN、LIN、LVDS、USB、Bluetooth、WiFi、RKE 及 4G 等通信技术，其中高带宽 CANFD 总线为行业内首次大范围应用，通信速率 2Mbit/s，最大支持 10Mbit/s，通信效率提升 1.8 倍，刷写时间缩短至 30min 以内。

3）支持满足自动驾驶 L2.5、多屏融合智能座舱、自动泊车、换电、远程控制、V2L/V 放电等 1000 多项功能带宽，可扩展至 L3 级自动驾驶，提升用户用车体验。

4）支持全车 ECU 的 OTA 远程程序刷写和远程诊断，为实现"常用常新"奠定了基础；实现并行刷写，实现同时刷写多个 ECU，提高刷写效率。

5）以功能安全、信息安全、EMC 防护、高压安全等多维度构建电子电气架构的安全防护体系，保证用户用车安全体验。

6）构建纵深防御云管端一体的 E–Secure1.0 信息安全防护架构，在 GW、TBOX、PKC 等控制器应用独立 SE 安全芯片，支持自建 PKI/CA 系统，实现云端到车端、云端到 APP 端及 APP 端到车端的安全通信通道，并获得首张电动汽车信息安全认证证书。

7）以场景驱动功能设计、信息融合、数据埋点及大数据分析挖掘等技术支持"千人千面"的个性化智能需求，促进整车在智能化方面不断迭代优化。

8）按平台化、模块化设计开发，针对不同级别车型及产品配置，网段及控制器沿用性高，支持可配置、可裁剪、可扩展设计，形成电子电气架构设计标准规范共 200 多项，积累了诸多知识财富。

（2）北汽域集中式电子电气架构产业价值

域集中式电子电气架构平台的产业生态，逐步由产品盈利模式转化为服务盈利模式。该平台已经实现海外技术输出，实现营收技术知识产权许可费用 1.92 亿元人民币。

首先，域集中式电子电气架构 EEA2.0 平台实现技术共享，有利于平台在海外市场的验证，为ARCFOX 产品海外出口做好市场验证及市场需求调研。同时，随着其他车企的应用，也提升了 EEA2.0 平台的带宽，增加其车型拓展能力，利于平台技术的升级，特别是新技术的应用，助力下一代产品的技术迭代升级。

其次，北汽蓝谷 EEA2.0 平台在开放的同时，实现开源整车验证，并吸引生态合作伙伴，充分调动优质资源，搭建资源共享的支撑体系。此举将打破汽车企业和用户的边界、主机厂和供应商的边界，为汽车产业创新技术、前沿零部件提供开放开源的实车搭载环境，支持产业链新技术验证和评价，实现一站验证、行业通用。

最后，技术输出有利于分摊研发成本，提高企业持续研发投入的能力；通过平台共享，降低整车成本，为用户提供更经济、更优质的产品。

3. 智能座舱应用案例

（1）新一代乘用车智能网联系统开发

顺应国家各大部委所发布的《中国制造 2025》《智能网联汽车总体规划》《节能与新能源汽车技术路线图》等方针政策在汽车智能网联化方面的倾向性，以提升北京汽车股份有限公司自主品牌新一代乘用车智能网联系统为目标，打造新一代智能网联系统的技术应用平台。该系统平台具备一定的前瞻性和可扩展性，可满足未来产品升级的需求（见图4）。

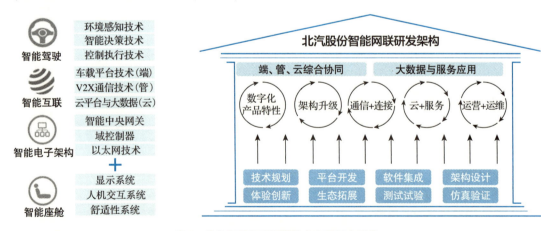

图 4　北汽股份智能网联技术应用平台架构

通过软、硬分离模式分别进行软件和硬件的研发工作，兼顾不同平台的适用匹配，与合作伙伴建立联合开发模式；以高度集成化的平台设计，对智能化各系统进行软/硬件的平台化、模块化管理，适应不同产品开发需要；通过对智能网联系统功能安全、信息安全的建设，保证整车各系统功能的正常使用，以及内部/外部网络之间信息传输的安全性（含 OTA 升级）；基于智能驾驶平台的升级迭代，为实现 L2 级甚至更高级别的智能驾驶做准备。

该系统平台的建设开发主要包含以下几方面内容。

1）车辆管家系统。以车辆大数据的采集、分析、建模及应用为主线，打造面向不同用户的产品，从而提升北汽智能网联系统产品的竞争力，同时赋能于终端用户、研发、营销体系。

2）远程无忧系统。通过对车联网的远程安防、远程控制、远程查询、远程诊断、远程升级以及蓝牙钥匙六大功能板块的串联，用车联网技术解决了用户与车辆的远程互动，让用户远程无忧。

3）千人千面系统。建立账户体系，账户可自动记忆该用户的生物信息、登录状态、车辆设置、喜好等内容，完成对不同用户的画像。以有情感的互动和推送实现有温度的服务，使用户切身体会到车辆的智能关怀。

4）APA 自动泊车系统。以全景影像系统和泊车雷达系统的融合为关键技术支撑，通过对泊车环境信息实施获取和分析，实现以下几种功能：空间车位及有车位线车位等多种场景下的自动泊车；通过手机 APP 等遥控装置，实现近场遥控泊车。

5）L2 级智能驾驶系统。在 L1 级智能驾驶（自适应巡航、自动紧急制动）的基础上，扩展集成式自适应巡航功能（含交通拥堵辅助和集成式巡航辅助）。

该系统创新点如下。

1）车辆管家系统。该系统为北京汽车股份有限公司量产车型首搭系统，无需去 4S 店，用户即可实时了解车辆的状态信息及自身驾驶行为，包括车辆故障情况、能耗情况等。

2）信息安全。在开发过程中，注重每个系统的功能安全及信息安全，保证系统的可靠性及数据的隐私性。

3）APA 低成本方案：采用多传感器融合技术，将 360 全景系统及泊车雷达系统的算法进行融合，实现 APA 功能，降低 APA 的成本及开发费。

（2）智能座舱开发

随着汽车智能化和网联化技术的不断发展，以域控制器的集中控制取代多 ECU 的分散控制方式可以大幅提升座舱系统智能化水平和用户体验。基于座舱整体智能架构的革新，将使以往座舱内各项单独的功能和技术得到有效打通和串联，并通过对用户习惯的洞察和理解，自主开发和定义各种应用场景。同时，座舱系统内显示娱乐系统本身的升级，有望重新定义人机交互方式，多通道混合的人机交互手段逐渐成为行业热点，以液晶显示屏、HUD、AI 智能语音助手、智能表面等为代表的智能座舱技术将带来更加智能化和安全化的交互体验，以及提供更加简洁和高效的交互方式，有望进一步提升智能座舱的用户体验水平（见图 5）。

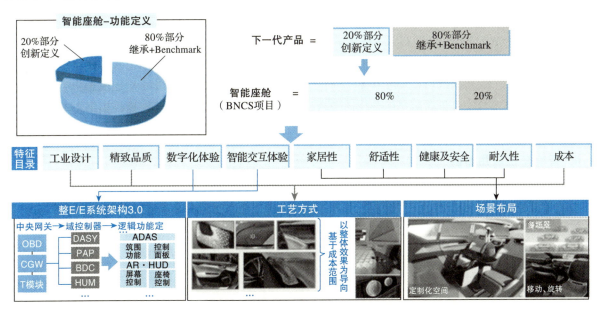

图 5　新一代智能座舱技术（示意图）

通过对智能座舱新一代关键显示技术进行开发，进一步提升用户体验，构建北汽在智能座舱的单点技术优势，并结合北汽智能座舱整体架构，进一步提升其用户价值；提高了北京自主品牌汽车在智能、网联、数字化领域的技术整合、创新应用能力及产品核心竞争力，通过对标国际国内先进技术，找差距、补短板，完善智能驾驶座舱人机交互核心技术开发能力，为打造北京汽车新产品的差异性发展奠定基础；提高了团队整体技术整合能力和创新能力，通过项目开发实践培养人才，为北京汽车自主研发培养技术创新型骨干人才。

本项目作为北京汽车重点立项课题，选取了当前智能座舱的未来趋势及核心热点技术为攻关目标（见图6）。

1）涉及智能座舱关键系统技术开发，形成3个技术子课题。

课题1：新一代北汽智能座舱平台开发。

课题2：新一代智能座舱HMI交互体系开发。

课题3：AMOLED车载柔性屏开发与应用。

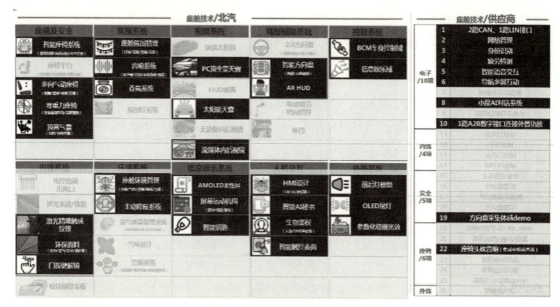

图6　北汽智能座舱技术系统架构

2）建立北汽以智能座舱为整体开发的业务流程，在有效保障座舱传统领域无明显短板的前提下，开发具备北汽特点、符合北汽品牌内涵的智能座舱服务体验。

本项目提升了北汽品牌工业设计水平，实现智能座舱整体和局部工业设计创意，同时通过开展专题研究，提升用户使用满意度，并建立了智能座舱相关需求调研与客户体验评价体系，梳理分析用户欲望及过往抱怨，搭载了完整的用户需求数据库；创建了适用于北汽品牌的智能座舱技术概念，用于指导系统搭建；针对智能座舱平台建立用户体验反馈平台，借助Demo、样车、VR场景等收集用户反馈，修正座舱系统定义。

4. 智能车控应用案例

（1）域集成式SOA产品开发

北汽车控域集成式SOA产品开发项目，是基于集中式电子电气架构开发的新一代集成控制器VDC和VIU（见图7）。在中央集中域控制器（VDC）和区域网关控制器（VIU）的基础上开发面向服务的车控域应用、服务、集成、标定软件源码，使用户可以更快速地享受软件更新，软件修改、软件测试、OTA推送可实现按月迭代，通过掌握软件应用层源代码，软件升级过程自主可控，从而摆脱软件更改对供应商的依赖。用户也可以拥有更具个性化的产品，在整车生命周期都可以进行升级，享受增值服务。

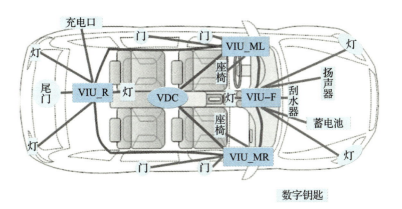

图 7　车控域集成控制器架构图

在软件定义汽车的大趋势下，汽车产品出现了很多面向服务的功能，如车机的节日彩蛋、向车端推送更新 VSP 声音、用户自定义场景模式等，都是为了迎合用户个性化、仪式感的心理，但是目前这些功能并不是完全面向服务功能。基于此，国内外主机厂目前均以 SOA 架构产品为目标进行规划和开发新一代车型，头部 OEM 以及 Tier1 均认为汽车电子架构将从分布式逐步走向域集中式控制器，并且最终向着域融合与云计算方向发展。

目前北汽的车控域集成式 VDC + VIU 产品开发项目，已跟随 ARCFOX 品牌新一代车型的推进而进行，采用基于中央计算单元 + 区域控制单元的物理架构，融合网关通信、车身域控制、动力域控制、OTA Master 四个域的功能，基于 SOA 设计理念，进行车内多层级服务的定义和部署，进行局部面向信号设计（Signal-Oriented）和整车面向服务设计（Service-Oriented）的组合，实现车内 SOA 架构的落地（见图 8）。

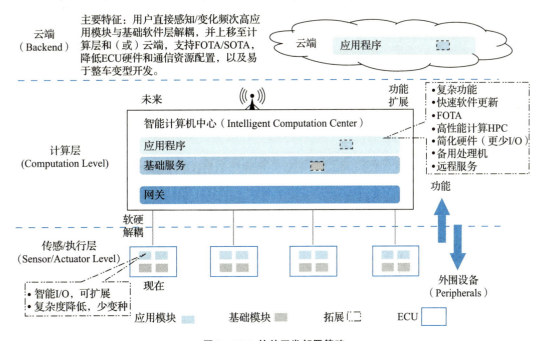

图 8　SOA 软件开发部署策略

采用完全不同以往的开发模式不仅意味着公司技术能力的提升，也意味着公司运营模式会出现多样化发展。通过面向服务的产品技术开发，公司会提高技术团队掌握核心代码的技术能力，将核心技术掌握在自己手中，从而达到软件定义汽车的开发模式。采用 SOA 的敏捷开发模式可以实现软硬件解耦，硬件上降低传统控制器的成本，软件的高通用化率可以降低修改软件带来的人力和资金成本。在开发工作外，敏捷开发还可以辅助开发过程中各阶段的功能验证，及时排查问题、分析问题、解决问题，缩短开发周期，提高团队测试技术水平。

最重要的是，SOA 模式下的产品区别于以往的整车交付，在消费者使用的过程中可以通过软件升级、硬件模块替代为产品不断增值,对企业来讲可以从一次性售卖整车转变为靠软件升级迭代获利,由产品驱动型企业转变为数据驱动型企业,实现企业运营模式多样化的发展。

（2）热回收功能混合型低温热泵系统

众所周知,冬季续驶里程缩短是电动车的最大痛点之一。现阶段市场上电动车大多使用PTC（热敏电阻）进行冬季采暖,冬季开空调使得续驶里程下降30%~40%,致使冬季低温环境下实际续驶里程问题成为行业发展的难点和痛点。为解决这个问题,北汽工程师们开发运用了电动车的黑科技——热泵空调。事实证明,热泵空调是解决电动车冬季续驶里程问题的有效方案。

何为热泵？热泵不是一个简单的"泵"类零部件,其实是一套制冷循环系统,是一种热量的泵送装置,用来将低温物体中的热能传送给高温物体,就像水泵将水从低处送到高处一样。热泵空调冬季可以从室外温度较低的环境中抽取热量,形成热气来加热室内,夏季可把室内较低环境温度的热量吸走,形成冷气来给室内降温。一句话,从低温热源吸热,向高温热源供热,实现这一过程的循环装置称之为热泵。

不管是普通的单冷型空调,还是热泵型空调,空调制冷剂的循环都是逆卡诺循环,经过①压缩升压、②冷凝散热、③膨胀降压、④蒸发吸热四个过程。

如同大家熟悉的四冲程发动机一样,通过源源不断的循环做功,使制冷剂的压力、温度周期性变化,通过热交换器实现在高温热源和低温热源之间进行热量的搬运。对应此循环过程的零部件分别是压缩机、冷凝器、膨胀阀和蒸发器,俗称"空调的四大件",是空调系统最关键的零部件。

同时从循环原理可知,整个循环经历一个高温放热（冷凝器）、一个低温吸热（蒸发器）,将低温的空气导入车内,即为空调制冷,将高温的空气导入车内,即为空调制热,能同时具备这种转换功能的空调就是热泵型空调。

需要指出的是,一般热泵系统在制热模式时,车外换热器作为蒸发器使用,需要吸收外界环境的热量,当车外温度较低时,或者车外换热器温度与外界环境温度接近时,车外换热器则不能有效地从外界环境吸收热量,同时如果空气中含有较多水分,则空气中的水分会在车外换热器表面结霜,结霜后的车外换热器也不能从外界环境有效地吸收热量,导致热泵空调无法继续提供制热功能。因此一般热泵系统在-7℃以下便无法正常工作。

北汽空调与热管理开发团队针对上述行业普遍问题,专门设计了一套先进的整车热管理及智能热泵空调系统,实现自动空调、电池温控、电机冷却、自动驾驶模块冷却等多位一体的热量控制系统（见图9）。通过水回路的耦合,实现对电机系统运行过程中的余热进行回收和再利用,开发出业内最先进的空气源热泵、水源热泵耦合的混合型热泵,使热泵运行工况下探至-18℃,达到业内领先水平,比行业内普遍-7℃的热泵空调节能范围更广、更节能。试验测试表明可在普通热泵方案节能基础上更进一步节省功耗10%,续驶里程再提升7%左右；同时考虑到极限工况,贴心地开发了极致节能模式,在满足基本舒适性的基础上,进一步节能5%,堪称热泵界的技术标杆。

图9　热管理系统示意图

5. 软件开发与智能驾驶应用案例

L4级自动驾驶技术核心算法创新应用

基于前期组队自动驾驶、AVP代客泊车、HWP高速自动驾驶和面向固定场景的低速自动驾驶项目的经验积累,2020年8月北汽研究总院启动了L4级自动驾驶核心算法开发项目。作为北汽研究总院重点项目,L4级自动驾驶项目以功能场景定义拉动软件开发的工作流程体系,聚焦决策规划算法,完成高级别自动驾驶车辆全栈算法开发。通过打通车路云协同技术路径,将车路协同和单车智能充分融合,推动高级别自动驾驶技术落地。

L4级自动驾驶意味着在自动驾驶模式下，车辆能够通过传感器自主识别路况信息，在保证安全的情况下实现自动驾驶，包括直行、左转、无保护转弯等功能，全程无需人为操作，真正意义上解放双手。L4级自动驾驶技术采用平台化和模块化的系统架构，实现自动驾驶软件系统和硬件平台解耦，可将算法适配在北汽不同车型上实现自动驾驶功能。通过硬件传感器方案搭配感知融合算法、预测算法、规划决策算法、高精定位算法等，实现简单交通环境下自动驾驶功能（60km/h）、限定场景以及城市开放道路的L4级自动驾驶功能测试车（见图10）。

图10 L4级自动驾驶核心算法测试车

L4级自动驾驶技术核心算法开发项目以全栈自研算法开发的方式实现98个北京市自动驾驶车辆上路测试要求功能场景，积累测试里程达6000km，申请专利近50项。后期项目将进一步按照北京市自动驾驶车辆上路测试要求完善算法功能，取得上路测试牌照，在亦庄等区域进行实际路试、示范运营、积累数据，优化迭代算法，为北汽高级别自动驾驶算法量产搭载做好准备。

面向城市场景的智能微公交产品

德创未来汽车科技有限公司

1. 研发背景

结合第十四届全国运动会在陕西召开的契机，德创未来汽车科技有限公司以全运会智能交通示范项目为依托，以全新设计自动驾驶与新能源的园区无人接驳和物流平台为基础，整合出具有技术前瞻性、核心竞争力、高附加值的智能网联整车产品（见图1）。

2. 产品特点

（1）主要参数

德创未来汽车科技有限公司智能微公交的产品技术水平国内领先，主要参数见表1。

图1 德创未来汽车科技有限公司智能微公交

表1 智能微公交主要参数

序号	项目	指标	单位
1	准乘人员	8	人
2	电池容量	32.14	kW·h
3	续驶里程（等速30km/h）	150	km
4	最高时速	40	km/h
5	长×宽×高	4565×2000×2825	mm

(续)

序号	项目	指标	单位
6	最小离地间隙	120	mm
7	轴距	2800	mm
8	轮距	1736	mm
9	最小转弯半径	6.5	m
10	方向盘转向控制精度	1	(°)
11	方向盘转动最高速度	500	(°)/s
12	加速踏板控制精度	1/255	—
13	制动控制精度	1/255	—
14	车辆加速度范围	-0.7~0.5	g
15	急停控制方式	按钮	—

（2）设计理念

整车秉承模块化、通用化、系列化的设计理念，产品系列设计理念见图2。自主开发纯电动线控多功能运输平台底盘，可通过调整上装结构，快速实现无人接驳车、观光车、售货车、快递车、配送车等不同使用场景的功能拓展，构建智慧出行和智慧物流的新载体，打造智能、酷炫、舒适的移动空间。

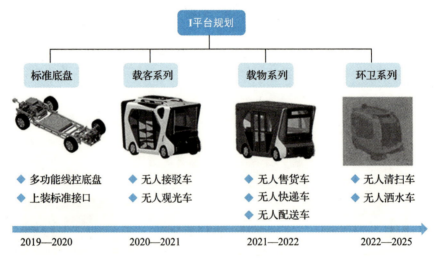

图2 产品系列设计理念图

（3）技术特点

1）模块化、标准化的电驱动线控底盘。采用电池包中置、高低压电器分区的底盘总布置结构（见图3），实现整车布置和功能需求，同时有效降低电磁干扰影响，提高车辆安全性。创新性地采用遥控器实现底盘无索操控，取消方向盘与加速、制动操纵机构。行车制动采用线控液压制动EHB+ABS，驻车制动采用拉索式EPB，采用EPB系统作为行车制动备份的冗余设计，提升车辆安全性。整车控制器基于SQTC_V1.0平台，以模块化的软件架构、规范化的数据传输接口，从多源启动、多模式识别、无线充电管理方面进行突破，打造独具特色的智电线控底盘。

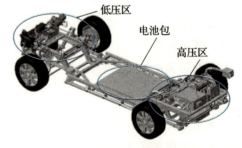

图3 底盘总布置结构

2）自主研发自动驾驶系统。自主研发自动驾驶"KunLun"系统，该系统使用车规级自动驾驶域控制器，搭载L4级自动驾驶总体解决方案。系统采用分层的体系架构（见图4），基于SOA设计实现软硬件解耦；具有轻量化、跨平台（支持X86/ARM，Windows/Linux等）的特点。系统通信模式多样，进程间通信延时小于10ms（8M数据载荷），满足L4级自动驾驶需求。通过开发无人驾驶定位、感知、决策规划、控制与仿真等核心技术，支持直道、弯道、交叉路口、减速带、环岛等常见道路场景，具备自主巡航、绕行、跟车、站点精准停靠、紧急制动、路口通行、智能交互等功能，支持无人驾驶运行。

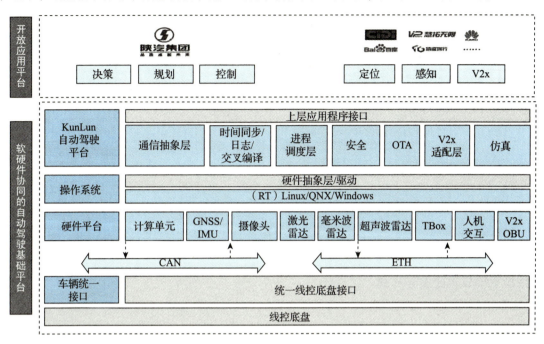

图 4　自动驾驶系统架构

3）科技感车辆造型。极具科技感的生物神经及细胞元素，充分展示无人驾驶车辆的智能生命概念。采用融入式设计思路，完美达成传感器与造型之间的平衡点，实现"功能"与"形态"的和谐统一。车辆造型见图 5。

图 5　科技感车辆造型

4）智能化座舱操控系统。一整套智能化座舱系统，包括基于 TOF 立体视觉的乘员身份及人脸识别进入系统，实现根据乘员身份、年龄段等特征调整座舱灯光、空调温度、语音助手设置、香氛系统选择、多媒体节目定制等多种个性化功能，也可将乘员信息主动上报平台，通过平台推送合适的资讯等管家服务。

3. 应用效果

德创未来汽车科技有限公司通过本项目的研发，已掌握封闭和半封闭园区自动驾驶核心技术，实现整车小批量投放，现已在陕汽工业园区、陕西西部智联新能源产业园等地开展接驳服务，并圆满完成"十四运"渭南体育中心为期近 1 个月的无人接驳运行，承担着志愿者、工作人员、观众等接驳服务，共执行上百次运行，服务上千人次，逐步形成由"道路测试"到"示范应用"的突破。

该项目即将依托秦创原新能源智能商用汽车创新中心落户西咸新区秦创原平台，并相继成功申报陕西省技术创新引导专项基金、春种基金等政府项目，为项目探索商业化模式提供窗口。同时，借助产学研项目输入核心技术，自主进行工程化落地和产品开发，力争探索出能够提供新能源自动运力服务和整车销售运营的模式，持续产生正向经济价值和社会价值。

福田智能网联产品研发与应用

北汽福田汽车股份有限公司

1. 智能网联产品研发与应用的战略意义

智能网联汽车是指搭载先进的车载传感器、控制器、执行器等装置，融合现代通信与网络、人工智能等技术，实现车与X（车、路、人、云等）智能信息交换、共享，具备复杂环境感知、智能决策、协同控制等功能，可实现"安全、高效、舒适、节能"行驶，并最终可实现替代人来操作的新一代汽车。智能网联汽车包括智能化与网联化两个技术层面，《智能网联汽车技术路线图 2.0》把整车智能分为驾驶辅助（DA）、部分自动驾驶（PA）、有条件自动驾驶（CA）、高度自动驾驶（HA）和完全自动驾驶（FA）5 个等级，网联功能分为网联辅助信息交互、网联协同感知、网联协同决策与控制 3 个等级。

智能网联汽车是一项集智慧城市、智慧交通和智能服务于一体的国家级重大系统工程，承载了我国经济战略转型、重点突破和构建未来创新性社会的重要使命。

2. 整车智能技术研发与应用

福田汽车积极响应我国的汽车强国发展战略，紧抓历史机遇、加速转型升级。2015 年制定了福田工业互联网转型战略——"福田汽车工业 4.0"，基于智能产品、智能工厂及智能制造技术实现商用车个性化定制，构建协同开放、自主可控的智能汽车技术创新体系；2018 年制定了福田汽车商用车智能网联发展战略，提出 2021 年实现自动紧急制动（AEB）、自适应巡航（ACC）、全景环视（AVM）等十余项高级驾驶辅助系统（ADAS）产品开发、批量前装，2023 年实现列队跟驰技术成熟掌控、商业化应用，2025 年实现自动驾驶货车在港口、高速干线、物流园区市场化应用。福田汽车希望通过跨行业合作，加快新产品、新技术的研发进程，不断提升技术创新能力，打造国内领先的智能汽车领导品牌。

（1）稳扎稳打，持续拓展低等级自动驾驶功能

受益于环境感知、智能决策、控制执行等车辆关键技术日益成熟，无线通信、边缘计算、车路协同等信息交互关键技术不断发展，高精度地图和定位技术、测试评价、标准法规等基础支持关键技术持续创新，DA、PA 低等级自动驾驶产品陆续进入市场、商业化应用，配装率持续攀升。福田汽车与时俱进，在批量前装前碰撞预警（FCW）、车道偏离预警（LDW）、疲劳驾驶识别（DMS）、盲区识别预警（BSD）、自动紧急制动（AEB）、全景环视（AVM）等安全辅助类产品基础上，开发了车道保持辅助（LKA）、自适应巡航（ACC）、交通拥堵辅助（TJA）、高速公路引导（HWP）等 DA、PA 级自动驾驶产品（见图 1），并在重卡、轻卡、客车、皮卡等多车系应用（见图 2）。福田汽车在产品设计开发、应用过程中，制定了 21 项企业标准、申报了 56 项发明专利。

图 1　自动驾驶产品设计

图 2　自动驾驶车辆开发

（2）锐意创新，不断积累高等级自动驾驶技术

2016 年，福田汽车率先研制了国内首辆自动驾驶轻卡，获得了国内首张商用车自动驾驶公开道路测试牌照；2018 年底，进一步完成重卡、中卡、客车、VAN 等多车系自动驾驶车辆的样车开发、示范运营，实现了多款商用自动驾驶车辆的商业化运营。2019 年，福田汽车基于重卡开发了列队行驶技术，实现了多车列队、后车无人、车速 70km/h、车间距 10m 条件下的协同加速、减速和变道，达到了国内领先的水平。队列行驶可降低后车油耗 12%，经济效益明显，同时减少了人力成本，改善了道路通行率，提高了交通效率。2019 年，福田汽车还面向北京冬奥会开发了 12m 公交车、12m 旅游大巴、6m 无人客车、4mMINIBUS 多款自动驾驶客车，实现了 CA、HA 高等级自动驾驶技术在封闭半封闭园区商业化运营。

在高等级自动驾驶样车开发、示范运营和商业化运营过程中，福田汽车提升了智能化产品及核心技术竞争力，形成了自动驾驶测试场景标准用例 421 项，参与编写了 3 项国际标准、2 项国家标准、7 项行业标准，申报了 38 项发明专利。

（3）携手奋进，打造智能网联生态体系

汽车产业及产品是新技术应用的重要载体，智能网联汽车是人工智能、移动互联网、新一代信息技术、物联网、云计算、能源储存、可再生能源等技术的应用平台，需要产业间深度交叉融合，才能推动新技术持续创新、突破与产业化，实现相关产业迭代升级。

为了打造四大核心竞争力——可靠的感知融合、精准的决策控制、平顺的线控底盘、丰富的运行场景，福田汽车与战略合作伙伴合作，建立了多个"朋友圈"。福田汽车与康明斯、KONRR、WABCO、ZF 共同开发电控制动、电控转向类智能控制产品；与华为、百度、图森、光庭、四维图新合作开发智能决策策略；与大陆、速腾聚创、东软、上海智博、福瑞泰克等联合开发 DA、PA 级智能产品；与北斗、千寻等企业在高精度地图与定位技术方面进行协同。福田汽车与合作伙伴优势互补，不断推进商用车智能网联技术和产品的联合创新，共同打造合作、共赢、开放的智能网联生态体系。

3. 车联网技术开发与应用

我国的道路交通场景非常复杂，仅凭单车智能化方案难以实现全天候、全天时自动驾驶，采用智能化与网联化相融合的技术方案，可以有效弥补单车智能化存在的能力盲区和感知不足问题，降低对单车搭载传感器、硬件性能等要求，降低单车成本，有利于快速实现自动驾驶。现阶段，汽车网联化处于网联辅助信息交互向网联协同感知过渡阶段。网联辅助信息交互的主要用途是基于车-路、车-后台通信，实现导航等辅助信息的获取以及车辆行驶与驾驶员操作等数据的上传，为驾驶员提供交通信息提醒、车载信息服务、天气信息提醒、紧急呼叫等服务。网联协同感知的主要用途是基于车-车、车-路、车-人、车-后台通信,实时获取车辆周边交通环境信息,与车载传感器的感知信息融合,作为自车决策与控制系统的输入,为车辆提供道路湿滑提醒、交通事故预警、紧急制动预警、特殊车辆避让等信息。

福田汽车2010年8月专门成立分公司,负责福田汽车商用车车联网业务规划、产品开发和网联辅助信息交互相关技术研究。经过车联网产品多年自主研发,福田汽车已建成国内最大的商用车企车联网平台,建立以车载终端为入口,车联网云平台为载体,车联网应用为导向、车联网大数据服务为核心的福田汽车车联网生态体系。

(1) 数据融合,易扩展车联网平台

福田汽车的车联网平台采用互联网主流、标准、开源技术架构,应用云计算、负载均衡、大数据、构件、容器等技术,支持高可用性、高负载、海量数据采集,多种协议弹性接入和行业应用高度可配置。系统整体架构分为"端管云"三层(见图3)。

第一层(端系统):智能终端,负责采集与获取车辆信息,感知行车状态与环境,支持车内通信、车间通信、车网通信。

第二层(管系统):支持车与车(V2V)、车与路(V2R)、车与网(V2I)、车与人(V2H)等互联互通,支持车辆自组网及多种异构网络之间通信与漫游。

第三层(云系统):车辆运行信息平台,车辆的数据汇聚、计算、调度、监控、管理与应用的复合体,具有虚拟化、安全认证、实时交互、海量存储等云计算功能;生态链包含客货运、危特车辆管理、物流、汽修汽配、汽车租赁、汽车制造商、4S店、保险、紧急救援等。

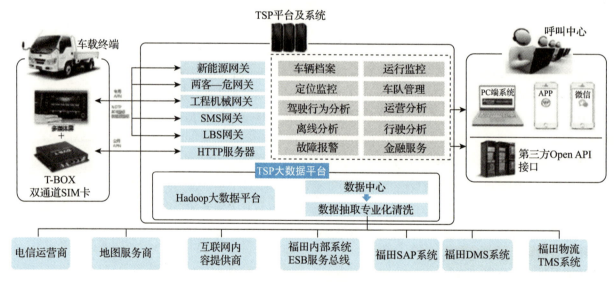

图3 福田汽车车联网系统架构

(2) 平台设计,个性化适配智能终端

福田汽车研发生产的车辆涵盖重卡、轻卡、客车、皮卡等车系,配置跨度大,对车辆智能终端的需求差异大;福田汽车采取平台化设计,打造统一的硬件平台,适配不同嵌入式软件,满足不同车辆个性需求。智能终端采用统一的软硬件架构、配置接口,可根据需要配接传感器、摄像头、雷达、显示屏、仪表和ADAS等产品;软件符合相关国家、行业和团体标准,集行驶记录、视频采集、环境感知、故障诊断、显示、定位、通信等功能于一体,可扩展性强。

福田汽车自主定义远程控车、金融锁车、油耗分析、驾驶行为分析、整车电控单元远程升级等功能;与供应商协同,基于第四代移动通信技术实现LTE-V2X,应用于CA级自动驾驶车辆;基于第五代移动通信技术开发C-V2X智能终端,为HA级自动驾驶及车路协同奠定基础。

（3）深度挖掘，数据增值服务

经过十年的迭代开发，福田汽车创建了商用车车联网数据应用技术体系，制定了设备追溯、数据采集、共享调用的车联网企业标准，建立了弹性接入、多维互联的大数据共享应用中心，实现了政府监管、制造商、车企和客户等全方位的数据融合共享应用。福田汽车基于车联网数据对问题车辆进行预警、实时跟踪、安全控制和软件版本迭代更新，降低了商用车开发成本，提高了商用车全生命周期的营运经济性和耐久性。基于车联网数据进行车队管理，降低了管理成本、事故发生率，提高了调度效率，实现传统车队管理向智能化车队管理转型。基于车联网数据进行环保排放、金融、物流、故障维修、车辆保养、事故救援、二手车销售等环节应用，为政府相关部门、福田内部客户、经销商、服务商、供应商等产业链提供全价值链的车联网服务（见图4）。

图4 福田汽车全价值链车联网服务

上汽智能化、网联化自主创新成果

上海汽车集团股份有限公司乘用车分公司

随着车联网行业的飞速发展，未来车钥匙形态趋于虚拟化，市场上数字钥匙量产比例已达25%，各大手机厂商纷纷推出蓝牙数字钥匙功能，以进一步提升市场用户数字化用车的体验。但是目前市场暂时没有发布蓝牙无感钥匙的整车厂，上汽乘用车于2021年9月召开发布会，宣布全球首发基于ICCE协议的数智云钥匙。

作为一款智能化、网联化的自主创新产品，上汽乘用车与各大手机厂商达成合作，通过蓝牙拉活技术打造了此款手机云钥匙。手机即为钥匙，仅需在手机上完成与车端蓝牙配对，后续无需在手机上进行操作，通过蓝牙拉活车厂APP即可识别车主和被授权对象，实现了无感迎宾、无感解闭锁、无钥匙进入及起动系统（PEPS，Passive Entry Passive Start）等控车体验。

该款云钥匙对比同类数字钥匙更加便捷，安全性更高，具有高可用性和高扩展性。对于已规划数字钥匙功能手机品牌（华为/苹果/OPPO/VIVO/小米等），集成手机厂商车钥匙框架及蓝牙唤醒接口服务，通过系统层实现手机与车辆的快速连接与认证。对于当前尚未规划数字钥匙功能手机型号或品牌；将APP蓝牙通信服务（service）与APP应用的功能分离设计，并提高蓝牙服务优先级；基于（安卓&iOS）操作系统提供的技术栈接口尽可能优化设备发现与连接过程。

安全方面，数智云钥匙由车内钥匙、智能终端、云端等多种技术组成（见图1）。这种异构的体系，给钥匙的安全性带来很大挑战。上汽乘用车采用了对称密钥体系的认证方式，根据端侧安全元件的安全加密、安全存储，端到端的双向认证，云端、手机端及车端面临的安全威胁，构建端侧安全防护体系的安全架构，基于密钥体系，搭建了手机与车辆对称加密算法的双向认证、云中心化的安全机制，通过业务数据与认证密钥组成的钥匙结构体系以及手机厂商后台与车厂后台的互信机制等安全设计；基于后台安全，保障了通讯安全、数据安全、网络安全与系统安全；基于手机端安全，采用了密钥打散、白盒加密、环境监测等防篡改与运行保护的能力；基于车端安全，设计了ECU安全防护、安全漏洞防护的动态更新、安全定位、身份认证、安全芯片、高强度加密算法（见图2）。

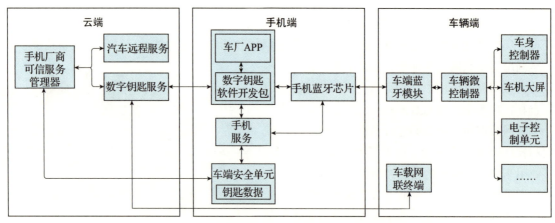

图1 数智云钥匙车、云、端一体化安全技术方案

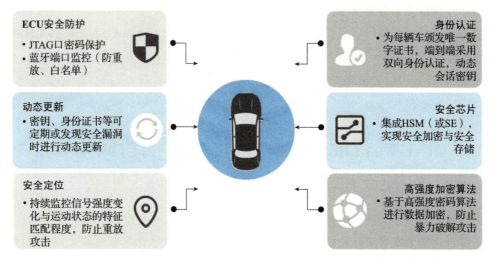

图2 数智云钥匙六大安全防护

定位方面，数智云钥匙基于手机运动传感器，分析手机姿态及用户运动状态，融合运动状态和蓝牙信号强度综合决策解锁、闭锁指令。为了解决手机与车端蓝牙存在信号干扰、遮挡或者环境复杂多变等情况，采用"1主+5从"多蓝牙节点定位方案（见图3），从而实现用户无感极致化体验。

1）车内启动区域覆盖率约95%（可解决常规遮挡）。

2）车身边界精度：±20cm。

3）主动解/闭锁表现：(2±1.5) m /(5±2) m。

图3 数智云钥匙"1主+5从"多蓝牙节点定位

兼容性方面：

1）手机端SDK设备管理模块根据手机型号、操作系统及云钥匙框架支持情况适配手机厂商开卡、初始化、个性化及钥匙管理等功能；同时SDK支持基于白盒组件实现BLE云钥匙功能。

2）云端分别基于各家手机厂商对接策略完成安全及业务接口对接，由云钥匙业务服务管理层根据手机情况调用对应的钥匙接口服务。

3）车端需支持ICCE及CCC认证流程，并在SE Applet内部署ICCE及CCC认证Applet；车辆下线时，需分别完成ICCE和CCC个人化，灌装所需的根密钥及数字证书。

技术升级方面，云钥匙支持未来无缝升级到 CCC3.0、NFC、UWB 等技术，为用户提供更加精准的钥匙定位及无感体验。

场景拓展方面，未来上汽乘用车将建设数智云钥匙服务平台，面向不同配置车型、不同业务场景，实现上汽品牌全场景用车服务闭环，打造智慧用车生态。通过云钥匙赋能，打通 C 端用车场景与 B 端场景联动，为车主提供云钥匙支付 O2O 服务、共享出行、代客、保养、试乘试驾等一系列用车服务，并为上汽品牌存量车市场提供了后装升级云钥匙控车的可能性。

DPCA 智能化网联化领域的探索与实践

神龙汽车有限公司

作者：钟守山，冯朝曦

驾驶辅助系统是汽车智能化研发中的重点关注领域。DPCA 突破传统合资企业的局限，开启了以中国需求为出发点，从系统的角度去设计开发驾驶辅助领域的智能化产品的新探索与实践之路，目标是为用户提供安全可靠的智能驾驶辅助系统，为用户带来更加安全舒适的驾乘体验。

2016 年，公司首台装备 ADAS 驾驶辅助功能的东风雪铁龙 C6 实现投放。该车具备自动紧急制动、自适应巡航、车道偏离报警等 ADAS 功能，在行业中处于领先水平（见图1）。

2017 年，东风标致 4008 上市，该车型在东风雪铁龙 C6 的基础上将驾驶辅助功能进行升级，加入了车道保持的车身横向控制功能，产品力得到进一步提升。

2018 年底，通过对 ADAS 驾驶辅助系统技术研究的不断积累，公司首台装备 L2 级驾驶辅助功能的东风标致 508L 实现量产。该车装备高性能摄像头、77GHz 毫米波雷达、车身摄像头、超声波传感器、红外夜视探头等，为车辆 ADAS 功能提供有力的支持；能实现高速路集成驾驶辅助、性能更优化的 AEBS 功能、全自动泊车、夜视等先进的主动安全功能，用户体验更佳（见图2）。

图1 雪铁龙 C6 自动紧急制动系统（AEBS）测试

图2 508L L2 级驾驶辅助

2019 年，DPCA 与 PSA 合作开发了"东风标致 4008 自动驾驶测试原型车"，该车获得重庆市自动驾驶车辆公开道路测试牌照。该车通过装备激光雷达、毫米波雷达、摄像头等对环境进行高精度探测，自动驾驶中央处理器融合探测到的环境信息并进行计算，最终发出控制指令，使得该车可以实现自动变道、紧急避让、自动避障、故障靠边停车等功能，为未来自动驾驶系统的落地迈出了关键一步（见图3、图4）。

图3 自动驾驶样车1

图4 自动驾驶样车2

针对智能网联汽车技术路线，神龙汽车在V2X领域积极研究，2019年、2020年，与PSA合作开发了508L、天逸C5 Aircross、e2008等V2X前瞻原型车辆，搭载了最新V2X技术，并在无锡、上海等地大型行业博览会亮相。搭载的V2X技术方案成功实现了多场景车车直连、车云连接等，能实现包括前车制动预警、行人横穿预警、交通信息灯车内分道显示、车速提醒、危险路况提醒、异常车辆提醒等在内的多个场景，为后期V2X的量产积累了丰富经验（见图5）。

图5　C-V2X"新四跨"展示

2021年，融合了多项技术升级的东风雪铁龙凡尔赛C5 X是DPCA在驾驶辅助领域实践效果的充分展示（见图6）。

L2.5 C-Pilot自动辅助驾驶系统配备了1个全新升级的驾驶辅助摄像头（采用Mobileye EyeQ4芯片）及3个77GHz毫米波雷达，全面提升系统对环境的感知融合能力，为C5 X的L2级驾驶辅助提供强大支持。

一键激活自动辅助驾驶系统，可实现0~180km/h全速域驾驶辅助。通过全速自适应巡航（ACC）与车道定位辅助（LPA）系统的结合，在稳定跟随目标车的同时系统对车辆横向运动进行持续精确的控制，使车辆稳定地在车道中行驶，提升用户的智能驾驶体验。

1. 自动紧急制动

全新升级的第三代自动紧急制动系统（AEBS3）可识别汽车，横穿及纵向运动的行人、摩托车、自行车等目标，并全面提升了夜间对车辆与行人目标的识别与计算能力，支持最新C-NCAP（中国新车评价规程）的各项测试场景，紧急情况下向驾驶员提供报警信息或辅助驾驶员进行制动力补偿或自动制动，避免或降低碰撞的严重性，保障车内乘员的安全。

2. 变道辅助（LCA）

通过毫米波雷达对本车周围车辆进行远距离探测，并且可实时监控车辆左右盲区，当系统判断变道过程有碰撞风险时及时提醒驾驶员或纠正行驶轨迹，保证变道安全。

3. 后方交通预警（RCTA）

倒车时，通过后保险杠左右的毫米波雷达探测左右盲区靠近的车辆、行人、自行车、摩托车，并向驾驶员发出提示信息，帮助驾驶员了解后方环境，提高行车安全。

图6　凡尔赛C5 X

汽车网联化是未来汽车产业"新四化"的重点发展方向之一，是未来中国车企抢占汽车产业战略的制高点。新一轮产业革命和中国市场消费者对智能网联汽车体验及功能日益增强的需求正推动汽车网联化的快速发展，行业竞争日益加剧。神龙汽车作为中国第一批合资车企，在面临内外部激烈竞争压力的状况下，坚持以本土需求为主，自主开发，着力打造适合中国市场的网联化产品。

2014年5月,公司第一代3G车联网系统MRN在508车型上首次投放,搭载博泰车辆服务应用平台,实现了在线电台、天气查询、离线导航、车辆诊断、e/b-call等丰富在线应用。MRN系统的性能和质量表现在行业内处于领先水平。

2016年底,公司第二代基于3G车联网系统NACRCC wave2在C5天逸车型上首次投放市场。相比第一代车联网系统,增加了语音控制、电容触控等功能,产品力得到进一步提升。

2018年10月,公司与阿里巴巴合作打造的中国市场合资品牌第一款智能网联车A88云逸成功投放市场。该项目由公司中方团队主导开发,提前3个月实现投放,引入了阿里巴巴生态系统,达到中国市场车联网领先水平(见图7)。

图7 雪铁龙云逸搭载斑马生态系统

2019年2月,公司自主研发的入门级大屏互联系统RC9在新C4L车型上首次投放。该系统融合了科大讯飞语音助手,集成了主流的APP应用,通过手机互联的方式,打造经济、好看、好用的中低端车联网系统(见图8)。

2019年3月,公司第三代基于4G车联网系统NACRCC wave3在新508L车型上首次投放市场。相比第二代车联网系统,新增了自然语音识别、高清显示系统、4G通信、在线服务webportal等应用和功能(见图9)。

图8 RC9互联系统　　　　图9 NACRCC车联网系统

2019年3月,公司与华为、联通智网合作打造的车辆数据平台CVMP1.5和车辆服务平台NTSP1.0上线。作为公司首次自建的车联网生态体系,平台引入了丰富的互联网应用,如在线音乐、在线广播、OTA在线升级、智慧车险、智能维保、远程救援、大数据挖掘等(见图10)。

2019年3月,公司车联网后台通过新能源国家监测中心平台符合性认证。

2020年6月,公司与华为、联通智网合作打造的车辆数据平台CVMP2.0和车辆服务平台NTSP2.0上线,全面优化了HMI设计,增加了在线音乐、在线导航、在线POI等客户需求度较高的应用(见图11)。

2020年6月,适配新能源的第四代车联网系统NACRCC wave4在新2008车型上首次投放市场。

图10 CVMP1.5　　　　图11 CVMP2.0

2020年7月，远程控制系统在4008 PHEV车型上成功投放（见图12）。

2020年8月，公司车联网后台通过上海市新能源监测中心平台符合性认证。

2021年4月，完全由中方团队主导开发的新一代低成本手机车联网方案AI2 1.0项目成功投放，该项目深度集成中国本土应用和智能语音系统，打造适合中国消费者的全新UI设计（见图13）。

图12　远程控制系统

图13　AI2 1.0

2021年10月，公司新一代全球座舱域控制系统IVI2020成功投放，做到了全球同步开发，全新的HMI设计，融入了强大的中国本土生态应用，打造好看、好用、好玩的极致体验（见图14）。

图14　IVI2020

摩登汽车智能网联技术创新

摩登汽车有限公司

作者：李原

在智能网联方面，摩登汽车采用新一代座舱域控制器，通过统一SoC芯片，可实现一芯多屏多系统。借助高算力硬件平台，域控制器能在较低能耗下保持较高CPU、GPU、AI算力。在软件方面，座舱域控制器基于SOA架构设计，实现软硬件解耦，支持Hypervisor虚拟化，实现多系统平台支持FOTA升级等。此外座舱域控制器集成度和功能接口进一步增强，可满足6个显示屏同时显示，最大支持16路高清摄像头，集成AR导航、DMS、Face ID、360环视、在线车联网服务等功能。

目前摩登汽车已经打通了车端本地数据与TSP云端计算中心的监控系统，具备车辆数据采集、车辆状态控制、远程监控与定位、车况诊断等功能。通过车载终端实时获取新能源汽车CAN总线上的车辆状况数据和故障状态，结合GPS传感器获取的定位信息，最后通过TBOX网络传输到平台；可以实现对车辆的安全监控，同时可以为新能源汽车用户提供服务。车载终端接入系统负责接收和发送车辆数据；车辆监控系统实现对行车、电池、车辆位置等状态的实时监控，同时支持实时获取车辆故障码，实现对车辆故障的诊断与上报；信息管理系统实现对车辆、车主、设备等业务相关基础信息的统一管理；统计分析系统为运营提供决策数据；数据交换系统提供数据对接及交换服务。

在汽车智能化方面，语音交互作为安全高效的车内人机交互方式，摩登汽车运用了很多创新的方法，也总结了丰富的经验，大小模型融合，风险下降，速度上升，部署独立的模型，减少训练时间。基于神经网络的模型，无论是开发阶段还是上线之后，都需要大量的训练学习，影响开发和更新效率。对此，摩登汽车使用了2个神经网络模型，无需重新训练修改，训练速度快，验证便捷。在线导航，高德地图动态导航卡片显示，高度集成人机交互。

具体特色如下：

1）采用最新安卓 10.0 Automotive 车机版。

2）从云端到车端电子电气架构规划支持全车级别的 FOTA。

3）云端架构开发及部署能力支持诸如手机数字钥匙、远程车辆控制、远程车辆诊断、国地标数据对接、企标数据解析存储、大数据分析等功能。

4）人工智能团队具备深度学习、语音、图像识别、数据融合优化和大数据平台搭建及演进的能力。

目前基于安卓 Automotive 版本完成了从底层、中间层到应用层的深度定制系统的开发，基于该系统实现了多屏联动、语音控车及众多的车载应用，如导航、在线 FM、音频、视频、手机互联，蓝牙等（见图 1）。

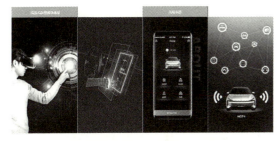

图 1　摩登汽车智能化，网联化技术亮点

天际汽车智能网联技术创新

天际汽车（长沙）销售有限公司

作者：俞松耀

在智能网联方面，天际汽车在北京成立了开发子公司：北京伏羲车联科技有限公司。天际汽车自主开发了 iMA 智能数字化架构、通过底层架构、硬件、操作系统、应用层及云端 5 个维度打造智能网联系统。首款产品天际 ME7 架构采用以太网技术，硬件采用高通 820A 芯片，处理速度是目前主流车联网芯片的 2 倍；全车配 5 块大屏，用户可以便捷地进入互联网；5 块大屏的内容可以自由分享；手机内容可以方便地投射到大屏；车辆控制采用 3D 交互技术，非常有科技感；语音交互也非常智能；通过人脸识别技术，智能座舱座椅、后视镜及大屏可完成自动设置。天际汽车车联网团队的技术方案已经应用到天际汽车已上市的 ME7 和 ME5 车型上，并将持续迭代升级，应用到天际汽车后续整车产品。同时，根据实际的情况也具备向其他整车厂商提供整体技术方案的能力。

未来基于大数据的控制方法将产生巨大影响。目前天际汽车已经打通了动力系统本地数据与云端计算中心的路径。基于数据在云端的积累，通过数据算法的应用，能够在时间维度和车辆维度两个维度对现有的控制方法进行拓展，消除传统汽车电子控制中只能基于短时信息和单车信息进行算法决策的局限性。在这种技术架构下，车载本地电控单元将与云端共同构成完整的控制体系。云端完成多车辆、长时间的信息比较和提取，本地则基于云端信息优化本地实时控制策略，以及进行边缘计算提取特征反馈到云端系统。

从用户使用角度，能够进行用户驾驶习惯辨识、路况识别、能耗策略自动优化等多场景功能。从核心零部件角度，对于动力电池可以实现异常辨识、安全预警、电池历史画像、在线寿命模型等算法。通过数据化云端 – 边缘计算融合控制开发过程，使传统的汽车电子嵌入式控制开发过程得到跨越式拓展，后续车型将逐步实现全生命周期持续控制标定数据升级迭代，以及一车一标定、一电池一标定这种差异化、个性化的产品体验。

具体特色如下：

1）安卓系统深度定制开发及人机交互设计。

2）从云端到车端电子电气架构规划支持全车级别的 FOTA。

3）云端架构开发及部署能力支持诸如手机数字钥匙、远程车辆控制、远程车辆诊断、国地标数据对接、企标数据解析存储、大数据分析等功能。

4）人工智能团队具备深度学习、语音、图像识别、数据融合优化和大数据平台搭建及演进的能力。

目前基于安卓 Automotive 版本完成了从底层、中间层到应用层的深度定制系统的开发，并命名为 EOS

系统，基于该系统实现了人脸识别、3D小天形象及3D车模动效、5+X多屏联动、语音控车及众多的车载应用，如导航、在线FM、音频、视频、行车记录仪、拍照等。

基于公有云和自有服务器、密码机，自建了天际车云系统，实现了一体化的账号体系，实现了整车FOTA、数据上传、远程控车、蓝牙钥匙、智能硬件、个性化配置信息下发。也基于数据埋点和企标数据上传了成体系的人、车数据，用于大数据分析和优化。

我们的座舱系统采用了高通820A平台，为当下处理能力最强的车载座舱平台。

3D实时渲染呈现的效果要远好于2D或序列帧，我们用3D实时渲染技术制作的小天形象和车控操作界面能让用户触碰到更逼真的效果，了解更真实的效果。

我们通过红外人脸识别技术可以全天候精确识别驾驶员，随之可以自动调整座椅、后视镜及账号关联的其他数据。识别动作在驾驶员上车过程中完成，不需要驾驶员额外的操作。

我们推出的5+X多屏互动系统基于多处理器、多屏、车载以太网及WiFi投屏/镜像技术打造，可以连通车上的5屏和用户的手机、PAD，使得车内音视频信息分享变得极为便利。

目前在研的有8155 Hypervisor平台、5G+C-V2X通信终端和蓝牙+UWB+5G数字钥匙。

基于高通骁龙8155平台、QNX-Hypervisor的"一机多屏多系统"嵌入式AI智能驾驶座舱解决方案，协同最新一代蜂窝移动通信技术5G所提供的高数据速率流量通道及经过整合全球定位系统（GPS）导航技术、车对车交流技术、无线通信及远程感应技术的V2X方案，展现下一代智能驾驶舱极致的人机交互和炫酷视觉体验；基于QNX-Hypervisor技术构建QNX+安卓的系统环境，让数字仪表功能运行在安全可靠的QNX系统上，而中控及其他娱乐系统运行在安卓系统，可深度优化整体系统性能；融合不停迭代更新的人脸识别、语音双工识别等多项人工智能技术，基于UWB精准定位的蓝牙钥匙技术，最终为消费者带来更加智能化、个性化、情感化、便利化的人机交互体验。通过驾驶者的身份和情绪识别，智能驾驶舱可根据驾驶员的状态推荐相应的主题界面和3D动效，给用户带来绝佳的视觉体验；通过语音双工识别技术让驾驶员控制导航、蓝牙电话、音乐播放更加自然和便利，让智慧出行更加安全、更加便捷。

图1所示为我们根据用车场景规划打造的智慧出行功能集。

图1　智慧出行功能集

上汽商用车技术中心智能化自主创新成果

上汽大通汽车有限公司

作者：苏敏，刘艳梅

蜘蛛智联平台（见图1）是上汽商用车技术中心自主研发的一款智能化网联产品，结合商用车和乘用车的使用场景，兼顾个人及企业用户的功能需求，全面接入各类生态体系，为个人车主及各行业量身打造智能化平台。

1. 车载娱乐系统端

车载端蜘蛛智联提供全面的用车相关功能及服务，使开车出行更轻松，包含在线导航、智能语音、在线娱乐、智慧停车、智慧加油、道路救援、手机互联等功能，部分车型同时搭载腾讯 TAI3.0 系统和斑马系统，构建蜘蛛智联生态系统。

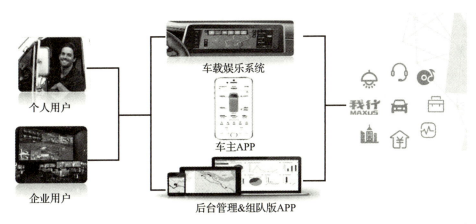

图1 蜘蛛智联平台示意图

（1）网中网 – 后排网联系统

围绕智能化（更拟人化的思考与交互）、数字化（多平台数据融合与产品反补）深耕智能座舱场景，坚持自主研发，打造最懂客户的智能网联产品。后排配置屏幕，满足手机控制系统、后排专属通信系统、专享语音识别系统、专享日程系统功能，前后排屏幕间可实现画面共享、内容推送、特殊场景联动、画中画等多屏互动效果，大大提升整车科技感，为用户带来极大的娱乐办公体验。

（2）OTA 升级

蜘蛛智联系统提供 OTA 升级，如同手机 APP 般简单直观地升级系统，实现新功能、新体验，可以高效地通过数据包的形式完成缺陷修复，有效地节约了客户到 4S 店维修或进厂返修所带来的不便；可以快速响应，进行软件版本在线迭代；远程诊断可以以故障信息为索引，制定维修指导策略，使客户可以轻松查询到问题故障码并进行自主修复，能让 4S 店准确快速定位解决问题。

2. 车主 APP

蜘蛛智联车主 APP 提供从用车到售后再到生活的全面车主服务，可使用 APP 查询实时车况、车辆定位、电子围栏、行驶轨迹、无感蓝牙钥匙、远程操作等功能。

3. 车队管理后台

1）针对企业用户，提供了网页版后台及团队版 APP，权限分级设置，信息实时互通，实现企业多车管理及运营。可使用 APP 查询实时车况、车辆位置及轨迹监控、油电量监控、远程上锁解锁、远程跛行、运营看板、驾驶习惯分析、运营消息推送等功能。

2）远程跛行。针对 EV 车型的租赁企业，提供有力的管理工具，对租赁到期、拖赖租金、恶意拔除车载通信模块的行为，车辆管理员可以通过后台操作界面远程限制车辆使用状况，使其只能低速跛行。

4. 智能驾驶产品

（1）DMS 疲劳检测分析

车辆行驶过程中，全天候监测驾驶员的疲劳状态、驾驶行为等；在发现驾驶员出现疲劳、打哈欠及其他错误驾驶状态后，将会进行语音提醒；实现对车辆和驾驶员的远程监管，提升驾驶的安全性；通过驾驶员的面部特征、眼部信号、头部运动性等算法，推断驾驶员的疲劳状态，并报警提示和采取相应措施，对驾乘者给予主动智能的安全保障；监测驾驶员处于抽烟或打电话等状态时，会触发报警，并语音提醒，监督、提醒驾驶员文明、安全行驶。

（2）APA遥控一键泊车

1）智慧一键泊车。用户根据组合仪表提示完成停车，选择挂停车档进一步激活一键泊车功能。此时用户可以选择下车，并在手机APP中进行操作，点击一键泊车，系统自检通过后，点击泊车按钮，系统可以进行自动泊车，泊车成功后会自动下电、锁车。

2）智慧遥控泊车。锁车情况下，手机上打开APP在界面选择智慧泊车—遥控泊车，系统自检通过后，可在界面上操作按键实现将您的爱车前后移动，方便上下车。

3）记忆泊车。车辆可以按照用户设定的路线，辅助驾驶员将车辆从设定路线的起点，开往设定路线的终点，并泊入终点附近已被系统记忆的车位。

（3）自适应巡航控制（ACC）

在畅通的高速公路和长直道上行驶时，自适应巡航控制可按照驾驶员设定的跟车时距或车速控制本车与前方的车辆保持安全的跟车间距行驶。此为自动驾驶辅助系统，并不具备完全的自动驾驶能力，为此，用户必须保持对车辆和环境观察、判断的专注力，必要时随时接管车辆。

（4）自动紧急制动（AEB）

此系统在检测到即将发生碰撞时，会通过警示或采取制动操作来保护乘员，避免因驾驶员反应不及时未能施加制动导致碰撞风险。AEB起效的工作车速为8～80km/h，超过该速度区间系统功能不能保证。AEB触发时有短促、急剧的制动并在车速小于等于40km/h时可停止车辆，避免与前车碰撞。若速度差超过40km/h，则AEB无法避免碰撞，在这种情况下要完全避免碰撞，驾驶员需要提前制动。

（5）前碰撞预警（FCW）

此系统在检测到可能与前方障碍物碰撞时，会通过警示来提醒驾驶员采取制动操作，避免因驾驶员反应不及时未能施加制动导致碰撞风险。

（6）车辆偏离预警（LDW）

此系统可帮助驾驶员在高速公路或类似主干道上在某些情况下有意外偏离车道的风险时，组合仪表通过声音和弹框提醒用户。LDW的启用车速为60～130km/h，在发生偏离时，系统可通过触发声音或灯光信息来提醒驾驶员。在狭长道路上，该功能处于不可用状态。车道偏离报警有三个灵敏度，驾驶员可根据个人驾驶风格选择相应的灵敏度。驾驶员若想让灵敏度高点，可选择灵敏度高的等级，若想让灵敏度低点，可选择灵敏度低的等级。当功能激活并且触发功能时，偏离侧的车道线颜色变红，表示车道偏离预警功能已经触发。

比亚迪DiLink智能网联系统介绍及应用

比亚迪汽车工业有限公司产品规划及汽车新技术研究院

作者：杨冬生

比亚迪DiLink智能网联系统（见图1）是比亚迪基于移动互联、智能AI、语音识别、车联网、大数据等最新技术和用户洞察，通过软、硬件创新，完全独立自主研发的智能网联系统。系统由Di平台、DiUI、Di生态、Di云、Di开放五大板块组成，旨在通过构建开放性智能汽车平台，全面连接人–车–生活–社会，为消费者提供智能出行新体验。

2008年，第一款自研车载多媒体MS8搭载比亚迪F6上市。2011年，第一款自主研发的车联网产品比亚迪云服务搭载e6上市。2012年，全球首创遥控驾驶钥匙搭载速锐上市，国内首创腕表钥匙上市。

2014 年,第一款开放的安卓系统车机 CarPad 搭载 G5 上市。2018 年,智能旋转安卓系统车机 DiPad 搭载唐上市。2019 年 DiLink 2.0 发布。2020 年 8 月 24 日,比亚迪发布了 DiLink 3.0 系统。2021 年 8 月 27 日,比亚迪发布了 DiLink 4.0(5G)系统。

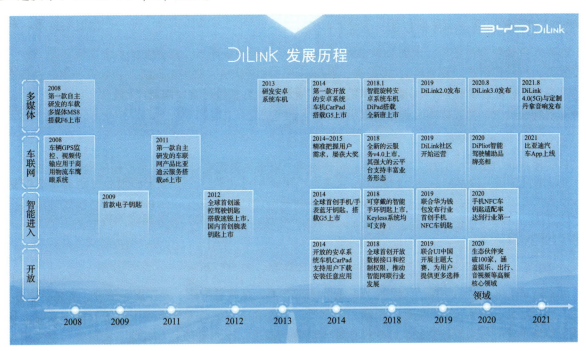

图 1 DiLink 发展历程

DiLink 各模块介绍如下。

1. Di 平台

比亚迪推出的智能自动旋转 Pad,可根据软件的应用场景和交互方式提前预判,进行智能自动旋转。例如在使用导航 APP 进行导航、使用视频 APP 观看视频等不同场景中,智能旋转 Pad 即可自动旋转成横屏或竖屏状态,实现智能应用适应的显示效果。同时,大屏还支持分屏功能,可充分利用屏幕宽度"左侧导航、右侧音乐"。

此外,智能旋转 Pad 的性能跑分可实现全程流畅玩"吃鸡"。除了手机游戏在智能旋转 Pad 上的完美映射,还可兼容手机应用,具有极为丰富的应用生态。

5G:比亚迪 DiLink 4.0(5G)搭载了车载 5G 技术。车载 5G 网络最高下载速率可达 1Gbit/s 左右,即使蓝光高清画质追剧,也不会卡顿,毫秒级低时延,进度条随心掌控,无需等待加载。这一技术将首先搭载在比亚迪汉 EV 上,而汉 EV 也成为业内首批搭载 5G 技术的量产车型。

丹拿:比亚迪 DiLink 携手世界顶级音响品牌——丹拿,打造 HiFi 级定制丹拿音响,功放最大输出功率可达 775W,最大限度还原真实声音。由殿堂级调音大师 Bjarke Pihl Bovbjerg 带领团队,在丹麦实验室进行调音。丹拿在汽车行业首次推出环绕模式,为汉特别量身定制,给用户带来高品质的听觉体验。

(1)超级旋转屏:"顶级"配置,自动旋转

最大 15.6in 超大屏;1080P 超高分辨率;5.9mm 超窄边框,83.1% 超高屏占比;全球首创自适应智能车机旋转 Pad,可根据应用实际场景,实现横竖屏智能切换,除了能够解放双手外,也进一步给用户带来良好的沉浸式影音体验。

(2)智能进入:智慧出行,极致体验

与华为、小米、OPPO、ViVo、realme、一加等国内手机品牌达成合作,并适配合作品牌旗下 368 款手机。

(3) 智能影像：安全出行，随心所驭

智能影像系统集合车辆7个高清摄像头，打造集全景透明影像、拍照录像、直播录像等安全功能、娱乐功能为一体的智能影像系统。

(4) 全场景K歌：全场景K歌，嗨唱不停

内置人声处理DSP芯片，采用UHF无线通信频道，支持双麦同K，兼容安卓系统主流K歌APP。插入接收器，打开传声器（麦克风），多场景、多应用下，想唱就唱，使用更便捷、场景更丰富。最新调教后的拾音器，K歌音量增大4~6db，人声更清晰、更浑厚，K歌时更有"喝彩""鼓掌""鲜花""飞吻"四种互动特效可选，打造移动的私人K歌房。

(5) 双频定位导航技术：尽在掌握，驾驶更从容

双频段接收卫星定位信息，复杂高架、密集街道、城市峡谷等复杂环境下定位精度提高了2倍。

(6) 安全：银行级安全保障

Di平台（见图2）有银行级安全保障，通过安全芯片、安全网关、总线加密等构建安全体系，全面保障用户的信息安全。

2. DiUI

比亚迪DiLink将常用功能与用户个性化进行充分考虑，从视觉界面、操作逻辑维度，对包括主桌面、天气、智能语音、空调、蓝牙电话、影像、快捷栏以及内置应用软件界面等多方面进行深入设计。深浅模式、百变主题充分满足用户的个性化及日常生活使用需求，行业首创的车机负一屏设计，浏览信息更加智能高效，保障了用户行车安全。

(1) 覆盖全天候场景的深浅模式（见图3）：更舒适，更安全

在AUTO模式下，可根据车辆所在地的日出日落时间，自动切换系统模式，天亮时自动设置为浅色模式，避免出现屏幕太暗看不清的情况，到了晚上自动切换为深色模式，降低屏幕光亮刺激眼睛的风险，保证了驾驶安全。

图2　Di平台概述图

图3　DiLink深浅UI图

(2) APP分屏：更多"视界"，更懂你

充分利用车载大屏智能分屏，实现左侧导航，右侧音乐等更多信息显示，满足驾乘人员不同需求。

(3) 百变主题：专属定制，随心换

主题应用全新优化，30+套免费主题内容，让用户个性化得到满足。同时支持壁纸更换，通过相册可实现家人照片壁纸替换。

(4) 车机负一屏：行业首创，智能高效

将常用功能和信息聚合，增加用户智能快捷的交互入口，更是车主的智能管家，随时对车辆状况进行检测，保障用户行车安全。

3. Di生态

由比亚迪DiLink智能网联系统为依托所打造的超级生态链，集合了海量APP生态、智能语音生态、

音乐车生态、游戏车生态等多维生态体系。从语音交互到智能家居，从游戏音乐到新闻资讯，这一超级生态链正以车为原点贯穿生活百态。

（1）主动推送服务：智能推送，主动交互

车辆在起动时自动根据用户的收听习惯，自动给用户推送节目，上下班推送新闻，周末节假日推送歌曲、生活类节目等。

（2）行业领先的智能语音生态：知你所言懂你所需

更智能化、个性化以及感性化，打通车内生态：唤醒响应时间为611ms、唤醒成功率为95%、在线响应时间仅为1.57s；车辆控制、导航控制、座椅控制、第三方生态控制、音乐控制、空调控制、电话控制、车窗控制；免唤醒、服务提醒、电池提醒、自定义唤醒、闲聊模式、节日问候、童声识别、声源定位、主动播报；智能推荐天气查询、股票查询、机票查询、火车票查询等。

（3）游戏车生态：即开即玩、畅快淋漓

在车载5G技术的加持下，海量云端游戏在线畅玩，打造移动的私人游戏厅，满足不同用户需求。

（4）音乐车生态：用户所需，沉浸享受

与丹拿合作，打造HiFi级定制丹拿音响，与酷狗音乐深度合作，打造DiLink无损试音专区，优化麦克风，即插即K，K歌音量增大4~6db，人声更清晰、更浑厚，K歌时更有"喝彩""鼓掌""鲜花""飞吻"四种互动特效可选，打造移动的私人K歌房（见图4）。

由比亚迪DiLink智能网联系统所打造的超级汽车生态、手机生态和智能家居生态将共同构筑Di生态。其中Di生态还集成了"DiCall救援及客户秘书""DiBand智能手环钥匙"等功能。

图4　DiLink音乐车生态展示图

4. Di云

比亚迪云服务Di云基于移动互联网、车联网、大数据和AI打造，通过云平台，为用户提供全面的网联应用。用户通过在手机上安装比亚迪云服务APP，即可实现远程控制、车况监测、位置查看和数据应用等诸多功能（见图5）。

通过DiLink手机端APP，用户可以随时掌控爱车动态，与此同时，诸如高温消毒、千里眼、快递到车、蓝牙遥控、E-CALL紧急救援服务和I-CALL智慧客服服务等均可支持。另外DiLink系统除车机OTA功能外，还加入了手机OTA远程升级功能。配合DiLink手机端及强大的云服务功能，用户利用闲暇时间，只需在手机轻轻一点，即可升级车辆。

无论是在炎热夏季想要远程提前打开车内空调，还是实时查看车辆车门/车灯/电量/胎压/充电等状态，通过手机云服务APP均能实现。同时，云服务APP中的"一键寻车""一键寻桩"等功能，则会让车主远离寻找车辆、查询充电桩位置等困扰。特别是"一键寻桩"功能，能够定位全国超过13万个比亚迪车主可使用的充电桩，并实时显示充电桩的使用状态、充电价格等信息。

此外，还包含能耗排名、服务预约功能在内的数据应用，实时记录车主用车心得。

（1）整车OTA功能：一触即"达"，远程升级

DiLink除车机OTA功能外，更是加入了手机OTA远程升级功能，配合全新DiLink手机端及强大的云服务功能，利用用户闲暇时间，只需在手机轻轻一点，即可升级车辆。

（2）钥匙授权：方便快捷，安全可控

钥匙分享，不需登录车主账号，保护车主隐私，还可选授权时间和授权范围，短期用车可自定义授

权时间，长期用车可永久授权；非车主也可以通过被授权使用车辆。

（3）小组件：快捷便利"任性"搭配

下载比亚迪汽车 APP，可将常用的远程遥控功能直接在手机桌面创建小组件，小组件背景 5 色可选、自定义车型名称、三项控制项自由选择，实现一步操作更便捷。

（4）高温消毒杀菌：安心之选，守护出行

DiLink 系统搭载高温消毒杀菌功能。该功能以"巴氏消毒法"为杀菌原理，通过比亚迪汽车 APP 一键开启空调并保持高温内循环模式，以 60℃出风口温度持续对车内空气进行 60～70min 循环，达到杀死细菌和部分病毒的目的。

（5）千里眼：一眼千里，随时照看

DiLink 千里眼远程影像功能支持毫秒级传输速率、高清播放画质，实现遗落物品检查、车位信息查看、车内外情况监控等超多功能。

（6）快递到车：远程开车门，随时收快递

可远程开启行李舱并利用"千里眼"功能随时监控车内画面，为车主提供更方便的智能生活体验。

（7）蓝牙遥控：实时遥控，出入更便捷

近距离连接车辆蓝牙，以全方位实时遥控、蓝牙自动连接等特点，通过比亚迪汽车 APP 操控车辆前后退，无需人工开车，出入狭窄区域更得心应手。

（8）云 CALL：安全卫士，智慧秘书

云 CALL 功能包含 E-Call 紧急救援服务与 I-Call智慧客服服务，双重保险，为您在日常用车、事故救援等场景下，提供双重安全保障。

5. Di 开放

比亚迪 DiLink 智能网联系统本身也是一个开放的智能车载应用平台。Pad 以安卓系统为基础，通过 API 方式给广大开发者提供软件对接口与整车对接。

图 5 Di 云展示图

开放车载信息系统已经是大多数车型具备的功能，而当其他车企还停留在仅开放车载信息系统之时，比亚迪整合自身线控、总线、API 等优势技术，开放了制动、转向、驱动的控制权，并又做了一次突破——DiLink 智能网联系统开放汽车上几乎所有传感器（见图 5）。

（1）车载应用：车载应用开放平台

Pad 所运行的安卓系统，通过 API 方式给广大开发者提供软件接口与整车对接。

（2）智能驾驶：智能驾驶开放平台

比亚迪整合自身线控、总线、API 等优势技术、开放了制动、转向、驱动的控制权以及 341 项传感器和 66 项控制权，智能驾驶将离我们越来越近。

以手机为参考对比来看，手机仅有 10 多个传感器，就衍生了千万级应用。可想而知，当比亚迪汽车的 341 个传感器和 66 项控制权都全面开放时，衍生出的将是一个"超级汽车生态"，汽车将变成一个可以移动的智能终端。为此，比亚迪推出了智慧开放平台，涵盖了车应用、自动驾驶等不同平台。开发者可以自行从比亚迪智慧开放平台下载开发工具、上传开发成果。

传统情况下，传感器往往只对内部开放，在比亚迪 Di 开放平台下，整车大部分传感器将向广大开发者开放，开发者可以利用这些传感器开发丰富、个性的智能驾驶应用。在秦 pro 开发者版本车型上，公司装配了多个传感器装置和安装接口（见图 6）。

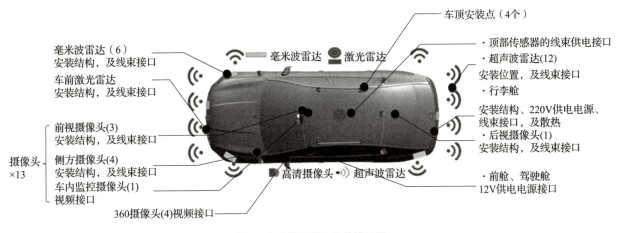

图6 传感器装置和安装接口图

大运智能电动集卡

大运汽车股份有限公司

作者：武增，杨志超，杨维刚

大运重卡公司在2021年开发了一款智能电动集卡（见图1），应用于港口内的集装箱转运场景，实现"牵引车+挂车"汽车列车的特定区域无人自动驾驶。经过几个月的调试改进，目前整车试运行正常。智能电动集卡试运行标志着大运重卡公司在自主线控底盘系统开发方面迈出重要一步。

线控底盘是智能驾驶的重要基础，需要底盘执行机构的功能更完善，系统响应和精度更高。线控底盘有几个特征：控制机构和执行机构之间没有机械连接，也没有机械供能，控制指令均以电信号形式传递给电子控制器以及执行机构。如果想更完善、精度更高、响应更迅速地控制车轮、加减速、转向以及制动等方面，线控底盘整体架构的合理性是一个必要条件（见图2）。

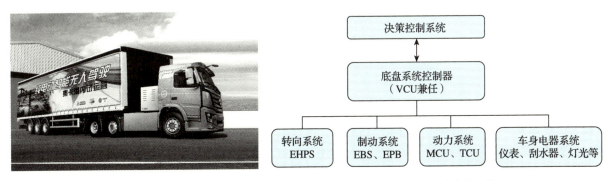

图1 大运智能电动集卡　　　　　图2 线控底盘整体架构

对于电机类驱动车辆，从执行端来看，线控加速踏板、换档以及线控车身电器系统技术都已经相对成熟，主要是提高控制的精度和可靠性。

线控油门可通过模拟加速踏板开度信息和直接目标转矩控制方式进行控制。当前技术对控制整车动力性能已经成熟，线控油门可根据实际场景及标定情况选择合适的控制方式。

线控制动通过电控制动（EBS）、电控驻车（EPB）及驱动电机辅助制动相互配合实现，三冗余设计。制动方式为控制减速度，使用EBS的EBI功能完成车辆减速。EBS出现故障时，可实现驱动电机辅助制动实现减速至5~10km/h，EPB进行制动停车。EPB出现故障时，可采用EBS保压驻车或者采用驱动电机辅助制动，通过坡道保持功能进行驻车。

线控转向通过 EHPS 实现。EHPS 采用 24V 低压转向电机和高压油泵双冗余设计。高压油泵出现故障，24V 主动转向电机可主动转向持续 1.5min。在主动转向电机出现故障时，可通过对主车转向轮和驱动轮进行间歇制动调整整车姿态及转向。

整车控制器（VCU）兼顾线控底盘控制器功能，对底盘系统的方向盘目标角度、方向盘目标转速、方向盘转角、方向盘转速、目标减速、制动灯控制，以及加速性能、整车载重信息及整车故障进行处理。它在决策层故障时有独立控制底盘系统的能力。

智能化的最终目的是实现自动驾驶。从执行端来看，目前还没有一套能够满足 L4 级以上的无人驾驶线控底盘量产产品，为了提高线控底盘的控制精度，需要采用大量的传感器、控制芯片，这让大家对线控底盘的可靠性存在疑虑。一套成熟的线控底盘需要进行大量的测试验证（见图 3）。

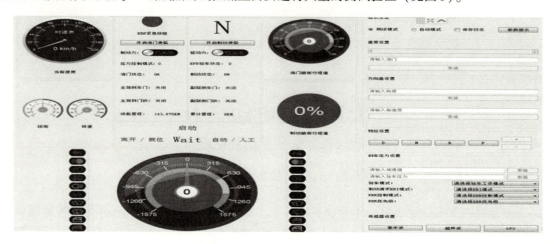

图 3　大运重卡线控底盘功能、性能测试上位机

作为智能驾驶执行系统的线控底盘，是主机厂向"自动驾驶"这一目标逐步完善的过程。而线控技术的关键，就是安全和冗余设计。大运汽车联合博世成立了未来技术研发中心，深耕一体化底盘、自动驾驶、智能网联、智慧交通、汽车电控系统等领域，研发具有世界先进水平的智能化、高性能产品。

汽车大数据应用以及价值挖掘

长城汽车股份有限公司

作者：欧津鑫，张瀛，欧阳诗辉，司文娟

随着计算机技术与信息技术的快速发展，大数据（Big Data）时代已经来临。大数据技术已经在商业科技、医疗服务、市政交通等多个领域广泛应用，大数据已经和我们的日常生活密不可分了。大数据技术可以有效地将零散的数据和信息进行整合和利用，政府、企业和个人根据大数据技术分析的结果来调整发展策略和经营决策，提升决策的针对性和准确性，提升产品质量和服务水平。大数据技术的快速发展和应用给各个行业、领域带来了新的发展方向和机遇。汽车产业作为国家重点的基础产业，正处于新时期转型升级的必然进程，大数据技术作为企业数字化转型的关键技术之一，同样吸引着国内外车企及配套企业的大力投入和深入应用。

1. 大数据技术在汽车行业的应用发展

随着大数据时代的到来，汽车行业也逐渐朝着数字化、智能化的方向发展，越来越多的车企也选择投身大数据潮流，希望借助大数据技术的分析，获得更加精准、精细化的业务运营以及营销模式变化，推动企业数字化转型，提高产品竞争力以及用户使用体验。目前国外车企，如大众、宝马、奔驰、丰田，国内企业长城、吉利、长安等都纷纷加入大数据技术应用研发之路，当前以大数据技术为核心的变革正在引领并推动汽车行业发展。

2015年10月20日，一汽-大众奥迪在上海金投赏国际创意节上首次向外界披露了奥迪的"云镜计划"，奥迪云镜就是为了整合奥迪内部和外部数据，借力大数据的分析和挖掘能力，帮助奥迪实现对自身的深入认知及对客户的洞察，助力奥迪全体系业务发展。

2016年4月，日本爱和谊日生同和保险公司（AD）和丰田公司在美国成立了合资车载信息保险服务公司，将用户驾驶习惯等数据引入保险行业，通过分析车辆制动和加速等数据信息，预估驾驶员因主观因素引发事故的可能性，以此来调整下一年的保险费。

2017年5月，特斯拉对Autopilot进行升级，利用云技术实时在线收集市场车辆数据，调用全车传感器收集数据（数据不包含隐私信息）并上传至特斯拉的中央服务器，以此助力其自动驾驶技术研发。

2018年5月30日，日本丰田与美国ALBERT宣布，双方已就建立大数据分析商务联盟达成一致意见。利用大数据分析提升自动驾驶技术，促进丰田自动驾驶技术的研发。

2020年1月，华人运通与复旦大学"类脑智能科学与技术研究院""大数据研究院"开展合作，通过人工智能算法在自动驾驶、智能识别分析领域的底层算法和海量实验数据分析开展联合研究。

2021年5月24日，岚图汽车与中国联通车联网子公司联通智网科技合作成立大数据联合实验室，将在大数据领域开展全面战略合作，共同搭建汽车大数据联合实验室，将中国联通的大数据资源、汽车垂直行业场景模型与岚图汽车的车辆使用数据结合，为岚图汽车的功能研发提供支持。

2021年5月25日，特斯拉官方微博对外发布消息称，该公司已经在中国建立数据中心，以实现数据存储本地化，并将陆续增加更多本地数据中心。

2. 大数据技术在汽车行业的应用价值

随着技术的发展，汽车行业将逐步实现"新四化"。现在市场上的车辆可以通过车联网（Internet of Vehicles，IOV）功能上传整车传感器所采集的信号数据，车企可以通过车联网功能收集存储车辆使用过程中的各种数据，积累庞大的数据来源，以用户使用为中心的数据包含车辆状态数据、车辆维修保养数据、车辆互联应用数据；以车为中心的数据包括零部件、车况等数据。

目前国内外各个车企都已经在各自的车型中部署车联网系统，利用车联网功能获取合规的车辆使用等相关数据。

长城汽车搭载车联网的车辆会帮助长城汽车形成庞大的市场数据积累，并通过大数据技术进行挖掘应用而产生巨大价值。

汽车大数据可以创造巨大的价值，成为车企和车商的有效资产，围绕这些数据将打造一个汽车周边的生态网络。目前大数据技术在汽车行业主要应用在研发设计阶段、测试验证阶段、销售阶段、售后使用阶段（见图1）。

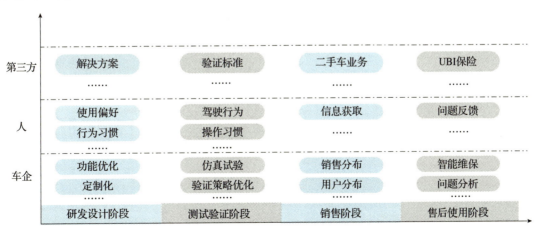

图1　大数据在汽车行业的主要应用

3. 长城汽车在汽车大数据上的应用

长城汽车自2015年研发上线了第一代车联网业务平台，接入具有里程碑意义的第一辆搭载车联网功能的车型——哈弗H9；之后，通过近10年的持续投入和积累，已生产并销售出搭载车联网功能的车辆超过100万辆，含长城汽车全系车型如WEY、欧拉、哈弗、皮卡、坦克等。这些车联网车辆都会为长城汽车形成庞大的市场数据积累，并通过大数据技术进行挖掘应用而产生巨大价值。长城汽车目前已经搭建起专业团队，通过大数据技术，围绕整车全生命周期开展数据驱动业务和持续创新。

（1）研发设计阶段的应用：空调策略优化

通过利用车联网功能，收集市场车辆空调各个功能操作使用频次。结合第三方数据，基于车外环境、车内环境、空调信号如开启时长、吹风模式、风速、设定温度等进行场景构建，对用户车辆空调的使用场景和使用模式进行多维度的分析，对比各种场景下自动空调策略与用户手动模式的差异，分析用户切换手动模式时的设定偏好。通过分析结果（见图2）优化自动空调标定策略，提升功能策略适应性，改善用户使用体验。

目前还在加大数据样本数，提高分析模型结果的可靠性。未来自主开发的空调控制策略将会根据分析结果进行调优，用更加贴合客户理想的策略调整空调，提高长城汽车产品的使用体验。

（2）测试验证阶段的应用：智能验证业务平台

长城汽车致力于为客户造出更安全、质量更可靠的车辆；在车辆研发生产过程中，测试验证阶段的工作主要是对车辆的安全性、质量可靠性进行把控，因此利用大数据技术提升测试验证工作极其重要。

为了应对汽车行业数字化浪潮的挑战，成立专门组织开发了"长城汽车智能验证业务分析平台"（见图3），以"市场环境＆数据采集、验证数据平台"为核心策略，聚焦"验证策划、试制试验及市场应用"，利用大数据建模、车路协同、人工智能以及信息化技术，支撑产品设计边界条件定义及仿真模型优化，在达成产品设计目标的前提下，逐步削减实物验证。

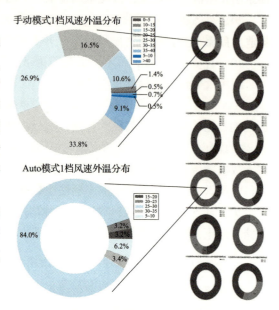

图2　对空调使用频次的分析

图3　长城汽车智能验证业务分析平台

长城汽车智能验证业务分析平台目前具备以下功能模块：耐久性分析、三电分析、燃油经济性分析。

耐久性分析功能模块主要实现基于用户数据的整车或者零部件耐久性分析（包括空调、电器件等），根据用户车辆各零部件使用频率、场景、环境等数据进行多维度的分析，再利用相应的拟合函数推算车辆全生命周期内的使用量，找到可能存在设计或验证强度不足的零部件，对其设计标准与验证标准进行修改。

三电分析功能模块包括新能源车辆的电池包数据、电机数据、电机控制器数据分析（见图4）。通过对这些数据的分析，可以更好地监控分析新能源汽车在不同环境、不同驾驶风格等情况下充电/放电过程，以此优化电池管理系统（Battery Management System，BMS）策略、试验验证方案等。

燃油经济性分析模块实现燃油经济性标定试验过程中的数据集分析、横向对比、异常值提示。方便标定工程师对测试数据进行分析处理，提高工作效率。

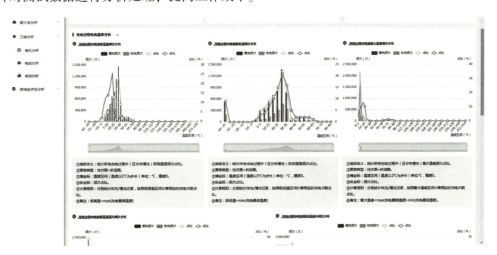

图4　三电分析功能模块

（3）销售与售后阶段应用

大数据不仅能够应用于车辆的研发测试过程中，也同样可以应用于车辆的销售与售后服务过程，例如二手车业务、保险业务、维保业务等都可以借助大数据技术变得更精准化、更个性化、更智能化。

4. 汽车大数据技术应用展望

自2015年以来，国家以及相关行业组织出台了一系列政策文件，助力传统产业优化升级，向数字化转型。在这个瞬息万变的时代中，人们对车辆的需求越来越高，车辆已经不仅仅只是一种代步工具。汽车行业的竞争也日益激烈。借助大数据技术可以帮助汽车企业优化功能开发流程、改进生产工艺、提高用户体验等，未来大数据技术一定会为汽车企业带来新的价值和变革。

高性能自动驾驶控制器正向开发及应用项目

上海蔚来汽车有限公司

作者：章健勇

蔚来在2016—2019年期间自主完成了自动驾驶域控制器硬件设计、固件和软件算法开发、系统测试验证与产业化应用，成为国内首家自主开发自动驾驶控制器并实现量产的整车公司，性能达到国际领先水平。

蔚来的量产车型ES8/ES6/EC6均搭载此自动驾驶控制器，（见图1），支持SAE L2级别的自动辅助驾驶功能，并且标配全球领先的高性能传感器，包括自主研发的三目摄像头，遍布在车身周边的5个毫米波雷达和12个超声波传感器，形成全方位的感知系统，可实现如高速自动辅助驾驶、拥堵自动辅助驾驶、转向灯控制变道、全自动泊车、自动紧急制动等 20 多项辅助驾驶功能，截至 2021 年 9 月，用户使用里程已超过 2 亿 km。

蔚来的自动驾驶控制器支持 FOTA 远程升级传感器、控制器、执行器，使得高级辅助驾驶功能可以持续学习，性能始终保持世界先进水平。2020—2021 年，蔚来通过 FOTA 远程在线升级的方式向用户释放领航辅助功能（见图 2）、换电站自动泊入、车辆近距召唤等功能，帮助驾驶者进一步提升出行体验的安全性和舒适性，实现了行业领先的自动辅助驾驶体验。

领航辅助（Navigate on Pilot Beta，NOP）是导航系统、高精地图与 NIO Pilot 自动辅助驾驶系统的深度融合，在 Pilot 已实现的巡航车速控制、车距保持、转向辅助和转向灯控制变道等功能的基础之上，支持车辆根据导航路径规划，在高精地图覆盖范围内的大部分高速公路及城市高架路等路段实现自动进出匝道和切换主干道，同时可根据道路限速和环境感知等信息自动调整车速、智能变换车道及超越慢车，从而实现指定路径下的按照导航路线自动辅助驾驶。

图 1　自动驾驶控制器

图 2　领航辅助功能

蔚来的 FOTA 远程车辆软件升级功能可针对车辆 5 个功能域、多达 35 个电子控制单元进行系统级和应用级的双重升级，可更新的车辆功能涉及三电系统、底盘悬架、自动辅助驾驶、信息娱乐系统等方面，车辆使用体验、驾驶体验持续进化。截至 2021 年 9 月，蔚来覆盖了 4 个量产车型的软件版本迭代，辅助驾驶、车控、信息娱乐等重要功能新增超过 180 项、优化功能超过 550 项，累计推送超 90 万车次。

蔚来量产车辆搭载了车载智能语音助手 NOMI，首个采用车内全圆 AMOLED 屏幕，基于强大的车载计算能力和云计算平台，集成了语音交互系统和智能情感引擎，创造了一种全新的人车交互方式，让车从一个机器变成一个有生命、有情感的伙伴（见图 3）。

车载智能语音助手 NOMI 拥有超过 100 种表情，超过 700 个语音控制指令，可以通过语音实现几乎所有的车辆控制功能和部分驾驶辅助功能。

图 3　车载智能语音助手 NOMI

第9章 重点非整车企业智能网联汽车发展概况

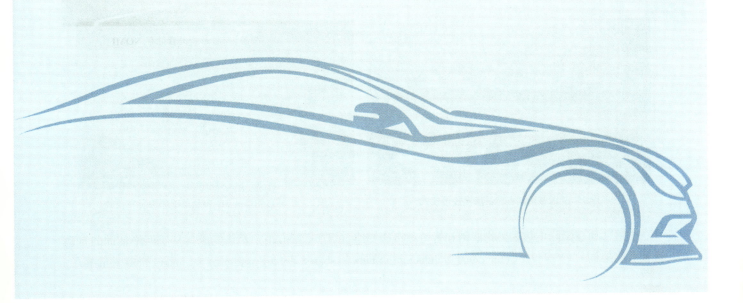

中移（上海）信息通信科技有限公司

1. 发展概况

中移（上海）信息通信科技有限公司（内部称中国移动上海产业研究院，简称中移上研院）作为中国移动的正厅级全资子公司，于2018年9月18日在中国（上海）自由贸易试验区完成公司注册，注册资本20亿元，并于2018年11月6日正式挂牌成立。公司总部设在上海市浦东新区金桥经济技术开发区，现在北京、武汉、沈阳设立分公司，全面布局产品、研发、运营、支撑和拓展等一体化工作。

公司现有员工1300余人，其中技术研发人员占比超过90%，已引进专家级人才49人，高级专业人才220人，博士高端人才23名，形成了高素质、技术型、年轻化的人才队伍。

公司成立以来，聚焦智慧交通、工业能源、金融科技三大重点领域，坚持自主创新与合作共研相结合，与中国移动各省市公司密切协同，与政府和行业组织广泛沟通，与清华大学、上海交大、武汉大学、信通院等高校及科研院所建立合作，与博世、中远海运、振华重工、京东等行业龙头企业成立联合实验室，不断加强产学研合作。打造了OnePoint智慧交通平台、OnePower工业互联网平台、OneFint智慧金融平台3大中国移动基础能力平台。建成覆盖全国的高精定位网络，形成全球规模最大、能力业界领先的高精度定位实时服务系统，实现毫米级、厘米级、亚米级的多精度服务能力。落地了5G自动驾驶、智慧港口、智慧工厂和智慧银行等52个5G应用示范场景。公司通过国家高新技术企业认证，取得国家测绘甲级资质，斩获2020年中华人民共和国工业和信息化部（简称工信部）"绽放杯"5G应用征集大赛奖项24个。

2. 响应国家级智能网联汽车产业旗帜指引

中华人民共和国交通运输部（简称交通运输部）印发《关于开展交通强国建设试点工作的通知》将中国移动作为交通强国试点单位，参与"5G智能交通信息基础设施及服务、5G车路协同与智慧高速、5G智慧港航"三个交通强国试点任务（见图1）。

同时中国移动获得交通运输部2020年交通运输行业研发中心认定。

3. 参与智能网联汽车产业组织和标准制定工作

中国移动是5G汽车联盟董事会唯一中国运营商。为配合无线通信能力在网联智能交通中的应用，中国移动牵头组建精准定位联盟、5G自动驾驶联盟（见图2）、飞联网联盟及中国移动轨道交通智联网联盟，参与中国智能网联企业产业创新联盟、车载信息服务产业应用联盟、机载公众联盟等智能网联相关联盟或行业组织30余个。

图1 交通强国试点单位牌匾授予仪式

图2 中国移动牵头5G自动驾驶联盟发布仪式

中国移动在国际电信联盟物联网和智慧城市研究组（ITU-T SG20）牵头完成《基于网络辅助的自动驾驶功能架构》（Y.4471《Functional architecture of network-based driving assistance for autonomous vehicles》）

国际标准的制定工作，同时参与《车路协同信息交互技术要求》《车联网 OTA 升级安全技术要求与测试方法》《基于 5G 的远程遥控驾驶　通信系统总体技术要求》《智能网联汽车 V2X 系统预警应用功能测试与评价规程》等共计 50 余项国家标准、行业标准的制定工作。

（1）在智能网联汽车产业的知识产权和荣誉

中国移动在近三年提审《车联网方法、装置设备、存储介质及系统》《获取资源分配策略的方法、装置、设备已存储介质》等智能网联交通相关发明专利 120 余项，其中五项 PCT 国际专利申报中，参与《车路云一体化融合控制系统白皮书》《城市轨道交通 5G 应用技术白皮书》等十余篇白皮书的撰写工作，申请软件著作权 30 余项。

（2）智能网联驾驶实验室

中国移动依托"车联网"教育部－中国移动联合实验室，围绕车联网环境下汽车智能出行、车辆和交通移动通信及大数据的基础理论与方法，开展车联网相关关键科学问题理论与应用攻关，已形成一个能够持续开展车联网领域的研发创新、项目孵化、应用示范的能力平台。

中移－博世联合实验室为满足国内智能网联、移动出行等领域出现的新需求，基于中国移动在 LTE/5G V2X 网络技术、网络资源和软硬件的整体解决方案以及未来路侧基础设施信息化能力，结合博世车端自动驾驶解决方案，持续推出创新、可行的智慧交通产品和解决方案。

为保障重大项目关键技术攻关、核心平台研发以及软硬件测试的实验环境需求，通过部署各专业仿真模拟、网络测试、终端测试、安全测试和认证测试等实验设备，针对技术方案验证、积累实验数据、沉淀自研能力，规划及建设了车路协同及融合感知研发实验环境、前装车载终端实验环境、上海汽车城创新园区外场实验室和远程驾驶实验室等共计 7 个实验环境，并不断增加中。

北京奇虎科技有限公司

1. 发展概况

北京奇虎科技有限公司（以下简称 360）成立于 2005 年，是中国领先的互联网和安全服务提供商，互联网免费安全服务的倡导者。公司于 2011 年在美国纽交所上市，并于 2018 年回归 A 股，面向政府、城市、行业及个人用户，提供包括网络安全、大数据智能和互联网应用服务，持续为数字中国贡献力量。

网络安全维护是 360 的核心业务。自成立以来，360 累计发现 40 余个针对中国的境外高级可持续威胁（APT）组织，累计挖掘主流厂商的通用漏洞披露（CVE）漏洞 2000 余个，三度蝉联"天府杯"国际网络安全大赛冠军。

作为一家具有家国情怀的网络安全龙头企业，360 积极履行社会责任。在百年未有之大变局之下，360 坚持党的领导，加强党的建设，积极建言献策，参与国家网络安全战略和政策的制定，推动国家网络安全的发展。同时，360 作为国家战略科技力量之一，站在了维护国家网络安全的第一线，如积极护航庆祝中国共产党成立 100 周年大会、全国两会、国庆 70 周年庆典和亚太经济合作组织（APEC）会议等重大事件。

新冠肺炎疫情期间，360 多方募集近亿元医用物资，发起"百城战疫"行动，为湖北省超过 3000 万人口提供网络安全服务。河南省遭遇特大水灾后，360、周鸿祎及 360 数科联合捐赠 4000 万元紧急驰援灾区，并组织当地员工投入到救援行动中。

16 年来，360 发挥科技企业优势，不断创新发展，多次获得国家级科技进步奖项，并在国际网络安全大赛上夺得桂冠，向世界展现了中国互联网企业的领先实力。随着数字经济时代的加速到来，360 将以"让世界更安全更美好"为使命，致力于实现"不断创造黑科技，做全方位守护者"的愿景，秉持用户至上、使命必达、创新突破、开放协作、诚信正直的价值观，为建设网络强国和数字中国贡献力量。

2. 生产经营

基于强大的研发能力，360深耕网络安全、数字化服务和互联网应用三大领域。

360政企安全，基于以"作战、对抗、攻防思维"为指导，将安全体系与数字体系融合，攻防能力与管控能力融合的新战法，构建以360安全大脑为核心的新一代安全能力框架，为国家、政府、军队、企业、教育、金融等机构和组织提供网络安全技术、产品和运营服务，目前已与90%的部委、80%的央企、95%的大型金融机构、70%的国内汽车厂商、100%的运营商以及上百万中小企业开展了网络安全合作。截至2020年底，已接连服务于重庆、天津、青岛、鹤壁、苏州和郑州等城市的安全基础设施建设和运营，树立了标志性的城市级安全服务典范。

360依托其在大数据和人工智能领域深厚的技术积累，以大数据智能操作系统为核心，聚焦数字城市、工业互联网、车联网等重点垂直领域，构建大数据的开发、利用、保护和运营四个方面能力，实现全周期开发数据价值、全方位利用数据资产、全链路保护数据安全和全过程运营数据服务，为政府数字化和产业数字化赋能。

在智慧生活领域，作为国内智能硬件的领军企业，360立足家庭场景，秉承"为爱守护"的理念，将最新安全技术与智能硬件相结合，推出了以智能摄像机、可视门铃、扫地机器人、儿童手表和行车记录仪等为代表的物联网（IoT）产品，已为6000万用户提供安全可靠的产品和服务，带去安全、安心、安康智慧生活体验。

在互联网领域，360开创性地提出并坚持互联网安全产品永久免费，推出以"360安全卫士""360手机卫士""360杀毒"为核心，"360浏览器""360导航""360搜索""360快资讯"等集安全服务、上网服务、内容分发为一体的产品矩阵，PC移动双端齐发，为十亿用户构建更安全的网络空间。

3. 技术进展及研发能力

围绕车联网V2X网络安全靶场的定位和主要功能，建设的内容包括：

1）车联网V2X网络仿真环境：模拟各种体系架构、设备组成、使用用途的车联网V2X网络系统。
2）车联网实网攻防系统：提供安全、可控、可管的车联网V2X实网攻防系统。
3）车联网安全综合测试环境：用于白盒测试、黑盒测试、渗透测试、实网测试等的各种攻击测试软硬件工具集。
4）人员培训综合环境：用于课程讲解和实操培训的环境。
5）应急演练综合环境：用于模拟各种攻击事件进行应急演练的综合环境。

4. 主要产品与服务

（1）车联网V2X系统安全能力的体系性验证

通过在检测中心搭建现有车联网V2X系统的仿真系统，模拟各种体系架构、设备组成、使用用途的车联网V2X系统，采用各种攻击测试手段对系统进行检验，用于对现有各种V2X网络架构和系统的安全防护能力进行整体性、体系性的安全检验，促进车联网V2X安全防护体系的不断完善。

（2）车联网V2X系统实网攻防验证

在全方位的安全管理、安全监控、安全保障能力支撑下，针对实网（或称为"现网"）车联网V2X系统进行攻防验证，通过真实攻击手段验证实际部署应用的车联网V2X系统的安全能力，发现不足并促进整改。

（3）车联网V2X设备和安全防护设备的安全能力测试验证

为新开发的车联网V2X系统设备和用于车联网V2X系统防护的网络安全设备，提供完整的设备测试环境和用于检验器安全防护功能有效性的测试工具，用于支持设备的研发和测试验证。

（4）车联网安全运营人员的技能培训

在真实完整的车联网V2X环境下，设置各种面向车联网V2X安全运营人员的培训课程，并为安全运营人员提供实操环境。

（5）车联网 V2X 网络安全应急演练

用于模拟真实的网络攻击事件，用于检验和提升车联网 V2X 系统的安全应急能力，包括应急预案的有效性、系统防护策略的有效性、人员的应急处理能力等。

5. 发展规划

为加强车联网安全赛道的研究，在宣布与哪吒合作造车后，恰逢一系列网络安全政策利好，公司以 360 安全大脑为底座，利用与哪吒主机厂的战略合作，借助天津先导区车联网靶场的建设，为车联网安全大脑的研发和落地建立三步走的建设目标。

在近期目标上，车联网安全大脑要加快数据安全升级。汽车将是未来数字时代的一个核心数字化应用场景，但是传统车企基本不具备实现网络安全和数据安全的技术能力。360 安全大脑可以以车联网为切入点：①借助车企将车端数据安全（主机厂）的核心内容吃透，与车厂联合开发车的数据安全需求和测试方案；②以天津先导区为重点，在车联网靶场建设中开展网络安全测试和数据安全测试，建设一个可扩展的车联网靶场平台；③公司要加强在大数据、人工智能、区块链、隐私计算等核心技术的研发应用，开发车联网大数据协同安全计算平台，为车企提供数据安全的技术支撑能力。

在中期目标上，车联网大脑可对标国家级车联网安全大脑体系。对政府而言，数据安全将成为国家治理的重点，国家安全、公共安全、个人隐私保护，这些都是未来数据安全必然考虑的因素，国家将加大监管力度，搭建数据治理体系。为此，公司车联网安全大脑的建设可面向国家安全和公共安全：①以智慧交通为应用场景，为城市治理和行业监管提供管理的接口，加强车联网数据活动的监管和审计；②借助大数据协同技术国家工程实验室，开发车联网大数据安全运营和共享的云服务平台，强调平台的安全性、开放性、透明性，吸引更多的产品和服务提供商，共创车联网数据安全的产业生态。

在长远目标上，基于车联网安全大脑转型为持续赋能智能交通基础设施体系的数智化安全运营商。结合交通运输部《关于推动交通运输领域新型基础设施建设的指导意见》的总体规划，车联网安全大脑要抓住新型基础设施建设的契机。一方面，鉴于国家当前对智能交通领域数据安全的重点关注，需要围绕数据要素开展网络安全能力体系和赋能机制的研究。另一方面，加强网络安全能力成熟度的研究，为网络安全能力建设提供一张持续演进的知识图谱。公司继续与中共中央网络安全和信息化委员会办公室（简称中央网信办）、工信部保持密切合作，以网络安全能力成熟度模型和评估方法为切入点，瞄准智能交通基础设施的安全运营商，做大车联网安全大脑体系，赋能智能汽车的行业发展和交通基础设施的数字转型。

东莞正扬电子机械有限公司

1. 发展概况

东莞正扬电子机械有限公司（简称 KUS 集团）创立于 2004 年，是集研发、生产、销售、服务为一体的全球化汽车零部件供应商。

KUS 集团致力于为商用车、乘用车、非道路机械、船用设备、发电机设备等提供集成方案，产品涵盖尿素品质/液位传感器、尿素箱总成、燃油传感器、燃油箱总成、发电机组传感器、仪表、毫米波雷达、单目摄像头、驾驶状态监控系统（DMS）、环景摄像系统（3D AVM）、整车控制器（VCU）、PTC 水加热器等。

KUS 集团围绕着"电动化、智能化、网联化"的创新理念，积极开展智能驾驶、新能源汽车的产品研发和业务拓展，运用传感器技术、制造工艺、软件和服务的专业知识，为客户提供定制化的高度集成解决方案，致力于为人们带来更安全、更智能、更舒适的智慧出行体验。

目前，KUS 集团已在美国、墨西哥、荷兰、印度、中国设立 14 间分/子公司，全球员工超过 5000 人，可为全球客户提供优质快速的服务。

未来，KUS 集团秉承"让呼吸更洁净，让驾驶更感知"的企业愿景，聚焦减少尾气排放与高效安全驾驶领域，持续为客户创造最大价值。

2. 生产经营

通过数十年的高速发展及研发生产持续不断的投入，KUS集团拥有多种先进的生产工艺和设备：德国TüV认证的制管线、80多台注塑机、240多台计算机数字控制机床（CNC）、先进的吹塑机、高品质的钎焊线、自动化的表面组装技术（SMT）、高性能的自动波峰焊等，具备从原料加工到成品组装一条龙的产品生产制造能力，实现95%以上关键零部件的自制，确保满足客户的柔性化需求。

针对智能驾驶产品研发生产，KUS集团拥有自主设计的SMT产线、毫米波雷达产线、摄像头产线：SMT产线全自动化自主贴片，满足IPC 3要求；毫米波雷达产线可全自动化，年产能超过50万/套，兼容77GHz角雷达以及77GHz前雷达；摄像头产线是自主设计的5轴AA设备，年产能超过100万/套，兼容复合同步视频广播信号（CVBS）、模拟高清信号（AHD）、低压差分信号（LVDS）摄像头生产。

KUS集团近十年来营业额稳定上升，2020年营业额达22亿元，被评为"东莞市倍增企业"。

3. 技术进展及研发能力

（1）技术进展

在智能驾驶创新发展方面，KUS集团基于深度学习的视觉算法以及雷达算法平台化开发，不断攻克高级驾驶辅助系统（ADAS）新技术，掌握环境感知技术，应用摄像头、毫米波雷达、电子控制单元（ECU）等技术设备及时感知周围环境，提取路况信息和监测障碍物，将决策依据提供给智能网联汽车，进行准确的危险预警、避障与路径规划等决策控制，确保智能驾驶的稳定性、安全性和舒适性。

在新能源汽车创新发展方面，KUS集团主攻新能源热管理系统领域，研发了PTC水加热器、膨胀水箱总成、燃料电池主控制器、整车控制器等产品，满足整车的动力性、经济性和安全性的要求，确保车辆正常行驶。

（2）研发能力

KUS技术中心成立于2007年，并于2017年通过了CNAS认证，占地面积1600m^2，设有环境实验室、振动实验室、电子实验室、老化实验室、物理实验室、化学实验室以及量测中心，组建了一支具有专业行业背景的高水平研发团队，在软件开发设计、算法上具有领先行业的创新能力。

2020年，KUS集团携手西安电子科技大学、加特兰微电子，在汽车毫米波雷达领域建立全面的"产学研"战略合作关系，通过建立汽车毫米波雷达联合实验室，提高公司的自主创新能力，实现优势互补、合作共赢。

除此之外，KUS集团已经先后通过IATF 16949、ISO 26262、ISO 14001、CE、PED+AD2000等资格认证。

4. 主要产品与服务

KUS集团早期积极布局智能驾驶领域，自主研发了ADAS、新能源汽车相关产品，已经在多家商用车和工程机械上搭载使用。

1）ADAS系列产品：毫米波雷达、单目摄像头、驾驶状态监控系统、环景摄像系统、可视化电子栅栏、农机前后向感知等产品及集成解决方案，可应用于商用车、乘用车、工程机械等车辆。

2）新能源系列产品：PTC水加热器、燃料电池主控制器、整车控制器、膨胀水箱、水位开关、温度传感器、压力传感器等产品及集成解决方案，可应用于纯电动汽车、混合动力汽车和氢燃料电池汽车中。

5. 发展规划

KUS集团继续秉持着"让呼吸更洁净，让驾驶更感知"的企业愿景，深耕智能驾驶、新能源汽车领域，瞄准市场，洞察需求，向多传感器融合方向创新，向高分辨率、高集成度、高频率三大趋势升级，加快融合自主式智能与网联式智能技术，不断从辅助驾驶阶段（以车为中心的交通工具）往高阶智能驾驶（以人为中心的出行工具）直至完全自动驾驶（无人驾驶）的领域深耕，提供更佳的创新技术和解决方案，引领行业突破创新，持续为客户创造最大的价值，为全球汽车产业发展贡献力量。

亚信科技控股有限公司

亚信科技控股有限公司（简称亚信科技）创立于 1993 年，是领先的软件产品、解决方案和服务提供商，致力于成为大型企业数字化转型的使能者。

亚信科技对 IT 及网络环境以及业务运营需求有着深度理解，拥有 500 多种高可靠性、高稳定性、高可用性的"电信级"软件产品组合，包括 AI^2 人工智能平台、AIFPaaS 平台、计费产品、大数据产品、客户关系管理产品、5G 网络智能化产品、开发运维一体化产品、数据库产品等全套 AISWare 产品体系，并通过了 CMMI 5 级（软件能力成熟度模型集成五级）国际认证。

（1）大型企业数字化转型使能者

亚信科技积极拥抱 5G、云计算、人工智能、物联网、大数据等新兴技术，凭借深入的业务理解、过硬的项目管理能力和丰富的软件产品体系，聚焦金融、政府、能源、交通、邮政等行业，与主流云厂商进行合作，成为其管理服务供应商（MSP）合作伙伴，为企业客户提供上云咨询、上云迁移、云上运维、云上增值开发、云上价值运营等服务，推动企业上云并运用云技术进行数字化转型。至今，亚信科技为数十个大型企业客户提供业务转型，覆盖上云、用云及数字化运营等方面的产品和服务。

（2）DSaaS（数据驱动的 SaaS）产品服务创领者

在助力企业数字化转型的过程中，亚信科技把运营商数据、企业客户自身数据以及第三方数据进行融合，创新推出 DSaaS 产品和服务。

亚信科技 DSaaS 产品和服务，包括智享、智联、智营、智信等系列产品。运用"解决方案 + 场景化 SaaS 应用 + 运营平台 + 专家服务"的运营模式，对多维数据资源进行深入挖掘，帮助生态合作方进行数据分析，并提供基于 SaaS 的行业解决方案，帮助企业客户重塑运营环节，升级客户体验，提升运营效率，实现"数字化运营"。

截至目前，亚信科技的 DSaaS 产品和服务已在金融、汽车、交通、公共服务等领域落地，为数十家企业和政府机构提供数字化运营服务。

（3）5G 商用"三个全域"支撑者

亚信科技以"全域虚拟化、全域智能化和全域可感知"的技术理念，研发形成了包括 AI 全域人工智能平台、5G 网络智能化产品、AIFPaaS 平台、计费产品、大数据产品、客户关系管理产品等全套 5G 系统产品体系。

"全域虚拟化"是指面向 5G 的网络智能化和虚拟化的产品和解决方案，帮助运营商在网络的体系内实现网络和业务功能上的自动化和虚拟化；"全域智能化"是借助亚信科技在运营商体系内积累多年的机器学习、数据挖掘和人工智能等能力，帮运营商建立一整套兼容 O 域和 B 域的通用 AI 平台，帮助运营商在通信生态系统内向各个垂直生态系统输出统一的能力；"全域可感知"是指亚信科技所有面向 5G 研发的新产品一定是以优化和提升运营商的消费者用户和垂直行业用户在网络业务层面的感知与体验为目的，所有产品的终极目标都是优化 5G 用户的体验和感知。

亚信科技将通过全域虚拟化、全域智能化和全域可感知的技术，在技术上，做运营商网络和业务的编排者；在商业模式上，做运营商和垂直行业的赋能者；帮助运营商实现业务的中立、网络的中立，助力和支撑 5G"从流量到价值"。

（4）电信行业软件及服务市场领导者

亚信科技是中国第一代也是中国领先的电信行业软件及服务提供商，深耕电信运营商市场 20 余年，具备行业领先的研发能力、产品和服务，与中国三大运营商建立了深厚的合作基础，支撑其全国超过 10 亿客户。

亚信科技服务的电信运营商客户超过 200 家，包括中国移动、中国联通、中国电信的总部、省级公司、地市级公司、专业化公司等。

（5）国际和国家标准倡导者和推动者

亚信科技是全球通信业权威的标准化组织—欧洲电信标准协会（ETSI）、第三代合作伙伴项目（3GPP）和电信管理论坛（TMF）等国际组织的成员，在3GPP拥有独立投票权，与全球知名运营商、设备厂商共同参与电信行业的标准规范讨论及制定过程。亚信科技还是中国工业互联网产业联盟副理事长单位，全球移动运营商协会（GSMA）的会员企业。

亚信科技将持续坚持"三新四能"的转型战略和"一巩固、三发展"的业务发展策略，以"全域"的技术理念打造先发优势，全力支持电信运营商5G建设，并持续不断地将在电信行业多年的沉淀和积累拓展到大型企业市场，持续探索产业互联网时代新的商业模式，为大型企业的数字化转型和"数字中国"的实现贡献力量。

北京百度智行科技有限公司

作为国内最早布局自动驾驶的企业，截至2021年第三季度，Apollo在L4级别累计测试里程超过1600万km，同比增长189%，获得了411张自动驾驶测试牌照，成为国内获得牌照数量最多的自动驾驶企业。目前，百度Apollo已成长为全球最活跃的自动驾驶开放平台，拥有全球生态合作伙伴超过210家，汇聚全球开发者65000名，开源代码数70万行。2021年9月，中国信息通信研究院发布的《人工智能开源生态和知识产权报告（2021）》显示，以Apollo自动驾驶平台为代表的国内开源项目已经成长为全球顶级开源项目。其中，百度自动驾驶专利申请量国内第一，专利布局涵盖了自动驾驶路径规划、算法研究、定位与地图、车路信息方面等多个重要技术分支，领先的AI专利布局保障整个AI生态安全。

2021年6月，百度联合北汽新能源公司推出了第五代共享无人车Apollo Moon（极狐车型），该车型标配5G云代驾及V2X功能，能够达到2万h无故障稳定运行，且实现了业界最低成本——48万元，是行业具备L4级别自动驾驶能力车型平均成本的1/3。第五代量产无人车Apollo Moon依托百度Apollo全球领先的自动驾驶技术积累，采用"ANP-Robotaxi"架构，不仅让无人车套件轻量化，还可与智能驾驶汽车数据共生共享，打造超强数据闭环。在领航辅助驾驶ANP车型基础上，增加1颗定制激光雷达和相应无人驾驶冗余，即可实现完全无人驾驶能力。2021年10月，百度发布了三款五代车车型，分别是百度与北汽、威马和广汽合作的Apollo Moon极狐版、威马版、埃安版。

百度于2021年8月正式对外推出自动驾驶出行服务平台——萝卜快跑。在2021年第三季度，萝卜快跑提供了11.5万次乘车服务，累计使用量已超过40万人次，使得百度萝卜快跑超过Waymo，成为全球最大的自动驾驶出行服务提供商。如今，萝卜快跑已在北京、上海、广州、长沙、沧州5个城市开展载人运营服务，累计接待用户超40万人次。未来3年，其运营范围将扩展至30城；到2025年将扩展到65个城市，到2030年将扩展到100个城市。此外，百度与中国领先的货车运输公司狮桥的合资企业Deepway最近推出第一代电动货车，以实现公路货运自动化，标志着Apollo进入了价值数万亿美元的货车运输市场。百度和吉利成立的造车公司——集度也计划在2022年北京车展上发布首款概念车，2023年将实现量产上市。

截至目前，百度Apollo自动驾驶已经形成了三大商业模式，一是为主机厂商提供Apollo自动驾驶技术解决方案，助力车企快速搭建自动驾驶平台。2021年下半年，Apollo智能驾驶迎来量产高峰，每月都有一款新车上市，未来3~5年内预计前装量产搭载量达到100万台；二是百度造车，端到端地整合百度自动驾驶方面的创新，把最先进的技术第一时间推向市场；三是自动驾驶车辆出行服务——即萝卜快跑出行服务平台。

随着百度Apollo自动驾驶车辆在多场景路测的不断开展，百度Apollo自动驾驶技术将日趋成熟，百度Apollo商业化落地场景将实现城市、快速路以及高速的闭环，为用户提供更安全、更多元的自动驾驶出行服务。

沈阳美行科技有限公司

1. 发展概况

沈阳美行科技有限公司（简称美行科技）是一家致力于场景化出行服务的创新型车联网科技公司，成立于2008年，现有员工960人，90%是软件工程师。美行科技是国家高新技术企业、国家规划布局内重点软件企业、科技部认证瞪羚企业、国家级"专精特新"小巨人企业，以及汽车行业隐形独角兽企业。

"发展数字化车联网，构建出行大数据"是美行科技的发展战略（见图1）。公司成立之初就是在海量地图数据基础上构建智能汽车和智慧交通领域的应用，围绕着出行场景与出行大数据做了深度的研发布局。美行科技长期专注于智能汽车与智慧出行领域的技术研发和产品推广，是智能汽车高精导航、城市级智慧停车、车联网创新终端等多个细分领域的行业领军企业。

美行科技拥有导航电子地图甲级测绘资质、互联网地图服务甲级测绘资质、互联网信息服务增值电信业务资质等国家资质，通过ISO 9001：2015、CMMI LEVEL3、A-SPICE、IATF 16949、ISO 27001等专业认证，是国际车汽车厂商发起的NDS、GENIVI、ADASIS、SENSORIS、CCC等专业技术组织成员。

2. 生产经营

美行科技服务于国内外车厂，树立了有技术内涵、有服务品质、有行业经验、有服务态度的行业形象和良好的客户口碑。在中国前装市场，美行科技导航引擎连续多年年度出货量位居第一。2019年，美行科技成为国内首家实现车道级导航大规模量产的软件公司。截至2021年，美行科技智能网联导航车载端用户突破2000万。

美行科技打造的城市级智慧停车平台，是业界首个实现整个城市路内路外停车场信息化管理的创新系统，可为城市管理者、停车场运营机构提供城市级智慧停车平台软件即服务（SaaS），实现停车服务的全场景覆盖。美行科技城市级智慧停车平台助力沈阳成为全国城市级智慧停车示范城市，同时也为本溪、菏泽等十多个城市提供了智慧停车解决方案。

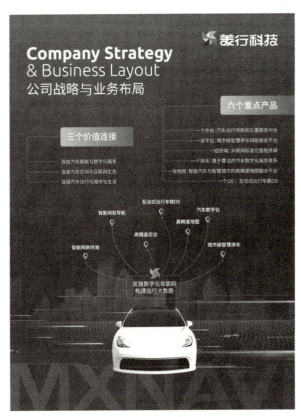

图1 美行科技的发展战略

3. 技术进展及研发能力

美行科技长期专注于国际领先的技术与产品研发，拥有1000万余行自主知识产权源代码，申请专利500多项。深耕汽车智能与智慧出行领域多年，美行科技形成了可靠的体系化技术、车规级产品工程能力，拥有电子地图技术、高精度地图融合技术、智能网联导航技术、惯导定位技术、数字化车联网平台技术、出行位置服务能力、城市级智慧停车平台系统技术、车载智能硬件技术、智能驾驶舱技术、互联技术等，同时拥有环境感知融合、AI智能交互、AR智能、三维场景重建、电子地平线、车道级定位、车身数字化、浮动RTK、数字钥匙等前沿技术。

4. 主要产品与服务

美行科技形成了汽车出行导航和位置服务平台、智能驾舱操作系统定制化产品、城市级智慧停车、车载智能终端、汽车数字化、高精度定位、高精度地图暨数字孪生城市（CIM）等重点业务。

5. 发展规划

汽车数字化、智能化带来历史性机遇，智能驾驶与智慧出行行业具有巨大的市场前景已成业内共识，预计到 2025 年，中国智能汽车市场规模将接近万亿，2020—2025 年 6 年产业复合增速达 36.85%。美行科技始终走在行业前沿，促进并引领着行业的发展和技术革新。此外，美行科技与 BATH（百度、阿里、腾讯、华为）等巨头企业建立了良好的合作关系，先后获得科大讯飞和腾讯的战略投资。在目前软件定义汽车的大趋势下，美行科技将获得更大的价值延展机会和巨大的发展空间。

国家新能源汽车技术创新中心有限公司

国家新能源汽车技术创新中心有限公司（简称国创中心）作为国家战略科技力量的代表，是我国汽车行业首个国家级创新中心，也是我国第一个以市场化资源配置为机制、以企业法人为主体的国家级技术创新中心。国创中心由 12 家股东组成，分别来自整车厂、零部件厂商、材料及核心元器件和政府基金相关企业，注册资本超 4 亿元。

国创中心以"共商、共建、共治、共享、共用"为运行原则，以打造世界新能源汽车技术创新策源地、构建世界级新能源汽车技术创新生态圈为建设愿景，通过资源凝聚整合、培育创新链接、开放协同合作打通产业链，建设"创新型、平台型、开放型、伙伴型"的技术创新和应用转化平台。

国创中心自成立以来，立足于新能源汽车领域国家重大战略部署和解决产业链中关键共性技术，以及为行业提供技术服务和满足自身发展三个方面开展工作，坚持"研发做产业、技术为产品"，依托技术专家委员会顶级专家的技术规划，从"9＋4"业务布局（智能网联、燃料电池、动力电池、电驱动、混合动力、电子电控、整车集成、轻量化、前瞻技术），遴选出六大高光技术领域（车规半导体、燃料电池、智能网联、电子电控、开源平台、混合动力）到聚焦"零碳排放电动化技术、智能化核心元器件技术、开源平台数字化技术"三大技术领域，聚焦卡脖子技术，解决核心技术产业化转化问题，并通过国创中心四大平台为行业提供技术服务，即开放开源整车验证平台、前瞻技术检测评价平台、知识产权共享共用平台、孵化创投生态建设平台。

国创中心打造"资金＋服务生态（技术服务）"与"资本＋技术生态（技术创业）"的双循环运营模式，加速推动科学到技术的转化，促进技术创新研究成果产业化，全方位为政府、行业提供"四技"解决方案，打通科技成果从实验室走向市场的"最后一公里"。瞄准早期技术项目，通过全球解决方案搜寻、顶级行业/技术专家评选、成果转化资金支持、技术/产业辅导、产业资源对接等方式，通过内外孵化模式加速技术成果转化，并获得长期的资本投资收益，保障创新活动的可持续开展。

重庆交通大学机电与车辆工程学院

1. 发展概况

重庆交通大学机电与车辆工程学院成立于 1984 年，拥有机械工程这一重庆市重点学科，"工程学"于 2019 年进入基本科学指标数据库（ESI）全球学科排名前 1%；1995 年获硕士学位授予权，2010 年获机械工程一级学科硕士学位授予权；拥有国家一流专业建设点、机械工程留学生班、山区桥梁及隧道工程国家重点实验室（负责山区桥梁智能感知与维护方向）、6 个省部级科研平台和 5 个省部级教学团队；专任教师 62 人，教授 21 人，博导 6 人，国家、省部级人才 13 人；获国家科技进步二等奖 1 项、省部级奖 37 项。

学院形成了轨道交通车辆理论与设计、机电装备智能控制与健康管理、高性能基础件设计理论与方法、城市交通装备及零部件智能制造、车辆动力学及主动安全等特色鲜明的学科方向；在跨座式单轨车辆、交通基础设施监测技术及装备领域的研究成果达到国内领先水平。学院承担"跨座式单轨装备研发"国家重大项目，攻克单轨转向架、车辆集成和道岔三大核心技术，打破国外技术垄断，首创新型宽轮距跨座式单轨车辆，获省部级科技进步一等奖；率先提出复杂环境下交通设施监测机器人空间多维度协同控制与集成匹配方法，研发桥梁索塔自动巡检与精准感知量测装备，成功应用于36座大跨度桥梁，获国家科技进步二等奖；研发的"高速干切滚齿加工关键技术及其自动化生产线装备"广泛应用于汽车、轨道交通装备制造行业，成果获省部级科技进步一等奖2项。学科为绿色交通、智慧交通和新交通提供了技术支撑和高端装备保障，开辟了可持续健康发展的新路径。

2. 技术进展及研发能力

学院拥有智能网联汽车领域内的多源异构信息融合的环境感知、山地城市复杂工况局部路径规划、多任务集成的综合决策控制、基于视觉的同步定位与建图等关键技术。包括：

1）目标检测、多源传感器时间同步与空间配准和多源信息融合的环境感知算法框架搭建与实现，以及基于多源信息融合的目标检测图像语义分割。

2）开展山地城市复杂工况实车驾驶试验，从自然驾驶数据集中提取有效行驶轨迹数据；通过分析行车轨迹数据片段，划分山地城市复杂工况驾驶风格，提出基于机器学习分类算法的驾驶风格轨迹决策目标函数；开发基于山区城市工况道路行驶特征约束条件的快速求解算法，构建山区复杂工况下的智能汽车局部路径规划方法。

3）基于驾驶员神经肌肉动力学（NMS）特征参数的简化人车共驾系统（HVSC）动态模型，考虑上肢延展反射系统、反射刚度等NMS特性，在驾驶模拟器上开展驾驶人主动辅助的共享控制试验研究，建立人机共驾控制权分配的协同共驾系统（SCS）。

4）针对当前同步定位与地图构建系统（SLAM）中的主流回环检测算法依赖局部外貌特征，且受光照变换及动态场景影响强烈等问题，研究综合利用视觉词袋、视觉无监督学习以及点云空间特征来自适应加权评分的回环检测方法。

5）基于dSPACE硬件在环仿真平台和六自由度驾驶模拟器，搭建了环境感知算法测试评价系统，实现了真实道路场景信息的输入与车辆运动姿态的模拟；建立了基于机器学习的标准检测算法和基于数据关联的智能汽车环境感知算法测试评价系统，提出一套针对准确率、稳定性、通用性及实时性的测试评价体系。

3. 主要产品与服务

机电与车辆工程学院围绕智能电动汽车复合传动设计与优化、自动驾驶环境感知决策与控制、山地城市车路协同与主动安全、智能网联汽车系统集成及控制等理论与关键技术开展研究，在智能电动汽车传动系统和自动驾驶控制算法等方面成果突出，形成"优化设计–软件开发–系统集成–测试评价"智能电动汽车一体化研发体系，获重庆市科技进步二等奖1项；与独角兽企业深兰科技共同组建"重庆交通大学–深兰科技自动驾驶与车路协同联合实验室"，孵化环形山（武汉）科技有限公司等大数据与自动驾驶科技公司。

深圳联友科技有限公司

1. 发展概况

深圳联友科技有限公司（简称联友科技）成立于2002年4月28日，是东风汽车有限公司下属的软件企业，总部位于深圳，下设两个分公司，一个子公司。

历经近20年的发展，联友科技在推动信息化与工业化深度融合、支撑中国汽车制造企业发展方式转变、提升汽车企业数字化水平等方面做出了突出的贡献，是中国领先的汽车全价值链数字化服务商。联友科技主要面向汽车行业提供信息化整体解决方案、信息化产品、系统运行维护、云服务、大数据分析服务、智能网联及出行服务、车载智能终端研发、智能驾驶技术研发及汽车设计等业务；是国家高新技术企业、国家规划布局内重点软件企业，入选《百户科技型企业深化市场化改革提升自主创新能力专项行动方案》"科改示范企业"。

联友科技拥有汽车行业全价值链信息系统解决方案，业务覆盖范围达到91%，其中经销商管理系统（DMS）产品市场占有率国内排名第二，与包括小鹏、威马等造车新势力在内的54家主机厂保持长期合作关系，另外服务于零部件供应商4173家，经销商4200家；联友科技是国家第8家通过ISO 20000认证的企业，信息系统运行维护经验丰富，在汽车生产运行维护领域，连续多年保持"0"停线记录，是日产全球与本田全球的信息系统运行维护标杆，目前运行维护服务的车企达27家；联友科技提供企业私有云服务，是日产全球亚太区核心数据中心，同时是联通合作数据中心，目前拥有虚拟机数量超过5000个，存储容量8PB；此外，联友科技还通过打造"端、管、云、营"完整的车联网业务体系，拥有千万量级自主车联网平台、支持私有云+公有云的混合云部署模式，支持多品牌，并通过了国家计算机信息安全等级三级认证。目前，联友科技车联网平台累计接入车辆超过300万台，月平均新增接入8.3万台，国内车联网平台接入量排名第二，达到100万接入量规模时间最短，同时是国内5G T-BOX第一梯队，已完成产品预研，支持高通、华为芯片、MTK等平台。

截至2021年10月，联友科技累计专利授权54项，软件著作权188项，是中国区域第7家通过CMMI Dev V2.0 ML5的企业，同时通过了数据管理能力成熟度评估模型（DCMM）3级评估，是汽车软件行业首家获取该证书的企业。

2. 发展规划

（1）落实数字化转型战略，支持企业数字化转型升级

为响应中国政府工作报告中"打造数字经济新优势"的指示精神及东风汽车集团加快建设"数字东风、卓越东风"的战略指引，积极把握当前数字化转型机遇，打造适应未来的体制机制、积极开展创新探索、迅速抢占市场、奋力赢战数字化转型攻坚战。通过持续服务好现有客户，核心聚焦智能制造产品及解决方案、智慧营销产品及解决方案、软件定制开发、运维与集成业务，为客户提供核心自主的连接能力，同时通过数据标准化，开展数据治理应用、参与业务主导的服务模式创新，助力车厂数字化转型升级，并取得显著成效。

（2）持续创新，打造公司核心竞争力

创新是引领发展的第一生产力，用科技创新激发展新动能。联友科技通过打造"联创"孵化平台、创新产品群，以"创新驱动，引领未来"为宗旨，聚焦智能零部件（智能网联、智能座舱、智能驾驶、汽车智脑）、增值服务（智能物联网、智慧采购）进行创新，打造"端云营一体化"整体竞争优势，促进创新科技成果转化，持续提升公司自主创新能力。

智能零部件方面，当前联友科技的4G T-BOX产品已经处于行业领先位置。5G/C-V2X是未来T-BOX市场新渗透细分领域，智能网联产品中心更需要结合新发展趋势，提前策划和研发好相关产品，进一步巩固市场地位。

随着智能汽车电子电器架构发展趋势，在基于智能网联产品中心的定位基础上，联友科技将进一步发掘能带来增量业务的新产品。一方面要保证T-BOX不会被整合，同时也需要结合智能座舱及智能驾驶，进一步构建起更有市场竞争优势的汽车智能化整体解决方案。

作为汽车行业领先的数字化技术服务商，联友科技本身有着稳定多元的市场业务基础，在已经持续投入5年智能驾驶研发的基础上，将再继续持续稳定5~10年的投入，立志于成为智能驾驶行业知名供应商。

智能驾驶域控制器方面，YDU1.0/1.5已经成功项目定点，即将面市，在市场上占有一席之地，并通

过后续不断的迭代优化，在车企和消费者市场上打造联友域控的影响力。YDU2.0 已经启动研发，通过 YDU2.0/3.0 实现市场主流产品的追赶甚至赶超。联友域控发展思路：掌握硬件平台、核心算法以及自动驾驶系统软件集成。非核心的部分协同客户、车企合作完成，联友负责集成。应用层对车企开放 SDK，客户可以定制场景。

聚焦中控 OS 与座舱域控制器，同时结合联友现车联网的优势，扩展打造座舱云服务，快速孵化座舱云服务 + 中控 OS + 座舱域控制器，形成市场差异化布局，构筑市场上完整的端云一体智能座舱解决方案，以"一站式"的服务灵活助力客户、成就客户。

汽车云平台方面，未来将更加聚焦于自动驾驶平台能力建设，解决车云协同问题，实现车与车、车与基础设施、车与平台之间数据的互联互通；同时加强车联网平台信息安全，构建车联网安全防护体系。

运营方面，将进一步围绕应用场景提取数据价值，为车企和用户提供增值服务。

增值服务方面，通过提供智能物联网产品、智慧采购产品等一体化解决方案并开展运营，为业务创新价值。

布局重心：聚焦架构/算法/稀缺技术资源等技术、生态内容、数据型的 IP 产品、高附加值的设计开发能力、运营变现能力。

3. 主要产品与服务

（1）智能网联产品与服务

1）T-BOX（4G/5G）系列产品：联友 T-BOX 是一款由深圳联友科技有限公司自主研发的智能车载远程控制终端，通过前装或者后装的方式为车主提供四位一体的车联网服务。

2）车载单元（OBU）：基于 C-V2X 通信的车载终端产品，支持 V2V/V2I/V2P/V2N 等互联通信，支持 25 个一期及其他应用场景。

3）路侧设备（RSU）：基于 C-V2X 通信的路侧终端产品，与路侧红绿灯、信号机、摄像头、雷达等信号发送与感知设备互联，形成智慧路口整体解决方案。

4）蓝牙虚拟钥匙系统。

5）车载网关类产品：联友科技可提供基于 CAN/CAN FD 通信的 CAN 网关，基于 CAN、CAN FD、车载以太网通信的以太网网关，以及基于 SOA 设计的服务型网关和 MCU + MPU 异构型芯片架构，可满足新型电子电器架构的需求。

（2）智能驾驶产品与服务

联友科技智能驾驶主要产品有 YDU 智能驾驶域控制器系列和 YDC 自动驾驶云平台。针对不同的软件产品功能场景，又分为 yPark 和 yPilot 两个功能系列。其中，yPark 是针对泊车的产品功能，yPilot 是针对行车的产品功能，yPark 和 yPilot 都运行在 YDU 域控硬件上（见图1）。

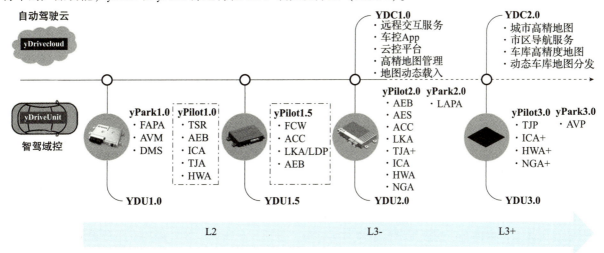

图 1　联友科技智能驾驶产品规划

1）YDU（yDriveUnit）：YDU 是联友科技在百万级量产硬件设计经验基础上，自主设计的面向车规量产的智能驾驶域控制器。根据功能场景和客户需求，从低成本到高性能，目前已经规划了 4 代产品，覆盖 L2、L3 - 以及 L3 + 泊车和行车应用场景。其中，YDU1.0 于 2021 年 12 月搭车量产。YDU 智能驾驶域控制器均基于面向 SOA 的软件架构，功能安全等级不低于 ASILB，最高可达 ASILD，支持 OTA，支持 AUTOSAR 软件架构。

2）YDC（yDriveCloud）：YDC 是联友科技联友云和车联、车载、车控深度融合的端云一体化智能云平台，涵盖智能座舱、智能驾驶开发、智能记忆泊车、代客泊车、自动驾驶云控、车联网等功能，支撑智能网联汽车的研发与创新。YDC 同样基于 SOA 软件架构，配合 YDU 域控支持车端 App、远程车控、记忆泊车、下一代代客泊车产品等功能。

（3）智能座舱产品与服务

1）产品：提供"硬件 + 端云一体软件 + 服务"全栈式座舱产品，其中智能座舱域控制器、车联网云端产品、AIOT 产品、AI 语音助手、VPA、AI 手册、智能推荐、媒体娱乐/LBS 生态等 IP 产品是联友科技座舱布局的重点。

2）服务：布局高/低附加值的定制/迭代设计开发服务、运营变现能力，其中以 SOA 中间件、OS 及 Hypervisor 优化、数据模型搭建、NLP 平台建设、3D 设计及开发、概念创意及设计等为主的设计开发能力是布局重点。

3）联友科技智能座舱是端云一体化智能座舱系统，以智能科技为基础，专注情感化和家庭化需求，致力于为用户提供多元化娱乐体验及优质驾乘感受：

① 智能：针对不同人群、不同场景提供个性化服务。

② 科技：黑科技加持，保证座舱科技体验。

③ 情感：有记忆、有温度的第三生活空间。

④ 顾家：专注多人乘坐场景，满足全家人的驾乘需求。

（4）车联网平台及运营

联友科技打造了自主车联网平台，提供 L1 云环境到 L4 终端应用层的全套解决方案，搭载了自主设计国内首家采用车规级 4G 芯片的车载智能网关，采用私有云 + 公有云的混合云模式，具备支持多品牌及千万量级接入能力，同时通过了国家计算机信息安全等级三级认证（见图 2）。

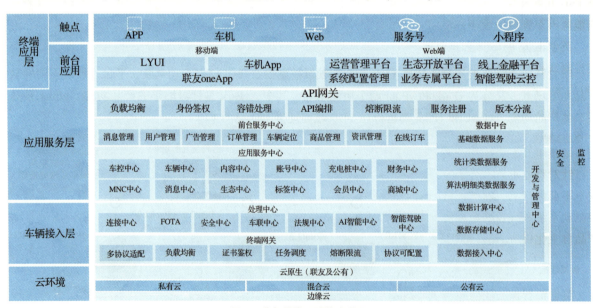

图 2　联友科技云端技术蓝图

联友科技基于智能网联和数据运营能力，围绕营销价值链，打造了能听懂用户和与用户高效对话的可持续运营体系，帮助车厂挖掘用户全生命周期价值，包括用户研究、场景规划、服务设计、运营策略、智能工具、运营服务、体验评价等（见图 3）。

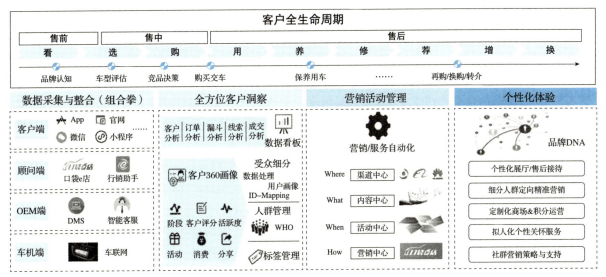

图 3　联友科技用户运营能力

天津英创汇智汽车技术有限公司

1. 发展概况

天津英创汇智汽车技术有限公司（简称英创汇智）致力于智能汽车执行控制核心产品，公司拥有完整底盘电控产品自主知识产权体系，成立至今，已量产具有国际先进水平的 ABS/ESC/EPBi、TBooster、L3-EPS、ADAS 等汽车核心零部件产品，并建设成汽车智能线控底盘电子电控产品研发、验证与自动化制造的研发生产体系。

智能网联汽车安全驾驶技术至关重要，电子稳定性控制系统（ESC）是智能网联汽车四大关键技术之一，也是汽车线控底盘核心技术。英创汇智获国家工信部 ESC 产品自主产业化专项支持，是国内同时掌握 ESC 和智能安全辅助产品技术的公司，大幅提升了我国车辆底盘电控制动技术水平，实现了智能汽车、新能源汽车领域关键零部件的自主可控。

英创汇智生产基地（一期）位于天津市武清汽车产业园区，建设有精密加工生产线、全自动智能装配检测线和汽车底盘电控技术测试实验室，自动化装配生产线 2018 年建成产能 100 万套/年，在建产能 500 万套/年。

公司成立至今，产品应用于乘用车、商用车，与东风股份、东风乘用车、东风越野车、长城、吉利、长安、江淮集团、北汽新能源、华晨鑫源、华晨雷诺、长安、北汽福田等主机厂进行深入 ESC 等底盘电控关键技术开发合作和产业化配套服务。

针对行业重点，公司将科研技术重点放在了智能化、电动化方向，快速推出了满足整车企业的汽车安全零部件产品，打破了国外供应商垄断的情况；并且研发出了满足 L3 级以上乘用车、商用车需求的线控制动系统和线控转向系统，掌握了行业发展的前沿基础共性技术主导权，实现了汽车安全高端零部件产品自主化供应。

2. 研发实力

英创汇智核心团队脱胎于清华大学汽车安全与节能国家重点实验室，近 20 年技术沉淀，并与清华大学共建研发中心，采用 V 字形的开发流程。成立发展至今，公司现有骨干研发人员 200 余名，其中研究生以上学历 60 余人，清华大学博士 10 余人，是一支专业精湛、包容并举的团队，保障了持续的创新设计和精益的产品质量。

公司采取机械设计、电子设计、软件开发三环闭环的技术开发体系，开发全流程自主掌握，保障产品软硬件更好切合。机械设计采用完整的闭环研发流程：基于需求，从机械和液压系统的设计出发，利用流量分析验证设计模型，利用高精度的性能台架测试样件功能和性能，以实现产品的闭环优化升级，并且基于动静力学、电磁场、流场、温度场以模态和疲劳寿命等分析校核，验证产品设计；电子设计使用汽车级的电子器件配置，系统化原理图、PCB、程序流程优化设计以及从上位机界面和测试程序联合开发到基于 ISO 26262 的质量管理体系建设，做最可靠的主动安全产品；软件开发方面，公司拥有嵌入式软件设计开发能力、基于 MBD 设计开发能力、基于 AUTOSAR 的设计开发能力，能够提高代码效率，便于快速原型系统验证。

英创汇智坚持自主高端技术开发，成立至今，公司独立申报发明专利 100 余件；并获科技型企业、高新技术企业认证。公司质量管理体系先后通过了 ISO 9001、IATF 16949、VDA 6.3 和 ISO 14001 过程审核认证。2017 年，公司以第一名中标工信部工业强基项目，正式承担起中国自主 ESC 产品研发及产业化的使命；2018 年，公司 ESC 技术在重庆长安产业化应用，并获重庆市科技进步一等奖；2019 年，通过天津市雏鹰企业认定，并顺利通过国家高新技术企业认定，被评为战略性新兴产业领军企业；2020 年，荣获"2020 年天津市知识产权创新创业发明与设计大赛"一等奖；2021 年，荣获安徽省科学技术奖。

3. 主要产品

（1）电子稳定性控制系统（ESC）

英创汇智是国内具有完全自主 ESC 技术和知识产权的企业。ESC 可以通过采集驾驶员操作来计算驾驶员意图，通过主动对发动机控制和对车轮独立地施加制动，强制车辆在极端危险工况按照驾驶员意图行驶。

ESC 是目前国际汽车标配产品，我国 ESC 产品需求一直被国外企业所垄断，英创汇智攻克了 ESC 的数据通信、状态观测、控制决策、控制执行等核心难题，并完成了电磁阀线性控制技术，生产出结构更简单、生产成本更低的 ESC 产品，完成了 ESC 全自动装配检测，建立了 ESC 标定体系，提升了 ESC 标定效率。

ESC 产品可实现制动防抱死、牵引力控制、主动横摆力、间接胎压监测、坡起辅助等十余项功能，解决智能汽车电控制动力以及电动汽车制动能量回收调节的底层执行问题。英创汇智打破了 ESC 系统依赖外国供应商的局面，突破了智能网联汽车中制动系统执行部件和底层动力学安全保障部件自主产业化的瓶颈，为智能汽车发展提供自主零部件基础。

（2）电控制动助力系统（TBS）

电控制动助力系统（TBS）目前应用于中高端电动汽车中，用于代替传统真空助力器，由于可以实现线控制动功能，在未来将被应用到智能汽车中。

英创汇智 TBS 产品采用半解耦技术方案。与全解耦技术方案不同，半解耦方案安全性更高、脚感为常规车液压脚感，并且具备制动助力、线控制动、支持制动能量回收三大功能，可满足乘用车、轻型货车、轻型客车等不同车型需求。

（3）线控转向系统（L3-EPS）

英创汇智 L3-EPS 转向技术，具备转向助力、转矩/转角线控功能，支持 L3 级自动驾驶冗余需求；使用双控制芯片、双驱动电路、双绕组电机、双 TAS 传感器、双电源管理系统、双 ASIL-D 级系统 6 双设计，保证转向系统安全双冗余策略，不仅从根本提升了转向的可靠性，而且具备容错备份能力。

公司 L3-EPS 支持多种车型需求，采用双绕组电机和控制器一体化设计，具备安全冗余能力的同时节省更多空间；EPS 算法除满足基本助力、回正、转向功能外，还支持辅助驾驶及高级功能的开发。

（4）高级驾驶辅助系统（ADAS）

ADAS 是利用安装于车上的传感器（可侦测光、热、压力等变数），收集车内外的环境数据，进行静、动态物体的辨识、侦测与追踪等技术上的处理，从而能够让驾驶员以最快的时间察觉可能发生的危险，从而提高安全性的主动安全技术。

英创汇智 ADAS 现可实现自动紧急制动、自适应巡航控制、车道保持辅助、紧急车道保持等十余项功能，并且公司 ADAS 控制器具备底层气压阀体驱动能力和主动转向机构改制控制能力，英创汇智可为合作伙伴提供 ADAS 控制器 + ADAS 控制策略 + 底层执行机构（制动、转向）的合作方案。

4. 发展规划

公司 2021 年销售额达 1.29 亿元，2022 年销售额预计 5 亿元。基于公司良好的业绩和发展前景，公司计划于 2022 年在北京亦庄经开区成立北京总部、研发中心和销售中心，在湖北建立英创汇智标定匹配中心与测试场。

目前，公司拥有国际先进水平的 ABS/ESC/EPBi、TBooster、L3 – EPS、ADAS、线控底盘、仿真测试等产品，其中 ESC 的子功能包括：电子制动力分配、牵引力控制、主动横摆力偶矩控制、坡起辅助、自动制动驻车、紧急制动辅助、电子控制减速、间接胎压监测、下坡辅助、液压制动助力、液压助力失效补偿、主动防侧翻控制、驾驶员辅助减速控制。未来，公司将根据发展情况和市场需求补全产品链，建立从制动转向基础执行机构，再到线控、域控的横向整合控制领域，最终实现掌握智能化控制的底盘技术产业链。

在技术方面，英创汇智始终大力投入，主动融入人工智能引领的新浪潮。目前，公司拥有清华大学独家授权转化知识产权 10 件，独立申报发明专利 100 余项，获授权 56 项，拥有 ABS/ESC/线控底盘系列完整的自主知识产权，核心专利获 2020 年天津市知识产权创新创业发明与设计大赛一等奖；实用新型专利 9 项，软件著作权 10 项。基于雄厚的技术基础，公司将进一步优化产品，引入更创新、更智能的控制算法，通过现有的产品研发经验与人工智能相结合的方式，推动智能线控汽车安全驾驶技术革新，提升汽车驾驶安全性与便捷性，最终为安全驾驶出行提供技术保障。

联通智网科技股份有限公司

1. 发展概况

联通智网科技股份有限公司（简称联通智网科技）是中国联通面向汽车行业以及交通行业，负责汽车数字化运营服务的专业子公司，国资委双百企业。

公司以"建设美好车生活"为使命，以"客户为先、团队为本、能力为核心"作为经营理念，集联通集团的资源优势，深耕行业细分市场，形成核心竞争力和可持续发展力，打造专业赛道的领军企业，垂直拓展智能网联和智慧交通等相关业务。构建以联通 5G 作为基础的通信能力，以"车辆联网引领者、服务运营赋能者、智能交通参与者"为战略布局，构建智能网联时代的新型信息通信基础设施。面向汽车行业，助力行业数字化转型，提供完整的智能网联时代的车辆联网与场景化服务运营解决方案和实施落地，推动汽车行业智能化升级。基于 5G – V2X 的核心能力，构建智能交通行业中台，形成"人车路网云"协同的产品服务体系，带动智慧交通、智慧城市协同发展。

2. 生产经营

迄今为止，联通智网科技已经服务了 82 家车厂客户，联网车辆超过 3800 万辆，前装市场占有率超过 70%。

3. 技术进展及研发能力

经过 6 年发展，联通智网科技已成为市场上唯一一家具备通信集成服务、平台建设运营、呼叫中心运营、用户运营等全面从事智能网联运营的公司，从通信连接业务，走向可独立服务运营、具有自主研发团队和能力，并初步具备全面运营能力的国家高新技术企业。

4. 主要产品与服务

联通智网科技的主营业务包含车联网和智慧交通两大领域，共计六大类 24 项产品及服务（见图 1）。

图1 主营业务

5. 发展规划

联通智网科技发展规划包括：从传统车联网通信能力提供者转型为智能网联汽车新型的、专业化的、智能化的网络服务运营商；从传统车企服务运营的供应商转型为车企数字化转型的首选合作伙伴；从5G－V2X技术引领者转型为智慧交通行业中台的建设者、平台产品的提供者、行业的赋能者。

深兰科技（上海）有限公司

1. 发展概况

深兰科技（上海）有限公司（简称深兰科技）顺应行业发展需要，结合人工智能长期基础研发积累和在商用车及自动驾驶领域的人才、行业经验、软硬一体化能力、商业落地经验等，发展出了属于深兰科技自有特色的产品发展模式：深兰汽车推动车辆及装备的智能化，其产品策略如图1所示。

2. 核心能力

深兰科技智能汽车板块的核心能力主要体现在以下几点：

（1）大型客车自动驾驶测试牌照

各地政府考察企业技术能力以及开放自动驾驶载人运营路权的主要评判依据是自动驾驶测试牌照的获取。针对大型客车的自动驾驶方向，深兰科技自动驾驶技术具备自主知识产权发明专利，其自动驾驶技术应用在公交车领域位于国内外首位，

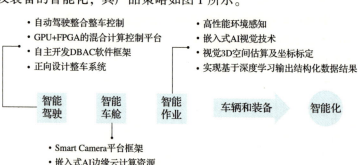

图1 产品策略

并且在2019—2020年间，共获得5个城市的自动驾驶客车路测牌照和一张自动驾驶客车的载人营运牌照：

1）广州市智能网联自动驾驶路测牌照，成为广州市第一批也是唯一一个获取自动驾驶公交车路测牌照的测试主体单位。

2）国家智能网联汽车（长沙）测试区自动驾驶路测牌照。

3）国家智能网联汽车（上海）自动驾驶路测牌照，成为上海市7批26张测试牌照中第一张客车牌照，也是第一次进行5G－V2X测试的客车。

4）国家智能网联（武汉）测试示范区自动驾驶路测牌照和道路运输许可证，也是国内首次从法规上允许自动驾驶客车进行商业化运营。

5）深圳市智能网联汽车测试示范区自动驾驶路测牌照。

（2）大型客车自动驾驶落地运营线路

深兰科技是首家完成商用车全流程产业化的AI企业，打通了"基础研究－核心技术－核心零部件－整车－批量销售－开放式运营"的业务流程，并在多城市落地"真实的自动驾驶客车运营线路"。

1）广州生物岛5G自动驾驶公交运营示范线：广州黄埔启动首个5G自动驾驶综合应用示范岛运营，深兰科技熊猫智能公交车作为商用5G自动驾驶的唯一客车品牌，搭载5G网络，实现了5G人车系统、4K高清直播和5G－WiFi高速上网等应用在生物岛上的试运营（见图2）。

2）武汉中央商务区自动驾驶公交商业运营示范线：2019年10月，武汉市经开区实现中国首条自动驾驶商用运营线路，同时也是世界上首次在市区内最繁忙的道路上开设公交测试示范线，深兰科技熊猫公交作为唯一的大型自动驾驶客车在该线路上运营，熊猫公交将领跑武汉CBD进入自动驾驶商用时代（见图3）。

图2　广州路测牌照及路线

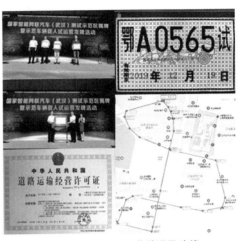

图3　武汉路测、运营牌照及路线

3）天津中新生态城5G－V2X智能公交运营示范线：2019年5月，天津中新生态城以政府采购形式引入的3辆熊猫智能公交车率先在全国进行自动驾驶公交车上路试运行。2020年5月，为配合国家新基建政策，通过改造道路基础设施，将整条运营线路升级为5G车路协同并率先在全国进行5G车路协同＋单车智能的示范运营。截至2020年底，熊猫智能公交已在天津中新生态城接待乘客超过10万人次，吸引国内外主流媒体报道超过1000次，目前已成为该地区的网红"熊猫车"，示范线路也成为本地市民和游客的网红打卡线路（见图4）。

4）东北首条自动驾驶公交运营示范线：2021年2月，东北三省首条智能公交线路在鞍山正式开通试运营，"熊猫"公交的引进对鞍山而言具有划时代的意义。市委、市政府为进一步推进"数字鞍山、智造强市"的发展目标，以超前的战略眼光、创新的工作思路，与深兰科技（上海）有限公司进行战略合作，引进人工智能技术，全面提高鞍山人工智能产业水平（见图5）。

图4　天津智能网联运营线路

图5　鞍山智能网联运营线路

5）深圳坪山区自动驾驶公交商业化运营示范线：2020年8月，坪山区通过引入深兰科技熊猫公交车，率先推出了全市首条智能网联汽车应用示范线路，并在10月27日正式上路。市民朋友可在发车点扫码进入"熊猫智行"小程序进行预约搭乘（见图6）。

图6 深圳智能网联测试线路

3. 独特优势

深兰科技自动驾驶公交基于车规级要求，采用整车正向设计，融合了多项深兰科技自主研发的技术，在感知、控制、规划、决策、智能客舱等方面具有以下独特优势：

1）多传感器时间同步标定、多模态、多模块协作、数据集/目标级融合等特点，使其具备多传感器多模态融合感知能力；可解决深度学习方法效果欠佳、路面检测效果及稳定性欠佳、无法提供整张点云范围语义、无法使用立体视觉等问题（见图7）。

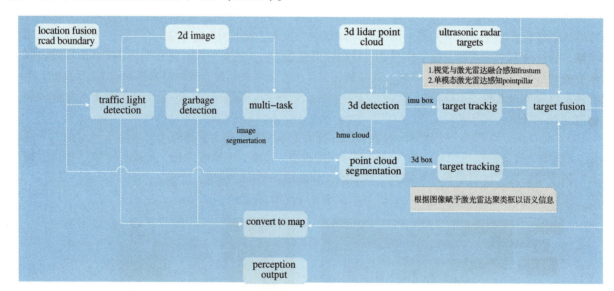

图7 多传感器多模态融合感知

2）具备语义级深度学习激光雷达感知技术，其中：

①卷积稀疏编码技术，可消除高维激光雷达点云数据这类自然稀疏信号卷积核的冗余性，使得网络在模型大小、计算复杂度和分类准确率之间取得更好的平衡。

②点云感知网络训练框架，可将种类繁多的开源数据格式统一，支持多种点云预处理方式及组合，实现了多种通用评估工具，并支持网络跨平台部署和迁移。

③点云感知网络优化框架，为点云感知网络的性能优化开发了一套完整的优化框架。

3）采用GNSS+IMU+车速+激光雷达的融合定位方案，保证了车辆在开阔场地、遮挡环境、复杂场景下均具备准确、稳定高精度连续定位能力（见图8）。

4）决策规划与控制囊括了全路径覆盖/全局规划算法及深度融合的智能规划算法，搭载对系统未来动态预测的闭环优化控制策略（MPC）；满足了道路、车辆动力学等约束，主动适应统一结构化/非结构化道路、车辆动力学和轨迹规划。

5）全场景、全工况、全边界自动驾驶仿真技术。

6）第三代智能客舱 AI 系统，搭载了手脉识别扣费系统、眼控计时广告系统、乘客异常行为分析系统和语音交互系统。其中：

①手脉识别扣费系统：实现扫手扣费，服务更高效。

②语音交互触控屏：通过智能交互方式为乘客提供便捷的生活资讯。

③广告精准推送系统：实现广告精准投放，提高第三方广告投放效益。

④异常行为分析：实现车内异常行为及时反馈，有效降低司乘安全风险。

没有自主的核心零部件，就谈不上拥有自己的自动驾驶技术，深兰科技自主研发的五岳算力产品，以不同算力为基础的硬件，搭载自主研发的软件架构，用软件定义硬件，为深兰科技提供了具有完全知识产权的自动驾驶系统栈，深兰科技自动驾驶大脑如图9所示。

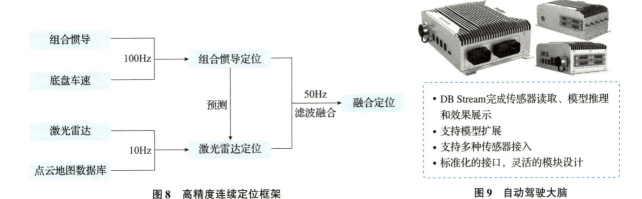

图8　高精度连续定位框架　　　　　图9　自动驾驶大脑

除了核心零部件及算法，深兰科技以自动驾驶技术开发全流程和全生命周期的管理为基础，开发了整套数据闭环工具链，这是整个系统优化的基石。没有数据回传以及数据迭代部署，就没有不断优化升级的适用更多场景的自动驾驶系统。无论是整车厂、自动驾驶公司还是智能零部件厂都对此极为重视（见图10）。

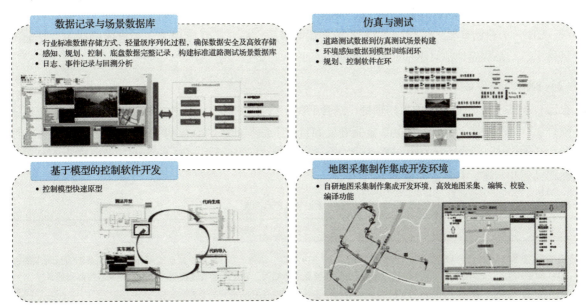

图10　深兰科技自研自动驾驶数据闭环工具链

深圳市金溢科技股份有限公司

1. 发展概况

金溢科技（股票代码002869）成立于2004年，是国内领先的智慧交通解决方案及产品提供商，ETC行业领军企业。公司一直专注ETC、RFID、V2X等技术的研发及应用，致力于为智慧高速、智慧城市、智能网联三大领域，提供让交通更智慧、让生活更简单的产品服务。

作为国内较早的智慧交通从业单位，金溢科技在2011年开始自主研发V2X技术，至今已沉淀十余年的V2X产品开发和实践经验，构建了涵盖终端产品、应用平台、算法、协议栈在内的全栈服务能力，可面向智能网联车和智能网联路提供整体解决方案及产品。目前，金溢科技已为全国20多个智能网联先导示范区提供V2X设备，并携手多家主机厂联合开展车路协同应用探索，持续贡献产业发展力量。

2. 研发能力

金溢科技以技术立企，坚持自主创新研发，在深圳、广州、成都三地设有研发中心，拥有200多人的高水平研发团队。公司秉承"在一厘米宽度做一公里深度"的理念，深入开展智慧交通应用技术和产品创新，率先推出DSRC、LTE–V等多种标准的V2X终端产品，并首批通过三跨、四跨、新四跨等各类V2X互联互通测试，累计取得近30项V2X技术专利，沉淀了行业领先的V2X产品实力。

另外，金溢科技联合业内知名高校院所，成立了部级智能车路协同关键技术及设备交通运输行业研发中心、智能交通车联网联合实验室、车联网前沿技术联合研发实验室、车路联网与协同系统联合实验室等多个行业研发中心，通过产学研融合推动V2X技术、产品、标准和应用落地。截至目前，金溢科技累计承担车路协同相关科研课题20余项，参与编写V2X行业标准近30项，成为推动V2X产业发展的中坚力量。

3. 主要产品与服务

金溢科技主要产品包括：C–V2X车路协同系列产品和ETC汽车前装系列产品。

（1）C–V2X车路协同系列产品

金溢科技基于对V2X技术的应用研究，陆续推出了DSRC车载终端、DSRC路侧单元、4G LTE–V车载终端、LTE–V路侧单元、5G&C–V2X车载终端等多款产品，广泛应用于各类智能网联车、智能网联路等场景中，产品稳定性、可靠性处于行业领先水平。

（2）ETC汽车前装系列产品

金溢科技基于对ETC技术的深刻理解，结合ETC汽车前装要求，在业内率先推出车规级ETC电子标签，配合30多家主机厂完成前装OBU定制开发和量产上线。此外，金溢科技创新研发了带CAN总线接口的第二代ETC前装OBU和ETC+DVR、ETC+C–V2X等多种融合型智能OBU，同时可为主机厂提供定制化产品解决方案，具体产品见表1。

表1 金溢科技产品列表

产品名称	功能特点
LTE–V2X车载终端 LB–LW10A	LB–LW10A是一款满足3GPP R14标准，支持LTE–V PC5直连通信和4G无线通信的后装车载通信终端，提供GNSS高精度定位和消息安全加密，专业用于构建智能网联车和协同式智能交通系统
5G&C–V2X车载终端 CB–LS20B	CB–LS20B是一款满足3GPP R14/R15标准，支持LTE–V2X和5G通信的后装车载通信终端，提供GNSS+RTK高精度定位和消息安全加密，适用于智能网联车和构建协同式智能交通系统

(续)

产品名称	功能特点
双模 V2X 车载终端 CB – LY15	CB – LY15 是针对汽车前装设计，集 5G、C – V2X、ETC、T – BOX、复合导航技术于一体，综合提供 LTE – V2X、5G 无线通信、ETC 电子收费、高精度定位、车辆监测诊断与远程控制等多种功能，灵活适用于各种智能网联应用场景
LTE – V2X 路侧设备 LB – RW10	LB – RW10 满足 3GPP R14 标准，支持 LTE – V PC5 直连通信，覆盖范围半径大于 800m，支持通过 4G 无线通信与云平台进行信息交互，广泛适用于车路协同和协同式智能交通系统
ETC 前装 OBU Alex – N60G	Alex – N60G 是第一代车规级 ETC 前装电子标签，符合 ETC 国家标准，适用于 ETC 高速收费、ETC 停车收费等多种场景，已通过交通部和工信部强检报告，并已量产供货多家车企
ETC 前装 OBU Alex – N60C	Alex – N60C 是第二代前装 OBU，支持 ETC 收费和 ETC 车路协同应用，配备 CAN 通信接口，可连通车机系统，实现 ETC 车路协同信息提醒与播报，更好地服务用户安全高效出行

北京清研宏达信息科技有限公司

1. 发展概况

北京清研宏达信息科技有限公司成立于 2014 年，是一家技术驱动型的高新技术企业，是"车联网教育部 – 中国移动联合实验室"重要合作单位。同时，也是国内较早一批切入网联式智能驾驶技术领域的企业。经过多年积累，清研宏达规模及以上合作伙伴达到 15 家，含央企、国企、车厂、上市公司等，办公地址分布在苏州、北京、天津、厦门等 4 个重点城市。

2. 生产经营

2017—2018 年为初代产品打磨阶段；2019 年清研宏达公交产品在厦门商业化落地，实现批量销售收入，当年销售收入为 1050 万，并实现盈利；2020 年收入为 1600 万；2021 年销售收入超过 2200 万，连续三年实现销售收入及毛利增长。

3. 技术进展及研发能力

清研宏达是一家以技术研发为核心的科技型企业，目前公司技术人员占比超过 85%，核心产品的自主知识产权及专利超过 30 项，每年新增 15 项以上专利。

从 2019 年开始，清研宏达给公交系统提供整体解决方案，实现公共交通的数字化转型。公司开展的"厦门城市级 5G 车路协同平台"建设项目，先后入选交通运输部 2020 年科技示范工程（城市公交类示范），国家发展改革委 2021 年 5G 新基建示范工程等，也是工信部基础公共服务平台（智能网联云控平台）研究的重要项目。协助中国国际工程咨询有限公司编写制作了《厦门市 5G 城市车路协同白皮书》。

4. 主要产品与服务

车路协同智能驾驶产品及数字化公交产品。

5. 发展规划

2021 年实现城市和应用场景的双突破；同时，根据公司历史销售增长率及相关行业增长率，2024 年实现销售破亿，并启动上市程序；在 2026 年实现全场景商用车的 L4 级 5G 车路协同自动驾驶服务，撬动千亿级市场。

采埃孚（上海）管理有限公司

1. 发展概况

采埃孚是一家全球性技术公司，致力于为乘用车、商用车和工业技术领域提供下一代移动性系统产品。采埃孚能使车辆进行自主观察、思考和行动。在车辆运动控制、集成式安全系统、自主驾驶以及电驱动四大技术领域，采埃孚能为现有的汽车制造商以及初创出行服务供应商提供广泛的解决方案。采埃孚能为各种车型提供电驱动解决方案。凭借其产品组合，采埃孚始终致力于推动节能减排、环境保护以及出行的安全性。

采埃孚商用车解决方案事业部（CVS）致力于成为商用车行业首选的全球技术合作伙伴，助力于塑造商业运输生态系统的未来。采埃孚商用车具备专业的系统技术、广泛的产品组合和全球运营能力，服务商用车行业全价值链。随着汽车行业不断趋向自动化、网联化和电动化，凭借其零部件和先进控制系统的供应及整合能力，采埃孚商用车解决方案事业部能够提供创新的解决方案，赋能商用车辆和车队更安全和可持续的未来。2020年5月，采埃孚收购威伯科后即成立商用车控制系统事业部（CVCS），而采埃孚商用车解决方案事业部是CVCS与采埃孚商用车技术事业部的完美结合。通过整合，采埃孚在商用车领域的综合能力将跃升到一个新的高度。全新的采埃孚商用车解决方案事业部将以"智动商用车·即在此刻"为目标，围绕"安全交通运输"、"可持续交通运输"和"智慧车队运营"三个方面，为全球的卡车、客车、挂车等整车制造商和车队客户开创下一代出行解决方案和服务。

2. 生产经营

整合后的采埃孚商用车解决方案事业部将从事商用车车辆运动控制、传动、底盘、ADAS和AD等系统及零部件的研发、生产、销售与服务，其中包括空气管理系统、电子制动与稳定性控制、悬架控制、转向器、变速器、离合器、底盘悬架、雷达、激光雷达、摄像头、域控制器和中央计算平台等广泛的产品线。自1996年进入中国市场以来，采埃孚目前有11家制造工厂，并不断提升本土生产能力，完善供应链管理，培育研发和创新能力，助推本地业务成长，致力于为客户创造价值增值。

3. 研发能力

采埃孚商用车解决方案事业部（CVS）亚太研发中心的团队分布在亚太区的3个国家6个地点，专注于提升商用车安全性和效率的产品开发和应用，其中包括自动驾驶、高级驾驶辅助系统（ADAS）、制动系统、转向系统、传动系统、悬架技术、空气管理、挂车技术、电驱动解决方案以及围绕车队管理的数字服务。自成立以来，亚太研发中心一直为把突破性商用车技术引入亚太市场提供有力支持。核心研发能力涵盖机械产品设计、机电一体化产品设计、电驱系统设计、系统工程、系统功能开发、系统集成、零部件验证、系统测试以及功能安全和信息安全等领域。此外，强大的本土应用工程团队支持区域市场的技术服务、应用释放、车辆测试以及认证试验，涵盖车辆的横向和纵向控制、底盘悬架、ADAS和高阶自动驾驶以及电驱动解决方案等全系列产品线。

2018年亚太研发中心成立了产品创新团队，致力于AD、电驱动及数字化等前瞻技术的研究与开发，重点关注亚太区特定的市场需求、技术要求和法规驱动。自动驾驶开放平台（ADOPT™）是亚太区创新开发的第一个成果。

随着市场、法规的标准和要求不断提高，应用的产品日趋复杂，亚太研发中心的研发能力也在持续的不断增强和扩展。我们研发团队的使命和目标不仅是提供尖端技术和最优的客户系统解决方案，同时致力于成为客户可信赖的、高效能的下一代出行解决方案合作伙伴。

4. 主要产品与服务

采埃孚商用车解决方案致力于赋能商用车智能，为整车制造商，车队客户和初创出行服务提供商提供 AD、电动出行、智能网联和系统集成的解决方案，共同携手打造下一代出行方案。在 AD 和智能网联领域，采埃孚主要产品技术涵盖自动驾驶的感知、决策和执行三个阶段，由此产生的海量数据可进一步优化系统性能，并充分赋能商用车智能网联，最终为用户创造新的价值。

(1) 采埃孚"采睿星"(ProAI)

未来的车辆智能将由几个功能强大的中央计算机控制，新一代采埃孚"采睿星"(ProAI) 就是其中之一。在 2021 年的上海车展，采埃孚全球首发了新一代 ProAI，它是市场上最具灵活性、可拓展性且功能强大的车载超级计算机之一，助力车辆智能化发展。这款中央计算机能够满足整车制造商对"软件定义汽车"及全新电子电器架构的需求，能为域控制器、区域控制器或者中央控制器提供支持，且适用于任意车型；根据 L2～L5 不同级别应用场景及对应运算需求，ProAI 可实现从 20～1000 TOPS 的运算能力以支持所有等级的自主或自动驾驶。

(2) 自动驾驶开发平台技术（ADOPT™）

自动驾驶开放平台技术（ADOPT™）通过提供"即插即用"的解决方案，为商用车自动驾驶的应用开发提供了一套高效、灵活的标准接口。凭借采埃孚在车辆运动控制领域的先进经验，ADOPT™ 在有效控制车辆相关执行机构的基础上，向虚拟驾驶员提供"标准化、高效的自动驾驶界面"，并将其连接到车辆的运动控制系统，将虚拟驾驶员的指令转化为车辆在横向和纵向的真实动态，并根据实时路况，提供持续的车辆稳定性控制。制动和转向的冗余设计，可有助于商用车更安全地实现 L3～L5 级自动驾驶。在确保车辆运行安全、高效的同时，简化和加速了自动驾驶应用的开放和发展。

(3) OnGuardMAX™ 自动紧急制动系统（AEBS）

OnGuardMAX™ 自动紧急制动系统（AEBS），是采埃孚在 2021 年 4 月上海车展全球首发的一款产品。该系统依靠先进的摄像头和雷达传感器实现数据集成，结合先进的目标分类技术，可有效识别前方各种移动、停止或静止的物体（包括车辆与行人），通过复杂的场景分析监测前方的交通情况，并在必要时实施全制动使车辆完全静止。该系统专为商用车设计，完全符合中国最新出台的相关安全法规（中国是全球首个强制要求安装 AEBS 包含行人安全功能的国家）。

(4) 电子制动系统（EBS）

电子制动系统（EBS）是新一代制动控制系统，与常规制动系统和 ABS 相比，制动距离更短，可提高主挂车的制动一致性，确保驾驶员和车辆的安全性和稳定性，并且无论车辆载荷状态如何，均可提供舒适的制动体验，优化制动磨损，提高车辆效率。采埃孚 EBS 是业界首个标准 EBS，可用于纯电动和混合动力驱动的商用车，实现极佳的能量回收。采埃孚 EBS 在制动和稳定控制的基础上还可实现多种拓展功能，使车辆运行更加安全和高效。

(5) OnHand™ 电子驻车制动系统（EPH）

应对商用车市场对于驾驶安全和舒适性日益提升的要求，采埃孚凭借其行业领先的机电系统工程设计和制造方面的丰富经验，推出了符合 ISO 26262 标准要求的 OnHand™ 电子驻车制动系统（EPH）。创新、小巧的机电设备和独特的手控装置取代了传统的气压制动器，当货车停稳并熄火时，EPH 将自动施加驻车制动，一旦监测到车辆起步，则自动解除。备用辅助制动是自动驾驶的一项基本安全功能，当行车的制动功能发生故障被解除时，EPH 将自动施加驻车制动。此外，EPH 还可以提供集成的 ABS 支持，坡道防溜车监控，防盗保护等功能，凭借多种差异化增值功能，提升用户的安全性和舒适性。

(6) ReAX 电动液压助力转向系统

ReAX 电动液压助力转向系统在液压转向器基础上集成电机控制。该系统结合车辆信号及驾驶员的输入，分析后给驾驶员提供更顺滑、更精准的转向控制，帮助提升整车性能，大大减轻驾驶疲劳，将驾驶乘用车的轻松体验带给了重型货车。同时，ReAX 电动液压助转向系统也是未来 ADAS 功能的一个重要组成部分，比如车道保持（LKA）功能。

（7）TraXon（传胜）自动变速器

TraXon（传胜）自动变速器是基于在全球拥有百万台销量的 ZF ASTronic 自动档变速器演化而来，其具有高舒适性、低油耗、轻重量、高性能、使用寿命延长和能减少维护的特点。

（8）Airtrac X 底盘悬架系统

货车的不同用途意味着驾驶员的驾驶室在大小、设备和重量上存在差异—— 在某些情况下，差异非常显著。作为系统供应商，采埃孚开发和生产的驾驶室悬架系统覆盖了所有常见的驾驶室设计，包括弹簧、减振器、稳定杆和其他悬架组件，确保更少的颠簸和摇晃，能让驾驶员从一个更舒适的工作环境中受益。

采埃孚 AirtracX 底盘悬架系统解决方案，采用十字推力杆、采埃孚减振器和底盘组件，可以实现更高的有效载荷和更低的燃油消耗。该系统及其各个组件坚固耐用，无需维护，是一个高效的轻量化底盘悬挂系统。

采埃孚驾驶室悬架系统与独立的底盘系统的组合能提高车辆可靠性、舒适性，减轻驾驶员疲劳，从而极大地保障行驶安全。

（9）OptiRide™ 电控空气悬架控制系统（ECAS）

OptiRide™ 电控空气悬架控制系统（ECAS）是一款专门针对商用车设计的智能空气悬架控制系统，通过电子控制优化空气悬架车辆的底盘高度。可通过仪表盘开关或遥控器简单快速地调节高度，方便挂车接驳，节省时间和人力成本；具备高度记忆功能，在装卸货时调至装卸平台高度并可在车辆起动后自动恢复行驶高度；还可实现多种增值功能，帮助车队提高运营效率、车辆操控安全性和驾驶舒适度，使车队的日常运营提升到一个全新的水平。最新一代 ECAS 可提供车架版电子控制单元（ECU），释放驾驶室空间，减少线束的复杂度，使装配和维护更便捷。

（10）OptiPace™ 预测性经济性巡航控制（PECC）

为满足中国市场在提高车辆运行效率和减少二氧化碳排放方面日益增长的需求，采埃孚推出了 OptiPace™ 系统，该预测性经济性巡航控制（PECC）技术专为商用车开发，基于巡航信息和地图信息，可调节车辆至更经济的运行速度，并根据前方的道路地形进行调整，使得车辆动力系统运行在高效的工作区间，可节省约 4%～6% 的燃油，降低驾驶员劳动强度的同时有助于将制动片磨损和排放量降至最低。此外，该功能可与 ADOPT™ 无缝集成在一起，实现高效的自动驾驶。

（11）智能挂车解决方案

智能挂车解决方案基于挂车电子制动系统，提供了多达 40 种挂车创新功能，可完全针对每个车队不同需求进行定制，有效提高车辆高级安全、运营效率、驾驶员舒适度和效率，实现载荷优化以及降低油耗和碳排放。

（12）数字化车队解决方案

数字化车队解决方案根据车辆使用场景，提供危化品、快递快运、高附加值货物、中置轴车辆及市政/工程车辆等定制化运输方案，覆盖牵引车及挂车，通过行业领先的 EBS、汽车电子稳定控制系统（ESC）、电控机械式自动变速器（AMT）、挂车防侧翻系统（TEBS）和 TailGUARD 等产品与智能云平台联动，提高车辆主挂一致性，防止侧翻和折叠，保障车辆安全的同时节油省胎，帮助车队降本增效，实现更安全、更环保、更可靠的运营。

5. 发展规划

作为百年制造企业，采埃孚商用车业务已在中国市场深耕 25 年，并与国内主要货车、客车企业建立了深入合作。近几年，随着汽车智能化、电动化、共享化和网联化的发展趋势，采埃孚将重点围绕电驱动和智能驾驶方面，陆续推出一系列新产品和新技术，并致力成为一家可以为商用车提供不仅是零部件，还包括子系统、模块、软件服务或应用场景解决方案的供应商。面对新的发展趋势和日趋激烈的市场竞争环境，采埃孚不断突破，正在把更多的研发能力、创新能力及产品带入中国。

厦门雅迅网络股份有限公司

1. 发展概况

厦门雅迅网络股份有限公司（以下简称"雅迅网络"）是中国电子科技集团有限公司下属成员单位，大股东为中电科数字科技（集团）有限公司。

作为国内车联网领域最早的拓荒者之一，雅迅网络积累了将近 30 年的丰富经验，在研发能力、生产能力、工艺技术和产品质量等方面均具有较强的竞争优势。通过长期践行"专注、极致"的发展策略，公司致力于为客户提供车联网、汽车信息安全等云-端一体化产品及解决方案，主营业务为车联网终端、车联网安全网关、安全 T-BOX、系统平台及相关服务的研发、生产和销售，是东风汽车、北汽福田、中国重汽、宇通客车和中联重科等国内主要商用车厂、工程机械厂的主流供应商。雅迅网络产品市场占有率在商用车车联网领域遥遥领先，同时公司也是首家获得国家密码管理局颁发的商用密码产品生产定点单位资质及销售许可证的汽车电子厂商，是华为 5G-V2X 全球车联网生态圈的首家入选伙伴。

公司先后承担 60 余项国家级、省市级科研、产业化专项，并荣获了诸多荣誉和资质：
1）国家 863 计划成果产业化基地。
2）国家知识产权示范企业。
3）国家创新型企业。
4）厦门市院士专家工作站。
5）北斗卫星导航应用推进杰出贡献奖。
6）北斗产业化应用先锋企业奖。

2. 生产经营

雅迅网络拥有 17000m² 的研发中心和占地近百亩的产业园，并通过了 ISO 9001、IATF 16949、ISO 14001、ISO 45001、CMMI 3 级认证等质量管理体系认证。同时，公司还拥有领先的生产制造能力和先进的自动化生产设备，具体如下：
1）100 亩产业园。
2）10 万级无尘、防静电、恒温恒湿车间。
3）200 万台年产能。
4）9 条全自动 SMT 生产线。
5）2 条全自动 DIP 生产。
6）2 条全自动、智能化组装测试线。

3. 技术进展及研发能力

截至 2020 年 12 月，雅迅网络共申请专利 841 项，其中发明专利 766 项；取得授权专利 384 项，其中授权发明专利 327 项；主持和参与制定了 8 项国家标准和 5 项行业标准。公司设有厦门和深圳两个研发中心，共有研发团队 400 余人，突出的技术优势、以用户需求为导向的技术研发能力是公司快速发展的重要支撑。

目前，雅迅网络产品核心技术主要体现在以下几个方面。

（1）车联网人工智能技术

车联网人工智能技术主要指基于 ADASIS 体系，利用人工智能算法提升车辆智能化水平的技术。ADASIS 是一种基于车辆应用的地理信息数据传输协议，其定义了地图在车载网络中的数据模型及传输方式。基于 ADASIS V2 可全面提升车辆的安全性、节能性、舒适性甚至自动驾驶性能。

车联网人工智能技术主要包括环境自学习、载荷高精度感知、基于实时环境因素的智能发动机曲线切换、驾驶员驾驶行为深度分析、汽车故障预测与健康管理等。

（2）车联网大数据技术

随着汽车产业进入大数据时代，平台接入车辆数量提升到了百万甚至千万级，从汽车上在线采集的数据量也将直接跃升到 TB 乃至 PB 的级别，而且数据类型更为丰富。奔驰、宝马等顶尖车厂利用汽车大数据结合人工智能技术开展了用户画像精准营销等创新型业务，取得了良好的效益；国内自主品牌，如长城汽车等对大数据应用也进行了尝试，但总体上还存在技术水平不高、应用面窄、应用深度浅等问题。

车联网大数据技术包括车联网大数据一体化平台关键技术和模型算法研究。车联网大数据一体化平台主要提供 ABC（AI + BigData + Cloud）化一站式服务，其定位为多源海量信息的汇聚、解析、处理和挖掘的高性能综合性平台。平台旨在为千万级车辆提供在线接入，实现数据的云化高效处理，并提供汽车多维度资源数据的整合方案。平台还内置 AI 建模系统，辅以可视化的数据分析系统，从而达到汽车大数据深度挖掘的目的，实现数据的价值产出。模型算法研究包括驾驶行为评分模型、车辆关键部件保修理赔风控模型、配件库存预测模型、关键部件维修保养模型和基于使用量而定保费的保险（UBI）定价模型等。

（3）车联网 C – V2X 技术

5G – V2X 是基于蜂窝的 V2X 技术（Cellular V2X）的演进版本。V2X 是 5G 在智慧交通领域的重要应用。5G – V2X 是车联网新技术，目前尚未得到大规模推广应用。

作为华为 5G – V2X 全球车联网生态圈的首家入选伙伴，雅迅网络在智能车路协同、远程驾驶、协作式车队管理和车路协同远程固件升级等方面进行了深入研究，研究开发了车路协同管理平台和车载设备（OBU）。

（4）车联网信息安全技术

当前，智能网联汽车主要面临来自节点（T – BOX、IVI、终端升级、车载 OS、车载诊断系统接口和车内无线传感器）、网络传输、云平台和外部互联生态安全 4 个层面的 12 大安全威胁。在黑客攻击的威胁下，智能网联汽车安全性变得愈发脆弱，甚至可能导致致命事件的发生。因此，汽车信息安全受到越来越高的重视。

雅迅网络掌握的车联网信息安全核心技术包括：

1）基于密码技术的智能网联汽车信息安全技术架构：建立了智能网联汽车网络安全、边界安全、设备安全、应用安全和数据安全，构建覆盖智能网联汽车云端、管端和边缘端的纵深防御体系。

2）智能网联汽车信息安全支撑关键技术：包括一车一密统一身份认证技术、动态群组密钥管理技术、车载设备可信起动技术、汽车总线安全隔离技术、安全 OTA 技术、漏洞扫描与模拟攻击技术等。

3）智能网联汽车信息安全产品研制：已经研制完成中央安全网关、IVI 中控屏等车载智能设备安全中间件、汽车信息安全支撑系统、汽车信息安全测试验证系统等产品。

4. 主要产品与服务

雅迅网络主要产品与服务见表1。

表1　雅迅网络主要产品与服务

产品线	具体产品和服务
安全网联终端产品线	行驶记录仪、T – BOX、e – Call、5G – V2X OBU
安全网关产品线	中央安全网关、安全网关、普通网关
智能座舱产品线	多媒体屏、全数字液晶仪表、电子后视镜、一机多屏、HUD
车联网大数据平台产品线	大数据、新能源、OTA、V2X、北斗车联网、商用车车联网
协同控制终端产品线	e – Horizon ECU、智能限速辅助系统、智能节油系统、智能载重系统

5. 发展规划

未来，雅迅网络将持续聚焦汽车安全网联领域，保持公司在商用车车联网市场的绝对竞争优势，同时发展成为中国自主品牌乘用车车联网软件与零部件市场的领军企业。

蘑菇车联信息科技有限公司

1. 发展概况

蘑菇车联是全球领先的自动驾驶全栈技术与运营服务提供商,打造了全球最大的城市级自动驾驶商业项目,拥有国内领先的"车路云一体化"智慧交通系统(见图1)。

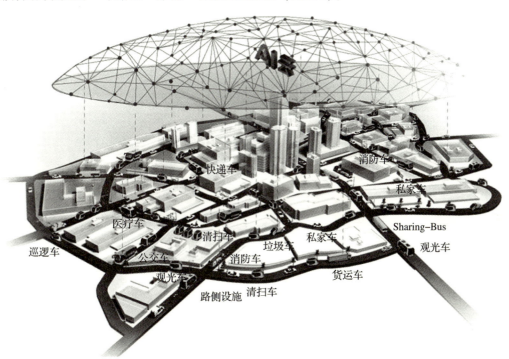

图 1　蘑菇车联"车路云一体化"智慧交通系统

公司具备 L4 级自动驾驶公交车、出租车、清扫车、巡逻车、救护车、物流车等全系列自动驾驶大规模城市公共服务车队的运营能力,覆盖城市开放道路、园区、港口、机场、高速公路等全场景。目前,蘑菇车联自动驾驶规模化运营项目已在北京、上海、江苏、湖北、湖南、河南等省市落地,不断推动智慧交通建设发展,为城市居民提供安全高效的出行体验。

2. 核心技术

(1)全球领先的 L4 级单车自动驾驶技术

蘑菇车联拥有全国规模最大的训练数据集、全球领先的算法体系以及完善的自动驾驶套件方案,打造了具有高稳定性与可靠性的单车自动驾驶系统,同时可融合路侧与云端的综合信息,更加适合中国城市开放道路的实际交通情况。

(2)国内领先且唯一的车路云一体化体系

蘑菇车联通过单车智能、车路协同、AI 云平台实现融合感知、协同定位规划和协同决策,突破单车智能瓶颈,大幅提升自动驾驶的可靠性和安全性,是国内领先且唯一的车路云一体化体系。

(3)国内最大的智慧交通 AI 云平台

全国最大规模云控平台,打造交通元素全覆盖的全息数据感知体系和场景化智能决策服务,是国内唯一具备交通 AI 底层系统与应用运营系统的智慧交通大数据平台(见图2)。

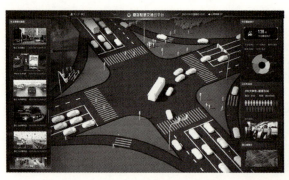

图 2　蘑菇车联智慧交通 AI 云平台

3. 主营业务

（1）自动驾驶车队运营

自动驾驶车队包含自动驾驶出租车、自动驾驶园区车、自动驾驶公交车、自动驾驶医疗车、自动驾驶巡逻车、自动驾驶清扫车等（见图3）。

图 3　蘑菇车联城市公共服务车队

（2）城市级智慧交通建设

城市级智慧交通包含全要素实时数字化、全息融合感知覆盖、交通事件监测发布、交通态势分析预测、自动驾驶车辆调度、全景还原智能决策等。

4. 落地案例

（1）衡阳：全球最大的城市级自动驾驶商业项目

2021年3月，衡阳市人民政府与蘑菇车联签署战略合作协议，双方在智能终端、车路协同、自动驾驶及智慧交通领域展开深度合作，共建智慧交通创新示范城市，打造"衡阳模式"，推动城市级自动驾驶大规模落地和商业化运营。

该项目总投资约5亿元，是目前全球投资额最大的自动驾驶商业化落地项目。蘑菇车联通过车辆智能化、道路智能化和AI云，构建车路云一体的智慧交通体系，充分满足市民便捷、高效、绿色、环保的出行需求。

基于此次战略合作，蘑菇车联将针对衡阳主干交通要道开展道路智能化和车路协同智能网联化升级，覆盖智能驾驶网约车、公交车等城市公共出行和道路客运场景。首期自动驾驶车队已批量驶入城市主干道并陆续启动商业化运营，应用于衡阳旅游观光巴士、微循环公交、园区通勤摆渡、快速路公交等（见图4），后期还将覆盖智能驾驶网约车（见图5）等城市公共出行场景。

图 4　蘑菇车联城市公共服务车队落地衡阳

图 5　蘑菇车联智能网约车

与以往的自动驾驶测试项目不同，衡阳项目的复杂性远超其他。衡阳是中国中南部重要的交通枢纽，多条重要公路、铁路干线在此交会。项目覆盖城市主干道，穿越市中心，并涉及隧道、立交桥、无标线的乡村道路等实际复杂路况。蘑菇车联将为衡阳提供一套"城市交通大脑"，用于实时监控规划和全局调度，高效匹配用户的出行需求，这可能会大幅度降低交通事故和交通拥堵出现的概率。

（2）鹤壁：加速推进建设新型智慧城市标杆

2021年9月16日，蘑菇车联与鹤壁市签署战略合作协议。双方将充分发挥技术和资源优势，在自动驾驶、车路协同、AI云等领域开展深度合作，加速推进智慧交通建设，共建新型智慧城市标杆。

鹤壁市是河南省第一个开展车路协同智慧交通建设的地级市，此次合作项目第一期车路协同示范道路为20km，一、二期项目总投资额约3亿元。

现阶段，推动新型智慧城市建设已经成为现代城市发展的战略选择。在此背景下，鹤壁市、蘑菇车联将在"新基建""交通强国"建设、"智能汽车创新发展"智慧城市建设、"碳中和"等领域展开紧密合作，共同探索并打造全球领先的智能、低碳、可持续发展的现代新型智慧城市。

（3）北京：国内首个开放式5G商用智慧交通车路协同项目

2019年10月，在国家级智慧交通示范基地北京市顺义区北小营镇，蘑菇车联落地国内首个开放式5G商用智慧交通车路协同项目，在5G+C-V2X无缝连接和车路高效协同上开创先河，掀起了智慧道路建设的新篇章（见图6）。

该路段全长7.2km，是典型的混合开放式道路。整套车路协同方案支持300+交通关键事件场景，通过5G+C-V2X将车与路、车与车连接打通，各端感知数据彼此交互，让车、路两端具备追踪目标、捕捉风险、预测意图的能力。

图 6　蘑菇车联城市公共服务车队

（4）苏州：自动驾驶落地苏州，共建长三角自动驾驶高地

2020年11月，蘑菇车联车路云一体化自动驾驶及智慧交通落地江苏苏州。双方将在自动驾驶、车路

协同、智慧交通产业发展、商业模式和产业链体系打造方面共同发力。公司在智慧交通、车路协同领域的商业模式得到验证。

蘑菇车联将为苏州高铁新城建成全国领先的智能交通系统，为公众提供安全、便捷、畅通、环保的交通出行体验。在现场体验场景中，公司自动驾驶车辆完成了交叉路口碰撞预警、闯红灯预警、弱势交通参与者碰撞预警和绿波车速引导等日常高频场景，车路云一体化自动驾驶系统全局协同保障出行安全、提升通行效率商业案例：在多场景落地自动驾驶城市公共服务车（见图7）。

图7　蘑菇车联 Robotaxi 车队

基于此次战略合作，双方将共同推进苏州高铁新城智能网联汽车产业的发展，形成在长三角地区具有明显竞争力和影响力的产业链体系，实现互利共赢，并充分发挥技术与资源优势，在苏州高铁新城建成全国领先的智能交通系统，为公众提供安全、便捷、畅通、环保的交通出行体验。

北京天融信网络安全技术有限公司

1. 发展概况

北京天融信网络安全技术有限公司（简称天融信）创始于1995年，是国内首家网络安全企业，亲历中国网络安全产业的发展历程，如今已从中国第一名自主研发防火墙的缔造者成长为中国领先的网络安全、大数据与云服务提供商。天融信始终以捍卫国家网络空间安全为己任，创新超越，致力于成为民族安全产业的领导者、领先安全技术的创造者和数字时代安全的赋能者。

2. 生产经营

根据天融信2020年年报数据显示，公司网络安全业务实现营业总收入28.32亿元，同期增长17.17%；归属于上市公司股东的净利润5.02亿，同期增长27.53%。

3. 技术进展及研发能力

天融信持续专注于车联网安全的发展与创新，依托在网络安全领域领先的技术和测评体系，将通用安全技术与车联网业务场景进行深度融合，打造出一系列车载安全产品，并建立涵盖车联网云端安全、车端安全、V2X安全以及数据安全的纵深防护体系，搭建可持续安全赋能的运营平台，实现全生命周期安全服务，为车联网客户提供全方位、多手段、深融合的安全保障。

在安全防护技术上，针对车载入侵检测技术、车载防火墙技术、车端认证加密技术等方面进行深入的研究和应用；在车联网安全检测能力上，实现了涵盖车载总线渗透测试工具、车载安全通信合规性验证工具的设计与开发。目前已有车载防火墙、车载入侵检测系统、车端认证加密系统、车端通信安全机制合规性验证工具、智能网联汽车CAN总线渗透测试工具等十余款产品，同时建立起车联网安全分析中心、车联网安全攻防演练系统平台、车联网安全培训平台、车联网数据安全管控平台、车联网安全在线检测平台等多个系统平台。

在车联网安全项目建设方面，先后参与工信部国家项目"工业互联网创新发展工程——车联网安全综合服务平台"和"工业和信息化领域公共服务能力提升专项——车联网应用环境建设——车联网在线检测监测系统建设"建设。同时与监管单位、整车生产厂商、Tier1 供应商等生态链上下游单位进行深度合作，完成"公安部三所车联网安全测评工具箱"项目、"广汽三菱车联网功能渗透测试项目（含体系建设）""中车株洲安全加固服务项目（含体系加固）"和"北汽蓝谷通信安全测试项目"等多个项目建设。

在车联网安全相关标准法规建设方面，天融信积极参与国家、地方和行业的各类重大科技专项项目的标准建立，是全国信息安全标准化技术委员会（TC260）、全国汽车标准化技术委员会智能网联汽车分标委（TC114/SC34）、中国通信标准化协会（CCSA）、公安部信息系统安全标准化技术委员会、密码行业标准化技术委员会，以及车载信息服务产业应用联盟的成员单位，先后参与了多项车联网网络安全领域国家标准和行业标准的研制。

同时，天融信深度参与行业相关规范推动，参与制定了中汽中心《车联网网络安全白皮书（2020）》、国家工业信息安全发展研究中心《自动驾驶数据安全白皮书（2020）》、国家工业信息安全发展研究中心《智能网联汽车数据跨境安全白皮书（2020）》等一系列材料的撰写与发布。

4. 主要产品与服务

（1）车载防火墙

车载防火墙为智能网联汽车、高级别自动驾驶汽车等有高级别网络安全要求的车载运行环境提供全方位网络安全防护，支持集成车载以太网交换机、T－BOX、V2X 等功能，可以支持软件形态集成在车内关键部件后进行硬件形态的独立部署。

除具备传统车载联网设备的基本功能外，还支持系统加固、接入安全、通信安全、访问控制、入侵检测、安全审计、安全 OTA 等安全功能，可以实现智能网联汽车中安全风险实时检测，有效降低网络攻击风险，保护用户关键数据安全。

（2）车载入侵检测系统

天融信车载入侵检测系统依靠轻量的分布式探针部署并融合云端大数据分析引擎，利用多种检测机制，在复杂大量的应用数据中，及时发现异常，精准识别攻击行为和异常行为，第一时间进行告警，帮助用户及时发现、甄别风险，同时不断丰富风险特征库、提升识别风险的能力。此外，入侵检测系统还支持日志上报、安全规则更新等多种功能。

（3）车联网安全分析中心

天融信车联网安全分析中心是集资产管理、漏洞管理、收集检测、告警评估、调查响应为一体的综合性安全防护体系，结合大数据分析技术可集中实时监控车联网信息安全状态，实现安全事件变化、安全预警、安全评估、预估风险走势监测，实现海量数据存储和安全事件处理。天融信车联网安全分析中心总体分为数据采集层、汇聚存储层、分析建模层、功能展示层 4 部分。数据采集层通过探针或者与业务系统对接的方式收集数据；汇聚存储层对数据进行归一化、过滤、合并、去隐私等，按照数据格式存储到对应的存储系统中；业务建模层通过对数据进行实时检索，分析资产和业务的运行状态、安全风险情况，根据不同的规则类型，产生告警；功能展示层是将业务和安全风险通过多种可视化技术进行展示，让用户直观地了解到全网资产的状态，并且提供对资产和风险的管理，向用户平台提供数据服务或者从用户平台获取服务支持。

（4）车联网安全合规验证平台

车联网安全合规验证平台可从车联网体系、智能网联汽车、车端组件、车端业务等角度为用户提供全方位的安全合规性检测与验证。车联网安全合规验证平台集成含总线渗透测试工具、车载无线安全合规检测工具、车载 App 安全检测工具、固态检测工具在内的十余种工具，可灵活按照各类国内外车联网（智能网联汽车）相关网络安全标准法规对被检目标进行自动化/半自动化合规性验证。

车联网安全合规验证平台以车联网安全攻击技术与安全防护技术为核心，是一套为用户提供网络安全研究、人才培养、实战演练、安全测试、效能分析及态势推演的综合性运营平台。该平台融合多种车联网安全前沿技术，提供海量贴合业务要求的检测用例，支持多种产品、方案在同一检测场景中进行联合测试与验证，测评过程安全可控，数据采集准确翔实，效能展示科学直观，为车联网安全行业高速发展提供有效的技术支撑。

（5）全生命周期安全服务

天融信基于在车联网安全领域的深入研究与积累，结合多年专注网络安全，服务一线客户的经验，形成了完善的安全服务体系和专业的安全服务方法论，打造出一支专业化团队，为车联网产业生态链上下游企业提供包括安全咨询、风险评估、渗透测试、预警通报、应急响应、追踪溯源等在内的覆盖车联网全生命周期的综合性安全服务。

（6）智能网联汽车全生命周期数据安全服务平台

在车联网数据安全领域，天融信对车联网数据安全需求进行全面梳理，打造出智能网联汽车全生命周期数据安全服务平台。依据云、管、端、应用四个方向制定车联网数据分类分级标准、完善数据安全管理制度，重点对车联网用户数据、车辆业务数据、个人隐私数据等进行安全管控。同时，从数据防泄露、数据加解密、数据脱敏、数据共享等多方面制定相关规则，确保车联网数据产生、存储、应用、销毁全生命周期的安全。

智能网联汽车全生命周期数据安全服务平台是一套软硬件结合的综合性安全服务平台，涵盖智能网联汽车信息安全漏洞库、安全检测基础支撑工具库、终端安全检测系统、通信安全检测系统等主要功能，能够对标特定检测标准，根据差异化设计测试用例，为智能网联汽车网络安全技术进步提供数据和技术支撑，全面提升车联网安全服务综合能力，从根本上解决智能网联汽车安全问题，助力车联网产业发展，保障国家智能汽车创新发展战略的落实。

5. 发展规划

近年来，国家高度重视车联网产业技术发展，先后发布了《信息通信行业发展规划物联网分册（2016—2020）》《工业控制系统信息安全行动计划（2018—2020）》《推进"互联网＋"便捷交通促进智能交通发展的实施方案》《促进新一代人工智能产业发展三年行动计划（2018—2020 年）》《国家车联网产业标准体系建设指南》《智能汽车创新发展战略》《智能网联汽车生产企业及产品准入管理指南（试行）》等一系列政策指引和行动纲要，指导车联网产业的健康发展。

其中，2020 年 2 月，国家发展改革委等 11 部委联合印发了《智能汽车创新发展战略》。该战略从车联网安全角度明确了"开放合作，安全可控"的总体要求和基本原则，提出要统筹利用国内外创新要素和市场资源，构建智能汽车开放合作新格局；强化产业安全和风险防控，建立智能汽车安全管理体系，增强网络信息系统安全防护能力。该战略将"构建全面高效的智能汽车网络安全体系"列为主要任务之一，从"完善安全管理联动机制""提升网络安全防护能力"和"加强数据安全监督管理"三个方面对任务进行明确和细化，提出一系列指导方针。此外，2021 年 4 月，由工业和信息化部发布的《智能网联汽车生产企业及产品准入管理指南（试行）》（以下简称《指南》）也对车辆网络安全和数据安全各个层面做出了明确要求，在网络安全层面提出智能网联汽车应能够防御信息传输安全威胁，不允许存在已公布的网络安全漏洞，能够防御车辆外部连接的安全威胁。在数据安全层面，《指南》提出智能网联汽车要能够防御非法盗取、破坏关键数据的威胁，应具备防御数据丢失/车辆数据泄露的威胁等能力。上述政策的发布，标志着国家对智能汽车以及车联网安全的重视提升了一个新的高度。

随着 5G、V2X、自动驾驶等技术的迅速发展，车联网及相关业务与产品不可避免地遭遇了安全隐患、数据信任以及性能质量良莠不齐的难题。由于车联网具有不同于传统交通的智能性和网联性，在运行过程中其网络系统会面临被黑客侵入的风险。车联网面临诸多威胁和挑战，如网络攻击、数据窃取等事件严重影响社会秩序。所有这些问题都暴露了目前重要系统安全防护能力的欠缺和网络安全重大事件监测与防御手段的不足。当前，我国已经将网络空间安全提升到国家安全和国家战略的高度，加强和完善自动驾驶汽车的网络安全能力刻不容缓。自动驾驶汽车作为未来城市智慧交通的重要组成部分，需要支撑缓解交通、用户服务、安全保障等各个方面，其面临的网络安全威胁需要得到有效的防护。

在车联网安全相关技术研究突破方面，天融信持续从车联网安全攻击技术、防护技术入手，多角度、多层面促进车联网安全技术提升，研究我国自主可控的车联网安全技术及产品，为车联网产业落地与持续发展提供健康环境。同时，天融信开展车联网安全攻防演练运营技术体系研究，提高行业应急响应处理能力和实战水平，全面提升行业面对车联网安全重大事件的应急响应处置能力，对于推进关键技术融合发展，突破我国关键"卡脖子"技术问题，有效增强国家车联网产业综合实力具有深远意义。

在车联网安全技术人才培养方面，天融信启动人才培养计划，全面覆盖车联网安全关键技术研究、标准建设、理论到产品落地的过程中，持续培养大量的高水平、专业安全人员。同时，天融信通过建设全国产化车联网安全攻防演练平台，整合车联网行业上下游产业核心技术，构建全面车联网模拟体系，实现集训、练、赛、评、测为一体的综合化设计，提供网络安全攻防知识培训、技术研究、实战演练，并形成完整的人才能力评价体系，为我国车联网网络安全培养大批创新型人才。

在推动车联网行业生态建设方面，天融信持续推进我国车联网安全上下游企业间合作，实现车联网上下游产业技术整合，加强跨企业、跨领域的协同配合，互通资源，集中突破关键技术，尽快研发标准化安全防护产品和技术方案，提升完整的技术试验验证能力，为车联网产业落地与持续发展提供健康环境，建立良好的产业生态，实现车联网安全产业的有序健康发展，为车联网安全产业赋能。

深圳市镭神智能系统有限公司

1. 发展概况

深圳市镭神智能系统有限公司（简称镭神智能）成立于2015年2月，以强大的自主研发实力成为全球领先的激光雷达及整体解决方案提供商，致力于以高端、稳定、可靠的激光雷达环境感知技术赋能产业升级，服务覆盖自动驾驶、智慧交通、轨道交通、机器人、物流、测绘、安防、港口和工业自动化等九大产业生态圈，产品畅销全国并远销美、加、德、法、英、日、韩等十多个国家。秉持着"让驾驶更安全，让机器更智能，让生活更美好"的使命，镭神智能始终坚守"专业·创新·品质"，以卓而不同的感知精品为客户创造价值，立足全球构建智能感知的黄金时代。

2. 企业荣誉

1）荣膺2020年国家科技进步二等奖（见图1）。

2）成功入选"国家工信部新一代人工智能产业创新重点任务优胜揭榜单位"。

3）广东省激光雷达工程技术研究中心（见图2）。

4）拥有行业顶尖的激光雷达及算法开发、规模化生产制造团队450+。

5）自研1550nm光纤激光器及核心器件、半导体封装工艺、雷达核心芯片、自动化产线。

6）2019年自研CH32成为全球第二、国内首款通过车规认证的激光雷达。

图1　国家科技进步二等奖证书

7）2019年已与东风达成战略合作，成为国内首家批量装车的车规混合固态激光雷达生产商。

8）2020年已获得了IATF 16949汽车管理体系认证。

9）2022年第一季度将完成ISO 26262流程功能安全认证，第二季度完成产品功能安全认证。

10）自建全球首家车规级激光雷达自动化工厂（见图3），占地面积2万m^2，可达成50万台年产能规模。

11）专利布局500多项，其中已授权发明专利有26件，PCT专利22项。

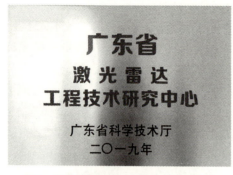

图2　广东省激光雷达工程技术研究中心

图3　镭神智能徐州车规级激光雷达自动化工厂

广东星舆科技有限公司

1. 发展概况

广东星舆科技有限公司（简称星舆科技）是孵化于军工北斗领军企业海格通信的创新型高科技企业，建设并运营了覆盖全国主要地区的北斗高精度定位网络，已为120多个生态链标杆客户的百万数量可移动智能设备提供了最高毫米级的三维空间定位服务和20ns的时钟同步服务，可广泛应用于新基建、物联网、自动驾驶、机器人等行业，是国内技术领先的北斗精准时空云服务商。

2. 生产经营

星舆科技建设和运营覆盖全国的北斗高精度定位网络，研发全场景、高精度、多源融合的高精度定位技术和高精度地图技术，提供精准时空位置服务，构建"云－网－端"三位一体的精准时空平台和精准时空位置服务生态建设。

3. 技术进展及研发能力

星舆科技即将建成全球最大、精度最高的北斗地面基准站网络，2022年的主要研发方向如下：

1）高精度定位服务平台的迭代，支持全频点卫星信号、高可用、高并发，综合性能指标行业领先，支持虚拟专网的需求。

2）高精度定位算法的完善，进一步提升RTK算法、形变监测算法、组合导航算法的精度、稳定性和可靠性，对更前沿的定位技术展开技术研究。

3）高精度定位终端，通过自研与生态合作将高精度定位能力集成到更多的智能终端，面向行业用户提供整体化的解决方案。

4）高精度地图生产和服务平台，提升自动化地图生产的效率和数据精度，优化和丰富内业生产工具和质量检查手段。

在知识产权方面，星舆科技截至目前已获得授权的专利共计50件，包括发明专利21件、实用新型专利11件、外观设计专利18件，申请中的专利共计149件，已获得软件著作权共计23项。

4. 主要产品与服务

1）高精度定位服务。

2）高精度感知服务。
3）高精度定位 SDK。
4）高精度定位模组。
5）高精度地图服务。

5. 发展规划

目前，星舆科技已经完成主要产品的技术研发与市场探索，近期的主要发展规划如下：

1）预计在 2022 年发展 1000+ 生态伙伴/产品，完成 6000 个高精度定位基准站的建设，建成北斗精准时空生态。

2）预计在 2023 年发展 3000+ 生态伙伴/产品和 100+ 行业虚拟专网，完成行业领先全场景位置服务。

合肥中科智驰科技有限公司

1. 发展概况

合肥中科智驰科技有限公司（简称中科智驰）是依托中科院合肥技术创新工程院成立的高新技术创新型企业，坐落在合肥市高新区。中科智驰技术团队从 2008 年开始一直专注于智能移动机器人、无人驾驶等技术领域的研究工作，在智能车辆环境感知、智能决策、运动控制、集群协同等方面有着深厚的技术积累。由于技术的先进性和产品应用的广阔性，中科智驰初创期获得了国有资本、产业链上游企业以及军工背景企业的股权投资。公司定位于无人驾驶技术与零部件及车辆供应商，集研发、生产、销售为一体，针对交通、物流、安保、军用等行业的重大需求，开发出无人驾驶乘用车、无人物流车、无人巡逻车、无人驾驶靶车等系列产品。中科智驰致力于推动无人驾驶技术的实际应用及产业化发展，以保障乘客、车辆、行人等交通参与者的安全为使命，旨在减少人力投入的同时提高通行和作业效率，并携手上下游企业，打造一个全新的高科技产业。

2. 生产经营

在民用领域，中科智驰推出首款低成本无人驾驶摆渡车，并实现批量生产，在合肥、南昌、南京、广州等地投入使用，实现园区、校区实际智能接驳应用；用于区域物流转运的产品无人驾驶牵引车在无锡、芜湖等地进行了应用示范。在军用领域，无人驾驶靶车在某部打靶训练中发挥了重要作用。

在无人驾驶技术解决方案领域，中科智驰与国内多家汽车整车厂开展了深度合作，共同开发无人驾驶车辆，应用于城市道路示范，在大量的实际路测试验数据支撑下，无人驾驶系统表现出了较强的稳定性，深得合作伙伴的认可。

3. 技术进展及研发能力

中科智驰在无人驾驶车辆领域有十余年的开发经验，技术积累深厚，是国内最早一批从事无人驾驶技术研发的团队之一。中科智驰依托中科院合肥技术创新工程院建设有"无人驾驶技术研究中心"，该中心是为攻克无人驾驶车辆产业化关键技术，由中科智驰技术团队成立的专门致力于无人驾驶技术研发和成果转化的平台。目前，研究中心有无人驾驶乘用车、靶车、物流车、摆渡车、轻型货车等近 20 个无人驾驶试验平台，拥有线控底盘、激光雷达、高精度组合惯导、高算力运算平台等一系列高额无人驾驶技术研发设备。在技术创新领域，中科智驰提出一种专用于无人驾驶车辆的低成本无人驾驶系统，具有低成本、强适应性、高稳定性等特点，根据相机和激光雷达对环境进行采样，对图像和点云进行深度融合，建立多特征深度神经网络模型，基于深度学习方式对目标进行识别，并优化计算复杂度问题，大大提高了无人驾驶系统的适应性和鲁棒性。在初创期的中科智驰在无人驾驶领域已经获得 40 余项知识产权授权，健全的创新体系和开发平台以及近年在研发经费投入方面急速增长，保障了公司研发的人力与物力，使得其在行业维持技术优势。

4. 主要产品与服务

公司定位于无人驾驶技术与零部件及车辆供应商，主要产品与服务如下：

1）无人驾驶摆渡车：无需驾驶员，具备自动驾驶、手机约车、自动泊车、景点解说、路线自选等功能，应用场所广泛，在减少人力投入的同时，实现短距交通的智能和便利。

2）无人驾驶靶车：具备无人驾驶、远程驾驶、电子围栏、远程路径规划、障碍避让、视频回传、集群协同等功能，主要用于承载射击靶标，提高训练的效率和安全性。

3）无人驾驶中央控制器：能够满足无人驾驶车辆多工况下的环境感知、智能决策、运动控制的算力需求，采用嵌入式结构设计，在减少功耗的同时，保障无人车控制的稳定性。

4）无人驾驶技术解决方案：围绕中科智驰自主研发无人驾驶系统 APOV 系列，针对不同的场景和不同的客户，提供软硬件一站式无人驾驶技术解决方案。

5. 发展规划

未来，无人驾驶车辆应用市场将很快进入高速发展时代。中科智驰坚持专注于无人驾驶车辆的研发，不断培育无人驾驶车辆的应用市场，以特定场景的应用为积累，推动 L4、L5 级无人驾驶车辆的产业化发展。中科智驰围绕无人驾驶车辆产品，联合合作伙伴构建产业链协同创新发展生态，加强产业链上下游企业的紧密合作，共同推动产业迅速壮大。

随着公司发展需要，为吸纳更多优秀人才，中科智驰将打造技术研究院，储备技术力量，为无人驾驶车辆更安全地行驶做好保障。同时，中科智驰将打造无人车产品综合能力评估测试场，扩大无人驾驶车辆与零部件的产能，为无人车的大规模应用与行业发展献力。

Autotalks Ltd.

1. 发展概况

Autotalks 作为 V2X 芯片行业的先行者，成立于 2008 年，公司的愿景："没有事故的世界，在所有车辆和道路使用者之间建立拯救生命的连接"。

公司现有超过 100 名员工，主要由在 V2X 研发领域具备长期经验和知识的工程师组成。绝大多数工程师位于以色列，部分位于乌克兰。在中国和其他区域设立有销售和技术支持分公司。

公司致力于"创建最值得信赖的 V2X 解决方案，引领合作式安全革命"的使命，反映在产品的各个方面：通信性能、安全等级和可靠性。

多家领先车企的量产项目均已选择 Autotalks 的芯片。配备 Autotalks 芯片的车型将在未来几年在中国和欧洲部分国家部署。

该公司自成立以来已融资超过 1.5 亿美元，获得了包括三星、现代、富士康和新唐科技等全球主要投资方的支持。

2. Autotalks 在中国的业务

Autotalks 在中国建立了强大的本地生态系统，以满足中国客户的供应链需求。模组厂商如移远、广和通、麦腾和村田等提供基于 Autotalks 芯片的模组解决方案。此外，Autotalks 一直在与东软等本地 ITS 协议栈厂商合作，为中国市场提供完整的软硬件参考设计。

Autotalks 是 IMT-2020（5G）推进组、智能网联汽车创新产业联盟和智能交通产业联盟等国内行业组织的积极成员。

Autotalks 与国内合作伙伴以及车企一起，定期参加重要的行业活动。Autotalks 一直在跟进对最新中国

C-V2X 规范的支持，并持续展示涵盖物理层、网络层、消息层和安全层的端到端互联互通。在未来几年，Autotalks V2X 芯片将被引入由主要车企在中国推出的多款车型中。

3. 技术进展及研发能力

Autotalks 于 2012 年发布了第一代芯片 CRATON——行业的首款 V2X 芯片。该芯片支持基于 DSRC (802.11p) 的 V2X，并内置线速硬件加速引擎。CRATON 芯片用于世界各地的多个先导试验项目中，在采矿场中也有部署。

2016 年，Autotalks 发布了第二代芯片系列 CRATON2 和 SECTON。加入了硬件安全模块（HSM）以进行安全签名。CRATON2 集成了处理器，用于运行完整的 V2X 协议栈。

2018 年，Autotalks 将 C-V2X 引入 CRATON2 和 SECTON 芯片中，使其成为世界上唯一能够同时支持 C-V2X 和 DSRC 的 V2X 芯片。

研发能力从通信、安全到汽车开发，横跨越半导体、硬件和软件。通信能力包括射频系统设计、物理层和 MAC 层开发。研发遵循严格的汽车行业 SPIC 质量指南，确保芯片按照最高标准开发和测试。

除了研发，产品部门还协助客户打造他们的系统，以最佳成本实现最佳性能。客户支持部门位于 Autotalks 的总部和全球各地，为客户提供快速而专业的响应。

4. 主要产品与服务

（1）主要产品

Autotalks 提供以下 V2X 芯片（见图 1）：

1）PLUTON2 是 V2X 射频芯片。PLUTON2 包含两条射频链，以支持两个天线，同时接收和发送。PLUTON2 的线性度高，动态范围宽。

2）SECTON 是独立的 V2X 芯片。支持 C-V2X 和 DSRC。内置安全引擎，包括硬件验签加速器，支持所有用于中国、美国和欧洲国家安全协议的曲线，以及用于安全签名的安全存储模块。SECTON 用于具有外部处理器（运行 V2X 协议栈和应用程序）的系统。

3）CRATON2 是完整的 V2X 解决方案芯片。除了调制解调器和安全模块之外，它嵌入了双核 ARM Cortex-A7 处理器，用于运行协议栈。无需向系统中添加处理器用于 V2X 业务。

图 1　Autotalks V2X 芯片

（2）产品的独特优势

1）发送分集：大多数车辆需要两个天线，以便在车辆周围具备一致的通信范围。如果两个天线不能发送完全相同的信号，则位于发送车辆周围某些扇区的其他车辆将无法接收到信息。发送分集对于解决这一问题和确保车辆周围的一致接收至关重要。

2）工作温度高：深色车辆吸收大部分热量，当车辆行驶不快时，热量不会消散。Autotalks 芯片制造工艺可保证高达 150℃ 的结温，以承受热量。友商的芯片是消费级的，在炎热的夏天可能无法正常工作，且使用寿命缩短。

3）安全隔离：V2X 是与安全相关的技术。此技术的主要驱动力是接收安全警告，并需要立即做出响应。将来，还将基于这些信息介入车辆控制。显然，密封安全是可行安全技术的关键要求。安全设计的首要原则是限制攻击面，即限制可用于安全攻击的系统入口点。Autotalks 芯片通过隔离 V2X 子系统将攻击面降至最低，而其他解决方案由于将蜂窝调制解调器与 V2X 功能集成在一起而增加了攻击面，为许多安全攻击打开了大门，即使是通过蜂窝网络的远程攻击，也有可能损害 V2X 的运行。

4）射频灵敏度高：V2X 最大的安全价值在于知悉隐藏的车辆。在无视距的情况下，无线链路的衰减相当高。Autotalks 的射频灵敏度高，能够在复杂条件下接收信息。

5）全球运营：Autotalks 芯片同时支持 DSRC 和 C–V2X，以单一设计满足全球市场需求。在欧洲销售的车企，其部署的 V2X 将受益于从 2025 年开始的欧洲 NCAP V2X 等级评定。

5. 发展规划

在车外交通事故中死亡的人数多于车内交通事故。Autotalks 正在努力将弱势道路使用者（VRU）加入 V2X 网络中。最近，Autotalks 推出了 ZooZ 平台，这是一款小型自行车用设备。汽车驾驶员将能够知道自行车何时接近十字路口或盲区。Autotalks 还开发了一种智能标志，使用 LED 显示十字路口到达的自行车，即使车辆没有配备 V2X，也能挽救生命。

Autotalks 正在不断开发 V2X 的功能，研发下一代芯片。C–V2X Rel.16 将 5G NR 无线电引入直连通信，并引入新功能用于高级 V2X 场景。类似地，DSRC 802.1bd 以向后兼容的方式增强了 DSRC 802.11p。这些芯片将在不久的将来发布。

湖南格纳微信息科技有限公司

1. 发展概况

湖南格纳微信息科技有限公司（简称格纳微科技）于 2016 年 5 月在长沙市高新区注册成立，核心团队来自国防科技大学、中南大学、电子科技大学等高校，并与众多知名高校、科研院所保持着长期的技术合作关系，已获得高新技术企业、质量管理体系认证、知识产权管理体系认证、IATF 16949 认证、相关军工资质等证书，现拥有知识产权 20 多项。

格纳微科技是一家以微惯性导航系统和多传感器融合为核心技术，以定位、导航、环境感知为主营业务的高新技术企业，致力于为行业客户提供脱离卫星导航下的定位产品及解决方案，所研制的惯导产品已广泛应用于消防、军警、港口、石化、自动驾驶和辅助驾驶，可以为单兵、无人机、机器人、车辆、高铁、舰船、智能弹药提供定位导航支持。

2. 主要产品与服务

格纳微科技的主要产品包括单兵自组网搜救系统、工业人员定位、惯性测量单元、航姿参考系统和组合导航系统。

（1）工业人员定位

针对消防、应急等单位自主研发的单兵自组网搜救系统，卫星导航与微惯导融合定位实现定位技术上的优劣互补，同时终端间的无线精准测距功能，可以最大限度地保障任务人员生命安全。针对石化、港口等工业领域研发的工业人员定位系统，结合 RTK 高精度卫星定位和惯性定位，融合蓝牙定位信息，为工业人员提供"室内外全域定位"支持，可为系统集成商提供定制接口服务。

（2）惯性测量单元

针对惯性导航和对位置测量精度要求较高的领域自主研发的微惯性测量单元，内置高性能三轴陀螺仪和三轴加速度计，具有极高的陀螺和加速度零偏稳定性，能够输出高精度角速度和加速度数据。惯性测量单元动态性能出色（比例因子非线性），非常适合从静态到高速运动的高精度测量，且具有极高的可靠性、抗振、抗高过载，可广泛应用于惯性导航和对位置测量精度要求高的领域，如自动驾驶、辅助驾驶、工业设备和车辆、精密农业机械、军用无人机、雷达/红外天线稳定系统和弹体飞行控制等领域。

（3）航姿参考系统

针对无人机、自动导引运输车（AGV）、机器人等应用自主研发的航姿参考系统产品，包含基于微机电系统（MEMS）的陀螺仪、加速度计和磁力计，可提供高精度的航向、横滚、俯仰角度数据以及角速度、加速度、磁罗盘等原始数据，可以智能识别和滤除外部磁场干扰；通过扩展卡尔曼滤波，在静态或动态条件下均可提供精确的姿态数据，具有良好的动态响应特性、方向保持能力、抗磁扰能力，广泛应用于自动驾驶、辅助驾驶、舰船、摄像与天线云台、天线稳定系统、AGV、室内定位、扫地机器人和割草机等领域。

（4）组合导航系统

针对自动驾驶、航空测绘等应用场景研发的"MEMS惯性–卫星组合导航系统"，利用高精度MEMS陀螺、加速度计及多模多频GNSS接收机，实现外置天线辅助快速高精度定向和组合导航功能，实时解算载体的位置、速度、航向和姿态等信息，抗遮挡、多路径干扰，可实现复杂环境下长时间、高精度、高可靠性导航。该系统支持GNSS实时RTK功能，采用紧凑化设计，体积小、重量轻，提供标准化用户通用协议，具备良好的可扩展性，广泛应用于自动驾驶、辅助驾驶、无人车、机器人、地图采集车、高铁、舰船、无人机和航空测绘等领域。

3. 发展规划

格纳微科技致力于成为中国惯性导航领域领先的军民两用科创企业。

广州中海达卫星导航技术股份有限公司

1. 发展概况

广州中海达卫星导航技术股份有限公司（简称中海达）成立于1999年，2011年2月15日在深圳创业板上市，是北斗+精准定位装备制造类第一家上市公司（股票代码：300177）。中海达旗下拥有20余家直接控股子公司，28家分支机构，3000多名员工，产品销售网络覆盖全球逾60个国家，拥有100多家合作伙伴，形成了覆盖全球的销售及服务网络。

随着智能汽车产业的不断发展和国家政策的大力支持，公司着眼未来市场的变化和自身技术的优势，通过成立专门做智能汽车高精度车载定位传感器和北斗位置数据服务的公司进军汽车电子业务。

2. 技术进展及研发能力

经过多年的积累，公司紧紧围绕"巩固北斗+精准位置应用解决方案的领导地位，构建时空大数据生态链"的核心脉络开展业务，重点拓展传统测绘地理信息、北斗+智能行业应用两大业务领域。公司在自动驾驶、应急管理、科技旅游、智能施工、智慧城市、检测控制、人工智能等领域长远布局，着力打造精准定位装备、时空数据和行业解决方案等三大产品体系，充分发挥了公司在高精度导航芯片、星基增强系统、海洋声呐、激光雷达、高精度惯导等高精尖技术方面的核心竞争力。公司已申请相关知识产权175项，其中发明专利79项，实用新型专利42项，外观专利33项，软件著作权登记21项。

3. 主要产品与服务

（1）星基差分

公司在北斗地基增强技术基础上，通过技术升级和跳跃，能让智能汽车和物联网设备实现厘米级别的定位能力。当前，公司正在大力发展新的增强定位技术——星基差分技术，通过布设与合作全球性的地基增强基站和算法进化，利用地球同步海事卫星作为播发渠道，向全国范围提供厘米级别的服务，具体技术架构如图1所示。星基差分从技术上完成高并发、大连接和数据保密性等技术突破，大大满足了汽车业务对于位置数据的可靠性和保密性要求。

图1 中海达 Hi-RTP 星基差分技术架构

（2）高精度 GNSS 车载定位天线

未来的智能汽车必然会有高精度定位的能力，而高精度卫星定位技术在智能汽车上的应用会越来越多。公司通过自身技术积累和汽车业务的推进，大力推进车载高精度定位天线的发展。天线作为所有数据接收源头的产品，起着收发保障工作，是公司重点关注部件。公司通过全新的技术研究和开发，已经推出多款高精度定位天线，图2和图3所示为具体产品。同时，公司完成 IATF 16949 质量体系的认证，满足各种智能汽车对于部件的要求。

（3）车载高精度定位模块

车载组合定位高精度传感器是智能汽车位置感知的基础部件，通过结合 GNSS + IMU + CAN + 高精地图 + 视觉等多源数据的融合，形成一条鲁棒性极高的车辆定位技术，定位结果能满足 10cm 的高精度定位，同时完成相对定位与自定位技术的高度结合。图4所示为车载组合定位高精度传感器。

 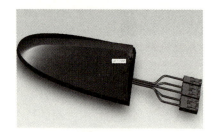 

图2 车载高精度 GNSS 天线　　图3 车载高精度组合天线　　图4 车载组合定位高精度传感器（iPMV）

国家智能汽车与智慧交通（京冀）示范区顺义基地

1. 发展概况

作为未来汽车产业发展的必然趋势，无人驾驶技术已经成为国际上的重点研究方向。2017年12月，北京市出台自动驾驶车辆道路测试相关指导意见及管理细则，积极支持北京自动驾驶车辆开展相关测试工作。拥有北京现代、北京汽车、奔驰新能源和滴滴出行等造车势力的顺义区已经成为北京市自动驾驶战略要塞，目前顺义已有77条自动驾驶车辆测试道路，开放测试道路达409km。作为落实顺义区新版总规、服务北京市建设科技创新中心的具体体现，此次顺义区以区内国有投资平台——北京顺义科技创新集团有限公司为主体，投资建设的智能网联汽车封闭测试场，将有效完善北京市无人驾驶汽车产业生态，为国内外车企提供功能更加齐全、设备更加先进的测试基地，带动京津冀乃至全国的无人驾驶汽车产业蓬勃发展。

2. 测试场地基本情况

测试场项目总占地273亩，场区附属设施2.8万 m^2，测试道路面积11万 m^2，实现5G信号全覆盖，通过V2X、高精度地图及定位、云控平台等前沿技术，为自动驾驶车辆的研发、测试、验证、评价提供更全面的支持和服务。项目已完成所有测试场景及附属设施建设，可为相关车企提供测试、办公、会议、用餐、住宿、试验、研发、车辆改装、数据存储等全方位服务。2020年10月30日，项目通过了由市经信局、市交通委、市公安交管局联合组织的相关专家验收，成为继国家智能汽车与智慧交通（京冀）示范区海淀基地、亦庄基地之后，第三个北京市自动驾驶车辆封闭测试场（以下简称"测试场"），其鸟瞰图如图1所示。

图1　国家智能汽车与智慧交通（京冀）示范区顺义基地鸟瞰图

3. 测试场功能特色

测试场设计具备T1～T5级别全场景，拥有城镇道路、高速公路、乡村道路、特种道路、坡道模拟以及工程配套六大功能分区，并且在高速路段末端设置直径170m的动态广场，同时建有模拟加油站、隧道、换道、铁路等附属设置。测试场还提供行人测试系统（SPT）、软目标车系统（GST）、自动驾驶机器人系统等自动驾驶试验设备，能够搭建上千种测试场景，满足企业对于自动驾驶车辆测试验证的需求。测试场提供5G、LTE-V2X、WiFi等多种类型的无线通信支持，帮助企业实现数据实时上传和状态监控（见图2）。

4. 测试场优势

（1）构建"封闭场地+模拟仿真"的双赛道模式

相比国内已建成的测试场，该测试场以突出前沿技术应用为建设理念，通过专业运营团队——北京顺创智能网联科技发展有限公司（简称顺创智联）联合北京赛目科技有限公司，共同搭建的智能网联汽车模拟仿真测试平台，集静态场景编辑、动态场景还原、传感器仿真、车辆动力学仿真、关键场景提取、人工智能对抗样本生成等功能于一体，可针对不同企业的需求实施定制化整体解决方案。测试场通过打造"封闭场地+模拟仿真"的双赛道模式，能够实现仿真环境与封闭场地的映射标定，建立自动驾驶能力评估体系，发挥模拟仿真测试场景数量多、测试效率高、时间成本低等优势，保障智能网联汽车产品安全可靠，减轻企业在测试环节的投入。

(2) 打造高质量智能网联汽车运行监测和数据交互中心

2020年7月14日，顺创智联与工信部装备工业发展中心联合中标2020年高质量发展专项——面向车联网（智能网联汽车）领域的公共服务平台——智能网联汽车数据交互与综合应用服务平台建设项目，承接北京地区的平台建设工作，通过建立全生命周期安全监管体系，包括自动驾驶车辆测试的计划申报、测试跟踪、数据采集、日常监管等环节，制定智能网联汽车道路测试数据采集规范，开发建设智能网联汽车安全监管工具和系统，实现数据在企业平台、属地平台以及国家平台之间的互联互通。同时探索与工信、交通、交管、金融等其他领域的数据交互机制，构建跨行业应用的服务生态和商业模式。该平台建成后，能够与未来国家智能网联汽车运行监测和数据交互平台无缝衔接，实现对车辆运行状态以及测试情况的实时监测，通过数据溯源为责任认定提供数据支持，通过实践对新方法、新手段进行探索，发挥先行先试的作用，积累工作经验，支撑行业管理。

目前，测试场已授权委托北京赛目科技公司进行专业化的运营管理。

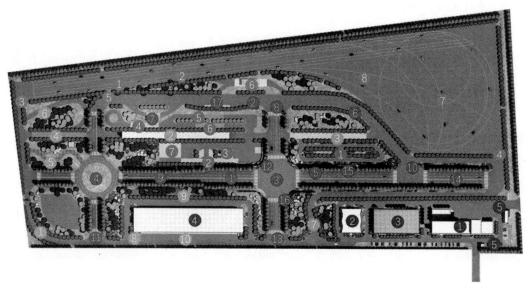

城市道路测试区
❶ 城市主干道
❷ 城市次干道
❸ 大型十字路口
❹ 环岛
❺ 公交站点
❻ 弯行路口
❼ 加油站、充电桩
❽ 丁字路口
❾ 学校路段
❿ 异形路口
⓫ 无信号灯路口
⓬ 左转待转区
⓭ 右转专用道
⓮ 潮汐车道
⓯ 公交专用车道
⓰ 街景
⓱ 侧方泊车

乡村道路测试区
❶ 林荫道
❷ 模拟隧道
❸ 特殊气象路段
❹ 砖石路
❺ 连续弯道
❻ 苜蓿立交
❼ 龙门架
❽ 铁道口
❾ 湿滑路
❿ 乡村道路

服务型电动自动行驶轮式车测试区
❶ 住宅区道路
❷ 双向坡道
❸ 自动泊车
❹ 双凸路
❺ 涉水路
❻ 砂石路
❼ 智能停车区

高速公路与快速道路测试区
❶ 高速直线路
❷ 快速道路
❸ 高速路入口
❹ 高速路出口
❺ 匝道
❻ 高速路收费站
❼ 动态测试区
❽ 高速弯道

配套设施
❶ 研发楼
❷ 综合测试楼
❸ 停车楼
❹ 试验准备厂房
❺ 门卫

图2 国家智能汽车与智慧交通（京冀）示范区顺义基地场景位置图

北京理工新源信息科技有限公司

1. 发展概况

北京理工新源信息科技有限公司（简称北理新源）是一家依托于北京理工大学电动车辆国家工程实验室的学科性、窗口型公司，专业从事新能源汽车车联网应用与服务，致力于为大规模海量车辆信息化系统提供完整的解决方案，研发实时、精准的V2X智能网联汽车终端产品。北理新源建设了新能源汽车国家监测与管理平台、新能源汽车动力蓄电池国家溯源管理平台、重型车远程排放国家监控系统等多个国家级平台。近五年来，累计承担国家重点研发计划项目课题12项，工业和信息化部工业互联网–创新发展工程2项，北京市项目3项，获得2019年度北京市科技进步奖一等奖1项。

2. 生产经营

北理新源具有9年以上地方平台运营经验，5年以上国家平台监管经验，在大数据、智能网联车载终端、算法方面拥有专业团队、产品和核心技术，利用物联网、数据通信技术实现企业平台、地方政府平台与国家平台的无缝对接。北理新源先后为近90家汽车生产企业建立了新能源汽车的监管平台，并与多家主流整车企业建立了长期的合作伙伴关系。

3. 技术进展及研发能力

北理新源致力于智能网联车载终端研发，针对智能网联汽车多车交互应用特点，开展了多场景应用研究，开发了能准确、适时预警的终端算法。目前终端可实现前向碰撞预警、盲区监测、左转辅助、感知数据共享等十余种场景，满足实际交通场景对智能网联车载终端的功能需求。2021年10月，北理新源作为终端企业成功参加苏州"新四跨"行业活动，受到广泛关注。

4. 主要产品与服务

以新能源汽车国家大数据平台技术为基础，北理新源形成了车载智能终端研发、新能源汽车平台建设与运营、数据挖掘分析与服务，以及终端设计与生产等产品板块，旨在建立行业大数据产业服务体系，为新能源汽车行业的战略规划、产品研发、车辆应用、售后服务等全产业链提供数据服务和解决方案。现有业务主要包括三个方面：

1）大数据软件平台定制化开发：为政府、企业提供新能源汽车监管平台、动力电池溯源平台、出行服务平台、大数据分析与管理平台、车辆调度管理平台等开发建设，以及特定功能定制和系统集成等业务服务。

2）大数据技术咨询服务：基于车辆应用大数据，提供行业数据统计分析、未来发展趋势分析等数据报告；提供车辆大数据质量可靠性、真实性分析报告，以及相应改进优化方案；为整车及关键部件企业提供车辆及关键部件市场情况、应用状况、技术状态定制分析报告及系统优化方案，并开展咨询、培训。

3）智能网联终端：以支撑新能源汽车大数据平台为先导，围绕车辆数字化、智能化、网联化应用形成了研发、生产和销售一体化的车载终端产品。智能网联车载终端通过对接车辆CAN数据采集，实时感知车辆驾驶状态，通过车与车、车与路侧设备之间的信息传输，获得实时路况、道路信息、行人信息等一系列交通信息，根据本车和其他车辆的运行状态进行分析，进而判断车辆安全风险，提高驾驶安全性、减少拥堵、提高交通效率，助力安全交通。

5. 发展规划

北理新源在目前智能网联车载终端的基础上，将进一步在V2X场景算法融合、车载信息域等方向持续发力，同时结合大数据平台深度拓展应用，助力车联网产业发展。

宸芯科技有限公司

1. 发展概况

宸芯科技有限公司（简称宸芯科技）是我国行业通信终端 SoC 芯片专业领域的领先企业，注册资本 15.5 亿元，总部位于山东青岛，在北京、上海、青岛设有研发中心。

公司是中央企业中国信科集团大规模集成电路产业板块的核心力量，2019 年入选国务院国资委"双百企业"名单，获得国创投资引导基金、中国国新等重量级央企资金和民营资本入股，完成战略引资和混合所有制改革，全力打造具有核心竞争力的高科技领先企业。

公司核心团队拥有近 20 年通信及大规模集成电路领域的从业经验和深厚技术积累，先后荣获国家科技进步奖、上海市科学技术奖等多个奖项，拥有百余项核心专利。公司掌握 3G/4G/5G/C－V2X 移动通信终端技术、大规模集成电路设计、软件定义无线电（SDR）芯片技术平台等关键技术，基于 SDR 的 SoC 芯片技术和产品处于业内最前沿、最领先水平。

公司目前已形成芯片、模块/终端/整机、技术授权及服务、微系统集成四大产品布局，面向车联网、物联网、专用通信、移动通信四大市场，产品广泛应用于车路协同、应急通信、轨交通信、电力物联网、工业互联网等多个场景，在众多细分市场领域市场占有率居于领先地位，具备广阔的发展前景。

2. 技术进展及研发能力

宸芯科技一直致力于研究基于 SDR 的通用 SoC 芯片架构，依托集团无线移动通信国家重点实验室和新一代移动通信无线网络与芯片技术国家工程实验室，承接并主导多个 5G 及车联网领域的国家重大专项课题，在 5G、车联网、物联网等演进技术领域具有核心技术成果和完整的终端解决方案产品。

公司整合了集团旗下移动通信及终端 SoC 芯片设计领域的优质资源，拥有丰富的 SoC 芯片及 3G/4G/5G/C－V2X 终端协议栈技术成果，具有全球领先并规模量产的 SDR SoC 技术及 SDR 软件平台，是集团信息通信技术（ICT）产业布局中的中坚力量。

核心技术团队拥有近 20 年大规模集成电路设计及方案产品规模量产成功的经验，在通信技术、可重构芯片技术、高速电路设计及模拟技术等领域，具有深厚的技术积累，成功开发数十款芯片，实现大规模量产商用。

3. 主要产品与服务

车联网市场是宸芯科技的重要战略方向，公司拥有 C－V2X 核心技术成果，深度参与车联网产业发展，为众多合作伙伴提供了国产自主可控的 C－V2X 芯片及解决方案系列。作为 C－V2X 车载和路侧终端的核心零部件，宸芯 C－V2X 芯片可提供高可靠低延时的 V2V、V2I、V2P 通信技术，可广泛应用于智慧交通和智能驾驶领域。

宸芯 CX1860 芯片是国内最早推出的支持车联网 C－V2X 功能的 SoC 无线通信芯片，集成了基带处理器和应用处理器，总处理能力近 10k DMIPS。宸芯科技还提供 OPEN CPU 的 AP 平台和丰富的 SDK 开发套件，支持客户基于 CX1860 芯片开发和移植 ITS 协议栈和应用软件，显著提升 C－V2X 终端产品集成度和降低成本。目前，已有多家车载单元（OBU）和路侧单元（RSU）设备品牌采用宸芯 CX1860 芯片及解决方案，国内超 30 个示范区部署。宸芯 C－V2X 解决方案凭借其过硬的性能，在各类示范应用及规模测试试验中都表现优异。宸芯科技也凭借高性能的产品和优质的技术服务得到了业内合作伙伴的高度认可。

2021 年，宸芯科技推出新一代多模双通车规级 CX1910 芯片，该芯片为车载前装量身定做，在通信能力、应用处理能力、车路协同应用场景等方面都有很大的提升，全流程车规设计、生产及验证，为安全智能驾驶提供可靠保障。CX1910 芯片秉承宸芯科技全球领先的 SDR SoC 技术路线，采用了 12nm 工艺制程，集成了 10 亿门级的电路，设计难度较高，支持蜂窝通信（Uu）和端到端直连通信（PC5）两种通信模式并发。CX1910 芯片还集成了为车联网应用设计的 HSM 模块，支持 ECDSA 和 SM2/3/4 等多种国密算法，可以说 CX1910 芯片是全球首款单芯片支持 ITS + eHSM + Uu + C – V2X 于一体的车规芯片产品。

基于 CX1910 芯片的 CX7110 解决方案支持 Uu 协议栈和 C – V2X 协议栈同时运行，具有高集成度、低功耗的显著优点，支持通过高速 USB 或千兆网口 RGMII 接口传输 Uu 和 C – V2X 业务数据，同时还支持高速 CAN 接口进行 CAN 数据交互。优异的通信性能使 CX7110 解决方案能更好地支持感知数据共享、高精地图下载和协作式车辆编队管理等先进的智能驾驶场景。

在技术服务方面，宸芯科技基于本土化芯片原厂的优势，可以及时响应，提供快速有力的技术支撑，并且为产业伙伴提供定制化服务，将用户设想落地为实际产品，切实解决用户的差异化需求。

4. 发展规划

作为车联网 C – V2X 芯片的先行者，宸芯科技专注车联网芯片，基于第一代 CX1860 芯片和第二代 CX1910 芯片及解决方案，宸芯科技与模组、Tier 1 零部件、整车、智慧交通、自动驾驶、信息安全等多领域企业均有广泛深入的技术合作，赋能车路协同技术生态，助力智能网联汽车及智慧交通产业规模化商用落地。同时，宸芯科技也启动研发更高规格芯片及方案，针对车端产品多项需求积极开展创新技术和标准的验证，助力我国车联网产业继续在全球范围内保持领先优势。

三未信安科技股份有限公司

1. 发展概况

三未信安科技股份有限公司（简称三未信安）成立于 2008 年 8 月，总部位于北京市，在山东设有研发中心，并在上海、南京、广州、深圳、成都、重庆、武汉、西安、长沙等地设有子公司或分公司。

三未信安是科技创新型的密码基础设施供应商，公司专注于核心密码技术创新和密码产品的研发、销售与服务，为用户提供全面的网络安全密码技术解决方案。公司积极参与并配合国家网络安全工作，牵头或参与了高性能国产密码关键技术研究与产品研发项目、支持云计算的国产密码算法技术与产品成果转化项目等 7 项重大科研项目，牵头或参与了 IPSecVPN 技术规范、信息系统密码应用基本要求等 16 项国家或行业标准的制定，是国家信息安全标准化技术委员会、密码行业标准化技术委员会、信息技术应用创新工作委员会的成员单位，北京商业密码行业协会副会长单位，国家专精特新"小巨人"企业，是国家网络安全的重要力量之一。

2. 生产经营

随着大数据、物联网、云计算、区块链、人工智能等新一代信息技术的应用，传统的信息安全防护边界逐渐模糊，密码作为公认的最有效的主动防御技术，在新应用、新系统设计之初就与之深度融合，内生密码技术的新应用成为重点行业客户的创新需求。基于公司在密码技术与产品的创新能力，三未信安获得与国家电网、华为、VISA 等大型企业在应用创新上直接合作的发展机会。公司业务模式正在逐步向服务厂商和直接服务重点客户的两个方向发展，形成间接需求和直接需求结合下双轮驱动的新业务发展模式。

3. 技术进展及研发能力

公司及公司的核心技术和产品获得了市场的广泛认可。目前公司已取得 49 款商用密码产品型号，其中公司研制的 SJK1926PCI – E 密码卡是国内第一款通过鉴定的安全三级密码模块产品，SJJ1212 – A 密码机是国内第一款通过鉴定的安全三级密码机产品。公司的产品获得 19 项北京市新技术新产品（服务）证书，5 次密码科学技术进步奖（省部级），2 次获得中国网络安全与信息产业金智奖，公司被评为"中关村高成长 TOP100 企业""商密产业十强优秀企业"，公司的创新能力和研发实力得到业界的肯定。

4. 主要产品与服务

公司基于密码技术研发全系列的密码基础产品，包括密码芯片、密码板卡、密码整机和密码系统四大类别。产品全面支持国产密码算法，适用于各类密码安全应用系统进行高速的、多任务并行处理的密码运算，并提供安全、完善的密钥管理机制，可实现多场景的数据安全加密与改造，广泛应用于金融、证券、电子商务、电力、电信、石油、铁路、交通等关键信息基础设施行业，以及海关、公安、税务、水利、质量监督、医疗保障等政府部门。

5. 发展规划

公司成立至今主要为国内网络安全产品厂商和网络安全解决方案厂商提供密码技术的产品与服务，属于"网络安全厂商的产业上游"。公司服务国内网络安全领域的主流厂商包括吉大正元、数字证书、格尔软件、信安世纪、深信服、启明星辰、绿盟、天融信等。随着新一代信息技术下中国网络信息安全市场的快速发展，公司逐渐开始与国内国际大型企业在密码技术的应用创新上直接合作，包括国家电网、中石油、中石化、中国电信、中国联通、中国移动、中国银联、中国银行、中国农业银行、中国民生银行、中国平安、蚂蚁金服、京东数科、腾讯、华为、新华三、浪潮、IBM、AWS、Intel、VISA、三星、戴姆勒等企业。公司业务模式正在逐步向服务厂商和直接服务重点客户的两个方向发展，形成间接需求和直接需求结合下双轮驱动的新业务发展模式。

公司自成立以来，主营业务始终围绕密码基础设施，未发生变化。

兴唐通信科技有限公司

1. 发展概况

兴唐通信科技有限公司是传统的商用密码企业，是为我国重要领域提供信息安全保障的高科技中央企业，是首批获得商用密码研发、生产、销售三重许可资格的单位，是 ITI–T SG17 网络安全组的中国代表团团长单位，是国家密码标准委员会总体组及多个工作组的成员单位。兴唐公司长期从事密码基础理论、密码算法、密码芯片、系列密码设备及密码应用系统的研究和开发，为我国金融、公安、电力、水利等关键信息基础设施提供信息安全保障，是我国多个重要系统的密码总体支撑与研制建设单位。

2. 业务范围

兴唐通信科技有限公司在车联网领域面向车内网、车间网、车云网安全威胁，研究国产密码在领域内的安全应用，支持各级主管机关工作，为中国通信标准化协会、密码行业标准化技术委员会、全国汽车标准化技术委员会等标准化组织贡献力量。目前在该领域的主要产品有 C–V2X 安全证书管理系统、车联网安全基础设施、交通数据安全存储系统、车载商用密码部署方案等，可为车企、运营商、道路建设业主单位及科研机构提供车联网领域国产密码应用解决方案。

北京车网科技发展有限公司

1. 发展概况

2020 年 9 月，北京市统筹"车–路–云–网–图"等各类优质要素资源进行融合试验，以北京经济技术开发区全域为核心，建设全球首个网联云控式高级别自动驾驶示范区［北京市高级别自动驾驶示范区］（简称示范区）。由北京市主要领导挂帅成立工作领导小组，建立市区两级联动机制，设立北京市高级别自动驾驶示范区工作办公室（简称市自驾办），统筹推动示范区建设工作。北京车网科技发展有限公司（简称车网公司）作为示范区的唯一运营平台公司，深度参与市自驾办工作，负责示范区的智能网联基础设施投资建设，持有和运营核心资产及数据，充分发挥市场运作优势，加快优质资源整合，为示范区建设提供了全方位服务，奠定了良好基础。

2. 业务范围

公司致力于成为智能网联基础设施领域的行业领军企业，主要开展四方面的主要业务：一是网联云控平台运营服务，公司以云控平台为核心，受政府委托汇聚管理有关数据，为政府部门、企业、车辆、人提供各类服务；二是智能网联一站式投资建设服务，作为示范区投资建设主体，投资并实施包括路侧感知、融合计算、云控平台等智能网联基础设施建设；三是自动驾驶测试车辆的第三方管理平台服务，受政府委托对示范区内接入的自动驾驶车辆进行管理，包括接受企业申请，提供测试服务，实施监督管理等；四是开展智能网联应用场景的拓展，联合企业开发示范区各类应用场景，如自动驾驶出租车、无人物流、智慧公交、末端配送等，推动新产业、新业态、新模式的示范应用发展壮大。

3. 网联云控自动驾驶中国方案的"北京样板"实践

在市自驾办领导下，车网公司着力促进车、路、云、网、图五大体系协同，全面支撑了网联云控中国自动驾驶解决方案在示范区的实施建设（见图1）。

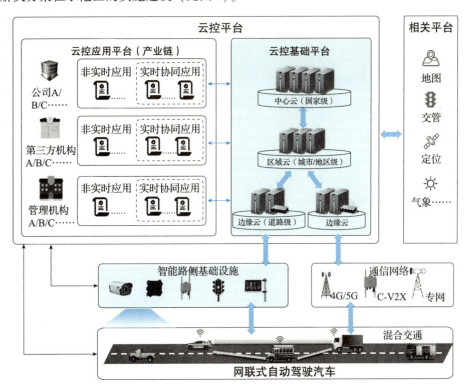

图1　车、路、云、网、图五大体系架构

（1）数字化基础设施建设主体

车网公司在全国率先开展"多感合一"规划建设，作为主体投资并实施路侧数字化基础设施的改造，通过在路侧部署摄像头、毫米波雷达、激光雷达及边缘计算单元等多源路侧感知和计算基础设施，为实时路侧数据的获取和积累提供完备的底层基础（见图2）。此外，公司通过协同相关部门，迭代确定自动驾驶交通、交管底层复用的数字化设施，找到车路能力之间的最佳耦合关系，形成标准路口建设方案，有效降低了路端建设成本。目前，示范区已完成1.0建设任务，并加紧实施2.0建设，将按照迭代完善的标准路口建设方案，实现经开区核心区全

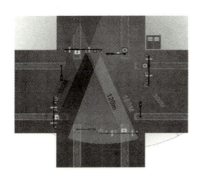

图2　标准路口示意图

域60km²范围的数字化基础设施改造。

（2）云控平台服务及运营

车网公司针对示范区智能基础设施和数据的运营、管理、服务需求，开发搭建了基于分布式云架构的云控平台，受政府委托汇聚管理有关数据，开展大数据的深度挖掘和利用。平台目前包含运营管理、监控管理、融合感知等9大功能模块，以车辆、道路、环境等实时动态数据为核心，为政府部门、企业、车辆、人提供各类服务（见图3）。目前，示范区已实现车、路、云、网、图各类多源数据全部联通，统一基础数据底座汇聚完成，车辆实际道路测试正式开展。标准路口实现了逆行车辆、施工占道、车辆故障、异常停车等12类车路协同事件的识别和告警；通过与交管部门深度合作，实现了示范区主干道路灯控信号机协调控制，可根据动态变化的速度计算并调整灯控变化，同时支持信控灯态等数据向手机、OBU等多终端推送，大大提升城市交通通行效率。首个可系统对外服务的网联云控体系已初步建立。

图3　网联云控平台界面

（3）示范区测试运营监管

2021年4月10日，北京市以亦庄新城全域为主体加上若干条高速的物理区域建设国内首个智能网联汽车政策先行区（简称政策先行区），政策先行区物理范围如图4所示。公司作为政策先行区的第三方单位，承担企业申请受理、车辆测试服务、日常监督管理等职责，建立车辆入网审核测试与运营监管的流程体系，已累计发放乘用车号牌129张，无人车编码76个，货车号牌4张，累计安全测试里程250万km，测试车队规模和里程全国领先。同时，公司深度参与政策先行区政策创新工作，支撑示范区出台一系列先行先试创新政策，持续推进政策先行区"2+5+N"政策监管创新，为营造示范区政策友好型产业发展营商环境奠定了坚实基础。

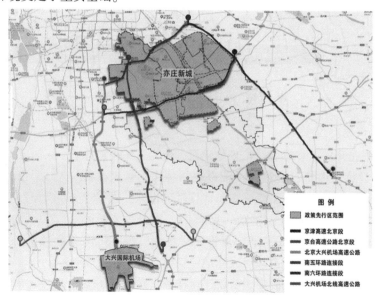

图4　北京市智能网联汽车政策先行区物理范围

（4）智能网联应用场景推广示范

公司秉承"智能网联应用场景的拓展者"职责定位，围绕示范区城市服务应用、前沿技术研发、跨界融合创新3大类共计20项应用场景，基于网联式自动驾驶基础设施环境和丰富城市道路交通场景，积极推动开放道路网联式Robotaxi、无人物流车、高速自动驾驶干线物流等场景的测试和示范运行。目前已组织百度、小马智行，在示范区部署自动驾驶乘用车150余辆，支撑示范区在全国率先开放自动驾驶车辆商业化试点服务；组织京东集团部署无人配送车30余台，实现了区域性的自动驾驶无人配送服务；组织新石器公司投放70余台无人零售车，为示范区内产业园区职工提供工作餐、零食等移动无人售卖服务；此外，公司还支撑示范区在全国首次开放了高速测试场景，组织京东物流、主线科技、小马智卡等开展干线物流场景示范研究（见图5）。

图5　场景展示

4. 发展规划

未来，公司将在市自驾办和各级主管部门指导和支持下，继续依托示范区建设，联合更多行业合作伙伴，加快实现L4及以上、协同决策与控制的高级别自动驾驶规模化运行，推动新产业、新业态加速发展，助力示范区建成具有重大引领带动作用的技术和政策创新高地。聚焦车路协同关键技术攻关，助推智能网联汽车产业技术演进；注重示范区建设发展先进经验的总结凝练，加速推进示范区车、路、云、网、图、安全标准体系架构研究及标准发布，最终形成可复制、可推广的网联云控自动驾驶中国方案的"北京样板"，为北京市建设具有全球影响力的数字经济标杆城市贡献力量。

易图通科技（北京）有限公司

1. 发展概况

易图通成立于2004年3月，是我国汽车前装导航地图和自动驾驶高精地图的主要图商之一。公司拥有导航电子地图制作、互联网地图服务、地理信息系统工程等甲级测绘资质，并获得国际质量管理体系ISO 9001、国际汽车工业质量管理体系（IATF 16949）和CMMI3认证，致力于自动驾驶、车路协同、数字孪生三个核心业务方向数字地图应用。

2. 生产经营

易图通服务于国内外车载导航、政府及行业客户、ADAS及自动驾驶、车路协同、数字孪生等多个领域的重要客户，并与众多系统供应商、导航软件、自动驾驶、在线内容服务、行业应用等企业建立了合作伙伴关系。

3. 技术进展及研发能力

易图通拥有一支经验丰富、实战能力强的技术研发团队，一直坚持自主技术创新，较早在产品中应用路口实景放大图和真三维导航地图，研发大数据制图技术和图像识别制图技术，自主开发出导航地图数据库生产平台和ADAS及高精地图生产线。

公司在地图测绘领域拥有许多专利。2017年，荣获"第十九届中国专利优秀奖"。2018年，AI图像识别生产技术获卫星导航定位创新应用金奖。2020年，易图通在IDC首发中国高精地图市场研究报告

《中国高精度地图解决方案市场厂商份额，2019——风云刚起》中位列第四。2021年，在高精地图市场竞争日益激烈的情况下，IDC发布的《高精度地图解决方案市场份额》报告显示，易图通位列中国前五大高精地图厂商，排名第三。2020—2021年，连续两年获得年度高工智能汽车金球奖，被评为年度高精地图方案供应商/智能驾驶（高精地图类）领先竞争力供应商。

4. 主要产品与服务

作为中国主要的导航电子地图内容和位置服务解决方案提供商之一，多年来一直致力于为客户提供专业化、高品质的地图产品和服务。通过合作、开放、共享，易图通地图服务在汽车导航、车联网、移动互联网、政企应用等多个领域得到广泛应用。

导航地图产品是易图通核心业务之一，拥有超过15年以上的经验及积累，为国内外诸多知名车厂提供地图服务。目前为止，有近50家车厂、近150款前装导航车型使用了易图通导航地图产品。

世界地图与在线地图服务方面与Mapbox合作提供200多个国家的世界地图服务，在中国，已为诸多国际知名网站和App提供世界地图服务，包括Booking.com缤客、好订网Hotel.com等。还服务于国家"一带一路"战略和"走出去"战略，易图通与Mapbox合作为具有海外业务的中国企业提供世界地图服务。

对于自动驾驶未来趋势，易图通自主研发建立了高精地图生产线及ADAS生产平台，利用AI技术不断提高高精地图生产的自动化程度，根据车厂需求提供各种等级自动驾驶所需的定制化高精地图，更快速地满足商业化要求。

依托丰富的数据库和强大的资源整合能力，为政府、企业及行业用户提供高质量的行业应用解决方案和服务，涵盖监控、调度、物流配送、商业选址、市场分析、电子政务、智慧城市、智慧旅游等领域。已向数十个国家部委、主要电信运营商、知名国际车厂、麦当劳、肯德基、屈臣氏、星巴克、阿迪达斯和UPS等近百个国内外知名企业提供了丰富的地理信息服务。

5. 发展规划

在"开放、合作、共享"的理念下，易图通致力成为一家具有全球竞争力的智能位置服务提供商，秉承"智能位置服务赋能各行各业"的企业愿景，持续为客户创造最大价值，使每个组织运营更高效，让每个人的生活更便捷。

天津瑞发科半导体技术有限公司

1. 发展概况

天津瑞发科半导体技术有限公司（简称瑞发科半导体）专注于研发和行销基于高速视频传输和移动存储控制集成电路（IC），具有完全自主知识产权的IC、软件、整体解决方案，拥有世界领先的高速模拟电路设计技术及先进IC设计和量产经验。汽车电子产业作为公司重要战略发展方向，坚持以自主创新为中国车载电子市场提供芯片及解决方案，并取得丰硕成果，得到众多国内和国际行业知名厂商的认可和采用，还在不断地开发新产品以丰富完善车载芯片产品线。

公司成立于2009年，创业团队主体具有清华大学学历，既有海外归来高端专业设计人士，也有国内资深销售人士。公司CEO王元龙毕业于清华计算机系，获得普林斯顿博士学位，是行业内资深Serdes技术专家。创业风险投资来源于惠友资本、君海创芯、马力创投等，公司总部位于天津华苑高新区，并在深圳和硅谷设有销售和客户支持办公室，已建成完善的国际和国内营销体系。

2. 生产经营

瑞发科半导体自2012年开始大批量为行业市场提供高速信号传输芯片以来，累计销售近数千万片，目前已达到年销售量约千万片级规模。其率先推出的USB3.0系列主控芯片在国内最早通过USB IF官方认证,并通过微软 WHQL 官方认证和 Apple MFi 认证,成为"苹果"系列(iPhone/iPad)存储类外设产品 USB3.0 主控芯片而行销全球。其知名品牌客户包括联想(Lenovo)、惠普(HP)、东芝(Toshiba)、闪迪(Sandisk)等。面向国产车载视频市场提供性能优异且品质可靠的 LVDS SerDes 芯片组及其解决方案,已经在众多厂商处于前装量产与前装定点阶段。

3. 技术进展及研发能力

瑞发科半导体开发的先进数字高清视频传输(Advanced Video Transport,AVT)技术具有自主知识产权,支持数字高清视频视觉无损传输,视频压缩率为 2~30 倍可配置,远小于 ISP 对图像的影响,满足车载系统对视频分析算法的要求。由于接收自带自适应均衡器,可完全自适应线材类型、线材长度、插接器、温度、电压,以及其他传输条件。

公司保持着超过数十个高速接口芯片成功流片经验,具有高达 40Gbit/s 的 SerDes 成熟传输设计技术。至今已经围绕自主研发产品申请发明专利 20 余项,其中 17 项已授权;并申请国际 PCT 专利 7 项。公司曾完成国家科技部 863 科技计划项目、天津市科技计划项目和重大专项等。

以完善的质量管理体系对国产芯片产品在行业中的应用提供保障,无论面向消费级,还是工业级和车规级,都根据不同级别要求进行严格认证。对汽车行业应用更是采取严苛的车规产品流程,从设计到筛选、封装加固、老化、高低温等测试,以满足 AEC – Q100 及功能安全 ISO 26262 认证要求。

4. 主要产品与服务

瑞发科半导体在汽车电子领域基于车载数字高清视频传输技术(AVT)开发出的 LVDS Serdes 芯片组为 NS2520(Tx)和 NS2521(Rx),其优越特性不仅表现在高清视频远距离传输,同时还有抗干扰性强、对线束/插接器要求低、系统成本低、易于未来升级等优点,在不加任何静电释放(ESD)保护器条件下,该芯片组可达空气放电 8KV,满足汽车在复杂环境下的应用需求,获得汽车厂商好评。另外也推出车载 USB、车载图像信号处理器(ISP)、12G Serdes 等芯片以丰富产品线,成为 LVDS Serdes 车载芯片国产化替代优选。

凭借其自主技术所设计的芯片组,全方位提供针对移动存储、数字高清视频传输和新一代数字媒体显示市场的"交钥匙"式完整方案,业已广泛应用于 360°监控环视、高清流媒体后视镜、驾驶员状态监测(DMS)、高级驾驶辅助系统(ADAS)等车载视频系统。

5. 发展规划

瑞发科半导体致力于成为国产车载视频传输芯片引领者,AVT 技术与 ISP 一体化芯片将很快推出,也将开发系列超高速 SerDes 芯片,并结合中国的车载视频需求增加更丰富的功能和特性。公司积极参与中国汽车产业联盟组织和标准制定活动(见图 1),期待为中国汽车事业做出更大贡献。

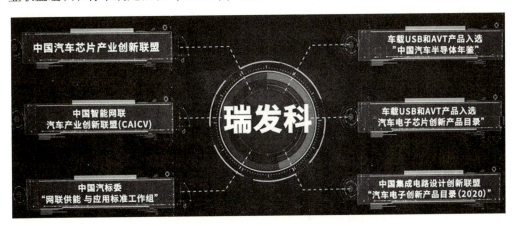

图 1 瑞发科半导体参与的中国汽车产业联盟和活动

北京明朝万达科技股份有限公司

1. 发展概况

北京明朝万达科技股份有限公司（简称明朝万达）成立于 2005 年，是中国新一代信息安全技术企业的代表厂商，专注于数据安全、公共安全、云安全、大数据安全及加密应用技术解决方案等服务。凭借在数据安全领域取得的优异成就，明朝万达于 2019 年获得中央网信办背景中网投、国家发展改革委背景国投创合联合投资，并于 2020 年获得中国电科集团（CETC）战略投资。

作为国内数据安全市场的倡导者与领先品牌，明朝万达始终以守护用户数据价值为己任，致力于让安全真正服务于业务发展。公司现有员工 600 余人，总部设于北京，在上海、广州、成都、西安、贵阳、天津、武汉、南京、无锡、长春等地设有分支机构。历经十余年的发展与积累，明朝万达客户已覆盖金融、政府、公安、电信运营商、能源、设计院所和研发制造业等领域。

2. 生产经营

公司秉承"安全铸就数据价值，安全服务用户业务"的发展理念，强调以数据为核心，以安全为准绳，用业务驱动数据，以安全服务业务与数据，形成安全、业务、数据三位一体、相互促进、共同发展的良好产业生态循环。在此基础上，明朝万达积极调整业务战略，深入了解用户业务，打造超越传统意义的数据安全公司，实现数据价值，守护数据安全底线。

公司坚持以业务为导向，以解决用户实际需求作为核心产品和安全服务体系设计开发的重要标准，深入行业，以用户为导向，在积极开发更多具有行业前瞻性、竞争力的核心产品之余，紧跟当前信息化建设中大数据化、智能化、虚拟化等趋势，开展技术创新、应用创新和服务创新。

3. 技术进展及研发能力

明朝万达始终坚持以技术创新作为企业发展的核心推动力，在研发层面的投入逐年递增，研发人员占比超过员工总数的 50%，拥有一支以清华大学博士和硕士为骨干力量的核心团队。截至 2021 年 12 月，公司已申请发明技术专利 400 余项，已授权 140 余项。在坚持科技创新的同时，注重技术与业务的深度融合，为客户提供量身定制的数据安全解决方案。

明朝万达历年来承担国家级、市级技术攻关课题 30 余项，主要包括科技部火炬计划、科技部重点研发专项、发展改革委信息安全专项、工信部电子发展基金、工信部工业强基、北京市科委创新基金、北京市科委高新成果转化、海淀区重大联合攻关等多个重点项目。

明朝万达坚持"产学研用"协同创新机制，长期贯彻坚持"产学研活动精准化、产学研项目实质化、产学研机制长效化"的理念，以公司为依托单位，与中国人民公安大学信息技术与网络安全学院、中国科学院软件研究所、北京航空航天大学等高等院校、科研院所进行长期合作。

4. 主要产品与服务

明朝万达是国内领先的数据安全技术、产品和服务提供商，主要向金融、政府、电信、能源、制造等大型行业客户提供数据安全防护产品和解决方案，包括数据安全防护、数据防泄露、大数据安全和服务、数据安全分析等数据综合防护产品、解决方案和安全服务、大数据采集和分析服务等。

基于"动态数据安全，数据全生命周期管控"的产品理念，明朝万达始终以守护用户数据价值为己任，致力于让安全真正服务于业务发展。在大数据、云计算等新技术应用背景下，明朝万达以数据安全为核心、以自主可控的国密算法应用技术为基础研发的 Chinasec（安元）数据安全系列产品及解决方案，覆盖数据产生、存储、交换、使用等全生命周期重要环节，实现对服务器、数据库、PC 终端、移动终端以及网络通信的全 IT 架构下数据安全的协同联动管理，打造企业级的数据安全防护体系。

在服务领域，公司构建信息系统规划、数据治理规划、数据安全治理规划的业务咨询服务体系，通过提出信息系统建设成熟度、数据治理和安全成熟度评估等模型，立足多年来的信息化建设实务经验，提出完整的业务、数据和安全咨询认识论和方法论，为最终用户提供信息系统顶层规划服务。

5. 发展规划

明朝万达以提高企业自主创新能力和企业竞争力为主要目标，以完善创新投入、运行和激励机制为重点，推动企业技术进步，实现经济可持续发展；加强公司知识产权体系建设，积极保护核心产品关键技术；不断提高品牌影响力，扩大市场占有率，提升公司在业内的竞争优势；构建数据安全产业生态圈，积极开展与各行业领先企业战略合作，洞察新需求，破解新难题，为用户提供专业的数据安全保障服务。

北京路凯智行科技有限公司

北京路凯智行科技有限公司（简称路凯智行）是一家聚焦于智慧矿山领域的特种车辆无人驾驶整体解决方案提供商，核心团队具有清华系背景。公司前身聚焦于北斗高精度定位业务，在智慧军工、智慧农业领域积累了十余年丰富的特种车辆无人驾驶经验。凭借领先的技术，公司延续开拓智慧矿山领域，独创以无人驾驶系统为主，结合智能集中管控系统、矿山安全及辅助系统、设备健康管理系统的"新型智能网联矿山无人驾驶整体解决方案"，致力于助推智慧矿山建设（见图1）。

公司拥有一支朝气蓬勃、技术精湛、满怀激情、怀揣梦想的团队，团队成员在各自的领域都积累了丰富的经验和知识。团队吸引了来自清华大学、北京科技大学、西安科技大学、武汉大学、英国帝国理工大学、德国慕尼黑工业大学等国内外著名学府的优秀科学家，以及来自宇通、陕汽、西门子、阿里巴巴达摩院、中国有色、中国节能、中国信达等知名企业的业界精英。路凯智行与中国矿业大学、辽宁工程技术大学（原阜新矿院）建立了深度合作，与国家实验室体系科研机构保持着紧密良好的合作关系，致力于推动智能化前沿技术的产业革新与行业赋能。

公司的股东为中关村发展集团下设基金及国内知名投资机构达泰资本，已荣获"中关村高新技术企业"认证和"北京市科技型中小企业"认证，并为中关村软件园的重点扶持创新企业，先后获得中关村软件园"Z计划"创新之源大赛创新之星、2020中关村5G创新应用大赛中关村软件园5G场景赛决赛一等奖、2020中关村5G创新应用大赛总决赛三等奖、首届工程建设行业数字化创新应用大赛一等成果奖、第六届三创大赛先进制造全球总决赛最高奖项（十强奖）、第六届"创客中国"创新创业大赛北京市百强企业奖等诸多奖项，多次登上学习强国全国平台报道，同时为百度AI加速器成员。公司拥有实用新型专利8项（拟申请6项）、申请中发明专利2项（拟申请8项）、外观设计专利3项、软著7项、商标12件；已与众多知名矿业企业、设备厂商、设计院与研究院等展开合作，实现产品与方案快速规模化落地。

图1　领先的智慧矿山无人驾驶解决方案提供商

无锡太机脑智能科技有限公司

1. 发展概况

无锡太机脑智能科技有限公司（简称太机脑智能科技）是浙江大学智能汽车研究中心与江苏省产业技术研究院和无锡国家高新技术产业开发区合作设立的面向自动驾驶和智能机器人领域提供专业解决方案和平台产品的高科技企业。

企业针对专业车辆自动驾驶对计算平台的强烈需求，基于十数年的汽车电子核心技术积累，采用嵌入式人工智能技术，通过对异构多处理器硬件技术、混核操作系统技术、嵌入式中间件技术、智能控制技术的突破，为自动驾驶提供专业的高性能、低功耗计算平台产品。

太机脑智能科技总部位于太湖畔的无锡软件园，在常州市新北区和杭州市西湖区设有分部，与浙江大学共建自动驾驶仿真实验室，具备智能操作系统应用试验、深度学习算法试验、深度感知与控制试验、异构多处理器计算平台开发与调试能力，是国内专注于智能移动机器人计算平台开发的高水平科技公司。

2. 研发能力

太机脑智能科技以技术立企，坚持自主创新研发，在无锡、常州、杭州三地设有研发中心，拥有多人的高水平研发团队。研发的自动驾驶仿真实验室主要竞品是现有的高校市场的仿真实验室，我司产品的主要优势在于自动驾驶的仿真，目前高校市场还没有该类产品，均是在通过对以前方案的整合，而我司的产品则是结合自动驾驶需求，采用最近的技术，拥有自主的知识产权，一是更加贴合自动驾驶市场需求，二是有自研的核心产品，拥有较高的技术门槛，是其他厂家或者产品无法仿真的。

3. 主要产品与服务

太机脑智能科技的主要产品包括：机脑、自动驾驶开发套件、自动驾驶仿真实验室、无人驾驶环卫设备等。

（1）RoboHead 机脑

太机脑智能科技基于自动驾驶领域的研究，推出了机脑产品。该款产品采用多传感器融合技术，将激光雷达、摄像头、全球导航卫星系统（GNSS）、惯性传感器（IMU）等多种传感器进行高度融合；使用混核操作系统平台，实现环境感知、深度学习、室内外定位、路径规划以及安全控制等功能。在高安全、高性能、高可靠的性能下同时实现了低功耗的要求。

该款产品可以方便快捷地安装在低速特种设备上从而实现设备的无人化升级，广泛应用于环卫、景区交通、农业以及工程机械等多个领域。

（2）自动驾驶开发套件

太机脑智能科技提供的自动驾驶开发套件——RoboKit 是面向无人驾驶技术研究者提供的乘坐式的全功能开发和试验平台，极大地提高了二次开发效率。RoboKit 提供了激光 SLAM、视觉 SLAM、路径规划、自主导航、主动避障以及物体识别等丰富的基础算法库，产品特点是室内通行、高通过率和多重安全防护。

（3）自动驾驶仿真实验室

RoboLab 是太机脑智能科技面向自动驾驶科研机构设计的集技术研发、测试验证、仿真模拟、教学培训、工程实践等功能为一体的综合型试验平台，包含太机脑自主研发的测试台架以及多种自动驾驶相关的传感器，同时可以根据用户的不同需求进行个性化的定制。

（4）无人驾驶环卫设备

使用太机脑智能科技研发的机脑产品，结合生产厂家生产的环卫设备，研发出了无人驾驶扫地车和洗地机等无人环卫设备。通过加装机脑，实现了传统环卫设备的无人化升级，实现了自主建图、路径规划、实时覆盖、自动避障等功能，同时配备了云平台，具有作业管理、实时监控以及远程接管等功能。

北京流马锐驰科技有限公司

1. 发展概况

北京流马锐驰科技有限公司（简称流马锐驰）成立于2017年，是一家以科技创新为主，从事高级辅助驾驶系统（ADAS）、特定场景下自动驾驶系统仿真及开发的高科技公司。作为国家高新技术企业，公司于2021年又分别在杭州和株洲成立了系统研发和硬件研发团队。

公司成立以来，始终以卓越精湛的工程研发技术、不懈的科研创新追求、优良的客户服务品质、出众的信誉和口碑在业界赢得了广泛认可。流马锐驰的业务合作伙伴，遍及全国乘用车和商用车生产厂商及其一级供应商，所开发的全球首款基于视觉和超声波融合的全自动泊车产品（APA）更是有着广泛的市场占有率，并在进一步推进L4级别自主代客泊车产品（AVP）的落地量产。

2. 生产经营

流马锐驰集研发、服务于一体，总部设在浙江杭州，将发挥项目、商务、财务、人事等中心管理职能；在北京和广州建立了国内领先的深度学习算法研发中心，可为主机厂提供包括感知、决策、规划、控制在内的全栈自主的自动驾驶解决方案。

自创立以来，流马锐驰凭借出色的工程化量产能力和有竞争力的客户解决方案，迅速打开国内自动泊车系统的前装市场，在乘用车基于融合方案的自动泊车市场占有率达85%以上。2021年，面向乘用车前装融合自动泊车系统单月出货数万套，与多家车厂及Tier 1签署了量产定点项目和联合开发项目。

未来，流马锐驰将继续秉承创新、敏锐的技术发展路线，不断实现多传感器融合的自动驾驶算法迭代和突破，布局从软件到硬件的全技术生产链条，实现自动驾驶系统逐级落地，赋能智慧出行，丰富产业生态。

3. 技术进展及研发能力

流马锐驰核心创始团队脱胎于弗吉尼亚理工大学（Virginia Tech）自动驾驶实验室，创始人于宏啸博士来自弗吉尼亚理工大学，联合创始人骨干团队来自北京理工大学、中科大等知名院校及国际知名Tier 1，在规划控制和智能驾驶领域具有深厚的学术积累及丰富的自动驾驶量产正向开发经验。

流马锐驰核心的技术能力包括基于视觉+雷达的多传感器融合技术、适合国内停车需求的算法模型框架定制设计、嵌入式平台的模型迁移技术、完整闭环的正向研发工具链保证量产落地的能力、全面的智能驾驶系统方案等。基于深度学习的人工智能算法及传感器融合技术，流马锐驰实现了车规级前装量产的自动泊车系统方案商业化落地。同时，流马锐驰深入参与自动泊车场端合作，与合作伙伴携手打造舒适的智慧出行体验，赋能智慧停车生态（见图1）。

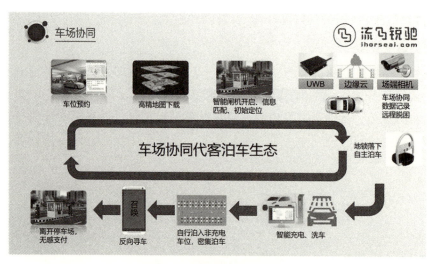

图1 车厂协同代客泊车生态

4. 主要产品与服务

流马锐驰的主要产品包括：基于多传感器融合的全自动泊车系统（APA）、自主代客泊车系统（AVP）、高级驾驶辅助系统（ADAS）、自动驾驶系统方案、遥控泊车（RPA）、记忆泊车（HPP）、拖车辅助系统等。产品覆盖L1～L4级多场景的智能驾驶落地应用（见图2）。

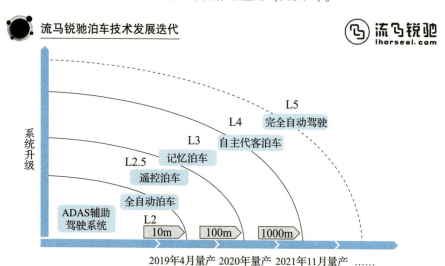

图2 流马锐驰泊车技术发展迭

（1）APA

流马锐驰的自动泊车系统是基于超声波和视觉融合的全自动泊车系统，通过将车身上搭载的多个超声波雷达和摄像头采集到的车身周围环境信息进行融合，支持多种类型车位（垂直、水平、斜列等）侦测，并在泊车过程中实时根据超声波雷达侦测到的障碍物距离信息，以及通过环视摄像头采集车辆周边障碍物和车位线视频数据信息，计算泊车轨迹，自动控制转向系统、制动系统、发动机系统、传动系统，以实现转向、速度、档位的自主控制，从而自主、正确、高效泊车。该产品具备高准确性、高可靠性、高性价比的特点，依靠公司强有力的工程化能力，通过软件仿真、在环测试、实车测试、数据回放一系列闭环开发工具长期打磨，已在多家车厂的主力车型上实现量产。

（2）ADAS

流马锐驰面向商用车市场为客户提供丰富的ADAS方案，包括自动紧急制动（AEB）系统、自适应巡航控制（ACC）系统、车道保持辅助（LKA）系统、交通拥堵辅助（TJA）系统等。流马锐驰的ADAS支持视觉与毫米波雷达等传感器的数据融合，支持融合算法在域控制器上进行集成，从而满足更高等级的智能驾驶方案开发条件。流马锐驰的域控制器自动驾驶方案，可基于 5R1V、5R5V、5R11V 等不同融合方案，赋能从 L1 级到 L3＋级的自动驾驶系统应用落地。

（3）AVP

流马锐驰 AVP 自主代客泊车系统运用车端、场端和高精地图综合技术方案，使无人驾驶的泊车过程更加安全可靠。驾驶员仅需要在固定点交接车辆，即可实现车辆自主寻找车位、停车入库、取车等代客泊车功能。该系统还可对用户常用的泊车路线进行记录和路径学习，从而实现在固定上下车点和停车位之间的自主行车、泊入泊出车位、避障等功能。流马锐驰 AVP 同时支持地下、夜晚、雨雪天气等复杂停车场景下的智能代客泊车，充分保证人车混流情况下的多方安全。

5. 发展规划

流马锐驰自 2017 年成立以来，一直秉承着以科技创新为驱动力，持续不断地为用户提供安全、可靠、高效的产品与服务。作为全球第一家实现了基于融合方案自动泊车系统的量产公司，流马锐驰一直没有停止过前进的脚步，AVP 自主代客泊车作为流马锐驰的第三代量产产品也将在 2021 年 11 月迎来大规模量产。

着眼未来，流马锐驰将凭借不断积累的核心技术能力和全栈式自动驾驶方案布局，赋能智慧停车生态，提升美好的出行体验。

阿尔特汽车技术股份有限公司

1. 发展概况

阿尔特汽车技术股份有限公司（简称阿尔特）成立于 2007 年 5 月，2020 年 3 月在深交所创业板上市，股票代码 300825。阿尔特办公地址位于北京市大兴区亦庄东工业区双羊路 8 号。

阿尔特是我国首家上市的独立汽车设计公司，开创了独立汽车设计公司整车研发"交钥匙"服务和发动机/动力总成研发制造的先河，公司产业生态围绕服务汽车生产企业展开，产业生态的各业务板块融合发展、相互支撑。公司主营业务为新能源汽车和燃油汽车全流程研发及其他汽车行业相关的技术服务，是我国技术领先的汽车开发整体解决方案供应商。

阿尔特整车研发业务主要为汽车生产企业提供新能源汽车整车研发和燃油汽车整车研发，燃油汽车整车研发业务内容包括商品企划、造型创意、工程可行性分析、结构设计、性能开发、同步工程（SE）、样车试制及管理 8 个业务模块。新能源汽车整车设计研发业务内容除包含上述业务模块外，还增加了新能源汽车的核心业务模块，包括新能源整车开发、电控系统设计开发、电驱动系统开发、电源系统开发以及电子电气架构开发、SOA 架构开发、新能源汽车平台开发等。另外，公司还可提供对于燃油汽车和新能源汽车均越来越重要的感知质量提升的技术服务以及符合国际标准的 ADAS 和自动驾驶系统开发支持服务。公司业务模块基本涵盖了汽车整车开发的全流程，无论是燃油汽车还是新能源汽车整车设计开发，公司均既可以提供整车全产业链的研发服务，又可以提供单独和组合型的研发服务。高端零部件业务见表 1。

表 1　高端零部件业务

序号	产品名称	产品型号	产品应用
1	V6 发动机	6G30T	北汽 BJ80
2	纯电动汽车减速器	E1M20、E1M30、E1M30P 系列	广汽本田电动轿车、东风本田电动轿车
3	混合动力汽车耦合器	P1M35、P1M40 系列	上汽通用五菱 SUV、MPV
4	增程器四合一总成	R1M25、R1M35 系列	宝能汽车 纯电动轿车

阿尔特在整车研发优势基础上，注重业务多元化建设和产业上下游延伸，多年来潜心打造的汽车发动机及新能源汽车核心零部件制造业务已经成为公司新的业绩增长动力。核心零部件制造业务包括混合动力系统、V6 发动机、插电式混合动力耦合器、纯电动汽车减速器、整车控制器等单位或动力总成的研发、生产及销售。

2. 生产经营

阿尔特设全球四大设计中心（意大利、日本、美国、中国），在全国 12 个城市（北京、上海、长春、成都、重庆、南昌、广州、柳州、宜兴、武汉等）开设子公司。截至 2020 年末，公司已成功研发超过 200 款车型，覆盖 60 余家客户，包括从轿车（A00 级到 C 级）、SUV、MPV 到商用车的多种车型。

2020 年度实现营业收入 8.2 亿元，其中新能源汽车设计开发营业收入占比达到 75.10%。

3. 技术进展及研发能力

阿尔特是我国首批高新技术企业，通过在汽车研发领域近二十年的技术积累，公司对于汽车设计理念、消费市场的心理需求和文化需求方面有着敏锐而又深刻的把握。

阿尔特是国家级工业设计中心、北京高精尖产业设计中心、北京市设计创新中心、北京市科技研究开发机构，拥有新能源汽车整车控制系统技术、北京市工程实验室和新能源汽车整车研发中试基地。

阿尔特拥有超过 1400 余人的专业团队，技术骨干均来自一汽、二汽、上汽、北汽等各大主机厂，包括百余位国内外知名汽车创意大师及工程领域资深专家，这些专家拥有意大利博通、宝马美国设计中心、通用汽车、日本三菱、梅赛德斯奔驰、日产、丰田等世界著名汽车企业及设计公司的多年开发经验，尤其在汽车整车、造型、发动机、耦合器、减速器及新能源汽车设计开发等方面具备显著优势。

截至 2020 年 12 月 31 日，阿尔特拥有 682 项专利及 23 项著作权。公司在造型创意设计、工程可行性分析技术、电源系统开发、电动汽车整车控制器开发技术、耦合器开发、新能源汽车增程器开发、精致性开发、汽车碰撞仿真优化技术、汽车底盘调教技术、同步工程技术、发动机设计及仿真技术方面等均积累了丰富的设计成果和技术结晶，在汽车整车发动机、耦合器、减速器及新能源汽车设计开发、汽车智能化等方面具备显著的技术优势。

在动力总成相关技术方面，阿尔特已掌握 BEV/REEV 减速器、耦合器、增程器及集成式电驱动等技术储备，减速器及增程器均为自主研发，可以根据不同客户需求提供整套动力总成产品方案。控股子公司四川阿尔特新能源生产的减速器、耦合器等核心零部件已为广汽本田、东风本田等车企批量供货。

阿尔特控股子公司柳州凌特研发并生产的 V6 发动机已于 2020 年 7 月正式在北汽旗下越野车产品 BJ80 上进行批量配套，2020 年已完成千台配套，未来将持续增加配套数量。

4. 发展规划

公司将继续把巩固和加强整车研发能力放在首要位置，重点强化新能源汽车的研发能力，提升现有核心零部件业务的盈利能力和规模化，并着力培育新的核心零部件产业化布局。公司未来将主要从产品企划、造型研发、整车性能开发、新能源汽车平台开发等四个方面提升公司的整体开发能力。具体做法主要体现在以下三个方面：一是要全面掌握新能源汽车核心技术，继续加强新能源汽车核心零部件的开发和制造能力，如纯电动汽车三电系统、智能驾驶系统等，形成自主知识产权，进一步提升技术竞争力；二是继续加强造型原创能力建设，依托丰富的国际化资源，将造型设计业务建设成国内顶级、国际一流、具备全球化视野的优势业务；三是在关键技术的研究和应用上，积极响应国家关于新能源汽车的产业政策，着重研究符合节能、环保、智能要求的新技术、新功能，包括混合动力控制技术、燃料电池集成匹配技术、智能驾驶系统集成及功能开发等，并逐步将该技术应用于实际设计业务中。

汽车核心零部件制造业务将成为公司新的发展方向。依托公司行业领先的整车研发能力，未来将为客户提供设计方案、产品交付、升级计划等一揽子优质解决方案。

北京主线科技有限公司

1. 发展概况

主线科技创立于 2017 年，是我国最早研发 L4 级自动驾驶货车的人工智能国家高新企业。公司起步阶段获得科大讯飞、博世、蔚来汽车、普洛斯等机构的战略投资，并于 2021 年获得越秀产业基金、众为资本、渤海中盛资本的数亿融资加持。公司现有员工近 300 人，硕士及以上学历员工占比 70% 以上，近 10% 员工拥有国内外名校博士学历，已打造了一支汇聚人工智能、物流和汽车产业领军人物的核心技术研发团队。公司自主研发的自动驾驶货车具备强大的 L4 级自动驾驶能力，可在多种复杂环境和恶劣工况下实现高级别自动驾驶功能，目前已在港口物流枢纽率先落地。在高速公路场景下，已经构建出成熟的四轮驱动模式：一是在封闭高速公路进行产品开发运行测试；二是基于长途真实运输进行基于数据闭环的技术迭代；三是与运力公司合作，深挖行业痛点，磨合创新基于 L4 级自动驾驶货车技术的产品；四是与整车厂合作，遵循各项整车开发标准，打造自动驾驶货车量产能力。

在物流枢纽领域，2020 年，公司联合天津港、中汽中心，在天津港建设全球首个港口自动驾驶示范区（见图 1），并完成 L4 级自动驾驶集装箱车辆的小规模常态化运营。同年，公司入选由工信部主导的天津（西青）国家级车联网先导区建设单位，并应用自研的 L4 级自动驾驶货车在天津东疆完成了内外堆场的集装箱转运。此外，公司同天津港集团、浙江海港集团、辽港集团、招商港口集团、中远海运等大型港口建设运营单位形成了实验室共建或战略合作模式。目前，公司已经在天津港、宁波港等港口部署无人驾驶集装箱运输车辆上百台，并能够实现完全无人运行。

在干线运输领域，2019 年底，公司高速公路自动驾驶货车编队技术入选国家重点研发计划项目，并与国内 9 条高速公路开展项目研究，成功完成了车路协同环境下的 4~6 辆车的货车编队运行测试。从 2019 年开始，主线科技已建立一支数十台规模的干线物流自动驾驶货车车队，与京东物流、德邦快递、福佑卡车、申通快递等物流合作伙伴开展专线运输业务，累计运输里程已突破 120 万 km，积累海量自动驾驶运行数据。2021 年 5 月，由中国人工智能学会智驾专委会联合主线科技发起，北京经开区管委会鼎力支持，新一代人工智能物流创新中心在北京亦庄正式成立（见图 2），旨在汇聚中国人工智能与物流领域的"政产学研"核心力量，融合生态优势，搭建战略平台，进而推动人工智能、自动驾驶与物流、商用车、交通能源、5G 车路协同等产业的创新合作与协同发展。2021 年 7 月，公司携手合作伙伴获北京智能网联汽车政策先行区首批商用车自动驾驶路测牌照，并在京台高速开辟的测试先行区开展了 L4 级自动驾驶的日常测试运行。

图 1　主线科技参与建设的天津港港口自动驾驶示范区

图 2　主线科技发起的新一代人工智能物流创新中心成立大会

2. 生产经营

主线科技主营业务为销售自动驾驶货车、自动驾驶系统和提供多种应用场景下 L4 级自动驾驶货车解决方案。目前，已实现自动驾驶货车、人工智能运输机器人（ART）等自动驾驶货运产品的前装量产、短时批量交付及规模化落地运营。截至目前，产品覆盖我国北、中、南各大港口物流枢纽，无人驾驶产品落地运营超百台，累计运营里程突破 80 万 km。

3. 技术进展及研发能力

主线科技具备在港口物流枢纽及高速物流干线的 L4 级自动驾驶研发能力，拥有知识产权管理体系认证，强化专利、软著布局，已申请包括发明、实用新型、外观设计、商标、国际专利等多类别百余项，并陆续完成 30 余项的专利授权。面向真实的商业化需求，逐步构建起一套算法领先、功能完整、安全冗余的 L4 级无人驾驶软硬件系统，获北京市"首台套"认证。软件算法层面融合了基于多源异构信息的环境感知系统、基于多源定位信息的高精度定位系统以及结合港口枢纽作业实际的智能决策规划系统；在硬件层面融合使用了激光雷达、视觉相机、毫米波雷达等多种传感器以及具备强大的车载智能驾驶终端平台。同时，主线科技在软硬件的系统化工程中设计植入了多种安全保护策略，并协同主机厂，深度参与无人驾驶电动集卡整车级正向研发，确保无人驾驶系统与车端高度适配，保证整个无人集卡车队安全标准的一致性。

4. 主要产品与服务

面向量产自动驾驶货车需求，主线科技主力打造推出 L4 级自动驾驶域控制器和 L4 级自动驾驶重型半挂牵引车。基于深度学习的 AI 算法，结合自身深度感知、高精定位、精准控制三大核心能力，打造针对量产车的一体式传感套件以及达到车规级功能安全的自动驾驶域控制器，并通过 ISO 26262 认证，具备规模化、标准化的装机量产能力，可广泛应用于不同品牌、不同型号的商用车，保障自动驾驶货车百万千米级的可靠稳定运营。

在智能网联汽车测试认证领域，主线科技于 2018 年获得济南市智能网联汽车道路测试牌照及测试通知书，成为全国首批获得商用车道路测试资格的企业，开展在限定道路、区域内的自动驾驶道路测试，并完成全国首次全自动驾驶状态的高速编队实测及全国列队跟驰标准公开试验；2021 年，主线科技创新联合示范应用主体形式，联合京东、北汽福田等合作伙伴获得北京市首批自动驾驶商用车高速测试牌照及测试通知书，并先后通过了北京市高级别自动驾驶示范区的自动驾驶仿真测试认证、满载/半载功能一致性测试等多项测试认证工作。

5. 发展规划

主线科技聚焦国家物流枢纽与高速干线物流场景的自动驾驶应用需求，积极落实践行国家发展战略及相关发展意见，在今后的发展规划中将进一步深化落实相关指导文件中提出的建设新一代自动化码头、新型港口交通枢纽等政策意见，实现并推广智能网联集装箱货车的规模化应用等相关建设任务，突出自动驾驶解决方案的规模化效应，并在更多港口形成标准化复制工作，切实提高港口物流枢纽的全局作业效率，优化作业流程，助力更多港口实现智能高效、低碳环保的智慧化转型；在赋能物流枢纽的同时，更好地发挥自动驾驶货车的长途运输优势，借助无人驾驶电动集卡的编组运输、列队跟驰等功能特点，实现长距离点对点物流的自动化运输，同时最大限度地降低物流业运输成本，协同产业链合作伙伴共建智能物流产业生态，积极推进新一代人工智能物流网络建设，打造"一站式服务、按需计费、稳定可靠、高质高效"的新一代人工智能物流网络。

合肥湛达智能科技有限公司

1. 发展概况

合肥湛达智能科技有限公司（简称湛达）成立于 2014 年，是中科大先进技术研究院旗下的国家高新技术企业。作为国际领先的高动态视觉算法公司，公司一直专注于用人工智能技术实现在高速移动时对环境进行多维度精准感知。公司拥有国际顶尖计算机视觉专家领衔的研发团队，在云平台、深度学习算法有核心技术和丰富的项目经验。该研发团队成就突出，自 2018 年以来，在 CVPR、ICCV、ECCV 等国际顶级计算机视觉模式识别大会的挑战赛中获得 7 次冠军、6 次亚军、2 次季军、3 次最佳论文的突出成绩。

湛达致力于将研发成果在智慧交通、智能网联等领域进行应用开发和产业化推进，为智能网联在道路交通安全、城市公共安全、道路运输运营管理、城市管理综合执法、公共出行、智慧环卫、智能驾驶等商业化场景落地提供技术服务一体化解决方案。

2. 生产经营

湛达基于精准、多维、高效的感知能力，为公安、交警、城管、智能网联领域提供系列产品及服务。目前已与安徽省、江苏省、贵州省、河南省等地公安交警部门、图商、三大运营商、城投集团等企事业单位建立深度合作，为他们提供针对性产品技术服务。2021 年 9 月，湛达与中国科技大学先进技术研究院联合成立"跨媒体智能计算联合实验室"，将在智能感知与认知等相关方向展开研究，不断提升智能感知水平，为智能网联、智能交通等商业化应用赋能。

3. 技术进展及研发能力

自 2018 年至今，湛达已自主研发了路面信息、交通行为、交通事件、交通场景、雨雪团雾、标识标线信号灯、车辆行人非机动车、14 种厘米级车道、9 种厘米级区域等 60 多种世界领先的算法；已在全国 65 个城市进行了 500 万 km 的测试；并积累了 100 多种 50T 的高精度多维度动态交通数据信息；不断进行产品的升级迭代。其中，全球首创审核机器人、动态感知车载终端、AI 移动卡口机器人等一代产品。目前，二代产品进行了功能的丰富，建立了完整的生态，并与交通管理、城市管理等行业应用深度结合。

湛达现拥有知识产权 70 多项，其中发明专利 36 项。算法团队荣获 15 次国际顶级 AI 大奖，3 次最佳论文。具体荣誉如下：

- 2021 IEEE/CVF CVPR 图文识别与推理挑战赛冠军
- 2021 ACM ICMR 雷达目标检测挑战赛亚军
- 2021 ICCV 细粒度物体检索挑战赛亚军
- 2021 ICCV 戴口罩人脸识别研讨会最佳论文 Runner – Up 奖
- 2020 ECCV 人脸图像身份识别挑战赛亚军
- 2020 IEEE/CVF CVPR 图文识别与推理挑战赛冠军
- 2020 IEEE FG 人脸图像近亲识别挑战赛

赛道 1（一对一验证）季军

赛道 2（一对二验证）冠军

赛道 3（多对多检索）亚军

- 2020 IEEE FG RFIW 最佳论文
- 2020 IEEE ICME 嵌入式轻量级交通场景物体图像检测挑战赛冠军
- 2019 IEEE ICME 人脸图像特征点定位挑战赛亚军
- 2019/2020 ACM Multimedia "AI Meets Beauty" 图像识别挑战赛冠军
- 2019 ChinaMM 低光照人脸图像检测挑战赛亚军
- 2019 CCF BDCI 多人种人脸图像身份识别竞赛季军
- 2018 CVPR 少样本图像识别挑战赛冠军
- 2017 IEEE ICME 最佳论文

4. 主要产品与服务

湛达现拥有边、端、云系列产品架构，其中，边包含动态感知边缘计算车载终端、动态感知边缘计算铁骑终端、AI 移动卡口车载终端；端包含智能感知路侧式终端、智能感知移动式终端、智能感知便携式终端；云包含智能驾驶车联网云平台、交通行为智能分析云平台、湛达智能 App。目前已有 5 款产品分别通过公安部认证，《道路交通安全产品装备推荐目录（2021 版）》，2021 年上海国际交通工程、智能交通技术与设施展览会、亚洲智能交通旗舰展创新产品推荐。智能网联系统架构如图 1 所示。

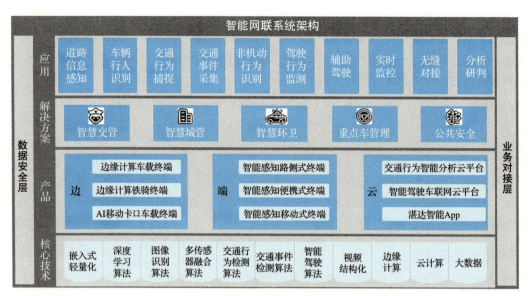

图1 智能网联系统架构

5. 发展规划

未来，湛达智能将继续结合行业需求，持续算法优化；持续产品迭代，2021年，二代产品量产，三代产品研发，国产化一代产品研发；2022年，三代品量产，四代产品研发，国产化一代量产，二代研发；持续与行业深度融合，不断推进智能网联的感知能力，不断提高与各行业的深度应用融合，提升智能网联的智能化水平。湛达凭借着技术精湛、智慧协作、成就客户、通达天下的价值观，实现让车辆更智能、交通更安全的愿景。

上海复旦微电子集团股份有限公司

1. 发展情况

上海复旦微电子集团股份有限公司（复旦微电，上交所科创板证券代码为688385.SH；上海复旦，港交所股份代号为01385.HK）是国内从事超大规模集成电路的设计、开发、生产（测试）和提供系统解决方案的专业公司。公司于1998年7月创办，并于2000年在香港上市，2014年转香港主板，2021年登陆上交所科创板，形成"A+H"资本格局，是国内成立最早、首家上市的股份制集成电路设计企业。

复旦微电子集团现已形成安全与识别、智能电表、非挥发存储器、智能电器、可编程器件FPGA五大成熟的产品线和系统解决方案，产品行销30多个国家和地区。

安全与识别产品系列齐全、技术积累深厚、性能可靠。智能IC卡、射频识别读写器RFID/Reader迄今累计出货量超100亿片。独创国内首个高频/超高频双频测温RFID芯片，应用物理防克隆（PUF）技术，赋能"芯"安全。安全与识别系列产品在金融、社保、交通、健康、防伪溯源、仓储物流、无人零售、移动支付等领域得到广泛应用。

单相表主控微控制单元（MCU）市场占有率超60%。自主研发的高可靠工业级主控MCU，性能可靠，实现了核心元器件国产化，累计销售4亿颗。通用型低功耗MCU产品被广泛应用于水气热表、安防消防、智能家居、健康医疗、可穿戴设备、工业控制等领域。

非挥发存储器产品涵盖电可擦编程只读存储器（EEPROM）、闪存（NOR/NAND）FLASH非挥发存储器系列，EEPROM市场份额居国内第一，高可靠特性FLASH存储器独具特色，月出货量超亿片。存储系列产品广泛应用于手机模组、网络通信、消费类电子、工控仪表、物联网、安防监控等领域。

漏电保护芯片和故障电弧探测专用芯片种类齐全、性能优越，市场占有量超过50%，是国内最具优势的供应商。产品在电气火灾监控、智慧用电、低压电器和新能源电动汽车充电桩等领域得到广泛应用。

率先开发了国内首款亿门级FPGA、国内首款异构融合亿门级PSOC芯片，以及国内首款面向人工智能应用的可重构芯片FPAI（FPGA + AI）芯片。FPGA系列产品广泛应用于通信、人工智能、工业控制、信号处理等领域。

复旦微电子集团是高新技术标杆企业和知识产权示范企业，也是国家认定的博士后工作站企业和国家规划布局的集成电路重点企业，是国际特殊奥林匹克运动会指定技术赞助商。未来，集团将以创新为引领，不断提升企业核心竞争力，力争发展成为具有一流国际水准的集团公司，以专"芯"成就未来。

2. 主要产品与服务

复旦微电子V2X相关主要产品包括：汽车数字钥匙方案——安全芯片（SE）、车规级安全芯片——FM1280。

(1) 汽车数字钥匙方案——安全芯片（SE）

1）优势1：FM12系列接触/非接触/双界面CPU卡芯片累计销量超15亿颗，国内非接触市场占有率超过50%。

2）优势2：FM280大规模量产，金融级安全芯片，银行卡等出货超过2亿颗；ETC OBU ESAM芯片、CPC SE芯片出货量超过2000万颗。

3）优势3：在重型柴油车远程排放监控TBOX中应用超百万颗，前装OBU – ESAM通过ITSC检测，获AEC – Q100认证。

(2) 车规级安全芯片——FM1280

1）CPU：ARM SC000。

2）接口：ISO/IEC 7816、SPI、I2C。

3）存储器。

① ROM：64KB。

② EEPROM：512KB（用户可用数据空间：最大118KB）。

4）算法。

① 对称：DES、AES、SSF33、SM1、SM4。

② 非对称：RSA、ECC、SM2。

③哈希算法：SM3、SHA256。

5）封装：SOP8。

6）安全特性。

①真随机数发生器 – 多种传感器。

②电压、频率、温度、光、Glitch传感器。

③存储器安全。

④存储器数据加密。

⑤存储器地址加密。

⑥存储器数据校验。

⑦金属屏蔽层：SPA/DPA/DEMA/DFA防护；安全版图。

7）已获得的安全证书：

①国内。

- 银联卡芯片产品安全认证证书（芯片）
- 银联卡芯片产品安全认证证书（嵌入式软件）
- 商用密码产品型号证书（芯片二级）

- 商用密码产品型号证书（嵌入式软件二级）
- IT产品信息安全认证证书（芯片 EAL4+）
- IT产品信息安全认证证书（嵌入式软件 EAL4+）

②国际。
- CC EAL5+（芯片）
- EMVCo（芯片）
- EMVCo（嵌入式软件）
- 通过 AEC-Q100 第三方检测（Grade2）

绿车行（苏州）物联科技有限公司

绿车行（苏州）物联科技有限公司是一家专注于为企业用户解决车辆编队出行服务的5G智能车联网公司，拥有无线数字探针的车辆识别技术和5G智能边缘计算机集群的自服务云平台，为企业用户开发出具有创新意义的厂区智能车联网综合运营管理系统解决方案（见图1）。公司专注在厂区/园区等局部环境下，使用5G通信技术的原理实现厂区车辆智能综合调度运营的场景，并致力于为广大客户和企业提供自主可控的车辆综合运营管理的智能化服务平台。

图1 厂区智能车联网运营管理系统示意图

公司拥有五大核心技术能力（见图2），并将其核心技术融入公司的产品和系统中，公司定制的车载设备有精准定位导航、车况检测、消息推送、路况分享、违章查询、保险理赔、车辆防盗等功能，并能够适配市面上98%的可见车型，为用户提供疲劳驾驶预警、维保建议、车辆突发事故自动报警等服务，极大地保护了用户的出行安全，从而实现"绿车出行，一路好心情！"的服务初衷！

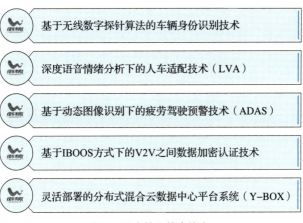

图 2　五大核心技术能力

威凯检测技术有限公司

威凯检测技术有限公司（简称 CVC 威凯）是中国电器科学研究院股份有限公司（简称中国电研，股票代码：688128）的全资子公司。中国电研前身是广州电器科学研究院，创建于 1958 年。CVC 威凯于 2010 年注册成立，是专业从事检测评价业务的第三方技术服务机构，总部设在广州科学城，主要开展产品认证、管理体系认证、产品检测、计量校准、验货、培训以及包括能力验证、实验室建设、标准研究等在内的技术服务。检测产品范围包括家电、电子、汽车、五金、钢铁、石化、材料、电力 8 大国民经济发展领域，执行标准近 5000 份，检测项目超过 3 万个。

CVC 威凯近几年加大了对智能网联汽车整车及其零部件测试技术研究与开发的力度，获批了国家智能汽车零部件质量监督检验中心、工信部产业技术基础公共服务平台（智能汽车零部件试验技术公共服务平台）、工信部工业（电动汽车及零部件）产品质量控制和技术评价实验室、工信部车联网检测认证公共服务平台、智能网联汽车封闭道路测试服务机构、广州市首批自动驾驶公开道路测试牌照检测机构。在 2021 年，CVC 威凯牵头了"广州市智能网联汽车与智慧交通应用示范区车车及车路通信身份认证和安全管理试点项目"并参与了"建设 5G + 车联网先导应用环境构建及场景试验验证公共服务平台项目"，建立了车联网射频性能测试、车联网天线 OTA 测试、高级驾驶辅助系统（ADAS）功能测试、毫米波雷达测试、智能网联汽车 EMC 测试、自动驾驶道路测试、车联网身份认证等相关服务能力。

第10章 重点非整车企业智能网联汽车技术创新成果

中移（上海）信息通信科技有限公司产品及解决方案概述

中移（上海）信息通信科技有限公司

作者：张青山，施小东

1. 智能网联标准产品介绍

（1）车务通（交通智能网联）

车务通积极响应汽车新四化要求，紧跟网联化大趋势，主攻车厂2B客户，整合资源拓展车主个人服务应用需求，提升2C市场规模，实现多方协同。其中4G产品能力达到国际领先水平，市场占比过半；5G产品加大投入，能力及市场占有率全面领先。

（2）智能驾驶类关键信息服务

智能驾驶类关键信息服务是5G自动驾驶场景下集群协同调度能力，聚焦作业任务过程和自动驾驶通行效率，对总体任务和集群驾驶的实时反馈和控制。其利用5G/C-V2X通信技术提供低时延交通信息服务，包括多传感器融合方案，实时构建出包含交通参与者状态、交通路况、驾驶人行为特征等多维度的全景信息，面向封闭/半封闭园区限定场景，提供对智能网联自动驾驶车辆的智能调度与全局、局部规划决策以及运营服务。

（3）远程驾驶系统

远程驾驶系统由平台、网络、终端网关以及智能驾驶舱组成，构建云网边端一体化的远控服务。利用5G网络大带宽、低时延的特性，结合车端网关与车辆进行信令交互和视频等通讯，使远程驾驶舱实现远程实时控制车辆的能力。同时自动驾驶云控平台能够实现安全监管和远控调度，具备兼容多类型终端接入的能力，实现统一调度、实时监管。

（4）车货运输监管调度平台

车货运输监管调度，通过判断车辆、货物状态，实现物资运输全过程跟踪、做到可视、可管、可控，精准掌握物资实时动向及最终去向，及时发现车辆异常及货物异常等情况。

2. 中移（上海）信息通信科技有限公司智能网联示范落地项目

近三年来中国移动交付了数个智能网联项目，其中涉及高精定位、车路协同、示范区应用、智慧公交等多个领域，地域覆盖全国。

（1）5G全天候智慧高速系统

智能驾驶类关键信息服务在四川高速针对5G全天候智慧高速系统上的应用（见图1），能够提高通行效率，改善行车环境，有效降低高速事故率，给出在恶劣天气下通行可能性，进一步减少高速交通事故带来的经济损失产生的经济效益。

图1 四川高速针对5G全天候智慧高速系统发布

(2) 南京溧水智能网联测试基地

在南京溧水项目上，通过智能网联测试基地建设拉动产业链显现经济效益。集聚广大商用车和乘用车企业在南京溧水区开展道路测试、产品研发和技术验证工作。孵化新技术、新标准，打造智能网联科技创新基地，率先实现与江苏省内外智能网联示范区的跨区域互联互通，实现交通数据共享，满足汽车的跨区域高频率流动特性，使汽车用户能够享受到便捷的车路协同信息服务。

(3) 远程驾驶

承担了武汉经开区、天津港、东风汽车三合一、吉利研究院 5G 等远程驾驶技术项目。

(4) 车务通（车辆联网服务）

对接全国 118 家车企，售前支撑 34 个，项目落地 12 个，连接数大于 300 万个，行业 TOP10 客户 8 家，覆盖广东、上海、吉林、北京、河北、江苏、湖北、重庆等省/直辖市。其中，长安集团和东风集团的标杆案例实现"车企通信服务（2B）+车主应用服务（2B2C）"联合运营。

3. 智能网联未来努力方向

中国移动 OnePoint 智慧交通平台关键技术及产品体系旨在构建中国移动面向交通行业的核心赋能平台。通过对交通典型场景的研究，从业务流、价值流、安全等角度进行架构设计与关键技术攻关，以能力驱动产品，提高灵活性与扩展性，以满足创新和业务发展要求。一方面以价值驱动，通过核心技术能力的整合、组装，构建统一门户和能力仓库，横向完善产品能力标准化，实现快速复制，纵向实现产品模块化赋能及分层分级云化部署，快速支撑项目，实现商业价值输出。另一方面在关键技术攻关上，重点以 5G 在交通领域的商业化落地为目标，攻克 5G 在交通领域应用所需的网联技术、低时延协同管控、远程驾驶等技术，有效增强交通环境中的感知和交互能力，实现从 4G 到 5G 的业务功能升级。

依托于位置中台和 OnePoint 智慧交通平台两大核心形态能力，构建标准产品和行业解决方案。其中位置中台整合高精度定位和地图能力，OnePoint 智慧交通平台整合高精度定位子平台、智慧交通基础平台、智能网联子平台。重点打造高精度定位和车务通标准产品，推广自动驾驶、智慧港口等解决方案以及智能网联相关 DICT 项目。

在 5G 高带宽，低时延的新特性支撑下，无线通信网络对于智能驾驶以及产业升级的影响正在加速，跨界、跨产业的合作也在重塑。交通设施从"灵活的移动空间"正在走向"虚实结合的智慧空间"。而自动驾驶的能力从"主动"到"智慧"转型。单车的计算架构也会随着通信能力的增强而走向终端化，从而实现软件定义的汽车。

智能化、网联化产品与技术创新成果

三六零安全科技股份有限公司

智能化出行成为行业共识的当下，智能汽车安全成为行业焦点。近日，在全国智能网联汽车创新成果大会上，三六零（601360.SH，下称"360"）旗下工业互联网安全研究院，凭借"车联网 V2X 安全系统测试验证平台"这一创新性产品，荣获"中国智能网联汽车技术创新成果奖"，为智能汽车与车联网的安全保障做出重要贡献。

2021 年全国两会期间，全国政协委员，360 集团创始人、董事长周鸿祎提出，智能网联汽车就像是一台四个轮子上的"大手机"，有必要推进智能汽车联网安全测试成为新的、常规的"汽车碰撞测试"。而 360 此次的获奖产品"车联网 V2X 安全系统测试验证平台"，即是以安全能力测试为基础提高安全水平的创新性产品。

具体而言，车联网V2X安全系统测试验证平台从网络通信、业务应用、车载终端、路侧设备等方面进行安全研究和漏洞挖掘，提升对抗干扰、饱和攻击、重放攻击的防御能力，提出高效、便捷的安全技术方案，验证轻量级加密安全、物理层安全等新技术在系统中的可行性，从而实现车联网的安全应用。

360的车联网安全研究对业内具有重要的实践意义。据悉，目前已有75%以上的国内汽车厂商在采用360安全技术和服务。此外，360已与车路协同解决方案提供商大唐高鸿达成战略合作，共同面向车联网、智慧交通、智慧城市等领域输出解决方案，参与地方车路协同建设，推动车联网安全生态建设。

业内人士评价称，360车联网V2X安全系统测试验证平台等研究，将具备对主流车厂的车载终端和各种路侧设备提供安全检测服务的能力，有效提高车联网终端、云端、通信数据传输的安全水平，从而可以更好地推动完善车路协同技术，加快车联网先导区建设，保障车联网产业加速稳健发展。

360拥有东半球最大的"白帽子军团"，拥有超200人的安全精英团队，超3800人的安全专家团队、17支攻防专家团队、12个安全研究中心，其中包含专门从事车联网安全研究的360 SKY-GO团队。

SKY-GO团队在整车CAN总线协议破解逆向方面拥有多年经验，开发出一套快速逆向总线控制协议的工具，该工具支持125K/250K/500K速率总线数据的分析，可以对总线信号进行模糊测试分析。

利用先进的汽车攻击技术，SKY-GO团队形成了完整的车联网安全评估方案，评估范围包括T-BOX、IVI、App、TSP以及传输协议等。通过对车联网中的零部件和系统的安全研究，分别从物理层面和远程层面分析车联网的攻击面，并形成有效的攻击方法和思路，从安全角度为汽车厂商提供有效的安全建议，保护车辆不受远程攻击（见图1）。

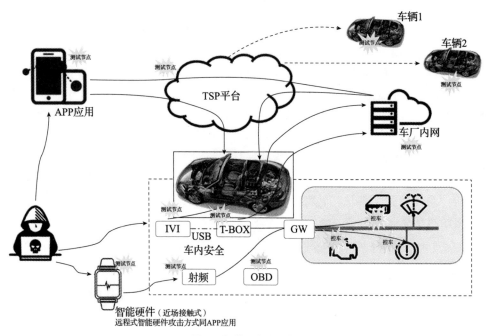

图1　车联网攻击手段

在对某品牌辅助驾驶系统进行研究后发现，该系统存在传感器漏洞，可以通过干扰、欺骗或致盲等手段，对该品牌高级辅助驾驶系统（ADAS）传感器进行攻击，导致传感器接收到错误数据，从而影响高级辅助驾驶系统决策失败，从而导致交通事故。

SKY-GO团队在2014年破解了特斯拉的车联网系统，2016年破解特斯拉Autopilot系统，2018年破解特斯拉无钥匙进入与启动PEPS系统，三次荣登特斯拉安全名人堂，是目前唯一一家三次获得该殊荣的公司。2019年360破解梅赛德斯-奔驰车联网系统，帮助奔驰发现并修复19个潜在安全漏洞，获得梅赛德斯卓越研究奖。

在标准制定方面，360通过长期跟踪国内外汽车信息安全标准，积极参与相关国际、国内标准的制定，并大力推动安全标准在国内落地。2021年1月正式发布的ITU-T标准X.1376《使用大数据的联网汽车信息安全异常行为检测机制》标准，就是由360牵头制定的。该标准是360根据多年攻防经验总结出的汽车网络安全异常行为监测机制，该机制将业务数据、情报数据、人工分析进行有效结合，有效识别联网汽车各类场景中的异常行为，并形成告警通知，便于及时评估该异常行为的性质并依此进行保护。

近日，在联合国ITU-T（国际电信联盟通信标准化组织）SG17（安全研究组）全会上，由三六零集团和中国电信联合牵头的国际首个车载入侵检测系统评估标准——《车载入侵检测系统评估方法》（Evaluation methodology for in-vehicle intrusion detection systems）成功立项。面对数字化浪潮下的网络威胁，该标准定义了车载入侵检测系统的技术要求、分级分类和评估方法。

基于十余年来在安全大数据、威胁情报、知识库、安全专家等方面积累的关键能力，360集团打造出了车联网安全大脑。通过部署在车联网环境中的威胁检测与响应引擎，360车联网安全大脑可持续对道路、车辆、云平台进行威胁感知、分析、响应，形成了车联网全生命周期安全防御体系，保护"人-车-路-云"场景下的车联网环境安全。

为了更好地推广标准的落地，推动车联网安全的健康发展，360发布了"车联网安全守护计划"，该计划提供SaaS化监测能力以及车载IDS部分源码，协助智能网联汽车产业链上下游企业快速建立汽车网络安全监测能力，共同完善车载入侵检测系统，与行业共建健康有序的车联网安全生态。

KUS ADAS 非道路环境感知系统创新技术开发与应用

东莞正扬电子机械有限公司（简称KUS集团）

作者：李晓翔

1. 智能驾驶产品发展情况

《ADAS（道路车辆先进驾驶辅助系统）术语及定义》将ADAS定义为，利用安装在车辆上的传感、通信、决策及执行等装置，监测驾驶员、车辆及其行驶环境，并通过影像、灯光、声音、触觉提示/警告或控制等方式，辅助驾驶员执行驾驶任务或主动避免/减轻碰撞危害的各类系统的总称。全球ADAS市场集中度较高，头部企业均为传统零部件巨头，如博世、大陆、安波福、采埃孚等传统零部件巨头已延续了深度配套主机厂的优势，在ADAS行业市占率较高，前五厂商全球市场率超过60%。

东莞正扬电子机械有限公司（以下简称"KUS集团"）创立于2004年，年销售额20亿元以上，全球员工超5000人，研发人员600人以上，分别在东莞、武汉、上海、台湾、西安拥有研发团队，拥有自己的SMT、毫米波雷达、摄像头产品线、模具车间、CNAS认可实验室等。传承二十多年尿素箱、汽车尾气净化等传感器专业制造经验的同时，KUS集团更注重产品的品质、创新与服务。公司尤为重视品质管理体系，先后于2005年及2006年通过了ISO/TS16949（2002）质量管理体系和ISO/14001（2004）环境管理体系的第三方认证。主要的终端客户有：德国奔驰（Benz）、大曼（MAN）、法国雷诺（Renault）、意大利依维柯（Iveco）、瑞典沃尔沃（Volvo）、萨博-斯堪尼亚（Saab-Scania）、北美沃尔沃（Volvo USA）、韩国沃尔沃（Volvo Korea）、日本日产（Nissan）等汽车公司。

KUS集团自2015年开始拓展并致力于减少汽车尾气排放和高效安全驾驶领域，自主研发ADAS、新能源汽车的相关产品及解决方案，目前新能源产品主要有水加热器（PTC）、整车控制器（VCU）、燃料电池主控制器（FCCU）等；ADAS产品主要有毫米波雷达、摄像头、前方碰撞系统（FCW）、疲劳驾驶监控系统（DMS）、环景影像系统（AVM）、自动紧急刹车系统（AEB）等，广泛应用于商用车（见图1）。

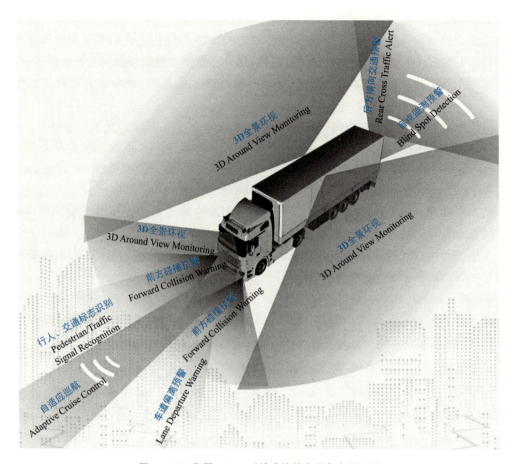

图 1　KUS 集团 ADAS 系统功能的商用车应用示例

多年来，KUS 集团秉承着"让呼吸更洁净，让驾驶更感知"的企业愿景，厚积薄发，拥有多年的技术沉淀、优质的商用车客户资源和丰富的项目经验，目前公司的产品均通过严格的测试及长时期的使用验证，其完美的设计及稳定的性能受到了广大客户的好评，已成为全球各大知名汽车制造商竞相使用的产品，远销欧、美、亚洲等地区。

作为道路车辆与非道路车辆 ADAS 领域领先的 Tier1 汽车电子一级供应商，KUS 集团的 ADAS 产品已在道路车辆（如商用车）及非道路车辆（如工程机械、农机）等领域广泛，主要客户群有三一、雷沃、徐工、山推、沃尔沃、东风、柳汽、重汽等知名 OEM 客户；其中 KUS ADAS 非道路环境感知系统创新技术已被业界广泛认可。

为加快推进我国农业机械化、智能化，助力乡村振兴战略落地，KUS 集团引领中国农业装备迈向高端；其非道路环境感知系统创新技术将会让驾驶更智能，环境更感知。

2. 非道路环境感知系统技术方案

KUS 集团于 2020 年推出第一代非道路环境感知系统（见图 2），又称农机领域神农号、工程机械领域电子栅栏，采用 2 颗 77GHz 毫米波雷达、2 颗摄像头、1 颗融合电子控制单元组成的环境感知系统，探测车辆前方和后方环境信息，配合车身自带的高精度导航系统和自动驾驶域控制器，根据匹配的行驶区域，执行车辆行驶过程中制动决策控制和自动避障控制，实现非道路特定场景的无人驾驶。

通过去掉摄像头在非道路工程机械领域应用如下（见图 3）：

图 2　第一代非道路环境感知系统农机（神农号）应用示例

图 3　第一代非道路环境感知系统工程机械（电子栅栏）应用示例

3. 非道路环境感知系统技术方案亮点

（1）应用场景特殊性

产品方案选用自主研发的广角、结构抗震能力可达 10g 的毫米波雷达，配备自主研发的摄像头，针对农田环境障碍物进行 AI 训练学习，与 ECU 进行融合。该产品对比其他感知产品，除了可侦测行人、机动车、非机动车等常见障碍物类型外，同时支持侦测非道路场景，如树木、电线杆、灌溉设施、信号塔、树木、灌溉设施、土堆、田埂等结构类型复杂的障碍物类型，主要应用在非道路场景农机与工程机械上。

（2）方案技术亮点

1）满足定制化的非道路场景，除了行人、机动车、非机动车、农机、信号塔等目标物，考虑其应用场景对速度要求较低，通过提高毫米波雷达的距离精度与分辨率，来实现对土堆、田埂、电线杆等目标物的识别。

2）自研融合 ECU 应用，产品通过对毫米波雷达、摄像头感知的目标特征信息，依据传感器物理特性进行数据融合，得到精准的障碍物状态信息，同时还融合了农机姿态信息（IMU 信息），可以自适应颠簸的农田作业环境，以减少产品误报率和提升障碍物侦测的稳定性。产品可提供障碍物目标位置、速度、尺寸等状态信息，将精准且稳定的环境信息输出至决策单元，进行准确的危险预警、避障与路径规划等决策控制，满足农机及工程机械在非道路场景的自动驾驶与作业的前后向环境感知需求。

3）可适应不同高度、不同结构的机型安装，调整传感器的安装角度、安装高度来实现。方案使用了专门为适用非道路场景下应用的自主研发毫米波雷达和摄像头，基本覆盖了非道路领域前后向所有关键关注区域。

4）采用自研毫米波雷达定制化研发，针对农机作业抖动、环境复杂导致的高误报问题，KUS 集团的毫米波雷达通过采集大量农田场景的原始数据进行针对性算法优化，在保证目标稳定追踪的情况下，极大程度降低了误报率。

5）自研算法的运用，对不同车体姿态的最重要目标选取，通过分析农机农田作业时的农机姿态数据，以拖拉机为例：

①车体可能达到最大滚转角角度 30°、俯仰角角度 30°。
②车体极限角度：滚转角角度 35°、俯仰角角度 35°。
③车体正常作业时：滚转角角度 15°、俯仰角角度 15°。
④车体大部分作业时：滚转角角度 6°、俯仰角角度 6°。

结合以上农机实时、有效的姿态数据（IMU 数据）作为判断条件进行对应的策略处理，有效地过滤了传感器的野值，以及对追踪目标的状态进行补偿。同时利用实时的车身信息进行自车轨迹预测与对目标进行碰撞威胁度评估，有效提升了目标的探测精度和追踪稳定性，同时很大程度降低了系统侦测误报率。

（3）方案创新优势

KUS 集团非道路环境感知系统为全国首个可同时覆盖道路/非道路环境场景的摄像头 + 毫米波雷达感知融合产品，相对于激光雷达方案等其他方案，在成本、盲区大小、环境抗干扰性上都存在很大优势。

所有传感器针对非道路场景进行定制化开发，可以覆盖侦测场景的行人、机动车、非机动车、农机、树木、电线杆、灌溉设施、信号塔、土堆、田埂等绝大多数关键障碍物类型。

产品鲁棒性：使用异质传感器融合算法，结合摄像头视觉、毫米波雷达的物理特性，可有效适应不同工况的影响，以及融合车身 IMU 信息有效地提高系统的鲁棒性、目标追踪稳定性，降低了系统侦测误报率。

支持远程升级服务：可结合 T – BOX 支持远程升级 ECU 功能，减少人力维护成本。

4. 行业影响力

近年来，毫米波雷达凭借低成本、高可靠性、穿透性强、全天候工作抗干扰性强等优点，被广泛应用于智能驾驶 ADAS 系统中，用来探测感知行人、车辆及障碍物，未来有望受益于汽车智能化浪潮，打开更大市场空间。KUS 集团洞察汽车市场趋势，于 2015 年开启 ADAS 系统产品的研发之路，成功开发车规级毫米波雷达，应用于商用车、非道路等领域，实现后方碰撞预警 RCW、盲区侦测 BSD、双预警、环境感知等功能。

关于上海市市场监督管理局地方标准的《车载毫米波雷达探测性能测试方法》（见图4），标准编号为 DB31/T 1315 – 2021，这是 KUS 集团参与编制的第一份 ADAS 技术标准，将于 2021 年 12 月 1 日正式实施。

在此次编制过程中，KUS 集团以起草单位的身份参与其中，并在技术要求、试验方法、测试场地、测量步骤、探测性能评价等方面提出专业意见，该技术标准规定了单机探测性能、外层覆盖件电磁性能和系统集成探测性能的测试方法，可应用于 76 ~ 77GHz 的频段，为推动行业进步与发展提供技术支撑和评判参考。

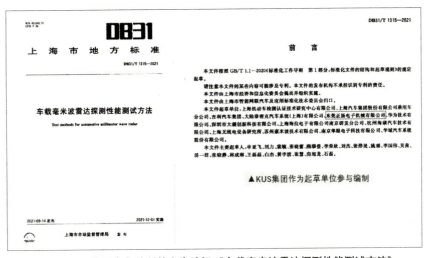

图 4　KUS 集团参与编制的上海地标《车载毫米波雷达探测性能测试方法》

5. 展望

未来，KUS 集团将不断地从辅助驾驶阶段（以车为中心的交通工具）在往高阶智能驾驶（以人为中心的出行工具）直至完全自动驾驶（无人驾驶）的技术路线上进行道路与非道路领域深耕，继续聚焦智能驾驶领域，提供 ADAS 系统相关专业产品，向更高的技术目标迈进，助力智能驾驶高质量发展，砥砺前行。

亚信科技智能化、网联化自主创新成果

亚信科技有限公司

1. 智能网联产品与技术发展的战略意义

在"数字中国"的时代背景下，汽车产业是工业化、信息化的重要载体。汽车与"两化"深度融合，一方面将促进汽车向网络化、智能化、轻量化、电气化发展，提高汽车制造的模块化、数字化水平，促进形成现代化汽车服务业，加速构建现代汽车产业体系；另一方面将促进相关工业和信息产业在汽车研发、制造、营销及汽车服务业等全产业链的应用与智能网联化汽车发展，进而促进新型工业化的实现和信息化水平的提升。

在"软件定义汽车"的浪潮中，智能化、网联化是我国汽车产业发展的两大重要趋势，智能化汽车是指采用 AI、信息通信、物联网、大数据、云计算等新技术，实现汽车智能化感知和决策体系，使汽车具备自动驾驶类功能。网联化汽车是借助全新的信息和通信技术，实现车与车、车与路、车与人、车与云等建立稳定、高效连接的网络体系，提高车辆的智能化和自动化。智能与网联相辅相成、不可分割。智能网联汽车在我国汽车销量中的占比快速增长，依托越来越完善的新技术应用、测试、示范，未来智能网联汽车有望成为我国最重要的汽车趋势之一，成为实现我国智慧城市、智慧交通体系构建的重要参与主体。

2. 智能网联创新产品与技术应用

亚信科技起源于通信行业，作为一家拥有 28 年历史的大型企业软件供应商，在 5G、人工智能、云计算、物联网、边缘计算、信息安全、客户运营、业务支撑系统等领域具有很强的技术能力和众多成功案例。发展至今，亚信科技积极响应我国汽车产业现代化转型升级的规划，助力我国从汽车大国向汽车强国发展的转型之路，完成面向汽车产业相关主体的技术产品与能力规划布局，实现基于汽车产业链条——咨询、研发、生产、供应链、销售、运营、政府管理等，提供不同维度、不同主体、不同诉求的信息化产品与能力建设。

（1）面向整车制造，提供综合解决方案

亚信科技面向整车制造企业，提供"双环穿透赋能，四端一体应用"的能力图谱（见图 1），帮助企业本身的信息化建设转型升级、海量数据的资产化管理与运营。能力内环主要包括：连接域的卡连接和设备连接产品，数据域的数据中台、数据治理、大数据标签画像产品，业务域的客户 CRM 和营销 DMS 产品，智能域的 AI 计算引擎、能力开放、AI 应用平台产品。应用外环主要包括对消费者的洞察、营销、体验技术工具，对车的车联网运营、管理产品平台，对经销门店的触客、活客、留客产品，对整个汽车生态的构建和运营产品。

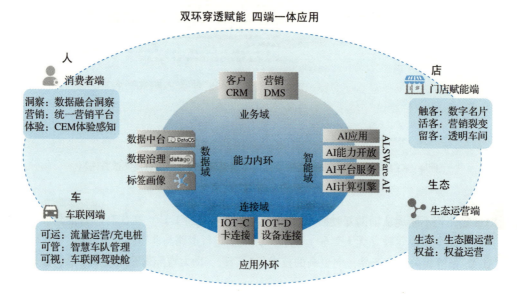

图1 亚信汽车行业能力图谱

亚信面向整车制造领域的产品类型与典型应用案例见表1。

表1 亚信面向整车制造领域的产品类型与典型应用

能力	产品类型	典型产品	案例名称
能力内环	连接域	5G 卡管平台 设备连接管理平台	某千万级新能源汽车 5G 卡连接管理平台
			某大型央企车辆终端管理平台
			某汽车零部件企业设备管理平台
	智能域	NLP 知识图谱 AIMap	某知名自主品牌汽车客户体验 CEM 系统
			某权威汽车机构 智能汽车知识图谱工具
			某大型央企建设全网级 GIS 平台
	数据域	DataOS 数据中台 DataGO 数据治理 大数据标签画像	某汽车零部件头部企业主数据治理
			某大型钢铁集团主数据治理
			某电动汽车数据标签和综合画像系统
	业务域	CRM 系统 DMS 系统	某年销百万汽车品牌 CRM 客服 400 系统
			某新能源汽车 DMS 销售管理系统
运营外环	消费者端	精准营销平台	某经销商集团潜客智能外呼项目
			某知名自主品牌汽车精准营销平台
	店端	智微车管家微信生态运营工具	某百强经销商集团智微车管家运营工具
			某国内一线二手车市场智微车管家运营工具
	车端	车联网大数据 车联网流量运营平台	某自主品牌头部车企车联网驾驶舱
			某知名新能源汽车车联网运营平台
	生态端	权益运营工具	某年销百万汽车品牌会员运营
			某自主品牌汽车金融公司权益运营

（2）面向智慧交通，C-V2X 软硬件方案、交通大数据平台产品

随着交通智能化的不断发展，智能交通以及自动驾驶等技术在未来汽车产业领域成为重要趋势。车联网（Vehicle to Everything，V2X）是借助新一代信息和通信技术，实现车内、车与车 V2V、车与路 V2I、车与人 V2P、车与服务平台 V2C 的全方位数据交互，构成交通参与要素的全连接；V2X 车联网由三部分组成：智慧的路、聪明的车和应用服务新业态；以 V2X 技术为基础的汽车网联化和道路智能化是实现自动驾驶的重要支撑。在我国，V2X 经历了标准化、研发产业化、测试验证等过程，目前正处于应用示范与基础设施建设的重要阶段，从小范围测试示范向规模先导应用逐步过渡。

亚信科技依托扎实的物联网、AI、MEC 边缘计算、大数据等技术能力，面向 V2X 和智慧交通场景提供 V2X 连接管理、云控平台建设、交通大数据等产品与应用（见图 2）。

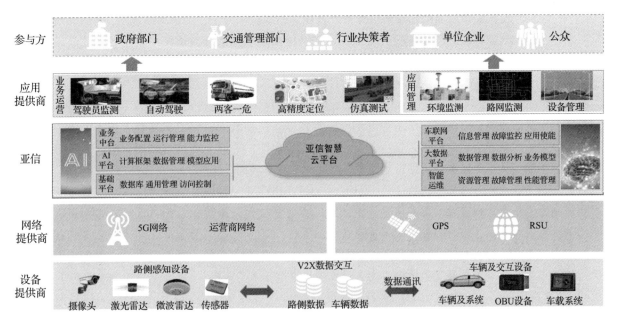

图 2　亚信智慧交通能力图谱

面向智慧交通场景，V2X 及交通大数据由于参与方数量庞大，要求海量的路侧、车侧设备的稳定接入及高速低时延的数据传输与计算。亚信物联网具备广泛协议支持能力，实现各类路侧、车侧协议解析、接入、平台化管理；具备海量吞吐能力，实现高频、海量数据吞吐处理，整理，分析；具备智能运营集成能力，实现智慧交通相关平台的智能运维，支持面向政府、第三方机构的应用智慧化集成，为智慧城市建设提供智慧交通方面的智能化组件。

亚信智慧交通产品类型与典型应用见表 2。

表 2　亚信面向智慧交通产品与应用

产品类型	典型产品	案例名称
V2X 示范区建设	路侧设备连接管理 车侧设备连接管理 云控平台集成	某直辖市 V2X 示范区设备连接管理
智慧交通	基于人口交通大数据平台	某市人口大数据系统
	基于车辆感知交通大数据平台	某省高速交通大数据系统

百度 Apollo 智能化、网联化自主创新成果

北京百度智行科技有限公司

作者：王 群

1. 百度 Apollo 智能化自主创新产品与技术应用案例

在智能化方面，百度 Apollo 经过多年技术积累，不断将智能座舱和智能驾驶的核心优势释放到汽车行业，助力车企打造具备持续进化能力的智能汽车。其中在智能驾驶车辆自主创新产品和技术解决方案中，主要打造了"ANP + AVP + Apollo Moon"方案。

1）百度 ANP 是城市领航辅助驾驶解决方案，以视觉感知技术为主，结合高精地图，为汽车智能化实现量产设计，帮助驾驶员提升驾驶体验与安全性。ANP 能实现在城市开放道路中复杂场景的高级辅助驾驶功能，如红绿灯识别、路口通行、行人及非机动车避让、无保护左转、自主变道、自主掉头、环岛通行、排队跟车、主辅路切换等复杂路况都能应对自如。

2）百度 AVP 自主泊车是当前行业中领先的智能泊车应用。该功能将用户从停车场泊车、取车的操作中完全解放出来。比如去商场时，车主再也不用因为找停车位而耽误时间，只需在手机上一键泊车，车辆就能从停车场入口或指定位置驶入场内，自主寻找车位停泊；等逛完商场准备回家时，车主再次通过手机召唤，车辆将从车位自行驶到指定位置，方便车主上车驶离。

3）Apollo Moon 采用"ANP-Robotaxi"架构，在领航辅助驾驶 ANP 独立闭环的基础上，共享无人车增加 1 颗定制激光雷达和相应无人驾驶技术冗余，即可实现完全无人驾驶能力。同时，Apollo Moon 具备全传感器及计算单元冗余，完善的失效检测及降级处理策略，支持 5G 云代驾、V2X 等功能。整体相较上一代车型能力有 10 倍提升，复杂城市道路送达成功率高达 99.99%，即使一套系统失效，也能确保整车仍然执行驾驶指令，将乘客送到安全地点，无人化驾驶水平媲美人类司机。

4）技术应用方面，2021 年 10 月 19 日，百度 Apollo 正式发布了与威马合作的新一代量产无人车 Apollo Moon 威马版，Apollo Moon 在多车型上实现落地。同时，威马智能电动车型 W6 也将全面搭载 Apollo ANP 领航辅助驾驶。自此，百度与威马的合作完成了从自主泊车 AVP、领航辅助 ANP 到完全无人驾驶 Apollo Moon 车型全覆盖。

威马 W6 无人车 Apollo Moon 与威马 W6 ANP + AVP 车型均采用"ANP – Robotaxi"架构，可以做到数据共生共享，相互反哺，打造超强数据闭环。威马 W6 ANP + AVP 车型全车配置 12 个摄像头、5 个毫米波雷达和 12 个超声波雷达，可实现智能避让、自主变道、自动上下匝道和进出服务区等更高级别领航辅助驾驶能力。威马 W6 ANP + AVP 车型是首个搭载百度领航辅助驾驶系统量产落地的车型，新车具备 L2 + 辅助驾驶能力。威马 W6 ANP 功能基于 Apollo L4 自动驾驶技术下放，在保证量产成本可控的同时，兼顾用户出行体验。结合 AVP 自主泊车方案在威马 W6 的大规模交付落地，Apollo 在量产整车领域将推广行泊一体解决方案落地，从而进一步实现从自主泊车到领航辅助驾驶的全域智能驾驶。

2. 百度 Apollo 网联化自主创新产品与技术应用案例

2020 年 4 月，百度正式对外发布 Apollo 智能交通白皮书，推出了 ACE 智能交通引擎 1.0，成为国内外第一个车路行融合的全栈式智能交通解决方案。2021 年 7 月 28 日，百度对外推出升级的 ACE 智能交通引擎 2.0（以下简称 ACE2.0）。从百度 ACE1.0 到 ACE2.0，在智能网联、智慧交管、智慧高速、智慧停车等领域，百度先后有几十个项目在北京、上海、广州、重庆、成都、南京、武汉、大连、沧州、合肥等 20 余个城市以及河北、山西、四川、湖南等多条高速公路落地。

整体来看，ACE2.0 总体架构为"1 + 3 + N"，即"1"个数字底座，"3"个智能引擎，"N"个场景应用，（见图 1）。

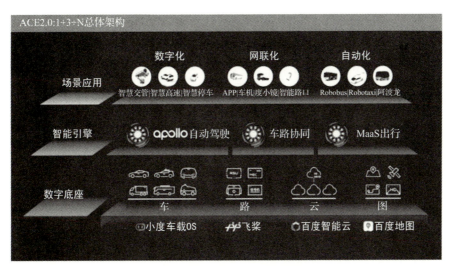

图1 百度Apollo ACE2.0架构

"1"个数字底座，以"车路云图"全栈技术为核心的数字底座，构成了百度ACE2.0的数据基础；"3"大智能引擎，分别为Apollo自动驾驶引擎、车路协同引擎、MaaS出行引擎；"N"个场景应用，包括以智慧交管、智慧高速、智慧停车为代表的数字化，App、车机、度小镜、智能路口为代表的网联化，以及Robobus、Robotaxi、阿波龙为代表的自动化。

对比ACE1.0，ACE2.0在自动驾驶、车路协同两大引擎的基础上，增加了"MaaS出行智能引擎"，更加关注面向未来出行的场景构建，聚焦于解决当下行业痛点，可以使百度出行大数据与公众出行特征图谱精准匹配，提供自动驾驶车辆预约、交通运行状态及出行线路预测等服务，实现"供需精准匹配"的交通出行新模式。

ACE2.0的一大特点便是提出了智能网联、智慧交管、智慧高速、智慧停车等行业细分场景的解决方案，感知能力更精准、数据资源更多元、智能引擎更强大、业务应用更丰富、赋能行业更全面、用户体验更优质的升级。

在技术应用方面，历经一年多时间的发展，百度既有在技术、解决方案上的切实进步，也有在智能交通行业理念上的提升。百度核心参与了北京亦庄全球首个城市级高级别自动驾驶示范区建设。亦庄以数字化引领高精尖产业发展，推进高级别自动驾驶示范区建设，在开发区60km²的范围内开展"聪明的车、智慧的路、实时的云、可靠的网和精确的图"五大体系建设，首期在12.1km、28个路口进行车路协同智能化改造，支持高级别自动驾驶示范运营，打造全球领先的智能网联汽车创新链和产业链。北京亦庄未来将按照"试验环境搭建 - 小规模部署 - 规模部署 - 场景拓展和优化推广"的步骤，逐步扩建建设范围，实现智能网联、智慧交管、智慧治理有机融合，形成可推广、可复制的"智能交通运营商"新模式。

2020年8月，广州黄埔区、广州开发区与百度Apollo开启"广州市黄埔区广州开发区面向自动驾驶与车路协同的智慧交通'新基建'项目"。在黄埔区133公里城市开放道路和102个路口，规模化部署城市C－V2X标准数字底座、智慧交通AI引擎及六个城市级智慧交通生态应用平台，并与现有交通信息化系统实现对接应用。

美行智能网联汽车自主创新成果

沈阳美行科技有限公司

作者：李海涛

1. 车道级导航

传统导航只能提供道路级的路线规划，而车道级导航能够为车辆提供车道级别的定位及引导。2019年，美行车道级导航在某德系车厂项目实现大规模量产，至今已先后在多家主流车企的新车系统上应用。

车道级定位算法、MXNAVI车道级地图生成系统、车道级导航、场景渲染等多项关键技术,构筑了车道级导航规模化应用的坚实壁垒。

(1) 车道级定位

美行通过融合GNSS信息、车身传感器信息、多功能摄像头信号等,一举将汽车的定位精度由道路级细化到车道级。目前美行车道级导航产品的车道定位准确率和变道识别率均超过了95%,其中多层高架桥定位识别率达到96%,而在多层地下停车场楼层定位上,准确率则可以达到100%。

(2) 车道级地图生成系统

MXNAVI车道级地图生成系统主要是通过软件将标准SD地图数据加工成可用于车道级的高精HD数据。通过该系统,美行科技只需要SD地图数据和少量的HD车道属性,即可实现SD地图与HD地图的融合,生成可用于车道级导航的地图数据。

(3) 车道级路线规划

车道级导航可以为用户提供更恰当、精准的车道级别的路线规划和引导提示,在车辆行驶过程中,提前明确告知车道选择,提醒变线,避免车主出现因变道不及时而导致绕路或者引发安全风险。场景渲染则是让车道级导航的信息呈现更直观。

车道级导航不仅能为驾驶人提供车道级的导航指引,帮助解决驾驶过程中的"变道问题",还能为汽车自动驾驶系统提供持续的位置、路线和安全场景的决策信息辅助,及自动驾驶场景的渲染和呈现。

(4) 人车共驾导航

在传统汽车时代,人对车辆拥有100%的驾驶控制权,而随着智能驾驶各项技术的提升和配套协同的完善,系统开始可以在部分场景接管驾驶,人们对自动驾驶的定义和标准划分也有了更加清晰的认识。

在实现完全驾驶自动化之前,自动驾驶路线将沿照SAE《驾驶自动化分级》标准逐级演化,区域性的无人驾驶与长期的人车共驾会并存。在比较长周期内的人车共驾环境中,美行关注的行业痛点有以下两点:一是机器驾驶与驾驶员之间的交互需要更好的协同性;二是运行设计ODD需要不断充实完整。

为了把人车共驾时代的人机交互做得更好,美行推出了基于车道级地图的人车共驾导航。过去的智能驾驶系统更像是一个黑盒子,驾驶员只能选择信任或者不信任智能驾驶系统。美行人车共驾导航通过车道级地图的渲染呈现,能够让驾驶者了解系统的感知状态,预判系统的决策行为,并在更早的时机参与、接管。

人车共驾导航通过真实呈现地图数据要素、场景化动态信息图层、自动驾驶系统意图等,实现视觉、交互层面等与自动驾驶的深度联动,应用场景包括行车场景的渲染(见图1),变道、路口、障碍场景渲染,监管的动态信息呈现,动态的停车信息等。这些静态的和动态的人车共驾信息在车道级地图上会有更好的展现。

图1 人车共驾导航渲染效果图

美行研发的车道级人车共驾导航,为自动驾驶系统引入"人机"交互,旨在将智能驾驶系统的内部状态,以最直观的车道级地图的方式展现给驾驶员,使得驾驶员能够主动理解智能驾驶系统的能力边界,从而能更好地预判智能驾驶系统的行为、并更好地参与到驾驶过程中。同因为有了驾驶员的参与和反馈，所以也可以通过这些驾驶者的真实数据，进一步迭代和进化智能驾驶系统的能力和体验。

2. 高精度地图生产融合平台

目前已经在业界达成共识的是，高精度地图是实现自动驾驶应用落地的重点要素之一，也是自动驾驶仿真测试和研发不可或缺的因素。传统的电子地图精度仅为10m，一般不含三维信息，而高精度地图数据精度通常在0.2m以内且包含三维信息。因此高精度地图不仅能够辅助汽车完成精准定位，还可以为自动驾驶系统的规划层提供车道级别的信息，进而帮助智能汽车实现厘米级的路径规划。作为专业的地图服务公司，美行具备全链路的高精度地图服务的技术和能力（见图2）。

图 2　美行全链路高精地图服务能力

（1）导航电子地图甲级测绘资质

美行成立之初就是在海量的地图数据基础上构建智能汽车和智慧交通领域的应用，在地图方面积累了超过了600万行代码，具备完全自主研发和商业化落地能力。2020年，美行科技获得中国导航电子地图制作甲级测绘资质，成为东北地区首家获得该资质的企业，在人员规模、仪器设备、保密管理、作业标准等方面全面符合国家要求。

（2）数据编译能力

随着汽车智能化发展，数据格式的规范性和可进化性将直接影响后续ADAS、各级自动驾驶系统的安全可靠性。NDS和Open Drive是目前常用的两种静态高精地图存储规范，作为NDS、ADASIS协会的成员，美行具备NDS和Open Drive等多格式的数据编译能力。

NDS（Navigation Data Standard Association）是面向汽车生态系统的地图数据全球标准，由宝马、大众、戴姆勒等知名国际汽车厂商、系统商以及数据商主导成立，旨在通过多方的共同努力，制定出新的适合汽车制造商、系统供应商以及地图供应商未来发展的标准导航电子地图数据格式（NDS规格）。美行从2012年开始深度参与NDS标准编制，并在国内首家实现了NDS地图编译平台及导航产品量产化，应用于多家国际大型汽车厂商的全新一代平台系统中。目前国内的NDS导航地图量产案例主要集中在导航地图数据应用经验丰富的头部企业，美行科技在市场覆盖率上位列第一。

美行具有十多年专业导航地图数据编译经验，自公司成立就自建数据编译平台服务于多家图商及国际主机厂。美行自建的导航地图数据编译平台具备全球适应性，能够编译、转换、集成主流图商的地图数据和交通信息。

（3）高精地图服务平台

美行高精度地图服务平台是美行在悉心研究slam视觉算法和激光点云处理技术多年后，结合十多年的数据编译处理能力和高精定位能力重磅打造的一款建设和打通数据收集、数据生产、数据融合、数据发布等各个环节，依托激光雷达、摄像头、惯导、RTK等传感器原始数据，生成的高精度地图服务平台（见图3）。通过增强数据鲜度，并融合多方地图、支持众包方案，以更好地服务智能座驾、人车共驾、自动驾驶以及相关模拟仿真。

（4）高精地图众包生产方案

为了实现车辆完全自动驾驶，仅仅依靠高精度的静态地图数据还远远不够，因为其缺乏对真实场景的动态描述。因此，有必要引入动态地图数据，扩展传感器的视野，提升数据新鲜度和实时性，为自动驾驶提供可靠的安全保障。

动态地图数据与实时道路环境密切相关，其数据内容相对复杂。由于动态地图数据数据量大，即时性要求高，因此，融合用户众包数据在内的多源数据是确保高精度地图实时性的保障，将成为高精度地图生产的未来形态。

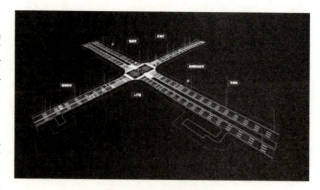

图3　高精度地图数据

因此，在高精地图时代，拥有摄像头、雷达等大量传感器的智能汽车终端将是高精地图的重要数据来源，主机厂会是高精地图的重要玩家。而美行的价值重点体现在服务主机厂，构建高精度地图融合平台，提供包含数据收集、生产、融合、发布等等各个环节的众包生产方案上。

在未来，美行将不断优化高精度地图融合平台和高精度地图众包流程，为客户提供更智能的高精度地图，在高精动态图层提供更实时、更个性化的路况数据和车辆数据，提升自动驾驶系统的自学习、自适应能力，从而使自动驾驶更安全、更舒适、更符合个人驾驶习惯，助力主机厂打造自己的高精度地图服务系统。

3. 高精度定位方案

高精度定位是自动驾驶的基本要素，高精度RTK定位技术可以为自动驾驶提供厘米级精度的位置数据和系统同步的时间信息，通过双天线RTK定位定向并融合惯量单元，实现紧耦合组合导航算法，提供稳定、连续可信的高精度车辆位置和姿态信息，可以有效解决GNSS信号干扰及失星等工况的误差，结合视觉和高精度地图在自动驾驶方案中广泛应用。

美行对定位方案的研究开始得很早，2019年之前就通过惯导定位方案实现了汽车的车道级定位，这也是2019年美行能够在国内首家实现车道级导航和室内停车场导航的必要条件。

美行的LRA－6G高精度定位方案是基于此前车道级定位方案发展而来，该方案通过结合GPS、BDS、GLONASS、和Galileo等全球导航定位系统（GNSS）和接收机测量卫星信号载波相位的RTK技术，再融合高精度6D IMU的相对位置信息实现高精度定位。接收器利用收到的观测值，结合来自本地或虚拟基站的校正数据解决载波模糊的问题，而得到厘米级精度的定位信息。LRA－6G方案定位精度可以达到厘米级，预计2021年底能量产。

美行LRA－6G惯导模组（见图4）具备小型化，高性能，高可靠及功能安全等特性，赋能车辆感知和自主决策，能够在相对苛刻环境下持续稳定地提供位置姿态信息，广泛应用于自动驾驶、无人机、精细农业和工业控制等领域。

图4　LRA－6G惯导模组

4. 汽车出行导航与位置服务中台

美行汽车出行导航与位置服务中台，旨在为车主提供汽车出行导航服务和基于位置的生活服务。该平台由美行与车厂共同打造，既是运营服务柔性智能推荐的通道，也是运营服务呈现的载体。美行汽车出行导航与位置服务中台，可以融合汽车出行位置数据和及车辆数据，有利于车厂做好车主深度运营，利用大数据为智能汽车使用全周期进行服务（见图5）。

图 5　汽车出行导航与位置服务中台

（1）Live Navigation

1）用户喜爱的导航产品。持续微更新的产品体验，带来更高的用户黏性和持续不断的用户数据与车辆数据，进而提升运营服务的触达率。

2）开放的位置服务平台。Live Navigation 既提供开放的位置能力，也提供开放的三方服务接入，帮助车厂在导航内和导航外建立更多基于位置的场景化服务。

（2）互联网导航+

1）差异化。集成美行众多智能汽车科技能力和互联网生态服务，提供差异化的导航产品。

2）低成本、轻量化。基于互联网导航 SDK，为车厂带来低成本、轻量化的解决方案。

（3）场景引擎

场景引擎是驱动场景智能服务的大脑。通过对感知数据的理解分析，准确识别场景，最终主动唤醒车载应用推送场景化、个性化的服务。美行研发的场景引擎基于人、车、路的数据，提供全方位的原子场景库，可快速、灵活、简单地构建组合场景，感知出行的每一米。

（4）AR 导航

基于车道级导航的 AR 导航，可以通过精准、高效的场景化实景引导，为用户带来"所见即所知"的引导体验，比如变线引导、车道合流引导、错误车道驶离引导、岔路引导等。AR 导航还能为车辆提供 ADAS 预警信息，包括行人碰撞预警、车辆碰撞预警、斑马线预警、A 柱盲区预警等安全相关的提醒，通过丰富的、可定制的 ADAS 预警信号的增强展现，提升预警信息传达效率，增强驾驶安全性。

（5）室内停车场导航

美行室内停车场导航于 2019 年实现大规模量产。美行停车场导航基于楼层定位率 100% 的先进惯导技术，融合众多第三方停车场服务，为用户提供最优质的停车体验。主要功能包含：车位查找、车位引导、反向找车和停车记录等。

（6）新能源汽车导航

新能源汽车导航的设计初衷是缓解驾驶员驾驶新能源车的里程焦虑，新能源汽车导航涵盖充电助手、充电路线规划、续航地图等方便驾驶员出行的场景功能。

（7）电子地平线

电子地平线（EHP）服务能够增强 ADAS 系统的智能体验，提升驾驶过程的安全性、舒适性、节能性。

（8）POI 融合服务

将丰富的互联网 CP 资源与基础 POI 检索进行融合，带给用户动态的信息和丰富的服务，持续提升用户使用体验。

5. 智能驾驶舱方案

（1）车联网服务

美行基于全球领先的 NGTP 车联网架构，结合多年导航与位置服务开发经验，集成相关领域合作伙伴的内容与服务，打造的国内领先的车联网服务平台，面向乘用车、商用车、新能源车提供专属的车联网服务（见图6）。

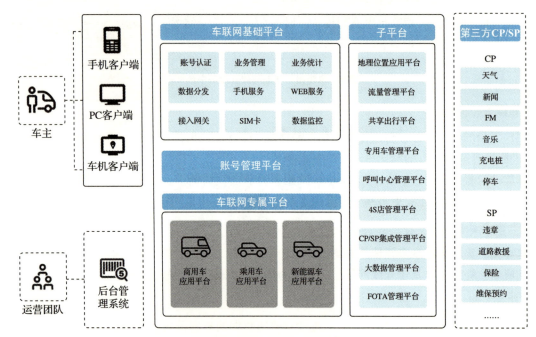

图6　美行车联网服务平台

（2）智能驾驶舱方案

美行智能驾驶舱方案是一套完整的面向前装车厂的互联网智能出行系统解决方案，涵盖了车机、后视镜、仪表盘、HUD、手机端、云服务端。该方案基于云端的服务整合能力、用户大数据分析能力、车辆信息应用能力，为用户提供基于场景的、简单便捷、安全智能的出行体验。

国创中心智能化、网联化产品与技术创新成果

国家新能源汽车技术创新中心

国家新能源汽车技术创新中心（简称"国创中心"），以市场/客户需求为导向，开展关键核心共性技术的开发，致力于解决行业技术瓶颈和痛点问题，提供平台化技术解决方案，面向行业（OEM/T1/T2），通过技术服务企业，帮助企业解决实际问题，支持企业（OEM 和 T1）实现核心技术的应用和产业化。在技术开发过程中，依托、协同并支持行业开发和搭建技术生态链，支持企业推动核心技术的产业化落地。通过技术共享和跨领域合作，集聚上下游创新资源，开展协同开发，为行业服务。通过技术开发和行业服务，打造国内一流的核心研发团队和研发能力，打造国际领先的智能网联汽车核心技术策源地。

国创中心智能网联团队集中优势资源，集智攻关的技术领域包括无人驾驶系统整车集成、基于车路

协同（V2X）技术的智能感知融合算法、智能驾驶控制决策平台技术、仿真测试平台集成搭建以及评估体系的开发及应用等。

1. 无人驾驶系统整车集成技术研究

2018年12月，国创中心启动L4级别自动驾驶系统自主开发项目，并于2019年底顺利完成系统集成和样车（见图1）测试。该项目旨在开展L4级别自动驾驶系统（见图2）开发和集成，实现在冬奥组委园区示范运营，满足园区内依托自动驾驶车辆实现乘客点对点通行的需求。该自动驾驶系统搭载于北汽Lite车型，由车端、云端和移动端三部分组成。车端自动驾驶感知系统搭载了摄像头、32线激光雷达和77Hz毫米波雷达等感知设备，满足园区复杂环境感知需求。自动驾驶控制系统实现自动路径规划，并进行自主巡航行驶，并实行自主启停、自主并线、路口通行、紧急制动、跟随行驶、变更车道、自主避障、倒车入库、异常处理等功能。移动端可实现手机约车功能，乘客可通过移动端APP进行车辆预约。云端实现订单接收分发、地图下发、路径下发等车辆远程调度功能。

图1　国创L4级自动驾驶样车（北汽Lite）

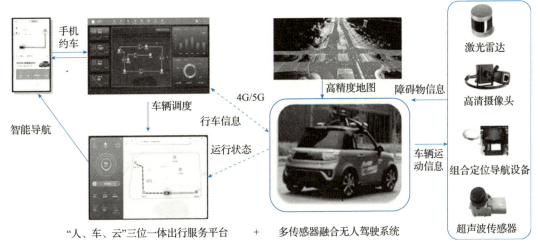

图2　国创中心L4级自动驾驶系统功能图示

2. 基于车路协同（V2X）的智能感知融合算法和智能驾驶控制决策平台技术研究

环境感知和控制决策是实现智能驾驶的关键共性技术。其中，环境感知融合技术是实现智能驾驶核心制约因素之一。单车感知（车载传感器）和车路协同（V2X）各有其局限性，我们认为两者有机融合是智能驾驶可行性最高的系统解决方案和技术路线，符合目前的产业发展方向。通过车载传感器和车路协同信息技术的融合，极大提升了系统在各种场景、各种工况和环境下的感知能力，为智能驾驶控制决策提供更加安全可靠的感知信息，进而大幅度增强汽车智能驾驶的功能、性能和安全性。

国创中心智能网联团队结合V2X（智慧交通网络建设）技术的发展趋势，以用户和市场需求为引领，以技术实现产业化落地为目标，开展智能驾驶核心技术（感知融合和控制决策）研究，采取"小步快走"策略，逐步满足不同场景和功能的技术需求，并分阶段开展成果转化。

项目研发过程中，不求"高大上"，但求"有需求，能落地"。以V2X技术为基础，以满足关键危险场景的行驶安全性的第一需求为目标，开发智能感知融合算法和智能驾驶控制决策平台，以实现ADAS+功能。通过ADAS+系统既增强了ADAS的传统功能和性能，又扩展了新功能。系统技术方案以模块化、平台化和标准化为设计目标，满足不同客户、不同功能、不同场景的需求，满足不同传感器和V2X组合感知的需求，满足不同的硬件系统配置需求。同时，通过平台技术的开发，对不同组合的感知技术和智能驾驶技术进行功能量化和性能的对标、分析和研究，探索在各种场景下实现系统设计、功能性能和成本等方面的优化，从而制定指导性技术/设计标准（见图3）。

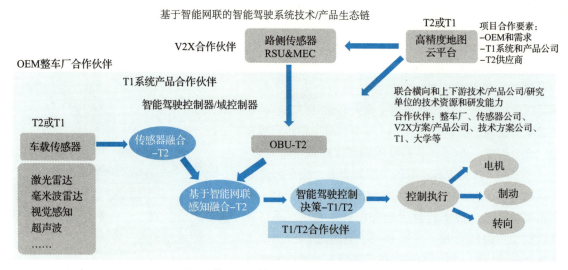

图3 基于V2X的智能驾驶系统技术生态链

3. 教育部自动驾驶仿真测试平台和评估体系的开发和应用

仿真测试是智能驾驶技术研究和产品开发不可或缺的验证手段。当前，智能驾驶评测体系和规范尚不成熟，严重制约了自动驾驶汽车的商业化落地。自动驾驶汽车特点是"机器"代替人成为驾驶主体，而应用场景的复杂多变，给自动驾驶汽车行车安全评价带来巨大挑战。为确保安全可行，对系统的功能、性能和安全性需要进行海量复杂场景的系统化测试。基于实车道路测试测试效率低、测试条件全面性和重复性差、安全性较差、测试成本高等原因，自动驾驶技术研究和产品开发一般以虚拟仿真（见图4）和安全模拟测试为主，验证速度更快且安全高效成本低。

建设一个完整的仿真测试体系（包括测试方法和测试标准）是国创中心智能网联团队的重要攻关领域。内容包括仿真软件系统的集成、自动驾驶系统的评测方法以及场景库的建设（包括正常工况，危险工况，事故工况等）。有别于行业中大多数企业从车端获取原始数据构建仿真场景库，国创自研道路交通事件AI自动化获取技术，从路侧端获取道路交通事件等数据，用于场景库建设，弥补基于车端采集数据存在主体分散，效率低，成本高，不安全等缺点。

基于"国创中心自动驾驶仿真平台V2.0"，国创中心顺利完成了2021年教育部智能网联汽车虚拟仿真竞赛仿真平台和自动驾驶决策控制算法测评体系的开发工作，支持教育部全国大学生总决赛的组织工作，保证活动获得圆满完成。2021年总决赛直播观看量累计72万人次，获得各方（组委会、开发区管委会、行业专家以及师生）好评（见图5）。

图4 智能驾驶系统仿真测试关键技术领域

图5 2021年教育部全国大学生智能网联汽车虚拟仿真大赛总决赛现场

目前，国创中心正集中攻关智能驾驶汽车系统虚实融合加速仿真测试平台技术。重点研究交通流数据的采集、动态目标识别和特征提取、动态目标行为识别、数据的结构化处理以及场景库自动生成技术。加速测试将通过实车（或台架）和虚拟孪生环境、场景相结合的方式来实现（见图6）。总之，国创中心通过聚焦智能驾驶汽车的感知融合技术和虚实融合加速仿真测试、实车测试及测试评价，为行业开发智能驾驶系统产品赋能。

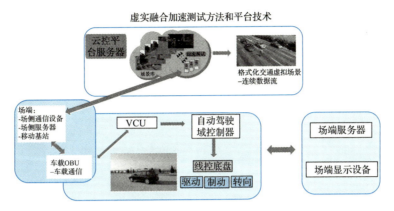

图6　虚实融合加速测试系统架构图

复杂道路环境下自适应加权回环检测算法

重庆交通大学机电与车辆工程学院　环形山（武汉）科技有限公司

作者：隗寒冰，张煜轩，姚智浩

目前主流的点云回环检测算法主要以统计直方图的方式来统计不同区域的点云信息。这种以牺牲点云内部结构信息为代价的点云数据搜索方式，使算法的鲁棒性降低。ScanContext 算法则在有效的描述点云内部信息的同时，仍然保证了检索时的数据匹配效率。ScanContext 点云回环检测算法（见图1）。首先将点云以俯视图的形式沿点云中心逆时针旋转方向 θ 和半径长度 R 划分为 $M \times N$ 个点云区间，然后以从蓝至红的方式表示点云的高度信息，这样就把点云三维信息以二维图像的方式进行了信息压缩并同时保留了点云内部结构信息。为了加快点云匹配时代表不同点云的两个矩阵进行相似性判断的过程，ScanContext 设计了一种两阶匹配算法。通过利用由矩阵表示的旋转不变性特征描述子来进行一阶最近邻搜索，同时进行分层的点对相似性评分，从而避免在回环检测时在整个数据库进行搜索。

词袋模型算法选取的手工标记特征关注于对局部图像信息的提取和描述，对图像局部细节信息刻画细致，深度学习模型更关注于图像整体外形信息的把控，点云空间描述子 ScanContext 则具备空间结构信息。本文提出一种对词袋算法 DBow2 和无监督自编码模型 DeepLCD 以及点云 ScanContext 自适应加权评分的回环检测算法（Adaptive Weighted Loop Closing Algorithm，AWLC），在高动态或光照变化剧烈场景下，自适应寻找最优候选回环，从而提升回环检测算法在智能车辆动态道路环境下稳定性。

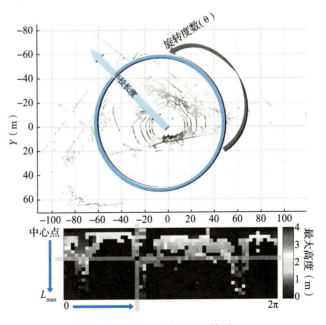

图1　ScanContext 点云回环检测

1. 自适应加权模型

自适应加权回环检测模型（见图2）。首先对输入图像利用本文改进后的 DeepLCD 无监督自编码深度学习模型、DBow2 词袋模型来检测回环，如果候选回环与当前图像帧的匹配特征数量大于阈值，则根据自适应加权系数确定归一化的最优加权因子，并将权重最高的回环检测算法对应的候选回环帧作为正确回环帧；如果匹配特征数量不满足场景要求，则进一步引入三维点云回环检测算法 ScanContext 并自适应调整各回环检测算法权重，再次寻找正确回环。

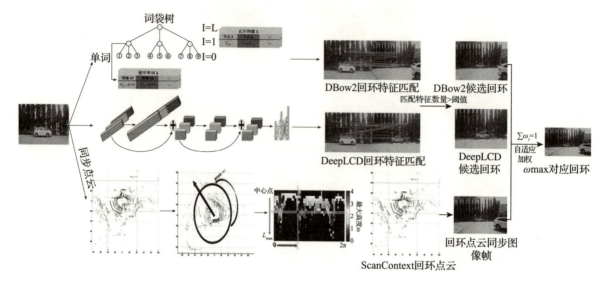

图2 AWLC 自适应加权评分回环检测

2. 自适应加权系数

设 DeepLCD、DBow2 和 ScanContext 各自对应的候选回环与输入图像的欧式距离小于阈值的匹配特征点数量分别为当前状态观测值 X_c、X_d、X_s，μ 为滑窗内共5历史帧观测值均值，每个滑窗范围内的各观测值对应的方差为：

$$\sigma^2 = \frac{\sum (X_i - \mu)^2}{N} \tag{1}$$

其中，$X_i \in \{X_c、X_d、X_s\}$；σ^2 为总体方差；μ 为总体均值；N 为滑窗内图像帧数。

由于输入图像利用 DeepLCD、DBow2 以及 ScanContext 匹配的对应特征数量观测值 X_c、X_d、X_s 彼此相互独立，且均为待估计匹配特征数量真值 X 的无偏估计，设各自对应的加权因子分别为 ω_c、ω_d 和 ω_s，将上述观测值加权。加权后的测量值满足以下关系：

$$X' = \sum \omega_i X_i \tag{2}$$

式中，$\omega_i \in \{\omega_c、\omega_d、\omega_s\}$，且满足各项权重和为1。设待估计特征的真值为 X，则总方差 σ^2 为：

$$\sigma^2 = E[(X - X')^2] = E\left[\left(\sum \omega_i X - \omega_i X_i\right)^2\right]$$

$$= E\left[\sum \omega_i^2 (X - X_i)^2 + 2\sum_{i \neq j} (X - X_i)(X - X_j)\right]$$

由于 X_c、X_d、X_s 彼此相互独立，且均为待估计匹配特征数量真值 X 的无偏估计，因此：

$$E\left[\sum_{i \neq j} (X - X_i)(X - X_j)\right] = 0$$

故总方差可改写为：

$$\sigma^2 = E\left[\sum \omega_i^2 (X - X_i)^2\right] = E\left(\sum \omega_i^2 \sigma_i^2\right)$$

其中，$\omega_i \in \{\omega_c、\omega_d、\omega_s\}$；$\sigma_i^2$ 为 X_c、X_d、X_s 各自对应的方差。

因此使得总方差最小的加权因子最小二次函数可表示为：

$$\begin{cases} \sigma^2 = E\left[\sum \omega_i^2 \sigma_i^2\right] \\ \sum \omega_i = 1 \end{cases} \tag{3}$$

根据多元函数求极值理论，总方差最小时对应的最优加权因子为：

$$w_i^* = \frac{1}{\sigma_i^2 \sum \frac{1}{\sigma_i^2}}$$

结合式（3），可进一步推导最优加权因子为：

$$w_i^* = \frac{1}{\frac{\sum(X_i - \mu)^2}{N} \sum \frac{1}{\frac{\sum(X_i - \mu_i)^2}{N}}} = \frac{N}{\sum(X_i - \mu)^2 \sum \frac{N}{\sum(X_i - \mu_i)^2}}$$

式中，$X_i \in \{X_c、X_d、X_s\}$；μ_i 为各算法在滑窗内符合要求的匹配特征数量均值；N 为滑窗内图像帧数。

3. 实验分析

Kitti 数据集里程计专题采集了 17 段相机、激光雷达和 GPS 数据的社区环境同步数据。其中三段具有完整的同向回环数据。算法在 Kitti00 环境下的匹配效果（见图 3）。

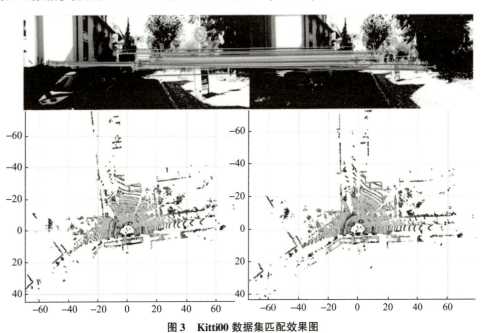

图 3　Kitti00 数据集匹配效果图

Kitti00 数据集各回环检测算法准确率（P）和召回率（R）的关系（见图 4）。值得注意的是，Kitti 数据集部分环境动态变换剧烈，时常在树荫和晴朗环境中来回切换。基于局部特征的 DBow2 回环检测算法的 AUC 值偏低，由于 Kitti 的社区环境大量场景结构类似，因此仅基于点云空间特征的 ScanContext 算法在召回率达到 0.9 以后，准确率就快速降低。但本文提出的 AWLC 自适应加权回环检测算法在召回率为 0.95 时，准确率仍然能保持在 0.9 以上，并且该算法的 AUC 值可达 0.96，充分证明了该算法的鲁棒性和有效性。

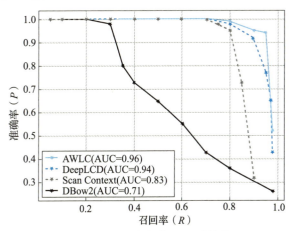

图 4　Kitti00 数据集 $P - R$ 曲线图

如表1所示，本文提出的自适应加权回环检测算法（AWLC）的耗时在Kitti00数据集环境中约为0.2s。相较于DeepLCD和DBow2在毫秒级的耗时，本文提出的自适应回环检测算法运行效率还有待提升，但仍然达到了每秒5~8帧的运行效率。

表1 算法耗时对比

算法	数据库	特征检测	搜索回环	总耗时
DeepLCD	Kitti00	0.0013	0.0016	0.003
DBow2	Kitti00	0.0011	0.0009	0.002
ScanContext	Kitti00	0.123	0.081	0.204
AWLC	Kitti00	0.123	0.083	0.206
DeepLCD	校园	0.0031	0.0017	0.0048
DBow2	校园	0.0023	0.0014	0.0037
ScanContext	校园	0.075	0.053	0.128
AWLC	校园	0.075	0.057	0.132

联友科技智能化、网联化自主创新成果

深圳联友科技有限公司

作者：文军红

1. 智能网联

1）2020年联友5G T-BOX率先实现了某客户的量产定点，于2021年8月正式量产落地。支持5G通信，预留C-V2X硬件电路，为以后的扩展奠定基础，是联友第一款支持5G通信、正式量产开发的车载终端产品（见图1）。

2）2021年初，5G+C-V2X率先实现了某客户的量产定点，计划于2022年底量产落地，支持5G+C-V2X通信，是联友第一款支持C-V2X通信的车载终端产品，正式量产开发。

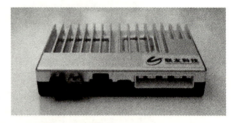

图1 联友科技5G T-BOX

2. 智能驾驶

YDU1.0是联友科技第一款搭载量产的智能驾驶域控制器，已定点某车企，将于2021年12月量产落地。YDU1.0采用SOC+MCU的硬件架构，4AVM+1FV+5R+4APA+8UPA感知系统方案，通过视觉、超声波雷达融合感知，实现对车辆周边车位的探测，完成各种车位的泊车路径规划，自动调整车辆档位和横纵控制系统，实现侧方预警和车辆自动泊入泊出（见图2）。

- 车位搜索 ｜雷达&视觉融合、空间车位、视觉车位
- 泊车功能 ｜垂直、平行、斜方位泊入泊出
- 亮点功能 ｜遥控泊车、指定位置泊车
- 座舱功能 ｜360环视、低速侧方预警、DMS（FaceID）
- 行车功能 ｜可集成行车AEB、ACC、LKA等规划控制算法

安全可靠
在异构多核计算单元中实现安全岛设计，隔离应急决策与规划控制执行

MBD
基于模型开发的规划、决策控制算法

模式灵活
合作模式自由开放，可与OEM、Tier2等基于组件解耦联合开发

成本优势
高度复用传感器和硬件算力资源，实现整车成本优化

图2 联友科技YDU1.0产品功能与特点

3. 智能座舱

2017年联友开始着手研发智能座舱产品，系统经过3年的研发积累，集成最新的前沿技术与外部生态资源，已经实现了端到端整体的端云一体化解决方案，为车企提供数据第一着陆点，为用户提供多样化、个性化的用车体验（见图3）。

图3 联友科技智能座舱解决方案

基于一芯多屏多系统方案打造的三联屏，仪表采用QNX系统，满足其对安全性要求，中控与副驾屏采用安卓系统，更好满足用户对交互的较高要求。

联友以自主与开放为开发理念，自主打造座舱模组、通用化软件开发平台，实现了数据的自主可控、运营自主可控。基于最新ARMv8架构打造的多核异构SOC座舱芯片模组打破欧美芯片垄断局面，性价比高。通用化软件开发平台可快速适配不同车型，对上（HMI）无限制，对下（硬件）无依赖。软件平台可依据车厂要求定制数据埋点，使数据直达联友数据中台，实现数据的全自主掌控，基于云端能力实现运营的自主可控。

（1）联友智能座舱应用案例一

联友智能座舱基于瑞萨H3N高性能芯片开发，产品算力高，性能稳定，接口丰富，支持高达5路显示输出、8路camera输入，可满足本项目需求。

端云一体化座舱系统，集成语音、地图、多媒体等主流生态，同时支持多模交互，DMS等高科技功能，能提升产品的交互体验。

（2）联友智能座舱应用案例二

通过WiFi将手机和车机相连，打造一款手机互联车机，借助手机算力，手机应用，手机存储，实现相同的座舱交互体验，同时做到成本极简化。

1）硬件开发：在联友原有成熟样机基础上根据实车接口更新设计、样机制作调试、安装测试。
2）软件开发：完成手机互联、语音、地图、多媒体、微信等功能的调试及适配。
3）结构开发：完成车身数据解析、造型设计、结构设计、打样、适配调试。
4）实车安装：完成了实车安装，接口调试，实车验证。

4. 车联网平台及运营

（1）联友车联网平台及运营应用案例一

联友帮助某车企打造的车联网运营平台目前累计接入量接近300万台，最大同时在线数量52万+，平台可用率达到99.98%，开通率超过94%；从用户交车开始，联友就开展一系列的运营活动，车机活跃度、手机App活跃度均在行业领先水平；在整个运营的过程中，联友"大数据平台"提供技术上的支持，每天数据采集量20亿+，服务调用次数将近60万次。

（2）联友车联网平台及运营应用案例二

联友自主打造了L4级别的自动驾驶云控平台，目前第一个商业化应用案例在国家青岛海洋试验园区落地，平台主要为园区提供无人车辆的运行监控、无人车辆的班线管理、车辆调度、RSU基础设施、交通环境等动态基础数据的存储，并进行大数据分析等服务，全面支持智能网联汽车实际应用需求。目前平台已经实现接入无人小客车、无人清扫车、无人安防车等多种业务场景车辆。

英创汇智智能化、网联化产品与技术创新成果

天津英创汇智汽车技术有限公司

1. 产品及技术特点

围绕智能网联汽车和新能源汽车的新需求，英创汇智开发了成体系的智能线控底盘核心部件库，在构建几个高技术壁垒核心部件的基础上逐步扩展产品线，形成线控底盘全系统的技术护城河。其中以汽车稳定性控制系统ESC最为核心，ESC系统也是国内在底盘领域的核心部件和"卡脖子"部件，其难点在于涉及机械－液压－电子－软件的综合控制，在制造、工艺、电控、软件、汽车动力学理论等多方面都有很高的技术门槛，每个车型都需要进行定制化开发和匹配，需要进行大量的道路试验和数据积累，目前国内的市场99%的份额被外资技术垄断，下面针对几个核心部件进行简要介绍：

（1）车辆电子稳定性控制系统ESC（见图1）

该产品包含了制动防抱死功能ABS、牵引力控制系统TCS和主动横摆控制系统AYC的功能，分别从纵向上的制动、驱动和横向上的转向三个方面综合保障车辆行驶的安全性。

此外在三大基础功能上通过和整车信息的多层交互实现了一系列增值功能的应用，如坡道起步辅助功能HHC，自动驻车功能AVH，间接式胎压监测iTPMS等。

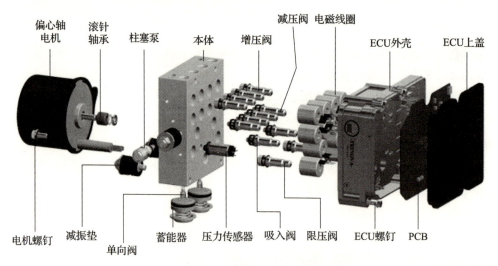

图1 电子稳定性控制系统ESC结构图

在原有系统基础上，通过增大电机功率、柱塞泵体积、蓄能器容积、电磁阀阀口开度等参数，以增强主动增压、快速减压能力，可以实现更加精确快速地控制制动力、更小的噪声和更好的舒适性。该产品适用于几乎所有的两轴液压制动系统，具有非常巨大的市场前景，目前通过快速响应进行定制化开发，更好地服务国内主机厂的需求，正面向市场进行大规模推广。

(2) 电子制动助力系统 T-booster（见图 2）

用于代替传统真空助力器的新型助力系统，除了基础的助力功能外，还可扩展包括主动增压，以及在整车能量回收中提供脚感等功能，因此特别适合应用在新能源汽车和智能网联汽车中。

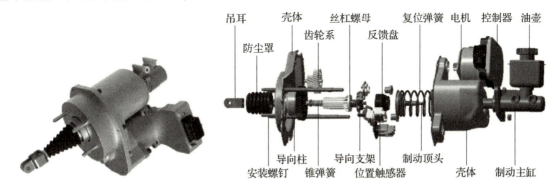

图 2　电子制动助力系统 T-booster 效果图和结构图

英创自有 ESC 和 TBS 系统可以通过系统交互实现相互冗余安全备份的功能，主机厂应用时，更偏向于 ESC 和 eBooster 厂商选择同一家，这样会降低开发时交互管理的难度，便于风险管控。

(3) 面向 L3 级自动驾驶的线控转向系统（见图 3）

在制动系统的基础上还扩展开发了面向自动驾驶的转向系统解决方案。具备冗余安全功能，双绕组电机单个失效时，第二个模块可以热备份并保持 100% 的转向能力，因此具有更高的安全性，特别适合自动驾驶车辆。

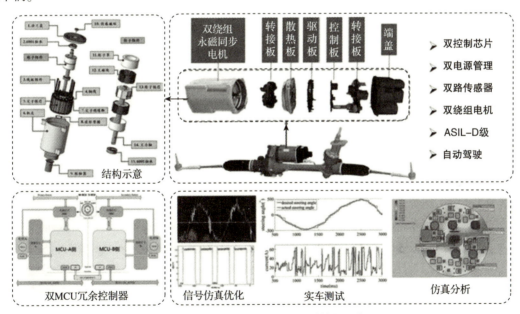

图 3　面向 L3 级自动驾驶的线控转向系统

(4) 高级辅助驾驶（ADAS）

在具备上述转向、制动核心部件外，英创还拓展开发了 ADAS 系统的相关功能，实现了技术的纵向发展，后续将逐步推向市场。

2. 产品应用领域

产品适用的车型：乘用车、轻型卡车、轻型客车、中型卡车、中型客车。

3. 技术成果创新

公司在现有 ESC、T-booster 产品的基础上，开发了 EPS、IBC、ADAS 功能，应用在面向自动驾驶的全线控底盘技术上，并通过多个系统多个功能的集成协调，实现底盘域控制器产品的定义与开发（见图4）。其中 IBC 集成了 ESC、T-booster 的功能，具备 T-booster 的快速增压与踏板力线性调控的优点，同时能够实现 ESC 的主动减压与各轮缸压力的独立调节功能，总体成本相比与 ESC、T-booster 也有很大的优势。

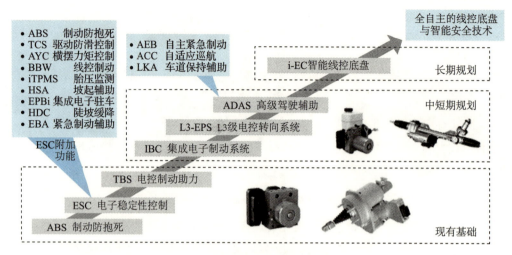

图4　英创汇智产品现状和规划

ADAS 基于 ESC、T-booster 的执行器，结合雷达、摄像头和激光雷达，实现 L2+级别的辅助驾驶功能，在目前 ESC 产品的基础上，将 ADAS 产品功能进行集成，一方面能够提升 ESC 的产品价值与核心竞争力，另一方面也为市场提供具备竞争力的 ADAS 方案。全线控底盘实现了传统汽车底盘的线控化数字化，底盘预控功能实现了底盘控制技术的提升，实现汽车固有安全域的提升。

高级别自动驾驶决策控制模块测试场景构建

中国科学院自动化研究所

作者：张启超

为了提高测试安全性和测试效率，高级别自动驾驶决策控制模块的测试需要依赖大量的测试场景集，中国科学院自动化所深度强化学习团队基于目前开源的自动驾驶仿真器 CARLA 进行了仿真测试场景的搭建，测试指标梳理及基线算法实现，该工作目前已开源至

https://github.com/DRL-CASIA/Complex-Urban-Scenarios-for-Autonomous-Driving。

CARLA 支持自动驾驶系统的开发、训练和验证。除了开源代码和协议之外，CARLA 还提供了开放的数字资源（例如城市布局、建筑、车辆等），可以免费使用。仿真平台支持灵活规格的传感器套件、环境条件、控制所有静态和动态参与者，地图生成和其他附加功能。CARLA 仿真器由一个可扩展的客户机-服务器架构组成。服务器负责与模拟本身相关的一切：传感器渲染、物理计算、世界状态及其参与者的更新等等。客户端由一系列客户端模块组成，这些模块控制着场景中 actor（actor 是在仿真世界中的任何实体，例如车辆、传感器、交通灯等）的逻辑和设定世界条件。仿真器使用 C++和虚幻（Unreal）引擎构成，使用者可以通过 Python API 使用 Python 脚本代码对模拟器的环境进行操作和控制（见图1）。

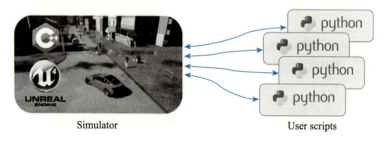

图1　CARLA 仿真器架构

1. 超车换道仿真测试场景的搭建

(1) 超车换道随机性测试场景

随机交通流测试场景的生成方法为：首先在路段合适位置随机生成主车（三个车道随机，生成点在车道中心），然后在主车后方30m前方180m范围内随机生成4~9辆环境车（横纵向位置均随机，生成点在车道中心）。考虑到城市道路特性，主车期望速度为60km/h；环境车期望速度为随机值，随机范围为20~40km/h；环境车与前车跟车距离为随机值，随机范围为0~15m；环境车不会有随机换道行为，车道宽度为3.5m。

(2) 超车换道确定性测试场景

根据"自动驾驶仿真测试场景集要求"团体标准，选择（见图2）的5类逻辑场景，生成了422例具体测试场景作为超车换道确定性测试场景集。

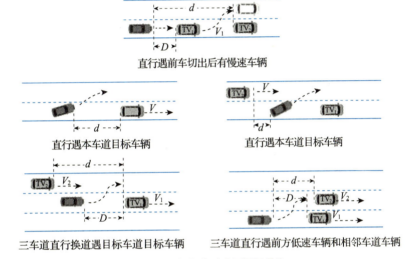

图2 超车换道测试逻辑场景集

(3) 超车换道评价指标与基线算法

评价指标包括：

1) 超车换道主动安全性计算方式为：1 -（碰撞发生测试次数/总测试次数）。一次测试中，若测试车辆主动换道导致碰撞发生，则该次测试判为碰撞发生。

2) 超车换道成功率计算方式为：换道成功测试次数/总测试次数。一次测试中，若测试车辆在场景完成时不在初始化车道，则该次测试判为换道成功。

3) 平均速度/平均换道次数/平均最大加速度/平均完成时间/平均行驶距离，其中加速度计算方式为：相邻时刻测试车辆速度变化值/时间差，时间差为0.5s。

算法包括：典型的深度强化学习算法 D3QN、A2C、PPO 作为基线算法，相关基线算法的性能为见表1。

表1 基线算法在仿真测试集下的性能

性能	D3QN	A2C	PPO
换道成功率（%）	89.58	82.37	92.15
平均速度/(km/h)	37.81	30.24	30.34
平均换道次数	1.59	1.16	0.03
平均最大加速度/(m/s^2)	2.54	2.70	2.59
平均完成时间/s	40.53	54.08	58.09
平均行驶距离/m	371.40	352.89	378.27

2. 路口通行仿真测试场景的搭建

(1) 路口通行确定性测试场景

利用 CARLA 内置的 autopilot 模型来控制周围的环境车辆，autopilot 模型集成了导航，避障规划和控制模块，由 autopilot 控制的环境车辆将随机选择直行，左转，右转任务通过交叉路口。测试场景中的主车由智能决策算法控制。

根据"自动驾驶仿真测试场景集要求"团体标准，选择（见图3）的 5 类逻辑场景，生成了 1440 例具体测试场景作为路口通行确定性测试场景集。

(2) 路口通行评价指标与基线算法

评价指标包括：

1) 路口通行成功率：通行成功通过次数/总测试次数，一次测试中，若测试车辆与环境车辆发生碰撞，则判定为碰撞风险无法避免，需要人工接管才能避免碰撞。若车辆超过场景允许最大通行时间，则认为车辆无法找到最佳通行时机，需要人工接管才能通过。

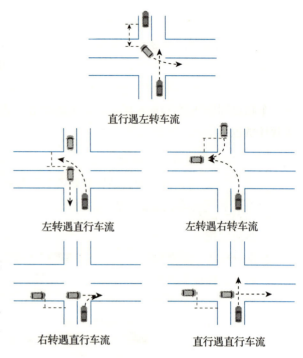

图 3　路口通行测试逻辑场景集

2) 平均通行时间：通行总时间/总测试次数。
3) 碰撞次数：总测试次数中主车与环境车流发生碰撞的次数。
4) 超时次数：总测试次数中超过最大通行时间的次数。

基线算法包括：深度强化学习算法 TD3，启发类算法 IDM 和规则类方法 AEB，其性能见表2。

表 2　路口通行基线算法在仿真测试集下的性能（路口场景测试结果统计）

序号	1	2	3	合计
主车路线	左转任务	右转任务	直行任务	
环境车路线	场景 8 和 9	场景 10	场景 6 和 7	
速度范围/(km/h)	[10, 40]			
速度步长/(km/h)	2			
间距范围/m	[16, 50]			
间距步长/m	2			
TD3 成功次数	543	257	498	1298
TD3 碰撞次数	30	8	40	78
TD3 超时次数	3	23	38	64
TD3 成功率（%）	94.27	89.24	86.46	90.14
TD3 平均通行时间/s	6.74	7.04	5.85	6.54
IDM 成功率（%）	67.7	62.8	47.4	59.3
IDM 平均通行时间/s	8.40	8.23	8.59	8.41
AEB 成功率（%）	72.74	50.0	48.96	57.2
AEB 平均通行时间/s	8.66	7.21	7.18	7.68

3. 总结

高级别自动驾驶决策控制测试场景集要求具备高保真、强交互、广覆盖的交通流测试环境，依赖人工设计场景或者从自然驾驶数据中聚类 – 分类 – 采样的方式生成场景的方法都比较低效，未来深度学习和强化学习的数据驱动型智能体行为模型将在场景自动生成中发挥出重要的作用。

智行车路协同服务系统

联通智网科技股份有限公司

1. 产品介绍

车路协同服务是面向无人车驾驶商业化落地的具体应用场景，车辆包括 V2X 网联车、无人驾驶车，运营环境包括景区、校区、园区、示范区、矿山、港口等。车路协同服务应用的项目组成包括几部分：

1）无人车辆。
2）路侧感知单元（摄像头、雷达/激光雷达/RSU）。
3）边缘云及网络环境（V2X + 5G）。
4）智行车路协同系统。

车路协同服务中"智行系统"的功能主要包括：车辆管理、设备管理、系统监控、V2V/V2I 预警服务、数据分析等。车路协同服务应用解决 V2X 车、无人车在具体运营环境中，能够被云平台有效管理、监控、调度，保证车辆的运营可管、可控、可分析。

车辆管理、设备管理模块提供登记无人车与设备基本信息、收集车辆在运行过程中的实时位置数据、车身状态数据等；系统监控模块提供以地图为背景的监控页面，可以实时查看车辆的当前状态，包括所在位置、车身状态、在线与否、是否有故障、加速踏板、制动踏板、转向灯的实时状态数据等。

V2X 网联车通过 V2V 和 V2I 方式实现了行标的 DAY I、DAY II 预警功能（如前向碰撞预警、十字路口预警、闯红灯预警、绿波通行等），同时需要收集预警数据用于 V2X 预警测试与验证服务。

2. 产品功能

智行 5G 车路协同服务系统是面向智慧交通行业的一套解决方案。车路协同服务系统支持"车 – 路 – 云"多维度数据接入，广泛支持国标、行标及用户定义协议，由技术中台、数据中台、业务中台三部分构成，提供接入管理、数据服务、协同服务、场景运营、交通服务、运营管理等 6 大子系统，采用"边缘云 – 区域云 – 中心云"三级云架构，基于 5G 网络、AI 融合感知、高精度地图、高精度定位、网络质量监测等技术，帮助用户快速构建 V2X 车路协同和无人车场景运营的平台级产品服务和解决方案。

产品定位：围绕智慧交通领域多种应用场景解决方案的需求，实现关键共性能力基座，满足统一接入管理、统一应用调用、统一能力开放、统一安全运营等要求。

目标客户：智能网联示范区、智慧景区、智慧矿区、智慧园区、智慧港口、智能网联测试场等

服务功能：智行 5G 车路协同服务系统包括 6 类服务功能：

- 接入管理
- 数据管理
- 车路协同
- 场景服务
- 交通服务
- 运营管理

本系统基于 5G 网络、AI 融合感知、高精度地图、高精度定位、网络质量监测等技术，帮助用户快速构建 V2X 车路协同和无人车场景运营的平台级产品服务和解决方案。

其中车路协同为 V2X 网联车通过 V2V 和 V2I 方式实现了行标的 DAY I、DAY II 预警功能（如前向碰撞预警、十字路口预警、闯红灯预警、绿波通行等），同时需要收集预警数据，用于 V2X 预警测试与验证服务。

3. 产品优势

目标客户：无人车场景应用的目标客户有政府、高校、主机厂、出行服务运营商和停车场业主等，业务方向为 toB、toG 业务。系统有两种商业模式：一是提供 SaaS 云服务模式；二是提供解决方案，提供项目定制化、本地部署服务。

本产品在架构设计、标准接入、功能能力引擎、运营商集成、全场景服务、能力开放方面具有显著优势。

4. 解决方案：联通智网科技打造面向冬奥园区 5G 车路协同全出行服务示范

联通智网科技在中国联通集团和冬奥办的指导下，依托联通 5G 通信技术，与多家产业合作伙伴，共同开展面向冬奥场景下 5G 车路协同关键技术研究和示范。先后参与科技部"科技冬奥"重点专项"复杂、极端条件下的可靠 5G 通信与先进网络示范建设"和"面向冬奥的高效、智能车联网技术研究及示范"项目建设，在北京首钢园区打造 5G 车路协同全出行服务示范，更好地服务 2022 北京冬奥会的应用需求。

在首钢园区打造 5G、V2X、MEC 和 AI 融合的智能网联示范环境。该环境采用 SA/NSA 双模 5G 宏站，并通过室分基站增强室内覆盖，实现了整个园区的全覆盖。其上行峰值速率达到 170Mbit/s，下行峰值速率达到 1Gbit/s。依托中国联通 MEC 边缘云节点，打造一套"1 个边缘云 + N 个路侧感知单元"的智能车路协同系统（见图 1），包含 RSU 路侧单元、视频感知单元、视频处理单元、智能红绿灯、激光雷达和毫米波雷达等设备，实现整个园区 10 多个交叉路口基本覆盖。

图 1 "1 + N 智能车路协同系统"

联通智网科技依托智慧交通中台产品为基座，与北汽研究总院、清华大学、国汽智联、四维图新等产学研合作伙伴共同打造"科技冬奥"智能网联服务运营创新平台（见图 2）。该平台已经具备园区路侧设备接入、智能网联车辆接入、AI 融合感知、高精度地图及定位服务、5G 网络质量监控以及云边协同多级分发等能力，并开发了 50 个以上 API 接口，实现数据共享，方便第三平台的接入。

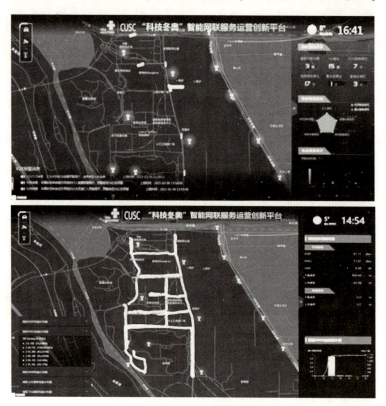

图 2 智能网联服务运营创新平台

在科技冬奥示范园区，联通智网科技进行"车路云一体化"方案的验证（见图3），全面满足行业标准化的车路协同场景要求。目前已经完成了包含前向碰撞预警、绿波车速引导等20多个V2I/V2V场景开发和验证，实现了车路云的打通，通过平台进行监测和管理。

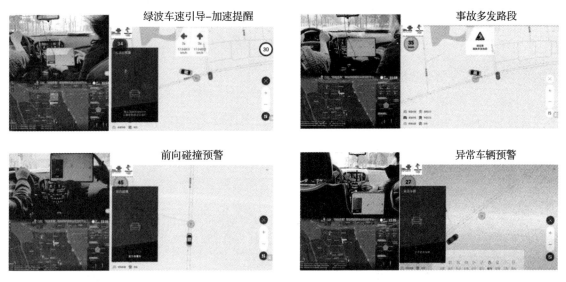

图3 "车路云一体化"方案

此外依托中国联通5G/MEC低时延、大容量、高可靠、高性能的基础设施，联通智网科技开展基于移动互联网的面向冬奥园区车路协同应用技术研究、场景验证和标准制定（见图4）。端对端实现在80ms内完成交通动态事件AI识别和预警推送，完成了包含行人预警、抛洒物检测等10多个V2N场景开发验证。充分论证了5G/MEC网络在车联网的应用，将对现有基于直连PC5接口的V2I网络提供很好的增强和互补。

图4 V2N场景开发验证

联通智网科技联合行业伙伴打造的5G车路协同全出行服务体系不断获得行业领域的认可，2021年在由工信部主办、第四届"绽放杯"5G应用征集大赛全国总决赛中，"基于行业专网的5G V2X车路协同先导应用"项目荣获全国二等奖，获行业虚拟专网专题赛一等奖，也是唯一一个"5G+车联网"先导应用项目入围全国总决赛。相关系统和产品将在未来的冬奥测试赛和正式赛中为公众开放提供服务，持续打造以首钢园区为样板的智能网联示范区解决方案，并面向全国智能网联以及智慧交通市场进行推广和应用。

深兰科技智能化、网联化自主创新成果

深兰科技（上海）有限公司

深兰 AI 熊猫智能公交车已相继获得多地首张/唯一/首批智能网联客车道路测试牌照，包括广州、上海、武汉、长沙、深圳等城市，充分体现了公司在中大型车辆自动驾驶领域的领先水平，也为示范性业务活动的落地开展提供了合法合规的保障。此外，熊猫公交获得了武汉首批智能网联汽车道路运输经营许可证，也是国际上首次从法规上允许自动驾驶客车进行商业运营，是行业内最早投入市场化运营的智能公交车产品。

目前，熊猫公交已在多地落地运营，具体自动驾驶牌照信息以及服务城市和运营情况如下：

1. 广州

通过广州市智能网联自动驾驶测试，深兰科技已拿到广州市自动驾驶路测牌照，成为广州市第一批也是唯一一个获取自动驾驶公交车路测牌照的测试主体单位。

广州黄埔启动首个 5G 自动驾驶综合应用示范岛运营，深兰科技熊猫智能公交车作为商用 5G 自动驾驶的唯一客车品牌，实现了 5G 人车系统、4K 高清直播和 5G–WiFi 高速上网等应用在岛上试运营（见图 1）。

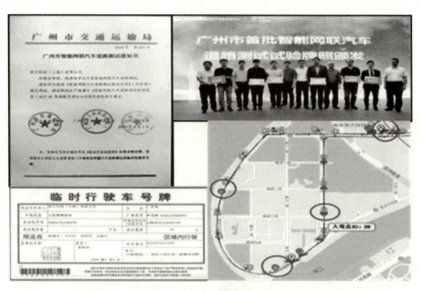

图 1　广州路测牌照及路线

运行路线：官洲地铁站——星岛环北路（螺旋二路路口）——星岛环南路（星汉二路路口）——星汉大道——官洲地铁站。

2. 上海

深兰科技已完成国家智能网联汽车（上海）路测牌照资料申请并通过了自动驾驶测试，已拿到自动驾驶路测牌照，成为上海市 7 批 26 张测试牌照中第一张客车牌照，也是第一次进行 V2X 测试的客车（见图 2）。

熊猫公交在上海的测试项目中，覆盖了《上海市智能网联汽车道路测试管理办法》规定场景的项目总测试次数超过 1300 次，重点检验了整车系统的安全性、可靠性、鲁棒性、感知系统的准确性、车辆控制的精度和速度，测试全过程没有发生人车碰撞等重大异常，只有 3 次人工接管，通过率 99.7%。

在上海市嘉定区和临港区共 37.2km 的开放道路上，开展熊猫公交智能网联道路测试工作，道路测试数据平均时长≥6h/天，平均里程≥60km/天，建立公交车自动驾驶场景数超过 1600 个。

3. 武汉

通过国家智能网联（武汉）测试示范区的申请、审核和答辩，获得了武汉市首批自动驾驶路测牌照和道路运输许可证，也是国内国际首次从法规上允许自动驾驶客车进行商业运营（见图3）。

图2 上海路测牌照及路线

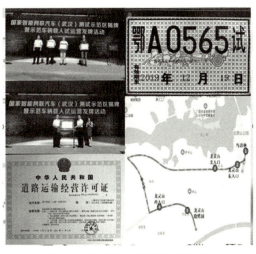

图3 武汉路测、运营牌照及路线

2019年10月，武汉市经开区实现中国首条自动驾驶商用运营线路运营，同时也是世界上首次在市区内最繁忙的道路上开设公交测试示范线，深兰科技熊猫公交作为唯一的大型自动驾驶客车在线路上运营，将领跑武汉CBD进入自动驾驶商用时代（见图4）。

图4 武汉经开区实际运营监控

2020年7月14日，武汉市智能网联汽车道路测试和示范应用管理联合工作组办公室正式下发道路测试通知书，预示智能网联车辆将进入测试运营阶段，武汉泛海CBD将成为全国首个市中心自动驾驶开放测试区（见图5）。

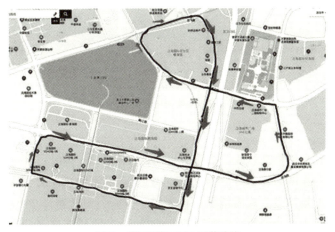

图5 武汉泛海CBD运营路线

4. 长沙

通过国家智能网联汽车（长沙）测试区测试，并于4月2日拿到自动驾驶测试牌照（见图6和图7）。

图6　长沙测试牌照　　　　　　　　图7　长沙路测路线

5. 常州

熊猫公交于2019年6月3日在常州科教城正式落地运营，目前主要开辟了两条线路：科教城园区交通P1线，P2线。服务人群主要是科教城内企事业单位员工及科教城几所大学学生，日均运营班次为35班/天，日均运载量超1300人次。运营近一年来，总体运输规模达到了20万人次（见图8和图9）。

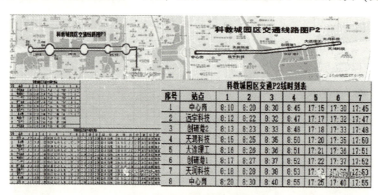

图8　常州运营线路及班次

图9　常州运营情况

6. 天津

交付天津生态城的自动驾驶熊猫智能公交车，以中新友好图书馆和信息园作为始发和终到站，线路长度约2.5公里，车辆运行速度为每小时15～20km，单程运行时间15min，对接监控大屏可进行实时路网动态查询。车辆维护、车辆信息、车内情况一目了然。智能公交线路自2019年5月开通试运营以来，无间断无事故运营至今，其中接待考察、参观等任务超300次，日均客流80人次（见图10和图11）。

图10　天津运营发布仪式及路线　　　　图11　路网动态实时界面

7. 鞍山

2021年2月6日，东三省首条智能公交线路在鞍山市开通试运营。鞍山公交线路起始为千山正门到玉佛寺，单程17.1km，运行45min，全日拟发8个车次。千山发首车时间为8点，末车15点。玉佛寺首发时间为8点50分，末车15点50分，共有千山正门、千山温泉、千山温泉滑雪场、七岭子、火炬广场西、警校、辽宁科技大学、绿色智慧城、莘英路、玉佛寺等10处站点，票价10元（见图12）。

图12　鞍山公交

金溢科技ETC与V2X融合型智慧高速车路协同系统解决方案

深圳市金溢科技股份有限公司

作者：蔡福春

1. 方案背景

2019年高速公路撤销省界收费站以来，共建设ETC门架2.7万套，发展ETC用户2.26亿，基于ETC的高速公路收费系统成为单一标准规模最大、范围最广、用户数最多的ITS系统。ETC采用5.8GHz DSRC技术，具备短距离车路通信能力，本质上是一种初级的车路协同应用。所以，依托ETC收费系统完善的基础设施，可以在高速公路场景中以最低成本、最快速度、最大规模落地车路协同，服务车辆安全高效出行。

2. 方案介绍

该方案通过升级门架RSU应用软件，拓展ETC门架系统信息播报功能，并在匝道、弯道、隧道等重点场景部署ETC和V2X融合型路侧RSU，构建高速公路全场景覆盖的车路协同通信网络，以智慧高速全要素感知为底座打造全过程伴随式车路协同服务体系，大幅提升车辆通行效率和行车安全，助力自动驾驶发展进程加速，促进路网安全、畅通。

整个系统架构主要包括车、路、云三个部分（见图1）。车端覆盖现有OBU用户、二代智能OBU用户和C-V2X前后装用户，路侧则由ETC门架系统和融合型边端系统组成，云端主要实现匝道分合流、隧道、弯道等多种场景的I2V服务。

图 1　金溢科技 ETC + V2X 融合型智慧高速车路协同系统架构图

3. 主要产品

主要产品及特点见表 1。

表 1　金溢科技 V2X 主要产品

产品名称	主要特点
ETC2.0 定向 RSU	ETC2.0 定向 RSU 是金溢科技最新推出的新一代 ETC 路侧单元，主要适用于路侧 ETC 车路协同通信。 支持 ETC 车路协同通信协议 工作频段 5.790GHz ~ 5.840GHz 通信距离 >200m，覆盖 4 车道 通信速率 8 ~ 10M
LTE – V2X 路侧 RSU	符合 3GPP R14 标准，软件兼容 CSAE53 – 2007 工作频段 5.905 ~ 5.925GHz 通信距离：600 – 1000m 通信时延：<30s 支持安全加密
LTE – V 车载 OBU	符合 3GPP R14 标准，支持 LTE – V PC5 直连通信和 4G 无线通信 通信距离 >200m 采用 4 核处理器和 LINUX 操作系统 支持 GNSS + RTK 厘米级高精定位 支持消息签名认证及安全加密 配备 4G/WiFi/BT/CAN/RS232/USB/车载以太网等通信接口 支持车内便捷安装，支持二次开发
ETC + V2X 双模车载 OBU	支持 5G NR + LTE – V + ETC 多种通信模式，通信距离 >200m 支持 ETC 收费应用，适用 ETC 高速收费、ETC 停车等场景 搭载 TBOX 功能，全面掌握车辆运行状态 内置 GNSS 复合定位系统，提供厘米级高精定位 内置安全芯片，支持消息签名认证和安全加密 配备 CAN/GPIO/ETH Interface 等通信接口

4. 应用优势

依托 ETC 与 C-V2X 打造融合型车路协同系统，是兼顾车路协同快速落地和未来发展的最佳途径。

1）兼顾时代性和前瞻性：ETC 依托成熟的基础设施体系，能够快速落地车路协同应用。同步融合 C-V2X，则有效保障了未来向 5G-V2X 演进的延续性。

2）减少投资提高资源利用率：拓展 ETC 车路协同是深化 ETC 门架应用的具体举措，能够充分发挥现有基础设施的效能，提升资源利用率。同时 ETC 收费系统与 C-V2X 系统可共用边缘计算、云平台等基础设施，有效减少重复建设投资。

3）快速实现大规模用户覆盖：ETC 已大规模上车，拓展 ETC 车路协同短时间即可覆盖 2 亿多用户，有利于先行验证车路协同使用效果，探索车路协同商业模式，为车路协同大规模商用沉淀经验。

建设融合型智慧高速车路协同系统，能够为更多用户提供交通信息服务，有效增强出行信息服务的及时性、多样性和有效性，提升通行效率和行车安全，让车畅于路、人悦于行。

厦门 5G 车路协同 BRT 智能驾驶系统

北京清研宏达信息科技有限公司

作者：卢中亮，王伟建，刘祺

1. 项目背景

（1）政策法规大力支持城市级车路协同商业落地

国内各级政府先后出台《交通强国建设纲要》《数字交通发展规划纲要》《国家车联网产业标准体系建设指南》《交通运输部关于推动交通运输领域新型基础设施建设的指导意见》《智能汽车创新发展战略》等指导意见。

厦门市高度重视城市级车路协同的发展，大力推进以数据为纽带的"人-车-路-云"高效协同，强调深化发展数字化公共出行、加强车路协同在公交领域包括 BRT、专用道的深入发展，同时将更多的商用车如出租车、物流车、网约车都纳入到数字化交通范畴，将厦门建设成真正意义上的城市级车路协同智慧城市。

（2）数字化智慧出行是智慧城市建设的基础

在城市加快智慧化转型的背景下，人民群众出行模式和货物流通方式正发生深刻变化。需要通过发展数字化交通，推动 5G、物联网、智慧交通车路协同和大数据等新技术与交通行业深度融合，用新技术为传统交通基础设施赋能，以使市民出行服务更便捷、企业运输更高效、城市管理更智慧。

2. 项目需求

目前厦门公交集团拥有各类车辆 6460 台，运营公交线路 371 条，日均客流量约 160 万人次，其中 BRT 车辆 280 台，BRT 快线 8 条，日均客流量约 21 万人次。厦门 BRT 用 4% 的车辆承担了 13% 的客运量，为保障厦门当地百姓出行及经济社会发展做出了突出的贡献。然而在实际运营过程中，由于 4G 网络带宽延迟有局限，传统 GPS 定位精度只有 10m 左右，公交集团面临高峰期运力难以集中、车间距无法控制、乘客感知不佳等问题，急需借助 5G、北斗高精度定位等新技术提升 BRT 运营效率，进一步满足厦门 BRT 的各类需求。

3. 主要功能

厦门市 5G 车路协同 BRT 智能驾驶系统项目以"公交综合智慧系统"为基础，通过大数据分析结合自动驾驶控制技术，使得 BRT 公交车辆在事前能够根据乘客出行特征进行排班优化；在事中通过自动驾驶技术根据客流变化实时响应，调节车速；在事后能够对整体运营效果进行评价，由此形成一整套的智能驾驶运营体系（见图 1）。

BRT智能驾驶方案能够带来车辆运营效率提高、安全性提升、节能环保、驾乘体验提升等多方面的改进。

（1）BRT运营效率及乘客出行感受提升

经过项目的实施，BRT运营效率提升5%，每天节省32个高峰期班次、16辆车；车间距均匀率提升25%，安全性大大提高；车厢拥挤度下降15%，乘客的舒适性提升；到站准点率提升15%，乘客等待时间下降10%，提高乘客的满意度。

图1　厦门智慧BRT运营系统

（2）驾驶感受及乘坐感受提升

项目的实施，可有效减少驾驶员操作复杂度，提升驾驶感受；减少急加速、急减速的发生频次，提升乘客乘坐感受。

4. 设计理念

厦门市5G车路协同BRT智能驾驶系统项目建设分为系统平台及场景应用的设计、开发和验证。基于项目构建的优质网络环境，可充分利用5G和北斗高精度定位的优势，开发智能调度、人机共驾等系统，打造BRT自动驾驶、柔性编队、车速群控等应用场景。

5. 项目方案

在厦门公交集团已经建成的"厦门公交综合智慧系统"的基础上，升级建设城市级"云控基础平台"和"云控应用平台"，并对两者进行深度融合，建设厦门"城市级车路协同及数字化智慧出行示范平台"。在示范平台的基础上开发5G车路协同BRT智能驾驶系统应用场景。项目技术总览如图2所示。

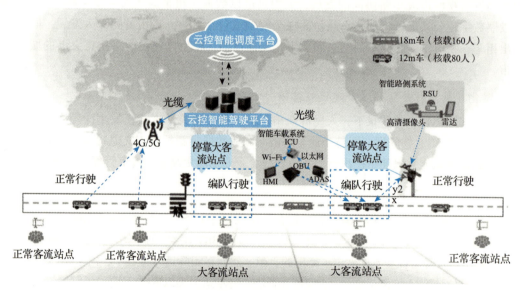

图2　项目技术总览

（1）城市级"示范平台"建设方案

"示范平台"是云控基础平台与云控应用平台的深度融合，其系统架构及组成见图3。

示范平台主要包含"边缘云"及"云平台"。

1）边缘云。边缘云主要由轻量级基础设施和虚拟化管理平台、边缘云接入网关、计算引擎和高速缓存、边缘云领域特定标准件和标准化分级共享接口等组成。

图 3 示范平台整体架构

2）云平台。云平台主要由基础设施和虚拟化管理平台、接入网关、计算引擎和存储分析引擎、领域特定标准件和标准化分级共享接口等组成。

(2)"云控应用平台"建设基础

云控应用平台从业务层面主要划分为数据中台、"快干支微"运营系统和智能分级决策系统。数据中台主要负责采集各种静态数据、动态数据和公共出行数据等原始数据，并完成如信令大数据分析、客流数据分析等数据分析任务，实现原始数据以及加工清洗后数据的存储，并且对上层各种应用提供数据支持服务。"快干支微"运营系统通过接驳精准匹配、线路时刻预测、线路智能规划、数字化自动排班、灵活公交排班、网约实时调度等功能，构建出行指标体系，搭建新一代公共出行平台。智能分级决策系统通过智能网联车路协同技术实现风险点速度诱导、运营周转速度控制和 BRT 智能控制系统的分级决策功能（见图4）。

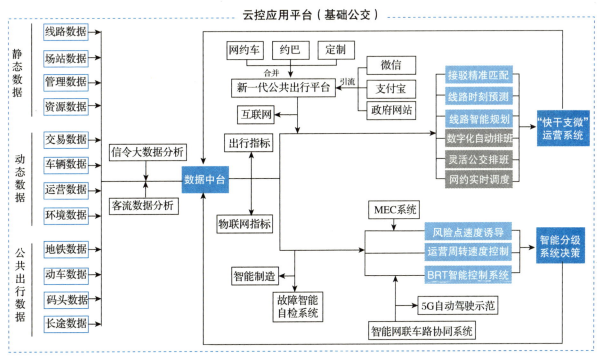

图 4 平台业务架构

（3）"云控基础平台"建设

"云控基础平台"构建了一套完整的5G"端－边－云"层次化车路协同体系，如图5所示。

"端"是指路侧端与车载端，"边"指边缘计算端，"云"即本章节提到的云控基础平台。此外，通信网络是贯穿整个"端边云"体系的重要组成部分，主要包括固网光纤、蜂窝网络（4G/5G）、车用无线通信网络C－V2X以及广域互联网。

6. "厦门5G车路协同BRT智能驾驶系统应用场景"建设

厦门5G车路协同BRT智能驾驶系统应用场景建设主要由人机共驾系统、智能调度系统、设备管理系统三个子系统组成。其智能驾驶系统整体架构，如图6所示。

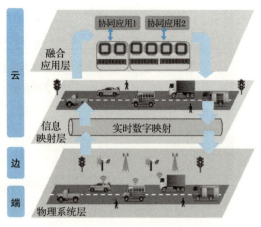

图5 云控基础平台的总体架构图

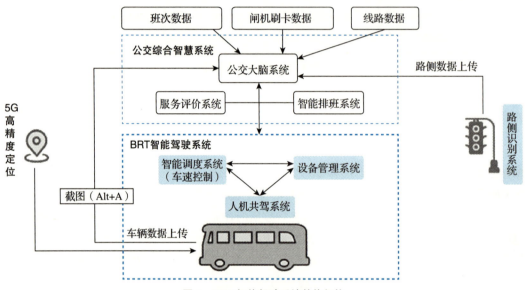

图6 BRT智能驾驶系统整体架构

（1）人机共驾

人机共驾系统（见图7）会根据驾驶员意见和实际车辆的动力学性能输出一套标准的加速曲线；在实际运营中系统还会实时采集相关数据进行不断地调节和优化。

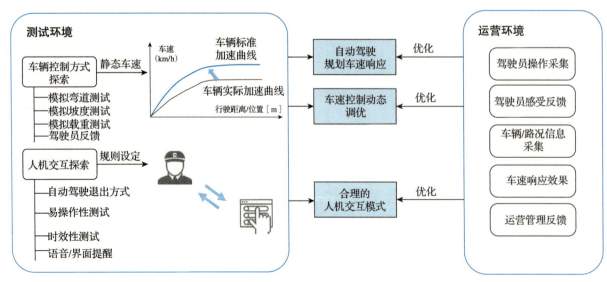

图7 人机共驾系统

（2）智能调度

智能调度系统主要基于乘客刷卡 OD 数据、线路数据、历史班次、驾驶员情况等大数据，通过智能算法建立智能排班、车速规划等模型，规划出发车班次时刻表及车辆车速曲线。BRT 智能调度系统架构如图 8 所示。

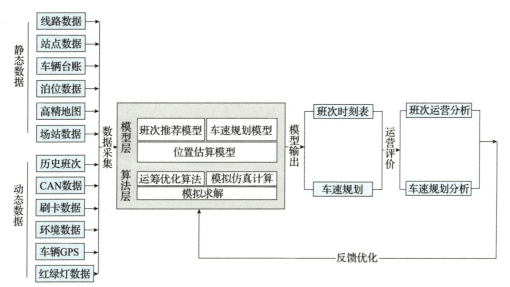

图 8　BRT 智能调度系统架构

（3）设备管理

设备管理系统目的在于保证 BRT 整套系统硬件设备的安全运行，即使部分设备故障，系统也能做出相应的处理措施。设备管理系统（见图 9）分为车辆设备故障和路侧设备的故障管理。

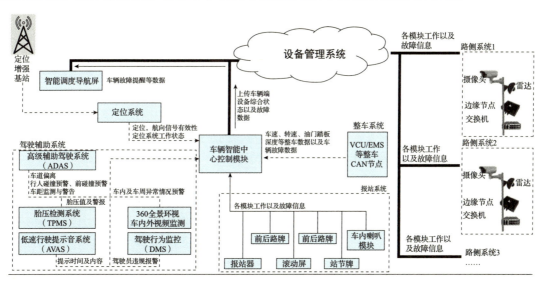

图 9　设备管理系统架构

7. 实用性分析

目前厦门 K1 至 K9 的 BRT 线路上总计 280 台车辆，其中 139 辆已经具备 5G + 高精度定位 + 车路协同的功能，能够实现全天候 24h，包括在雨天等恶劣天气条件下开启 5G 车路协同相关功能，是全国首个在封闭环境下的车路协同规模化应用，真正做到了百辆车以上规模的实际运营落地。

厦门 BRT 5G + 北斗智慧应用项目在技术上充分考虑到交通参与者（驾驶员、乘客、行人等）的心理特征，实现了智能网联下的人机共驾；重点关注车、路、人、云多方的规模化和稳定性，做到了将信息化数字技术与工业化生产相结合。在实现车路协同发展的同时，提升了实际运营效率，加强了运行安全，降低了能耗，并推动厦门关键路权的落地，形成真正的车路协同，进而完成了智慧交通的数字化闭环体系。

厦门公交集团计划未来 2 年内将所有 BRT 线路的 280 台车辆将全部安装 5G 车路协同系统，系统建成后，将全面提升 BRT 系统的运营效率、安全性和驾乘体验同时还做到了节能环保。

国家智能网联汽车（武汉）测试示范区建设经验与启示

武汉智慧生态科技投资有限公司

车百智能网联研究院（武汉）有限公司

作者：陈力，李良鹏

国家智能网联汽车（武汉）测试示范区于 2019 年启动建设，承载着推动武汉万亿级汽车产业转型升级的使命。秉承开源共建、开放创新、融合发展的理念，经过两期建设，武汉示范区逐步建立了以车路协同、车城融合为特点的测试和示范应用体系，并推动武汉经开区逐渐形成一个注重技术、聚焦应用的可持续发展体系。武汉示范区建成了智能网联汽车"开放 + 封闭 + 仿真"三位一体的测试体系，打造了车城融合的城市智能底座平台，实现了规模化的智能网联汽车应用，取得全国领先的显著成果，被业界高度关注。今年武汉市相继获批交通强国试点城市与"智慧城市基础设施和智能网联汽车协同发展"试点城市，经开区将围绕试点工作落实，进一步推动示范区继往开来、保持领先。

1. 发展现状

（1）打造智能网联汽车"开放 + 封闭 + 仿真"三位一体的测试体系

1）打造基于车路协同的自动驾驶开放测试道路体系。目前已分两批累计开放自动驾驶测试道路 212km，全面覆盖 5G 信号、北斗高精度定位系统、路侧感知设备和车路协同系统，具备 L4 及以上等级自动驾驶测试运行条件。近期，武汉将开放第三批 430km 测试道路。目前，武汉新能源与智能网联汽车基地累计发放 49 张道路测试和示范应用牌照，其中道路测试牌照 36 张，示范应用（载人）牌照 13 张，累计测试里程超过 100 万 km。

2）加快建成智能网联汽车封闭测试场。项目用地面积 1312 亩，面向智能网联汽车法规测试和产品研发测试，涵盖 130 余种测试场景，融合驾驶模拟实验室、极端环境模拟测试、整车仿真实验室等系列实验室，主要用于智能网联汽车的研发、检测、认证等服务。同步建设一条国际 F2 级赛道，建成后将成为世界唯一的 T5 级测试场与 F2 级赛道相结合的封闭测试场。

3）搭建仿真测试平台。提供开放的自动驾驶汽车开发平台服务，可支持车采数据清洗、数据标注、模型训练及算力支撑、仿真场景库建设、交通流仿真、测试评价等工作，实现从数据采集到应用全流程技术能力积累，为车企在仿真环境下进行安全、高效的智能汽车试验提供一站式开发工具链服务。

（2）打造车城融合的城市智能底座平台

采用统一的城市操作系统平台，以统一架构整合所有应用系统和模块，汇聚示范区道路、车辆、城市建筑等实时数据信息，融合车路协同和交管系统的数据，支撑全域智能应用数据共享，建立融合感知城市信息模型和数字孪生城市的可视化运营平台，城市信息模型融合实时交通和其他泛在感知信息，数字孪生与城市所有智能基础设施和感知设备保持同步，实现车城融合、共享数据、协同工作，为智能交通、智慧城市创新应用提供支撑。

（3）实现规模化的智能网联汽车应用

规划 6 大类智能网联汽车应用，涵盖共享出行、公交接驳、清洁环卫、物流配送等 15 个具体应用场景，已投入 90 余台车，支持企业探索自动驾驶商业化运营。联合东风集团打造"领航自动驾驶车队"，试运营车辆超过 50 台，已安全运行 60 万 km，接待乘客超过 5000 人次。236 台公交车加装车辆网终端，实现基于车联网的信息交互和协同控制，为10000台社会车辆加装车路通信智能装置，不断扩大车联网应用范围。同时，首条高级驾驶辅助系统公交线路即将开通。

（4）探索智能网联相关法律法规、技术标准

以武汉市新能源和智能网联汽车基地建设及运营为基础，联合刘经南院士工作站，在高精度地图与高精度定位等方面开展标准研究讨论，形成了6项标准：国家标准《室内空间基础要素通用地图符号》、行业标准《道路高精导航电子地图生产技术规范》、行业标准《道路高精导航电子地图数据规范》、行业标准《自动驾驶卫星差分与惯导组合定位技术规程》、地方标准《自动驾驶高精度地图特征定位数据技术规范》以及地方标准《智能网联道路智能化建设标准（总则）》。其中，《智能网联道路智能化建设标准（总则）》已于9月获市场监督管理局批准立项。

（5）积极培育智能网联汽车创新和产业生态

联合4位院士和10多位国内外行业专家，建立1个院士工作站和23家联合创新实验室，开展关键技术攻关，并在智能网联汽车产业发展战略方面提供指导，形成"研发－测试－应用"迭代更新的建设模式，建立从实验室到示范应用和商业运营的快速通道，助力经开区产业转型和创新发展。

2. 经验启示

（1）开放共建的建设模式开创了国内示范区先河

示范区的成功建设，离不开独具特色的建设模式。项目采用了"开源、开放、共建"的模式，在国内城市中首开先河，武汉市政府与中国电动汽车百人会共同统筹规划，基于智能汽车与智慧城市协同发展联盟，引入了中国电动汽车百人会智能网联研究院、中国航天科工三院、中国移动、华为、百度、车百科技等近20家企业联合建设智能汽车基础设施，实现建设和运营的一体化及可持续发展，助力联合技术创新和产业生态构建。政府、企业、专业机构高效协同，形成智能汽车与智慧城市协同发展的政策机制和商业模式。

（2）车城融合发展的三大体系提供了明确建设路径

示范区建设初步建成了以"车路协同"为主要特色的车城融合发展新体系，具体包括：

1）开放的车路协同体系，包括标准化的智能基础设施和统一的车城网平台。
2）基于联合创新实验室群的科研体系，研究成果支持智能化创新、形成标准、申报国家课题。
3）支撑商业运营的应用体系，包括全域公交智能化、全域停车信息服务与AVP应用、一万辆社会网联车参与车路协同、无人驾驶末端物流运营、基于数字孪生的城市规划应用等。

在车城融合发展新体系支撑下，武汉示范区形成了以下创新和亮点：

- 实现车路协同与城市交通运营的融合
- 实现车路协同与公共交通的融合
- 实现车路协同与自动驾驶汽车的融合
- 实现车路协同与网联汽车的融合
- 实现车联网与5G通讯网和交通感知网的融合
- 实现新型感知技术在车路协同中的应用
- 形成智能网联基础设施的建设标准和评测体系
- 实现路网交通动态模型与城市信息模型的融合

（3）智能网联汽车与智慧城市协同发展，为示范区建设指引方向

按照住建部和工信部、湖北省住建厅和经信厅、武汉市经信局和住建局要求，在武汉经开区试点智慧城市基础设施与智能网联汽车协同发展工作。工作内容包括：全面推动智慧城市基础设施、新型网络设施、车城融合平台建设，不断提升城市基础设施智能化水平，大力开展智能网联汽车示范应用，探索建立智慧城市基础设施与智能网联汽车标准体系，为数字城市建设奠定基础。经开区将围绕"双智"核心任务落实，进一步推动示范区继往开来、保持领先。

雅迅网络汽车安全网关解决方案

厦门雅迅网络股份有限公司

随着汽车向智能网联、新能源及节能化等方向发展，汽车信息安全已成为我国信息安全整体布局的重要一极，引起国家和汽车企业的高度重视。《中华人民共和国网络安全法》《国家网络空间安全战略》《智能汽车创新发展战略》《车联网（智能网联汽车）产业发展行动计划》、《国家车联网产业标准体系建设指南》等都特别强调交通领域信息安全被破坏可能严重危害国家经济安全和公共利益，汽车信息安全是网络空间安全的重要组成部分，而汽车安全网关是智能网联汽车信息安全的核心设备。

作为首家获得国家密码管理局颁发的商用密码产品生产定点单位资质及销售许可证的汽车电子厂商，厦门雅迅网络股份有限公司（以下简称"雅迅网络"）致力于智能网联汽车信息安全相关产品的研发、生产和销售，并推出一系列的汽车安全网关解决方案，已批量应用于乘用车、商用车、特种作业车等各种车辆的车联网信息安全领域。

1. 产品概述

雅迅网络的汽车安全网关产品涵盖中央安全网关（见图1）、安全T网关（见图2）、以太网安全网关（见图3）、基础网关（见图4）等，应用于车辆内部不同域和控制单元之间的数据交换，不仅提高了车内数据的通信效率，为整车数据交换提供统一接口，还为车辆内外数据交换提供安全保障。雅迅网络的汽车安全网关产品功能配置见表1。

图1 中央安全网关

图2 安全T网关

图3 以太网安全网关

图4 基础网关

表1 雅迅网络主要产品与服务

功能配置	中央安全网关	安全T网关	以太网安全网关	基础网关
CAN/LIN	√	√	√	√
Ethernet 路由	√	√	√	×
AutoSAR/OSEK 网络管理	√	√	√	√
HSM 加密	√	√	√	×
TBOX 相关功能	×	√	×	×
X – Call	√	√	×	×
FOTA	√	√	×	×
V2X 功能	option	option	×	×
自研 CAN 总线 IDPS	√	option	option	option
VLAN	√	×	×	×
自研 IDPS	√	×	×	×
自研防火墙	√	×	×	×
以太网路由加速	√	×	×	×
第三方应用服务器	option	×	×	×

注："√"表示支持，"option"表示可选，"×"表示不支持。

2. 产品亮点

（1）支持安全域隔离的高性能多总线中央网关架构

雅迅网络的中央安全网关采用了高性能 MCU + MPU 双车规级处理器协同系统中央网关架构，其中 MPU 处理速度超过 1 万 DMPS，频率超过 1.5Ghz，而目前主流汽车网关处理速度都在千 DMPS 级别，频率在百兆赫兹级别，雅迅网络中央安全网关处理性能将主流汽车网关产品处理性能提升了一个数量级，与全球最新进汽车网关处理性能相当。另外，安全网关使用 VLAN 技术实现对网络分域管理，不同域通过物理划分进行强制隔离，对动力域、车身域、信息娱乐域、智能驾驶域、V2X 域等进行统一管理，实现了一体化、全方位的信息安全设计。

（2）信息安全功能全面系统

对标博世中央网关 CGW、大陆安全网关、克莱斯勒安全网关等产品，这些全球汽车零部件巨头的汽车安全网关提供了身份认证、防火墙、入侵检测中的全部或者部分功能，大多是采用在传统网关产品中嵌入信息安全软件（如 Argus 软件）的解决方案。雅迅网络的安全网关产品在软硬件架构设计之初就全面考虑了信息安全需求，安全功能的全面性超过这些公开报道的产品，且在防御攻击的类型和特征库数量等方面远远超过对标产品。

雅迅网络安全网关产品能够兼容全球顶尖网络安全公司 CISCO 面向传统 IT 的 5 万多种"病毒"特征库，结合汽车环境进行深度优化，可检测并过滤上万种的攻击，远超国标要求，并支持对特征库的升级。

（3）首家基于商密体系实现网关信息安全并通过相关认证的汽车网关产品

雅迅网络安全网关是基于商密的集成一体化软硬件设计，是国内首个通过《汽车网关信息安全技术要求》和国六标准中 IDS 要求测试的安全网关。

（4）采用基于 100Base/1000Base – T1 车载以太网 AVB 技术

智能驾驶、智能互联的发展对车辆安全性有了更高的要求，传统的 CAN/LIN 网关的数据场无法满足高带宽、多冗余、安全防护的要求，而 CANFD 和以太网接口由于高带宽、长数据场的特性，在满足智能驾驶和智能网联的业务场景基础上，可以实现高安全防护的特性。

雅迅网络安全网关能够支持 8 路 1000Base – T1/100Base – T1 和 8 路 CAN/CAN – FD 的灵活配置，Ethernet AVB 网络可通过低延迟的保留带宽来保证对时间敏感的数据流在指定的时间安全到达，保持联网设备的同步，能为对时间精准度要求极高的数据流提供通用的时间基准，其基于非专有的行业协议的特性能使其能够避免某些专有协议所遇到的未来不确定性。

（5）采用高性能嵌入式平台容错设计技术

雅迅网络的车载安全网关采用高性能嵌入式平台容错设计技术，基于车载关键应用对嵌入式系统自容错能力的需求，通过研究嵌入式系统中关键任务状态的形式化描述方法及任务故障的自监测机制，及时准确有效地感知嵌入式软件系统中各任务的运行状态，设计基于策略的嵌入式多任务软件混合自容错机制，在监测各任务实体运行时状态的基础上，依据不同方法对故障任务进行自恢复处理，以保证系统主要功能的可靠性与稳定性，从而提高嵌入式平台系统的可靠运行能力。

智能网联汽车的 OpenSCENARIO 场景自动生成工具与自动化测试

同济大学汽车学院

作者：陈君毅

随着智能网联汽车技术的不断发展，测试与验证环节的重要性日益凸显。由于系统复杂性的提升，基于里程的测试已经无法满足智能网联汽车的测试需求。凭借可复现性、测试高效、场景设置灵活等优势,基于场景的仿真测试成为了当前主流的测试手段。

由自动化及测量系统标准协会(ASAM)制定的 OpenX 系列标准提供了完整的场景描述方案作为仿真测试的基础,包括 OpenDRIVE、OpenCRG 和 OpenSCENARIO(OSC)等。其中仿真测试场景的静态部分(如道路拓扑结构、交通标志标线等)由 OpenDRIVE 格式描述;道路的表面细节(如坑洼、卵石路等)由 OpenCRG 格式描述;仿真测试场景的动态部分(如车辆的行为)由 OSC 格式描述。基于上述方案,OpenX 系列标准将仿真测试场景统一化,提高了仿真场景在不同仿真软件内迁移进行测试的效率,也有利于对不同仿真软件测试进行统一的场景评估。其中,OSC 用于描述智能网联汽车测试场景的动态内容,其主要用例是描述涉及多个实体,如车辆、行人和其他交通参与者的复杂操作,其中动作、轨迹和其他元素都可以被参数化,在不需要创建大量场景文件的前提下允许了测试自动化。对于智能网联汽车决策规划系统而言,OSC 描述的动态内容是其主要输入,因此团队采用了 OSC 格式描述具体的测试用例。进一步地,通过在仿真软件内运行测试用例,达到对决策规划系统的测试目的。然而,由于 XML 的 OSC 格式较为底层,文件描述过于复杂,人工编写场景耗时长、效率低。迫切需要一个更高级的接口来连接语义级别的场景定义与 OSC 格式,因此,为高效自动地生成场景文件,团队开发了 OSC 场景编译器,结合仿真测试工具,实现智能网联汽车的自动化仿真测试。

OSC 作为一种场景描述的 DSL(domain-specific language,领域特定语言),它的编译体系借鉴了传统编程语言的架构,分为 OSC 前端与 OSC 后端两个主要模块。OSC 前端负责处理输入即 JSON 语言定义的场景蓝图,蓝图中较为固定的参数(如车辆尺寸)进行了默认设置,仅保留对于测试关键的参数定义。OSC 后端负责根据前端的解析结果,构建 OSC 的 DOM 树,进而编译产生最终用于仿真软件运行的 OSC 场景文件。在 OSC 后端中,将 OSC 的本体使用面向对象编程的思想进行了形式化,可编译生成 OSC 中的任意节点组合,并且使用 xsd 文件对生成结果的正确性进行验证,以确保其完全符合 OSC 格式标准。此外,为优化后端处理的空间复杂度,设计了句柄树,实现了对 OSC 格式的 DOM 树或其任何子树的便捷操作,架构(见图1)。

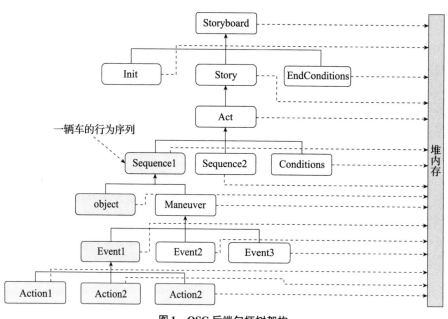

图1　OSC 后端句柄树架构

在具体应用 OSC 场景编译器时,对于 OSC 前端,使用 JSON 格式描述场景蓝图,使用 RapidJSON 解析场景蓝图。对于 OSC 后端,使用 C++ 语言编写后端的主体部分,使用 pugixml 处理 XML 的 DOM 树以及输入和输出。

应用上述 OSC 场景编译器,团队以仿真软件 Virtual Test Driving(VTD)为平台,实现了面向决策规划系统测试的自动化场景生成与测试。在此基础上,针对逻辑场景参数空间连续,场景数量无穷尽的问题,结合优化算法,实现了危险场景的加速测试,具体应用框架(见图2)。该技术能大大提升对危险场景的搜索效率,有效降低智能网联汽车仿真测试验证的成本。

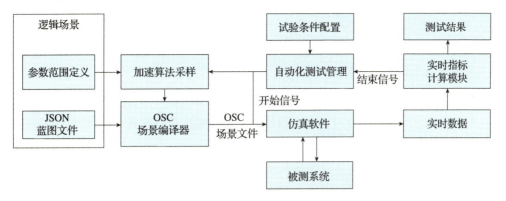

图 2 危险场景加速测试应用框架

蘑菇车联核心技术与主营业务

蘑菇车联信息科技有限公司

蘑菇车联是全球领先的自动驾驶全栈技术与运营服务提供商,打造了全球最大的城市级自动驾驶商业项目,拥有国内领先且唯一的"车路云一体化"智慧交通系统(见图1)。

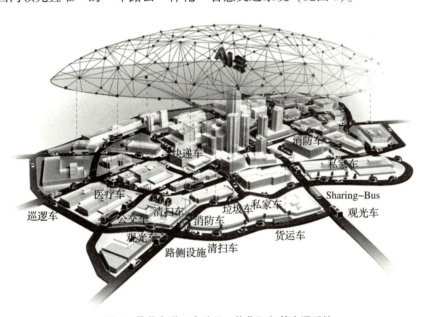

图 1 蘑菇车联"车路云一体化"智慧交通系统

公司具备 L4 级自动驾驶公交车、出租车、清扫车、巡逻车、救护车、物流车等全系列自动驾驶大规模城市公共服务车队的运营能力,覆盖城市开放道路、园区、港口、机场、高速公路等全场景。目前,蘑菇车联自动驾驶规模化运营项目已在北京、上海、江苏、湖北、湖南、河南等落地,不断推动智慧交通建设发展,为城市居民提供安全高效的出行体验。

1. 核心技术

(1) 全球领先的 L4 级单车自动驾驶技术

蘑菇车联拥有全国规模最大的训练数据集,全球领先的算法体系以及完善的自动驾驶套件方案,打造了具有高稳定性与可靠性的单车自动驾驶系统,同时可融合路侧与云端的综合信息,更加适合中国城市开放道路的实际交通情况。

（2）国内领先且唯一的车路云一体化体系

蘑菇车联通过单车智能、车路协同、AI 云平台实现融合感知、协同定位规划和协同决策，突破单车智能瓶颈，大幅提升自动驾驶的可靠性和安全性，是国内领先且唯一的车路云一体化体系。

（3）国内最大的智慧交通 AI 云平台

全国最大规模云控平台，打造交通元素全覆盖的全息数据感知体系和场景化智能决策服务，是国内唯一具备交通 AI 底层系统与应用运营系统的智慧交通大数据平台（见图 2）。

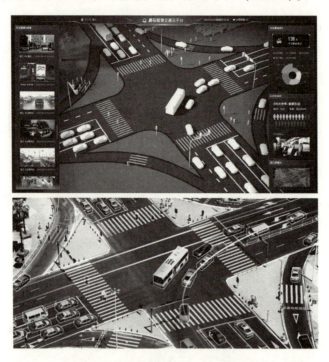

图 2　蘑菇车联智慧交通 AI 云平台

2. 主营业务

（1）自动驾驶车队运营

包含自动驾驶出租车、自动驾驶园区车、自动驾驶公交车、自动驾驶医疗车、自动驾驶巡逻车、自动驾驶清扫车等（见图 3）。

图 3　蘑菇车联城市公共服务车队

（2）城市级智慧交通建设

包含全要素实时数字化、全息融合感知覆盖、交通事件监测发布、交通态势分析预测、自动驾驶车辆调度、全景还原智能决策等。

3. 落地案例

（1）衡阳：全球最大的城市级自动驾驶商业项目

2021年3月，衡阳市人民政府与蘑菇车联签署战略合作协议，双方在智能终端、车路协同、自动驾驶及智慧交通领域展开深度合作，共建智慧交通创新示范城市，打造"衡阳模式"，推动城市级自动驾驶大规模落地和商业化运营。

该项目总投资约5亿元，蘑菇车联通过车辆智能化、道路智能化和AI云，构建车路云一体的智慧交通体系，充分满足市民便捷、高效绿色环保的出行需求。

基于此次战略合作，蘑菇车联将针对衡阳主干交通要道开展道路智能化和车路协同智能网联化升级，覆盖智能驾驶网约车、公交车等城市公共出行和道路客运场景。首期自动驾驶车队已批量驶入城市主干道并陆续启动商业化运营，应用于衡阳旅游观光巴士、微循环公交、园区通勤摆渡、快速路公交等（见图4），后期还将覆盖智能驾驶网约车（见图5）等城市公共出行场景。

图4　蘑菇车联微循环公交

图5　蘑菇车联城市公共服务车队落地衡阳

项目一期38km的道路将于年底建成并陆续投入运营。届时将有约1000台自动驾驶车辆在衡阳街头提供公交客车、无人出租车、城市接驳车，以及消防救护、清扫道路、运送快递的服务。

与以往的自动驾驶测试项目不同，衡阳项目的复杂性远超其他。衡阳是中国中南部重要的交通枢纽，多条重要公路、铁路干线在此交会。这里是真正的街道，项目覆盖城市主干道，穿越市中心，并涉及隧道、立交桥、无标线的乡村道路等实际复杂路况。蘑菇车联将为衡阳提供一套"城市交通大脑"，用于实时监控规划和全局调度，高效匹配用户的出行需求，这可能会大幅度降低交通事故和交通拥堵出现的概率。

（2）鹤壁：加速推进建设新型智慧城市标杆

2021年9月16日，蘑菇车联与鹤壁市签署战略合作协议。双方将充分发挥技术和资源优势，在自动驾驶、车路协同、AI云等领域开展深度合作，加速推进智慧交通建设，共建新型智慧城市标杆。

鹤壁市是河南省第一个开展车路协同智慧交通建设的地级市，此次合作项目第一期车路协同示范道路为20km，一、二期项目总投资额约3亿元。

现阶段，推动新型智慧城市建设已经成为现代城市发展的战略选择。在此背景下，鹤壁市、蘑菇车联将在"新基建""交通强国"建设、"智能汽车创新发展"智慧城市建设、"碳中和"等领域展开紧密合作，共同探索并打造全球领先的智能、低碳、可持续发展的现代新型智慧城市。

（3）北京：国内首个开放式5G商用智慧交通车路协同项目

2019年10月，在国家级智慧交通示范基地北京市顺义区北小营镇，蘑菇车联落地国内首个开放式5G商用智慧交通车路协同项目，在5G+C–V2X无缝连接和车路高效协同上开创先河，掀开了智慧道路建设的新篇章（见图6）。

该路段全长7.2km，是典型的混合开放式道路。整套车路协同方案支持300+交通关键事件场景，通过5G+C–V2X将车与路、车与车连接打通，各端感知数据彼此交互，让车、路两端具备追踪目标、捕捉风险、预测意图的能力，得到了交通部、科技部、顺义区等领导高度肯定。

（4）苏州：自动驾驶落地苏州 共建长三角自动驾驶高地

2020年11月，蘑菇车联车路云一体化自动驾驶落地苏州。此次落地，蘑菇车联与苏州高铁新城在自动驾驶、车路协同、智慧交通等领域开展深度合作。位于苏州高铁新城的长三角总部将作为蘑菇车联全球技术研发总部，集团三大基地支撑之标打造"苏州模式"，辐射推广到长三角更多区域。

在落地仪式现场的体验环节中，自动驾驶车辆完成了在交叉路碰撞预警、闯红灯预警、弱势交通参与者碰撞预警和绿波车速引导等日常高频场景下的自动驾驶，车路云一体化自动驾驶系统全局协同保障出行安全、提升通行效率（见图7）。

图6 蘑菇车联城市公共服务车队

图7 蘑菇车联Robotaxi车队

基于此次战略合作，双方将共同推进苏州高铁新城智能网联汽车产业的发展，形成在长三角地区具有明显竞争力和影响力的产业链体系，实现互利共赢，并充分发挥技术与资源优势，在苏州高铁新城建成全国领先的智能交通系统，为公众提供安全、便捷、畅通、环保的交通出行体验。

天融信车联网安全整体解决方案

北京天融信网络安全技术有限公司

作者：李沛盈，孙亚飞

随着智能网联技术的快速发展，汽车产业逐步进入到软件定义时代。新技术的应用在为人们日常出行带来便利的同时，也带来了新的安全挑战。网络安全已经成为智能汽车产业健康、快速发展的重要保障。天融信依托在网络安全领域领先的技术和测评体系，将通用安全技术与车联网业务场景进行深度融合，打造出一系列车载安全产品，并建立涵盖车联网云端安全、车端安全、V2X安全以及数据安全的纵深防护体系，搭建可持续安全赋能的运营平台，实现全生命周期安全服务，为车联网客户提供全方位、多手段、深融合的安全保障（见图1）。

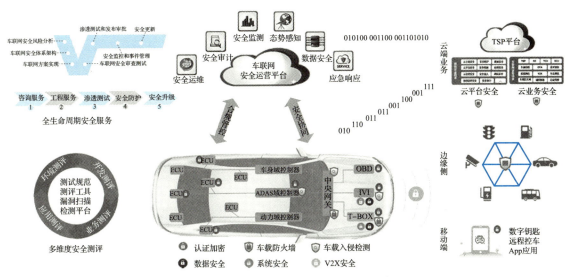

图1　天融信车联网安全防护体系

天融信车载防火墙（见图2）列入北京市首台（套）重大技术装备目录（2021年）。

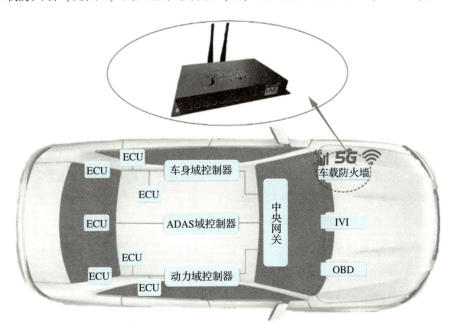

图2　天融信车载防火墙

天融信基于在防火墙领域26年的技术积累与沉淀，将产品领先优势和智能汽车场景全面深度融合，自主研发设计软、硬件一体化的车载防火墙，在智能网联汽车关键零部件领域实现突破创新，持续引领我国车联网安全领域发展。

天融信车载防火墙可为新一代智能网联汽车、自动驾驶客车、无人驾驶出租车、无人物流车等提供全方位的网络安全防护（见图2）。

车规硬件支持：支持车规级硬件平台及专用车载运行环境，符合ISO16750、GB/T28046标准检测规范，确保车载防火墙在各种恶劣行车环境下都能可靠运行。

国产自主可信：硬件集成国密芯片，支持多种类型的国密算法，保证智能网联汽车的车车、车云、车路等通信安全。

广泛接入能力：集成 WiFi 接入、4G/5G 通信、车载 CAN/以太网接口等，可为用户业务提供灵活、可扩展的网络安全接入能力。

全面安全能力：采用自主知识产权轻量级车载安全操作系统，集成安全检测、安全防护、安全审计及安全 OTA 等功能，提供高性能、高扩展性的安全能力。

云端联动集成：支持车端与云端协同联动，满足 GB32960 标准，通过云端多维度安全事件分析，赋能车端安全能力，实现安全防御闭环。

法雷奥全面智能出行方案　助力汽车行业创新

法雷奥企业管理（上海）有限公司

作者：顾剑民，SteveViala，Gilles Elmoznino

近年来出行领域发生史无前例的变革，至少两个新情况可以说明：2021 年 1 月 1 日，联合国通过新规，允许 L3 级自动驾驶的汽车商业化；7 月 14 日，欧盟委员会宣布，自 2035 年开始，欧盟境内的全部新车必须零排放，这实际上终结了汽油车和柴油车的使用。

法雷奥在新地区法规尚未出台之际，就已经开始研发更安全、更电动化且更多元的解决方案来应对出行革命。

正因为预计到这些深远的变化，法雷奥对研发进行了大量投资，开发了全面的产品组合。凭此，法雷奥成为三个关键的、快速发展领域的技术领导者：汽车电气化、高级驾驶辅助系统及车舱空气处理。

仅在十年间，法雷奥就彻底改变了其运营，重新确定了其技术重心：2009—2021 年，驾驶辅助系统销售额增加了 9 倍，汽车电气化相关零部件销售额增加了 26 倍。这一重大变化是在两个增长业务支持下实现的，法雷奥在这两个业务领域均是全球领导者。

法雷奥现已成为全球出行市场的重要参与者。它广泛的智能技术解决方案是为所有出行方式，而不仅仅是为汽车配备的。技术不再只针对汽车进行设计，而是纳入到集团三个专业技术领域的应用中。为了鼓励使用电动汽车，法雷奥开发了创新性的充电站；并设计了联网泊车解决方案，通过该解决方案，汽车可以在自动模式下导航，使停车更容易且更安全。此外，在当前的新冠疫情背景下，为了增强安全性，法雷奥对其车载医疗诊断系统进行了改造，以用于医院等公共区域。

1. 法雷奥和驾驶辅助系统的快速发展

与电气化类似，ADAS 的市场也在快速发展。法雷奥在这一领域也是全球领导者，目前全球每四辆新车中就有一辆配备法雷奥的相关技术。

到 2025 年，四分之三的汽车将配备先进主动安全系统，借助该系统，汽车能够精准监测车辆环境，触发自动紧急制动等安全操作；一半新车将配备 L2 级辅助驾驶功能。

在汽车驾驶辅助系统的竞赛上，2021 年已创造了历史。该年，本田里程和奔驰 S 级这两款新车型达到了 L3 级自动驾驶标准。这两款新车型均配备了法雷奥的激光雷达技术——法雷奥 Scala®，这是在汽车市场最先量产的激光雷达。

法雷奥拥有市场上目前最全的驾驶辅助解决方案组合（见图 1）。其中一些解决方案已成为全球范围内许多驾驶员日常生活的一部分。

1）当车辆接近障碍物开始鸣笛时，有 50% 的概率是由法雷奥超声波传感器发出的。

2）当驾驶员倒车，在仪表盘屏幕看到其车辆的影像时，有三分之一的概率是由法雷奥摄像头发出的。

3）当车辆检测前方目标时，有四分之一的概率正在使用法雷奥的前置摄像头。

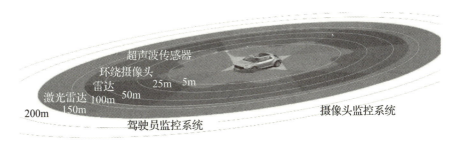

图 1　法雷奥的驾驶辅助解决方案及检测范围

法雷奥也提供技术大脑-控制单元，该装置对收集的数据进行组合和处理。控制单元描绘汽车环境的360°详细图像，使用算法来检测对象，并提供安全功能。

法雷奥是全球领先的技术系统集成商，帮助车辆查看、感知并理解其环境，实现安全驾驶。这正是驾驶辅助系统的作用所在，通过对其进行改进，出行将更加安全。

2. 法雷奥 L3 级驾驶体验或人机交互

当我们讨论汽车安全时，我们经常想到的是汽车的外部，具体而言是汽车的外部环境。法雷奥则创新地将视角放在了驾驶员身上。研究表明，在欧洲，约20%的死亡事故归因为驾驶员疲劳或在车上睡觉。

为此，法雷奥开发了驾驶员警觉性检测系统（见图2）。利用车内摄像头和软件，车辆可以识别并防止危险情况。

该技术对可在自动模式下行使的汽车（L3级及以上配备）至关重要。车辆必须能够确保它可以安全的将控制权"交回"给驾驶员。它也必须在正确时间为驾驶员提供所有必要信息。在慕尼黑展会上，来宾能够体验L3级自动驾驶功能，并看到法雷奥的人机界面系统如何尽可能安全、流畅及直观地在自动驾驶模式和人工驾驶模式之间过渡。

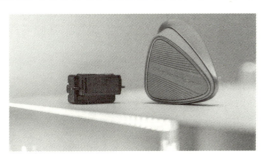

图 2　法雷奥驾驶员监测系统

3. 法雷奥 L4 级驾驶体验和 Drive4U

在2021年德国慕尼黑车展上，法雷奥展出了一款Drive4U自动驾驶汽车原型车（见图3和图4），该款车型可以在慕尼黑城市及以外开放道路上以自动驾驶模式行驶（在特定通道上）。这款原型车独家配备了法雷奥已量产的传感器（激光雷达、摄像头、雷达、超声波传感器等），自动驾驶等级达到了L4级。这款样车可以轻松应对城市和郊区的交通、道路、交通堵塞、十字路口、交通信号灯、人行横道和道路工程等典型场景。

图 3　Drive4U 自动驾驶汽车原型车

图 4　Drive4U 自动驾驶汽车人机演示（离手演示）

该车还配备了另外两项安全升级功能：法雷奥Drive4U Locate定位系统，该系统以厘米级的精度精确定位车辆在道路上的位置，而标准GPS系统的误差幅度高达5m；另一项为法雷奥MovePredict.ai系统。该系统可预测车辆周围辅助道路使用者的动向，并在他们移动导致事故发生之前及时启动紧急制动系统。

4. 驾驶辅助技术超越汽车领域，法雷奥与宝马合作开发自动代客泊车系统

法雷奥与宝马合作开发了一款可完全互操作的系统（见图5），借助该系统，汽车可在停车场自动泊车。利用该功能，汽车可自动行驶到同一建筑内的洗车处或充电站。

它部分依赖于法雷奥的系统，该系统不仅安装在车上，而且还安装在基础设施本身。继法雷奥研发的综合充电站之后，该能力进一步展示了法雷奥的车内和车外整体生态系统技术提供商的实力。

5. 法雷奥出行套装，触手可得的驾驶智能装备

在新的出行方式和机器人不断涌现之际，法雷奥正推出可与无人驾驶车辆集成的易用技术。法雷奥出行套装由传感器、电子控制单元及算法组成。它可以用来对感知、定位及控制软件进行补充。

这也是利用法雷奥推出"即插即用"感知系统（安装后即可操作）的无人驾驶物流解决方案的初衷。利用经过证实的技术，有效提升汽车质量和可靠性，并且批量生产带来的可负担成本，令其具备广阔的应用前景。

6. 辅助驾驶，受保护的驾驶

随着汽车的驾驶辅助等级持续提高，汽车需要配备多种传感器分析周围环境。为了保证性能和可靠性，这些传感器需要始终保持洁净。法雷奥利用其在刮水器系统上的专业技术设计了该产品（见图6），它能确保摄像头、雷达和激光雷达在所有季节、所有天气状况及所有路况下始终保持清晰的视野。它配备数款全自动程序，通过节液型清洁喷嘴或离心镜片来清除阻碍传感器视野的物质。

图5　法雷奥与宝马合作开发的自动泊车系统实车演示

图6　法雷奥传感器清洁系统

7. 法雷奥360°照明驾驶辅助系统为所有人的出行安全保驾护航

法雷奥在视觉系统（照明和雨刮系统）领域处于全球领先地位，这些系统能够大幅提升道路安全性。可用一个数字来说明：72%的死亡交通事故发生在夜间，这是能见度最低的时候。

数年来，法雷奥一直在推广其照明系统，有了它，驾驶员可在所有情况下使用前照灯的远光灯，而不会使其他道路使用者致盲。得益于车内安装的摄像头，摄像头检测靠近车辆，自动减弱该区域的亮度，避免使对面驶来的驾驶员感觉刺眼。

法雷奥全新智能照明系统PictureBeam Monolithic的应用更加广泛（引导暗处的驾驶员），提供更高安全性，更多辅助功能和驾驶舒适性。

法雷奥将电子与人工智能作为战略核心。设想一下，前照灯描绘出道路轮廓，并向即将转弯的驾驶员发出警告，在驾驶员视野中投射的影像将帮助对方进行预测。另一个想法是在前方投射象形图或警告，驾驶员可以看到而其视线不会偏离道路。前照灯还可以在道路上照出行人可以穿过的虚拟横道，或指示在超越自行车时将保持的安全距离。

2021年，法雷奥围绕车辆所处整体环境开发了一款360°照明解决方案（见图7），为所有道路使用者提供新功能。地面投影呈现新的含义，改善了沟通，从而使道路更安全。

该技术可在地面上投射与即将采取的车辆操作有关的信息，比如变向或切换至倒车档。它也可以在

车辆不远处发出欢迎信息或开门信号。清晰、简单、即时指示进入车辆附近使用者的视野内。针对的道路使用者既包括其他汽车驾驶员，也包括行人和新出行解决方案的使用者，他们全都属于弱势道路使用者（骑自行车的人、轮滑和骑滑板车的人等）。城市拥堵和无声电动汽车的增多增加了风险，促使我们寻找新的功能来与其他使用者更好地共享道路，并使出行更安全。

真正让法雷奥与众不同的是它为汽车——不仅包括高端车，而且包括所有类别的汽车——以一致的价格提供先进技术的能力。汽车在运行过程中，这一360°照明技术也会增强其相关沟通能力。这一解决方案也被用于创建汽车和其乘客之间的一种联系（见图8），通过投射一块发光"地毯"，在座舱内显示个性化欢迎信息。

图7 法雷奥全新360°照明解决方案投影演示

图8 法雷奥全新360°照明解决方案个性化投影

8. 法雷奥，出行变革的核心技术领导者

法雷奥是一家技术公司，在出行革命中处于占据核心地位。法雷奥开发能够推动更环保、更安全和更智能出行变革的技术，并决心让所有人都能使用这些技术。

法雷奥是汽车电气化和驾驶辅助系统（ADAS）的全球领导者。由于法规要求和对更安全、更环保出行的期望，预计这两个市场（电气化和驾驶辅助系统）在未来几年将迎来最高增长。

2020年，法雷奥集团将12%的主机厂配套销售额投入到研发中，这一比例高于同行，与全球大型科技公司一致。集团的研发部门雇用了20000名工程师（相比而言，2009年为6000名）。法雷奥在全球拥有近34000项专利受到保护。

镭神智能车规混合固态激光雷达赋能智能驾驶

深圳市镭神智能系统有限公司

1. 镭神智能激光雷达产品介绍

（1）镭神智能CH系列混合固态激光雷达

车规级CH系列混合固态激光雷达为镭神智能针对L2~L5级智能驾驶道路环境感知需求而设计，完全符合车规级标准，具有高耐用性和高可靠性，产品内部结构简单，尺寸小巧，可直接嵌入车身，不影响车辆美观，且易于实现自动化批量生产，从而降低产品成本，更适用于智能驾驶汽车的大规模商业化落地。

镭神自研的混合固态激光雷达在各项指标和产品性能方面已经走在行业最前沿，在线数、探测距离、垂直和水平分辨率上更有优势，设计寿命10万h，其中CH32 32线激光雷达已经通过了国家汽车质量监督检验中心系列检测，是国内首个、全球第二个获车规认证的激光雷达。2020年6月12日，搭载了4台CH32线混合固态激光雷达的东风Sharing-VAN1.0 Plus（见图1）正式量产下线，标志着国内首款完全自主研发的L4级5G自动驾驶汽车正式开始产业化商业运营。

图 1　CH32 搭载在东风汽车 Sharing – VAN1.0 Plus

（2）激光雷达在智能驾驶领域应用的优势

1）适应中国复杂路况：激光雷达可精准探测感知高峰期复杂的交通路况、临时出现的施工路段、前方突发掉落的物体等，为安全驾驶保驾护航；

2）更好的 ODD（突发情况）适应性：激光雷达可精准快速识别乘用车、商用车和异形车辆（如自行车、摩托车、行人等）突然减速或切入以及"鬼探头"等突发情况及危险行为；

3）激光雷达可适应各种恶劣天气情况；

4）更高安全冗余：激光雷达可补足摄像头、毫米波雷达的短板，为智能驾驶提供更高安全冗余。

（3）镭神智能 2021 年度新品

2021 年，镭神智能发布了 128 线小尺寸混合固态激光雷达 CH128X1（见图 2）和 180°超大视角补盲混合固态激光雷达 CH64W（见图 3）。

图 2　CH128X1 产品图及点云成像

图 3　CH64W 产品及应用图

CH128X1 拥有 128 线超高线束，最远探测距离可达 200m（160m@10%），水平探测角度 120°，垂直探测角度 25°（-18°~7°），工作温度 -40~85℃，并于 2021 年 2 月份在漠河进行雪天低温测试（夜晚最低温度为 -35℃，白天平均温度为 -15℃），各项性能指标表现良好，可充分保障在恶劣天气环境下稳定工作。小尺寸设计，可直接嵌入车身内，不影响车辆美观度。

CH64W 是专为扫除车辆驾驶盲区而设计的，其拥有 180°×40°的超广水平视场角，测量精度精确至 ±3cm，能够高效识别近距离范围内的障碍物，为汽车、机器人、AGV 的行驶盲区带来精准的环境感知。

除了以上两款已发布的新品，镭神智能即将重磅推出 1550nm 远距离车规混合固态激光雷达 LS27X（见图 4），其采用镭神智能自研的高速振镜系统和 1550nm 光纤激光器，产品拥有更好的测距性能和点云密度表现，最远测距为 250m@10%，测量精度为 ±3cm，FOV 为 120°（H）×25°（V），最小垂直角度分辨率可达 0.1°（10Hz），测点速率高达 145 万点/s。LS27X 具备完全抗干扰功能，以高可靠性和面向大批量量产车辆的设计服务于智能驾驶应用，超薄的尺寸外观更是便于集成在车辆的车顶或其他区域。

图 4　LS27X 产品及参数

（4）产品组合部署方案

CH128X1、CH64W、LS27X 三款重量级产品可通过不同的组合部署方案，实现远距离探测及车周盲区监测，为智能驾驶提供充足的安全冗余，可实现 L3～L5 高阶智能辅助驾驶。

1）1/2×CH128X1+3×CH64W 组合部署方案（见图5）。

通过在车前保险杠上安装 1 台或 2 台 CH128X1 激光雷达，车身左右侧及后方各安装 1 台 CH64W 补盲激光雷达，可实现前方远距离探测提前预警，以及扫除车周安全盲区。

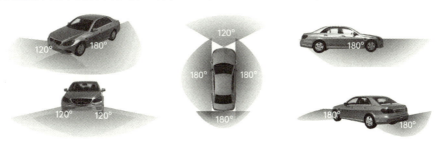

图5　1/2×CH128X1+3×CH64W 组合部署方案

2）1×LS27X+4×CH64W 组合部署方案（见图6）。

通过在车顶安装 1 台 1550nm 的 LS27X 激光雷达，以及在车身四周各安装 1 台 CH64W 补盲激光雷达，实现全方位实时环境感知，为智能驾驶决策提供丰富的道路信息。

图6　1×LS27X+4×CH64W 组合部署方案

2. 镭神智能驾驶整体解决方案

镭神智能除了拥有高性能高品质的激光雷达产品外，还具备强大的感知算法能力，通过构建成熟完善的传感器系统架构及辅助驾驶系统架构，为客户提供安全的智能驾驶解决方案。

（1）多传感器融合环境感知方案

1）方案简介。镭神智能多传感器融合环境感知方案采用激光雷达（CH128X1+CH64W）、摄像头、毫米波雷达、组合惯导等传感器对自车周围的道路环境进行检测。激光雷达、摄像头、组合惯导安装在车顶一体式结构（见图7和图8）中，对车辆周边 360°范围内全范围检测，方便做传感器时间同步和空间同步，以实现多传感器融合优势互补。通过数据融合算法处理提取出道路的可通行区域、车道线信息、障碍物属性以及障碍物运行状态信息，同时可对道路环境进行定位建图，以保证车辆安全行驶方案。

图7　多传感器融合环境感知一体化装置

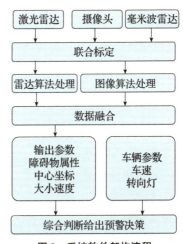

图8　系统软件架构流程

2）方案优势。
- 采用车规级混合固态激光雷达、长期使用稳定可靠
- 超长设计寿命、减少售后及运维成本
- 提供整体感知方案，减少客户标定、融合工作

（2）镭神智能激光雷达大车盲区检测系统方案

1）系统介绍。本方案主要由激光雷达组（CH64W）、OBD模块、处理器、显示器及语音报警模块（见图9和图10）组成，激光雷达组对所布置防护区域进行实时监控数据采集，同时结合OBD模块采集的车辆速度和转向信息，然后统一在处理器中进行算法处理和决策预警，最终将监测结果实时输出到显示器，并进行语音播报告警。

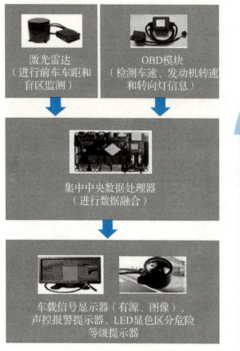

图9 系统架构图

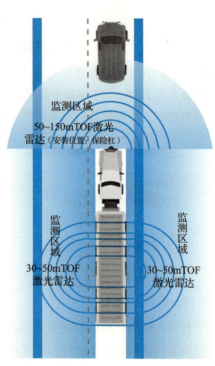

图10 激光雷达组合安装功能示意图

2）方案优势。
- 激光雷达与红外线、超声波、毫米波雷达等传感器相比，探测更加精准、快速
- 主动式盲区实时监测，及时预警车周险情，有效规避疏忽或疲劳驾驶导致的交通意外
- 不受日夜光照变化影响，全天候为司机保驾护航

（3）激光雷达车路协同路侧感知系统方案

1）方案介绍。镭神智能车路协同（V2X）路侧感知系统（见图11）基于激光雷达与摄像头的数据融合，通过先进的神经网络算法对行驶在交通道路上的各种机动车、非机动车、行人等进行精准的检测、识别处理，获取目标位置信息，并实时发送给交通管控中心和车端，实现路况险情提前预警，提高自动驾驶安全冗余，从而形成安全、高效、环保的道路交通系统。

2）方案特点。
- 激光雷达与摄像头数据融合互补
- 采用先进的神经网络算法
- 精准识别并输出目标属性信息
- 精准判断并输出事件信息
- 道路全方位无死角监测
- 适用于各种复杂路段

图11 车路协同路侧感知系统

3）应用案例。

镭神智能车路协同路侧感知方案已先后在北京、上海、广州、深圳、苏州、西安、郑州、许昌、重庆、武汉、天津、常州、常熟、成都、三亚、青岛、柳州等国内外50多个城市完成落地实施（见图12）。

图12 镭神智能车路协同应用案例

北斗数字孪生交通赋能智慧交通与智能网联

广东星舆科技有限公司

作者：黄路遥，孙秀明，黄赟，肖勇

星舆科技研发的北斗数字孪生交通解决方案利用各类传感器将现实世界的路侧静态信息（路侧的基础设施的信息，如交通标识和路标）、准动态数据（红绿灯的相位、交通拥堵等）、高度动态数据（车辆、行人等交通参与者的实时状态数据）变成数据流，通过人工智能关联处理，融合到动态更新星舆高精度地图平台中，将其结构化后变成业务信息流，将现实世界的交通信息1:1还原，存储记录，并支持以各类型的接口数据总线的方式集成到更上层的应用中，如智能网联示范区管理平台、城市交通大脑云平台等，本方案的总体框架如图1所示。

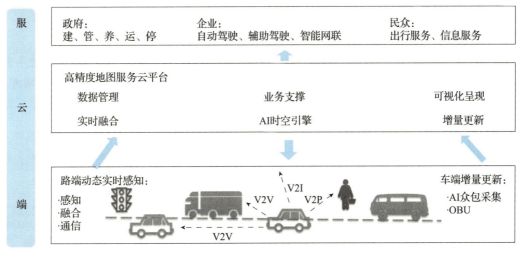

图1 北斗数字孪生交通方案总体框架

路侧设施感知通过雷视轨迹拟合算法，把视频和雷达获得的数据进行位置标定、坐标转化、时钟同步、轨迹合一，从而获得时间、空间、身份数据，能做到无死角，无盲区，可提供覆盖道路时空内的车牌、车速、位置、姿态、属性、分向车道流量、交通事件检测等精准元数据与交通事件，作为高精度地图的动态元素为交管用户提供数字化全息视角，本方案的整体技术架构如图2所示。

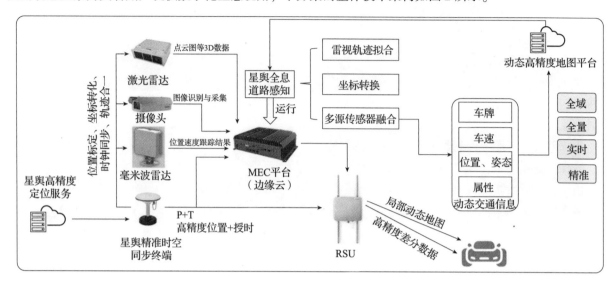

图2 北斗数字孪生交通方案技术架构

在深圳某高速出口段数字孪生项目中，以智慧灯杆、智能路测设备为依托，通过星舆科技北斗高精度定位服务、授时服务实现灯杆监测与时间同步，集成视频摄像头、激光雷达、毫米波雷达等设备，实现高速公路中行驶的车辆进行车牌识别和跟踪，在结合4G/5G物联网和高精度地图的基础上，通过计算机技术进行融合，智慧高速公路的信息能实时动态显示在高精度地图中，本项目已上线的服务平台，如图3所示。

本项目现场设备安装与调试如图4所示。

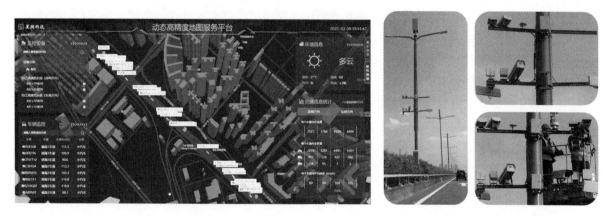

图3 深圳某高速出口段数字孪生项目服务平台　　　　图4 现场设备安装与调试

本项目核心功能的主要技术指标包括以下几个方面。

1）全量感知，车牌、位置、属性、形式、姿态5类元数据动静结合，合成40余种交通事件。

2）要素精度，车道级跟踪定位精度≤50cm，多路轨迹跟踪准确率≥95%，高精度地图融合感知精度≤30cm。

3）感知能力，多传感器，多维感知，雷达超视距最远可达200m。

4）实时更新，并发视频帧级轨迹≤40ms，时间监测≤8s。

中科智驰低成本无人驾驶系统在特定场景的产业化应用

合肥中科智驰科技有限公司

1. 产业背景

当今,人工智能的热潮高涨,无人驾驶车辆作为人工智能技术重要的展示载体备受人们关注。尤其是大量风险投资资本的注入,使得无人驾驶车辆不再是实验室或者测试场的产物,开始逐渐走入平常人的视野。无人驾驶车辆在降低事故发生率、降低人力劳动强度、提高车辆作业效率、节约公共资源等方面具有重要的现实意义。

无人驾驶技术能够做到车辆在无人操作的情况下,自主地完成驾驶任务,因此在公共交通、物流运输、安保、挖掘开采、军事应用等领域有巨大行业需求。

由于目前国内智能交通的道路网络尚未完善,法律法规、责任界定尚未明确,以及车辆牌照发放问题等诸多原因,无人驾驶车辆在开放场景的规模化应用尚待时日。而在特定场景,比如港口码头、矿山、景区园区、军事应用等环境下的无人驾驶车辆取得了可喜的进程。但是,目前绝大部分科研机构、科技公司所研发的无人驾驶系统成本从几十到上百万元不等,价格昂贵,导致在特定场景应用的无人车产品难以让客户欣然接受。

2. 中科智驰无人驾驶系统 APOV1.0

中科智驰采用低成本无人驾驶技术解决方案,提出了一套可用于多种车辆的低成本无人驾驶系统APOV1.0,具有低成本、高适应性、高稳定的特点。本系统能够根据激光雷达、毫米波雷达和相机模块对环境进行采样,对图像和点云进行深度融合,建立多特征深度神经网络模型,使用深度学习的方式对目标进行识别,并优化计算复杂度问题,这大大提高了无人驾驶系统的适应性和鲁棒性。

该系统具备上电自检、可通行区域检测、车道保持与自适应巡航、信号灯识别、标识牌识别、行人与车辆聚类、障碍物检测与避让、全局路径规划、局部路径规划、实时驾驶行为的决策与执行、远程规划与控制接口等功能,主要用于现有车辆自动化的产品升级,可适用于传统燃油车、新能源汽车、特种工程车辆等多种车辆平台的自动驾驶场景应用。中科智驰无人驾驶系统 APOV1.0 根据不同的车型可以选择不同的配置,单套系统批量成本不超过 10 万元,在行业内有具有极大的性价比优势。

无人驾驶系统 APOV1.0 整体方案采用分层式体系结构,该结构拥有明确的接口体系以及递进的性能表现。系统包含四大核心子系统:感知系统、决策系统、控制系统、执行系统,如图 1 所示。

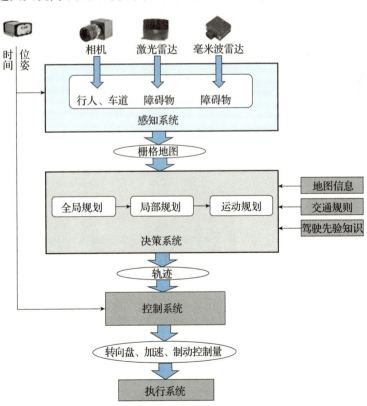

图 1 中科智驰无人驾驶系统 APOV1.0 架构

3. 中科智驰 APOV1.0 在特定场景的应用

（1）无人驾驶摆渡车

由中科智驰牵头，联合特种车辆主机厂共同设计，搭载 APOV1.0 系统的无人驾驶摆渡车已实现多个型号批量生产，如图 2 所示。无人驾驶摆渡车主要是应用在机场、大型厂区、风景区，主题公园，校区等多种场所，具备自动驾驶，手机约车、站点停靠、路线自选、景点语音解说等功能，在减少人力投入的同时实现短距交通出行的智能与便利。此款产品的投入不仅增加了所在园区的科技含量和游客吸引力，而且提高了园区的知名度和行业影响力。目前中科智驰无人驾驶摆渡车已在合肥、南京、南昌、西安等多个城市投入使用。

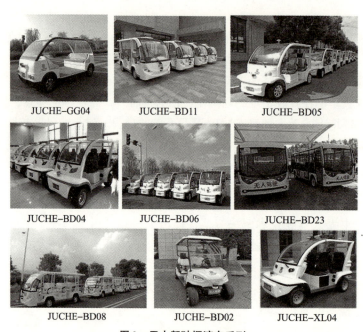

图 2　无人驾驶摆渡车系列

（2）无人驾驶靶车

无人驾驶靶车具备无人驾驶、远程驾驶、电子围栏、远程路径规划、障碍绕行、视频监控与数据回传等功能，主要用于承载战斗射击靶标，为射击训练提供移动目标，配合靶车控制台进行射击的训练和实弹检验考核，提高训练的效率和安全性如图 3 所示。

图 3　无人驾驶靶车系列

（3）APOV1.0系统在其他场景应用

中科智驰无人驾驶系统APOV1.0在多种车型上进行了适配，并且具有较强的适应性，表现出优秀的自动驾驶功能。比如成功适配了无人驾驶清扫车，实现清扫车特定路面的自主清扫任务；适配了无人驾驶牵引车，实现了工业园区点对点的物资转运；适配了无人驾驶巡逻车，实现了区域内的自动巡逻安防任务等。中科智驰围绕自主研发的低成本无人驾驶系统，为客户打造无人驾驶车辆的定制化服务，提供软硬件一站式解决方案。

中科智驰技术团队在无人驾驶乘用车领域技术积累了十余年，在落地应用时选择了面向特定场景进行技术转移转化，既提高了无人驾驶车辆市场接受程度，也为后期全工况无人驾驶车辆的规模应用储备技术与数据。中科智驰将持续为无人驾驶车辆技术和行业的发展贡献自己的力量。

格纳微科技定位导航产品应用介绍

湖南格纳微信息科技有限公司

作者：李杨寰，岳龙龙

1. 公司概况

湖南格纳微信息科技有限公司（简称"格纳微科技"）目前投入资本金5000万元，自有2000平米研发办公资产，配备了高精度温控转台、振动台、角振动台等惯导生产测试专用设备，技术和创始人均来自国防科技大学，拥有一支专业的专家团队，在人员惯性定位、微惯性传感器等多传感器融合领域具有国内领先的研究水平，拥有包括微惯性测量单元的工艺结构在内的自主知识产权20多项，研制的MY-5X系列已经批量应用于智能弹药、自动驾驶、辅助驾驶，Supass-AX系列产品为飞行器提供准确的航姿信息，MTK-4X系列微惯性组合导航产品应用于军工、高铁、雷达、自动驾驶等领域。

2. 产品简介

（1）MEMS惯性-卫星组合导航系统

格纳微科技针对自动驾驶、无人机、高铁等应用场景研发的"MEMS惯性-卫星组合导航系统"，（系统内各型产品指标见表1，外观如图1所示），利用高精度MEMS陀螺、加速度计及多模多频GNSS接收机，实现外置天线辅助快速高精度定向和组合导航功能，实时解算载体的位置、速度、航向、姿态等信息，抗遮挡和多路径干扰，实现复杂环境下的长时间、高精度、高可靠性导航。系统支持GNSS实时RTK功能，采用紧凑化设计，体积小、重量轻，提供标准化用户通用协议，具备良好可扩展性。产品已经完成系列化量产，可根据用户需要配置不同等级的IMU和不同性能的卫星导航板卡，提供422、232、CAN等多种接口，优质的上游供应链能力使得产品具备成本低、性能稳定的优势。

系统具备特点包括：①接口可定制；②可记忆IMU标定参数，上车后只需完成一次标定；③断电参数保存，可在室内启动时具备持续解算能力；④完整的运动约束模型，可融合转向盘、加速、制动、里程计等参数，达成最优的失锁位姿保持能力；⑤内置预测算法，实现超低延时的位置输出。

可应用于自动驾驶、辅助驾驶、机器人、地图采集车、高铁、舰船、无人机、航空测绘等领域。

表1 格纳微科技各型组合导航产品指标

项目型号	MKS4051 单天线组合导航系统	MKS1051 组合导航系统	MKT1072 组合导航板卡	MKT4052 双天线组合导航系统
位置精度	单点≤1.5m（CEP） RTK≤2cm+1×10^{-6} （CEP）	单点≤2m（CEP） RTK≤2cm+1×10^{-6} （CEP）	单点≤2m（CEP） RTK≤2cm+1×10^{-6} （CEP）	单点≤1.5m（CEP） RTK≤1cm+1×10^{-6} （CEP）
航向精度	0.2°（1σ）	单：0.2° 双：0.08°（2m基线） 0.2°（1m基线）	0.2°（1m基线）（1σ）	0.2°（1m基线）/0.08° （2m基线）（1σ）
姿态精度	0.2°（1σ）	单：0.2°（1σ） 双：0.1°（1σ）	0.2°（1σ）	0.1°（1σ）
GNSS失锁精度	2‰（误差与失锁里程的比例）	2.5‰（误差与失锁里程的比例）	2.5‰（误差与失锁里程的比例）	2‰（误差与失锁里程的比例）
尺寸	65mm×65mm×31mm	103mm×65mm×30mm	70mm×60mm×17mm	116mm×83mm×37mm
重量	≤160g	≤350g	≤30g	≤362g

MKS4051单天线
组合导航系统

MKS1051组
合导航系统

MKT1072组
合导航板卡

MKT4052双天线
组合导航系统

图1 各型号组合导航产品外观图

（2）惯性导航系统

格纳微自主研发的航姿参考系统SurPass-A500和小尺寸、高精度、高可靠性、高性价比的微惯性测量单元MY530HE（指标见表2，外观图如图2所示），内置九轴高性能MEMS陀螺仪、加速度计、磁力计（MY530HE不含磁力计），陀螺和加速度零偏稳定性高，按照军工级全温区标定，动态性能出色，适合从静态到高速运动的高精度测量，已批量应用于自动驾驶、军工、工业设备、天线稳定等领域。

表2 格纳微科技各型惯性导航产品指标

项目型号	SurPass-A500 航姿参考系统	MY530HE 惯性测量单元
航向精度	0.3°（RMS）	/
姿态精度	0.1°（RMS）	/
方位精度（磁北）	1°（RMS）	/
陀螺量程	±100~2000°/s（可配置）	±100~2000°/s（可配置）
陀螺零偏稳定性（国军标10s）	10°/h	10°/h
加计量程	±2~16g（可配置）	±2~16g（可配置）
加计零偏稳定性	0.25mg	0.25mg
尺寸	25×23.8×9.5mm	25×23.8×9.5mm
特性：	输出高精度的航向、姿态数据及陀螺和加速数据 传感器全温补偿、非正交标定、磁力计罗差校准 智能识别和滤除外部磁场干扰	输出高精度角速度和加速度数据高可靠性

SurPass-A500

MY530HE

图 2　各型号惯性导航产品外观图

3. 应用案例

格纳微科技组合导航产品及惯性导航产品在自动驾驶、机器人等相关领域应用见表 3。

表 3　格纳微科技组合导航产品及惯性导航产品应用案例

应用场景	照片	应用场景	照片
搭载格纳微单天线组合导航系统的安防巡逻机器人应用		搭载格纳微科技组合导航板卡的自动驾驶小巴	
搭载格纳微科技双天线组合导航系统的无人靶车应用		搭载格纳微科技惯性导航系统的无人清扫车	
搭载格纳微科技双天线组合导航系统的无人机挂载角反定位测姿应用		大兴机场搭载格纳微科技惯性导航系统的机器人	

GNSS 增强服务在智能网联汽车中的应用

千寻位置网络有限公司

作者：金玉洁

1. 智能网联汽车中定位应用的现状

（1）智能驾驶中的车辆定位需求

定位对于智能驾驶来说，主要解决"我在哪"的问题，定位与感知、决策、执行一起，构成了智能驾驶四大主体功能。一方面，对于自动驾驶汽车，定位为车辆路径规划和决策提供必要的输入，车辆需要基于自身实时所处的道路，车道以及道路区段来进行后续的路径规划，以及决策是否需要进行换道操作；定位也是 L3 自动驾驶中 ODD 判断（支持 L3 自动驾驶的地理区域）的必要条件之一。

另一方面，定位可为智能网联汽车提供主车（SV）和远车（RV），以及其他交通参与者的位置和时间信息，为协调及调度不同交通参与方提供统一的时间和空间坐标框架。基于主车与远车、行人、路侧设备的实时位置，可实现前向碰撞预警（FCW），弱势交通参与者碰撞预警，闯红灯预警等功能。车辆位置信息也是 V2X 技术各项应用中交互数据帧中的基础数据之一。

对于智能驾驶应用来说，定位需求可分为定位性能和定位可靠性两大类。

（2）智能驾驶定位性能与可靠性指标

定位性能往往从定位精度、定位结果输出频率、定位输出的收敛时间、定位结果的可用率等方面进行考量。而定位的可靠性，较为成熟的衡量方法是借鉴民航领域的完好性评价体系。

定位精度的需求，往往和具体的应用功能相关。对于用来做 L3 自动驾驶 ODD 判断（地理围栏）时，往往只需要米级的定位精度要求，此时由定位误差造成的自动驾驶功能提前退出或延时进入的时间差为定位误差除于当前车速，基本上为秒级的时间差。而对于 L3 及 L3 以上自动驾驶车道级定位的应用需求，则要求可以根据定位结果实时判断车辆所处的车道，从而为车辆变道提供准确的判断依据，该应用需求往往要求定位精度达到亚米级。

定位可用性与定位精度和可靠性需求是相互关联的，定位精度要求越高，或可靠性要求越严格，则定位结果的可用性相对越差。抛开技术层面上不同指标要求间的关联性，单从需求层面来看，定位结果可用性越高，则由定位不可用造成的自动驾驶功能退出次数越少，车辆的驾驶体验越好。实践层面，可分别定义基于定位精度的可用性指标，以及基于可靠性的可用性指标，通常以百分比的形式给出：即定位结果满足精度要求的输出结果占整体输出结果的比例；以及满足可靠性要求的输出结果占整体输出结果的比例。

（3）智能驾驶定位的挑战与痛点——定位结果高可用和高可靠

L3 及 L3 以上的智能驾驶应用，往往对感知、定位、决策、执行系统的安全性有着严格的要求。对于定位子系统，则要求定位结果具备足够的可靠性，避免上层应用误用错误的定位结果而引起错误决策，进而引发危害事件。如何在确保定位结果高可用率的前提下，保障定位结果的高可靠性，成为定位系统需要满足的痛点需求。

2. 专门为智能驾驶汽车打造的 FindAUTO

FindAUTO（见图 1）是专门为智能驾驶专属打造的整体解决方案，面向 ADAS 到 L3 +、V2X 及智能座舱等应用需求，提供高可用、高可靠、高精度的定位服务，是智能的高精度定位算法终端软件，将车规级硬件及车载架构进行硬件集成，实现极致的产品性能，同时满足功能安全、SOTIF、TISAX 等汽车行业标准。

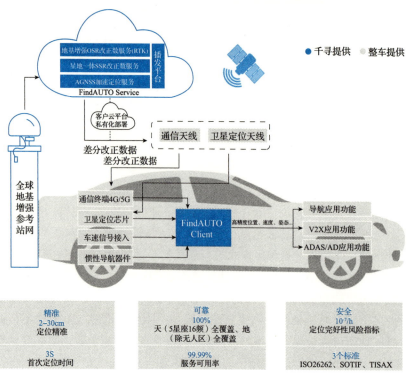

图 1 FindAUTO 整体架构图

(1) 定位系统精度保障

利用遍布在全国的 2800 多个地基增强参考站，FindAUTO 由提供高精度定位服务的 FindAUTO Service 以及高精度终端融合定位算法 FindAUTO Client 组成，可实施输出可靠的高精度位置、速度、时间、姿态等信息，在高达 99.99% 的服务可用率，$10^{-7}/h$ 的完好性指标基础下，定位精度可以达到 2~30cm，首次定位时间可以缩减至 3s。

(2) 定位系统可靠性保障

定位结果的可靠性可以被拆解为两个关键指标，一是定位的置信度，指在实时系统中，若 GNSS 受遮挡、受干扰、受欺骗及多路径等多种因素的影响，如何向系统输出可信的定位结果。二是定位的可用性，指如何在智能驾驶所需的场景下，保障定位系统能提供足够高的可用率，避免因定位不准而造成的自动驾驶功能接管率的上升。

目前较为成熟的衡量方法是借鉴民航领域的完好性技术。定位完好性技术（见图 2）指在定位不准（达不到自动驾驶系统要求）的时候，向系统告警的能力。FindAUTO 在云端改正数服务及终端算法上均提供完好性监测，保障系统的高安全与高可用。

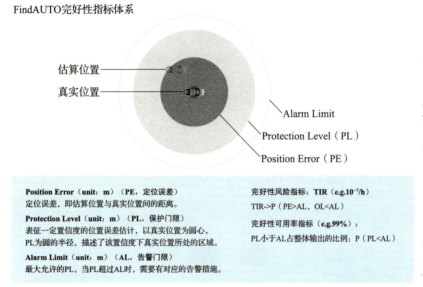

图 2 定位完好性指标体系

(3) 定位系统安全性保障

作为应用于智能驾驶领域的关键技术，FindAUTO 高精度定位解决方案在研发设计阶段就将功能安全、预期功能安全、信息安全的要求纳入研发标准中（见图 3），为智能驾驶提供高安全等级的云端一体定位解决方案。

图 3 定位系统安全

广州中海达智能驾驶高精度定位应用案例

广州中海达卫星导航技术股份有限公司

作者：廖建平

1. 自主研发的 iPMV 智能驾驶导航平台

高级别智能驾驶传感器方案中，包含定位感知传感器、激光雷达传感器、毫米波雷达传感器和视觉传感器。中海达定位方案为定位 + 感知 + 传感器。此方案结合高精度融合定位模块和高精度天线作为基础，支持 L2.5 – L4 不同级别的高级智能驾驶的定位和定姿需求。

中海达智能驾驶定位方案根据不同的 GNSS 芯片模组和 IMU 模块作为基础空间定位感知，结合根据 GNSS 模组新能优化的 GNSS 多频段高精度定位天线，为不同场景下提供不同定位精度和姿态的定位方案，覆盖综合定位精度 5～30cm 区间内的不同应用场景下的空间定位需求，并且提供单、双天线航向和姿态输出功能，方便天线位置部署和精准航向使用。

中海达多源融合定位单元 iPMV 产品，致力于底层技术与架构创新，发挥"基础平台 + 用户生态"的模式，结合主机厂在核心器件自主化和标准化的策略，为智能驾驶提供高精度、高性能、高可靠、高安全、低时延、强融合等优势的定位单元，可满足当下 RTK/PPP（L1 + L2/L1 + L5 多星多频）主流 GNSS 高精度定位技术，以及支持高精度地图与定位相结合的多源融合路线，iPMV 智能驾驶导航平台示意图如图 1 所示。

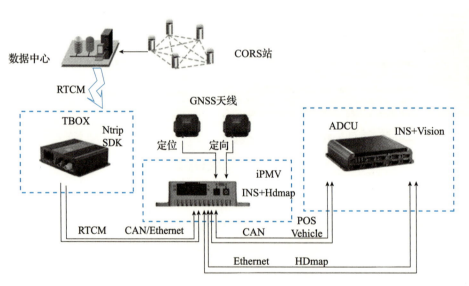

图 1　iPMV 智能驾驶导航平台示意图

2. 高精度导航定位模块 iPMV 测试效果

（1）测试方案

同一 GNSS 天线通过功分器连接 iPMV 和光纤惯导 SPAN – KVH1750，按照规划的测试路线（高速隧道、高速开阔、收费站、高架辅道）进行路试。测试结束后，使用 IE 处理光纤惯导 SPAN – KVH1750 的原始数据输出位置、速度、姿态结果作为基准数据，以此来衡量 iPMV 组合导航模块的定位效果。

（2）精度计算方法

精度计算方法见表 1。

表 1　精度计算方法

误差项	误差项说明	计算公式
位置误差	将 iPMV 和基准数据在 WGS84 坐标系下的坐标值，经过高斯投影进行转换，转换后的坐标值分别为 Pos0、Pos1，投影参数是测区中心的经度、纬度和测区的平均海拔高	$Dx_{yaw} = Pos1.posx - Pos0.posx$ $Dy_{yaw} = Pos1.posy - Pos0.posy$ $Dz_{yaw} = Pos1.posz - Pos0.posz$
姿态角误差	将 iPMV 的姿态角经过固定安装误差改正之后做差得到姿态误差，iPMV 的姿态角为 Angle0，基准姿态角为 Angle1，横滚、俯仰、航向固定误差分别为 roll_er，pitch_er，head_er，横滚和俯仰角的固定误差通过路试动态收敛后静止的状态求出，横向角固定误差是动态路试过程中 iPMV 和基准站的均值之差	$Ax_{yaw} = Pos1.roll - Pos0.roll + roll\_er$ $Ay_{yaw} = Pos1.pitch - Pos0.pitch + pitch\_er$ $Az_{yaw} = Pos1.heading - Pos0.heading + head\_er$
1σ~3σ 误差统计	将误差值的绝对值按从小到大的顺序排序，分别求其中前 65.26%、95.44%、99.74% 的误差值计算均方根误差值	$Rmse.sigma = sqrt\left\{\dfrac{sum[pow(Dx_{yaw},2)]}{datanum.sigma}\right\}$

本次 iPMV 与光纤惯导测试选取的路段包含收费站、高速公路、高速隧道、高架辅道等场景。测试结束后，以光纤惯导数据为基准数据，与 iPMV 测试结果进行对比。（见图 2 和图 3）分别为高速隧道测试场景和 iPMV 整体路试轨迹。

图 2　隧道入口

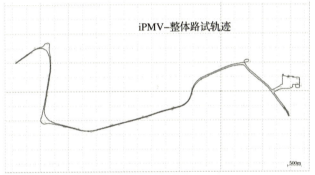

图 3　iPMV 整体路试轨迹

北理新源智能化、网联化自主创新成果

北京理工新源信息科技有限公司

2021 年 10 月 20 – 22 日，2021 C – V2X "四跨"（沪苏锡）先导应用实践活动在苏州市相城区成功举办。该活动借助长三角地区车联网基础设施，从单车安全高效驾驶、多车协作通行、车路信息交互等多方面开展面向公众的实车应用演示，首次创新开展长三角跨省域车联网 C – V2X 协同应用实践。

北京理工新源信息科技有限公司研发的智能网联车载终端携手哪吒汽车 U Pro 探火版车型亮相此次活动，成功进行了一阶段及二阶段的场景演示（见图 1）。

该终端内置 C – V2X 车规级模组，高性能 HSM 加密芯片，高速率低时延的 5G 通信模块，配合 RTK 高精度定位系统，可实现丰富的场景应用功能，为车辆提供多种场景下的安全预警。同时，友好的人机交互终端可为用户提供可视化界面，以实时查看各类安全预警信息。

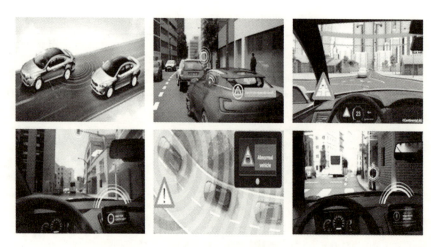

图 1　V2X 应用场景

测试活动涉及车车、车路等多种场景下的 C-V2X 应用场景功能测试，由 C-V2X 车载终端和路侧单元组成真实的背景环境，终端内置的预警算法对采集到的车辆状态数据进行分析，能精准感知车辆间的相对位置、相对距离、碰撞风险等信息，为终端的适时准确预警提供了强有力的支撑，给用户较好的使用感受。在试乘试驾活动中，终端进行了十余种包括前向碰撞预警、协作式变道、盲区预警、感知数据共享、前方行人提醒等 C-V2X 的实际应用功能展示。此外，该终端完成了 CA 系统认证，通过了 2021 C-V2X 新四跨一致性性测试（见图2），在大规模性能中与同类 OBU 产品相比表现优异，顺利通过了功能测试及场外测试，与多家不同路侧智能终端无缝衔接，在复杂交通环境下帮助用户提高驾驶安全性和出行效率，验证了公司的技术成果。

智能网联是智能汽车发展的战略方向，网联协同是智能驾驶发展的未来趋势。北理新源将继续聚焦于车联网技术发展，不断深耕行业，致力于与生态伙伴共同推进智能网联汽车技术成熟、向商业化落地的进程。

图 2　北理新源参加行业"新四跨"活动

宸芯科技国产自研 C-V2X 芯片助力智能汽车新浪潮

宸芯科技有限公司

近年来，汽车产业发生深化变革，随着汽车与交通、通信、电子、计算机、自动化等诸多领域交叉融合，汽车产业的创新焦点也从机械转移到了核心芯片、人工智能、传感器、电子电气架构和电池技术等领域上。

汽车工业正在大力推进的"新四化"——电动化、网络化、智能化、共享化，后面的三化都跟 5G + 车联网有紧密联系。5G 及 C-V2X 技术的快速发展，带来了更大数据吞吐量、更低时延、更高安全性的通信技术，极大地促进了智能驾驶和智慧交通的发展。我国在 5G 及 C-V2X 通信技术方面具有很大的优势。车联网 C-V2X 通信标准是由我国提出和推动的，去年美国宣布放弃 DSRC 并转向 C-V2X，让 C-V2X 成为全球车联网唯一的国际标准。去年 11 月份发布的《智能网联汽车技术路线图 2.0》中，我国确定了 C-V2X 实现量产目标，即到 2025 年 C-V2X 终端新车装配率达 50%，2030 年 C-V2X 终端新车装配基本普及。今年以来，中国智能网联政策发布频率明显升高，我国各地智能网联汽车或自动驾驶测试基地和示范区已近 50 家，国内 C-V2X 量产车型近 10 款。

中国信科集团作为 C-V2X 的提出者和标准化的推动者，一直致力于积极推动车联网产业的规模化商用落地，宸芯科技作为中国信科集团旗下大规模集成电路产业板块的核心企业，向业界提供领先的 C‑V2X 终端芯片，并规划后续演进类车联网芯片，提供丰富的产品和服务，赋能产业链合作伙伴（见图1）。

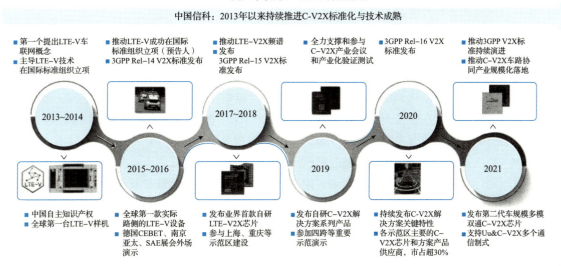

图1　中国信科集团及旗下宸芯科技积极推动车联网产业规模化

1. C‑V2X 系列芯片及解决方案

宸芯科技 C‑V2X 系列芯片产品系完全自主研发，具体包括在售的第一代 CX1860 芯片以及今年发布的第二代 CX1910 芯片（见图2）。CX1860 芯片和方案支持 LTE‑V2X 通信，广泛应用于城市道路、高速公路、封闭园区等丰富车路协同场景；CX1910 芯片和方案支持蜂窝通信（Uu）和端到端直连通信（PC5）两种通信模式并发，可以平滑演进到更高通信标准，支撑更先进的智能驾驶场景。

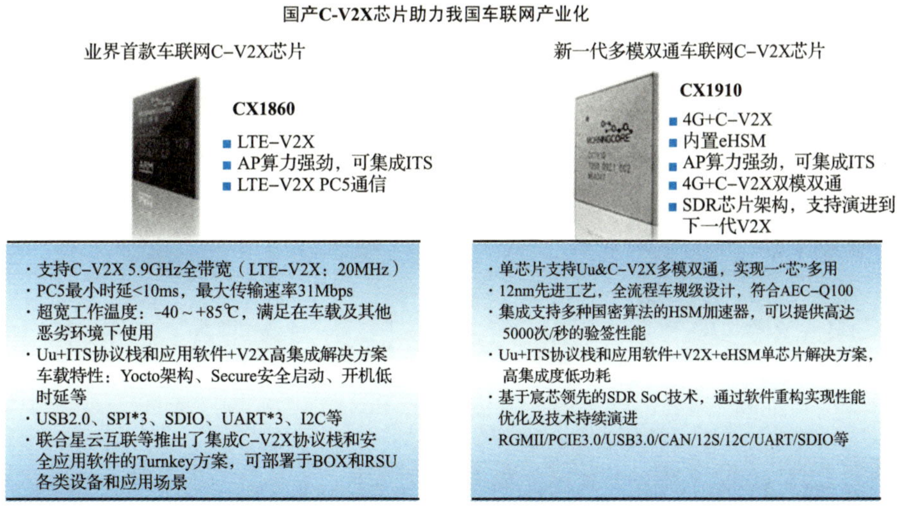

图2　宸芯科技 C‑V2X 系列芯片

宸芯科技 CX1860 车联网芯片是业界首款支持 LTE‑V2X 的通信芯片，采用高性能、低功耗 SoC 设计技术，集成了基带处理器和应用处理器，支持 PC5 直连通信，提供丰富的硬件接口，能够适应各种系统开发需求。CX1860 拥有性能强劲的 AP 处理器，总处理能力为 10k DMIPS，支持客户开发或移植 V2X 协议栈和安全应用软件，极大降低了整机产品的复杂度和成本。为减少客户开发复杂度和产品研发周期，宸芯科技联合星云互联、东软、安富、高鸿推出了集成 C‑V2X 协议栈和安全应用软件的全栈式软硬件一体化解决方案。

宸芯科技于2021年推出新一代多模双通车规级车联网芯片CX1910，为车载前装量身定做，在通信能力、应用处理能力、车路协同应用场景等方面都有很大的提升，全流程车规设计、生产及验证，为安全智能驾驶提供可靠保障。优异的通信性能使CX1910芯片能更好的支持感知数据共享、高精地图下载和协作式车辆编队管理等先进的智能驾驶技术。

CX1910芯片秉承宸芯科技全球领先的SDR SoC技术路线，采用了12nm FFC工艺制程，集成了十亿门级的电路，设计难度较高，由AP子系统和采用SDR技术的可独立工作的异构双Modem系统构成，支持蜂窝通信（Uu）和端到端直连通信（PC5）两种通信模式并发。CX1910芯片还集成了为车联网应用设计的HSM模块，支持ECDSA和SM2/3/4等多种国密算法，提供高达5000次/秒的验签性能。该芯片针对车载应用预留了丰富的接口，包括千兆以太网口、USB3.1 OTG、PCIeGen3 @ 8Gb/s、2路CAN、4路SPI等，能够适应客户的各种系统开发需求，进一步提升了通信速率。可以说，CX1910是全球首款单芯片支持ITS + eHSM + Uu + C – V2X于一体的车规芯片产品。客户可以基于该款芯片选择不同的解决方案应对不同使用场景，同时还具备C – V2X标准前向演进能力，支持面向解决自动驾驶需求的增强型车联网功能。

2. 宸芯车联网C – V2X芯片产品的典型应用

目前，宸芯C – V2X芯片已广泛应用于数十个车载前装T – Box、车载后装OBU和路侧RSU设备品牌，国内超30个示范区部署，综合市占率超30%。宸芯C – V2X解决方案凭借其过硬的性能在各类示范应用及规模测试试验中都表现优异，宸芯科技也凭借高性能的产品和优质的技术服务得到了业内广泛合作伙伴的高度认可。

作为连续三年参与C – V2X"四跨"活动的重要芯片及解决方案厂商（见图3），宸芯科技独家提供了2020年大规模测试活动的所有180台背景车OBU。在测试过程中，CX1860芯片展现了优异的通信性能，180台设备同时运行时，保障了所有在测终端的无线资源选择成功率，绝大多数被测终端的收包率和时延性能优异。在2021年"四跨"活动中，宸芯科技携手星云互联、现代摩比斯、车路通、鱼快创领等Tier1供应商及一汽解放、上汽大众、东风悦达起亚、广汽集团、奇瑞雄狮等众多整车厂商共同参与。宸芯用过硬的产品和优质的服务支撑多款车型成功演示即协作式变道、协作式车辆汇入、优先通行、感知数据共享等二阶段场景，充分展示了C – V2X通信技术在智能交通、车路协同领域更广阔的应用前景。

C–V2X芯片助力智能网联汽车新浪潮

2019年
- √ 宸芯C-V2X芯片方案首次亮相
- √ 全部V2X场景及压力测试顺利演示
- √ 车辆表现优异，接待多位领导和嘉宾体验

2020年
- √ 超30%终端厂商搭载宸芯芯片
- √ 独家支持大规模测试所以背景车OBU
- √ 携手长城汽车、现代汽车、红旗汽车成功演示

2021年
- √ 更多终端厂商搭载宸芯芯片
- √ 携手一汽解放、上汽大众、东风悦达起亚、广汽集团、奇瑞雄狮成功演示C-V2X一阶段、二阶段功能

图3　宸芯科技持续深耕，连续三年参加C – V2X"四跨"活动

宸芯C – V2X芯片及解决方案已成功应用于四大国家级车联网先导区（无锡、天津、长沙、重庆），支持全国超30个智能网联示范区，并针对长隧道定位、大规模测试、自动驾驶等特定场景发布了相应解决方案（见表1）。在前装应用上，宸芯科技也已与多家头部汽车厂商开展密切合作。同时，宸芯科技作为百度Apollo生态合作伙伴，在百度河北沧州、安徽合肥等自动驾驶项目中提供LTE – V2X芯片产品和技术支持。

表1　宸芯 C-V2X 芯片及解决方案广泛部署

序号	省市	示范项目
1	天津	首个国内高校5G智能网联试验区；高速公路编队行驶业务示范
2	河北	百度自动驾驶研发-测试-示范应用
3	合肥	百度自动驾驶示范应用
4	郑州	河南智慧岛5G智慧公交
5	重庆	首个5G自动驾驶用示范公共服务平台
6	杭州	5G智能网联公交车
7	广州	智慧交通新基建项目
8	厦门	首个BRT快速公交5G智能网联应用

智能网联汽车时代，以车规芯片为基础和核心的汽车电子是竞争主战场，随着主机厂与芯片厂商合作耦合度更深、定制化程度更高，汽车芯片需要满足更高的性能需求，提供更安全可靠的解决方案。对于国内芯片企业而言，既是发展的机遇，更是不可推卸的使命。宸芯科技始终坚持核心技术自主研发道路，用创新的技术推动产业发展，用优质的服务为客户创造更大价值，助力我国汽车产业高质量发展。

车联网时代的数据安全风险及应对措施

三未信安科技股份有限公司

作者：鹿淑煜

随着国家及社会对数据生产要素的重视，数据安全将成为各行业不可忽视的焦点。车联网作为国家大力推进发展的新兴产业，在当前的历史条件下，必须要解决好发展与安全的关系，才能实现车联网产业的稳步发展。

从合规角度来看，我国始终强调车联网领域数据安全保护工作的重要性，近期集中提出了一系列的汽车产业相关标准规范及指导意见。网信办发布的《汽车数据安全若干规定（试行）》明确提出对包括汽车设计、制造、服务企业或机构个人信息和重要数据的处理要求。工信部《智能网联汽车生产企业及产品准入管理指南（试行）》中也明确指出智能网联汽车生产企业应依法收集、使用和保护个人信息，实施数据分类分级管理，制定重要数据目录，不得泄露涉及国家安全的敏感信息。在中华人民共和国境内运营中收集和产生的个人信息和重要数据应当按照有关规定在境内存储。因业务需要，确需向境外提供的，应向行业主管部门报备。通信行业标准《车联网信息服务　数据安全技术要求》《车联网信息服务　用户个人信息保护要求》，信息安全标准《信息安全技术　车载信息交互系统信息安全技术要求》《信息安全技术　网络预约汽车服务数据安全要求》等也都在相继出台的过程中。

在政策收紧，数据安全形势严峻的情况下，车联网整个产业链更应当相互配合，从实际应用场景出发，设计最优的安全方案，来解决数据安全的各类风险。从时间维度上，数据安全要关注从车端数据采集，到数据上传，数据处理，数据存储，数据交换，数据销毁的全生命周期过程；从空间维度，要关注具体的应用场景，例如车端传感器数据的本地化安全处理，软件升级包的安全测试试制和批量发布，自动驾驶数据的安全分析利用，都存在着更为具体的解决方案；从数据维度，如何收集、整合以及利用数据，如何有效的开展数据的分类分级以及不同安全级别数据的分级防控，如何保证个人对数据的行使权力等，是整个行业面临的重要问题。只有采用纵深的思想解决好各维度的安全问题，才能较为有效地堵住数据泄露、数据滥用的风险。限于篇幅原因，我们不能展开讲解所有的安全问题及解决思路，下面我们通过密码技术的应用角度，从几个典型场景看一下较为通用和可行的方案，供大家参考：

1. 基于PKI技术的数据安全保障实践

就车联网中的密码应用来看，当前面临的主要难题在于智能网联汽车在行驶过程中，各联网实体之间如何在高并发、低时延、窄带宽的环境下迅速建立跨域的互信机制，传统的"车－云"通信通过车机编码绑定的方式进行认证，易被伪造绕过。目前较完备的方案是基于 PKI 的证书身份认证，且这种车联网密码应用模式已得到世界范围内的普遍认可和实践。国际标准化组织出台了《IEEE 1609 汽车环境无线接入指南》系列标准，其中第 2 分册明确提出了具有隐私保护特性的智能汽车数字证书应用安全规范。欧盟提出智能交通系统 ITS 系列标准，采用加密技术和数字证书来实现数据加密和车辆设备身份标识与安全通信。我国也即将出台相应的行业指导标准。2021 年初，密码行业标准《C－V2X 车联网证书策略与认证业务声明框架》制定工作正式启动，将填补我国在车联网领域商用密码行业标准的空白。

具体应用实践方面，PKI 技术主要解决车联网中的账号管理，身份校验，数据上传下发过程泄露等一系列安全问题。借助 PKI 基础设施，车企可对 FOTA、TSP 等进行安全改造，建立基于数字证书的可信身份体制。同时，车机端一般采用软件或硬件形态的密码模块，可保证指令信息、密钥信息以及敏感数据的安全存储与安全调用，解决诸如软件升级包下发、蓝牙钥匙下发、移动视频采集上传等场景的通信双方身份真实性、数据保密性及完整性问题。在 V2X 领域，PKI 技术可很好地解决车路协同、智能终端车控以及车－桩联网充电业务中的安全问题。

2. 自动驾驶数据保护建设思路

随着自动驾驶技术的发展，汽车产业的数据量膨胀，原来车端几十 MB 的数据已经增长到现在的几 TB，包含了车辆导航数据、行驶数据、车辆数据等敏感信息。数据的性质和体量的变化大大增加了数据及隐私合规的挑战，数据泄露事件一旦爆出，对企业形象和业务发展影响巨大。同时，自动驾驶的数据资产一般采用云计算的方式进行存储和分析，数据会分布在 IT 系统和云的各个角落，如不能建立统一有效的数据安全和隐私策略，将增加数据管理难度和敏感数据泄露风险。另外，第三方平台商提供的大数据服务需要将数据上传或共享，从整车厂角度看，这种数据的上传存在安全上的担忧，这种担忧主要来自于数据控制的难度增加，数据权利主张不易施行和更大的数据泄露风险。通过技术手段解决这种担忧，将真正激发数据共享能力和意愿，使车联网平台数据产生更大价值，为行业发展带来正向能量。

密码技术作为安全基础技术，已嵌入到大数据平台安全方案的各个角落。在通信层，可采用基于 LTE－V2X 的通信安全协议，结合 TLS 安全通信，实现数据收集上传的安全。V2X 通过匿名密钥体制和假名证书，通过周期性地变更认证标识，来保证车端的身份信息匿名化。在平台层，密码技术是数据治理的有效补充，提供数据的保密性和完整性，结合数据的安全分级及基于标记的访问控制，可对数据进行细粒度的控制，即使在内部或外部攻击下绕过权限控制，数据对于攻击者也会呈现密文效果。当然，平台侧同时需要保障大量数据的可用性，因此在实践中需要更多地权衡加密的数据范围，实现可用性与安全性的平衡。另外加密本身的鲁棒性也值得注意，因此密码技术提供商的实际经营和产品成熟度也是需要重点考察的。新兴密码技术在自动驾驶等新场景中也存在巨大的应用潜力，如同态加密和隐私计算技术，可解决数据隐私化共享的问题，在提升数据价值的同时确保敏感数据的安全，目前随着技术的逐渐成熟，在一些场景下已经具备产业应用的价值。

另外，从我们的实践经验来看，对大数据平台的保护思路，有如下几点可供参考：一是要从平台自身做起，提高原生安全能力，使安全技术深入嵌入到平台本身，不借助外部单一的数据安全产品解决问题；二是要建立多租户模式的，适用车企共用共享的身份管理模型，满足大数据平台共建共享的发展需求；三是要通过安全管理、安全运维、安全系统三个维度建立数据资产的保护体系。

3. 总结和补充

最后要着重补充的一点，2021 年 9 月，工信部发布的《关于加强车联网网络安全和数据安全工作的通知》中，强调要加强车联网服务平台安全防护及数据安全保护，要落实《关键信息基础设施安全保护条例》有关规定，并按照国家有关标准使用商用密码进行保护，自行或者委托商用密码检测机构开展商用密码应用安全性评估。目前，商用密码应用安全性评估和网络安全等级保护评估作为信息系统合规的基础要求，正在各领域关联同步展开，许多车联网企业已经在为这些合规工作制定前期计划。车联网作为典型大型信息系统,在建设的同时需要考虑建立完善的密码保障体系,以同步规划、同步建设、同步实施的原则正确合规有效的使用密码技术。

兴唐通信助力构建稳定高效、弹性灵活、政策合规的 C-V2X 车联网安全基础设施

兴唐通信科技有限公司

作者：高暐暐

车联网（C-V2X）是实现车辆与周围的车、人、交通基础设施、网络以及云端平台等交通功能实体之间全方位连接、数据高效交互以及信息敏捷分享的新一代信息通信技术。通过车联网连接多级多类平台的感知、计算和决策协同，实现车载信息服务、车路协同、自动驾驶、智慧交通等多类应用服务；一方面使交通参与者能够获取更为丰富的感知信息以及更高维度的算力支持，促进自动驾驶技术发展；另一方面通过构建智慧交通系统，提升交通效率、提高驾驶安全性、降低事故发生率、改善交通管理、减少污染。

信息可用、身份互信是 C-V2X 车联网健康发展的根基。在车联网通信过程中，通过安全基础设施，支撑交通参与者的身份认证体系，在保护隐私的基础上，赋予车辆、路侧设备、交通弱势参与者、信息服务平台等可信的"数字身份"，抵御信息伪造、篡改、重放等安全攻击，保障车联网系统安全可靠运行。

中国信息通信科技集团于 2013 年在国内外最早提出 LTE-V2X 车联网概念与关键技术，首次融合蜂窝与直通通信，奠定了 C-V2X（LTE-V2X 及其演进的 NR-V2X）系统架构及技术路线。

兴唐通信科技有限公司作为中国信息通信科技集团旗下骨干企业，以及在商用密码领域最具影响力的公司，2015 年同集团内兄弟公司跟进了 3GPP 国际标准制定，并在 2019 年起，与国内外知名企业一同开展了 C-V2X 相关系列密码安全标准建设工作。

为支持产业发展，兴唐通信科技有限公司联合中国信息通信科技集团兄弟公司在 2019 年"C-V2X '四跨'互联互通应用示范验证"活动中，提供 C-V2X 安全证书管理系统，为 ALPS、高通、哈曼、东软、华砺智行、华为等 22 家不同品牌的车联网终端提供证书服务；在 2020 年"C-V2X '新四跨'互联互通应用示范验证"活动中，提供"大唐根"，实现与国汽智联、中汽中心等行业根的跨根互通、互信；在 2021 年，全面支持各示范区、先导区的车联网安全基础设施建设，参与工业和信息化部组织的"车联网身份认证和安全信任试点工作"。

C-V2X 车联网应用主要包括基于云平台的业务应用和基于直连通信的业务应用，基于云平台的业务应用以 4G/5G 蜂窝通信为基础，继承了传统移动通信网络"云、管、端"模式的安全风险，主要包括假冒、非授权访问和数据安全等；基于直连通信的业务应用以网络层 PC5 广播和组播通道为基础，除上述风险外，还面临着虚假信息、隐私泄露等用户层面安全风险。为了应对上述安全风险和挑战，车联网需要认证消息来源，保证消息合法性；支持完整性和抗重放保护，确保消息传输时不被伪造、篡改和重放；根据业务需求支持对消息的机密性保护，确保消息传输时不被窃听，防止用户敏感信息泄露；支持对终端真实身份标识及位置信息隐藏，防止用户隐私泄露。

面对安全威胁和挑战，3GPP 标准组织制定了蜂窝通信场景和直连通信场景的 C-V2X 车联网安全架构。其中蜂窝通信场景的安全风险已通过网络接入安全、网络域安全、车联接入安全、认证与密钥管理、应用层安全、系统及接口安全等一系列安全手段得到较完善的防护。而在直连通信场景中，链路层和网络层仅提供了有限的手段保护用户隐私，需要依靠应用层安全机制解决安全风险。

针对直连通信场景的应用层安全机制需求，兴唐通信科技有限公司及国内众多通信、汽车和密码等领域的企业和组织参与制定了 CCSA YD/T 3957-2021《基于 LTE 的车联网无线通信技术 安全证书管理系统技术要求》，该标准吸收了美国 SCMS（Security Credential Management System）和欧盟 CCMS（C-ITS

Security Credential Management System）的优点，根据我国 C-V2X 产业发展情况和业务需求，建立了我国 C-V2X 车联网 PKI 信任模型，设计了证书格式和消息格式，规范了证书管理相关的机制。

兴唐通信科技有限公司在商用密码领域已有二十余年的安全基础设施以及证书管理系统的支撑经验，承担过电力、水利、公安、金融领域诸多国家级项目安全基础设施的设计、开发、运维工作。结合对安全基础设施积累的认知、行业标准、主管机关管理制度与思路以及近年来 C-V2X 车联网安全相关验证活动、先导区建设的经验，设计并研制了"C-V2X 安全证书管理系统"，并以其为核心，为多个示范区、主机厂构建了车联网安全基础设施，多套系统已经累计稳定运行 5 年有余。

在多个相关项目经验的基础上，我们认为，C-V2X 车联网安全基础设施应具备"稳定高效、弹性灵活、政策合规"三大核心要素。

核心要素一，稳定高效：以双网、双库、双平面实现电信级可用。

C-V2X 车联网安全基础设施承担了向车辆设备、路侧设备以及服务提供商提供注册证书、假名证书、应用证书、身份证书等车联网证书的全生命周期管理服务。C-V2X 车联网安全的基础设施直接面向海量汽车终端提供服务，且服务强度大、时间窗口小。以"假名证书"为例，根据现有 CCSA YD/T 3957—2021 的标准规定，车辆每周需申请一次"假名证书"，每次申请 20 张。在这个模型中：某一辆车可能会在某一周的任一时刻通过 4G/5G 网络提交服务申请，C-V2X 车联网安全基础设施收到服务申请后，需验证该车辆身份、签发其申请的 20 张证书，通过 4G/5G 网络反馈该申请，并提供证书文件的下载服务，与此同时，还需要在本地及异地的数据库中记录该申请以及签发的证书。

一般情况下，上述"假名证书"的申请过程可在车辆行驶过程中完成，在车辆长期未使用等极端情况下，上述过程需要在车辆发动后尽快完成，一般为 60 秒。在千万级车辆规模、随机上线的模型背景下，C-V2X 车联网安全基础设施每周为车辆提供一次证书服务，单次服务最长时延 60 秒。随着 C-V2X 功能在车端渗透率的增加，上述过程将对车联网安全基础设施提出较高要求与挑战。

为应对"稳定高效"的核心要素要求，兴唐通信科技有限公司 C-V2X 车联网安全基础设施通过双网、双库、双平面的架构设计实现：

1）在计算节点、存储节点、密码运算节点各方面均有冗余设计，有效防止系统发生单点故障，系统实现 99.999% 可用。

2）系统 50% 核心模块复用我公司成熟产品，相关模块在国内水利领域、能源领域、金融领域、交通领域等覆盖国计民生的基础设施领域的关键业务系统已稳定运行十余年。

3）系统性能达到国内领先水平，单系统容量 10,000,000（一千万）辆车，可按项目需要横向扩展纵向延伸。满足示范区、大型车企乃至国家级统一平台建设的性能需求。

核心要素二，弹性灵活：通过模块化架构、弹性部署、按需扩展实现低成本建设。

工信部 2021 年 9 月启动的"车联网身份认证和安全信任试点工作"标志着 C-V2X 车联网产业目前正从"试点验证"走向"规模化部署"，各示范区、先导区、车企均已计划建设车联网安全基础设施。在规模化部署初期，部分地区已经点状完成路侧单元 RSU 的建设，部分车企也已经开始投放包含车载单元 OBU 的量产车，当前全国范围内系统总容量约 10 万终端，预计十四五前期系统每年增加约 30 万~70 万终端，"十四五"中后期每年增加约 100 万终端。

在当前阶段下，各业主单位对于 C-V2X 车联网安全基础设施的灵活性提出了较高要求。为满足这种需求，帮助业主单位降低规模化部署初期的建设成本的同时兼顾未来发展的需要，兴唐通信科技有限公司 C-V2X 车联网安全基础设施采用模块化架构设计实现：

1）系统灵活配阿里云、亚马逊云、华为云等公有云，灵活适配用户私有云、自建 IDC 机房等部署环境，并可实现云上服务与自建中心之间服务及数据的平滑过渡与切换。

2）系统可以机构为单位，按照不同项目需要，删减部署或拆分部署，可与车企现有的认证服务系统深度融合。

3）系统可支持分阶段增量部署，随车联网渗透率的增加，集群扩容、平滑过渡。对于示范区、先导区，支持按照业主单位建设节奏扩容，并支持未来向省级平台过渡；对于汽车制造商，可按照年度增幅计划扩容甚至可实现随产随扩容。

核心要素三，政策合规：充分理解当前法律法规及管理规定，实现"以规促建"。

C-V2X车联网安全基础设施是交通领域的关键基础设施，也是密码应用信息系统。除遵循应用层相关标准外，还需要遵循网络安全等级保护制度（三级）、商用密码应用安全性评估两项较为关键的安全性标准。

在网络安全等级保护制度（三级）方面：兴唐通信科技有限公司C-V2X车联网安全基础设施系统解决方案从访问控制、入侵防范、病毒防治、安全审计、安全管理五维度实现系统的安全性设计及加固，已经在云端方案、自建方案两个场景中实现"等保（三级）"合规。

在商用密码应用安全性评估方面：兴唐通信科技有限公司作为首批获得商用密码研发、生产、销售三重许可资格的商用密码企业，直接参与了GB/T 39786—2021《信息安全技术 信息系统密码应用测评要求》的起草，方案专家有能力帮助客户实现"密评"合规。

C-V2X车联网安全基础设施的核心是密码安全技术。

兴唐通信科技有限公司是密码行业标准化技术委员会多个工作组的总体单位和成员单位，是ITI-T SG17网络安全组的中国代表团团长单位，是中国通信标准化协会网络与信息安全技术委员会安全基础工作组（TC8 WG4）组长单位。近年来，兴唐公司在多个标准组织中积极发声，推进了国家车联网行业密码安全应用技术的发展，也树立了品牌形象。

兴唐通信科技有限公司长期从事密码基础理论、密码算法、密码芯片、系列密码设备及密码应用系统的研究和开发，为我国金融、公安、电力、水利等关键信息基础设施提供信息安全保障。相关国家级密码安全项目的实施使得兴唐公司积累了超大证书容量、最高安全需求、最高可靠要求的安全基础设施研发、建设、运维能力，为车联网领域C-V2X安全基础设施的相关工作奠定了坚实的基础。

为支持行业发展，我单位专家深度参与了CCSA YD/T 3957—2021《基于LTE的车联网无线通信技术安全证书管理系统技术要求》的制定，并自2019年起，上线了C-V2X安全基础设施，随标准修订不断迭代。目前该系统已在阿里云及我公司IDC机房部署，可支撑各类用户技术验证使用。

南京理工大学江苏省智能交通信息感知与数据分析工程实验室团队及智能交通创新成果

南京理工大学

作者：戚湧

南京理工大学江苏省智能交通信息感知与数据分析工程实验室由江苏省发展和改革委员会于2016年8月批准成立，与南京理工大学-华盛顿大学国际联合实验室和江苏省无线传感网安全组网及其应用工程技术研究中心合署。2019年10月，实验室又获批交通信息融合与系统控制工信部重点实验室。

实验室现有核心团队成员63人，其中教授18人，副教授23人，讲师10人，专职科研人员12人，其中具有博士学位的成员占比达到80%以上，绝大部分核心成员有海外留学经历，形成了一支知识结构、年龄结构、成员结构合理的科技创新团队。2017年8月，团队入选江苏省高校优秀科技创新团队，实验室主任戚湧教授入选国家新一代人工智能社会实验总体专家组专家、江苏省"333高层次人才培养工程"中青年领军人才。

1. 智能交通创新产品

实验室成立5年来，面向交通强国建设发展需求，基于TASS交通即服务理念，运用大数据和云计算技术，按需向使用者提供优质交通服务。经过多年发展，实验室形成了特色鲜明的交通信息智能感知与组网通信、智能网联车路协同、交通大数据分析、交通系统主动控制与安全、交通出行区块链、高速公路智慧管控系统等研究方向及相应的智能交通和车联网创新产品。

（1）智慧路贴

智慧路贴用于道路交通流的实时监测和停车场车位情况的检测，采用地磁、振动、光照等多源异构传感器方案，可准确测量车辆数量、速度、车型等信息，具有可靠性高、受环境影响小、抗干扰能力强、对路面破坏小、成本低廉等优点，应用于交通运输规划和运营、停车场管理等领域。

（2）智能网联车路协同系统

智能网联车路协同系统是在智能网联汽车搭载先进的车载传感器、控制器、执行器等装置，并融合现代通信与网络技术实现车与X智能信息交换共享，具备复杂的环境感知、智能节测、协同控制和执行等功能，实现安全、舒适、节能、高效行驶。目前实验室已获批国家重点研发计划政府间国际科技创新合作重点专项项目"基于智能网联的城市电动公交管控关键技术研究与应用"（2019YFE0123800），并与德国T-Systems公司、欧洲智能交通协会、华设设计集团股份有限公司等多家单位开展了欧盟地平线2020科研计划可持续智能交通示范旗舰项目Solution +（LC-GV-05-2019），在全球10个城市联合开展示范应用。

（3）"两客一危"非法营运大数据智能监管平台

该平台创新应用了交通信息智能感知、大数据以及区块链等技术，融合分析车辆GPS、视频监管、运营等多源大数据，精准高效识别"两客一危"车辆违法行为，推动执法模式由被动执法向主动执法转变，极大提升监管部门工作效率。该平台可应用于交通运输安全管理、交通综合行政执法、交通运输规划等领域。

（4）交通系统主动控制与安全系统

该系统采用深度学习和机器视觉技术，通过分析高速公路、卡口等视频数据，实现交通背景建模、车辆检测、跟踪和行为分析，对闯红灯、不礼让行人、超速、违停、违规变道、疲劳驾驶等异常行为进行检测和告警，从而提高高速公路和城市道路交通安全事件主动研判预警能力和智能管控水平。该系统可应用于交通运输安全管理、交通综合行政执法、交通运输规划等领域。

（5）交通出行区块链

实验室自主研发交通出行Baas区块链平台，基于该平台研发了各类智能交通区块链应用系统，包括综合执法非法营运监管区块链平台、基于区块链的车位共享平台、基于区块链的城市智慧停车系统和基于区块链技术的货物追溯平台等。交通出行区块链可广泛应用于智能交通、物流运输、货物追溯、智慧停车、知识产权等领域。

（6）高速公路智慧管控系统

高速公路智慧管控系统由物联终端与传输系统、技术支撑与应用平台两部分构成，其中物联终端与传输系统由采集设备、管控设备、网络传输设备等组成，技术支撑与应用平台以高精地图为基础，以三维实景建模、视频结构化处理、实时交通仿真为技术支撑，在此基础上构建的高速公路智慧管控平台，集成了团雾智能管控、疲劳驾驶警示和管制分流诱导等多项应用，实现了基础设施数据化、指挥调度现代化、警备管理智能化、系统管控自动化，全面提升高速公路智慧管理水平。

2. 应用情况

2012年以来，南京理工大学江苏省智能交通信息感知与数据分析工程实验室联合江苏高速公路联网营运管理有限公司、华设设计集团股份有限公司、苏交科集团股份有限公司、江苏长天智远交通科技有限公司等十余家企业在江苏省南京、苏州、无锡及上海等10余个城市的城市道路、城市快速路，南京青奥会、上海进博会交通优化、沪宁高速、广靖高速、锡澄高速、328国道、204国道、郑登快速通道、扬子大桥、G524等道路以及国家新一代交通控制网江苏（常州）示范工程及大型综合停车场应用了上述新科技产品，取得了显著的社会经济效益。

北京市高级别自动驾驶示范区

北京车网科技发展有限公司

作者：孙宁

1. 基本情况

2020年9月，北京市统筹"车－路－云－网－图"等各类优质要素资源进行融合试验，以北京经济技术开发区全域为核心，建设全球首个网联云控式高级别自动驾驶示范区［北京市高级别自动驾驶示范区］（以下简称示范区），由北京市主要领导挂帅成立工作领导小组，建立市、区两级联动机制，设立北京市高级别自动驾驶示范区工作办公室，统筹推动示范区建设工作。示范区开始建设以来，通过发挥云端和路侧功能，降低车端成本，打通网联云控式自动驾驶的关键环节，已形成城市级的工程试验平台。以"车路协同"理念加快实现L4及以上、协同决策与控制的高级别自动驾驶规模化运行，同时向下兼容低级别自动驾驶车辆的测试运营和车联网应用场景。引导企业在技术路线选择上采用车－路－云一体化解决方案，改变众多企业被动选择单车智能的现实局面，实现技术引领，推进技术进步。

2. 推进模式

示范区以"小步快跑，迭代完善"的思路，持续迭代更新，推动创新加速，不断修正完善后续建设方式和内容，按照1.0阶段（试验环境搭建）、2.0阶段（小规模部署）、3.0阶段（规模部署和场景拓展）、4.0阶段（推广和场景优化）的步骤层层推进，模式成熟后再向其他区域推广，逐步形成具备可商业落地、可复制推广的智能网联汽车城市级应用的"北京方案"。

3. 建设现状

目前示范区1.0阶段建设已经顺利完成并发布，通过全面促进车－路－云－网－图五大体系深度协同，完成了网联云控中国自动驾驶解决方案的系统搭建，车路协同体系对外服务能力初步实现。

（1）核心路段路侧设施部署完毕

示范区在全国率先开展"多杆合一、多感合一、多箱合一"规划建设（见图1）。采用摄像头、毫米波雷达、激光雷达、边缘计算单元等多源路侧感知计算基础设施，迭代确定自动驾驶交通、交管底层复用的数字化设施，通过试验验证找到车路能力之间的最佳耦合关系，形成标准路口建设方案，有效降低路端建设成本。目前1.0阶段已建设完成经开区核心区12.1km城市道路、双向10km高速公路各类数字化基础设施部署，以及1个自主泊车停车场改造完毕（见图2）。

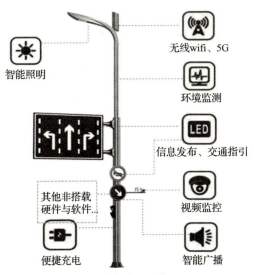

图1　多杆合一示意图

图2　路侧设施部署范围

（2）网联云控系统对外服务能力初步建立

目前，系统已实现高清视频数据、激光雷达点云数据、毫米波雷达结构化数据、路侧单元（RSU）应用层数据、边缘计算单元（MEC）事件检测、信控灯态等数据全部联通，统一基础数据底座汇聚完成。云控平台完成区域云和边缘云分布式基础架构建设，9大功能平台模块设计完成，17类道路交通事件标准化定义有序进行，车辆实际道路测试正式开展。正逐步实现从基础数据推送、道路事件检测播报到协同感知安全提醒的服务能力（见图3）。

图3　云控平台成果展示图

（3）建设不同制式网络组网方案

示范区遵循两网并行，互为冗余的原则，同步建设C-V2X和EUHT两套网络，通过应用场景的实际运营，验证车网深度融合的业务模式，同时探索政务集群通信等其他业务应用（见图4）。按照统一部署，北京市将组建北京智慧城市网络有限公司，专项推动新型专网部署，实现区域组网。该公司一方面承载车辆远程监控、高级别自动驾驶安全信息传输、超视距制动控制、远程驾驶等29类相关应用业务，另一方面探索在智慧城市方面的创新场景应用，包括城市感知体系互联传输需求与工业生产专用通信互联网络需求等。

图4　组网设备图

（4）高精度地图试点工作体系初步建立

示范区依托全国唯一的智能汽车基础地图应用试点，开展高精度地图平台建设并完成1.0阶段平台搭建，目前已经开放企业申请试点测试服务，可提供基础地图数据、高精定位等服务，同时完成了地图接口服务开发，可支撑示范区云控平台的多种应用场景，支撑政府监管和满足智能汽车对高精动态地图的应用需求（见图5）。

图5　地图平台成果展示图

（5）应用场景全面示范，协同发展获得多方认可

示范区共研究筛选出城市服务应用类、前沿技术研发类、跨界融合创新类3大类共计20项应用场景，并实现多类场景的全面示范。自动驾驶出租车方面，百度、小马智行已部署自动驾驶乘用车150余辆，并

允许符合条件的车辆在经开区 60 平方公里范围开展商业化试点服务，社会响应热烈；终端配送方面，京东已部署无人配送车 30 余台，实现了区域性的自动驾驶快递和生鲜配送，美团在示范区内投放了无人配送车，支持区域性的美团买菜无人配送；无人零售方面，新石器公司已投放 70 余台无人零售车，为产业园区职工提供便利的早午餐供应。此外示范区已开放了高速测试场景，支持京东物流、主线科技、小马智卡等开展干线物流场景示范研究（见图 6）。

图 6　场景展示图

4. 政策先行区

2021 年 4 月，北京市紧抓"两区"（国家服务业扩大开放综合示范区和北京自由贸易试验区）建设机遇，依托示范区设立国内首个智能网联汽车政策先行区，打造先行先试的监管沙盒，全面支持示范区建设。实施范围包括亦庄新城 225km² 规划范围，北京大兴国际机场以及周边 6 条共 143km 长高速路段（见图 7）。政策先行区成立以来，以政策和制度创新为核心，首次在京突破自动驾驶车辆早晚高峰测试限制；率先出台异地测试结果互认管理办法；出台国内首个无人配送车管理实施细则和首个智能网联汽车高速公路道路测试与示范应用实施细则；发布国内首个针对智能网联汽车无人化道路测试特点的规范性政策文件。截至 2021 年 11 月，已累计发放乘用车号牌 129 张，无人车编码 76 个，卡车号牌 4 张，累计安全测试里程 250 万 km。

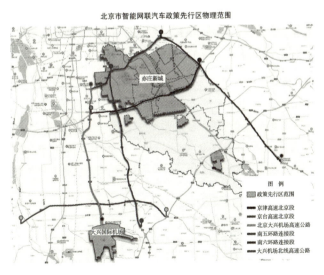

图 7　北京市智能网联汽车政策先行区物理范围

5. 2.0 阶段建设规划

在 2.0 阶段，示范区将在北京经开区核心区域 60 平方公里范围内，进行标准路口数字化基础设施的全面部署，拓展城市级的网联云控自动驾驶工程试验平台；强化云控平台的核心作用，提升系统服务能力建设；联通多种类别车辆，提高自动驾驶车辆入网数量；落实高精度车用地图平台建设，支撑多场景推广示范；开展示范区车、路、云、网、图、安全标准体系架构研究，推进示范区优秀经验的复制推广；持续开展政策创新迭代，打造优良的营商环境。示范区通过2.0阶段数字设施规模化部署及全方面能力提升，引领车路协同关键技术，助推智能网联汽车产业演进，催生新产业、新业态、新模式示范落地，赋能城市数字化、智慧化变革。

6. 未来展望

未来，北京市高级别自动驾驶示范区将建成具有重大引领带动作用的技术和政策创新高地。助力北京市建成最具活力的自动驾驶创新生态体系和"安全、高效、绿色、文明"的智能网联汽车社会，为北京市建设成为具有全球影响力的数字经济标杆城市贡献力量。

自主代客泊车与高精地图应用

易图通科技（北京）有限公司

作者：汤咏林

1. 自主代客泊车技术的发展现状

自主代客泊车技术（AVP）是推动自动驾驶落地的重要一环，借助高精地图自主定位、寻找停车位、自主规划路径、自主完成停车入位，可提供完全无驾驶员干预的自动驾驶系统，为车主解决停车难的痛点。

目前，国内外传统OEM、Tier1以及造车新势力对自主代客泊车布局，纷纷开始行动，对自主代客泊车量产落地进行未来规划，也有少量主机厂已推出或即将推出具备AVP功能的车型。

2. 自主代客泊车高精地图解决方案

在自主代客泊车驾驶场景中，汽车实现自主代客泊车需停车场高精地图的指引，才能快速找到车位并完成自动泊车入位，而用户与停车场运营也需一张停车场的"地图"，能从手机APP与停车场运营平台上查询到车停位置，从而快速找到爱车。我司方案将车端/场端/云端/APP所需的特征地图、矢量地图、语义地图、栅格地图等统一，既可为自主代客泊车系统提供含有全要素信息并支持多种定位算法的定位图层的厘米级停车场高精地图，实现车/场/云/AP一张图，以及场内外地图的衔接等，也能协助自主代客泊车系统完成自主定位、驾驶控制辅助、路径规划、自主停车入位等功能，从而满足停车场和外部道路的无缝衔接。

（1）高精地图

停车场的高精地图也是高精地图整体框架的重要组成部分，是针对停车场自主泊车系统应用场景开发的产品，可满足Level 4的自主代客泊车的全功能需求，并实现外部道路全局路径规划与停车场最后一公里低速自主代客泊车局部路径规划的统一整合。停车场高精地图与自主代客泊车系统实现功能对应关系见图1。

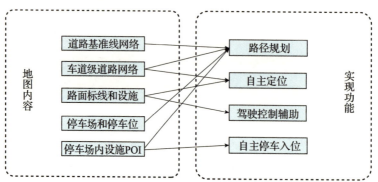

图1　停车场高精地图与自主代客泊车系统实现功能对应关系

停车场高精地图在自主代客泊车系统中的应用主要包括：

显示层：用于停车场高精地图显示，及动态信息人机输入功能，如车位占用情况的实时更新及显示等。

定位层：用于车路相对辅助定位。

规划层：用于局部路径规划，为车辆规划停车位到下客区之间的最优行驶路径。

POI层：记录电梯口、行人出入口等重要 POI，为路径规划提供辅助功能。

（2）高精定位

高精定位技术是自主代客泊车系统的关键技术之一，是实现车辆安全通行的重要保障。对于自主代客泊车系统而言，其对定位的精度要求达到亚米级甚至厘米级；应用场景既涉及停车场内外衔接，也涉及室内停车场无 GNSS 定位信号情况，为保障自主代客泊车车辆高精度定位的性能要求，须融合 GNSS、IMU、摄像头、雷达数据以及场端定位等不同的高精度定位技术，并匹配有效的停车场高精地图，以保证厘米级的定位；从路径规划、车道级监控和导航上讲，也需要停车场高精地图与之配合才能实现。

3. 易图通自主代客泊车高精度解决方案应用案例

自主代客泊车高精度解决方案是自主代客泊车技术发展的核心落地产品。下面介绍两个应用案例。

（1）某 A 车厂项目

在车内摄像机采集的图像数据和点云数据的支持下，系统可实现停车场显示、车辆定位、路径规划，帮助驾驶员搜寻空闲的停车位并实现自动停车的功能（见图2）。

（2）某 B 车厂项目

提供停车场地图与 Map API，实现基于位置查询地图要素数据、指定物体与当前位置距离提醒、全局的道路级和车道级的路径规划等功能（见图3）。

图2　图像识别结果

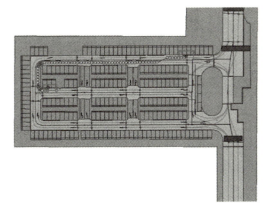

图3　停车场高精地图

4. 自主代客泊车技术展望

停车场高精地图作为车载感知的"容器"，既提供丰富的停车场环境信息，也对自主代客泊车系统中现有传感器进行有效补充，并可实现实时更新，从而提升车辆定位精度、感知可靠性以及路径规划能力，以配合传感器和决策算法，为自主代客泊车决策层对应的集成提供支持。

根据行业的发展现状和市场分析，未来的自动泊车系统将会通过连接及响应停车场的基础设施来提升泊车体验，优化交通车流。

面向车载系统的高清视频传输解决方案

天津瑞发科半导体技术有限公司

作者：郑小龙

纵观汽车电子产业的发展，高清视频传输技术是汽车智能化的关键，芯片是刚需。LVDS Serdes 作为高速视频信号传输的手段，堪称智能汽车的视觉神经，而人工智能（AI）单片系统（SOC）是其大脑，微控制器（MCU）是其众多的神经单元，电驱则是其心脏。目前对于 LVDS Serdes 国产化需求迫切，瑞发科半导体开发出具有自主知识产权的先进数字高清视频传输（Advanced Video Transport，AVT）技术，基于该技术的 LVDS Serdes 芯片组具有优越的数字高清视频实时传输性能，可全面覆盖车载高清视频传输应用，其中包括 360°监控环视、高清流媒体后视镜、驾驶员状态监测系统（DMS）、高级驾驶辅助系统（ADAS）等车载高清视频系统。该芯片组包含可传输 1080p60 格式的发送芯片 NS2520 和接收芯片 NS2521。

基于 AVT 技术的 LVDS Serdes 国产化芯片组在车载系统高清视频传输应用中表现优异，主要参数如下：

1）视觉无损帧内压缩算法，压缩率 2～30 倍可配置，其中 10 倍压缩率下 PSNR 的损失小于 -40dB，远小于 ISP 对图像的影响。同样图像质量下所需速率不到 MJPEG 所需传输速率的 1/2，不影响 ADAS 视频分析算法。图像低延迟，60Hz 下的高清传输延时小于 1.6ms，满足 ADAS 视频分析算法要求。

2）支持分辨率和帧率分别为 720p30、720p60、1080p30、1080p60、5.4Mpixel 30Hz，可扩展性支持 4K 60Hz，也可以支持非标准分辨率。

3）接收端自带自适应均衡器，可以完全自适应线材类型、线材长度、插接器种类、温度、电压及其他传输条件，不依赖于安装工艺和使用环境等。

4）图像质量不易受电磁干扰影响，能够通过各个车厂测试标准，兼容多种线材与插接器，以确保可靠性与兼容性。

5）对线材与插接器要求不高，且成本低，系统设计复杂性要求低，可兼顾小车与大车，通过 BCI、RE、CE 测试相对容易。传输距离大于 30m。

6）低功耗，一般采用 18mm×18mm 摄像头，可适应 -75～85℃ 环境。

7）支持 POC，并支持双向控制信号传输。

8）在不加任何 ESD 保护器件时可接触 8kV/空气放电 15kV。

基于 AVT 的高清环视/ADAS 解决方案如图 1 所示。其中采用四个 NS2520 芯片分别与前端的影像传感器相连，由于 NS2521 含有两个接收器，所以也可以采用两片。如果前端增加一倍摄像头模组，NS2521 就需要增加到四片。

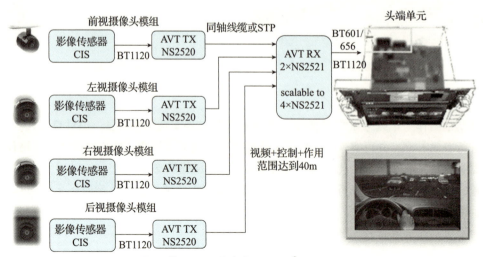

图 1　基于 AVT 的高清环视/ADAS 解决方案

基于 AVT 的流媒体后视镜解决方案如图 2 所示，这里只用到 NS2520 和 NS2521 各一片。目前有多家方案公司和品牌客户在采用此方案用于车载系统高清视频的传输，其中主处理器可搭配 T3/T7/J6/RK1108/Miranda 等主流平台，摄像头端则为 SONY224 + 5700/OV/Aptina 等。

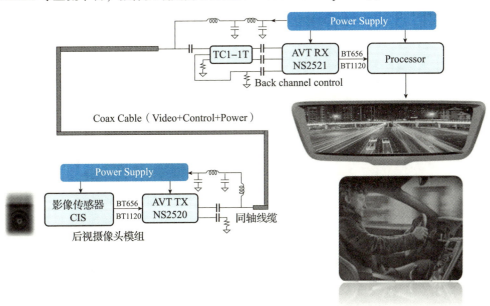

图 2　基于 AVT 的流媒体后视镜解决方案

NS2520 和 NS2521 芯片组的传输接口使用 270Mbit/s 或以下的传输速率，有效降低线材与插接器的成本及系统设计复杂性，从而适用于 8 ~ 10m 的乘用车，而且可扩展到 30 ~ 50m 的商用车传输方案。由于所需的传输带宽远小于 Fakra 插接器可靠传输带宽（~1Gbit/s），可增加可靠性与传输距离；对线材性能的要求大幅降低，普通的 RG316 线缆和插接器即可保证传输可靠性，这符合各车厂降成本和推进国产化替代的战略方向。目前，AVT 已经有很多个通过前装车厂常规 EMC/BCI 测试。可以将《车载 AVT 差分连接器及 STP 线缆设计建议》提供给主机厂的合作线束厂商，以便优化改进或者选择新的相关国产线束厂商，从而进一步降低系统成本。

总而言之，智能化是汽车行业的发展趋势，由 AVT 技术所支持的 LVDS Serdes 高清视频传输系统的应用遍及车内各个部分，具有突出的优势，其采用的低码率视频传输和自适应均衡技术，不仅有利于汽车视觉视频智能处理算法的实现，还能有效降低对线材规格以及对布线的要求，显著降低线材与插接器的成本，有效地降低系统设计复杂性，保证可靠性与传输距离。在当前严峻的国际市场环境下，中国企业只有不断通过自主创新实现国产化，才有可能将挑战变为机遇，对汽车行业更是如此。因此，采用具有本土知识产权的 AVT 数字高清视频传输领先技术和芯片，将会有助于国产汽车产业更具有技术和市场优势。

智能网联汽车数据全生命周期安全整体解决方案

北京明朝万达科技股份有限公司

作者：喻波

智能网联汽车已不再是孤立的交通工具，而逐步成为智能交通、智慧能源、智慧城市等系统的重要载体和节点，被视为可移动的智能网络终端。随着人工智能、信息通信技术加速发展和跨界融合，智能网联汽车与外界的交互手段不断丰富（见图1），智能网联汽车在积极融入网络时代的同时，也不可避免地面临数据安全的问题。智能网联汽车面临的数据安全风险主要来自车载终端、数据服务平台、V2X 通信和外部生态等方面，根本上是在智能网联汽车业务场景的应用层面，对数据安全的考量不足，缺乏针对数据安全的系统性安全保障体系。

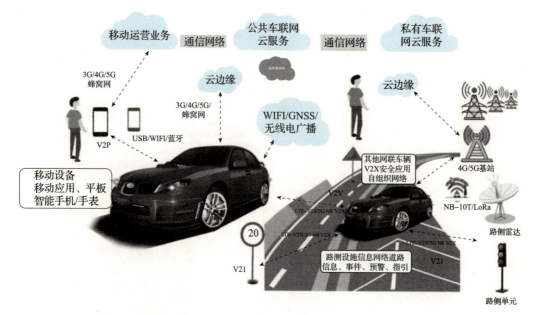

图 1　智能网联汽车数据安全使用场景

明朝万达以安全基础设施、车载终端安全、车联网云平台安全为核心，形成覆盖面向车联数据产生、传输、存储、使用、交互、销毁全生命周期过程，囊括云－管－端的"车－车""车－云""车－人""车－路""车内"等业务场景的数据全生命周期安全整体解决方案，为智能网联汽车的安全防护提供支撑，实现车端可信身份认证、授权访问、通信加密、应用加密、数据加密；在车联网云平台层面，构建车载终端、路侧单元（Road Side Unit，RSU）、移动App接入云端的身份认证能力，对接入云端应用代理能力，对敏感数据分类分级情况、分布流转情况、安全威胁情况、环境运行情况、网络流量情况的感知能力，数据库监控、防泄露、访问控制、加密和脱敏等数据安全能力。

本文对智能网联汽车数据全生命周期安全整体解决方案的基石（数据分类分级）、大脑（安全态势感知）以及核心（集中安全审计）分别展开介绍（见图2）。

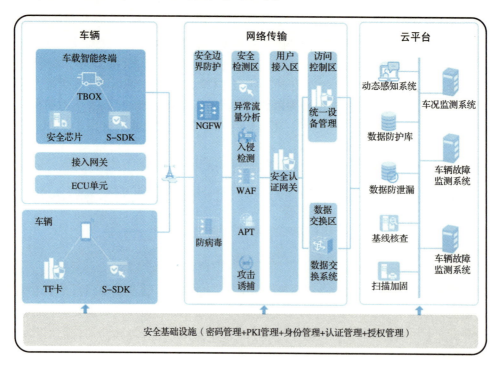

图 2　智能网联汽车数据安全解决方案架构图

1. 数据分类分级铸就安全基石

工业和信息化部发布的《工业和信息化部关于加强车联网网络安全和数据安全工作的通知》中第十三条明确要求加强数据分类分级管理。

数据分类分级用于实现对车联数据动态分类与分级处理，建立数据元数据标准、分类规则、分级规则，对网联汽车涉及的运行数据、个人数据等划分数据类别与安全级别，通过关键词、正则表达式等手段，对流转数据采用流量镜像、数据扫描等手段进行动态分析识别与标记，对识别出的重要数据，依据数据分级规则，标识数据密级。与网络数据防泄露系统、数据库防泄露系统联动，为防泄露系统提供数据保护、数据加密、数据脱敏等安全措施的安全依据。

数据分类分级系统根据梳理出的备案数据资产，进行敏感数据的自动探测，通过特征探测定位敏感数据分布在哪些数据资产中。针对敏感的数据资产进行分类分级标记，分类出敏感数据所有者（如部门、系统、管理人员等）。根据已分类的数据资产由业务部门进行敏感分级，将分类的数据资产划分为公开、内部、敏感等不同的敏感级别。

系统可以根据数据主题、数据形态、数据元特征、数据应用、数据部署地点、数据生成时间等不同维度进行分类。例如，可以把数据分为客户基本资料信息、身份鉴权信息、客户通信信息、客户通信内容信息、车辆基本信息、车辆鉴权信息、车辆通信信息、车辆通信内容信息等不同细类。对于车联网各子系统产生的数据，需要记录各数据的主题（车人、车车、车路）、数据形态（结构化、非结构化的图像、音视频、文档）、数据元特征、数据应用（某个应用名称）、数据部署地点（车载设备、路、云端、手机）、数据生成时间的属性，为数据分类分级提供充足的基础。

2. 安全态势感知构建安全大脑

基于态势感知理论，以觉察、分析、响应为安全感知理论基础模型，面向智能网联数据的采集、传输、存储、处理、交换、销毁的全生命周期，运用大数据技术生态组件 KAFKA 和 FLUME 汇集云平台内网络设备和安全设备的海量日志，通过 HDFS、RDBMS、HBASE 进行数据存储，通过 HIVE、MR 进行大规模并发计算，实时监测智能网联汽车云端数据服务平台的敏感数据流转情况、敏感分布情况、安全威胁情况、信息编码应用态势、V2X 运行环境态势。这套体系在公安、银行等领域进行了广泛的使用，在实际应用中，其每天采集上万台终端系统的日志数据，处理 T 级数据量，体现了强大的数据处理能力、稳定的系统性能与良好的系统健壮性。

数据是态势感知的基础，态势感知系统必须从真实的数据做起，获取最真实的底层数据。多维度的本地态势要素数据、威胁情报是"数据驱动安全"时代实现态势感知的基础能力。通过对车联网控制系统及工业互联网平台中各类数据进行采集，为网络异常分析、设备预测性维护等提供数据来源。通过对数据的理解、获取和采集的能力，如流量数据的还原与监控，包括流量数据和各类日志数据等，把来自不同源头、不同类型的数据融合在一起并产生关联，通过进一步分析去发现问题。利用大数据平台，能够实现海量数据高效的存储与计算处理，在此基础上做深度的安全检测、事件捕猎、调查分析，发现、定位、溯源安全事件。同时解决外部态势问题，引入不同信息安全生态圈的最新数据进而完善安全大数据态势感知，并且促进生态圈的融合，最终达到互相补充，协同防御。

平台运用机器学习，发现未知的攻击，如 0day 攻击以及 APT 攻击。通过对数据进行聚类、分类、特征值提取以及模型的训练，达到自动识别未知攻击的目的。针对拥有大量样本数据，采用监督学习算法进行分析，如分类算法、神经网络、决策树等；对未知的威胁采用无监督学习进行训练并不断进行优化，如聚类算法等。采用关联规则、聚类、支持向量机（SVM）、人工智能等技术进行包含误用检测和异常检测的入侵攻击检测。

安全态势的生成是依据大量数据的分析结果来显示当前状态和未来趋势，在网络安全态势感知的每一个阶段都充分利用可视化方法，将网络安全态势合并为连贯的网络安全态势图，快速发现网络安全威胁，直观把握网络安全状况。车联网安全态势实现了基础设施可视化、数据资产可视化、信息库可视化以及感知可视化。

3. 集中安全审计树立安全核心

平台采用基于流处理引擎的规则计算对数据进行实时分析、处理，通过指标、规则、策略的全方位配置可以实现对于数据的全面分析。围绕智能网联汽车V2X业务场景中的各类数据安全事件进行实时监控，对身份认证异常事件、加解密异常事件、传输流量异常事件、敏感数据泄露事件、异常数据访问事件等安全事件进行集中审计，并进一步进行事件关联性挖掘，识别潜在安全事件。

平台整合系统安全事件、系统漏洞等信息，研究基于因果关系分析的安全事件关联分析技术，对安全风险、安全威胁进行溯源处理。研究多维安全态势可视化展示技术，设计基于动态安全风险分析的态势评估预测模型，根据不同的计算环境、安全配置和攻击态势，给出相应的安全资源、策略动态智能调整模型，实现精准有效的安全服务。

同时，平台中记录所有的告警、安全事件信息，并提供事件等级、类型、分布、趋势等不同维度的方向对告警、安全事件进行统计、分析，使用户清晰、明确地感知告警、安全事件。结合实际的业务场景，通过规则引擎实时审计数据中的信息，并在最短时间内将异常数据捕获，并生成相应的告警和安全事件，并可通过一定的外发方式实时的告知用户。

新型智能网联矿山无人驾驶整体解决方案

北京路凯智行科技有限公司

作者：谢意

面对日益增长的能源资源的需求，矿山开采、运输恶劣环境带来的人员安全健康问题，矿业公司正积极探索矿山智能化、无（少）人化建设，以此来提高生产效率。露天矿无人驾驶矿卡在发达国家起步较早，主要以卡特彼勒、小松、日立这一类制造商为主推动，并已经在2005年左右开始进行批量应用，主要基于220t及以上的矿卡进行无人驾驶改造，至今已经有超过300台无人驾驶大型矿卡投入应用，累计运输量超40亿t。实际运营数据显示，与人工驾驶相比，无人驾驶矿卡初期投资基本相同但总运营成本降低15%以上，单车每年多工作500h。

北京路凯智行科技有限公司通过北斗高精度定位导航、基于深度学习的多源无人驾驶感知融合等核心技术，形成一套新型智能网联矿山无人驾驶整体解决方案，实现露天煤矿开采的无人化、智能化，力争打造矿山无人驾驶运输的示范。

新型智能网联矿山无人驾驶整体解决方案由四大系统，9个子系统相结合构成，其中以无人驾驶系统为核心，配套辅助系统，打造整体智慧集中管控云平台；依托于人工智能、无人驾驶、智能调度、5G、北斗、V2X通信等创新技术并结合对传统露天矿作业进行智能化升级，实现露天矿区场景的无人驾驶运输作业，从而达到提升安全、降低成本、高效作业的三大目标。

新型智能网联矿山无人驾驶整体解决方案（见图1）可实现全天候、全作业场景覆盖，以保障矿山生产稳定持续。软件平台采用北斗高精度地图技术实现沉浸式情景交互体验，具有高效率智能调度算法及预防性安全保障技术；基于图像、点云、雷达的感知融合算法解决了灰尘、路面不平等造成的误识别；基于RTK、IMU、轮速计、激光SLAM的融合定位算法解决了定位失效的问题；挖掘机、装载机指点停靠、矿车动态路径规划算法，解决了装卸载区变化频繁矿山实际需求。

通过深度融合的组合导航SLAM定位、基于泛化RSS模型的自动驾驶整车安全系统、DASM云控平台智能调度系统、端边云多模异构计算系统、矿山数字孪生建模和仿真等核心技术，打造出安全、稳定、高性能、高可靠的智慧矿山无人驾驶系统，实现智慧矿山的智能化、无人化。为矿业企业的安全、高效、经济、环保的运营目标，提供新的助力。

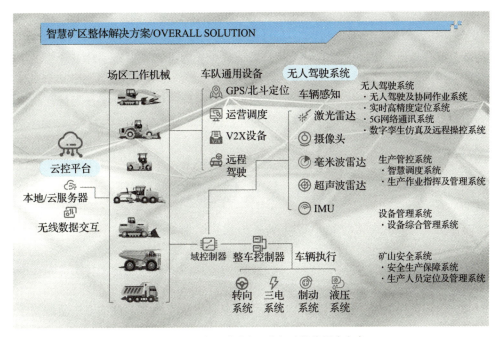

图1 新型智能网联矿山无人驾驶整体解决方案

太机脑智能科技环卫设备无人化解决方案

无锡太机脑智能科技有限公司

作者：杨国青

1. 方案背景

统计显示，我国环卫工年龄结构老化情况比较严重，55岁以上环卫工占比近一半。同时，环卫工作繁重，作业环境恶劣，无论严寒酷暑都要经受平均一天12h的户外体力劳动。在人口红利逐渐消失的今天，环卫行业无人化是大势所趋，无人环卫清洁车的投入使用可以极大地减少人力资源，减轻环卫工人的作业压力。

2. 方案介绍

完成环卫清洁设备的无人化改造以及面向无人环卫清洁设备管理平台建设工作。通过改造传统的清洁设备，能够实现全自动执行环卫清洁任务的无人环卫清洁车；构建一个面向无人环卫清洁设备的管理平台；打造一个数据云，通过大数据分析、人工智能以及机器学习等技术，为平台提供支撑，从而实现设备可视化、工作智能化、安全管控闭环化、决策支持智慧化的目标。

3. 主要产品

公司主要产品名称和特点见表1。

表1 主要产品名称和特点

产品名称	主要特点	产品名称	主要特点
无人扫地车	● 超强算力满足环境感知要求 ● 完备的作业管理和监控手段实现智能管理 ● 自主建图、自动避障、路径规划 ● 断点续扫，人工/自动模式灵活切换	无人洗地机	● 支持现有设备改装 ● 支持室内和室外清洗场景 ● 自主建图、自动避障、路径规划 ● 断点续扫，人工/自动模式灵活切换

4. 应用优势

与传统的环卫设备相比，通过设备的无人化升级，减少人力投入，提高了环卫业务的工作效率，同时结合云平台的使用可以对设备进行实时监控，提高了设备运行的安全性，降低了运营风险。

通过大数据分析和人工智能等技术的应用，平台可以对运行数据进行分析，为运营决策提供数据支撑，从而达到节省管理成本，提高设备使用率的目的。

自主泊车大规模量产实践

北京流马锐驰科技有限公司

作者：于宏啸

在很多人眼里，开车是一种享受，而停车是一种煎熬。停车场相对狭窄，环境沉闷，停车位过小，自身技术不过关，这一系列原因让停车场近年来事故发生频率显著提高。自主泊车定位于泊车场景，重在解决"停车难，找车难"的痛点。流马锐驰打造了一个完整的自主泊车量产数据及应用的闭环方法。

流马锐驰科技有限公司成立于2017年1月，是国内最早研发自主泊车的智能驾驶科技公司，针对智能驾驶商业化落地面临的共同挑战，流马锐驰科技有限公司通过自主创新的识别和自动泊车算法，推出了全新的基于融合的自主泊车和自主代客泊车系统方案，在整车前装市场率先完成落地，截至2021年底，已完成40余款车型的自动泊车和自主泊车的大规模量产，算法方案出货量达40万套以上。

1. 自主泊车功能复杂

当前，自主泊车已经不完全是一个泊车功能，而是L2+L3+L4的功能集成，自主泊车真正量产的应用包括辅助泊车（APA）、记忆泊车（HPP）、代客泊车（AVP）、拖车辅助、倒车辅助、低速紧急制动和探索前进等功能。此外，自主泊车还包含多个L2和L3功能以及一定场景范围内的L4驾驶系统。

2. 大规模量产

随着Waymo前CEO离职和华为自动驾驶渐进路线的应用，渐进式路线逐渐得到自动驾驶产业的共识。真正的Robotaxi企业很难进行L2的量产，或以L4的算法进行L2量产，除非将所有的算法重写，否则是无法适应真正L2需求的。若要真正获得量产的能力，则需要非常长的时间周期，同时还要面对车规应用的挑战，但是如果不进行大规模量产，企业是无法进行数据和产品的大规模迭代的。多数主机厂对于成本的考虑，给L2量产车配置的传感器和算力都比L2要求低出不少。一个典型的情况是L2的车通常都是配置环视和超声波传感器而不是激光雷达等价格较高的传感器，同时对供应商和供应链的保证也有很高的要求。在做L4的时候，由于测试的车队规模比较小，在采购新品和传感器上可以不计成本。然而在L2的阶段中，自动驾驶初创公司通常是Tier 1，甚至是Tier 2，他们需要组成软硬件整体方案卖给车企或者Tier 1，这个时候，就不能只考虑产品的性能，成本及持续稳定供货的能力也是需要考虑的关键点，而通常情况下，自动驾驶初创公司在供应商面前没有议价能力。

现阶段做L4的公司不强求关键零部件全部通过车规，只需要买几辆车改装一下就可以上路，而面向前装量产的L2方案则需要符合汽车产业的一系列标准。从拿下订单到研发、测试，可能需要2~3年的时间。量产是算法、工程化能力、查找和解决问题的能力、成本的一个平衡。真正实现大规模量产和大规模量产车型的一致性是最重要的问题。

1）车规级正向开发。流马锐驰建立了软件仿真、在环测试、实车测试和数据回放，以确认相应的数据并进行软件及场景的仿真，形成一个强有力的数据开发闭环（见图1），让数据有实际迭代的用处。

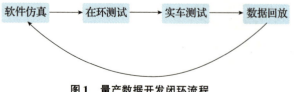

图1　量产数据开发闭环流程

2）软件仿真的情况。构建虚拟场景建设泊车应用的各种场景库（见图2），通过传感器建模、场景建模，构建驾驶员模型，应用CAN网络将控制信息传递给车辆模型，再将车辆模型信息获取的车辆仿真参数信息传输到控制算法端，通过模型对识别、规划、控制、决策、定位的应用，可以完成全场景的测试和应用，在虚拟场景下仿真全部模型和问题，全部正向开发并解决问题。

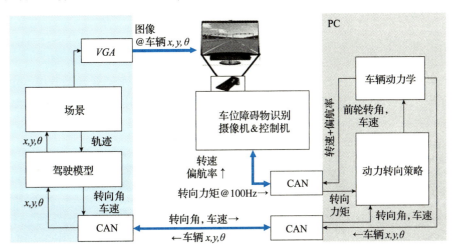

图2　自动泊车仿真场景搭建

3）流马锐驰具有专业的算法仿真及测试分析能力，可定制构建用户自己的测试集，从而进行仿真及实际车辆的测试，并针对各种标准进行打分。

4）有专业的数据存储和测试报告分析（见图3）。对各种测试工况进行分析，改进算法相应的场景应用和实践。

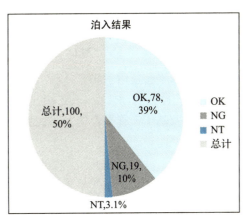

图3　测试场景及报告分析

5）应用专业的测试经验，完全根据实车相应的信号和应用进行算法分析。

6）构建完全自主的专业数据回放和算法分析（见图4）。可快速定位问题及问题的原因，分析是协作伙伴还是自身问题，获取问题后改进问题点并进行应用。

7）将相应的场景进行再次仿真，构建相同的场景。

8）工具完整。我们还针对不同的车型进行了高效率的标定和应用工具的匹配。针对速度进行了快速的一键匹配和应用。针对定位信息也进行了快速的一键匹配和应用。

未来，流马锐驰科技有限公司将坚持自主算法创新和技术积累，践行辅助驾驶到自动驾驶的渐进式路线，成为全球领先的低速自动驾驶系统方案商。

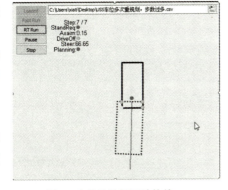

图4　专业的数据回放软件

阿尔特智能网联汽车整体解决方案

阿尔特汽车技术股份有限公司
作者：王溪，吕鹏

　　智能网联汽车是中国抢占汽车产业未来战略的制高点，是国家汽车产业转型升级、由大变强的重要突破口。阿尔特基于整车设计、集成的优势，推出特定区域低速智能网联专用车技术平台（见图1），打造、引领智能网联全场景一体化商业解决方案。

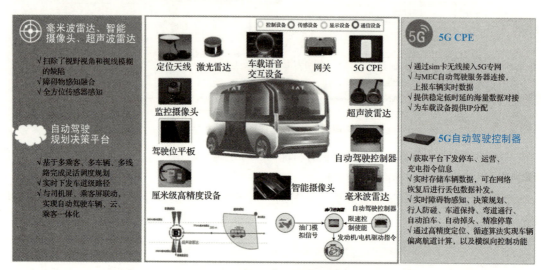

图1　典型智能网联车辆技术方案

　　智能网联专用车技术平台适用于载客通勤、VIP参观、移动会议室、厂区接驳等短途低速的无人驾驶应用场景，可以沿着固定路线自动驾驶运行，并能够在行车过程自动行走、避障、停车等，具备车端及远程的人机交互功能，以及基于云管平台的多车辆智能接单派送任务，在计算中心决策和调度下，完成智能驾驶安全运营（见图2）。

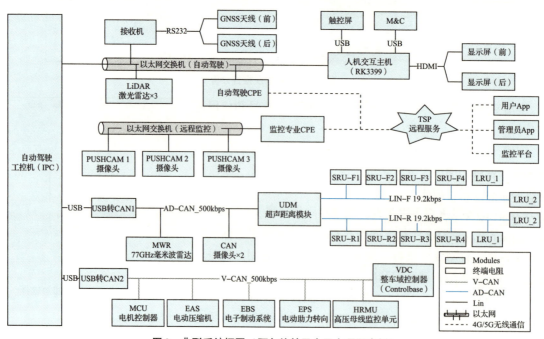

图2　典型系统框图（阿尔特某无人巴士项目案例）

智能网联专用车技术平台主要可实现功能见表1。

表1 智能网联专用车技术平台主要可实现功能

功能简称	功能描述
循线行驶	在有限的道路空间中，本车能够很好地保持在同一个车道内行驶，不会对其他驾驶员造成不良影响，不越实线行驶。车道类型包括：直道、左弯道、右弯道、S 弯道、发卡弯道等
自主起停	车辆可以在停止线或指定地点停止，并可以从停止点继续行驶
自主巡航	同车道自主行驶，在前方有车且速度差异较小时，跟随前车行驶，并能够实现跟随起/跟随停。在没有前方车辆时，可以根据道路状况自主行驶
自主避障	遇前方有静态障碍物（如单锥筒、施工区域等），则绕行障碍物；遇前方慢行车辆，则择机并线超车；遇前方障碍物有碰撞风险（如横穿行人、并线车辆等），则减速或停车避让
自主并线	路径前方存在转弯要求时，遵循规划路径，择机向左边或右边车道并线
路口通行	直行：进入路口前自主并线到直行车道，直行通过路口；遇红灯或黄灯，在停止线自主停车，信号灯变绿后自主行驶；遇绿灯或无交通灯，自主巡航＋循线行驶直行通过
	转弯：进入路口前自主并线到左转/右转车道，左转/右转通过路口。遇交通灯指示禁止通过时，在停止线自主停车，信号灯变绿后自主行驶。遇交通灯指示允许通过或无交通灯时，自主巡航＋循线行驶左转/右转通过
	礼让行人：遇斑马线减速，如监测到有行人横穿车道，则自主停车，礼让行人
紧急制动	在与任何障碍（人、车及其他）可能发生紧急碰撞的情况下，紧急制动停车。制动过程满足车辆动力学和运动学约束
预警	前向目标碰撞预警，对前向目标的碰撞预警，作用目标应包含行人、机动车、非机动车。侧盲区报警，对后侧方目标的接近发出警告，目标相对速度 >10km/h
车辆周围动态感知	SR 是对当前交通场景在 IC 上的虚拟显示
高清环绕影像	在车辆显示屏上显示车辆周围 360°视图，使乘客能够清楚地看到车辆周围的环境
自动泊车	有订单时，按照预先设置的停车点（3～5 个泊车位）停车。无订单时，可以根据调度员要求或者按照超时要求处理，自动泊入停车位
	远程控制模式下，可以通过一键泊车功能实现自动泊车
App 订单控制	手机 App 下单，车辆根据订单完成进站，规划最优路线并执行规划路线，车辆自主完成订单任务

新一代人工智能物流运输网络

北京主线科技有限公司

作者：张天雷，王超，王里

1. 引言

现阶段，我国物流运输产业存在运营成本居高不下、驾驶员严重短缺、交通事故频发三大痛点，对物流运输产业的高质量发展形成阻碍。近年来，国务院、交通运输部、公安部等国家部委高度重视智能化技术在交通运输领域的应用，大力支持以自动驾驶为代表的人工智能技术发展应用，提倡汽车电动化、智能化、网联化、共享化的"新四化"发展趋势。构建新一代人工智能物流运输网络，大力发展智能网联汽车，不仅是为物流业提供降本增效的运输工具，也是实现物流枢纽自动化、物流干线运输安全、物流运输劳动力短缺等问题的有效途径。

2. 智能网联汽车自主创新产品

主线科技核心自主创新产品为 L4 级自动驾驶域控制器 TrunkPort 和 TrunkMaster，分别应用于港口枢纽和高速物流干线下的不同场景，已通过 ISO 26262 认证，达到车规级功能安全标准，保障使用过程中的稳定可靠。产品采用 NVIDIA 高性能运算处理器＋英飞凌功能安全控制器实现异构计算控制平台；集成 4G/5G、DGPS、IMU、GMSL、车载以太网交换机、CAN、LIN、USB2.0、RS232、RS485/422、FPDLink 视频输出、PPS 同步等模块，采集激光雷达、毫米波雷达、超声波雷达、摄像头、防撞条等环境感知传感器，采用多传感器融合技术、深度神经网络学习技术等实现感知、定位、决策规划、控制执行等自动驾驶算法。

3. 技术应用案例

（1）港口集装箱运输自动化

基于域控制器研发，应用于港口集装箱运输的无人驾驶集装箱运输车包含半挂牵引车和平板车两种产品形态（见图1）。针对集装箱运输车自动化运行需要，主线科技研发了集装箱运输车自动驾驶系统，开展了面向港口环境的车载传感器硬件系统设计，综合应用目视相机、激光雷达、GPS＋IMU、工控机、以太网交换机、HMI 显示设备以及操作终端等，完成数据的采集、传输及系统信息显示交互等功能；开发了面向港口环境的基于多源异构信息的环境感知系统，实现障碍物检测、驾驶场景识别等功能；开发了面向港口环境的基于多源定位信息的高精度定位系统，高精度定位方案能够保证定位精度达到 10cm，在特定区域定位精度达到 5cm 以内，满足自动驾驶和集装箱装卸作业的需求；使用激光点云和相机图像数据创建高精地图，开发了面向港口环境的高精度地图，在全国多个港口率先实现无人驾驶电动集装箱运输车规模化应用。

无人驾驶集装箱运输车实现了与港口生产 TOS 系统、自动化轨道场桥、远程操控岸桥、智能地面解挂锁站的自动通信对接，并真正融入港口实际生产作业，成为全球首个具备实际作业能力的港口一体化无人驾驶运输系统，具备全天候 24h 全无人作业能力，成功打造我国港口枢纽自动驾驶样板间，助力港口实现传统模式向现代化智慧港口的快速转型，实现港口枢纽自动驾驶解决方案的标准化复制与小规模应用。

图 1　港口枢纽的无人驾驶电动集装箱运输车

（2）高速公路智能驾驶货车

基于域控制器研发的高速公路智能驾驶货车，主要应用于高速物流干线运输场景。自 2018 起，主线科技开启 L4 级重卡物流车的自动驾驶测试和货车编队测试；2019 年起与德邦、福佑开展长期合作，主线科技安装有多类传感器的重货在京沪高速长期以自动驾驶"影子"模式进行实际运输活动（见图2），以真实高速公路货车实车运行数据推动重卡自动驾驶技术的迭代升级；2019 年第底，入选"十三五"国家重点研发计划，承担课题"高速公路智能车路协同系统集成应用"，围绕"高速公路车路协同系统全要素高可信感知交互与智能管控"关键科学问题展开研究，联合九家高速集团在京雄高速、沪宁高速、山东济潍高速、山东滨莱高速、浙江杭绍台高速、广西沙吴高速等 9 条高速公路覆盖 6 个省市开展高级别货车自动驾驶技术实测，成为唯一一家获得高速测试路权的自动驾驶企业。2021 年，依托北京市高级别自动驾驶示范区与北京市智能网联汽车政策先行区，主线科技联合京东物流、北汽福田等智慧物流生态合作伙伴，获得国内首批高速自动驾驶商用车测试牌照，并在真实高速场景下进行动态驾驶任务的全过程执行、人工接管、最小风险策略、纵横向高精度控制、车路数据通信，以及空载和满载下的自动驾驶算法等多项内容实测。

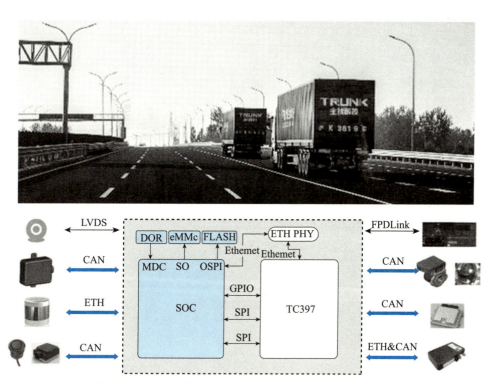

图2 高速公路干线货运自动驾驶货车及核心自动驾驶系统组成

湛达动态交通 AI 感知系统产品及技术应用

合肥湛达智能科技有限公司

作者：张 中

1. 系统介绍

动态交通 AI 感知系统采用了自主研发的嵌入式轻量级模型、深度学习算法、图像识别算法、多传感器融合技术、交通行为监测算法、边缘计算、双摄像头对多目标跟踪及行为分析等核心技术，可自动识别路面信息、30 余种交通行为、10 余种交通事件、6 种非机动不文明行为、雨雪团雾等天气、标志标线信号灯、多种交通主体 14 种厘米级车道、9 种厘米级区域等，并将高动态、高精度、多维度的结构化数据传至云平台；云平台运用人工智能大数据分析之后，为智能网联、交通安全治理、综合执法、城市管理等部门提供数据产品封装与交付。智能网联系统架构如图 1 所示。

2. 系统产品

（1）动态感知边缘计算车载终端

1）产品配置。该产品采用世界领先的人工智能嵌入式系统，双目前置 ADAS 高清摄像装置，多种复杂神经网络算法、人工智能算法，多目标跟踪及行为分析技术，高精度的 9 轴传感器，可适用于 4G、5G、WiFi 等全网通网络系统。

2）产品优势。

①全自动化：对道路上的目标对象及交通行为进行自动识别、自动分析、自动上传。

②感知能力强：对 20 多种道路信息、30 多种交通违法行为、10 多种交通事件、道路的实时状态进行多维度感知。

③识别精度高：目标识别率高达 90% 以上，交通行为识别准确率高达 70% 以上。

④部署灵活：可安装于公交车、出租车、重点车辆、警车、环卫车、渣土车、网约车等综合车辆上，可形成由点到线、由线到面的高动态无死角监控体系。

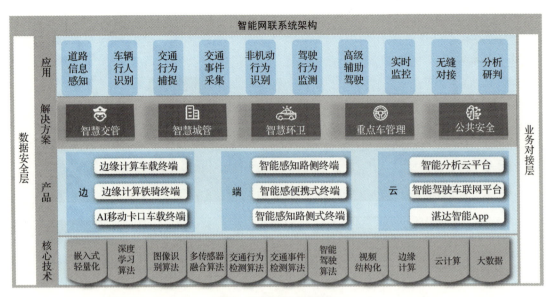

图1 智能网联系统架构

动态感知边缘计算车载终端外观如图2所示。

（2）智能感知路侧终端

1）产品配置。该产品采用世界领先的人工智能处理芯片，世界领先的嵌入式轻量级算法，多目标跟踪及多行为分析技术，视频、激光雷达及毫米波雷达等多传感器融合，可有效管理多路摄像装置。

2）产品优势。可进行车辆目标检测、行人目标检测、异常停车检测、车辆逆行、排队超限、行人穿越、遗漏物品、道路施工、交通拥堵、车辆慢行、车辆超速、交通事故等状态判断。智能感知路侧终端外观如图3所示。

图2 动态感知边缘计算车载终端外观

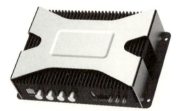

图3 智能感知路侧终端外观

（3）智慧感知系统部署示意图

智慧感知系统部署示意图如图4所示。

图4 智慧感知系统部署示意图

3. 系统功能

（1）20多种道路信息感知

系统利用GIS地图、图像采集、传输技术和深度学习算法，可以对城市道路中白实线、白虚线、单黄虚线、单双黄实线等多种车道线信息，城市中高速公路、高架桥、小区、地面停车场等多种场景信息，以及城市道路中斑马线、公交站台、路边停车位等多种重点区域信息进行自动识别和自动采集。道路信息感知如图5所示。

图5　道路信息感知

（2）车辆行人识别

系统基于GIS地图、图像采集、传输技术和深度学习算法，对道路上的车辆、车牌和行人进行高效的精确识别，并通过4G/5G网络上报至云监控管理平台，可实现巡查上报、黑名单识别预警、限行抓拍、移动稽查等系列功能。

（3）30多种交通行为捕捉

基于人工智能技术开发的动态交通AI感知系统，能自动识别违反禁止标线、逆向行驶、占用公交车道、占用非机动车道等30多种交通行为，能够将地点、时间、视频等资料信息进行实时自动上传。交通行为捕捉如图6所示。

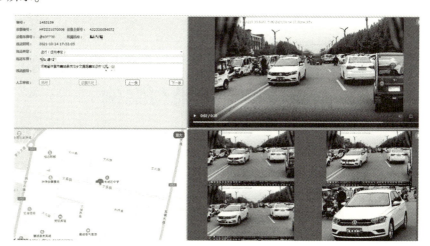

图6　交通行为捕捉

（4）10多种交通事件采集

系统可实时采集道路中的交通事故、施工、路面坑洼、急加速、急减速、急转弯、行人跨越护栏、雨雪团雾天气等10多种交通事件的位置信息、时间信息、图片及视频等综合型信息，并实时自动上传。

（5）非机动车行为识别

系统可实时对道路中的非机动车违规安装雨棚、超载、不戴头盔、逆行、打电话等不文明行为进行识别、采集并实时进行自动上传。

（6）驾驶行为监测

基于面部特征识别，通过内置摄像系统收集驾驶员的面部图像，定位头部姿势和获取人脸当前特征，并与数据库中的各种异常驾驶行为模型进行比较以识别驾驶员的当前状态。如果出现任何不良驾驶行为（闭眼、打哈欠、吸烟、打电话）或危险驾驶行为（离岗、急加速、急减速、急拐弯、碰撞），将发出声光警报。

（7）高级辅助驾驶系统

基于智能驾驶平台及人工智能系统开发的高级辅助驾驶系统（ADAS），可实时识别前方车辆、行人和车道线，检测本车与前车或行人之间的距离、方位及相对速度，以及本车在车道中的位置，能够进行车道偏离预警、PD行人识别、车辆碰撞预警、前车移动提醒等功能，从而为安全驾驶提供辅助作用。

（8）实时监控

系统可实时获得车辆的地理位置、行驶速度、行驶方向、行驶状态、经纬度等信息，可以地图形式显示所选机构所有车辆的实时状态，提供点名车辆、车辆跟踪、实时视频等功能。

（9）无缝对接

根据规范要求，建立与公安、交警、环卫、城管等部门平台的传输接口，将车牌数据、交通事件、交通行为、驾驶行为相关数据自动传输到指定平台。

（10）分析研判

实时将动态采集的车辆信息、道路信息、交通行为信息通过智能化的云平台系统进行智能分析与审核，可实时查看各交通行为的分布情况，为城市管理提供大数据支持。

4. 产品应用

目前已与安徽省、江苏省、贵州省、河南省等地公安交警部门、图商、三大电信运营商、城投集团等企事业单位建立深度合作，为他们提供针对性产品技术服务。

湛达基于精准、多维、高效的感知能力，不断提高智能网联的感知能力，为其在公安、交警、城管、环卫等部门的商业化落地赋能，推进智能网联汽车产业发展。

行深智能在自动驾驶、无人配送方面的创新技术、成果与案例

长沙行深智能科技有限公司

作者名：安向京

行深智能成立于2017年，是国内领先的无人驾驶核心技术提供商及智慧物流产品供应商。公司核心团队来自国防科大、清华大学等知名院校及研究所，具有30多年无人驾驶科研及工程经验。公司核心技术指标如下。

1. 自主可控的无人驾驶软件架构

由于行深智能具备软硬件全栈开发能力，自主可控的软件架构可与自主硬件架构保持高度一致，使得系统更加稳定；同时由于完全不依赖任何开源架构，行深智能无人驾驶软件架构代码环境完全封闭，使之具备更高的安全性。

2. 室内外一体高精度感知定位技术

无人物流车产品搭载了激光雷达、毫米波雷达、超声波雷达、单目摄像头、双目摄像头、环视摄像头、双GNSS模块、IMU模块、碰撞传感器等多个类型的传感器，自主研发基于时空对准的多源传感器多

层级融合的环境感知技术（见图1），根据各个传感器的特性进行多层级距离的布局，在时间对准和空间对准的基础上，实现深度融合，确保对外围环境精确感知。由于该款产品使用环境为楼宇及楼宇周围，环境对 GNSS 信号的遮挡可能导致对 GNSS 定位依赖大的感知定位技术无法稳定使用，而行深智能感知定位技术可在不依赖 GNSS 的情况下实现 10cm 的室内外综合定位精度，使得无界通行小型无人物流车产品可在该场景中灵活穿行，这也造就了该款产品的功能优势和行深智能在行业中的技术壁垒。

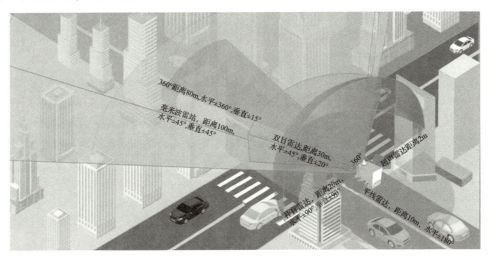

图1　多源融合全方位感知配置

3. 基于认知的智能规划决策技术

自主研发目标识别相机及目标识别单元，其中目标识别相机采用了车规级两百万像素成像器件，具备 120dB 高动态成像能力、实时外同步触发功能，内部集成了 IMU 单元，实现了姿态紧耦合。目标识别单元将目标识别算法硬件化，极大提升了对交通参与物识别的速度及稳定性，对交通参与物识别的准确率可达 99% 以上。基于 30 余年工程实践积累的大量训练数据，通过优化后的机器学习算法训练出的模型可对感知范围内所有交通参与物同时进行轨迹级预测，做到了提前感知、提前规划，可在 100ms 内快速响应，保证高速行驶状态下稳定的自主避障、自主超车和路径重规划（见图2）。

基于认知的智能规划决策技术

行业领先的目标识别准确率
自主研发目标识别相机及目标识别算法，交通对象（红绿灯、行人、车辆等）识别准确率行业领先。

智能规划技术
最优路径规划、路径重规划、自主避障、自主超车、自主泊车。

目标行为精准预测
基于大规模训练数据以及优化机器学习架构，可对感知范围的所有交通参与物同时进行轨迹级预测。

百毫秒级响应
正常工作状态下决策响应速度约100ms。

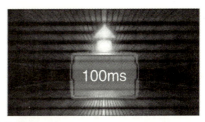

图2　基于认知的智能规划决策技术

自创立之初起，行深智能就以末端物流作为市场切入点，聚焦末端物流智能化建设，将领先的核心技术与应用场景紧密结合，拓展无人驾驶应用边界。推出多款具有完全自主知识产权、适用多种末端物流应用场景的超影、翻羽、奔霄、绝地（见图3）和布衣等系列L4级无人车产品，同时不断进行产品迭代和技术创新，完善末端物流无人配送领域的服务和交付能力，持续优化升级各类应用场景的解决方案，积极推动无人驾驶在校园、园区、景区、厂区等多个场景的商业应用落地。

图3 绝地3000H系列末端物流无人车

近年来，行深智能与京东、美团、华为、富士康、中国邮政、日本乐天、苏州高铁新城和湘潭大学、江汉大学、上海海事大学等多家企业、园区及高校合作，将大批无人车产品及解决方案广泛应用在末端智慧物流场景，助力智慧校园、智慧园区、智慧景区和智慧厂区的打造，目前已在海内外近40个地区落地，并实现量产以及规模化、常态化运营。

4. 无人配送助力企业

1）行深智能与京东集团在长沙打造全球首个智能配送旗舰站，覆盖科技新城及其周边地区。目前已在全国布局十多家智能配送站，实现园区和社区无人车配送。

2）行深智能助力美团赋能移动新零售，无人车在北京首钢园为AI智慧门店补充运力。AI技术和无人配送相结合的场景化解决方案，帮助商户降本增效，提升用户体验。

3）行深智能投放无人配送车，服务于华为松山湖研究基地，为园区管理方和研发部门提供末端研发物料分发配送作业模式，解决了传统配送方式带来的效率低、体验差和影响园区形象等痛点。

4）行深智能助力富士康智慧工厂物流建设，为富士康提供无人"智慧物流"整体运转方案，升级重构厂区物料配送基础网络。降低人力成本，提高物流效率，实现智能化配送和数据化管理。

5）行深智能助力中国邮政打造末端"最后一公里"无人配送，为其定制的无人车已在多地投入运营，向居民提供快递配送服务。

6）行深智能与乐天株式会社合作，在日本为蓼科东急度假城户外豪华露营提供无人配送服务，达到节省人力成本、提高工作效率、保障食品安全的效果。

5. 无人配送进驻校园

1）行深智能无人车进入湘潭大学，现已帮助校园内学生解决取快递不方便等问题，为学生提供创新项目和勤工俭学机会。下阶段还将进一步深化，将无人车应用于外卖配送、商品团购、安保巡逻等领域。

2）行深智能无人车入驻江汉大学，进行快递、零售商品的智能无人配送，改善了校内取件排队长、耗时久的情况，提供了更加灵活便捷的自助取件方式。

6. 无人配送服务园区、景区

1）行深智能无人送餐车在苏州高铁新城开放园区进行外卖餐食无人配送，通过整合园区末端配送运力以及零售商品资源，丰富了城市内无人配送服务体系，赋能移动新零售。

2）行深智能无人零售车在江苏园博园进行零食饮料的移动售卖，扩大了景区服务半径，缓解了客流高峰期景区客服压力，提升了游客游览体验。

7. 无人配送科技抗疫、防疫

1）2021年6月，行深智能快速响应政府应急物资末端配送需求，无人配送车在广州抗疫"最后一公里"无接触配送中发挥巨大优势，有力保障了抗疫应急物资及时送达。

2）2021年8月，行深智能无人车在盐南高新区新河街道核酸检测实战演练现场，为社区居民以及医护、工作人员无接触配送消暑、防疫物资。

随着自动驾驶和智能汽车产业在中国的快速发展，在可预期的未来，低速无人车必将成为人们享受新生活模式的智慧新节点，城市生活也必将因此而变得更便捷、更智能、更宜居、更高效，低速无人车科技的大爆发时代正在到来。行深智能将继续发挥技术领先优势，携手合作伙伴，加速推进无人驾驶的商业化落地，助力打造更加安全、有序、美好的末端智慧物流体系。

怡利电子智能网联创新成果

怡利电子科技（江苏）有限公司

怡利电子创始于1983年，目前为汽车电子制造供货商领导品牌。产品研发主力专注在四大领域，分别为抬头显示器、驾驶安全防护、多媒体后座娱乐系统、充电及其他车用配件。我们经由多年的努力，成功打入国际汽车品牌大厂认可的一阶供应体系，近年在国内为抬头显示器主要厂商。根据高工智能汽车数据，怡利电子在2020—2021为国内抬头显示器出货量首位厂家。并在3D AR–HUD / 3D 投影无介质成像等先进光学技术取得重大突破。

1. 主要产品与服务

怡利主要提供汽车相关电子零配件（见图1）。

HUD抬头显示器：WHUD / AR–HUD / 3D AR–HUD

Digital Cluster 数位仪表：7 / 10.25 / 12.3in 数字仪表

Infortaiment 车载主机：Apple CarPlay / Andorid Auto 认证 车载主机

RSE 后座娱乐系统：7~13in 后座娱乐系统

ADAS、PVM 环景等产品：倒车摄影 / LDWS/毫米波雷达/360 PVM 等产品。

公司具备为欧美日与国内整车厂供货的经验，除一般资质认证外，尚具备 ISO 26262 安全认证 / VDA 欧系车厂认证 / ASPICE 软件开发认证 / ISO 21434 网络安全认证 整车开发经验。

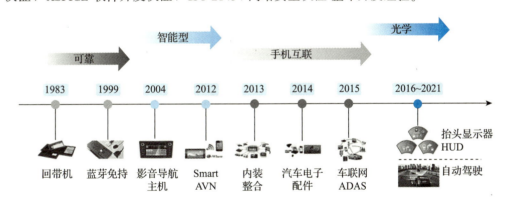

图1 怡利主要产品发展历程

2. 核心优势

1) 具备多年整车厂供货经验与相关整车厂资质认证。

2) 坚持技术核心自行开发制造，积累大量车用电子类专利认证，为中国台湾省车电专利第一名。

3) 在光学领域，自行设计制造光学镜片工厂，投入光学重要零组件设计制造，确保HUD成像质量优化与质量控管。

4) 自行开发HUD自动生产线，HUD自动光学检验等技术。

5) 研发历程：2016年开始，怡利全力发展抬头显示器，从CHUD、WHUD、ARHUD一直到3D ARHUD，其关键零组件皆掌握在自身手中。包括低串扰车规级裸视3D屏幕、超指向性背光扩散片、高效能120帧/s立体3D图形产生处理器（自研）、自有光学烤弯玻璃厂。

6）未来发展：2020年怡利推出震撼全球业界，全世界第一台车用裸视3D ARHUD。真正实现驾驶者视线在哪里，导航与车载讯息就出现在哪里的精确显示，让驾驶者能高度掌握行车状况与道路状况（见图2）。

图2　3D ARHUD概念示意

广州软件应用技术研究院车路协同方案

广州软件应用技术研究院

作者：陈升东，郑创杰

1. 车路协同系统架构

车路协同系统是基于LTE-V、4G、5G等无线通信技术，辅之以多种高精度传感器、道路基础设施，结合多维传感器信息融合算法，配合边缘计算单元实现车与人、车与路、车与车、车与云的信息获取、共享与交互，实现车辆和基础设施之间智能协同与配合，达到优化利用系统资源、提高道路交通安全、缓解交通拥堵、实现城市智慧出行的目标。广州软件应用技术研究院建立的车路协同系统架构如图1所示。

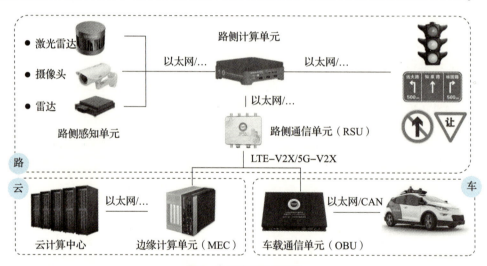

图1　车路协同系统架构

2. 车路协同系统硬件

（1）LTE-V路侧终端

ITL-RSU4000（见图2）作为新一代LTE-V V2X路侧产品，具备LTE-V-Cell和LTE-V-Direct双模通信能力，能够实现设备间直接通信和基于蜂窝网的通信，可满足智能网联汽车多样化业务的通信需求。

ITL-RSU4000用于室外路侧环境，采用三防设计，达到IP67防护能力；采用一体化设计，体积小巧，便于安装使用；采用高增益天线，覆盖范围可达1.5km；内置硬件CA专用加密模组，支持V2X加密算法，满足V2X应用场景通信安全加密需求；内置高性能处理器，满足V2X应用场景下的路口复杂算法；支持千兆以太网PoE（Power on Ethernet）接口，实现供电与网络传输，即插即用；内置自研ITS协议栈，支持一、二期标准场景及个性化场景；支持与车路协同应用管理云平台对接，满足车路协同应用场景交互；支持CAN/串口/RJ45/USB3.0等接口，便于与红绿灯、摄像头、雷达等对接；支持5G高速通信，兼容4G LTE网络；内嵌硬件AI处理单元，可支持多种AI算法及框架，为车路协同提供更广阔的应用场景；支持设备固件 OTA 空中升级，降低维护成本。

（2）AI 路侧感知边缘计算设备

ITL-MEC1000（见图 3）为一款基于 NVIDIA© JetsonAGXXavier™ 系列模块设计的计算平台，具备 32/20TOPs 浮点运算的 AI 处理能力，具备超长 MTBF 稳定运行能力，内置交通参与者感知定位算法，可应用于智能网联汽车、车路协同、无人配送车等自主化机器，是边缘端部署 AI 算力进行深度学习的理想载体。

图 2　ITL-RSU4000

图 3　ITL-MEC1000

lITL-MEC1000 支持接入 16/32 线激光雷达、摄像头等传感器；支持多传感器融合处理；支持双向 8 车道的十字路口数据计算；支持车路协同 V2P 应用场景；支持 OTA 在线升级及应用场景模型分发。

（3）LTE-V 车载终端

ITL-OBU4000（见图 4）是一款采用 C-V2X 技术的智能车载通信设备，采用 IATF 16949：2016 汽车行业质量管理体系标准而制造的车规级 C-V2X 通信模块，工作于 5905~5925MHz 微波频率，基于 3GPP Release 14 协议，支持 C-V2X PC5 直接通信，可提供扩展的通信范围、且不依赖蜂窝网络的协助或覆盖，可在全球任意区域使用。

ITL-OBU4000 支持蜂窝和直通工作模式，满足 V2X 应用场景通信需求；采用国产自研芯片，内置 4 核 A57+2 核 A72 处理器，最高频率可达 2.6GHz；支持 CAN/串口/千兆网口/USB3.0 等接口，便于与车载系统或设备对接；支持 LTE 4G 7 模全网通，满足传统蜂窝应用场景通信需求；内置自研 ITS 协议栈，支持一、二期标准场景及个性化场景；支持与车路协同应用管理云平台对接，满足车路协同应用场景交互；内置 RTK 高精度定位模组，满足 V2X ITS 标准车道定位标准；内置硬件 CA 专用加密模组，支持

图 4　ITL-OBU4000

V2X 加密算法，满足 V2X 应用场景通信安全加密需求；配备车载鲨鱼鳍集成式天线，安装方便，降低布线成本；支持设备固件 OTA 空中升级，降低维护成本。

3. 车路协同系统软件

（1）面向智能网联汽车的车路协同综合管理平台

平台基于自主研发的车路协同通信应用协议栈、智能车载和路侧设备、路侧设施硬件等，通过以 LTE-V 为主的多种信息通信网络，对汽车附近和"超视距"进行采集，经由云端和边缘计算设施为智能网联汽车提供数据处理、存储、融合、分析，从而使汽车做出更加高效准确的路径规划和行为控制决策。平台可应用于城市交通基础设施改造、城市交通管理和信息监管、智能网联汽车道路测试、示范建设与科技知识普及等，使现代城市生活变得更加便捷、安全和绿色。

（2）路侧感知融合算法

采用基于深度学习的道路目标检测算法研究以及基于异构感知数据融合的算法，实现对城市路口、主干道路各交通要素的实时运行信息感知。一方面，借助于高精度传感设备及感知融合算法，可以满足夜间及全天候路况感知，通过车路协同通信终端广播给道路车辆，提高车辆行驶安全性；另一方面，可

以丰富城市交通管理系统的数据内容，提供上帝视角的城市道路参与者信息全览图。

（3）车路协同安全防护

为了实现车载设备、路侧设备等设备间的安全认证和安全通信，车路协同通信系统使用基于公钥证书的 PKI 机制确保设备间的安全认证和安全通信，采用数字签名等技术手段实现车辆与路侧设备的直连通信安全，保证了消息的完整性，防止了信息假冒与篡改的可能。

（4）车路协同协议栈

车用通信系统通常可以分为系统应用层、应用层、传输层、网络层、数据链路层和物理层。通过对道路安全、通行效率和信息服务等基础应用的分析，定义在实现各种应用时，车辆与其他车辆、道路交通设施及其他交通参与者之间的信息交互内容、交互协议与接口，即定义了应用层协议标准。协议栈通过向上制定与系统应用对接的应用编程接口（API），可以让不同的应用开发者独立开发能实现互联互通的应用，而无须担心使用何种通信方式或者通信设备，同时通过向下制定与不同通信设备对接的服务提供接口（SPI），以实现车用通信系统与不同通信方式或者通信设备的兼容，并满足通信技术不断更新的需求。

（5）车路协同模拟仿真系统

车路协同模拟仿真系统旨在通过计算机模拟仿真技术，构建现实中难以或者无法达到的车路协同测试及验证环境，如各种复杂道路环境、复杂天气状况、超高里程测试、碰撞预警的算法验证等，仿真内容包括高精度地图制作与匹配、高逼真静态场景建立、动态场景库建设、先进感知传感器的物理仿真、驾驶员模型与智能交通体模型仿真。

关于 SOA 在车内应用的思考及案例

广东快控科技有限公司

作者：陈为欣

汽车行业正经历着百年未有之大变局，"软件定义汽车"和新的车载软件销售模式已是大势所趋，为了引入更加智能的汽车应用，车企需要深度改造传统汽车的电子电气架构，将汽车从一个比较封闭的机械和电子平台逐步转化为一个开放的智能硬件平台，而新型电子电气架构中越来越多的核心软件和高算力控制器需要一套全新的软件架构，来管理和统一汽车各类零部件的接口和数据。目前众多车企从互联网/IT 行业引入了面向服务架构（Service-Oriented Architecture，SOA）的理念和相关软件，以此来整合车内各类资源，提供未来汽车零部件的软件模块交互标准，实现车内各控制器的跨域以太网通信，以及车内以太网网络和云平台外部网络的互通，同时能够向下兼容不同硬件和操作系统，实现应用软件和中间件的跨平台通用性，向上提供标准化的接口和数据能力，为多种不同的上层应用软件终端提供统一的标准化服务，此架构会深度地影响未来智能汽车的软件发展，以下是我们对 SOA 在车内应用的思考，供大家参考和讨论。

首先 SOA 是 IT/互联网软件几十年发展过程中的一个比较有代表性的架构，它把传统的功能模块以服务的方式，通过标准化的 API，以一种更加开放、平等的方式发布给使用者，从以我为主的开发思想，转化为我为他人提供服务的思想，深刻影响了互联网的软件开发，包括现在主流的微服务、API 网关等，都是 SOA 的升级。但是我们需要明确的是，软件架构始终在发展，每一种架构都有利弊，并没有一种完美的解决方案，每一种新架构的提出，都可以解决一些老的问题，但是同时会引起一些新的问题，所以最核心的还是如何选择和取舍，很难指望用一个架构或者一种方案解决所有问题，需要理性地用迭代和渐进的角度看待架构的演进。

软件开发者的"圣杯"就是所谓的"复用"和"解耦",大家都希望自己开发出的功能和模块能被一直使用下去,总觉得自己的代码非常完美,能被不同的程序所反复使用。而每次设计的软件架构,都追求无限降低模块之间、层级之间的耦合度,以达到各种功能自由组合的目标。这两个期望,应该是代码质量的极值,可以无限接近,但是实际上永远也达不到。业内已经有很多方案可以在很大程度上实现这两个目标,为开发者节省成本。但我们在实施SOA的过程中,很多客户和汽车工程师,希望通过SOA,将软件和硬件完全分离开来,达到无耦合度,这实际是做不到的,只能从原来的高耦合度优化为低耦合度,尽量降低硬件零部件变更带来的软件调整。

SOA被汽车行业公选为EEA中基于物理以太网的软件架构,确实可以提供传输层、网络层和应用层这几个层面比较合适的解耦方案,包含了以太网协议、数据格式、安全、应用接口规范等关键点的成熟技术,简单来讲就是车内升级以太网,引入更多软件应用,SOA架构目前就是和物理层最匹配的软件架构,别的软件架构不是不行,而是没有SOA这么全面和适合。但SOA并不能一劳永逸地解决未来车内软件和硬件迭代的需求。

因此,一个新的架构必然引出新的问题,SOA带来的新问题是,SOA架构的实现需要一定的硬件成本,这部分新增的硬件成本,是否能够被SOA带来的新增用户体验所覆盖?ADAS、座舱、网关/TBOX这几部分实现SOA,现有的硬件基本就能支持,不会带来额外的硬件成本,但是要在车身、底盘和动力这几个部分实现SOA,必须升级硬件(比如,芯片需要从M核到A核,操作系统从嵌入式到POSIX级别,成本增加比较明显)。这部分功能域从产品的角度看,有没有必要作为SOA服务提供给用户,是不是可以通过别的控制器代理发布SOA服务,都需要进一步探讨和尝试。

因为SOA是后台架构,最直接的用户是软件开发者(SOA服务的使用者),而车主这样的最终用户,目前体验不会太明显(当然也有诸如"自定义场景"这样的应用可以给车主体验,见图1)。对于第三方开发者(非汽车零部件供应商),之前很难有机会接触和控制车内核心零部件,通过SOA的开放平台,这些外部开发者第一次有机会像手机APP开发者一样,发挥各种创意,利用SOA服务对零部件的控制开发出更多各式各样的应用,最终用户才能体验到更多的智能驾驶应用。而第三方开发者的车载应用生态,软件/广告/电商等商业模式的引入,仅有SOA架构和技术还不够,还需要主机厂给出相应的开发者激励政策和开发者社区推广,需要建立用户账号体系和支付体系等基础设施,这些都非一朝一夕的事。作为造车新势力,这些工作都是自然而然,按部就班地完成,几年之后最终形成软件销售和流量变现的商业模式。而对于传统车企,比较欠缺软件基因,没有长期完整的软件和技术路线规划,很可能会被短期汽车销量所局限,忽略基础软件体系搭建的长期价值,放弃这些需要持续投入的基础工作,最终会发现未来软件销售的体系非短期能完成,很难再和跨界而来的对手在同一维度竞争。

图1 快控通过SOA在量产车上实现了"用户自定义场景"

实际上SOA落地是一个涉及全车零部件改造、整车成本核算、整车软件技术栈设计、通信网络选型和软件销售体系搭建的复杂项目,需要主机厂的管理团队高度参与和长期坚持推进,完全指望供应商主导,或者全栈自研,都是很难的,因为涉及多种能力和各种团队的融合,尤其是在新一代智能驾驶的EEA中,国内车企都希望摆脱燃油车时代合资或者外资方提供的整车架构的限制,发展自主可控的架构,把智能驾驶的软件集成和销售能力掌握在自己手中,而国内车企和互联网公司都很难有团队能像特斯拉一样，独立研发技术覆盖面如此之广的平台。那如何在现有的硬件采购体系之外，和科技/软件公司达成深入合作，联合开发适合自己供应链体系、制造体系、产品理念的架构和软件系统，是每一个车企都需要认真思考的问题。

传统汽车Tier1供应商和科技公司转型造车，做供应商等，都有各自明显的短板，而且在新型EEA、车载SOA上缺少实践，基本所有公司都处于同一起跑线，就看谁能更快地积累量产经验，迭代出新一代的整车软件架构方案。作为新一代的车内核心软件供应商，快控已经能够将IT行业的开源SOA软件、中间件等，优化和集成到车内，符合各类车规和安全认证，甚至能提供更多目前传统汽车联盟无法实现的高级SOA功能，目前已经在主机厂实现了量产验证（见图2）。我们能够从主机厂的角度出发，用传统汽车零部件的开发流程，结合互联网技术和产品来实现各类车内核心软件的快速研发和量产落地。

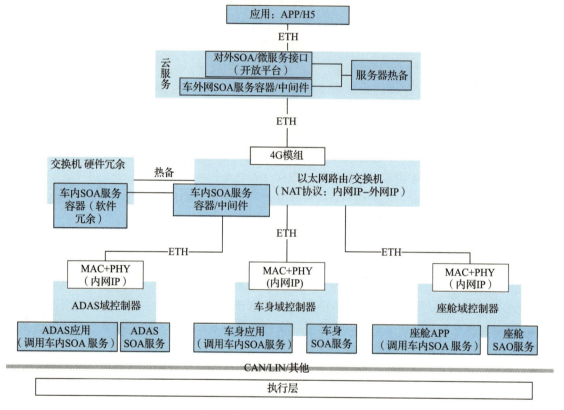

图2 快控的整车SOA架构方案

新能源主导、智能汽车与智慧交通创新研究

西华大学汽车与交通学院

1. 概况

西华大学汽车与交通学院由四川工业学院汽车工程系发展而来，是我国最早建立车辆工程专业的院校之一。在优化调整交通与传统汽车安全、电控、动力等方面的教学、科研能力工作基础上，近年来西华大学汽车与交通学院在新能源汽车、智能汽车及智慧交通、交通事故等领域开展了卓有成效的教学、科研、社会公益性工作。

2. 新能源汽车领域

（1）氢燃料电池汽车

学院构建了以氢燃料电池客车动力总成为核心能力平台的教学、科研团队。团队拥有一批知名专家、中青年博士，指导在读研究生团队开展氢燃料电池发动机、氢燃料电池-锂离子动力电池双电源系统、驱动电机总成、氢燃料电池-锂离子动力电池-驱动电机系统等燃料电池客车动力系统多拓扑研究及其测试评价技术研究。团队也开展了燃料电池系统设计、空压机测试等关键核心部件技术研究，发表了一批高水论文，申请了10余件相关专利。

（2）成果

1）氢燃料电池客车动力总成实验测试平台。平台由电力测功机系统、电池模拟器、电子负载、燃料电池试验系统、电能分配系统等构成，可对氢燃料电池总成、动力电池、驱动电机总成进行总系统级别试验测试评价，或者分别独立试验测试评价。平台具备不低于400kW总功率的试验能力，其中氢燃料电池功率不低于100kW，动力电池功率不低于250kW，温度模拟范围-50~120℃，湿度模拟范围20%~98%RH@（20~85℃），振动模拟0.1~4500Hz@65kNF。

2）氢燃料电池客车动力总成测试评价方法。牵头制定《燃料电池客车动力总成燃料消耗量台架试验方法》《燃料电池客车双动力源系统性能台架试验方法》等四项团体标准，形成相关测试评价体系（见图1）。

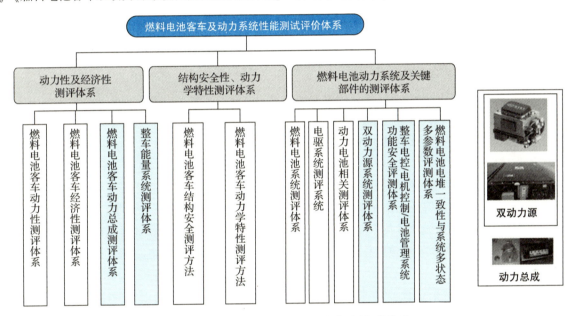

图1 燃料电池客车及动力系统性能测试评价体系

（3）新能源汽车火灾事故

学院建立了以西华司法鉴定所为依托的电动汽车动力电池火灾事故研究团队。团队研究新能源汽车在用动力电池热失控事故现象、特征，以及事故起因、热失控中长期预警方法等，并在国家市场监督管理总局统一指导下，参加国内新能源汽车火灾事故调查。

3. 智能汽车与智慧交通

以"中德智能网联汽车、车联网四川试验基地"建设项目为契机，学院建立了智能汽车研究团队，以青年博士群体为骨干，开展无人驾驶汽车动力学、人工智能识别及控制算法及其测试评价、智能网联汽车测试评价方法等研究。

（1）AI识别及控制算法及测试评价

项目主要开展传感器的循环对抗神经网络（CycleGAN）、AHP-BP深度学习神经网络等AI目标识别算法研究，通过知识蒸馏、网络剪枝等优化方法，形成轻量化高效网络。例如，基于多模型耦合的DCNN目标检测网络，提供泛化与细化两种检测模式，以适应不同的推理速度与认知深度需求。开发的检测系统实现了行人、车辆、交通标志的低漏检识别（见图2）。

a) 一般深度学习网络　　　　　　b) 多模型耦合DCNN目标检测轻量化网络

图2　视频流目标识别效果对比

研究城市多样化复杂交叉口交通环境中，在行车安全、交通效率等多目标约束下，自动驾驶汽车路径规划与控制决策对抗神经网络，如多待转车道线交叉路口的最佳路径规划及车辆控制综合算法，涵盖紧急制动、避撞轨迹重规划、最短通过时间、最高通行车流量等参数。

对于AI视觉传感器，研究其算法及系统目标识别性能的测试评价方法，开发了基于AHP-BP神经网络的车道线质量评价系统，对车道线的颜色、形状、线性、曲率等的准确性进行量化评分，支持测试视觉传感器对车道的感知准确性，如车道线距离、虚实、单双、曲率半径等参数。

(2) 智能网联汽车测试评价

1) 自动驾驶危险交通场景研究。依托国家交通事故深度调查系统（NAIS）西华大学站点，面向智能汽车路径规划及控制，与国内多家汽车研究机构合作，对数千例交通事故进行要素分析，基于安全约束开展了危险交通场景重构与仿真测试工作，逐步满足自动驾驶系统开发需求，目前已研制获得数百个危险交通场景测试用例。

2) 标准制定。通过服务"中德智能网联汽车、车联网四川试验基地"建设项目、成都市智能网联汽车测试项目，与中国信通院等研究院所合作，凝练智能网联汽车测试评价研究成果，参与制定了《智能网联汽车封闭测试场环境建设总体技术要求》《智能网联汽车封闭测试场道路测试评价总体技术要求》《智能网联汽车开放道路测试环境建设总体技术要求》《智能网联汽车开放道路测试评价总体技术要求》等团体标准。

3) 开发道路测试风评、稳评。针对智能网联汽车道路测试过程中可能引发的交通、社会影响等问题，开展评估方法及解决方案研究，特别是对封闭道路、半封闭道路、开放道路智能网联汽车测试的交通安全、社会稳定风险进行评估，并提出增加安全、降低社会稳定风险的方案。

团队已经为世界大学生运动会直联通道路段的智能网联汽车测试、成都市高新区部分城市道路开放智能网联车辆测试等项目提供了相关服务，获得用户好评。

激光雷达与商用清洁机器人产业化

南京抒微智能科技有限公司

本项目以激光雷达和机器视觉信息融合的低速无人自动驾驶技术为核心，研发实现了稳定高效的障碍物检测与基于语义特征的智能避障决策算法，完成了自主定位及地图构建（SLAM）模块化设计，搭配自主研发的AI目标识别预警模块和机器人运动控制与决策系统，设计开发出能够迭代并量产的智能化商用清洁机器人，其具备安全、高效和无污染等优势，广泛适用于大型商场、仓储、地下车库及车站候机楼等场所。

同时，本项目所依赖的核心部件高精度激光雷达为公司自主研发，依托创始团队在军用弹载激光雷达项目研发与产业化过程中的丰富经验，成功突破了超小型高重频激光雷达的相关技术，在体积、重量和可靠性等方面保持军品质量标准的同时，参数指标远超国内外同类竞品。极高的性价比支撑了激光雷达在商用清洁机器人、无人机、AGV 等载体目标识别场景上的应用拓展，为潜在客户提供量产的超小型高精度激光雷达系列产品。

公司主要在以下三个方面进行研究。

1. 激光雷达研究

激光雷达是以发射激光束探测目标的位置、速度等特征量的雷达系统。其工作原理是向目标发射探测信号（激光束），然后将接收到的从目标反射回来的信号（目标回波）与发射信号进行比较，进行适当处理后，就可获得目标的有关信息，如目标距离、方位、高度、速度、姿态甚至形状等参数，从而对飞机、导弹等目标进行探测、跟踪和识别。它由激光发射器、光学接收器、转台和信息处理系统等组成，激光器将电脉冲变成光脉冲发射出去，光接收机再把从目标反射回来的光脉冲还原成电脉冲，送到显示器。

激光雷达采集到的物体信息呈现出一系列分散的、具有准确角度和距离信息的点，被称为点云。通常，激光 SLAM 系统通过对不同时刻两片点云的匹配与比对，计算激光雷达相对运动的距离和姿态的改变，也就完成了对机器人自身的定位。激光雷达距离测量比较准确，误差模型简单，在强光直射以外的环境中运行稳定，点云的处理也比较容易。同时，点云信息本身包含直接的几何关系，使得机器人的路径规划和导航变得直观。激光 SLAM 理论研究也相对成熟，落地产品更丰富。

2. 机器视觉研究

本项目基于机器视觉算法，首先通过结合颜色与形状等特性对标志进行检测。同时，对感兴趣区域的颜色主成分进行判别，将感兴趣区域进行类别粗划分。最后，计算感兴趣区域的梯度方向直方图特征，并以梯度方向直方图为识别特征，使用基于二叉树的支持向量机识别方法，对感兴趣区域进行语义识别。

3. 无人驾驶决策系统研究

智能决策系统是商用清洁机器人应用过程的重要一环，通过对环境信息进行搜集和整理，存储大量的数据信息资源用于机器人的运行决策判断。但是，信息资源还需要借助转换系统才能够应用于车辆的运行控制，否则将毫无利用价值。智能决策系统的出现很好地解决了这一问题，系统将激光雷达、视觉摄像头和超声波雷达等设备收集到的环境信息进行智能化处理，这些虚拟信号可以通过智能化算法处理转换成数字信号和环境抽象符号语言，为计算机系统所识别。系统对这些数据信息资源进行分析处理，产生相应的车辆控制指令，做出正确的运行指导。

（1）激光雷达产品创新

微型化单线旋转激光雷达的指标参数满足商用清洁机器人及其他移动平台的需求。同时，将高功率脉冲二极管激光发射、大反射面 MEMS 微镜扫描、锥镜大视场凝视接收和数字化全波形处理等技术相结合，完善 MEMS 微镜扫描成像激光雷达技术方案，使激光雷达在满足车载应用测距性能要求的基础上，具备低成本、小体积、视场电控及可嵌入式车体安装等新一代车载激光雷达的实用化要求，为我国智能机动平台的发展提供新一代车载激光雷达技术。

（2）商用清洁机器人创新

商用清洁机器人是一个多学科交叉的科技含量高的一种人工智能产品，整车在结构和软件算法以及商业合作模式上都汇集了我们团队创新的智慧，这里总结相对几个比较有代表性的，由于篇幅限制，罗列一些相对典型的创新点。对于未写出的创新点，我们公司都会以专利的形式体现出来。

1）我们研制的商用清洁机器人集激光雷达、摄像头、超声波雷达等传感器于一身，采用自研的低成本激光雷达，大大降低了产品整机的生产成本。清洁机器人车体本身结构设计和生产是我们与传统制造厂商合作伙伴共同基于成熟清洁车研发而成，这种合作共赢的模式降低了产品研发失败的风险，同时也保证产品的可靠性，为后期快速进入市场做了坚实的铺垫。

2）污水高效循环利用系统相比传统清洁车提高了整车的水资源利用率，增加了单次清洁面积，节约了珍贵的水资源。在清洁机器人车体上设计三个水箱，分别是清水箱、污水箱和污水过滤箱，将清洗地面的污水通过吸污口抽到污水过滤箱中，待污水箱水位上升到设定的位置时触发水位控制开关，开始进行过滤处理，污水箱中的污水通过过滤系统转化为中水，储存至污水过滤箱中，同时开启污水过滤箱出水口，将中水与清水按比例混合喷洒进行清洗。这一创新的好处是污水过滤后的水杂质不会影响清水箱，减少清水箱不必要的清洗，中水与清水的混合能进一步稀释中水中悬浮物的水平。

3）采用可切换无人驾驶和有人驾驶的清洁机器人控制系统，包括人工操作系统、无人操作系统、机器人本体和辅助控制系统。人工操作系统即人工驾驶机器人清洁作业，操作方法和传统清洁车操作相同；无人操作系统是指清洁机器人通过工控机采用SLAM算法，实现沿着规划好的路线自主导航清洁作业；辅助控制系统是指清洁机器人一键启动/停止所有执行机构、紧急制动按钮、清洁机器人作业灯光预警系统和人机交互操作控制界面。通过该控制系统，能够在人工驾驶与无人驾驶模式之间进行灵活切换，在不便于无人驾驶或紧急突发情况下一键切换成人工驾驶，完成无人驾驶无法完成的清洁作业或驾驶驶离清洁区域进行排查维护清洁机器人。根据实际作业情况快速方便切换驾驶模式，提高了清洁机器人作业的灵活性和安全性，降低了无人驾驶清洁机器人的操作风险，也进一步提高了商用清洁机器人的维修效率以及客户产品使用的连贯能力。

4）全新的人机交互界面控制系统是我们公司基于清洁机器人高度定制化开发的控制软件界面。在满足功能使用的前提下，考虑到用户群体对于无人清洁机器人的接受程度，我们优化了控制算法和程序，以相对简单的虚拟按钮操作代替复杂的指令操作，完成产品功能的使用。

5）在移动端控制方面，考虑到用户对于移动控制的简便需求，我们自主开发了一整套智能化移动端监控系统。该系统能够实时获取清洁机器人工作状况以及各传感器的运行数据信息，能够实现多用户远程管理机器人。此外，我们还优化了界面设计，使其广泛兼容现行主流移动端设备。

汽车自动驾驶一体化仿真测试系统（PanoSim）

浙江天行健智能科技有限公司

浙江天行健智能科技有限公司是一家由国家特聘专家领衔创办的高科技企业（见图1），其中80%以上的员工具有博士或硕士学历，公司团队核心成员均具有多年丰富的国内外学术研究与技术应用实战经历，历经十余年的研发与技术积累，在汽车自动驾驶及仿真测试等领域拥有完全自主知识产权并掌握关键核心技术，形成了许多独特的技术优势。公司研发的以PanoSim命名的系列软硬件产品已在国内外许多汽车企业和科研院所广泛使用，并获得了高度评价。公司致力于服务汽车电动化与智能化产业发展，立志打造一流汽车自动驾驶仿真测试技术与产品。

图1 浙江天行健智能科技有限公司

1. 产品组成及功能

PanoSim是一款面向汽车自动驾驶技术与产品研发的一体化仿真与测试平台（见图2），包括高精度车辆动力学模型、高逼真汽车行驶环境与交通模型、车载环境传感器模型和丰富的测试场景等，以及面向汽车自动驾驶软硬件开发的场景及交通流构建、车辆建模、环境传感器构建、虚拟实验台、动画与绘图等系列工具链，具有很强的开放性与拓展性，支持第三方的二次定制化开发，操作简便友好。

图 2　汽车自动驾驶一体化仿真测试系统（PanoSim）

1）支持 MIL/SIL/HIL/DIL/VIL 多物理体在环仿真：提供各类 I/O 接口可便捷地接入各类实时处理器、控制器、传感器、驾驶模拟器，以及包括车辆及其底盘和动力执行机构在内的各类软硬件系统，以满足自动驾驶研发在不同阶段、不同环节的实时仿真需求。

2）支持 ADAS/V2X 和自动驾驶仿真开发与测试：支持包括汽车自适应巡航（ACC）、自动紧急制动（AEB）、车道保持辅助（LKA）、自动泊车（AP）、交通拥堵辅助（TJP）等在内的高级驾驶辅助系统（ADAS），以及其他自动驾驶技术与产品的仿真开发与测试。

3）支持驾驶模拟体验、人机交互与人机共驾：支持高逼真度的驾驶体验，包括不同道路、交通和天气环境下的驾驶体验，ADAS 功能和自动驾驶系统体验，支持人机交互与人机共驾系统的研发与测试等。

4）支持自动驾驶感知/决策/规划/控制算法开发：集高逼真度道路与环境模型、交通流与智能体模型、传感器模型、车辆动力学模型等于一体，支持自动驾驶感知与决策、规划与控制等算法开发、模型训练和测试要求。

5）支持多节点、分布式实时仿真：通过高逼真实时环境渲染、高精度传感器模型、分布式实时仿真架构、高算力、真实数据接口模拟等支持车辆真实 EE 架构下包括相机、超声波雷达、毫米波雷达、激光雷达等在内的多传感器分布式机群模拟，以及数据处理器、运动控制器、驾驶模拟器等在环的自动驾驶算法开发与测试。

6）支持数字孪生测试与高并发云仿真：支持虚拟环境下的道路、交通与气象模型，环境传感器模型等与真实世界车辆和车载软硬件系统的数字孪生测试；支持基于云平台的人 – 车 – 路 – 环境信息融合、云端一体高并发实时仿真；支持云平台下的实时在线学习与模型训练、自动驾驶算法的高效迭代与仿真测试等（见图 3）。

图 3　PanoSim 系统功能

2. 产品特色与优势

产品特色与优势包括：

1）高置信度车辆动力学模型（见图4）。

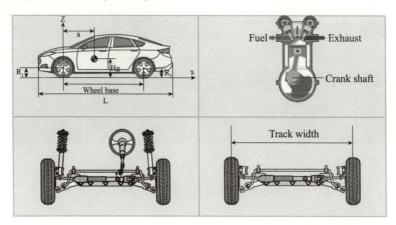

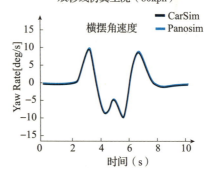

图4　高置信度车辆动力学模型

2）丰富且逼真的场景构建（见图5）。

图5　丰富且逼真的场景构建

3）特色交通模型：中国驾驶特征交通流/异常交通流（见图6）。

图6　特色交通模型

4) 丰富且逼真的环境传感器模型（像机/雷达/激光/GPS/无线通信等，见图7）。

图7　丰富且逼真的环境传感器模型

3. 产品应用及成功案例

PanoSim以其独特的技术优势和完善的一体化仿真测试平台，被包括通用汽车、戴姆勒、上汽集团、东风汽车、长安汽车、地平线、华为、商泰汽车等国内外众多汽车自动驾驶企业和相关科研院所广泛采用（见图8）。

图8　PanoSim成功案例

PanoSim还是世界智能驾驶仿真挑战赛和中国i-VISTA汽车自动驾驶仿真大赛的官方指定仿真平台，参赛队伍达几十家、数百余人，受到广泛欢迎和高度评价（见图9）。

图9　PanoSim助力自动驾驶行业大赛

车联网仿真测试系统

上海众执芯信息科技有限公司

作者：丁鹏仁

上海众执芯信息科技有限公司（众执芯科技）成立于2015年11月，提供完整的射频和通信应用领域新技术的定制化测试解决方案，以及面向其他垂直领域的非标测试系统的开发。主要业务范围涵盖：智能网联仿真测试、5G/6G通信算法验证与设计开发、卫星测试系统设计与开发、射频测试系统设计与开发和其他非标产品的定制化开发。

核心团队均具有多年无线通信、测试测量及其他相关行业资历。公司骨干来自中科院、华为、美国国家仪器（NI）等单位。核心团队全部为硕士及以上学历（具有复旦、上海交大、北邮、东南大学、南京大学等名校教育背景），拥有丰富的研发经验和产业化能力。目前拥有 3 名 Certified LabVIEW Architect（CLA）认证工程师、2 名 Certified TestStand Architect（CTA）认证架构师以及多名 Certified LabVIEW Developer（CLD）认证工程师和 Certified TestStand Developer（CTD）认证工程师。曾参加多个国内外大型企业测试平台的设计与开发，在实际工作中积累了大量的测试经验。

"勇于实践创新、探索未知世界，成为定制化射频与通信测试和应用方案的领航者"，已经成为上海众执芯信息科技有限公司创业团队的目标。

公司注重产学合作，与国内外知名高校、学术研究机构、半导体芯片公司、汽车主机厂及零部件供应商、通信设备供应商及运营商和航天航空院所保持密切的合作与沟通。

1. 总体介绍

车联网是汽车、电子、信息通信和交通管理等行业深度融合的新型产业形态。蜂窝车辆网（Cellular – V2X，C – V2X）技术是基于 3GPP 全球统一的车联网无线技术，包括基于 LTE 移动通信技术形成的 LTE – V2X 以及基于 5G NR 平滑演进形成的 NR – V2X 技术。C – V2X 技术通过将"人–车–路–云"交通参与要素有机地联系在一起，不仅可以支撑车辆获得比单车感知更多的信息（例如解决非视距感或容易受恶劣环境影响等情况），促进自动驾驶技术的成熟；还有利于构建智慧交通体系（例如解决车辆优先级管理、交通优化控制等情况），促进汽车和交通服务的新模式、新形态发展。

C – V2X 测试与仿真不仅需要保证蜂窝通信模块的通信性能，同时需要保证 C – V2X 模块作为车辆"传感器"之一高效且稳定的运行。所以，需要运用不同的测试方法和手段保证其有效性，包括射频性能测试、通信协议测试与硬件在环测试。

众执芯信息科技有限公司在 NI 平台上，推出的车联网测试方案具有以下亮点：

1）全面性：推出芯片–模组–OBU/RSU 全生命周期测试 C – V2X 方案，并可与其他传感器如毫米波雷达整合成 HIL 硬件在环系统；方案可扩展性强，从底层到顶层都开放 API 接口，相同的系统可实现性能仿真与指标测试、室内测试、外场测试和外场电磁环境分析。

2）灵活性：方案基于软件定义无线电平台，从而支持后续协议升级；根据客户需求和测试项目可自定义测试系统，在灵活性和性价比上相比台式仪表和传统方案更具优势；可支持多个 OBU 模拟与数据包拥塞模拟；支持软件平滑升级到 5G – V2X。

3）通用性：可与国内外多家上层场景仿真软件相结合，可在不同协议层做故障注入，内嵌高性能 FPGA，支持高度软件自定义，可快速集成到不同开环/闭环测试系统中，提供预设定测试应用场景。

测试系统用于测试车联网 C – V2X 车载单元（On Board Unit，OBU）在系统级别的整个生命周期的工作情况，用于检验 OBU 在系统级别软硬件的可靠性，通过通信性能测试、硬件在环测试的手段来保证产品的有效性。并且可搭载场景仿真软件，从场景仿真软件中提取信息，使用软件无线电设备配合可生成带有应用层协议的对应 V2X 射频信号，同时可以在实验室环境中模拟出 GPS 信号完成各 V2X 设备间的同步和通信。

（1）通信质量测试

可实现实时丢包率、吞吐量、通信延迟等测试项目，在规定测试项中的测试方法如下：①丢包率和吞吐量测试，在室内/实验室测试中使用信道模拟器（覆盖 3GPP 定义的城市，郊区，高速场景）的方案进行测试；②通信延迟测试中，使用 GNSS 信号同步测试系统和待测 OBU，在收发包中记录时间戳以测试时延。

（2）硬件在环测试（应用场景测试）

可实现基于中国汽车工程学会团体标准中定义的 17 个典型应用场景（如 FCW、ICW、DNPW、EBW、BSW 等）开发的场景环境，结合 V2X 软件协议栈和 GNSS 信号模拟，实现对 OBU 开环测试，自动生成预警测试报告。

（3）射频指标测试

包括最大发射功率、开/关时间模板、频谱发射模板、关断功率、频谱平坦度、频率误差、载波泄漏、带内辐射、IQ 镜像、频率范围、占用带宽、EVM 等测试指标，使用自动化测试软件，自动生成射频指标测试报告。

2. 系统介绍

采用 NI 硬件平台完成对 RV、RSU、LTE–V 信道模拟器、GNSS 信道模拟器和 CAN 信号的模拟，将场景中的环境信息真实地展现给 DUT。模块化的 NI 硬件可扩展性强，增加不同功能的 NI 模块，可升级为 ADAS 传感器融合测试 HIL，升级 V2X 软件，即可平滑升级为 5G–V2X。同时，基于 PXIe 总线的 NI 硬件平台可支持高吞吐率和高精度同步功能，对于 GNSS、V2X 和 CAN 信号的同步产生非常重要。LTE–V 信道模拟器可以根据场景的信息，完成对信道、多普勒、路径损耗的模拟，GNSS 信号可以根据主车的经纬度信号产生相应的 GNSS 信号。

系统主要组成框架如图 1 所示，包含以下部分重点模块：

- LTE–V PC5 信号模拟器（系统通过 OMNIAIR 认证）
- GNSS 仿真模拟器
- PXI 机箱控制器平台
- IO 通信接口板卡
- LTE–V 信道模拟器（可选）
- LTE–V 射频测试模块（可选）

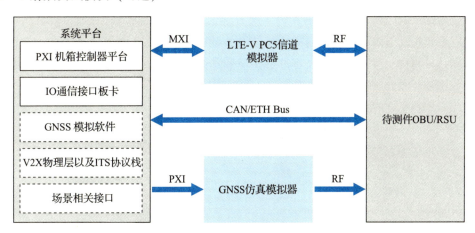

图 1　系统组成框架图

3. ADAS + V2X 融合仿真测试系统

在 ADAS 仿真测试中，多传感器融合已经成为 L3 级别以上的 ADAS 测试的主流解决方案。通过将摄像头、毫米波雷达、激光雷达和超声波雷达等不同的传感器，安装在车身的不同位置以完成各项参数的测试。这些传感器类似人的感官系统，主动感知周围的环境。通过收集数据、进行静态和动态的物体辨别、探测和追踪，并结合导航仪等地图数据，进行系统的运算和分析，从而预先让驾驶者察觉到可能发生的危险，有效增加汽车行驶的安全性和智能舒适性。

测试系统具备扩展性，可将 V2X 作为 ADAS 系统中的"传感器"之一，实现包括摄像头、毫米波雷达、激光雷达、超声波雷达和 V2X OBU 在内的 ADAS + V2X 融合仿真硬件在环测试系统，可以在实验室阶段实现 ADAS 的各种控制功能和故障诊断功能验证，从而缩短路试时间、减少路试成本、降低路试风险。提供虚拟测试环境，实现不同工况下 ADAS 控制器的功能验证（见图 2）。

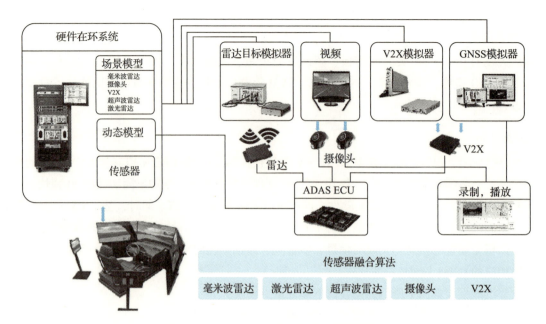

图 2　ADAS + V2X 融合仿真硬件在环测试系统

4. 成果介绍

测试系统是首款通过 OmniAir® 合格测试设备（OQTE）认证的 C – V2X 模块化台架测试解决方案，也是第一款获得此认证的 C – V2X 和 DSRC 组合嗅探器，（见图 3）。作为基于 PXI 的测试系统，V2X 台架测试仪解决方案为 V2X 测试系统提供了增强的模块性，可以轻松扩展到硬件在环（HIL）测试或其他应用程序。测试系统在多个国内外市场中展出获得一致好评，参展的展会包括国际智能网联汽车技术年会、中国汽车工程学会年会、上海国际汽车测试技术及设备展览会、世界人工智能大会等。测试系统已经被国内外知名汽车认证机构、汽车主机厂及零部件供应商和高校采用。同时，系统提供灵活扩展，可支持摄像头、毫米波雷达、激光雷达、超声波雷达注入和模拟功能。

图 3　OmniAir® 认证证书

智能驾驶仿真测试系统解决方案

苏州清研精准汽车科技有限公司

作者：潘骁

智能驾驶系统是当前汽车行业的研究热点，由于其极其复杂，且与车辆及人员的安全息息相关，测试与验证成为智能驾驶系统开发流程中必不可少的一个环节。除最直观的道路测试、封闭场地测试外，实验室仿真测试是提升测试效率，提高测试安全性的必要方法。清研精准研发的智能汽车仿真测试系统（见图1）具有兼容法规的丰富测试场景，覆盖信号级、系统级和整车级HiL测试，可覆盖L3、L4级自动驾驶方案，在实验室阶段实现ADAS各种控制功能和故障诊断功能验证，缩短路试时间、减少路试成本、降低路试风险。

智能驾驶系统一般包括环境感知、智能决策、车辆控制三个部分。智能驾驶仿真测试环境包括道路交通场景仿真、车辆动力学仿真及传感器仿真。因此，智能驾驶仿真测试系统必须能够仿真雷达（超声波雷达、毫米波雷达、激光雷达）与摄像头接收的大量并且丰富的道路交通场景信号，包含道路、车道线、交通标志、障碍物、行人、交通车辆等所必需的基本要素，以满足ADAS测试系统算法的闭环验证及测试需求。

清研精准选用多种方法来仿真验证ADAS功能算法，主要提供三种不同等级的仿真手段：

1）传感器物理信号等级仿真：直接仿真传感器物理信号反馈结果，如毫米波回波（电磁波）、超声波回波（声波）、视频投影仿真（影像）、GPS信号仿真（射频信号）。

2）传感器原始信号等级仿真：超声波硬线信号（电气信号）、视频注入信号（视频流）、激光雷达点云信号（数据流）。

3）传感器目标等级仿真：传感器识别到的目标列表，如车道线信息，目标物体距离、速度等信息，导航数据信息等。

清研精准智能驾驶仿真测试系统（见图2）解决方案应用领域包含：ADAS控制器控制策略测试验证（LDW、LKA、ACC、AEB、FCW、BSM、RSR、ISA、PA、PDS等）；自动驾驶决策及控制策略的开发与验证；可扩展升级进行V2X测试；车辆在环测试；可集成驾驶模拟器或驾驶座舱用于驾驶员在环测试。

图1 清研精准研发的智能网联汽车仿真测试系统

图2 清研精准智能汽车仿真测试系统

清研精准智能汽车仿真测试系统硬件平台分为"视频注入模块、视频暗箱、超声波模拟模块、实时处理平台"。视频注入模块基于视频注入的方案进行图像处理，相较视频暗箱方式能提供更真实的图像来源，同时能够仿真像素误差、遮挡等故障场景。视频暗箱集成了显示器和被测摄像头。摄像头实时拍摄显示器显示的场景画面，实时采集数据，输出至传感数据处理单元进行数据处理，并将处理结果传输给传感融合ECU。超声波模拟模块，用来模拟仿真探头芯片单线通信信号，可以实现以自动泊车或辅助泊车的测试。实时处理平台包含PXIe-8881 8核高性能实时处理器、PXIe-1092/1095机箱、PXIe-8510/6 CAN通信板卡、PXIe-8521/8522/8523以太网通信板卡、IO板卡。

关于清研精准：

智能电动汽车的两大终极诉求，第一是更加安全、第二是更好的性能。由清华大学苏州汽车研究院重点孵化的清研精准围绕这两点打造了智能电动汽车全生命周期的检测平台。基于大数据及人工智能技术，在研发、生产、售后等智能电动汽车全生命周期内，向整车企业、零部件厂商、研发机构及终端用户，提供集研发平台、检测设备、售后工具、检测服务、数据服务及售后服务的整体解决方案。一定程度上解决了因检测技术及工具匮乏，汽车行业在电动化、智能化、网联化的快速变革中，面临产品迭代优化、生产质量管控和售后能力搭建等关键环节都备受掣肘的问题。

清研精准已与一汽、北汽、蔚来、小鹏、陕汽、金龙、江铃、华鼎国联、蜂巢能源、中航锂电等二十余家主机厂及零部件厂商建立了合作关系,并与其中部分客户达成战略合作。成立三年来,在天使轮获得华鼎资本、博思投资数百万人民币的投资;Pre-A轮获得清研资本、华鼎资本、清源华擎数千万人民币的投资;A轮获得百度风投、小苗朗程、奇绩创坛、京福资产数千万人民币的投资。

基于Prescan的摄像头在环模拟驾驶测试方案

北京灵思创奇科技有限公司

作者:郭悦

北京灵思创奇科技有限公司成立于2013年,为航空、航天、轨道交通和工业机器人等高端装备行业提供智能仿真测试一体化平台,有效缩短高端/智能装备研发设计阶段周期,降低试验成本,提高企业的产品研发竞争力。经过多年的积累,灵思创奇在仿真测试领域树立了较好的口碑,位于行业内的三甲,并努力成为国内一流的智能仿真测试设备厂商。

灵思创奇在仿真测试领域积累多年,在实时仿真技术,智能测试技术,分布式仿真技术,代码生成技术方面实现了自主可控,是国内屈指可数的可以提供从仿真测试平台到包含应用场景级全套方案的厂商,覆盖航天器、航空器、轨道交通、智能制造等应用场景,填补了该领域国内厂商的空白。

为满足轨道交通领域客户对ADAS HIL测试需求,灵思创奇结合自身半实物仿真技术,开发了一套基于Prescan的摄像头在环模拟驾驶测试方案,可以实现ADAS控制器的在环测试。

1. 方案介绍

ADAS HIL测试系统(见图1)主要由两部分组成:硬件平台和软件平台。

硬件平台主要用于搭建完整可靠的电气系统架构,主要包括机柜、暗箱、工作站、仿真机、模拟驾驶器、摄像头以及视景显示屏等。

软件平台主要用于搭建ADAS测试场景以及实时检测输入输出状态的软件界面,包括场景软件Prescan和半实物仿真管理软件RT-sim,其中Prescan通过调用MATLAB/Simulink模块实现ADAS控制器的仿真测试,RT-sim中运行在Simulink中建立的汽车动力学模型,实现完整的系统控制设计。

(1)系统架构

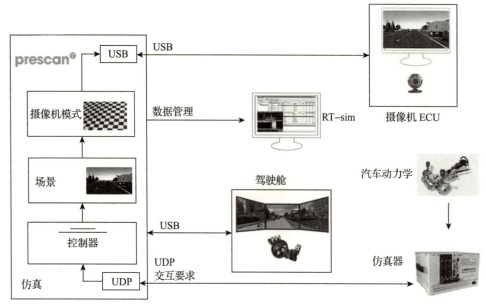

图1 硬件在环测试系统平台

(2) 系统组成

测试系统主要由两方面：硬件系统和软件系统。

硬件系统包括以下几个方面：

实时仿真系统：在仿真机中运行车辆的动力学模型，接收上位机发送的方向盘转角信号、踏板信号数据，与被控对象实时进行通讯交互；

上位机：运行 Prescan、MATLAB/Simulink 以及 RT-sim 软件，连接实时仿真机与驾驶模拟器，接收摄像头回传数据；

驾驶模拟器：与虚拟驾驶环境实时交互方向盘转角信号、踏板信号数据；

摄像头：检测 Prescan 生成的道路交通场景画面，回传图像数据给上位机；

软件系统包括以下几个方面：

场景模型软件 Prescan：该软件模拟虚拟驾驶环境，包括环境模型、传感器模型和执行器模型。其中环境模型包括道路模型、设施模型、移动物件、气象条件模型（光线强弱、雨雪雾天等）等；传感器密性包括摄像头、毫米波雷达、超声波雷达、激光雷达、理想传感器、真值传感器等；执行器模型包括轿车、摩托车、商用车、行人以及自行车等；

Links-RT 实时仿真软件包：实时仿真 RT-sim 软件运行在 Simulink 中建立的车辆动力学模型、控制器模型等，可以通过建立控制界面来发送指令或实时修改模型中的参数，实时检测模型上下位机中的输入输出信号状态并进行数据记录分析。

模块建立及编译软件 MATLAB/Simulink：运行 Prescan 生成的驾驶环境模块，包括环境模型、传感器模型和执行器模型的模块，并在此环境下进行各类控制器算法开发；同时在 Simulink 环境下建立车辆动力学模型，通过固有的模型编译链生成能在仿真机运行的可执行文件。

(3) 系统特征

1) 硬件平台成熟，系统可扩展性好。
2) 软件模块化，场景、模型、算法各自独立，易于搭建。
3) 实时监测输入输出状态并记录分系。
4) 标准化测试场景以及开放的场景模型接口。
5) 实验室测试环境，降低测试成本。
6) 自带 128 个标准化 demo 场景。
7) 传感器模型种类多（19 个）、环境模型丰富、执行器模型逼真。

(4) 测试对象

测试对象及传感器见表1。

表1 测试对象及传感器

被测对象	名称		传感器	
ADAS 控制器	ACC	自适应巡航	雷达	虚拟
	AEB	自动紧急刹车	雷达	
	FCW	前方碰撞预警	雷达	
	BSD	盲点监测系统	雷达	
	PA	自动泊车辅助系统	超声波	真实
			摄像头	
	LKA	车道保持辅助系统	摄像头	
	LDW	车道偏离预警系统	摄像头	

2. 硬件平台

（1）实时仿真器

本系统提供1台实时仿真器（见图2），运行VxWorks实时操作系统，作为车辆动力学仿真实验平台的核心，将实时完成车辆动力学、传感器、控制算法等系统模型的解算，以及上位机的IO通信。

（2）模拟驾驶器

模拟驾驶器（见图3）包括上位机、罗技的G29控制摇杆/脚踏板、驾驶座椅、视景曲面屏等。

图2　实时仿真器　　　　　　　图3　模拟驾驶平台

（3）摄像头及光学黑箱

摄像头及光学暗箱（见图4）的可根据客户需求进行定制。光学暗箱中放置Prescan生成的视景画面显示屏，摄像头在暗箱中获取图像数据通过USB或CAN总线传给上位机。

3. 软件平台

（1）Prescan软件

Prescan（见图5）是以物理模型为基础，基于MATLAB仿真平台，主要用于（ADAS）汽车高级驾驶辅助系统和无人自动驾驶系统的仿真模拟软件，其包括多种基于雷达，摄像头，激光雷达，GPS，V2V和V2I车辆/车路通信技术的智能驾驶应用。支持模型在环，实时软件在环，硬件在环等多种使用模式。

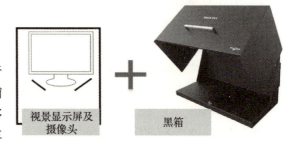

图4　摄像头及光学暗箱

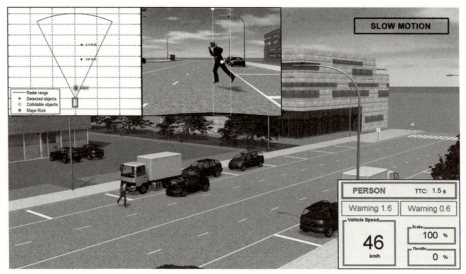

图5　Prescan

（2）Links–RT 实时仿真软件包

使用 MATLAB Simulink 建模环境结合 Links–RT 仿真软件包，用户可按照 6 个步骤实现从建模到硬件在环仿真的全过程。图 6 所示为仿真系统工作流程示例。

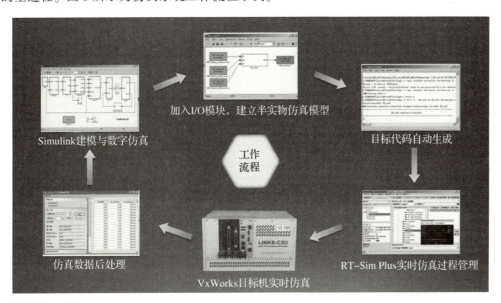

图 6　仿真系统工作流程

4. 应用案例

- 车道保持系统硬件在环（HIL）测试平台
- 自动驾驶系统硬件在环（HIL）测试平台
- 自适应巡航/自动紧急制动系统 ViL 测试平台
- 基于 NVIDIA PX 的人工智能硬件在环测试平台

灵思创奇在仿真测试领域积累多年，拥有多项发明专利和软件著作权，是中国测控发展联盟成员，中国服务机器人协会会员，国际无人机系统标准化协会会员。团队人员 90% 以上具备本科学历，60% 以上具备硕士学历，研发人员平均年龄 30 岁，核心骨干均有 10 年以上本行业从业经验。经过多年的积累，我们已经针对教育科研系统和国防军工应用提供了一系列解决方案，为轨道交通、航天、航空、船舶、兵器、电子、自动化等领域做出了突出的贡献。

推动智能驾驶科技平权，MAXIEYE 加速赋能乘用车 L2 市场规模化

上海智驾汽车科技有限公司

作者：屈云天齐

1. 中国 ADAS 市场规模化迎来关键时期

从技术火种到科技平权，任何一项新技术的演进和发展，最终都应着眼于服务最广大的用户群体。

智能驾驶之于交通出行，将从安全、舒适、效率、碳中和四个维度，实现人类社会的共性价值。2021 年，立足自身的技术和业务积累，着眼于全行业，智驾科技 MAXIEYE 向产业正式发布基于价值链的智能驾驶功能分级（见图 1）。

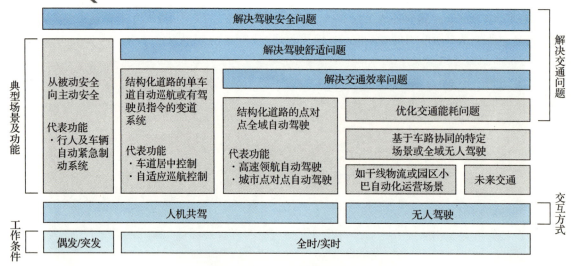

图 1 MAXIEYE 驾驶智能化分级

1）安全问题，一直是智能驾驶要解决的长期根本性问题，也是智能驾驶规模化最基础的要求。2017年以来，在国家法规推动下，国内客车、重货企业纷纷实现了从双预警到 AEB 紧急制动功能的安全性 ADAS 功能量产。

2）舒适体验，是智能驾驶规模化解决的第二阶段问题，主要体现在乘用车市场的 L2 主流需求。第三方研究显示，2022 年将是 L2 级 ADAS 产品集中放量的时间点，同时也是国产、外资供应商争夺未来几年市场份额的关键时期。

3）未来，随着智能驾驶等级提高，还将陆续解决交通出行效率，乃至带来碳中和的全球能源优化。

智驾科技 MAXIEYE 认为，实现 L2 市场规模化的关键在于推出消费者"用得起、愿意用"的 ADAS 产品。当下，市场上缺乏适用于 20 万以下车型的高性价比 ADAS 产品。全面的设计降本是促成一项技术真正走向千家万户的基础，比起堆砌大规模高成本硬件以实现性能，行业更需要探讨的是如何在功能与成本落地化之间寻找平衡。

2. 企业概况

（1）核心技术优势

智驾科技 MAXIEYE 是一家智能驾驶和智慧出行领域的核心技术服务商，成立于 2016 年，核心创始团队均来自国际一线 Tier1、车企及学术单位，有着丰富的智能驾驶研发和产业化经验。公司团队超过 300 人，60% 以上为研发人员。业务覆盖乘用车市场和商用车市场的前装业务，以渐进式路线实现 ADAS 驾驶辅助及 ADS 自动驾驶的逐级落地。

既往全球 ADAS 解决方案中，感知和规控通常各自为政。智驾科技 MAXIEYE 是少数实现从感知到规控智能驾驶底层技术链全栈自研的 ADAS 系统供应商之一。全栈自研带来的图像级原始真值、泛化性场景理解，将大幅降低感知与规控跨平台研发产生的误差叠加，更好赋能客户实现定制化产品开发，为消费者带来更极致的产品体验。

深耕视觉算法，追求极致性能，智驾科技 MAXIEYE 创造性地使用视频流（多帧）等图像分析技术，在三维场景构建的基础上引入时间维度的分析，实现了从三维到四维感知的突破，实现了纯视觉测距测速、稳定全局目标跟踪，更好地助力智能驾驶系统级产品的集成开发。

从感知到规控的全栈自研，以及媲美行业国际龙头企业的精准感知，智驾科技为用户带来了满足安全、舒适、智慧的驾乘体验。然而要想实现规模化，还需产品具备快速适配不同硬件平台的能力和全面设计降本的能力。

智驾科技 MAXIEYE 基于嵌入式平台的模型迁移技术，使得 ADAS 产品的核心算法可以在不同硬件平台快速迁移部署，根据不同客户市场的需求，匹配高中低算力平台，实现产品方案的灵活模块化应用。

（2）瞄准大众市场，推出高性价比ADAS产品

为了将自动驾驶从"仅适用于豪华车型的高高在上"转变为"普适于大众日常出行的触手可及"，MAXIEYE以优质的性能体验和亲民的价格，推动ADAS系统向更广泛的15万级以下乘用车型渗透，既要让消费者"愿意用"，也要让消费者"用得起"，以此践行"人人可享"的产品理念。

企业是否具备相应的技术能力，关乎于理念能否实践落地。智驾科技MAXIEYE具备自主研发的全栈核心技术，不依赖国外的昂贵技术，大幅降低了落地成本；并凭借自身强大的软件嵌入式能力，最大化挖掘算力资源。同时，在产品定义和设计阶段，注重成本优化、研发设计降本。智驾科技MAXIEYE在未来还将持续通过芯片降本、挖掘单个传感器的最大性能、减少硬件堆砌等方式，进一步推出高性价比的ADAS产品。

同时，智驾科技MAXIEYE以数据驱动实现算法自强化，通过OTA实现软件功能升级，可根据客户的不同需求，提供可定制化的技术支持，给客户带来更透明的产品服务。公司与整车厂客户及行业伙伴展开深度的技术协同，包括建立数据共享机制和平台，实现以数据驱动的技术迭代，打造越用越聪明的智能驾驶系统方案，并基于OTA在线传输，与客户探讨软件升级付费、按需订阅等创新商业模式。

（3）核心产品及服务介绍

1）MAXIPILOT智能驾驶系统。MAXIPILOT智能驾驶系统是基于MAXIEYE自研高性能4D视觉系统平台实现的智能驾驶解决方案，根据商用车、乘用车不同市场的客户需求和行业痛点，可匹配不同的传感器配置方案。该系列产品的关键在于通过自研感知+规控的全栈技术深度协同，充分挖掘传感器性能，实现"老司机"般的驾乘体验。

依托OTA空中传输技术，MAXIPILOT智能驾驶系统可通过软件的快速迭代持续赋能整车智能化升级，同时与客户及合作伙伴共同探讨软件订阅等未来出行服务模式。

2）IFVS－系列智能前向视觉系统产品。基于自研MAXI神经网络模型的深度学习创新算法，实现业内高性能的视觉感知，支持数十种丰富目标属性的感知预测，支持4D信息输出，高精度的测距测速，感知目标的航迹预测等。同时，IFVS－系列智能前向视觉系统支持整车控制功能的集成开发，可在视觉传感器控制器内匹配1V、1R1V、1R2V、5R1V等传感器融合方案，面向商用车和乘用车应用场景，实现Level 2级别智能驾驶控制功能，包括自动紧急制动、自适应巡航控制、车道保持辅助、交通拥堵辅助、智能自适应巡航、指令换道等功能。（见图2、图3）

图2　IFVS－600　　　　图3　IFVS－610T

IFVS－系列产品已打通OTA数据闭环，未来将以数据驱动实现算法的自强化和软件功能的升级，可根据不同客户及合作伙伴的需求，提供开放的、定制化的技术支持和产品服务。

3. 2021年度核心产品——MAXIPILOT® 1.0

所有的技术优势、商业策略，最终都要落地在产品层面。MAXIPILOT® 1.0是MAXIEYE 2021年度量产的第一款乘用车智能巡航类驾驶辅助系统产品，也是国内少有的感知规控底层技术自研ADAS解决方案。可满足SAE J3016™定义的自动驾驶等级中的L0－L2级功能。适用场景涵盖结构化公路和城市道路，支持LDW、LCC、ACC、FCW/PCW＋AEB、TJA、AHBC、TSR、TLR、SCW、DFW、ILC等ADAS辅助功能。

2021年,该产品在2家乘用车品牌车型量产,并与多家车企及合作伙伴达成数据和商业模式等层面的深度战略合作。MAXIPILOT® 1.0的核心特点可总结为:全栈算法可定制,超高性价比,渗透10万级车型,基于1R1V系统实现OTA数据闭环,支持持续智能化升级。(见图4)

体验MAXIPILOT® 1.0的过程中,有三点突出的感受。首先,系统的高度可靠性和稳定性。行驶在弯道、上下坡道等场景过程中,MAXIPILOT® 1.0做到了对车道线、车辆等目标的稳定检测和跟踪,保障系统的优质体验。第二,低接管率。系统在进出隧道、S弯道、鱼骨线、极限CUT-IN等多种复杂场景下表现优异,在道路测试过程中实现了长达50公里零接管的成绩。第三,"老司机"般的舒适驾乘体验。舒适的智能跟车启停,合理的加减速和方向盘转角控制,在高曲率弯道、极限CUT-IN、过红绿灯路口等各类场景中,体现出的令驾驶员信赖的车辆控制策略,很好地定义了人机共驾场景的技术边界。

4. 以L2规模化,加速智能驾驶科技平权

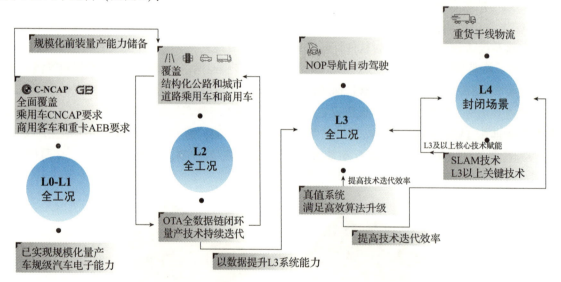

图4　MAXIPILOT® 1.0

智驾科技MAXIEYE,以升维的渐进式路线推进自动驾驶逐级落地。我们相信智能驾驶的规模化量产落地离不开两个逻辑(见图5):

图5　升维的渐进式路线

1)底层技术协同。依循人类驾驶逻辑可以发现,人类在驾驶过程中眼脑手高度协同、相关校验,人脑的运算是高度并行的,具备丢弃无用信息的处理能力,同时功耗极低。为了打造高度类人的智能驾驶系统产品,在感知、规控等技术开发中,要做到打通底层技术,实现技术协同,这将为实现高可靠性同时低功耗的系统打下基础。

2)数据驱动。高阶自动驾驶技术的实现离不开基于海量场景的数据验证和支撑,这也使得L2的规模化成为L3可靠落地的基础。MAXIEYE基于L2量产产品全面部署OTA数据闭环,设计33种触发机制,实现车内外场景及驾驶行为等多维度数据的场景耦合,这将成为下一代技术演进的重要基石。

为了打造"人人可享"的智能驾驶产品,MAXIEYE已实现全面的产品设计降本,推出适用于5万-15万元车型(占中国乘用车产销量比例超过50%)的L2级高性价比ADAS系统产品,引爆乘用车L2市场。同时,以OTA在线升级打通数据闭环,大幅提升算法迭代速度,打造越用越聪明的智能驾驶系统。

MAXIEYE 相信，智能网联技术将最终为全社会带来安全、高效、环保的未来出行方式变革，传递新交通时代的正向价值。秉持科技平权的产品理念，MAXIEYE 将继续以高性价比、高可靠性的智能驾驶产品赋能产业规模化落地，并与行业共创，共同加速 AI + 汽车产业化变革。

毫米波雷达在低速自动驾驶领域的应用

上海欧菲智能车联科技有限公司

作者：陈 波

在自动驾驶领域，传感器系统主要由摄像头、激光雷达和毫米波雷达组成。由于成本的原因，除激光雷达外，摄像头和毫米波雷达已经在智能汽车上有了规模化的应用，其中毫米波雷达在 ACC、AEB 和 BSD 等功能上的使用已经日趋成熟。但毫米波雷达在低速自动驾驶上的应用还没有成熟的应用案例。针对这一领域的空白，欧菲车联提出了在低速自动驾驶上使用毫米波雷达提供空间感知的方案。

一般来说，波长为 1～10mm 的电磁波被称为毫米波，车载毫米波雷达工作的频段为 24GHz 和 77GHz，少数国家（如日本）采用 60GHz 频段。毫米波雷达具有频段宽，分辨率高，不易受干扰等特点。毫米波雷达是测量被测物体相对距离、相对速度、相对方位的高精度传感器，早期被应用于军事领域，随着雷达技术的发展与进步，毫米波雷达传感器开始应用于汽车电子、无人机、智能交通等多个领域。

毫米波雷达探测障碍物的原理是检测天线发射电磁波经障碍物反射后的回波，并通过雷达信号处理器进行综合分析滤波，由算法给出障碍物的相对速度、距离和角度。毫米波雷达对障碍物的检测信息发给后端的自动驾驶算法模块，产生警告信息或者车辆控制信号，从而起到对驾驶员的警示作用或者直接控制车辆的行驶方式。

毫米波雷达测速有两种方式，一种是基于多普勒原理，当毫米波雷达和障碍物存在相对位移时，回波的频率会和发射波的频率不同，通过检测这个频率变化可以计算得到障碍物相对于雷达的移动速度。这种速度计算方法的确定是无法获得障碍物的切向速度。另一种方法就是通过跟踪位置，进行微分得到速度。

毫米波雷达具有探测性能稳定、作用距离较长、环境适用性好等特点。与超声波雷达相比，毫米波雷达具有体积小、质量轻和空间分辨率高的特点。与红外、激光、摄像头等光学传感器相比，毫米波雷达穿透雾、烟、灰尘的能力强，具有全天候全天时的特点。各类传感器的优缺点如表1所示。

表1 各类传感器的优缺点

传感器类型	优点	缺点
摄像头	可识别车道线、限速标志、车辆、行人等信息 成本低	受雾霾、雨雪天气影响大 空间信息不准确
激光雷达	可识别物体轮廓 空间信息准确 分辨率高	车道线、车辆、行人等信息识别效果一般 受雾霾、雨雪天气影响大 光学器件容易被灰尘污染 成本过高
毫米波雷达	空间信息准确 可穿透雾霾和雨雪天气 高可靠性耐灰尘	难以识别车道线等信息 角度分辨率低 容易受路面物体干扰

毫米波雷达在自动驾驶领域，可实现如下功能：前向车距监测、前向碰撞预警、后向碰撞预警、变道碰撞预警、盲区监测、侧面盲区监测、转向盲区监测、后方交通穿行提示、前方交通穿行提示、车门开启预警、倒车环境辅助、低速行车环境辅助、自动紧急制动、紧急制动辅助、自动紧急转向等。由此可见毫米波雷达在自动驾驶领域占据重要地位。

毫米波除了可以在行车系统中起到重要的作用外，在低速范围内同样也有广阔的应用前景。欧菲车联针对毫米波的特性，开发了低速场景APA、AVP的应用。在低速场景中，毫米波雷达可以起到障碍物定位和测速的作用。一方面，通过对障碍物的感知，构建场景地图，实现空间车位的检测和辅助车辆定位；另一方面，结合障碍物和自车的位置、行驶路径实现避障和紧急刹停功能。

在低速场景下传统上采用超声作为空间感知传感器，基于超声的空间车位泊车也有较多的应用，但超声自身的特性决定了泊车系统整体性能的上限。例如，超声探测距离较短，即使是APA超声，最多也就能到5m；第二代超声AK2的方案在距离上有所优化，但也在10m以内；UPA超声的距离就更短了，这样就大大影响了低速场景的行车速度。另外，考虑到APA超声只能反馈距离信息，那么就需要多帧累计才能实现对障碍物的定位，并且这个定位的误差也会比较大，这样就会在泊车过程中增加揉库次数，并且无法起到辅助定位的作用。

毫米波雷达反馈的信息为点云，且能够得到障碍物的速度信息，这样就大大提高了低速场景下的空间感知能力。相对于超声，毫米波雷达的单帧数据就可以完成对障碍物的定位，精度更高，泊车效果更好。利用速度信息可以对场景中的障碍物进行分类，实现更灵活、更智能的处理逻辑。

欧菲车联利用自己研发的77GHz毫米波雷达实现了空间车位的泊车功能。（见图1）是车联低速纯毫米波泊车产品，由1个控制器和6个毫米波列大组成，对于常见的垂直、水平、斜向空间车位，都能实现高效、可靠的自动泊车。特别是针对极小车位，泊车系统也会有良好的表现。（见图2）是使用纯毫米波泊车的演示，场景为垂直车位，车位宽为自车车宽（不含后视镜）+0.6m，只需要三把的揉库次数就能将车辆泊入车位。

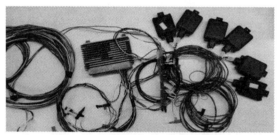 

图1 欧菲车联77GHz毫米波泊车（1个APA控制器+6个毫米波雷达）

图2 纯毫米波泊车，垂直车位，车宽（不含后视镜）+0.6m

泊车系统利用毫米波雷达的点云信息重构3D泊车场景，使用深度学习加模板匹配算法对重构场景进行扫描以判断可能的车位角点位置，然后对所有角点做后处理以滤除误检角点，最后给出可靠的空间车位。同时，泊车系统对场景中的动态障碍物使用卡尔曼算法做跟踪，从而进行有效避障。考虑到毫米波雷达易受地面反射的影响，需要对点云信息做低矮障碍物的滤波处理，否则会造成车位的漏检和误制动。

除了在泊车中的应用，毫米波也可以实现辅助定位的功能。众所周知，在AVP中最关键的一环就是对自车的定位，常见的定位方案是 VSLAM，但是当场景中的特征信息较少时，VSLAM 可能定位失败，这个时候使用毫米波点云信息可以很好地辅助定位，大大降低定位失败的概率。结合视觉和毫米波信息的 AVP 功能可以适应更为复杂的场景，这也极大地提高了用户体验。

毫米波的使用可以覆盖高速和低速的场景，并且在低速场景下的空间感知能力也远优于超声，这样就可以使用一套毫米波雷达系统实现行泊一体的传感器设计。这大大优化了整体性能和综合成本。

大功率无线充电系统

威泊（上海）新能源科技股份有限公司

1. 大功率无线充电系统简介

（1）系统原理

大功率无线充电系统采用世界上最先进的第三代"聚焦型谐振阵列"原理，发射端与接收端没有任何机械接触便可以实现电能传输。

（2）系统特点

1）全自动智能无线充电，自动位置探测、自动认证、自动充电、充满后自动停止。

2）无机械磨损，无损耗，产品寿命长。

3）具有多重过电压、过电流、过载、过温保护功能。

4）世界上最先进的第三代"聚焦型谐振阵列"无线充电技术，电磁辐射小，充电效率高。

5）支持 CAN2.0B（选配）、Modbus 数据总线接口，能够与 BMS 或 AGV 交换数据，包括充电状态、充电控制、软件升级等。

6）独特的零待机功耗技术，接收端在待机时无任何待机电流。

7）先进的充电引导对准系统，误差 ≤ ± 3mm（选配）。

8）无线充电发射端支持对接收端的集群控制管理，即可以依次对接收端进行识别、认证、充电管控。

2. WIPO 无线充电系统技术参数

（1）设备图（见图1）

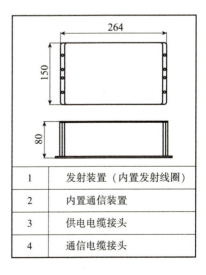
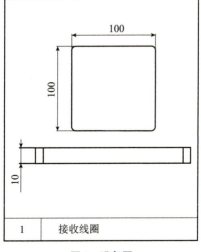
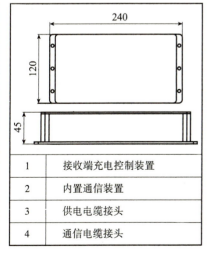

图1　设备图

（2）基本情况和基本技术参数（见表1）

表1　基本情况和基本技术参数

型号	基本情况和参数
外壳材质	铝合金和ABS（材料可选）
额定输出功率	可选
电气性能	充电分为三个阶段：恒流，恒压，涓流。
额定输出电压	DC 12~1000V（出厂时可设定）
最大输出电流	DC 5~500A（出厂时可设定）
输入电压	AC 200~240V，或AC 300~430V，45~65Hz
输出稳压精度	0.30%
输出稳流精度	0.50%
最高系统效率	≥95%
工作距离	0~300mm（可设定）
偏差范围	±50mm
工作频率范围	81~89kHz
防护等级	发射端：IP68（最高），接收端：IP69F（最高）
工作温度范围	-40~65°C
净重/kg	发射端：接收线圈：接收端控制器
物理尺寸	发射端：尺寸可根据用户定制，铝合金或ABS，材质可选
	接收端：尺寸可根据用户定制，铝合金或ABS，材质可选
角度偏差范围	±20°
支持多桩机认证	支持多充电桩和多接收端互相混用，支持认证
通信接口	接收端有CAN通信接口，可以和机器人主控通信控制
干扰规避	机器人之间也使用了一部分的Zigbee的通信，如果充电桩也使用了Zigbee，还应注意将物理信道避开，防止互相干扰，也支持无线通信，规避干扰

3. 无线充电系统应用和优点

1）安全性，是无线充电的一大优势。高电压的充电桩露天摆放并不安全，尤其是在雨天等恶劣天气环境中，有极大的安全隐患。另外如果遇到恶意破坏，充电桩也非常容易引发危险。而无线充电桩埋在地下，可以很好地适应恶劣天气以及避免恶意破坏。第三代"聚焦型谐振阵列"无线充电技术的传输距离较远，安全，防火防爆，且可实现同时对多辆电动汽车充电。所以，无线充电技术应用到电动汽车上，最大的优点就是方便、安全、可靠，充电时，只要把车辆行驶到指定位置即可，不需要车辆通过电线连接充电桩的过程。

2）自动泊车、自动驾驶系统和无线充电的完美结合。当驾驶员和乘客下车后，车辆将开启导航功能，自动驶向空置的停车位并利用磁感应技术——电动汽车无线充电系统来为停放的车辆进行无线充电。在整个充电过程，系统会监控车辆的充电量。它可以允许驾驶员通过智能手机来监控车辆充电情况和为车辆充电发出指令。如果驾驶员对车辆发出充电指令，汽车就会自动行驶到可用的充电位置并开始充电。当其电池充满电时，它就会自动从空间移开，腾出充电的位置，以供其他需要充电的车辆充电。驾驶员需要用车时，可以用手机控制车辆自动行驶至指定的目的地。新型无线充电系统可为车辆的充电及停靠提供便利，还能探查已占用的充电设备及停车位。

智能化、网联化自主创新产品与技术应用案例

北京擎天信安科技有限公司

作者：韩 宇 牛兵帅 安家文

擎天信安专注于汽车网络安全领域，提供全生命周期的汽车网络安全解决方案，主要产品包括汽车网络安全管理系统和整车入侵检测防御系统。团队成员多年从事汽车信息安全领域研究，全面分析国内外车企和行业安全标准，打通车端防护、云端监控、应急响应闭环，为车企及供应商提供端云一体的汽车信息安全体系化建设、体系化防御及合规能力。随着车企智能网联化时代的到来，我们致力于保证车企网络安全，防止车辆召回的恶性事件，成为客户可信赖的汽车网络安全供应商。

1. 整车入侵检测防御系统

（1）产品介绍

擎天整车入侵检测防御系统提供整车防御体系，支持车机、TBOX、网关、ADAS 等多种零部件，系统采用云管端的架构方式（见图1），通过端云配合，形成检测、防护、阻断、管理、分析、策略运营闭环，更好保障网联车辆的信息安全。

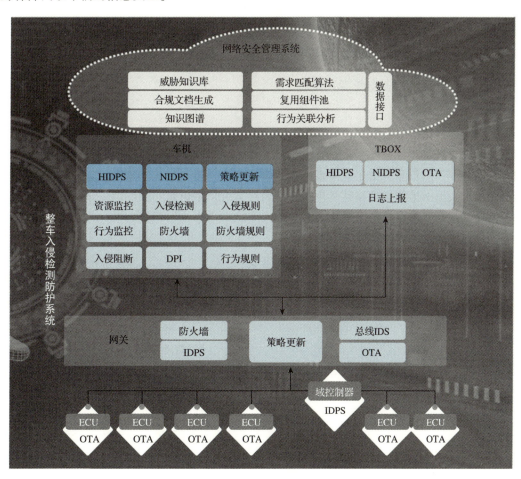

图1 系统架构图

（2）产品亮点

1）适配各种车载场景。已适配主流车载软硬件平台、总线、协议，以及产线、4S、售后、交易等多种车载场景。

2）支持多种业务数据分析。可接入分析 CAN 协议、DOIP 协议、私有化、DBC 定制化、场景识别、实时系统、车联网（地图，语音，音乐）、自动驾驶、雷达、激光、毫米波、摄像头等多种业务数据。

3）资源占用少且稳定性高。系统所占用的 ROM、RAM、CPU 资源少，且稳定性高，进而达到帮助客户控制设备成本的目标。

4）覆盖全面技术栈。可覆盖网络，4G，WiFi，蓝牙，文件系统，内核，网络驱动，Framework，QNX，CAN 协议，SOME/IP 协议等各种技术栈。

2. 擎天 V – SOC 态势感知与安全运营平台

(1) 产品介绍

擎 V – SOC 态势感知与安全运营平台汇集海量的车端、产线端、移动端以及云端的探针数据，基于大数据和人工智能算法，通过可视化的形式对汽车网络安全态势实时感知并进行完整呈现，助力车企看到威胁、看懂风险、及时预警、辅助运营。

(2) 产品亮点

1）满足合规需求。通过对车端 101 种数据监控，通过云端平台大数据计算引擎及 AI 算法，以及专家经验，对网络攻击、网络威胁及漏洞进行持续监控，对安全措施有效性持续监控，并形成监控报告。

2）监控闭环。支持整体态势、车型态势、设备态势等多种维度态势，对车辆的 TARA 阶段的风险进行分析及预警。

3）可运营。可通过云端远程下发相应策略，解除车端安全风险。

4）第三方平台对接。对接国家监管机构、国内外知名安全公司、互联网漏洞平台等多方漏洞信息。

5）提供标准的应急响应流程。

3. 汽车全生命周期网络安全管理系统

(1) 产品介绍

擎天汽车全生命周期网络安全管理系统，简称 CSMS，覆盖整车概念、设计、研发、量产、运维及销毁六个阶段（见图 2），将网络安全体系化、流程化、标准化、组件化落地，满足 WP29 R155 合规要求，通过平台产品赋能主机厂汽车网络安全体系建设及合规建设。系统提供需求池、方案池及组件池等内容服务，提升主机厂安全落地能力及组件复用能力；通过需求工单流转、供应商安全管理等功能提升主机厂整体协作效率。

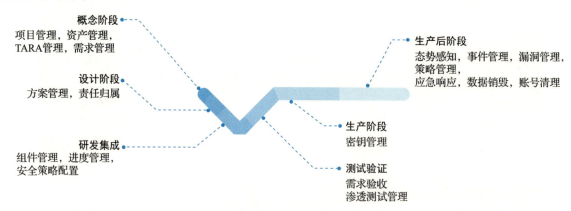

图 2　信息安全 V 模型

(2) 产品架构

1）CSMS 主要由 4 大部分组成（见图 3），以 CSMS 下的业务平台为中心，可对接 CSMS 下的 MIS 平台、车端产品以及主机厂其他系统。

2）CSMS 下的业务平台提供给客户使用，包含系统管理、安全规范、项目管理、资源池以及涵盖汽车研发 V 模型中各个安全功能点，支持私有化部署和 SaaS 化部署两种方式。

3）CSMS 下的 MIS 平台由擎天信安统一维护，包含系统管理、公司管理、配置管理以及资源库（组件库、需求池、方案库、资产池、Tara 知识库），可将资源库数据实时同步至 CSMS 下的业务平台。

4）车端产品是一些集成到车辆零部件上的安全组件，配合 CSMS 下的业务平台实现对车辆的安全防护和监控。

5）CSMS 下的业务平台可与主机厂其他系统进行打通，包括 OA 系统、Doors 工具、Polarion 工具、Systemweaver 工具、PREEvision 工具、JIRA 工具等等。

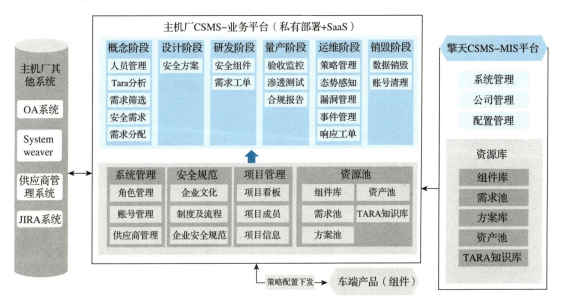

图 3 CSMS 系统架构

（3）产品亮点

1）自动化合规检测。通过自动化合规检测功能，帮助主机厂分析各法规的合规覆盖情况，并给出相应的改进建议和解决方案。

2）汽车信息安全体系建设。提供一套标准的信息安全体系模板，四层结构，可结合公司现有的安全管理流程进行配置维护，帮助主机厂搭建自己的汽车信息安全体系。

3）TARA 报告质量评估能力。支持对客户提供的 TARA 报告进行检测分析，给出分析结果，帮助客户完善并提高 TARA 报告的质量，满足相应合规的要求。

4）合规验证。支持整车合规验证，整合各种合规验证工具，帮助主机厂快速满足合规。

5）一键导出合规报告。平台提供多种模板，并自动关联全部过程文档，支持合规报告一键导出，省去了人工补写合规文档的工作。

6）安全复用能力。持续解读国内外法律法规，并不断地丰富积累 TARA 知识库、安全需求池、安全方案池、安全组件池，帮助主机厂实现安全复用目标，降低研发成本。

7）将信息安全与研发流程相结合，融入汽车研发 V 模型之中，与功能需求、功能安全需求等同步开发，充分考虑，进而简化车企信息安全落地实施过程，提高效率。

8）支持系统之间对接，避免信息孤岛。
- 需求管理工具：Doors、Polarion 等
- EE 架构工具 Systemweaver、PREEvision 等
- 项目管理工具：Jira 等
- 内部办公协同工具：OA 等

9）满足客户各种部署方式需求，包括 SaaS 化部署、私有化部署，同时也支持公有云和私有云的选择。

激光雷达技术突破：集成光学芯片

锐驰智光（北京）科技有限公司

作者：姜　波，党鹏辉，张好男

激光雷达是智能网联汽车不可或缺的传感器之一，智能网联汽车的发展亟需激光雷达的规模化落地应用。激光雷达行业处于早期阶段，供应链尚不成熟，光学、电子元器件价格高昂；中游激光雷达厂商多是基于现有分立式元器件进行组装生产，激光雷达产品技术路线繁多，产品结构相对分立，生产工艺依赖人工，仍未实现规模化落地应用；囿于激光雷达成本高昂，下游自动驾驶、智能网联汽车企业的发展受到不同程度的掣肘。

1. 激光雷达降本关键：集成光学芯片

价格高、稳定性差、难以满足车规要求是激光雷达行业面临的痛点问题。为解决激光雷达产品的发展需求，锐驰智光最新研发了16通道、32通道集成光学芯片，拥有自主知识产权。该系列集成光学芯片可在不同集成式激光雷达产品中互通应用。

激光雷达是由发射系统、接收系统、信息处理等单元构成的复杂光机电系统（见图1）。激光雷达产品核心单元光电系统由激光雷达发射模组、激光雷达接收模组、测时模组（TDC、ADC）和控制电路模组四部分构成。其中，激光发射及接收模组在激光雷达成本、体积、质量等维度上都起着至关重要的作用。据相关数据显示，基于光学芯片的激光发射模组和接收模组的成本占整机成本的60%以上。激光雷达降本增效的关键在于对光学芯片的集成。光学芯片层面的集成可以带来激光雷达产品形态及生产工艺的改变，从而大幅度降低激光雷达成本，提高产品性能。

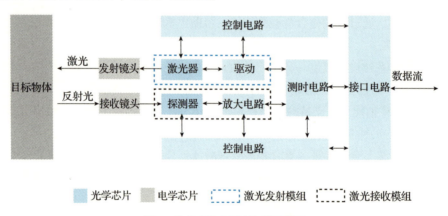

图1　集成式激光雷达构成示意图

2. 集成光学芯片如何降本增效

锐驰智光研发出的集成光学芯片（见图2）可在以下几个方面降低激光雷达成本，提高产品性能：

1）集成光学芯片可在芯片层面实现多组光学收发模组在一个芯片单元上的集成，其利用一片晶圆（Wafer）就可以生产上千枚集成光学芯片，故而降低物料成本。

2）集成光学芯片可通过光刻机自动化工艺代替人工胶粘工艺。免去人工调试环节，减少用工成本，生产速度提高至少9倍。激光雷达内部结构无粘胶，更易经受住温度、有毒气体侵害、水流、振动等车规级测试检验。传统人工调试激光通道角度误差范围为0.1°，机械自动化工艺的激光通道间误差范围则只有0.001°。集成式方案自动化生产可极大地提高激光雷达产品的稳定性和一致性。

3）在产品形态上，集成光学芯片通过芯片层面的高度集成化，可减少60%的非机械部分的体积和重量，产品内部装置高度集成，体积更小，利于终端安装。

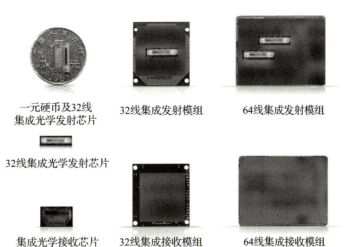

图2　锐驰智光自主研发集成光学芯片及模组

随着激光雷达产品线数的攀升，集成光学芯片带来的优势则更加显著。

3. 自研芯片提升产品定制能力

就中高速、结构化程度较低的驾驶场景而言，探测距离、点频（pts/s）、视场角（FOV）、线数、尺寸等参数是汽车企业主要关注的激光雷达产品性能指标。无人小客车、重型载货车、SUV等不同车型对于激光雷达具体参数的诉求也各有不同。

锐驰智光自主研发的集成光学芯片具有极强的产品互通性，它可内置安装在不同的激光雷达产品中，底层芯片互通可缩减产品研发周期，利于在车企产品研发阶段深度参与定义更契合应用场景的激光雷达产品。

集成光学芯片生产过程高度自动化，可快速响应终端应用场景参数需求，集成式激光雷达产品的四个核心参数（线数、点频、视场角和分辨率）均可以定制，满足不同车型对激光雷达性能的需求。

4. 未来规划

锐驰智光具备极强的芯片研发经验与实力。锐驰智光于2018年推出16通道集成光学芯片，于2020年推出32通道集成光学芯片，实现了将32组光学收发模组集成到一个芯片单元上的技术突破。目前，锐驰智光已获得2项布图设计，70余项布局专利。

锐驰智光总部位于北京，生产研发中心位于苏州，特聘专家5人，与多家科研院所建立了深度合作。苏州生产研发中心有专业的激光雷达测试实验室、用于激光器封装和精密光学组装的洁净室和快速成型实验室等5个研究室。苏州生产研发中心拥有4条生产线，生产线由专业的工艺工程师设计生产流程和操作检验规范。

未来，锐驰智光将持续深耕激光雷达芯片的研发和激光雷达产品创新，进一步提升集成度，从而推出性价比更高的激光雷达产品，加速自动驾驶技术的普及应用。

智能网联云控平台建设思考

苏州工业园区测绘地理信息有限公司

作者：康杰伟

1. 云控平台的建设意义

目前汽车产业正处在深刻转型的过程中，产业链、价值链、生产方式、消费方式和整个系统的生态都在进行重塑，其中智能网联汽车逐步成为中国汽车市场的核心和重点，新一轮技术革命也给汽车产业带来了变革，传统交通逐渐转向车、路、云、网的高效协同发展。

但当前的智能网联汽车发展还处于重建设、轻运营和管理的阶段，软件的支撑水平与硬件的建设速度不匹配，导致硬件功能无法得到充分发挥，在一定程度上影响智能网联汽车示范应用场景的落地和应用。

因此智能网联云控平台的技术研究与建设尤为重要，深化践行车路协同技术路线、拓展网络优势、赋能技术创新，为智能网联场景的落地运行与网联资源的统筹提供了综合的管控平台与信息化的管理手段。

2. 云控平台的功能架构

智能网联云控平台可以统筹建设范畴内的路侧设施设备、网联车辆以及其他各类信息资源，按照统一规范提供符合运营质量要求、可靠性和安全性要求的标准化数据，支撑建设区域内车路协同式应用按照统一标准开展应用实施与管理，并确保相关应用可以在建设区域内开展常态化运营。云控平台整体上分为基础平台和应用平台两大模块，分别提供基础数据处理以及运营管理应用相关功能，平台整体架构如图1所示。

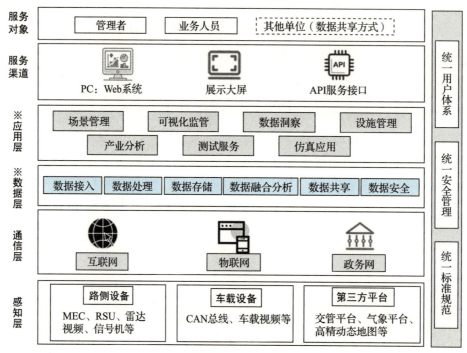

图1　智能网联云控平台整体架构

（1）云控基础平台

云控基础平台结合了人、车、路、环境等实时动态数据，为智能网联实际应用提供数据支撑服务，是逻辑统一、物理分散的云计算中心，更是标准统一、开放共享的大数据中心。云控基础平台具体功能及特点如下：

1）数据接入
- 全渠道的数据采集
- 规范统一的数据接入

2）数据存储
- 海量数据存储
- 强大的数据备份容灾能力

3）数据处理
- 具备 PB 级数据处理能力，包括数据清洗、评估、提取等。

4）数据融合分析
- 多源异构数据融合
- 大数据分析模型构建
- 提供运营决策与融合控制依据

5）数据共享
- 打破多平台数据壁垒
- 加快信息流转速度
- 有序、安全的数据开发与共享

6）数据安全监管
- 数据全链路监管
- 数据可视化运维与监控

（2）云控应用平台

云控应用平台支持场景可演进、功能可演进、系统可演进、服务可演进，以监管为手段，以运营为抓手，以产业发展为目标，优先选择重点示范应用场景率先推进落地，打造符合市场化需求的真实智能网联示范应用与场景运营的典型案例，探索培育产业升级的商业模式。云控应用平台具体功能及特点如下。

1）场景管理。分场景的精细化管理，针对不同场景特点提供相关场景内车辆、设施设备、场景应用的安全监管，保障场景的持续运营。

2）可视化监管。智能网联一站式的综合监控大屏，具备良好的可视化效果，可有效提升综合监管的能力。

3）数据洞察。从提升场景运营安全与效率的角度出发，借助基础平台的数据深度融合与价值挖掘的能力，提供精准可靠的数据分析服务。

4）设施管理。智能网联汽车产业资源的统筹管理，构建"一物一档"，实现远程监控，保障设施设备的正常运转。

5）产业分析。借助平台数据分析能力，深度解析智能网联汽车产业发展的底层逻辑与未来前景，为产业的发展和推广提供量化支撑。

6）测试服务。建立自动驾驶功能测试流程的闭环，提供测试预约、测试过程监管、测试报告自动生成等服务，辅助实现全链路、全维度测试管理。

7）仿真应用。借助仿真模型构建，利用平台线上验证智能网联场景实现的可行性和安全性，预先降低运营风险，提升研发效率。

3. 云控平台的建设成效

利用综合感知、通信、计算等技术，构建物理空间与信息空间中包括"车、交通、环境"等要素的相互映射，利用大数据分析能力，实现网联资源的系统性优化与统筹管理，提升网联场景的运营效率，最终实现协同式无人驾驶。

（1）面向企业运营的建设成效

云控平台通过建立逻辑统一、标准统一、开放共享基础数据中心，为企业运营决策提供数据支撑，并借助应用平台辅助日常运营管理。

（2）面向数据交互的建设成效

通过云控平台实现与其他第三方信息平台的数据交互和共享，促进协同发展。

（3）面向产业服务的建设成效

云控平台提供了智能网联汽车技术研发、测试、示范应用、数据分析等服务，支撑技术验证、成果商业化落地，探索培育产业升级的商业模式。

飞芯电子致力于打造全固态车载激光雷达方案

宁波飞芯电子科技有限公司

宁波飞芯电子科技有限公司（以下简称"飞芯电子"）成立于2016年，现有员工百人，研发团队占比约85%。拥有自主知识产权200余件，研发实力雄厚。目前融资过亿元，股东包括博世、联发科、金沙江、中科创星等产业及财务端优质投资人。公司主营产品包含全固态车载激光雷达、3D ToF 传感器芯片等，主要应用于自动驾驶与辅助驾驶、消费电子、安防与工业等3D视觉应用领域。潜心研发，自主创新，致力于成为世界一流的光学3D传感器供应商。

1. 核心技术与产品

（1）车载全固态激光雷达

飞芯电子提供的全车激光雷达方案（见图1），搭配公司自研AX32系列及AX30系列iToF芯片，基于FLASH发射体系，采用具有自主知识产权的伪随机序列编码与解调机制的抗干扰技术、高动态及低功耗技术【专利号：CN110389351B】，解决了传统FLASH测距短、抗干扰性差、信噪比低的问题，极大提高了车载激光雷达的可靠性与稳定性。该全车方案为客户提供定制化应用需求，不仅适用于泊车等辅助驾驶领域，也为未来自动驾驶的普及提供了可能性。

公司在现有方案不断优化的基础上，针对未来市场应用发展的多变性，以复杂体系ToF技术迭代提前完成布局。从目前伪随机序列方案（飞芯电子AX32系列产品），至相干探测阵列方案（飞芯电子AX50系列产品），到最终全光相控阵雷达方案，逐步降低发射功率，提高抗干扰能力，在保证成本优势的前提下完善各项性能指标。

（2）ToF传感器芯片

飞芯电子自主设计的AX30系列iToF传感器芯片（见图2）具有高分辨率、高精度、低噪声、低功耗等技术特点，可广泛应用于手机、扫地机器人、智能门锁、车厢箱体检测和物流等物体识别及距离测量领域。

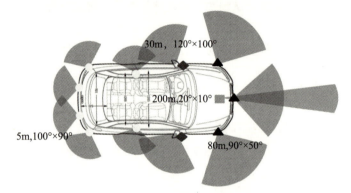

图1 飞芯电子全车激光雷达方案示意图

图2 飞芯电子AX3010 iToF接收阵列芯片

与此同时，飞芯电子也是目前国内外为数不多同时布局dToF传感器核心芯片公司之一。AX40系列dToF产品基于片内高频触发与粗细直方图统计技术，芯片内部采用小于70ps的高精度时钟，确保测距精度优于1cm，可在10万lux（室外场景光照强度）的条件下实现有效测距并以低数据量传输，降低后级系统的数据传输与处理压力，可广泛应用于手机、安防等多个低功耗需求领域。

2. 发展规划

飞芯以客户满意为目标，在不断提升服务品质的同时，革新技术体系，打造更具有市场竞争力的产品。以ToF接收端阵列芯片为核心，拓展发射端配套芯片产品，以四芯片（接收端成像芯片、发射端驱动芯片、激光芯片、发射前端光学芯片）战略为导向，提供一站式产品平台，覆盖从车载端、消费端、工业及安防全市场应用，联合上下游产业链实现低成本、高品质的产品供给。

银基数字钥匙发展概况

上海银基信息安全技术股份有限公司

上海银基信息安全技术股份有限公司（以下简称银基）成立于2008年，是一家专注于车联网安全的科技公司。银基秉承"创新科技、信赖与我、极致体验、骇客精神"的价值观，多年来为汽车、金融、通信行业客户提供基于自身核心竞争力的网络安全产品、全方位安全解决方案和体系化安全运营服务。

自 2018 年开始，银基开始研发数字钥匙产品（DK）。数字钥匙是下一代智能汽车进入系统，能用手机等智能设备完全设备替代物理钥匙，更具备远程分享钥匙、离车异常提醒、一键寻车等功能，是一个最高频的人与车链接的产品。

1. 产品领先性

银基是市场上唯一的跨多汽车品牌、跨多硬件平台的 DK 解决方案提供商。银基已与 20 余家汽车品牌合作，且产品兼容国内外不同硬件平台。

作为最早的数字钥匙行业标准参与制定者，符合最高级别的安全标准，银基积极参与推进数字钥匙相关标准的制定和实施，先后参与了 CCC、IFAA、ICCE、TAF、CCSA、TC28/SC17、TC28/SC41 共 7 个国内外数字钥匙相关标准组织，推动数字钥匙产品的技术创新、工艺路线、技术性能、检测方法、管理模式等上升为标准规范，更将自有产品开放给专业第三方来进行认证和检测，目前已拿到公安部三所安全评测及 ARM PSA 认证，已成为国内同类型产品中唯一通过这两项认证的产品。

银基是前装市场的领导者，自 2019 年初，搭载有银基 DK 的第一款车广汽 AionS 量产下线，至今已有广汽丰田、广汽新能源、广汽乘用车、广汽本田、一汽红旗、一汽奔腾、长城、奇瑞、吉利、江铃、合众、天际、柳汽近 30 款车型实现量产，定点 80 余款车型，前装市场份额居业内第一（见图 1）。

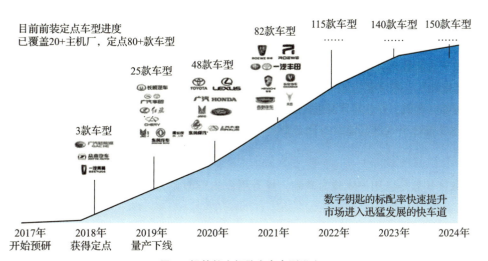

图 1　银基数字钥匙定点车型进度

银基也是后装市场的推动者，它率先与多家主机厂联合推出后装纯正用品。经过科学设计反复验证，银基数字钥匙后装产品已在广汽、大众近 20 余款车型上线，推动数字钥匙的市场渗透率。

（1）基于低功耗蓝牙的精准定位算法和独创的标定工具

银基通过自研的精准定位算法，在行业中第一个实现了全车 1+3 多节点的蓝牙精准定位方案，并将定位精度有效地提升到了 10cm（见图 2）。

每一个带有数字钥匙功能的量产车型在出厂前都需要进行标定的工作，传统 Key Fob 是主机厂自己定义的标准件，而数字钥匙用的硬件是用户自己的手机，多了很多不确定性，所以数字钥匙的标定复杂度和挑战要远远高于传统的 Key Fob。为了解决这个行业痛点，银基自主研发了一整套标定工具，并推出了让用户可以进行自助操作的用户标定解决方案。在提升效率的同时，很好地用新的思路解决了行业难题。

（2）自研安全芯片

T500 是一款高端的多接口安全芯片，支持如 ISO/IEC7816、SPI、GPIO、I2C、UART 等应用接口。芯片采用 32 位高性能 CPU 核，以提高芯片处理速度、确保芯

图 2　数字钥匙蓝牙精准定位展示（示意图）

片安全性以及降低功耗。芯片提供 1280K 的 NVM 空间和 40KB + 4KB 的 RAM 空间,可依客户需要设置为程序及代码空间。芯片亦提供了 DES/T – DES、RSA、SHA1 等硬件算法引擎,以满足密码算法的需求。芯片可以用于不同的主平台和主操作系统,防护多种物理和逻辑攻击,保证各种不同应用的安全。

针对数字钥匙应用场景的多个解决方案如下:

1) RTC 时间校验。保持数字钥匙系统时钟的准确,是整个系统安全可信的重要基础。车辆的电子电器由 12V 蓄电池供电,在一些场景下会出现电力耗尽或者 ECU 掉电的情况,这时候需要对车端的系统时钟进行时钟校正。而这一切都需要在上电后的很短时间内自动完成,否则就有可能影响后面的用户操作。银基自主研发的 RTC 时间校验方案有效地解决了该场景下的时间校准问题以及可信时钟源的同步问题。

2) 基于蓝牙的空中下载技术(OTA)。一辆智能汽车,只有具备了 OTA 的能力,才能拥有自生长、自进化能力,才具有生命力和智能。对于用户来说,车辆不再是所买即所得,而是像智能手机一样,能够随着用户的需求一起成长、更新、迭代。银基数字钥匙在产品设计最初就确定了这个方向,而实现可生长的最重要的技术基础就是 OTA 能力,更具体地说,是基于蓝牙的 OTA 能力。

这里的 OTA 能力和整车的 OTA 能力并不冲突,而是一种补充。在目前的市场中,只有极少数的车辆具备了整车 OTA 能力,这意味着大部分的子系统都无法生长和更新。

基于蓝牙的 OTA 能力并不需要这辆本身具备 4G 的联网能力,对于没有 TBOX 的车辆,用户依然可以借助手机的联网能力和安全的蓝牙通道,完成对车端软件的更新。

3) 产线检测方案。数字钥匙和传统 Key Fob 一个比较大的区别是需要对用户进行身份确认后激活才能使用,而车辆在下线前是无法完成这个环节的。但每辆车的所有功能都需要在下线前以极高的速度完成必要的测试和检测才能出厂,数字钥匙也不例外。银基针对这个场景推出了为主机厂量身定制的产线检测方案,通过安全的管理临时密钥,并让蓝牙的适配器(Dongle)和产线上位机通过硬件进行整合,高效地保障了每辆车的数字钥匙功能在下线前都能拿得到必要的测试,并将测试报告和主机厂的 MES 系统进行同步。

2. 产品颠覆性和创新性

银基打造数字钥匙是以用户体验为基础,提升用户出行服务为最终目标,目前市场上还没有和银基同类型的公司。

(1) 银基与传统零部件供应商(大陆、博世、电装、联电)的区别

1) 传统零部件供应商以主机厂定义的规格为目标,交付的是产品功能实现。

2) 银基以最终用户体验为目标,交付的是产品的起步能力,通过 OTA 可不断提升产品力以及服务。

(2) 银基与传统安全公司(捷德、泰雷兹)的区别

1) 传统安全公司交付的是安全产品插件、芯片等,没有数字钥匙完整的技术链条。

2) 银基交付的是基于数字钥匙完整的系统化产品。

银基通过不断探索和突破,整合汽车生态内外资源,链接起主机厂、T1、汽车销售商、汽车出行服务商、汽车金融机构、二手汽车销售商、汽车美容保养商、充电服务提供商等,开始了超级试乘试驾、代客服务等新兴业务。

其中超级试乘试驾是银基联合支付宝、广汽丰田在 2020 年推出的一项服务,消费者可以通过支付宝小程序,用自己芝麻信用分预约一台广汽丰田的试驾车,进行 2 天的深度试驾体验,全过程都使用数字钥匙产品,既方便消费者使用,也方便管控和回收车辆。目前这个业务已经在全国 8 个城市 23 个 4S 店开放,截至 2021 年 4 月,已有超过 22 万消费者使用了该项服务。

(3) 产品创新性

1) 微信小程序:无须下载 App 和繁琐的注册登录流程,对于被分享人最方便友好的方式。

2) 扫码分享:更加注重隐私和数据安全的分享方式。

3) 多通道支持:可以支持多个数字钥匙设备的同时连接和操作。

4) 蓝牙秒连技术:能够在最快 2s 内完成蓝牙连接和身份认证,无须依赖系统的拉活或者 App 的保活能力。

3. 产品的竞争壁垒

银基数字钥匙产品能做到四跨——跨车型品牌、跨手机品牌、跨连接方式、跨用车权限，能提供如此完整的解决方案为目前业内唯一（见图3）。

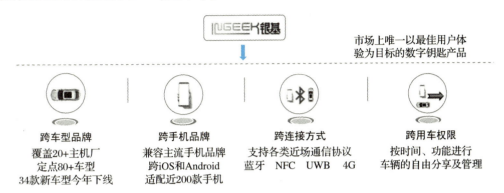

图3 银基数字钥匙产品"四跨"

银基依靠自身在车联网安全领域的积累和经验，从产品设计之初就考虑了安全需求，设计定义了DK完整的安全架构和体系，运用自身安全攻防能力，不断发现并修复安全缺陷，系统化地进行风险评估，并将安全作为基础属性融入具体的功能中，最终形成了"全面系统防护+核心数据守护"的动态安全体系，保障了用户使用体验与产品系统安全。这一切均源于银基自身的安全能力基础和持续不断的安全业务实践，也是其他同类型产品所不具备的背景优势和发展资源。

4. 发明专利情况

结合公司的经营发展方向及当前所处的阶段，银基制定了专利战略，成立了知识产权评审机构，定期召开专利预研会议，就提案的实用性、前瞻性以及市场性等进行评审，以加强专利申请与研发和市场的贴合度，形成严密高效的专利保护网，增强公司抗知识产权风险的能力。银基目前已累计申请60多项数字钥匙相关的技术专利，这些专利覆盖：蓝牙定位、安全认证、通信安全、数据安全、钥匙生成、钥匙分享、充电桩、车辆控制等各个方面。截至2021年4月，银基是国内DK相关专利申请数量最多的企业（见图4）。

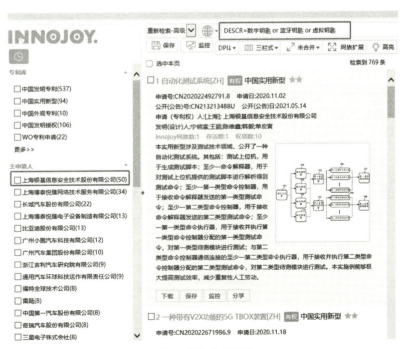

图4 银基专利展示

在汽车产业的深耕中，银基广泛参与了国内主流汽车主机厂的车联网安全项目的实践，在车联网安全架构设计、规划，车联网安全评估评测，主机厂信息安全的攻防对抗，以及车联网安全密钥体系等形成了多元化、纵深防御的合作。目前20多家知名主机厂的网络安全服务与架构都和银基有深度合作，如上汽通用、上汽大众、泛亚、安吉星、一汽大众、奇瑞汽车、吉利汽车、沃尔沃、福特中国、广汽集团、威马汽车等。

在与汽车各大主机厂的长期合作中，银基秉承"与时代同步，科技赋能产业创新"的理念，在车联网安全及数字钥匙领域开展与主机厂及产业的生态协作和实践，并获得了显著成效。汽车数字钥匙本身就是一个典型依赖安全的车联网应用产品。银基在产品设计与开发都遵循了严格的安全标准，在车载硬件云端及智能终端的各个环节都充分考虑成熟并落地，这也是丰田汽车、雷克萨斯、福特汽车等国际一流主机厂选择银基的重要理由。在与20多家主机厂的数字钥匙合作中，银基全方面地改造、优化、创造了该主机厂车联网安全的体系架构，以平台化的理念把安全与业务紧密地结合起来，正因此，银基数字钥匙产品的市场占有率遥遥领先于其他行业同类型产品。

同时，银基着眼于未来的长期布局，在车联网数据安全领域，于2018年底与国家互联网应急中心（CNCERT）签署了相关战略合作协议。基于该战略合作，2020年"车联网安全联合数据中心"在上海网信办SHCERT中心落成并投入使用，这是我国领先的专注于车联网数据安全的高规格数据中心，全面满足网信办最近颁布的《汽车数据安全管理若干规定（征求意见稿）》中的核心要求：数据本地化管理、安全认证及合规、车联网数据的存储与保护等。

在目前运行的车联网安全联合数据中心中，丰田汽车、福特汽车、一汽、长城、广汽、奇瑞等主机厂的车联网数据、密钥体验及数据服务都承载于此，符合国家长期战略的重要布局，也得到CNCERT上海网信办、上海市通管局、上海市机动车检测中心等行业主管的大力支持。

银基一直是国家网络安全的支撑单位，是中共中央网络安全和信息化委员会办公室/国家互联网应急中心（CNCERT）的保障支撑单位，上海市通信管理局车联网安全牵头单位/一级支撑单位，国家信息安全漏洞库（CNNVD）的支撑单位等。在国家重大项目及活动中，银基承担重要的安全保障工作，其中包括亚运会、进博会、国家护网行动等。

银基是车联网安全领域实践的先行者及倡导者。在2018年支撑国家信息安全标委会（TC260）制定了我国首个"汽车电子网络安全"白皮书，并在2020年形成GB/T 38628《汽车电子系统网络安全指南》的国标，同时还参与了由信通院牵头的《智能网联汽车生态联盟数字钥匙系统》的编写。

2019年，银基创新性地组建了汽车产业网络空间安全应急响应中心（CarSRC），是当时唯一专注于汽车产业安全的民间组织。在过去的两年中，银基与白帽专家合作积累了许多成绩，包括专注于汽车产业的行业漏洞库、开展汽车安全走入主机厂活动、协同主机厂及行业生态建立通信协作，以及免费宣导车联网的重要性，是产业内知名的SRC平台。

作为一家领先的车联网安全企业，银基秉承"创新科技、信赖与我、极致体验、骇客精神"的价值观，专注于车联网安全服务及产品，致力于打造一个更安全、更智能、更便捷的车联网世界！

Mizar系列车规级安全芯片和汽车生态应用安全方案的产品介绍

上海芯钛信息科技有限公司

作者：张颖奇

1. Mizar系列车规级安全芯片

上海芯钛信息科技有限公司（以下简称上海芯钛）成立于2017年7月，公司聚焦在智能网联汽车产业，推动自主可控的汽车芯片产品应用及汽车信息安全体系构建，为汽车智能化和网联化发展提供优质的产品和服务。

上海芯钛具备完全自主知识产权的车联网整体信息安全防护产品体系、自主可控国产密码算法芯片和基于云计算的平台设计、研发、运行维护等技术能力，可以提供整套的汽车信息安全服务解决方案。

上海芯钛的国产密码算法芯片 Mizar 系列车规级安全芯片致力于解决智能网联汽车的接入安全、诊断安全、车内通信安全、ECU 启动安全、ECU 固件更新安全，已经被大部分主流 Tier1 及车企所采用。

上海芯钛"Mizar 芯片"系列产品是专用于安全加密的 MCU 芯片，具备独立的安全处理器、SRAM、ROM 及片内 eFlash 存储等完整的电路单元。该芯片在 IP 实现、物理设计及生产制造等环节均按照汽车电子半导体行业标准的质量要求和管理要求进行，产品符合 AEC - Q100 Grade1 标准，支持 -40℃ ~125℃ 环境温度下正常工作。Mizar 芯片产品符合国家密码管理局安全芯片等级 2 的要求，实现了国产自主可控的 SM2、SM3、SM4 硬件密码算法 IP，产品配置了安全存储单元，具备各种物理攻击、侧信道攻击等防护机制，对外提供高性能和高强度的数据加密、签名、验签、摘要等国产密码运算功能。

"Mizar 芯片"系列已经量产的有三款，分别是 TTM20、TTM300、TTM2000，还有一款 TTMU 系列目前还在测试阶段，尚未量产。

1) TTM20：主要用于 TBOX、ECU 等零部件上，解决车云认证、数字钥匙安全、ECU 启动安全等问题。

2) TTM300：主要用于域控制器上，解决车载域控制器安全服务、整车安全管理、ECU 安全更新等问题。

3) TTM2000：主要用于 V2X - OBU、RSU 等零部件上，解决智能交通产业车路协同 C - V2X 车联网应用所需的安全认证、安全管理等问题，可实现 V2V／V2I 通信消息鉴权、V2X 可信认证技术，内部有超高算率的硬件加速的密码引擎，该产品针对车联网 V2X 应用安全进行专门的开发设计，能够满足 C - V2X 应用场景。

4) TTMU 系列：主要用于 V2V - OBU、RSU 等零部件上，解决智能交通产业车路协同 C - V2X 车联网应用所需的安全认证、安全管理等，可实现 V2V／V2I 通讯消息鉴权、V2X 可信认证技术、证书存储等。这款芯片采用 M2000 芯片的先进制程版本，升级目标为新增 IO、降低功耗、更小封装、更高性能。

目前，上海芯钛 Mizar 系列安全芯片已在国内多家整车厂量产。

2. 核心技术产品或商用密码应用成套方案介绍

上海芯钛为汽车主机厂智能网联应用设计了从车载端到车云端的软硬件一体化的端到端的整体安全解决方案（见图1），可满足车联网应用需求下的各类应用安全需求，如车辆认证、车辆数据采集及大数据安全、车辆远程控制和安全（FOTA）、第三方应用接入安全、车载控制器系统安全等需求。

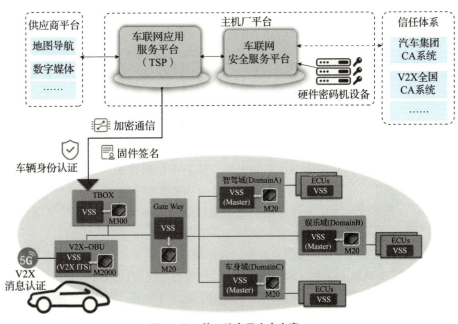

图1 云-管-端车云安全方案

上海芯钛汽车信息安全系统产品和 Mizar 安全芯片产品结合，构建了完整的车联网信息安全体系。上海芯钛安全系统分为云端和车端两部。

（1）云端

1）车联网安全服务平台：平台化的系统产品为车联网应用提供完整的云端系统安全方案。系统功能设计紧密贴合了汽车应用需求，层次化和模块化的设计能够灵活地适配应用系统结构和扩展新增的应用安全需求，包括证书管理、密钥管理、系统及权限管理等安全管理层和车辆认证服务、车辆密钥分发服务、ECU 固件签名服务、设备证书服务等安全接入服务层，全面支撑车联网下的 V2N 车云认证、FOTA 安全、数字钥匙、第三方内容认证等应用安全需求，同时支持车联网 V2X 应用的证书体系、高性能 V2X 认证证书发布等功能。

2）汽车软件可信服务平台：管理车载应用软件中的功能、数据、服务等项目，通过安全可信的技术手段对服务项进行价值交易、可信管理、权限控制等处理，为软件整体生命周期过程提供完整的可信服务功能。

- 提供签名、认证、业务的安全管理等功能
- 为车端安全应用提供安全服务，包括信息同步、解锁文件管理、安全认证校验等
- 外联各 APP 商店、支付平台、车联网安全服务平台

（2）车端

上海芯钛车载安全子系统（Vehicle Security sub – System，VSS）为各类车载控制器（ECU）提供完整的安全子系统功能，包括加密认证密码算法模块、安全通信协议处理模块、安全凭证及密钥管理模块、安全服务接口模块、安全芯片驱动接入等。该产品针对车载 ECU 的特性，最优化地设计了资源和性能实现机制，能够适配各类主流的车用 MCU 和 MPU 的应用环境，能够接入 AUTOSAR 软件体系，实现车载控制器的加密认证、安全管理、系统软件保护、安全通信等应用安全需求。

在应用范围方面，上海芯钛 VSS 产品涵盖了从车载端到云端的全链路覆盖，主要包括车载中央网关、T – Box 网联部件、车内娱乐系统、智能座舱、智驾域控制、电控单元、电机控制单元、车身控制模块以及空调控制等。

该产品无须车企或者零部件供应商改动原有的硬件单元，而只需要在相关控制芯片中加入算法包以实现安全应用。因此相较于其他硬件安全方案的部署，VSS 软件产品在诸如底盘、动力、车身控制等成熟度较高的车辆电子电气域中有着较为明显的优势与竞争力。VSS 车载安全子系统目前已经定点应用于上海的两家大型整车厂（OEM）。

上海芯钛 VSS 车载安全子系统已被收录至创新攻关成果目录。

开源网安智能网联汽车网络安全测试平台

深圳开源互联网安全技术有限公司
作者：李民锋，王颉，张海春，万振华

近年，新型车载网络架构和新兴网络技术的引入、复杂车载软件的应用、无线通信接口和公共互联网的开放，都为智能网联汽车带来了网络安全隐患，严重威胁车辆行驶安全、驾乘人员隐私安全和生命财产安全。汽车企业及网络安全团队亟须采取必要措施建立并实施网络安全保护机制，保障智能网联汽车网络安全。

深圳开源互联网安全技术有限公司（以下简称"开源网安"）创立于 2013 年，是国内软件安全技术领域创领者，总部位于深圳，在北京、上海、武汉、成都、合肥设有分支机构。随着全社会软件覆盖和应用程度的深化，开源网安以"让企业交付更安全的软件"为使命，致力于实现"捍卫中国软件安全"的愿景。

自成立以来，开源网安深耕软件安全技术领域，培养和集聚软件安全人才，积累了丰富的软件安全

经验和车联网安全经验，以及超百件原创技术和国家发明专利。能够为汽车行业客户提供拥有自主知识产权的完整软件安全开发工具链、全面的智能汽车网络安全测试平台、成熟的软件安全开发解决方案、领先的软件安全开发人才培训，为客户实现软件快速安全交付保驾护航。

1. 智能网联汽车网络安全测试平台

开源网安智能网联汽车网络安全测试平台（以下简称"网联车安全平台"），一方面可以将汽车网络安全保障左移，从汽车软、硬件产品的设计研发源头消除网络安全威胁，降低网络安全事件发生概率，保护驾乘人员生命财产安全，助力社会公共安全。另一方面，通过全面的网络安全测试，能够有效降低后期网络安全漏洞的修复成本，提高企业经济效益，保护企业品牌价值。

网联车安全平台主要具备威胁分析与风险评估系统、网络安全测试系统两个核心模块，二者相辅相成，共同实现智能网联汽车的网络安全分析与检测；同时，也可以作为不同的工具应用于智能网联汽车设计研发过程的不同阶段。网联车安全平台的架构示意图如图1所示。

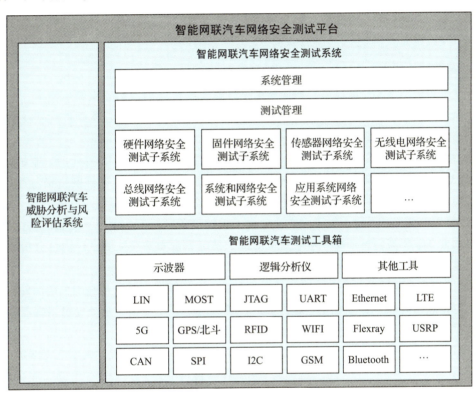

图1　网联车安全平台的架构示意图

（1）威胁分析与风险评估系统

1）威胁分析与风险评估流程。面向智能网联汽车的威胁分析与风险评估，能助力汽车工程师或网络安全研究人员分析潜在的网络安全威胁、评估网络安全风险，并制定网络安全防护计划。基于ISO/SAE 21343《道路车辆网络安全工程》标准的智能网联汽车威胁分析与风险评估流程如图2所示。

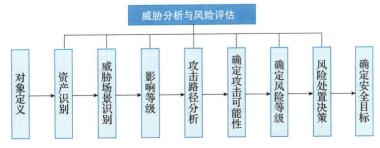

图2　威胁分析与风险评估示意图

①对象定义。定义评估的对象、运行环境、与其他对象的交互。对象根据具体情况进行定义，它可以是整车的 E/E 架构、系统、某类功能或是某个控制器，对象的定义构成了后续活动的基础。定义对象过程是一个业务描述过程，对象的范围依赖于项目具体要求。

②风险评估。依据威胁导致危害的严重程度和攻击成功的可能性，风险评估的主要过程包括七个阶段：资产识别、威胁场景识别、影响等级、攻击路径分析、确定攻击可能性、确定风险等级和风险处置决策。

③确定安全目标。确定安全目标以及实现这些安全目标的具体措施和度量检测方式。

2) 威胁分析与风险评估系统。网联车安全平台的威胁分析与风险评估系统结合风险评估流程描绘出资产所对应的攻击路径，结合对攻击路径的分析，确定资产安全属性被攻击的可能性、威胁等级。汽车工程师可以在没有网络安全研究人员参与的情况下，在系统上通过选择并配置组件实现资产识别、映射安全属性、识别威胁场景、评估资产损失、确定影响等级。最终，依据制定的风险处置策略来确定分析出来风险的处置方式，明确当前的风险采用哪种方式处置。风险评估结束后，生成安全目标，并针对安全目标制定出具体的安全需求和安全解决方案。

目前，网联车安全平台的威胁分析与风险评估系统已汇集上万条智能网联汽车的网络安全威胁及对应安全措施，且持续扩充。

(2) 网络安全测试系统

网联车安全平台的网络安全测试系统面向智能网联汽车提供系列网络安全测试能力，助力汽车工程师和网络安全研究人员在智能网联汽车生命周期各阶段开展从车内到车外、从硬件到软件的全方位网络安全检测。网络安全测试系统具有如下功能。

1) 硬件网络安全测试子系统。攻击者可以利用车体控制类 ECU、T-BOX、车载网关等关键设备的 JTAG、UART、USB 等调试接口，读取内存、FLASH 芯片中系统敏感数据。硬件网络安全测试子系统会测试关键设备接口是否关闭调试模式，相关芯片是否能抵抗侧信道攻击、故障注入攻击。

2) 固件网络安全测试子系统。由于固件中包含了关键设备运行安全逻辑、硬编码密钥等敏感数据，攻击者可通过固件获取相关信息。固件网络安全测试子系统提供固件获取测试、固件分析测试，测试固件的安全防护是否可以抵抗泄露、抵抗逆向攻击。

3) 传感器网络安全测试子系统。传感器是智能网联汽车的信息来源，是基础关键部件，典型汽车传感器包括微机电传感器（MEMS）、雷达、摄像头。传感器网络安全测试子系统提供传感器测试方案，通过欺骗、干扰、失效等测试方法去检测关键传感器，识别其是否安全。

4) 无线电网络安全测试子系统。无线通信是智能网联汽车的关键组成，典型的无线通信方式包括：广播、卫星导航、V2X、WiFi、蓝牙等。这些通信方式使智能网联汽车具备定位导航、多渠道信息获取、协同决策控制等能力，改善驾乘体验，提升交通效率。无线电网络安全测试子系统提供对无线设备的干扰、仿冒、监听以及模糊测试，检测无线通信是否存在数据篡改、身份欺骗、信息泄露等安全风险。

5) 总线网络安全测试子系统。总线是连接各种车载传感器和控制器的网络，如 CAN、LIN、FlexRay、以太等。总线网络安全测试子系统具备重放、仿冒、提权、模糊等测试手段，检测总线是否具备权限控制、远程控制、拒绝服务、篡改、监听等安全风险。

6) 系统和网络安全测试子系统。IVI、自动驾驶系统、车载网关等主机系统存在大量已知安全漏洞，极易被攻击者利用。攻击者利用漏洞安装恶意程序，窃取数据，甚至可能威胁设备控制装置，形成网络安全隐患。子系统支持对主机系统进行扫描漏洞、确定权限、口令强度等安全测试。

车机系统与云端之间的网络传输协议需要采用加密传输、传输认证、完整性校验等安全防御手段，避免恶意攻击者窃听、篡改车机与云端之间的网络交互数据。子系统支持对网络通信进行防监听、防篡改、防重放、防仿冒等多种安全测评。

7) 应用系统网络安全测试子系统。Web 应用作为智能网联汽车的重要配套设施，面临着主流互联网安全风险，存在泄露用户重要数据的风险。应用系统网络安全测试子系统提供针对注入、跨站、劫持、重放、越权等多种对 Web 的安全测试。

移动应用作为与车机系统交互的另一个主要平台，其安全性同样不可忽视。应用系统网络安全测试子系统的测试内容包含移动应用的安装包签名校验、开源组件安全、密码安全、安全策略、进程安全、API 模糊测试、通信安全等。

8）系统管理。对系统进行整体管理，主要功能包括：系统工具集成、系统运行形态、系统属性配置、系统默认参数、测试用例格式配置等。

9）测试管理。对测试进行整体管理，主要功能包括：测试环境搭建、测试子系统配置、测试参数配置、测试用例配置等。

（3）测试工具箱

工具箱提供多种物理工具和仪器设备，包括主流接口类型的测试转换接口板、万用表、示波器、逻辑分析仪器以及汽车智能设备固件读取工具、拆卸工具等。汽车工程师或网络安全研究人员通过使用工具箱将网络安全测试系统与被测对象建立通信连接，实现被测对象的测试。

2. 平台优势

开源网安智能网联汽车网络安全测试平台是一个面向智能网联汽车、拥有自主知识产权的国产自动化测试平台，其研发过程获得了深圳市科创委科技计划项目支持（项目编号：JSGG20201102170601003）。

值得一提的是，网联车安全平台已集成了"开源网安模糊测试工具 SFuzz""开源网安代码审核工具 CodeSec""开源网安灰盒安全测试工具 VulHunter""开源组件安全及合规管理工具 SourceCheck"。其中，开源网安模糊测试工具具备对 WiFi、蓝牙、CAN、5G 等网络协议进行安全测试的能力，可基于模型智能生成测试用例，协助产品开发、质量保证、产品测试、安全测试等团队高效检测出各种软、硬件系统中的未知漏洞。该模糊测试工具已在国内某知名大型汽车企业成功商用。开源网安代码审核工具、开源网安灰盒安全测试工具和开源组件安全及合规管理工具分别用于支持智能网联汽车应用系统的代码和第三方组件安全检测。

未来，开源网安智能网联汽车网络安全测试平台将根据行业趋势、用户场景持续优化完善，助力中国智能网联汽车的安全飞速发展。

宏景智驾自主创新高级别自动驾驶系统技术应用案例

杭州宏景智驾科技有限公司

作者：刘飞龙，杨武，郑璇子，骆晓倩

1. 宏景智驾高级别自动驾驶系统在干线物流场景中的应用

（1）行业概况及分析

经济贸易的飞速发展带动货运需求不断增长，物流业已经成为我国国民经济支柱产业和重要的现代服务业。根据对我国 31 个省（市、自治区）的统计（下同），2020 年中国社会物流总费用为 14.9 万亿元，占 GDP 比重达 14.67%。在我国物流运输结构中，公路货运占绝对主导地位，公路货运占全社会货运量比例长期在 70% 以上。尽管我国公路货运市场具备万亿级规模，但公路货运市场高度分散，无序竞争普遍存在，超载、疲劳驾驶现象普遍，公路货运事故频发，造成巨大损失，人力与燃油成本攀升进一步挤占利润空间，物流企业降本增效需求强烈；此外重卡氮氧化物与颗粒物排放污染大，国家政策也在推动重卡排放治理，打造绿色物流。

自动驾驶技术应用系列场景中，干线物流被认为是仅次于 Robotaxi 的第二大商业化应用场景，而高速公路相对规范的道路环境和公路货运行业强烈的应用需求使得干线物流场景被认为是最快实现自动驾驶商业化应用的场景之一。相比于普通柴油重卡，L3 级自动驾驶重卡单车每年可大幅节省驾驶员和燃油成本，预计可提升运营利润率2~3倍；L4级自动驾驶重卡则可以完全消除驾驶员人工成本。据亿欧智库测算，2030年中国干线物流重卡保有量将达到627万辆，自动驾驶干线物流潜在经济效益将达14045亿元；据相关测算，2030年自动驾驶干线物流市场规模将达到8539亿元。

（2）宏景智驾干线物流L3自动驾驶重卡

2021年9月，宏景智驾正式发布与江淮商用车联合打造的干线物流数字化智能重卡"HyperTruck One"（见图1），以造车的标准将自动驾驶技术深度融入干线运输场景，助力物流行业降本增效和智能化升级。此外，宏景智驾还宣布将与更多的商用车主机厂、物流运营伙伴开启全面共创的车规级、可量产、模块化、可商业落地的数字化运营体系，助力推动中国L3自动驾驶重卡的快速量产应用。

这是宏景智驾推出的前装量产标准的整车产品，HyperTruck One的研发过程是"汽车人"做自动驾驶的最佳实践。宏景是行业中少有的具备深厚汽车工程背景的团队，此次推出HyperTruck One车型，是科技公司和主机厂深度合作的成果。除了自动驾驶技术，双方还在智能座舱、线控底盘升级等领域联合开发，并且都是车规级、可量产的方案，弥补了传统自动驾驶科技公司"懂自动驾驶不懂造车"的缺失。

1）HyperTruck One，干线物流智能化新物种。HyperTruck One采用宏景智驾Windbreaker L3系统架构，软硬件一体化全方位提升车辆智能水平。在硬件层面，主域控制器搭载高级别自动驾驶计算平台Gemini™ ADCU，配合通信域控制器、冗余控制器，以及包括激光雷达、毫米波雷达、摄像头在内的众多传感器，实现高性能、高能效的全域感知与协同。在软件层面，基于宏景的全栈自动驾驶软件算法，面向干线运输场景配置了自动跟车与车速控制、自动车道选择与居中行驶、自动变道超车、自动车道内偏置避让、自动导航上下匝道与互通等13项自动驾驶功能。座舱内还新增了适应L3自动驾驶情境的人机共驾交互平台，实现人类驾驶员与AI驾驶员的有效配合，大幅减轻驾驶员工作强度，提高行车安全性，降低驾驶员车辆配比，有效解决了干线物流行业突出的成本高、事故率高、驾驶员短缺等行业痛点。

宏景智驾拥有Windbreaker L3系统架构的完整自主知识产权，2021年7月宏景智驾凭借"Windbreaker干线物流重卡自动驾驶解决方案"在"2021世界人工智能大会"的全球创新项目路演中获得"最佳创新项目"奖项，并在9月的"HICOOL2021全球创业者峰会暨全球创业大赛"上获得"HICOOL2021全球创业大赛一等奖"。

作为一款面向干线运输场景的智能重卡，HyperTruck One在完成高速收费站间所有动态驾驶任务的同时，也为物流成本的优化做了节能技术的深入探索。通过全程经济车速规划、预测性智能冲坡与滑行、整车空气动力学优化等多项技术，累计可实现9%~11%的节能潜力，大大降低了物流能耗成本和碳排放。

作为一款可持续进化的智能重卡，HyperTruck One在现有功能的基础上，还将通过OTA实现持续进化。2022年，仓对仓自动驾驶、园区内自动驾驶等多项功能的OTA，将使得HyperTruck One适用更为广泛的物流场景，再次成为新物种。

图1 宏景智驾HyperTruck One

2）远征在即，HyperTruck One驶向商业化运营。HyperTruck One的出现将改善载货车驾驶员的工作状态，变革干线物流的商业模式。驾驶传统重卡跑高速，疲劳驾驶现象普遍存在，载货车驾驶员称得上是一份"高危"工作。L3自动驾驶技术的出现，配合简单易操作的人机共驾平台，能够减轻驾驶员的工作强度，提高行车安全性。对于物流运营商而言，则可将部分线路的双驾改为单驾，显著提升驾驶员人效，同时在节油性、时效性方面也会有明显提升，有效降低运营成本。

宏景智驾预计HyperTruck One将于2022年上半年量产下线，目前已与安能物流、中储智运等头部物流运营平台开展合作。宏景智驾还组建了一支超过10台智能重卡的物流车队，实测验证L3自动驾驶重卡商业化运营的技术可行性与成本优势。

技术从来都是启蒙人类的第一力量，在重大的技术革新到来之际，物流行业也在驾驶员短缺、成本攀升、事故风险的三座大山前迎来了变革机遇。宏景智驾 HyperTruck One，正是从自动驾驶技术出发，以全局观赋能物流产业全链路生态，用新技术为物流这一古老行业注入新活力。

2. 宏景智驾辅助驾驶系统在乘用车场景中的应用

（1）宏景智驾首发量产 L2.5 智能驾驶域控制器

2021 年 5 月，宏景智驾全球首发量产了基于地平线征程 3 芯片的 L2.5 高阶智能驾驶域控制器 HyperWare 2.5，这是全球首个搭载中国国产 AI 芯片和 800 万像素摄像头技术方案的 L2.5 级域控制器量产项目。一直以来，ADAS 自动辅助驾驶市场基本上由海外供应商所垄断，宏景智驾域架构下的 L2 + 智能驾驶系统，代表了中国智能驾驶技术发展的一个新高度。2021 年，该产品前装将超过数万辆乘用车，销售收入上亿。以出货量计算，在高阶 ADAS 产品市场上占据了优势地位。此外，2021 年宏景智驾还在多款乘用车上，实现涵盖 L2 级和 L2.5 级别 ADAS 系统的前装量产，融合了公司全栈自研的域控制器、AI 软件算法和多传感器配置的整体集成方案（见图 2）。

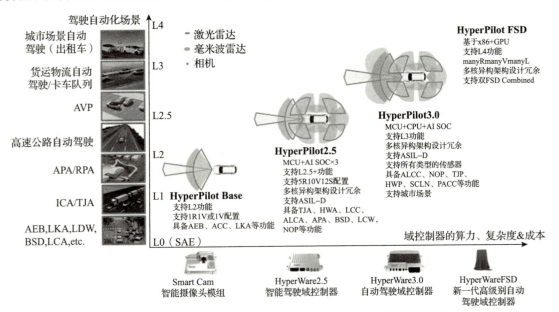

图 2　宏景智驾 HyperPilot 系统解决方案及 HyperWare 域控制器系列

（2）海量数据支持数据闭环 + 商业闭环

宏景智驾能通过量产方式收集更多真实的行驶数据，进而反哺自动驾驶技术的迭代。宏景智驾的乘用车和干线物流重卡很早就已完成布局，技术方案在业内成熟领先，并已稳步迈向量产落地。辅助驾驶领域，宏景依托于核心系统完成车规级验证，实现大规模量产落地；高阶无人驾驶领域，宏景具备领先的硬件与算法软件技术储备。在这两方面都积攒了量产经验的宏景智驾，通过"量产 – 数据 – 算法"的商业化可持续循环驱动，加速智能驾驶的大规模应用，让更多主机厂及终端用户早日享受技术创新的价值。

水晶光电汽车电子智能座舱产品

浙江水晶光电科技股份有限公司

作者：刘风雷

浙江水晶光电科技股份有限公司（简称水晶光电）创建于 2002 年 8 月，2008 年 9 月在深圳证券交易所挂牌上市（股票代码 002273），是一家主营光学产品研发和制造的领先企业。公司近年来在汽车电子领域逐步发力,聚焦"智能座舱"和"智能驾驶"领域,利用多年的光学技术积累,持续创新研发出满足市场需求的汽车电子智能化产品(见图1)。

1. AR HUD

AR HUD 即增强现实车载抬头显示器将汽车仪表、汽车导航、ADAS、座舱娱乐等与驾驶员息息相关的信息通过光学投影方式投射至驾驶员视线前方,保证其在驾驶过程中不需低头即可获取驾驶必要信息,通过将驾驶安全、道路导航相关信息和实景融合的方式呈现于用户驾驶过程中,给驾驶员带来全新的驾驶体验,提升驾驶舒适性及安全性(见图2)。

图1 水晶光电汽车电子智能化产品

图2 AR HUD 应用场景图

该产品融光学、结构、软件、算法、电子等技术于一体,结合汽车电子的行业发展,研发实现业界体积小、AR 效果佳的 AR HUD 产品,获得业界好评。

1)基于 TFT 技术的 AR HUD:该产品已经完全解决阳光倒灌带来的高温问题,且具备大视场角、投影距离较远、高对比度、高亮度等技术特点及优势。

2)基于 DLP 技术的 AR HUD:具备大视场角、投影距离远、高对比度、高亮度、投影显示信息更丰富多彩等技术特点及优势。

3)基于 LCOS 技术的 AR HUD:具备大视场角、投影距离远、高对比度、高亮度、高分辨率、低成本、投影显示信息丰富多彩等技术特点及优势。

2. WHUD

WHUD 为基于 TFT 显示技术的汽车平视显示产品,该产品融合了仪表信息、导航、娱乐等显示元素,通过光学系统将图像信息投射至驾驶员视线前方,避免因驾驶员视线偏离导致安全事故的发生,提升驾驶安全系数及驾驶体验感,其丰富的色彩、多元的信息可满足不同客户的定制化需求,具备低畸变、高亮度、高均匀性等技术特点及优势。

3. 汽车智能像素前照灯

汽车智能像素前照灯,基于 5531 DMD 开发的 DLP 投影技术,具备超高亮度以及低功耗节能特点,能够实现百万像素的空间灯光数字化调制,因此可以依据复杂的道路状况及 ADAS 信息,实现弯道自适应照明、行人与车辆的防眩目提醒、隧道和地库自动开灯、车距保持自动提醒、过窄道示宽提醒等诸多功能,从而进行车内与驾驶员互动、车外与行人或者对向驾驶员互动等,实现真正意义上的全方位的 AR 显示功能。

4. 智驾伴侣

浙江水晶光电智驾伴侣产品采用空气投影(亦称无介质浮空投影技术),观察者可以直接观测空气中的像,无须借助可见的介质作屏幕,也无须穿戴专用的眼镜。该产品通过改变光路参数,使点发射的发散光束重新汇聚在空气中成像。其具备无须借助介质成像、实像成像、高均匀性、低畸变等技术特点及优势。由于采用了水晶特有的光学设计技术,所以还具备可量产化、成本低的特点。

5. 车内/车窗投影

车内/车窗投影,顾名思义,即将所需画面内容通过光学显示系统投射到车内某个位置/车窗上显示。

让车内某个位置/车窗成为一块显示屏，实现司/乘交互、广告宣传、乘客娱乐等功能。其具备高对比度、高均匀性、低畸变、可定制化开发等技术特点及优势。

6. 汽车 VR 显示产品

汽车 VR 产品可以嵌入前排乘客仪表台下方，或者座椅后背，通过虚拟成像显示技术，可以在有限的空间内显示超大尺寸的图像。例如在 5.5m 的位置显示 70in（1in = 2.54cm）的图像，从而获得随车移动的家庭影院体验。该产品具备超高分辨率、小体积、低功耗等特点，是未来智能驾驶必备产品。

7. 车载摄像头

车载摄像头用于采集车内外图像信息，相较于消费类摄像头，对防震、稳定性、持续聚焦特性、热补偿性、杂光强光抗干扰性等都有较高的要求。产品包含前视摄像头、环视摄像头、舱内监控摄像头、DMS 摄像头、DVR 摄像头等。结合软件算法构成车载摄像头解决方案，应用于智能驾驶各类场景。

特别是浙江水晶光电开发的 3D 结构光以及 TOF 摄像头产品，在传统摄像头基础上增加了 3D 深度信息采集，有利于更精确的信息识别，可以为客户提供更好的解决方案。

连接即服务——下一代车联网平台与高可用车载终端

斯润天朗（北京）科技有限公司
作者：刘志杰

斯润天朗（北京）科技有限公司（以下简称斯润天朗）成立于 2013 年 8 月，是一家专注于智能网联及车路协同领域的车联网数字化运营服务商。

斯润天朗从基础车载连接服务开始，将车联网平台组件化能力和基于云端 PAAS 融合的智能网联产品化服务作为发展的契机，构建了车联网大数据运营平台，实现了对数据治理、场景挖掘以及算法提升等功能，在车载计算单元侧提供车载智能终端产品，形成了汽车行业端到端的解决方案，具备面向千万用户提供服务的能力。通过 50 余家前装整车厂项目的实践，项目数量排名国内第一并远远领先同行业，具备丰富的前装商用交付经验及运营能力。

斯润天朗经过多年的经营实践积累和持续新产品研发，产品日益丰富，主营车联网相关产品和服务运营，具体业务包括智能网联（OPEN TSP）及车路协同（V2X LINK）平台开发和运营，以智能车载终端（T-BOX/OBU）为主的通信域控制器产品的研发、生产和销售，承担国家级车路协同先导区规划建设任务，完成车联网的业务规划设计、产品研发、系统建设和服务运营等（见图 1）。

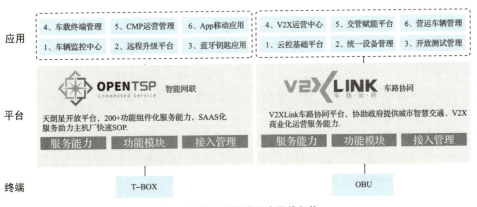

图 1　斯润天朗车联网产品线架构

斯润天朗坚持以技术创新为动力，不断进行用户需求调研、技术研发，拓展产品覆盖范围与应用领域，同时积极推进与国际品牌戴姆勒、大众、奥迪和丰田等国际一流车企的全球业务合作，提高产品竞争力及市场占有率。未来，斯润天朗将凭借强大的软硬件自主研发能力以及业内独具优势的汽车全数据服务能力，进一步巩固国内行业领导地位，致力于成为国际顶尖的车联网平台服务运营商以及汽车行业全数据服务运营商。

1. 车路协同平台

斯润天朗基于在车联网领域多年服务运营的积累，致力于完善客户全生命周期管理体系，为用户提供真正有价值的车联网运营服务，支撑车企业务开展，推进车联网服务从成本中心向利润中心顺利过渡（见图2）。

图2　车路协同（C–V2X）综合应用服务平台

斯润天朗在车路协同侧搭建"人–车–路–云"协同行驶安全能力检测验证场景环境，实现智能网联汽车行驶安全能力的检测验证和分级评估，完成平台服务测试验证。目前斯润天朗的车路协同服务核心竞争力体现在功能覆盖最完善、动态优化迭代效率最高、客户平台业务定制化能力最强等多个方面，彻底拉开了与同行业竞争者的差距。

车路协同业务方面，斯润天朗拥有完善的车路协同路侧设施及应用场景测试验证平台，可完成全功能平台核心网络测试，为超过20家企业提供验证检测服务不少于60次。

大数据服务方面，斯润天朗建立面向产业的产业数据库、产业链地图和技术服务资源库三个核心数据库，为超过50家企业车路协同应用验证和规划提供服务不少于100次。

行业标准方面，斯润天朗依托核心技术优势持续践行为行业标准、发展提供有力支持

- C–V2X通信领域制定相关标准
- C–V2X应用功能验证领域制定相关标准
- 车路协同路侧基础设施领域制定标准
- 车联网平台领域新增标准

基于以上标准，实现五个以上的跨部门、跨行业平台的互联互通。

2. 车载智能终端

V2X OBU获取车身信息，与外界路测设备实现数据交互，通过以太网网关将预警信息传输到车机上。预警信息包括红绿灯灯态信息、路况情况、路口动态、ADAS辅助驾驶信息等。此功能提升了汽车智能化水平，构建了汽车和交通服务新业态，从而提高了交通效率，改善了驾乘感受，为驾驶员提供智能、安全、节能、高效的综合方服务。

随着汽车电子架构的快速发展，传统的TBOX无法满足海量的数据传输和安全保证要求，公司引领行业技术发展趋势，于2020年第三季度启动了基于5G+V2X的OBU智能终端的研发，并且在2021年6月和中汽创智、百度Apollo开展联合开发和项目的落地示范应用。

该车载智能终端面向自动驾驶和车路协同应用，具备技术起点高、成本可控的优势，有着广阔的市场前景。

3. 关键技术

1）Cortex R5互锁的异步架构+四核A55的超强运算处理能力。

2）20 路 CAN-FD 的车身总线介入能力。

3）4~8 路可扩展的 1000M 车载以太网，软件上支持 Doip/SOME IP 多种协议栈，可以支持 SOA 架构下的整车固件升级（FOTA）、5G 网关等高速海量数据应用。

4）内置多种数据加密引擎，确保数据的安全传输，针对 V2X 的数据包，最高可实现 3800 帧/s 的验签速度。

思博伦智能网联汽车整体测试解决方案

思博伦通信

作者：王晓辉，罗兹旻

2020 年发布的《智能汽车创新发展战略》明确了未来中国智能网联汽车发展的中国实践路径，为行业指明了方向。在此基础上，思博伦整合多年的仿真测试经验和方案，提出了完整的智能网联汽车测试解决方案，为用户降低智能网联的测试成本，加速智能汽车的技术研发和迭代，推动商业化落地进程。思博伦的智能网联汽车方案主要包括：高精度多模 GNSS 模拟器集成方案；C-V2X 一致性及仿真测试方案；云控平台（OTA）暗室性能测试集成方案、汽车安全测试方案及车载以太网及 TSN 测试解决方案。这些业界领先的方案都已经在中国市场得到应用。

1. 高精度多模 GNSS 模拟器集成方案

思博伦是高精度多模 GNSS 仿真系统的全球领导者，几十年的经验积累，为所有典型国内外 GNSS 用户，包括航空航天、车载、无人机等各个行业的领军企业提供最优方案，并致力于协助中国相关机构实现相关标准的技术落地支撑，主要特性包括：

1）毫米级仿真精度：3mm 伪距精度。

2）多模多频仿真及 RTK 支持：支持所有的 GNSS 星座类型及频点的同时仿真，包括 GPS/GLONASS/BEIDOU/GALILEO/QZSS，L1/L2/L5 等频段，同时支持 RTK 仿真。

3）干扰欺骗：在实验室环境下重构相应的干扰场景并测试 GNSS 设备在受扰环境中的性能表现。

4）HIL 接口：高精度 GNSS 仿真系统提供与主流的驾驶模拟器的 HIL 接口，实现实时仿真。

5）实时多径场景仿真：通过 SIM3D 的仿真软件，用户可以通过建模的方式搭建真实世界的地图。模拟器会根据用户设定的时间、路径轨迹和 3D 地图的模型来自动产生实时多径信号。目前在中国已经支持上海浦东、广州、重庆等地市的部分典型 3D 地图。通过上述特性的支持，思博伦完整的 GNSS HIL 仿真测试系统的架构如见图 1 所示。

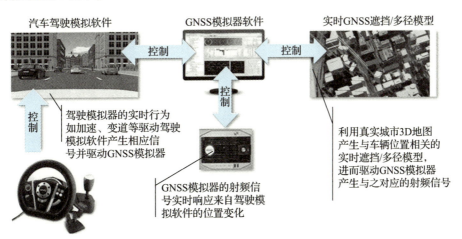

图 1 具备实时仿真功能的 GNSS 模拟器集成方案

6）半球形分区暗室（Zoned Chamber）：车载设备中 GNSS 系统的性能会因其姿态的变化而产生巨大的差异，主要是因为其天线的所在位置会受到各种影响，尤其是受到阻挡。因此，整个测试中都需要用到实际配备天线的设备，而不能将天线排除在测试之外。这意味着用户必须使用具有代表性的信号到达角来执行空口测试。思博伦开发出了测试方法，实现了较长场景和多星群场景，以非常高效的方式来呈现多种卫星。这种方法称为半球形分区暗室，即在一个无反射的微波暗室内将上半球分为多个区，每个分区中都有一个天线，由它广播该分区可见的所有信号，使卫星可以在天空中移动，因此同一颗卫星的信号会从一个分区移动到另一个分区，并且持续其广播。该方案为全球领先的 GNSS 仿真测试方案。

2. C–V2X 一致性及仿真测试方案

思博伦提供完整的 V2X 一致性及仿真测试方案（见图2），主要包括四大部分内容：C–V2X 仿真器、GNSS 仿真器、Vertex 无线信道仿真器和 C–V2X 协议一致性测试套。

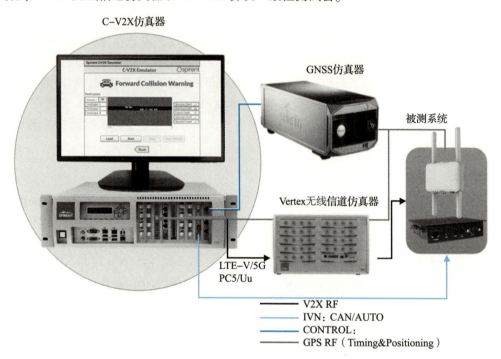

图2　V2X HIL 系统图

（1）C–V2X 仿真器

该仿真器是创新的专门针对 C–V2X 测试需求量身定制，基于业界权威成熟的被广泛认可的 Spirent C50 平台，单板卡 8 个独立射频仿真 OBU/RSU，直接从物理层面仿真多个载具，令场景仿真无限贴近真实。C–V2X 仿真器的场景库支持包括前向碰撞预警、交叉路口碰撞预警、左转辅助等各种 C–V2X 的 Day1 及 Day2 场景测试，可以提供场景的增删改查、显示相关场景信息、管理场景、评估场景覆盖度等。

（2）GNSS 仿真器

GNSS 仿真器在系统中为被测件和 C–V2X 测试仪提供动态变化的卫星定位信号，通过模拟载具与被测件载具的位置变化最终形成各种 C–V2X 的场景。

（3）Vertex 无线信道仿真器

信道场景仿真器可根据模拟参考车辆与被测 OBU/RSU 的相互位置变化，结合 C–V2X 的场景需求，在通信链路中加载信道模型，以最大程度在实验室中复现路测的信道场景。信道场景仿真仪支持频率范围为 380MHz～6GHz，支持双向 2×2MIMO 或者 4×4 单向 MIMO 或者单天线 4 节点 MESH 网络测试能力，衰落引擎独立多径每条逻辑链路支持最多 24 个径/簇。

（4）C-V2X 协议一致性测试套

思博伦的 C-V2X 协议一致性测试套用于验证 C-V2X 网络层/消息层协议一致性，支持各个标准组织提出的 V2X 协议标准，包括 CCSA、ETSI 和 OmniAir。

3. 云控平台（OTA）暗室性能测试集成方案

通过在整车暗室中部署导航卫星模拟器、网络仿真器、无线信道仿真器来实现整车的通导一体的性能测试，真实地仿真整车通信及导航的环境并在实验室环境中评估出真实的性能指标。

4. 汽车安全测试方案

思博伦可提供基于 STC C1/C50 的安全解决方案，仿真正常的大容量业务流量并混杂攻击等流量，通过网络仿真器 WTS 和被测 T-BOX 连接，可评估车载 T-BOX 的安全性能。

5. 车载以太网及 TSN 测试方案

思博伦一直是车载以太网协议测试的行业领导者，基于 C1/C50 的硬件平台、强大的 TTworkbench 开发平台，为用户提供丰富的测试解决方案：

1) 一致性测试：OPEN TC8 一致性测试；AUTOSAR TCP/IP 一致性测试；AVB 一致性测试；TSN 一致性测试。
2) 交换机性能测试：RFC2544 和 RFC2889。
3) TSN 时钟同步测试。
4) TSN 性能测试。

普华 ORIENTAIS AUTOSAR 汽车电子基础软件解决方案

普华基础软件股份有限公司

作者：罗青松

随着汽车新四化的发展，无论是在汽车电子电气架构过去的分布式阶段还是在当前的集中式阶段，软件开发在汽车电子领域的重要性日益显著，对平台化趋势和高安全低成本效应的要求越来越高。在此行业背景下，汽车电子软件实现平台化，可以使零部件供应商以及主机厂专注于上层应用的开发，从而使应用控制开发脱离对底层软件及硬件平台的深度依赖，增强软件系统的可移植性和可维护性，进而提高测试和开发效率。

普华基础软件提供符合业界现行标准的国产自主基础软件整体平台解决方案——ORIENTAIS AUTOSAR 汽车电子基础软件平台。该平台定位于满足汽车电子应用开发及测试需求，提供一体化的系统解决方案、定制开发和本地化技术支持。为了使不同厂家生成的 ECU 方便可靠地集成到通信网络中，ORIENTAIS AUTOSAR 汽车电子基础软件平台为用户提供了操作系统与模式系统服务、通信系统、存储管理、功能安全和信息安全、Bootloader、时间同步、FOTA 解决方案等基础软件模块及集成开发环境（见图1）。

1. 产品特性

- 完整的 Classic AUTOSAR 集成开发环境，包括 SWC 设计工具、BSW 基础软件配置工具、RTE 配置及代码生成工具
- 覆盖支持 Classic AUTOSAR 标准 3.1.5/4.2.2/R19-11
- AUTOSAR Safety OS 产品通过 ISO 26262 功能安全 ASIL D 莱茵国际认证（国内首家）
- 支持以太网、CAN/CANFD、LIN 总线
- 支持信息安全
- 支持 OTA、FOTA

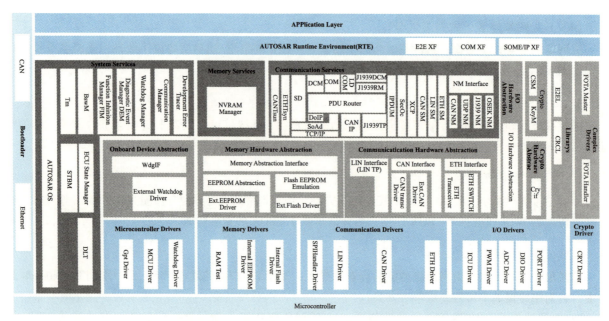

图 1　普华 ORIENTAIS AUTOSAR 汽车电子基础软件平台架构图

2. 独特优势

普华 ORIENTAIS AUTOSAR 汽车电子基础软件平台搭载的操作系统严格遵循 ISO 26262 开发流程，采用危害分析、失效分析、安全架构设计、安全机制设计、安全测试和确认等方法，有效控制汽车电子系统的功能风险。通过 ASIL D 最高安全等级认证的 ORIENTAIS 操作系统可以应用于动力、底盘等安全系统，满足行业最高的功能安全要求。

3. 应用案例

普华 ORIENTAIS AUTOSAR 产品在智能网联汽车、新能源汽车及传统车控等领域已积累了丰富的量产应用案例，装车量超过 800 万套。

- 智能网联：ADAS、T-BOX、智能座舱、域控制器等
- 新能源：电机控制器、整车控制器、电池控制器、OBC 充电控制器
- 传统车控：车身控制器、仪表、EMS、EPS 控制器、空调控制器、商用车 TCU 控制器等

作为车用操作系统领域唯一的国家队，普华基础软件肩负着提升国家基础软件产业核心竞争力的重要使命，并持续对软件产品进行迭代升级。最新发布的 ORIENTAIS AUTOSAR 产品符合 Classic AUTOSAR R19-11 版本，技术同国内竞争对手相比属于领先。与此同时，普华基础软件非常重视产业生态的协同合作，已先后与全球汽车芯片巨头 ST、NXP 等，及国产芯片企业芯驰科技等建立了产品合作，夯实其 AUTOSAR 车用操作系统和汽车电子软硬一体化解决方案。

4. 关于普华基础软件

普华基础软件股份有限公司成立于 2008 年，是中国电子科技集团有限公司整合集团优势资源共同投资设立的发展基础软件的重要平台，是国内率先可提供从实时嵌入式操作系统、通用桌面操作系统、服务器操作系统到云操作系统全线产品、服务与解决方案的基础软件企业。

普华基础软件于 2010 年率先加入 AUTOSAR 组织，是中国基础软件企业中首个 AUTOSAR 高级合作伙伴，参与国际标准制定；是国内首家通过 ASPICE 三级认证的车控软件开发企业；是国内首家 AUTOSAR 操作系统产品通过国际 ISO26262 ASIL D 产品认证的企业。

普华基础软件工程师团队具备 12 年以上车用软件的技术经验，致力于 AUTOSAR 基础软件的技术研发、产品应用与定制化服务。面向中国整车企业和一级供应商提供基于 AUTOSAR 标准的国产汽车电子基础软件平台、开发工具和软硬件一体化解决方案。产品在电机、BMS、EPS、TCU、车灯、空调、充电桩、TBOX、网关、域控制器等不同领域装车量超过 800 万套，具有丰富的量产应用案例与 AUTOSAR 集成服务经验。

信长城车联网信息安全解决方案与实践

北京仁信证科技有限公司

作者：罗燕京

2017年以来，随着汽车与电子、通信、能源等领域深度融合发展，我国智能网联汽车迅速发展。与传统汽车相比，智能网联汽车更加智能化、共享化、电动化，实现了人、车、路、后台信息的交换和共享。而信息的交互必然产生大量数据，这些数据的安全性直接决定了车辆的安全。加之近年来汽车信息安全攻击事件频发，仅2020年，对车联网信息服务商的恶意攻击就达到280余万次，车联网信息安全已成为车联网快速发展的必修课。

信长城专注于车联网信息安全领域，为车企、Tire1提供多应用场景、定制化的车联网网络安全解决方案。针对车联网典型应用场景（如OTA、数字钥匙、车内总线以及V2X），信长城提供信息安全解决方案（见图1），并在多个车企实现前装落地。

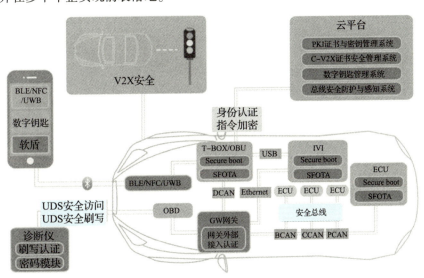

图1 车联网信息安全解决方案

1. 数字钥匙信息安全解决方案

信长城提供云、车、手机三端的数字钥匙产品体系（见图2），自主研发相关安全产品，不仅能够用手机（或智能穿戴设备）取代传统钥匙，提供开关车门、车窗、行李箱以及启动车辆的功能，还具有防重放、防假冒、数据加密等安全功能。

（1）数字钥匙信息安全产品

1）云端：数字钥匙业务系统、KTS、PKI。

2）车端：eSE（支持GP/native）、嵌入式白盒软盾。

3）手机：白盒软盾/TEE软盾。

4）安全协议：支持ICCE、CCC及私有数字

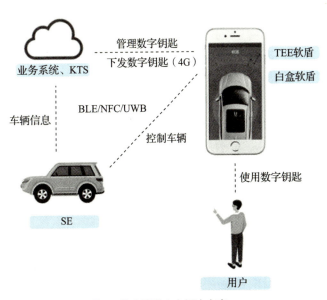

图2 数字钥匙安全解决方案

钥匙协议。

(2) 数字钥匙信息安全产品功能

1) 基于移动终端实现传统的 RKE 控车功能。

2) 基于移动终端实现 PEPS 控车功能。

3) 远程或云端实现数字钥匙的分享、撤销、权限配置功能。

4) 其他定制化功能，如车队管理、充电桩接入等。

(3) 数字钥匙信息安全产品优势

1) 相关安全基础产品为自主研发，安全可靠。

2) 搭载本公司的数字钥匙产品的多个车型已量产。

3) 支持单蓝牙、多蓝牙、NFC、UWB 等车端多种形态，支持 CCC 数字钥匙协议（包含 2.0 与 3.0）、ICCE 数字钥匙协议及私有协议，支持为主机厂定制方案。

2. OTA 信息安全解决方案

汽车的 OTA，一般是通过移动通信网络和汽车厂商的后台服务器建立连接，从后台服务器下载更新包，更新本地的软件。整个过程和升级手机、电脑软件类似。

相对于传统汽车软件升级方式，从信息安全角度来说，OTA 增加了汽车网络安全风险。如果 OTA 被黑客攻破，那么大量的汽车都会受到影响。这不仅和个人的生命财产相关，还和整个社会的安全稳定相关。

针对 OTA 所面临的安全风险，信长城提供安全服务平台和安全服务组件（见图 3）。

图 3 OTA 安全解决方案

1) 安全服务平台：为 OTA 平台提供安全支撑，提供各种密钥的安全管理能力，提供升级包的加密和签名等服务能力。

2) 安全服务组件：集成在 T-Box/网关，对 OTA 升级的升级包进行解密和验证。

3. 车内总线信息安全解决方案

目前量产的大多数车型，车内总线之间的通信都是没有认证加密的，作为车载网络主干总线的 CAN/CAN-FD/Ethernet 总线在设计之初是为了实现工业自动化控制，只设计了控制模块间通信内容和格式，而没有考虑信息安全问题，车载总线上的数据包以明文传输。攻击者可以通过相应的工具进行信息获取与故障注入，影响车辆的正常功能。信长城总线安全解决方案能够解决以上信息安全问题。

(1) 车内总线安全产品

1) 云端：证书管理系统（PKI）、密钥管理系统（KMS）。

2) 车端：数据存储安全（保护基础信息安全），即软盾（SE）

3) 安全算法模块（改造提升算法强度）。

4) 身份认证模块（建立基础信任关系）。

5) 总线校验系统（构建数据校验体系）。

6) 总线监测系统（三端一体防护监测）。

(2) 车内总线安全产品功能

1) 固件加密：防止固件恶意篡改。
2) 通信内容加密：数据安全传输与存储。
3) 离线身份认证：实现离线状态下的身份认证。
4) 支持 SecOC 及相关定制化开发。

(3) 车内总线安全产品优势

1) 基于轻量级密码技术，总线通信负载率低。
2) 同时支持信息校验和数据加密。
3) 同时兼容 CANFD 和车载以太网。

4. V2X 安全通信解决方案

V2X 是实现完全自动驾驶的必经之路，V2X PKI 是实现 V2X 信息安全的基础前提。信长城 V2X PKI 体系是基于 YD/T 3957—2021《基于 LTE 的车联网无线通信技术 安全证书管理系统技术要求》最新研发的一套完整的 V2X 领域的公钥基础设施，利用加密、数字签名技术，实现以下信息安全能力：

1) 安全认证：V2V、V2I 消息交互时的安全认证，保障对消息发送方的可信鉴别。
2) 完整性鉴别：V2V、V2I 消息的完整性，保障信息未被非法篡改、替换等。
3) 消息机密性：在 V2X 某些点对点通信场景下（如 ETC 交易），须保障敏感数据（如账户信息）的机密性。
4) 匿名隐私：V2X 消息交互时需保障车主的匿名隐私，防止车辆被非法追踪。
5) 责任追溯：在发生交通事故、非法攻击等场景下，可对相关责任人进行责任追溯。V2X PKI 体系架构图如图 4 所示。

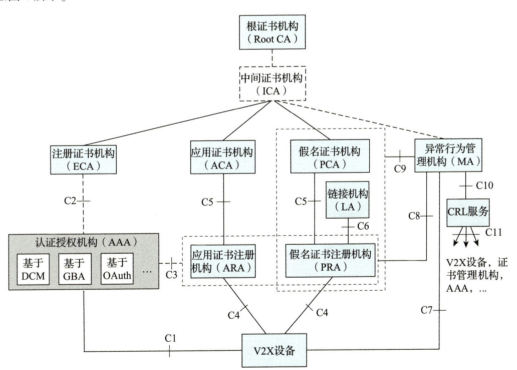

图 4　V2X PKI 体系架构图

作为一家既懂车又懂安全的公司，信长城具有专业的整车信息安全架构与设计能力，致力于提供包括数字钥匙及安全产品、总线安全产品、V2X 安全、安全设计与服务在内的全场景车联网安全产品。产品具有轻量级、高速度、高安全、超大规模链接、便捷实施、较低成本等优势。目前，信长城安全产品已经在北汽、吉利、上汽等车企实际落地，应用在多款量产车型图（如图 5 所示）。

图 5　UMSZ6 系列模块

UDAS 智能化、网联化自主创新成果

苏州优达斯汽车科技有限公司

苏州优达斯汽车科技有限公司（以下简称优达斯汽车，UDAS）成立于 2016 年 12 月，是清华大学苏州汽车研究院的孵化企业之一。2017 年导入精益化生产线，开始远距离超声波雷达批量生产，获评吴江领军、姑苏领军企业，2019 年获得 IATF 16949 质量体系认证，产品性能达到行业领先水平，被认定为国家高新技术企业、江苏省民营科技企业（见图1）。

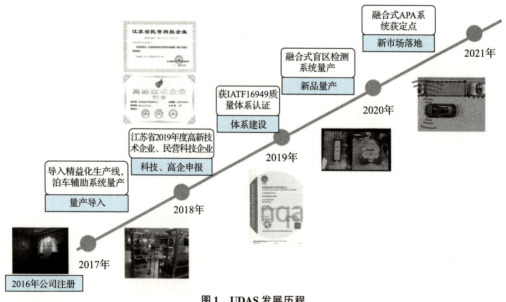

图 1　UDAS 发展历程

UDAS 以"让人们享受更加安全与便利的用车生活"为使命，以超声波传感器及基于超声波的环境监测技术为核心，专注于车载传感器和主动安全系统，致力于智能驾驶环境感知技术、智能驾驶辅助控制技术的开发。主营业务为远距离超声波传感器、泊车预警辅助系统、融合式自动泊车系统等智能驾驶辅助系统的开发、生产和销售。

1. 生产经营

UDAS 面向商用车市场，推出了基于超声波传感器的倒车辅助系统及超声波传感器与摄像头融合盲区监控系统，已经获得宇通、苏州金龙、南京金龙、比亚迪等整车厂的订单业务。面向乘用车市场，UDAS 开发了融合式全自动泊车自动系统，现已配套广汽传祺第二代 GS8 量产上市，同时获得了广汽后续多款车型的订单。

UDAS 拥有 2 条超声波雷达生产线（产能 60k/月）、1 条控制器生产线（产能 32k/月），可满足客户高标准、高品质的要求。

2. 技术进展及研发能力

UDAS 现已掌握高性能超声波传感器的设计、开发、生产技术，多探头信息融合的环境感知技术、车位识别技术及自动泊车控制技术，为智能泊车及自动驾驶系统提供了理论基础和技术支撑。

（1）远距离超声波传感器设计、开发、生产技术

UDAS 自主研发的远距离超声波传感器，探测距离达到 5m，且已实现批量生产。目前正在开发下一代超声波雷达传感器，最远距离可达 8m，且具备抗同频干扰功能。

（2）超声波传感器多探头信息融合、多目标识别、目标形状重建技术

根据各个探头之间的安装位置关系，对多个超声波传感器探头得到的信息进行融合，使系统的检测盲区缩短至 15cm，在检测区域内能实现同时检测 3 个障碍物及每个障碍物的大致轮廓。

（3）ADAS 功能开发技术

1）后方接近物体监测（MOD）技术：检测车辆后方是否有接近的障碍物，同时辨识出障碍物接近车辆的速度，综合判定可能发生的危险，提醒驾驶员注意。

2）侧方障碍物卷入监测（SIOD）技术：将检测到的物体存储在车身周围环境地图中，实时计算车辆的行驶路径和障碍物轨迹，判断转弯时在车辆行进轨迹之内是否存在障碍物，从而提醒驾驶员注意，同时提供转向操作建议。

3）后侧方盲区监测（BSD）技术：在驾驶员打转向灯意图变道时，检测车辆后方盲区内是否有障碍物，减少由于变道导致的交通事故，提供车辆侧向保护。

（4）高精度车位识别技术

开发了移动 XY 检测技术，既可以实现高精度的车位检测，又可以实现宽范围的探测。

（5）泊车路径规划和路径跟踪技术

1）考虑泊车过程中车辆位姿变化的泊车路径规划技术。通过检测泊车位参数和车辆初始泊车位置信息，参考实际车辆的整车参数和分析泊车过程中的几何约束，建立基于车位空间的车辆运动学模型和阿克曼转向几何模型，同时建立优化模型，通过车辆入库位姿角递增迭代算法，规划不同泊车方式（平行、垂直）下泊车位内的位姿调整路径。

2）轨迹偏移自动修正的泊车路径跟踪技术。通过泊车过程中车身航向角的实时在线辨识，采用非时间参考的结合过定点控制的路径跟踪控制方法，实时监测车辆运动轨迹并进行自动修正。

3. 主要产品与服务

UDAS 以特有的远距离超声波处理技术和多探头信息、多源信息融合环境感知技术为核心，成功开发了前/后向碰撞预警系统、自动泊车系统、融合式自动泊车系统等一系列核心产品，成功开发了障碍物卷入监控系统、盲区监控预警系统、低速碰撞缓减辅助系统等产品，正在开发遥控/记忆泊车系统、代客泊车系统（见图 2）。

（1）远距离超声波雷达

公司自主开发的远距离高性能超声波雷达，探测距离达 5m 以上，平均距离精度 <2%，配套有独特的传感器安装支架结构，已实现前装量产，安装于多款车型。

（2）前/后向碰撞预警系统（PPAS）

碰撞预警系统在同一方向可同时检测 3 个障碍物，给出每个障碍物的大致轮廓，并将障碍物坐标信息以及车辆的行驶路径和障碍物轨迹实时显示在环境地图上，根据检测到的障碍物的距离远近进行报警。

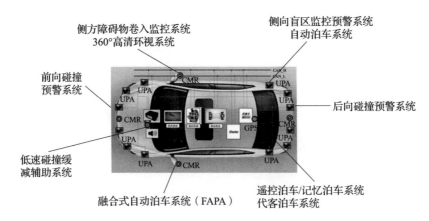

图 2　UDAS 产品解决方案

（3）侧方障碍物卷入监控系统（SIOD）

在驾驶员低速行车、泊车过程中，实时监控车辆前后、左右两侧的障碍物情况，同时可采集转向盘转角信息进行行驶路径范围内是否存在障碍物的判定，从而提醒驾驶员注意，同时提供转向操作建议，减少由于转向、变道时盲区导致的交通事故。可依据车型尺寸，合理布置侧边雷达数量及位置。

（4）侧向盲区监控预警系统（SBSD）

通过在车辆前后方及左右侧方安装远距离超声波雷达传感器，覆盖车辆周边 5m 范围。通过检测车辆后方及侧方盲区内是否有障碍物，在驾驶员打转向灯、意图变道时，如存在障碍物，系统会发出声音报警，减少由于变道导致的交通事故，提供车辆侧向保护。

（5）超声波 &360°环视融合式盲区监控系统（FBSD）

360°环视系统实现显示融合信息，给驾驶员最直观的周边情况，可实现摩托车、自行车、行人等多种类型障碍物检测。FBSD 系统包含变道辅助预警（LCA）、盲点监控预警（BSD）、开门提醒（DOW）、泊车辅助预警（PAS）、侧方障碍物卷入预警（SIOD）等功能。

（6）超声波 & 毫米波 &360°环视融合式盲区监控系统（FBSD2）

毫米波雷达与超声波雷达融合，可实现真正的 360°无盲区检测覆盖，实现车辆（载货车、公交车）、摩托车、自行车、行人等多种类型障碍物检测，360°环视系统实现显示融合信息，给驾驶员最直观的周边情况。FBSD2 系统包含变道辅助预警（LCA）、盲点监控预警（BSD）、开门提醒（DOW）、泊车辅助预警（PAS）、侧方障碍物卷入预警（SIOD）等功能，适用于公交车、大客车、载货车、搅拌车等。

（7）低速碰撞缓减辅助系统（MTG）

MTG 系统包括加速踏板误踩抑制（FPD）功能及低速紧急制动（LSAEB）功能，通过感知融合、进行前/后方障碍物大小/轮廓/高度识别、加速踏板误踩动作识别、驱动转矩输出控制、制动输出控制等，减少起步时加速踏板误踩、低速碰撞等事故。

（8）融合式自动泊车系统（FAPA）

FAPA 系统采用自主研发的超声波数据处理方法，并将超声波数据和摄像头数据进行深度融合，得到车辆当前位置、最优目标位置以及周围的环境参数，同时规划出合理的泊车路径，自动控制车辆的转向、制动、驱动及档位，实现车辆自动泊车入位。与此同时，广汽全新第二代 GS8 搭载 UDAS 联合苏州智华及广汽研究院共同开发的融合式全自动泊车系统，已正式量产上市

（9）遥控泊车（RPA）/记忆泊车系统（HPP）

驾驶员在停车位或车库中泊车时，用手机 App 就可以让系统通过自主学习保存停车路线，只需通过遥控钥匙或手机 App，就可以完成驾驶员下车后的全自动泊车功能以及自动召唤车辆功能。

(10)代客泊车系统（AVP）

基于车辆上安装的超声波传感器、摄像头、毫米波等其他车载传感器，利用 V2X 技术，借助"停车场端"的辅助设施，通过手机 App 软件启动功能后，实现驾驶员下车后在停车场内的自动驾驶，自动完成车位搜寻、泊车入位，同时可实现远程召唤、自动出库并自动驾驶至指定位置。

4. 发展规划

UDAS 以"成为车载超声波领域的技术先行者"为愿景，以实现公司利润稳步增长为长期目标。

UDAS 成立至今的第一个五年，以远距离超声波传感器为基础开发倒车辅助系统、盲区监测系统、融合式自动泊车系统等产品。通过第一个五年的发展，UDAS 以技术引领市场，在高工智能汽车研究院发布的智能网联供应商榜单系列中，荣列超声波雷达（国产）供应商市场竞争力前十榜单。

未来，UDAS 将深耕超声波、毫米波和摄像头等传感器信息融合技术，开发融合式环境感知技术及驾驶安全技术，让人们享受更加安全与便利的用车生活。

功能型无人车行业创新应用成果

北京理工大学

1. 功能型无人车内涵

功能型无人车是智能网联汽车的重要组成部分，可自主执行物流、运输、配送、巡逻、零售、清扫、接驳、救援、侦察等各类功能型任务，是未来智能交通与智慧城市建设的核心要素，是下一代智能地面运载工具演变的基础，对我国智能汽车产业增量发展具有重要意义（见图1）。

图1　功能型无人车内涵

功能型无人车以替代人类执行功能型任务为目的，使车辆从传统的运载工具演变成为执行任务的智慧载体。功能型无人车依托云端平台的集群监管与调度，实现实时功能任务动态分配，彻底改变传统产业形态，是未来智慧物流和智慧城市建设的重要支撑。

功能型无人车颠覆传统汽车形态，不具有人类驾驶机构，构型多样灵活且创新多变，是汽车、互联网、机器人等产业交叉融合的新形态产物。功能型无人车采用独立驱动、独立制动、独立转向、摇臂悬架等先进构型设计，具有高自由度平台动力学技术架构及先进的全线控底盘平台优势，便于实现各类功能型模块的自主更换，提升了车辆通用性、稳定性、可靠性及可控性，极大地拓展了智能网联汽车的应用边界，推动智能网联汽车产业融合发展。

2. 功能型无人车行业创新应用成果

（1）功能型无人车工作组成立

为推动我国智能网联汽车产业和技术发展，跨行业整合资源，推动产业协同创新，加强国际交流合作，中国汽车工程学会、中国汽车工业协会在工信部指导下，联合汽车、通信、交通、互联网等领域企业、高校、研究机构，组建成立"中国智能网联汽车产业创新联盟"，工信部为联盟指导单位，组织架构如图2所示。

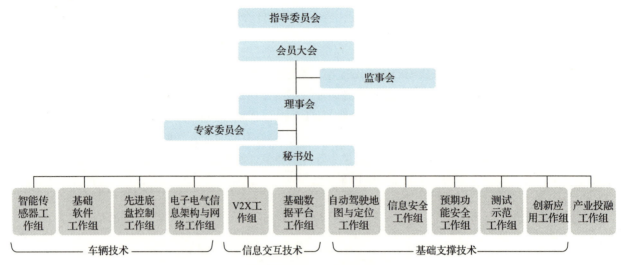

图2 中国智能网联汽车产业创新联盟组织架构

为解决功能型无人车领域存在行业顶层设计缺乏、应用局限度较大、基础设施与产业生态不健全等问题，在中国智能网联汽车产业创新联盟领导下，成立了功能型无人车专项工作组，推动功能型无人车商业化应用路径，牵头功能型无人车行业标准体系、路线图、基础设施建设等行业顶层规划，服务我国功能型无人车相关产业发展，推进规模化、可持续的运营发展。功能型无人车专项工作组成员单位如图3所示。

图3 功能型无人车专项工作组成员单位

功能型无人车工作组定位以下三个方面：

1）全面启动我国功能型无人车行业标准体系建设，并与全国汽车标准化技术委员会国标体系协同互补，逐步协同构建完整的功能型无人车国标、行标、团标体系，牵引我国功能型无人车行业发展。

2）围绕相关路线图制定等行业规划工作，全面梳理我国功能型无人车基础理论、关键技术、标准法规、产业发展路径，促进中国特色功能型无人车产学研体系形成，为我国智能汽车产业发展提供增量支撑。

3）推进我国功能型无人车国家级检测中心、行业监管调度平台等基础设施建设，服务我国功能型无人车相关产业发展，支撑国家政策与标准法规制定。

（2）功能型无人车标准体系建设

根据国家智能网联标准体系和智能网联汽车团体标准体系，着力构建了适应功能型无人车行业发展的标准体系架构（见图4）。体系涵盖了功能型无人车基础通用、关键技术、测试验证、示范应用等各个业务领域：基础通用主要定义功能型无人车术语和定义、分类、标识和符号等标准；车辆关键技术主要定义功能型无人车环境感知、智能决策、控制执行及系统设计等关键标准；信息交互车辆关键技术主要定义功能型无人车通用信息网络技术、大数据及信息服务、车路协同与网络协同等关键标准；基础支撑关键技术主要定义功能型无人车安全技术、高精度地图与定位及测试评价与示范推广等关键标准。

	序号	N类创新应用	标准版块（三模）	标准名称
智能网联汽车团体标准体系建设指南（2021年） 中国智能网联汽车产业创新联盟	1	功能型无人车	车辆关键技术标准	面向功能型任务的环境感知系统要求
	2			功能型无人车新型传感器接口规范
	3			功能任务决策系统性能要求及试验方法
	4			全线控底盘执行系统性能要求与评价方法
	5			多轮分布式驱动系统功能、性能要求及评价方法
	6			多轮独立转向系统功能、性能要求及评价方法
	7			独立作动车轮系统功能、性能要求及评价方法
	8			功能型无人车功能任务模块技术要求及测试方法
	9			功能型无人车功能模块与平台模块插接技术要求
	10			功能型无人车报警信号设计规范
	11			功能型无人车人机交互系统性能要求及实验方法
	12			功能型无人车功能任务软件系统技术要求
	13		信息交互相关标准	功能任务模块与智能驾驶模块数据交互标准
	14			功能型无人车单车与云端调度系统交互标准
	15			功能型无人车云端监控与调度平台技术要求
	16			面向群体运营的云端调度系统性能要求及试验方法
	17			群体协同感知与控制功能要求及测试方法
	18			功能型任务路侧装备系统功能要求及测试方法
	19		基础支撑相关标准	功能型无人车功能任务信息安全技术要求
	20			功能型无人车远程操控终端信息安全要求
	21			功能型无人车云端监控与调度平台信息安全要求
	22			功能型无人车总体技术要求
	23			功能型无人车设计运行区域
	24			功能型无人车功能任务性能评价通用规范
	25			功能型无人车功能任务示范应用指南

图4 功能型无人车标准体系

（3）功能型无人车创新应用路线图制定

在中国智能网联汽车产业创新联盟指导下，制定功能型无人车创新应用路线图，现阶段涵盖了末端配送、环卫清扫、巡逻侦察等主要应用场景（见图5）。根据国家智能汽车战略规划，制定功能型无人车顶层规划，健全功能型无人车相关基础设施，到2025年，实现运输、物流、接驳、巡逻、安防、环卫等领域全面示范并应用，形成未来地面运载工具形态，全面建设功能型无人车标准体系，推动功能型无人车行业发展。

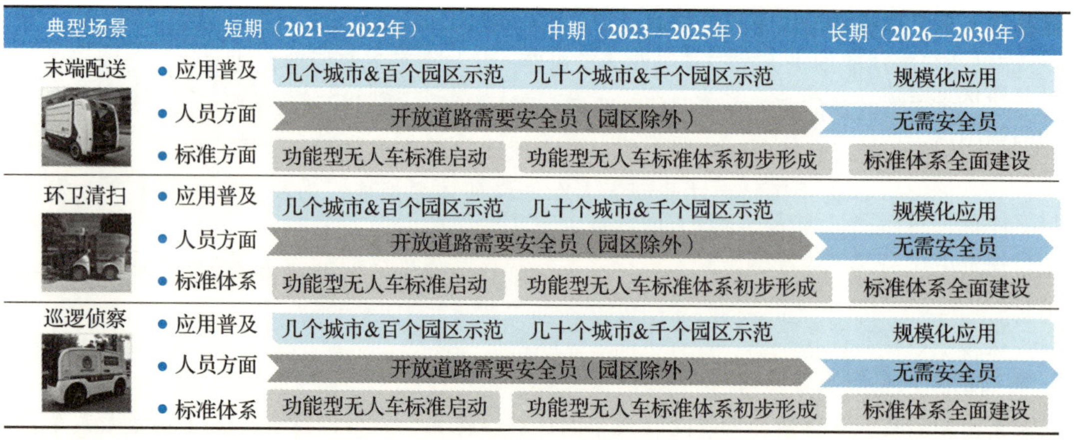

图 5 功能型无人车创新应用路线图

（4）搭建功能型无人车测试体系

功能型无人车去除人类驾驶机构，其在车辆架构、功能任务设计、云端平台调度等核心关键技术与普通智能网联汽车有着巨大的差异，其测试验证需要新的体系研究。功能型无人车测试评价体系（见图6）涵盖车端、云端和功能集成三大部分内容，满足产品设计、研发、验证各阶段的不同需求，覆盖整车、系统、零部件等不同层面的测试要求，支持多轮独立驱动、独立制动、独立转向等车辆控制测试，实现海量车端数据接入、监管、治理、调度等云端平台测试，支持物流、清扫、运输、接驳、巡逻等多种功能任务综合测试。

图 6 功能型无人车测试评价体系

基于车载双目立体视觉的应用

元橡科技（北京）有限公司

作者：任杰，魏熙

元橡科技（北京）有限公司（以下简称元橡科技）是国家高新技术企业，自2017年成立至今，专注智能立体视觉技术的研发与应用。元橡科技具备强大的技术研发实力，核心团队源自世界500强视觉研究院所，在智能立体视觉领域累积15年以上研发经验，积累百余项专利与软件著作权，成功研发并量产自主双目立体视觉芯片、双目立体视觉相机及ADAS系统等产品，具有小尺寸、高帧率、全分辨率、高精立体匹配等核心特点。元橡科技始终坚持软硬件一体化发展，在双目立体视觉领域不断实现技术突破，技术水平处于行业内领先地位。

1. 双目立体视觉技术简介

双目立体视觉是机器视觉的一种重要形式，基于三角测量原理，利用成像设备从不同的位置获取被测物体的两幅图像，通过计算图像对应点间的位置偏差，来获取三维几何信息的方法，简单来说，就是人眼仿生。

双目立体视觉对比单目视觉，最显著的优势是对于深度信息的有效解读，利用可靠的物理信息分析场景。单目视觉由于对深度维度的缺失，依赖先验知识恢复数据及理解场景，所以无法进一步获取精确的场景信息。

双目立体视觉对比其他传感器，具有更加明显的特征和优势。如表1所示，与激光雷达和毫米波雷达相比，双目立体视觉具有明显量级优势的视觉感知信息密度优势。例如，激光雷达为64线扫描，而双目立体视觉则可以很容易地生成等效720线/1080线甚至2000+线束的深度图像，同时具有较小的角分辨率能力。

综上，双目立体视觉技术具有更稠密、精准、及时的感知，全类型目标检测、不遗漏、极低误报率，为用户提供更精准的信赖依据，可以适应更多场景需求，具备从ADAS到ADS全场景全阶段的适配和支持能力。

表1 不同类型传感器技术对比

传感器	毫米波雷达	激光雷达	双目视觉
测距范围	远	中远	中远
测距精度	高	高	良好
感知色彩纹理	X	X	好
感知密度	低	一般	高
全天候	有	一般	一般
暗光影响	无	无	一般
成本	低	高	一般
供应链成熟	好	差	好
可靠性与一致性	好	差	良好
适应场景	少量	高阶	全阶段

2. 360°全景"瞰行感知系统"

不同的交通场景对辅助驾驶的感知系统提出了严苛的需求标准。

1）应对多传感器融合失效的问题。为了引入更好的全工况能力和安全冗余，多传感器需要在单一传感器失效的情况下仍能继续运行或降低等级保障最低安全程度运行。采用1SV1R（SV是Stereo Vision的缩写）可以在单一摄像头失效、毫米波雷达失效的情况下仍能继续安全工作。

2）需要看得远看得准的超视觉感知需求，能看得清1km的大基线高分辨率双目立体相机。

3）单一传感器能够提供更加丰富的环境感知数据，双目立体视觉相机因为可以同时获取丰富的图像以及3D信息而具有较大的优势。

基于双目立体视觉的技术特点和优势，元橡科技针对车辆辅助驾驶安全系统进行深度研发，推出360°全景立体视觉解决方案"瞰行感知系统"（见图1），打造一个超级安全的车载自动驾驶系统，包含驾驶舱内、舱位两大域功能。

1）舱内感知，以DMS/OMS为主体，实现驾驶员疲劳检测报警，可以对打电话、吃东西、左顾右盼等危险动作警示。

2）驾驶舱外，以ADAS双目立体前视相机、侧向BSD双目相机、顶视双目立体视觉和后视双目相机形成环绕式360°布局。

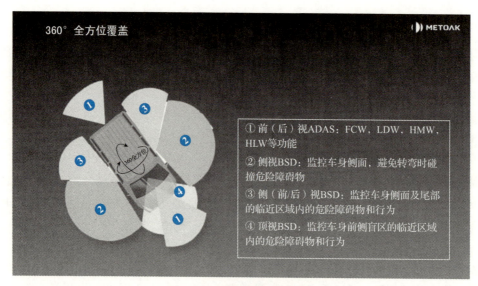

图1 360°全景"瞰行感知系统"

元橡科技360°全景"瞰行感知系统"搭载自研双目立体视觉相机产品，可实时感知车辆本身和周边环境情况，结合车辆运行状态对潜在危险行为进行及时预警，在必要时协助驾驶员控制车辆，从而避免事故发生。

3. 立体视觉未来发展展望

随着自动驾驶技术和场景的不断成熟，未来对视觉感知传感器的需求必定会以更高的分辨率、更丰富的感知信息密度和波段、更远的探测距离和更精准微小的探测能力为主要发展方向。同时，将会有更多的传感器布局在整个车身，对周围环境做到更加真实的三维感知。

作为国内智能立体视觉领域的引领者，元橡科技凭借对双目立体视觉领域的深度理解，将不断研发更适合中国道路环境的视觉感知系统，助力中国汽车智能化发展，为用户创造更加安全、便捷的出行体验。

固态 MEMS 激光雷达在自动驾驶时代的机会与应用

北京一径科技有限公司

1. 公司概况：固态 MEMS 激光雷达先行者

北京一径科技有限公司（简称一径科技）致力于提供国际领先的全固态激光雷达解决方案，从先进的技术出发，紧密结合市场需求，提供高性能、小型集成化、可量产的车规级全固态激光雷达产品，赋予无人驾驶汽车、机器人等人工智能应用可靠稳定、宽视角、远距离及高分辨率的三维深度视觉能力。

作为固态激光雷达领域的先行者，一径科技自成立以来，就紧紧瞄准了固态 MEMS 激光雷达技术路线，经过四年的厉兵秣马，现已打磨出两大固态 MEMS 激光雷达产品：长距激光雷达 ML-Xs 和短距补盲激光雷达 ML-30s。这两款 MEMS 激光雷达产品已经在 Robotaxi、低速无人配送、干线物流、智慧矿区等多个自动驾驶细分领域落地。

2021年6月，一径科技完成数亿元 B 轮融资，领投方来自英特尔资本和创新工场。据悉，该轮融资主要用于江苏常熟工厂产线生产自动化及产能提升的实现，加大产品及核心芯片研发投入，加速长距等新产品的相应开发，进一步推动乘用车前装量产。

2. 技术突破：开创性 MEMS 技术方案助力快速落地

从首款产品亮相，到拿下大客户订单，再到产品批量出货，一径科技仅用了三年时间。

这得益于 MEMS 激光雷达相比传统机械式激光雷达更符合车规级要求的根本优势，更得益于一径科技在光电芯片自研和激光雷达系统设计等关键环节上的积累。

与其他 MEMS 激光雷达厂商相比，一径科技在技术上主要有两大特色：

（1）一径科技在 MEMS 激光雷达的接收端做了创新方案

1）通过自研核心接收部分的 APD + ASIC 芯片，让接收端的 APD 芯片能够完美适配相应的接收光学系统，等效增大了有效接收孔径，从而获得更强的光信号，同时，该设计方案还大大降低了装配复杂度，使得大规模自动化生产成为可能。

2）在系统设计层面，一个系统架构兼容多种光源体系。针对不同应用场景，一径科技采用了不同的光源方案。在人眼安全等级 Class 1 得到保证的前提下实现了更远距离的目标探测。

（2）长距离雷达

长短距雷达采用同样的 MEMS 激光雷达核心系统架构平台，意味着不同产品及相关迭代在可靠性等方面的优点得到了有效的传承和保障。

3. 落地案例：一径科技与京东物流携手，助力末端无人配送更快更稳更智能

2021 年 11 月，一径科技商业落地化进程迎来新进展：一径科技就末端无人配送业务与京东物流开展深度合作，京东物流第五代智能快递车将搭载一径科技旗下固态 MEMS 激光雷达 ML-30s，共同赋能末端无人配送，让物流更安全，让配送更智能。

双方的此次合作，是无人配送智能化水平提升的又一个重要里程碑，搭载一径科技固态激光雷达的京东第五代智能快递车，将具备更加优异稳定的自动驾驶能力和更高的无人配送效率。

京东物流第五代智能快递车搭载的 ML-30s（见图 1），是一径科技旗下的第一款产品。

ML-30s 是超大视场角的 MEMS 短距补盲激光雷达（见图 2），水平视场角 140°，垂直视场角 70°，等效线束高达 160 线，水平和垂直角分辨率均为 0.4°，能够在兼顾大范围覆盖车身周边盲区的同时满足 20m 内如砖块等小体积物体的识别要求。ML-30s 主要为自动驾驶干线物流、末端配送、Robotaxi 和机器人等领域提供灵活、高分辨率及车规级可靠的盲区覆盖解决方案，是该细分产品方向市场占有率较高的一款固态激光雷达产品。

图 1　ML-30s 产品图

图 2　ML-30s 点云图

除此之外，今年 4 月，一径科技在上海国际车展首发新品 ML-Xs（见图 3）。ML-Xs 是针对自动驾驶应用的长距离 MEMS 激光雷达，使用 1550nmDToF 方案，能够完成 200m 外 10% 反射率的低反物体探测，并具备超高的测量精度，此外，0.1°的超高角分辨率也使得中远距离内的物体识别成为可能。作为一款面向前装量产的激光雷达，ML-Xs 可以兼顾高速场景下前向远距探测和中/低速城区场景中的大角度需求，未来将主要面向 L2 及以上的智能驾驶，服务于乘用车、Robotaxi 等诸多智能驾驶应用，为自动驾驶车辆的安全出行保驾护航。

图 3　ML-Xs 产品图

华录易云智能化、网联化自主创新成果

华录易云科技有限公司

作者：王松浩，欧阳波涛

华录易云科技有限公司（简称华录易云）是中央企业易华录上市公司和全球领先的人工智能百度公司共同投资成立的交通骨干企业。秉承央企一贯社会责任感和先进性智能技术集成物联网、区块链、大数据、云计算、人工智能等应用方法，深度推进互联网数据产业和交通基础工程的融合，研制具有智能化、网联化的硬软件自主创新产品。

1. 智能化、网联化自主创新产品

（1）车载感知产品

1）车路协同 OBU 产品 V2.0。

产品亮点：车规级产品，满足大批量前装需求；小型化，轻量化设计；新增 RTK 高精定位，定位精度厘米级；新增 5G 通信功能，满足大带宽、低时延要求（见图 1）。

2）汽车电子身份标识。

产品亮点：智能汽车身份电子化芯片，具备小型化、高集成等特性，密钥管理、安全认证与公安交通管理部门兼容，未来可成为自动驾驶车辆"信任根"（见图 2）。

图 1　OBU 产品

图 2　汽车电子身份标识

（2）路侧感知产品

产品亮点：满足截至目前最新的技术标准和功能要求；新增 RTK 定位基站功能；新增 5G 通信功能，满足大带宽、低时延通信要求；小型化、轻量化、多种接口，满足不同场景应用（见图 3）。

（3）边缘计算产品

产品亮点：具备激光雷达、视频、微波雷达多传感器跨厂商融合能力；承载海量车路协同专有算法；实现 V2X 车路协同路网全息感知，与信控设备互联互通；减少网络转发环节，显著降低端到端的时延，改善用户对业务响应时延的体验（见图 4）。

图 3　路侧感知产品

图 4　边缘计算产品

（4）V2X 产品

1）V2X Server 系统平台 V1.0。

①产品定位：车联网设备统一管理平台；行业发展的趋势需要；提升公司产品的核心竞争力。

②产品亮点：多场景、多网络、多协议接入能力高；基于 V2X CA 保障数据传输安全，不泄露扩展性好，采用微服务设计和模块化结构，方便扩展升级支撑未来云管理服务应用（见图5）。

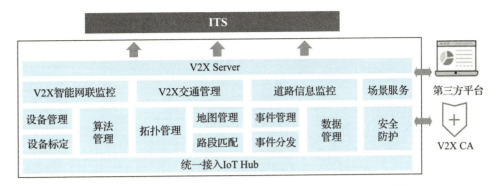

图5　V2X Server 平台

2）V2X CA 平台 V1.0。

①产品定位：保障 V2X 消息安全性、完整性、机密性、隐私性、消息可溯源车路协同商业运营的必备技术条件，提升公司产品的核心竞争力。

②产品亮点：解决了跨车企、跨行业、跨终端的安全认证技术；采用国密算法，安全可控；完全兼容最新国标，扩展性强（见图6）。

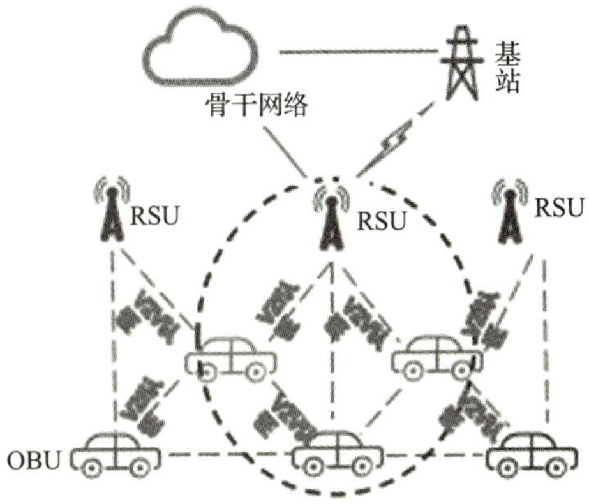

(5) 平台产品

1）全息路口管控平台 V1.0。

①产品定位：利用高精度地图技术，实现路口基础结构、静态设施数字化；利用边缘计算技术，结合视频、毫米波雷达、激光雷达，实现路口人、车、物、事件全息感知。

图6　V2X CA 平台

②产品亮点：算力前置，边云协同，全项数据，分级管理；自动预警，支撑应用（见图7）。

2）先导区示范应用管理平台

①产品定位：满足当前阶段潜在项目建设和运营需求；具备研发基础条件；挖掘车端技术和应用需求；云管云服的重要支撑。

②产品亮点：海量丰富的测试场景库；人性化、智能化的测试服务流程；依托高精度地图+二维可视化实现测试场数字孪生（见图8）。

3）智慧高速监管平台 V1.0

①产品定位：新基建政策下智慧高速市场巨大；智慧高速是车路协同应用落地的重要场景；已具备研发智慧高速平台的基础。

②产品亮点：能够实现高速公路一体化运营管理；依托 BIM（建筑信息模型）+GIS（地理信息系统）+专用传感器技术实现数字孪生；利用人工智能技术实现智慧化管理与服务（见图9）。

图7　全息路口管控平台

图8　先导区示范应用管理平台

图9　智慧高速监控平台

2. 技术应用案例

边缘计算单元应用于长安汽车鱼嘴园区智能化改造项目，实现公交优先出行

该项目由车厂主导建设，侧重于智能网联汽车研发过程中的功能与性能测试，为量产提供技术支撑。应用效果如图 10 所示。

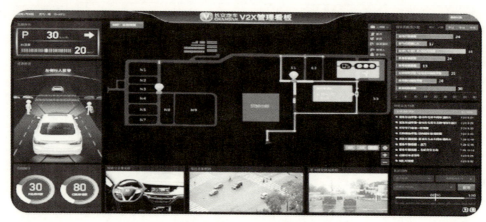

图 10　长安汽车鱼嘴园区 V2X 管控效果图

北京兆易创新科技股份有限公司全国产化车规闪存芯片

北京兆易创新科技股份有限公司

作者：史有强

汽车产业正加速向电动化、网联化、智能化、共享化方向发展。"四化"作为未来汽车行业变革的主旋律，大部分的技术创新都与半导体紧密相连。与消费电子不同，汽车行业对电子器件有着严苛的车规标准要求，主要体现在工作温度范围、运行稳定性、可靠性与一致性等方面，这对车规级半导体提出了很高的准入门槛。

北京兆易创新科技股份有限公司（以下简称兆易创新），是行业领先的 Fabless 芯片供应商。自 2014 年以来，兆易创新开始涉入汽车行业，经过多年的布局和耕耘，在车载应用领域积累了相应的技术开发基础以及市场调研经验。

1. GD25 全系列 SPI NOR Flash 车规闪存芯片

（1）产品概览

NOR Flash 主要是针对程序代码存储，其作为硬件层，支撑着汽车电子应用软件层的启动，价值不可取代。兆易创新 GD25 全系列 SPI NOR Flash 产品已完成 AEC－Q100 认证，是目前唯一的全国产化车规闪存产品，为汽车前装市场以及需要车规级产品的特定应用提供高性能和高可靠性的闪存解决方案（见图1）。

（2）主要特性

GD25 SPI NOR Flash 产品容量覆盖 2Mb～2Gb，采用 3.0V/1.8V 供电，提供丰富的封装选项，工作温度范围在 －40～85℃／－40～105℃／－40～125℃，内存架构灵活自如（扇区大小 4KB，块大小 32/64KB），可靠性指标高，可达到 10 万次擦写及 20 年数据保留能力。

（3）应用场景

GD25 SPI NOR Flash 产品广泛用于车载娱乐影音、辅助驾驶、电池管理、充电管理、域控制等单元，客户遍及全球 Tier1 供应商，能够为智能网联、智能座舱、自动驾驶，以及 AI 和 IoT 等对高性能有严格要

求的应用提供有力的支持。

2. 兆易创新其他车规级产品布局

（1）MCU

MCU 是运动控制的核心芯片，在汽车电子领域应用非常广泛，包括车身控制、发动机控制、信息娱乐、辅助驾驶、刮水器、车窗、电动座椅、空调控制等。兆易创新 MCU 在汽车后装市场已有应用；用于前装市场的车规级 MCU 也在研发中，未来将满足汽车级产品认证，面向车身控制系统以及辅助驾驶系统等应用。

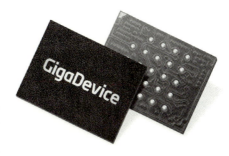

图1 兆易创新 GD25 SPI NOR Flash 车规级闪存芯片

（2）NAND Flash

NAND Flash 主要用于 DVR、ADAS、域控制器等单元。兆易创新 NAND Flash 车规产品也在研发当中，可提供传统并行和新型 SPI 两种接口形式，致力于为需要大容量、高可靠性代码存储的嵌入式应用提供完善的解决方案。

3. 关于兆易创新

兆易创新（股票代码：603986）是行业领先的 Fabless 芯片供应商，成立于 2005 年 4 月，总部设于中国北京，在全球多个国家和地区设有分支机构，营销网络遍布全球，提供优质便捷的本地化支持服务。兆易创新致力于构建以存储器、微控制器和传感器三大业务板块为核心驱动力的完整生态，为工业、汽车、计算、消费电子、物联网、移动应用以及通信领域的客户提供完善的产品技术和服务，并已通过 DQS ISO9001 及 ISO14001 等管理体系的认证，与多家世界知名晶圆厂、封装测试厂建立战略合作伙伴关系，共同推进半导体领域的技术创新。

兆易创新填补了中国国内集成电路产业多项关键技术领域空白，并具备出色的国产替代能力，致力于通过技术钻研和不断创新，为国内集成电路新一轮爆发、为包括汽车电子在内的"中国智造"开启由大变强的产业新篇章贡献力量。

5G 智能车联网系统加速智慧工厂数字化转型的典型应用案例

绿车行（苏州）物联科技有限公司

作者：王明磊

1. 方案技术背景介绍

（1）5G 通信技术在厂区车联网应用场景下的技术突破

随着中国 5G 商用时代到来，5G 应用涉及的行业领域和范畴越来越广，其中最典型的行业应用是在车联网领域（见图1）。5G 车联网到底能让汽车消费者享受到哪些创新业务？预测未来 5G 车联网将提供组合的业务模式，即基于 5G Uu 信息娱乐服务类业务和全局交通效率类业务+基于 LTE-V2X 安全出行类业务和局部交通效率类业务+5G NR-V2X 自动驾驶类业务。未来 5G 车联网有两大典型趋势，将赋能自动驾驶，并将融入支付等金融属性，重点将在工业互联网领域发挥巨大作用，尤其在园区厂区等局部环境下的应用会领先实现。

（2）车联网技术加速工业园区数字化改造速度

根据清华大学汽车工程系提出的车联网的概念，车联网是以车内网、车际网和车云网为基础，按照约定的通信协议和数据交互标准，在车与 X（X 指车、路、人、互联网等）之间进行无线通信和信息交换

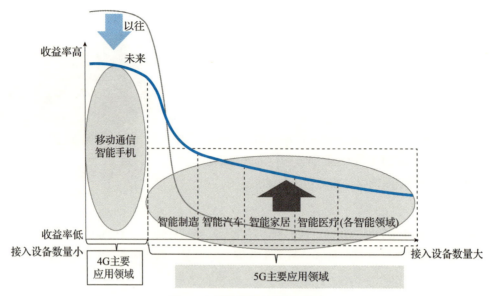

图1　5G通信技术主要应用领域

的信息物理系统，是能够实现智能交通管理、智能动态信息服务和车辆智能化控制的一体化网络。车联网的内涵较广，既包含信息互联共享和商业模式创新，又包含汽车产品本身的智能化及汽车智能制造等方面的内容。

绿车行（苏州）物联科技有限公司（简称绿车行）基于学科交叉和应用场景两个方面对车联网概念重新做了定义（见图2）。车联网是汽车电子、通信工程和软件工程等多专业融合的一门交叉学科，也是物联网技术在交通系统领域的典型应用，是以车内网、车际网和车云网三个网络组成的智能化交通的复杂系统，三网之间按照约定的通信协议和数据交互标准，在车–X（X为车、路、行人及互联网等）之间进行无线通信和信息交换的智能网络，是能够实现智能化交通管理、智能动态信息服务和车辆智能化控制的一体化网络系统。车联网技术系统在5G通信技术的加持下，将会在园区和厂区智能化改造过程中起到巨大的推动作用。

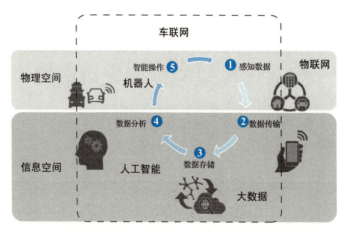

图2　车联网与物联网、大数据、人工智能、机器人之间的关系

（3）使用5G通信技术原理解决人、车、物互联互通横向互动的解决方案

绿车行提供的车联网系统产品均开放对外的接口，可以实现RESTful⊖接口的对接。如果一个架构符合REST原则，就称它为RESTful架构。为了满足各种车队的组合请求和单个车辆的请求，构建了一个完整的车队魔方体系，可以在云端横向联通各种人、车、物的信息（见图3）。

⊖　REST 是 Representational State Transfer 的缩写。

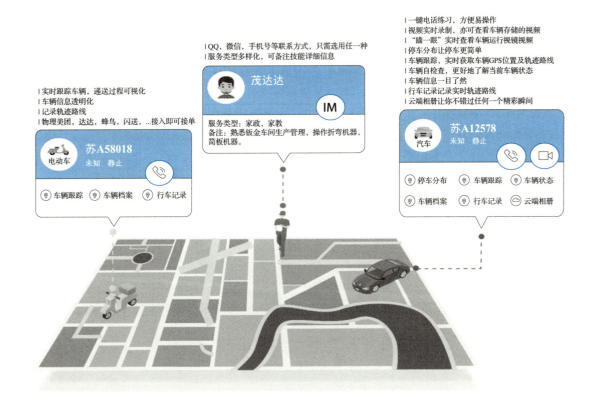

图 3　智能车联网之车队魔方示意图

（4）园区班车、货车、小轿车、叉车、AGV 车辆编队运营的案例

通常所说的 5G 通信技术的三大特征是大带宽、低时延和广连接，但是从 5G 技术原理上看，5G 技术还有两个重大特征才是支撑下一代信息技术的核心支点——虚拟切片化技术和 D2D（Device to Device）通信技术。我们可以利用 5G 技术的短距、高频等技术特性，实现车辆的编队行驶，结合虚拟切片化技术和 V2V 通信（vehicle to vehicle Communication）的信息直连，实现人、车、物的完美组合和编队调度运营。人、车、物混合编队行驶场景也是园区和厂区应用的典型应用场景（见图 4）。

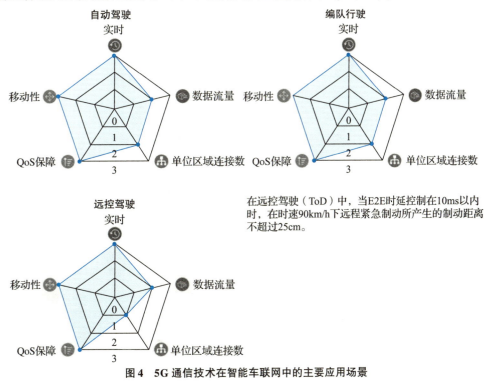

图 4　5G 通信技术在智能车联网中的主要应用场景

2. 使用5G通信技术原理的智能车联网系统解决厂区班车运营效率问题

（1）针对厂区班车运营管理的集成管理系统（班车无限）

1）先进的人车物三码合一设计理念。该项目首次采用了人、车、物三码合一的理念，以车辆信息数字化为基础，并对车辆的数字化信息进行唯一编码，按照数字化的识别方式在云端对车辆信息和人员信息以及物品信息分别进行匹配和绑定，从而达到数据基础的唯一性和关联性，为该系统后续运营打下了坚实的基础（见图5）。

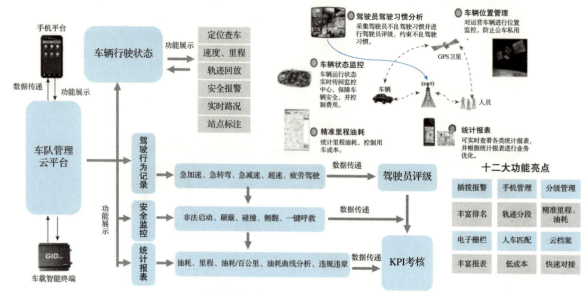

图5　人、车、物三码合一的系统架构

2）引入了GID车载数字基因证书的方法。该系统首次引入了车载数字基因的概念（Global Identification，GID），通过混合交叉数字编码的方式为每台入库的车辆赋值一个36位的数字编码，确保车辆在信息空间里的唯一性，方便车辆调度和适配。

3）采用了物联网平台和业务逻辑平台分离的方式支撑业务的灵活部署。该系统独立部署了物联网的平台，并确保物联网平台和业务逻辑平台的彼此独立和相互关联，为企业用户变更业务系统提供便捷和及时性支持（见图6）。

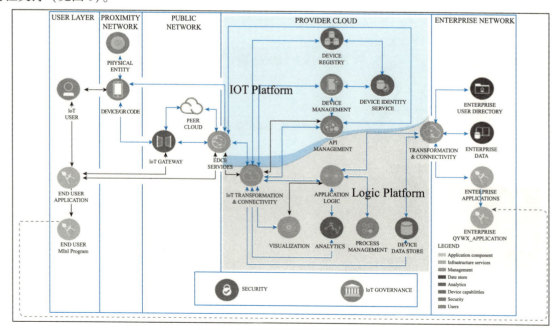

图6　厂区智能车联网系统架构图

4）采用数据分层隔离部署的方式，确保系统中用户的隐私和企业数据的安全。该系统采用了用户认证数据外接的模式，本地不存储用户的隐私数据。本系统中为用户建立了一套联系企业内网的unionID，在系统需要使用该用户信息时对应的企业内部数据系统接口中调用，调用完成后即刻释放掉。该系统可以确保用户隐私信息的安全，同时确保内部系统的安全（见图7）。

（2）支持该系统的硬件设备

支持该系统的主要硬件设备有：车载媒体娱乐系统设备、车载OBD接入终端、车载人脸识别设备（见图8）。

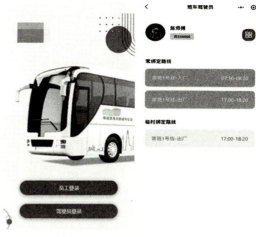

图7 细分用户的班车无限系统

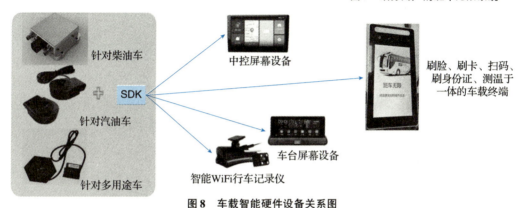

图8 车载智能硬件设备关系图

3. 使用5G通信技术原理的智能车联网系统解决厂区货车调度问题

（1）主要针对厂区内货车与生产系统的联合调度和对接

该货车停车管理系统采用了一码通的管理方案，极度简化操作流程，充分利用工厂现有的停车道闸和车辆引导标识系统，在一码通数字化以后，统一在云平台进行数据的对接绑定和调度，通过本地部署的私有云平台与生产系统进行对接（见图9）。

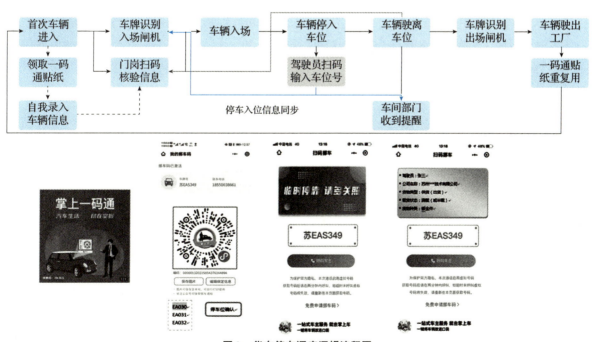

图9 货车停车调度逻辑流程图

（2）采用手机定位与车辆定位组合绑定的方式为货车停车定位

该系统对车辆在系统中的唯一标识进行排队，并用数字广播的方式推送给司机

该系统通过 RESTful 数据接口方式，实现车联网系统与生产调度系统的对接

支持该系统的智能硬件设备主要包含：如图 10 所示。

图 10　厂区智能车辆管理系统相关硬件设备图

4. 使用 5G 通信技术原理的智能车联网系统解决园区停车场管理难题

（1）厂区停车场管理当前遇到的难题

工业厂区的车辆管理都是围绕生产任务而进行的，停车场需要处理的车辆类型比较复杂，有员工的小轿车，有员工上下班的班车，有运送货物的货车，还有来访客户的各种车辆。随着生活水平的提高，员工自己开私家车上下班的数量剧增，造成厂区内停车管理的难度越来越大，临时停车场的管理和部署变得既紧急又重要。

（2）完整、灵活部署厂区停车场的管理系统——停车无限

绿车行采用了自制的私有混合云结构设备，通过 SDWAN 的网络架构，打通了局部停车场的管理和云端数据互通的问题，同时还可以独立于公司原有的生产系统网络，不会对生产系统的数据流造成干扰。

该系统有以下优点：

1）该系统使用 SD – WAN 的网络结构实现停车场管理系统的灵活部署。

2）该系统采用宇视 VMS180 的设备对车辆数据云平台化管控。

3）该系统通过一码通的技术绑定了车辆信息和人员信息，实现信息空间的数据流匹配。

（3）该系统涉及的硬件设备

本系统涉及的主要硬件设备有：人脸识别设备、道闸管理设备、地磁设备、SD – WAN 路由器、本地服务器集群设备等（见图 11）。

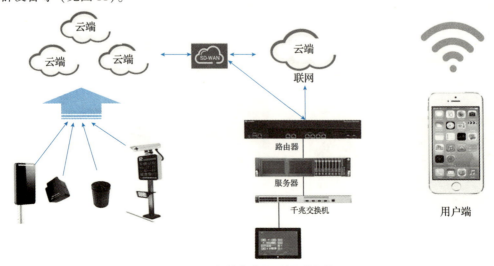

图 11　厂区智能车联网系统网络架构图

5. 基于 5G 通信技术的智能车联网平台加速工厂数字化转型

（1）帮助石油冶炼工厂提高装车效率

绿车行提供的智能车联网平台帮助某危化品厂区进行有序的管理（见图 12）。

图 12　厂区生产车辆排队呼叫系统

（2）绿车行班车无限解决方案提高了员工乘坐班车准点率和班车使用效率

班车运营管理系统使某工厂的班车运营效率大幅提高，班车的运营成本下降了将近 30%，开启了工厂班车数字化转型的新篇章（见图 13）。

图 13　班车运营管理系统后台

（3）绿车行停车无限解决方案提高了停车场的使用效率及员工和客户的满意度

公司通过厂区停车场的合理分区，采用大数据和人工智能的算法，演算出最优的规划路径，不仅满足了公司货车进出过程中对人员和货物核验的时效要求，同时也满足了员工私家车停车规范化和实时调度的问题（见图 14）。

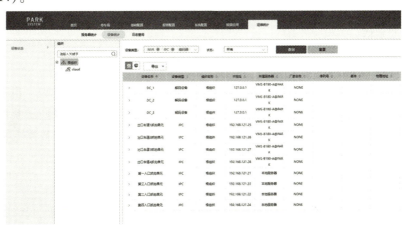

图 14　优化厂区车辆出入线路的停车管理系统后台

(4) 绿车行货车无限解决方案提高了厂区局部物流的效率并改善了作业环境

绿车行采用了货车与人智能绑定的一码通技术，在货车进场前进行预约和排队，提高了厂区码头的周转效率，也简化了货车驾驶员进出厂区的各种检查手续（见图15）。

6. 结论

1）综合上所述，5G通信技术在园区和厂区的局部环境下，结合车联网和大数据的技术，对工业制造的效能提高和人机环境的舒适度改善具有巨大的意义。5G智能车联网系统在厂区内通过与工业互联网的对接和融合，将会极大地加速我国工业科技化水平的提高，促进智慧工厂的转型升级，更快地帮助企业实现更高智能化水平的工业4.0标准要求。

图15 优化货车管理后的厂区装卸货平台

2）当前绿车行已经与多家世界500强企业签订了合作协议，也有些大型国有企业对绿车行的产品和解决方案感兴趣。绿车行一直奉行"仰之弥高，钻之弥坚"的科研精神，与国内多所大学进行技术合作，并签订有5G智能车联网实训基地的协议。绿车行下一步将会更加专注5G智能车联网技术在园区或厂区等局部场景下的人、车、物的数据互联互通和编队出行的领域，协助制造企业实现工业互联网的转型升级，也欢迎有识之士一起加盟。

3）另外，绿车行作为5G智能车联网技术领域的领军企业，2021年3月在苏州成立了We绿车联盟，旨在推动5G通信等新技术在企业和生活中的广泛应用。"We绿车联盟"简称"We车联盟"，是一个开放的互动组织，协助伙伴们推行技术创新、应用创新、产品创新等方面的共创场景，推动5G通信、人工智能和车联网在行业和生活中的应用和普及。"让科技融入生活，让生活更富乐趣"是联盟的核心主旨，欢迎各位同行加入！

智能网联数据助力车企产品力提升

浙江斑智科技有限公司

汽车行业信息化、数智化的转型在探索中前行，各大主机厂也从早期的小心试水到如今的全力以赴，共识已然形成。而在多年的发展过程中也经历了三个明显的价值迁移阶段。

第一阶段：一切向销量看齐

早期的预算更多是倾向投入到可以直接刺激销量的方向，比如定向的营销推送、广告投放、用户画像类应用和智慧门店。从品牌、渠道、潜客以及到店等方面下手，一切为了销量KPI，而其他系统和产品几乎得不到经费上的支持。

第二阶段：产供销协同

这个阶段尝到"甜头"的各大主机厂除了继续加大在前端销售的数智化建设，也开始投入预算资源对生产和上下游仓配系统进行大刀阔斧的改造，深耕细作精细化运营以提升供应链整体的效率。并且开始与云服务商建立深度合作，借助在集团层面统一搭建的大数据平台，产供销数据流转时效性和实时性得到了显著提升，让整个链路节点更透明化，也更加可控可预测。

第三阶段：研产供销服全面发力

随着云上大数据平台的持续建设，全新设计的统一数据湖在多年数据积累的基础上开始深度挖掘，利用车联网讲车辆和用户数据有机结合，在精准的车辆画像、用车画像和车主画像等数据支撑下，反向推动产品在迭代过程中功能模块的设计，为智能驾舱、人机交互、动力总成仿真、耐久性仿真等多维度产品的优化提供有力的数据佐证，全面提高产品力，大幅降低零部件及整车质量问题发生率。

数智化转型近年进入到第三阶段，车联网数据开始活跃起来，沉淀了多年的车联网数据开始与各领域和场景进行结合发挥巨大价值。

浙江斑智科技有限公司（简称斑智科技）是国内最早的车联网技术服务企业之一，专注于提供数据AI、物联网、汽车等领域的创新服务及产品（见图1），曾与长城、吉利、江铃、长安福特、福田等众多头部厂商合作，有大量相关解决方案的实施经验。

图1 斑智科技汽车数据中台业务架构图

下面简要说明一个在制造领域有代表性的案例。此案例为 SPC 统计质量大数据分析监控云（下称 SPC 系统），见图2。

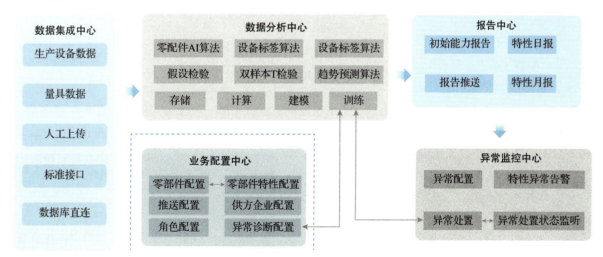

图2 SPC 统计质量大数据分析监控云系统说明图

SPC 系统是比较典型的、利用新的工具抓手使传统工作方法中原本无法实现的方案变为现实的案例。过去推动各集团质量部门问题解决的大多是在售后阶段从门店、客诉以及媒体等渠道事件触发，有着突发、聚集和紧急性特征，在全供应链范围更多的是以培训宣传为主，整个零部件市场和供应过程中的情况基本是"黑盒"，而在零件层面检测的海量样本数据量及低效的数据流转前提下，提高分析处理的效率和过程中的管理干预都是无法实施的，所以只等到问题在售后环节"爆发"后头痛医头脚痛医脚。问题的总结、沉淀和预防机制也无法有效建立。

SPC 系统从源头管理做起，基于供应关系建立起全链范围的 7 层级树形结构，并可根据管理需要进一步扩展。从主机厂到下游的各级供应商、从总成、零件到特性，均可灵活配置，并且做到数据权限横向隔离，管理流程纵向打通。

测量数据采集：基于设备的多样性，提供包括测量设备数据自动提取采集、数据库直连对接、PLC 采集、人工上传等多种数据接入方式，实现基于标准接口、数据源及自定义模板的全面数据集成和清洗。

质量数据分析：引入假设检验、双样本 T 检验等一系列统计学模型，通过云端集中对全量数据的产生和发展的稳定性、数据独立性、正态性等等不同维度进行过程能力分析及预测性分析，全面覆盖从潜在供应商能力评估到量产件评估的上下游过程。

数据评估报告：基于分析结果每日对应零部件的每个特性输出报告，包括初始化能力评估报告、特性日报、特性月报等，通过控制图、运行图、正态图、直方图、箱线图等不同统计方式对各特性过程能力进行多角度分析，支持任意特性间相关性分析，同时结合知识图谱智能判断数据和图形形态并给出诊断结论。

质量异常处置：每日对分析结果异常的特性数据创建异常处置单，同步发送给特性对应零部件供应商及其上级 SQE 部门，跟踪质量问题排查、问题解决报告及音视频存档沉淀，根据同类问题提炼解决方案定期合并典型案例素材，供系统进行机器自学习后迭代知识图谱。

至此，一个数据采集、清洗、分析、报告、处置、沉淀的全自动闭环体系形成。

如今，越来越多在过去用 C/S、B/S 系统和传统的工作方法无法企及的领域都可以借助数据中台在实时流处理和离线批处理的强大能力，从本质上实现蜕变，类似 SPC 系统在主机厂的应用案例在斑智科技还有很多，包括如动力总成、车辆能耗/电耗等不同细分领域的分析都越来越多地依赖车主在用车行驶过程中实际产生的海量车联网数据作为机器学习和优化策略的有力支撑，斑智科技也会继续努力将最前沿的解决方案应用到更多场景，拓宽数智边界。

北京智能车联智能化、网联化自主创新成果

北京智能车联产业创新中心有限公司

作者：张文乐

1. 测试环境建设

（1）全球首条智能网联汽车潮汐试验道路

2017 年 9 月 6 日，由工业和信息化部、北京市经济和信息化局、河北省工业和信息化厅等推动，北京智能车联产业创新中心主导建设的"国家智能汽车与智慧交通（京冀）示范区"，宣布正式启动全球第一条智能网联汽车潮汐试验道路服务（见图 1）。该试验道路位于北京经济技术开发区荣华中路至博大大厦路段，由千方科技负责建设，道路全长 12km，含公交专用道、潮汐车道、主辅路等复杂交通环境。

（2）北京市首个自动驾驶车辆封闭测试场海淀基地

2018 年 2 月，北京市首个自动驾驶车辆封闭测试场海淀基地正式投入运营。海淀基地占地面积约 200 亩，可实现 T1~T3 级别自动驾驶场景测试，累计为包括戴姆勒、百度、滴滴等 30 家中外厂商进行了自动驾驶牌照申领前的测试和评估工作。海淀基地部分路段加装网联通信（V2X）设备，可以实现智能网联相关功能

图 1 国家智能汽车与智慧交通（京冀）
示范区智能车联开放道路服务启动仪式

的测试和验证。

（3）全国首个 T5 级自动驾驶车辆封闭测试场地亦庄基地

2019 年 5 月，全国首个 T5 级自动驾驶车辆封闭测试场地亦庄基地正式投入运营。亦庄基地占地 650 亩，场景设计覆盖京津冀地区 85% 以上城市场景、90% 高速以及乡村场景，除了可提供常见的交通测试场景外，还可提供隧道、雨雾、模拟光照、湿滑路面、收费站、服务区、铁路道口等特殊场景。同时，亦庄基地还具备全天候测试的能力，能够全面支持 1m 以下自动驾驶汽车 T1～T5 级别的能力评估以及自动行驶轮式车的相关测试需求。

2. 测试标准研制与验证

（1）测试标准研制

自 2018 年至今，北京智能车联产业创新中心牵头中关村智通智能交通产业联盟，组织行业龙头企业研制并发布自动驾驶相关团体标准达 10 项（见表 1）。其中有 4 项标准已被政府采纳，作为北京市自动驾驶道路测试规范性文件落地应用，另有 4 项标准被认定为"中关村标准"，1 项入选工业和信息化部"百项团体标准应用示范"项目，并作为 25 项优秀团标之一面向全国推广。

表 1　北京智能车联产业创新中心主导编制的自动驾驶相关团体标准

标准分类	标准编号	标准名称
团标 （10 项）	T/CMAX 116-01—2020	自动驾驶车辆道路测试能力评估内容与方法
	T/CMAX 116-02—2018	自动驾驶车辆封闭试验场地技术要求
	T/CMAX 117—2018	服务型电动自动行驶轮式车技术规范
	T/CMAX 21001—2020	服务型电动自动行驶轮式车道路测试能力评估内容与方法
	T/CMAX 118-2019	非公路用电动小巴的自动驾驶技术规范
	T/CMAX119-2019	自动驾驶车辆测试道路要求
	T/CMAX120-2019	自动驾驶车辆道路测试安全管理规范
	T/CMAX 121-2019	自动驾驶车辆模拟仿真测试平台技术要求
	T/CMAX 21001-2020	自动驾驶仿真测试场景集要求
	T/CMAX 43001—2019	自动驾驶车辆道路测试数据采集要求

（2）测试标准验证

2020 年 6 月，为贯彻落实《国家车联网产业标准体系建设指南（智能网联汽车）》《2020 年智能网联汽车标准化工作要点》，推进自动驾驶领域标准制定进度，由全国汽车标准化技术委员会智能网联汽车分技术委员会（SAC/TC114/SC34）牵头、北京智能车联产业创新中心有限公司支持的推荐性国家标准《智能网联汽车 自动驾驶功能场地试验方法及要求》首次验证试验于国家智能汽车与智慧交通（京冀）示范区亦庄基地开展。此次验证试验聚焦于验证标准场景选取和重要参数设置的合理性，分为关键参数选取方案测试和测试用例可行性试验两部分。北京智能车联产业创新中心有限公司作为标准编辑组成员单位，在标准编制过程中贡献了在支撑推进北京市自动驾驶工作中取得的宝贵经验和体系化思考总结，并通过支撑本次验证试验有效推进标准制定，进一步完善标准内容，提升标准质量。

3. 测试工具研发

（1）专利及软件著作权

截至 2020 年，北京智能车联产业创新中心共有自动驾驶测试相关专利 6 项（见表 2），软件著作权 19 项（见表 3）。

表2　北京智能车联产业创新中心专利列表

专利类型	申请号	专利名称
实用新型	201921320244.2	一种用于自动驾驶车辆测试的踏板车道具
实用新型	201921320217.5	一种用于自动驾驶车辆测试的场景道具
实用新型	201921320287.0	一种用于自动驾驶车辆测试的模拟自行车测试设备
实用新型	201920675256.0	用于车辆测试的分体式假人测试设备
实用新型	201920675198.1	用于车辆测试的一体式假人测试设备
发明	201910240004.X	自动驾驶车辆的测试方法、装置、设备及存储介质

表3　北京智能车联产业创新中心软件著作权列表

申请号	案件名称
2018SR039855	封闭试验场安防监控系统V1.0
2018SR038532	基于红外扫描控制自动驾驶试验场雨雾模拟系统V1.0
2018SR039667	基于采集卡采集红绿灯配时入库系统V1.0
2018SR038719	基于SIFT算法单目视觉定位系统软件V1.0
2018SR038809	基于室内环境下的智能车无线网络定位软件V1.0
2018SR038525	基于复杂道路的车线识别软件V1.0
2018SR036271	车道标线检测与识别系统软件V1.0
2018SR039944	车载行人检测系统软件V1.0
2018SR038516	驾驶员疲劳状态检测软件V1.0
2020SR1249970	自动驾驶轨迹数据接收系统V1.0
2020SR1249969	自动驾驶行车数据集审核平台V1.0
2020SR1250550	自动驾驶车辆能力评估实时展示平台V1.0
2020SR1249958	自动驾驶测试行车数据分析系统V1.0
2021SR0045851	一种用于自动驾驶测试模拟交通流底盘控制的测试系统V1.0
2020SR1250549	自动驾驶封闭测试场路侧数据集智能采集系统V1.0
2021SR0079712	自动驾驶封闭测试场设备状态数字化控制系统V1.0
2020SR1249950	自动驾驶测试行车数据回放系统V1.0
2021SR0045850	自动驾驶测试场景实时采集与展示系统V1.0
2021SR0079736	自动驾驶车辆行车数据集智能采集系统V1.0

（2）测试工作支撑系统

1）封闭测试场主控平台。封闭测试场主控平台（见图2）通过将所有设备协议进行转换成系统可以控制的私有化协议，从而对设备数据的采集、控制实现集中监控，把原有分布在各个位置的设备集中于中央控制室统一调度使用，实现自动化运行，减少错误的发生；系统可实时地向测试企业、政府监管部门等提供数据支撑，实现资源信息数据的共享。

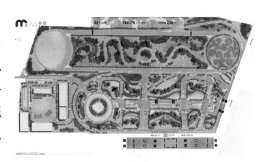

图2　封闭测试场主控平台

2）自动驾驶车辆行车数据采集/审核/分析/展示系统。自动驾驶车辆行车数据采集/审核/分析/展示系统能够实时采集自动驾驶车辆自身及周边的影像数据，以及自动驾驶车辆的总线数据、位置数据、雷达云图等数据。该采集系统由前端的硬件设备（摄像头、车载主机、定位装置）和后台软件平台组成，通过网络实时回传到数据中心，由数据中心的后端程序按照定义格式和标准对数据进行实时的接收、解析、存储和转发操作。自动驾驶测试数据采集系统集成和涵盖了创新中心独创且全国领先的自动驾驶测试领域的数据采集要求、交换格式定义、测试执行规范、测试标准、能力评价体系等诸多研究成果，能够为客观的展示、分析、评价自动驾驶能力提供第一手的基础数据支撑。

3）自动驾驶测试场景分析系统。自动驾驶测试场景分析系统可以实现被测车辆的 CAN 通信、高精度定位以及视频数据的同步、采集、实时展示等功能，同时采集和展示行驶道路的实时红绿灯及 V2X 数据，利用高精度地图，对车辆驾驶行为进行分析（如车辆压线、闯红灯、发生碰撞等）。系统具备回放功能，可以帮助工程师高效进行自动驾驶车辆数据审核。

4）自动驾驶场景库编辑平台。自动驾驶场景库编辑平台由轨迹编辑器和地图编辑器组成。地图编辑器拥有丰富的交通元素编辑功能，可以实现交通元素的分层级构建和展示，为场景切片提供地图信息数据，是构建场景库展开多元自动驾驶测试的重要基础平台。轨迹编辑器主要用于修复由无人机直接采集的交通数据集。根据采集到的无人机视频，经过跟踪算子，形成轨迹数据集，由轨迹编辑器对车辆轨迹进行修复，与地图编辑器绘制的分层地图相结合，形成多种经典场景，以建立自动驾驶测试场景库。

5）北京市自动驾驶车辆路测管理与服务平台。北京市自动驾驶车辆路测管理与服务平台（见图 3）能够准确、客观记录自动驾驶车辆在实际道路测试中的行为，通过对数据的溯源、挖掘、分析，从而为北京市自动驾驶政策的改进与优化提供指导意见，以此来保障自动驾驶车辆道路测试安全可控性。

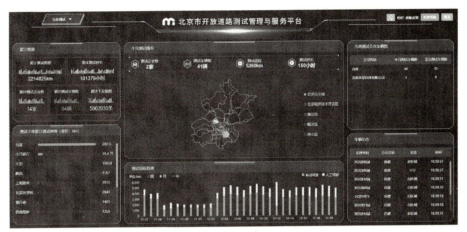

图 3　北京市自动驾驶车辆路测管理与服务平台

6）混合现实测试系统。2020 年，北京智能车联与百度联合完成了混合现实测试系统的开发，可实现在现实场地内虚拟注入部分交通目标进行场景测试的方法，可覆盖 T/CMAX 116-01-2020《自动驾驶车辆道路测试能力评估内容与方法》中的所有测试场景。测试车辆在真实环境中行驶的同时，采用虚拟注入的方式代替场景中部分真实交通设施或交通参与者（如危险场景中存在较高碰撞风险的行人、车辆），达到使测试车辆的感知系统可以同时"感知"到真实目标和虚拟注入目标的效果。基于以上测试环境，可以测试自动驾驶车辆在危险场景中的真实表现。

北醒激光雷达作为智能网联汽车智能化自主创新产品及其技术应用案例

北醒（北京）光子科技有限公司

作者：李昀璐，宋波

智能网联汽车是融合了现代通信技术、网络技术，同时通过算法加持进行智能化赋能的新一代汽车；它由智能化，车联网和电动化共同组成。在智能网联汽车的智能化领域，它包含了复杂环境感知、智能决策和协同控制能力。而在感知阶段，激光雷达可作为智能网联汽车的核心传感器已成为行业共识。

激光雷达是一种综合的光探测与测量系统，是一种通过探测远距离目标的散射光特性来获取目标相关信息的光学遥感技术。相比传统雷达，激光雷达凭借精确的时间分辨率、精准的空间分辨率、超远的探测距离等特点成了先进的主动遥感工具，它的高精度测量功能使其可以进行精确测距、测速、跟踪、探测等应用。因此，在民用、军用领域开始被普遍使用。目前激光雷达技术正在向从 100 米到超过 300 米有效量程的长距离、从 16、32、64、128 线等向图像级超高分辨率方向（例如垂直 600 线）发展的高分辨率、从原理样机阶段，向符合车规、轨道交通等应用领域安全规范及相关标准的目标发展，以达到产业化使用要求。

现阶段激光雷达领域仍处于"百花竞放"的状态，各激光雷达公司选择的技术路线并不相同，测距、测角与成像的方法存在很大的差异。现激光雷达的技术路线主要有机械同轴旋转式、MEMS 式、固态式和混合固态式。传统的机械同轴旋转扫描激光雷达在工作过程中，通过不断旋转，获得 360°的三维点云数据。容易损耗部件，且不利于自动化生产，量产难度大，有被替代的趋势。而固态/混合固态扫描通过将光束反射或者通过透镜将光束折射的方式，改变光源发射出的探测光束方向，实现对探测区域的覆盖扫描。固态 Flash 激光雷达没有任何的机械转动部件，该类型激光雷达中，通过设置一个或者多个光源，配合发射和接收光束整形透镜，通过单次的探测，覆盖全部待探测的区域。MEMS/棱镜/振镜/扫描是新一代角度扫描的技术，和固态 Flash 一起也可以形成混合固态，弥补固态 Flash 探测距离和视场角相互冲突的短板，是未来高性能长距激光雷达的发展趋势。

北醒自研自产的长距高清 3D 激光雷达 Horn 系列（见图 1），拥有超过 300m 的有效量程和 0.05°的角分辨率，在高帧频下能生成高密度的点云，完成在远距离实现对行人等目标物的探测和识别。Horn 的设计及选型均考虑军用级和轨道交通行业的要求，在防水防尘、振动冲击、电磁兼容等方面均有良好的表现，能够适应室外强光等恶劣环境，匹配智能轨道交通在主动安全、边坡监测和智慧巡检等多种应用场景的需求。

图 1 北醒长距高清 3D 激光雷达 Horn – X2pro

针对不同场景的客户需求，北醒可提供基于 Horn 系列产品的软件开发、点云聚类、目标识别、定位跟踪算法服务，加速各场景实现与快速落地。现阶段，除了智能网联汽车领域，北醒激光雷达面向轨道交通、智慧民航与航运等大交通领域也已经完成落地应用验证。

北醒激光雷达车路协同系统（见图 2），在国内多个高速公路 V2X 项目试点中结合多种传感器融合技术、V2X 技术、边缘计算技术等先进手段，实现了对高速公路多种场景下的车速、车辆运行轨迹、路网

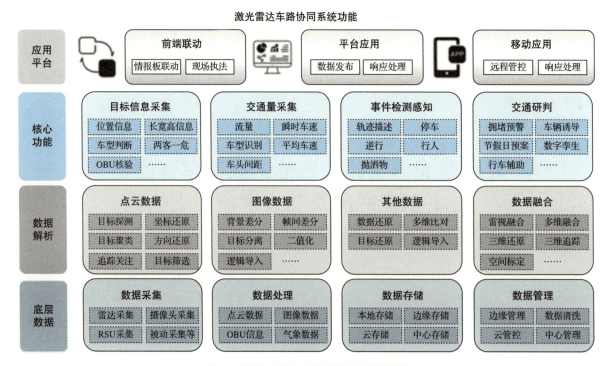

图 2 北醒激光雷达车路协同系统功能模块

运行状态等信息进行监测；实现行人事件、停车事件、抛撒物事件、逆行事件、超速事件、低速事件、烟雾事件、交通拥堵等事件的检测和报警，为驾驶车辆提供道路基础设施静态信息及运营动态信息，保障和提升驾驶汽车的安全性（见图3）。

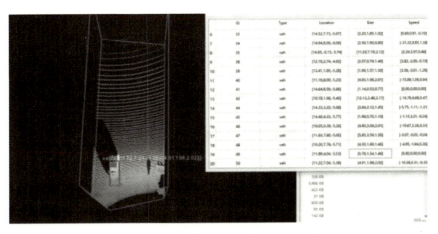

图3 北醒激光雷达车路协同系统应用效果

MEMS 振镜在固态激光雷达中的作用与参数

西安知微传感技术有限公司

作者：任勇

1. 固态激光雷达简介

早在 1960 年，激光雷达概念就已提出，直到近些年激光雷达才进入迅速发展时期，学术界和产业界一致认为激光雷达是无人驾驶（包括自动驾驶车辆，AGV，UAV 等）不可或缺的探测和传感部件。激光雷达可用于物体探测与规避、物体识别与跟踪、即时定位与地图构建等。随着无人驾驶的快速发展，激光雷达的需求日益增长。

MEMS 指微机电系统，即尺寸在毫米级或者更小的传感器、执行器或者微型系统。常见产品包括MEMS 加速度计、MEMS 麦克风、陀螺仪、微马达、微泵、MEMS 振镜及其集成产品。MEMS 振镜（MEMS mirror）属于一种光学 MEMS 执行器芯片，可以在驱动作用下对激光光束进行偏转、调制、开启闭合及相位控制。目前广泛应用于投影、显示、光通信等场景中。

按功能块划分，激光雷达可以分为发射、扫描、接收这三个部分。发射部分是激光器及其处理电路，用于发射激光脉冲信号；扫描部分是改变每次探测目标方位的装置；接收部分是光敏器件及其处理电路，用于接收激光脉冲的回波。

依据扫描部分的不同，可以将激光雷达分为机械式激光雷达、光学相控阵激光雷达、闪光式（Flash）激光雷达和 MEMS 激光雷达。由于需要的关键线宽极小，光学相控阵方式的制作工艺还不成熟，其扫描的能量利用率极低，所以光学相控阵激光雷达目前还未上市。Flash 激光雷达由于单次需要的能量高，仅能应用于近距的探测。所以当前市场上的激光雷达主要是机械式激光雷达和 MEMS 激光雷达。机械式激光雷达的扫描部分是旋转电机，在车载应用中电机的可靠性和寿命都饱受质疑。所以市场热点是固态激光雷达，即无旋转部件的激光雷达，目前最优的方案就是 MEMS 激光雷达，即以 MEMS 扫描镜为扫描部分核心元件的激光雷达。

MEMS 激光雷达，一般也写作 MEMS LiDAR，采用 MEMS 振镜作为激光光束扫描元件，具有体积小、宏观结构简单、可靠性高、功耗低等优势，是目前激光雷达实现落地应用的最合适的技术路径。

2. MEMS 振镜及其选型参数

（1）MEMS 激光雷达振镜技术指标及选型

单轴和双轴 MEMS 振镜均可根据工作模式划分为谐振状态、非谐振状态和半谐振状态。

按照 MEMS 振镜的驱动方式不同，可划分为静电驱动（ES）、电磁驱动（EM）、电热驱动（ET）以及压电驱动（PE）四种。

业内部分知名学者对于激光雷达的 MEMS 振镜选型及参考指标做了指引性的讨论，具体如下：

1）视场角（FoV）。激光雷达的扫描角度，包括水平和竖直方向，对于自动驾驶用激光雷达，更大的扫描角度意味着更大的视场角。

2）光学孔径（Optical Aperture）。MEMS 振镜的光学特性与激光雷达的空间分辨率、探测距离等参数息息相关。

其中空间分辨率与激光波长、激光光束质量正相关，与激光光斑大小负相关，市场期望激光雷达的角分辨率尽可能小于 1mrad，因此有着较好的激光光束质量时，MEMS 振镜的直径应不小于 1mm。

探测距离则与发射激光功率、透射效率、障碍物发射率、接收端半径等参数相关。

3）扫描速度及谐振频率（Scanning speed and Frequency）。对于自动驾驶应用的双轴 MEMS 激光雷达，MEMS 振镜的横轴（水平方向，快轴）扫描频率应在 0.5~2kHz 之间，纵轴（垂直方向，慢轴）扫描频率应在 10~30Hz 之间。

此外，若选用的 MEMS 振镜的谐振频率较高，激光雷达的分辨率、帧率及鲁棒性均更佳。

4）振镜尺寸及重量（Mirror Size and Weight）。MEMS 激光雷达得到产业界青睐的原因之一便是体积小、便于集成。因此在满足 Optical Aperture 和谐振频率的前提下，MEMS 的尺寸应尽可能优化。

5）品质因数（Figure of Merit，FoM）。以上参数均为 MEMS 振镜的本征参数。FoM 则是将以上重要参数融合后形成的描述激光雷达性能的综合指标。根据行业经验，激光雷达为获得良好性能，所选用的 MEMS 振镜的 FoM 值应更高，针对自动驾驶的激光雷达，FoM 值至少为 0.7。FoM 值来源具体如下：

$$\text{FoM} = \theta_e d_e f_e$$

式中，θ_e 是激光雷达视场方向的有效光学扫描角，单位为 rad；d_e 是 MEMS 振镜有效尺寸，单位为 mm；f_e 是 MEMS 振镜的有效谐振频率，单位为 kHz；

（2）多种用途激光雷达的 MEMS 振镜参考

总体而言，MEMS 振镜的 FoM 值越大，越利于激光雷达性能提升。相较而言，单轴 MEMS 振镜因整体结构更为简便，所以更容易得到更大的扫描角度、更大的光学孔径和更高的谐振频率。

美国佛罗里达大学的谢会开教授团队针对多用途的激光雷达的 MEMS 振镜选型给出基础要求，见表1。

表1 不同应用的激光雷达对于 MEMS 振镜技术参数的最低要求

应用场景	FOV/（°）	振镜尺寸/mm	谐振频率/kHz
自动驾驶汽车	25	2	0.8
盲点监测	120	1	0.5
姿态识别	50	0.5	0.2
地面机器人	25	1	0.2
小型飞行汽车	30	1	0.4

3. 基于双轴 MEMS 振镜的激光雷达

双轴 MEMS 振镜因其具有两个转动轴，因此有三种扫描模式：双轴谐振、单轴谐振/单轴非谐振、双轴均非谐振（见图1）。

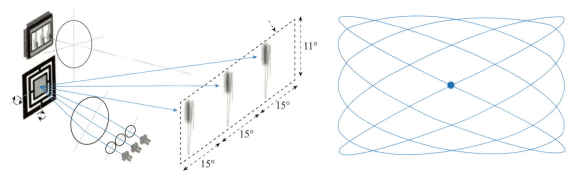

图 1　双轴 MEMS 振镜的激光雷达以"点"扫"面"

因双轴 MEMS 振镜结构及工艺较为繁杂,其扫描角度一般较小,图中所示的双轴振镜其扫描角度约为 15°×11°,一般需要配合外围光学器件才可将 FoV 扩展到 45°×11°。

美国佛罗里达大学的谢会开教授领导的研究团队对市面上 34 款不同规格的双轴 MEMS 振镜的本征参数和 FoM 值进行了深入的研究和计算,其中仅有 6 款 MEMS 振镜的 FoM 值大于 0.7,其余 28 款 MEMS 振镜的 FoM 均小于 0.7。

4. 基于单轴 MEMS 振镜的激光雷达

基于单轴振镜的 MEMS 激光雷达中,单轴 MEMS 振镜配合配合激光扩束透镜,可以使得一维 MEMS 振镜实现激光光束在水平方向和竖直方向的同步扫描。为英飞凌开发的基于单轴振镜的 MEMS 激光雷达的原理图(见图 2)。单轴 MEMS 振镜的激光雷达工作状态分为谐振式和非谐振式两种。

另外,也有部分厂商将单轴 MEMS 振镜放置在旋转电机上,以实现二维扫描(见图 3)。

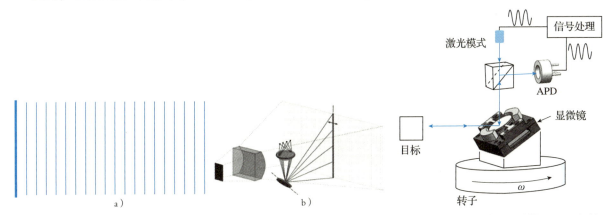

图 2　单轴 MEMS 振镜的激光雷达以"线"扫"面"　　图 3　放置于旋转电机上单轴 MEMS 振镜

同样,美国佛罗里达大学的谢会开教授领导的研究团队也对市面上 20 余款不同规格的单轴 MEMS 振镜的本征参数和 FoM 值进行了深入的研究和计算,其中 FoM 值大于 1 的 MEMS 振镜超过 50%,FoM 大于 0.7 的超过 14 款,且单轴 MEMS 振镜的激光雷达以"线"扫"面",天然上拥有更高的帧率。

5. 知微传感 C 系列 MEMS 振镜介绍

表 2　知微传感 C 系列 MEMS 振镜

型号	C1150	C1130	C1110	C2110	C2120
轴数	单轴	单轴	单轴	双轴	双轴
频率	0.4kHz	1.15kHz	5.3kHz	快轴 13kHz 慢轴 1.2kHz	快轴 25kHz 慢轴 2.3kHz
扫描角度	±30°	±30°	±30°	快轴 ±15° 慢轴 ±12°	快轴 ±15° 慢轴 ±12°
直径	5mm	3mm	1.3mm	1mm	1mm
FoM	1.04	1.80	3.58	3.38	6.50

知微传感是国内MEMS振镜领域内的领军企业，在静电驱动、电磁驱动两种驱动技术，以及光学反馈和电容反馈两种检测技术上均有深厚的技术积累和布局。目前有5款C系列MEMS芯片已完成量产工艺导入，支持批量交付，其部分本征参数及FoM值如表2所示。FoM值均大于0.7，适用于自动驾驶、盲区监测、人机交互、MAVs、机器人等激光雷达应用领域。

天津国芯智能网联汽车信息安全产品及解决方案

天津国芯科技有限公司

2021年，在汽车领域，国内主要的科研院所、行业研究机构和产业生态企业通力配合撰写制定了多项智能网联汽车领域的行业标准，开展了多项智能网联汽车的路测。为智能网联汽车产业在国内落地与推广做了充足的技术积累和实施经验总结。

随着工业化和信息化的进程加快，汽车电动化、智能化、网联化与自动化将成为主要的发展方向，传统的汽车产业格局也将逐渐往智能网联汽车方向发展。而智能网联汽车的发展离不开功能安全与信息安全的保驾护航。天津国芯作为主要安全芯片厂商，有多年从事芯片IP设计、信息安全产品、汽车电子产品设计与销售的经验。在2021年9月工业和信息化部公布的《车联网身份认证和安全信任试点项目》名单中，天津国芯作为联合体单位之一参与了其中的两个试点项目，为智能网联汽车的发展尽一份微薄之力。

1. 主要产品

天津国芯针对智能网联汽车领域可以提供"云、管、端"侧的安全高速密码卡、安全模块、安全芯片等产品（见图1）。

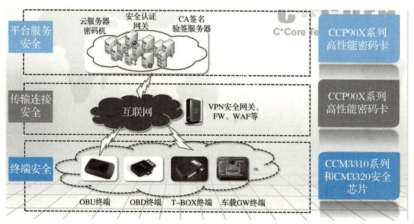

图1　天津国芯信息安全"云、管、端"产品

天津国芯主要产品见表1。

表1　天津国芯主要产品

终端安全产品	OBU终端用 CCM3310S-T 车规级安全芯片	智能数字车钥匙用 CCM3310S-H 车规级安全芯片	智能网联车V2X, GateWay 车载安全网关用 CCM3320S 车规级安全芯片	ECU域控制器安全芯片 CCM4201S
传输连接安全产品	CCP90X系列芯片与高性能密码卡			
平台服务安全产品	CCP90X系列芯片与高性能密码卡			

2. 解决方案

（1）C-V2X领域

1）智能网联汽车C-V2X证书验证安全解决方案。2019世界智能网联汽车大会，天津国芯和中国移动

研究院、高通公司（Qualcomm）、Savari、信安世纪、移远通信等多家厂商通力配合，实现了车载 LTE – V2X 终端到网络、GBA 平台、CA 管理运营的端到端流程，完成了车联网 C – V2X 证书安全配置能力验证。

2）2019 年工信部"车联网安全加密认证技术和产品"专项安全解决方案。提供高性能安全加解密芯片 CCP903T – L 产品，配合联合体 T – Box 厂商完成 T – Box 安全加密认证验证。

3）2020 年工信部"智能网联汽车车载安全网关项目"专项安全解决方案。作为联合体参与单位之一，提供高性能安全加解密芯片 CCM3320S 产品，实现智能网联汽车车载安全网关产品测试与验证。

（2）汽车电子领域

1）数字车钥匙。CCM3310S – H 芯片通过车规级认证，长安欧尚数字车钥匙基于此芯片设计实现，完成商用落地。

2）ECU 域控制器。CCFC2002BC 已通过 EMC、电性能测试和环境测试，已在潍柴动力发动机上测试完成。

（3）核心优势

天津国芯于 2013 年开始研发国产汽车电子车身控制芯片 CCFC2002BC，已于 2018 年 4 月向国内某汽车电子厂商交付第一批 2 万颗量产芯片。同期开发我国第一颗汽车发动机控制芯片 CCFC2003PT，在通过国家某标准研究所汽车电子级测试和国家重点汽车 ECU 厂商的台架测试后，又通过 2000 公里高寒车辆道路试验，获得成功。2017 年末公司立项继续研发新一代发动机控制芯片，将适用于大功率柴油发动机电喷控制，这一系列产品研发将进一步解决我国发动机控制芯片长期受制于人的局面，为国内汽车行业应用国产芯片做好铺垫。

ALPSALPINE 智能化、网联化自主创新成果

阿尔卑斯（中国）有限公司上海分公司

作者：郑悦军，杨碧峰，周嘉纬，赵政

阿尔卑斯阿尔派电子（ALPSALPINE）自 1948 年创立以来一直致力于电子零部件的开发与制造，以通信技术、电磁器件、电子元器件、IT 设备、车用电子为基础在全球市场进行推广，在全球各国拥有 80 多家子公司，共有从业人员 3 万 5 千多人。ALPSALPINE 凭借自己独有的先进技术，为当代信息社会提供了先进的电子产品。近年来，我们针对新市场、新领域的挑战，在面向数字设备进化和汽车电子化、智能社区建设等需求开展绿色环保器件等新业务的同时，积极实施针对医疗及保健市场的举措，提供从电子零部件到系统级商品等以满足客户各种需求的新价值。

1. 技术进展及研发生产能力、全球化的销售网络及客户群

ALPSALPINE 是一个全球国际化跨国集团，在新产品和新技术的研发和探索方面一直处于行业的领先地位。我们在近 20 个国家及地区拥有 83 处销售中心、26 处研发中心、30 处生产基地。我们在中国设立众多的研发机构和工厂，提供快速的技术服务支持。我们对材料和零部件采购的供应链进行较好的管控，以利于优化成本。我们力争提供国际化水平的产品，且提供接近消费类产品的价格，也就是把消费类电子和汽车领域的双重优势进行了很好的结合。

从 1948 年创立至今，ALPSALPINE 在电气化、信息化、车载和数字化的不同时代经营多年，其电子零部件业务在移动/家居、汽车和能源/健康/工业/IoT 几大业务版块同全球 2000 多家客户保持着业务联系（见图1），其核心技术主要是 HMI（人机交互）、传感以及连接互联技术。

在汽车领域，ALPSALPINE 推出业内第一家 C – V2X Open CPU 解决方案。ALPSALPINE 不仅是前装市场蓝牙模组最大的供应商，也凭借小型化优势打入众多物联网应用领域，以提供给客户在产品设计时更大的灵活度。

在 IoT 应用方面，ALPSALPINE 的概念是通过传感和连接来创造新的产业，为客户创造新的价值，

ALPSALPINE目前推出的POC就是提供应用验证模块,为客户提供参考设计和原型平台,助力客户开发。我们希望将传感技术、无线技术和模组技术整合后提供给客户,客户可以不用考虑太多底层的硬件,可以直接借助ALPSALPINE的基础来实现各种各样的环境的验证,最终实现应用化或者产品化。针对不同的传感器的输出,我们可以设计开发专门的ASIC进行配合,通过自有的MEMS加工技术,把传感器和ASIC整合起来,使其具有微型化和低功耗的竞争优势。

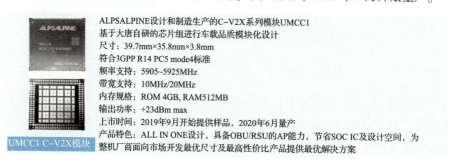

图1 覆盖全球核心客户超过2000家

ALPSALPINE以日本为中心,在美洲、亚洲各地开展开发、生产、销售业务。我们与各个国家建立地域社会信赖的关系,为电子工业的发展做出贡献。

2. 主要产品与服务

ALPSALPINE为汽车的电子控制化提供多种类的通用零部件,并大力开发能够提高CASE(Connected,Autonomous,Shared,Electrified)和车内附加价值的Premium HMI的核心技术。例如:满足状态检测需求的各类传感器,应用高频技术与协议软件开发力的通信模块,支持电动汽车能源利用的高效率元器件,以及运用力反馈技术、静电容量技术的输入元器件等。

在车载通信模组领域,ALPSALPINE带来了UMCC1(All-in-One)C-V2X模块(见图2)。在硬件方面,该模块采用了大唐的C-V2X芯片组,高度集成了应用处理器(AP),可以作为TCU/T-Box的处理核心,代替昂贵的应用处理器,从而为顾客提供高性价比解决方案。在软件方面,ALPSALPINE提供从底层固件、中间层的Stack软件,到应用层软件的全套解决方案。软件按照A-SPICE流程开发,保证了质量。ALPSALPINE也可提供按照客户需求的定制化应用解决方案,彰显客户特色。该产品已于2020年7月开始量产。

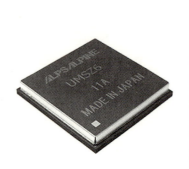

ALPSALPINE设计和制造生产的C-V2X系列模块UMCC1
基于大唐自研的芯片组进行车载品质模块化设计
尺寸:39.7mm×35.8mm×3.8mm
符合3GPP R14 PC5 mode4标准
频率支持:5905~5925MHz
带宽支持:10MHz/20MHz
内存规格:ROM 4GB,RAM 512MB
输出功率:+23dBm max
上市时间:2019年9月开始提供样品,2020年6月量产
产品特色:ALL IN ONE设计,具备OBU/RSU的AP能力,节省SOC IC及设计空间,为整机厂商面向市场开发最优尺寸及最高性价比产品提供最优解决方案

图2 C-V2X UMCC1模块

ALPSALPINE和其战略合作伙伴在全球首创了无须车辆位置校正信息即可使车辆位置误差仅为50cm的高精度定位模组(见图3)。由于不需要RTK的基站校正信息,所以节省了相关的信息运用成本,可以在充分保障车联网定位精度需求的同时,实现车联网整体方案性价比的最优化。

【主要规格】

产品名(编号)	UMSZ6系列
外形尺寸(长×宽×高)	17.8mm×18.0mm×3.11mm
支持卫星	GPS: L1 C/A, L5 GLONASS: L1OF BeiDou: B1I, B1C, B2a Galileo: E1B/C, E5a NAVIC: L5 QZSS: L1C/A, L1S, L5 SBAS: L1, L5
使用温度范围	−40~+85℃/105℃
电源电压	+1.8V
支持功能	Dead Reckoning(内置DR用Sensor) Antenna DIAG功能

图3 UMSZ6系列模块

智能终端产品及热管理解决方案

孝感华工高理电子有限公司

作者：杨彪

2020年11月国务院办公厅印发的《新能源汽车产业发展规划（2021－2035年）》指出，坚持电动化、网联化、智能化发展方向，深入实施发展新能源汽车国家战略。推动电动化、网联化、智能化汽车发展，需要不断提升基础关键技术、先进基础工艺、基础核心零部件及关键基础材料的研发能力。

华工高理深耕传感器及加热器领域多年，作为领先的智能网联汽车感知层及执行层解决方案提供商，主要产品不仅涵盖温度、湿度、压力、PM2.5、阳光传感器，同时覆盖加热器、调速模块、执行器、电子温控器。让智能汽车不仅具备全方位的环境感知能力，还具备完整的动作执行能力，提供更加安全、便捷、舒适的驾乘环境。

1. 感知端产品

（1）温度传感器

NTC温度传感器是华工高理的核心产品之一。温度传感器既是提升智能汽车舒适性的要求，更是整车安全状态监控的核心感知零部件。其优势如下：

1) 完全自主研发的NTC热敏芯片设计、制造及封装工艺（见图1～图3），GRT/ERT/GAT等多样化的芯片封装形式，满足各种特殊安装环境要求，耐温范围达－60～400℃，防水防尘性能达IP67级以上，经受高低温冲击2000次循环以上，老化及年漂移率稳定控制在1%以下。

图1　GAT　　　　　图2　GRT　　　　　图3　ERT

2) 多样化的产品组合方案，终端产品可满足定制R－T曲线、B值及标称阻值点，测温精度达±0.1℃，热时间常数最快可达1秒以内。耐压等级达AC 2000V以上，同时兼具高可靠性及小尺寸优势，遵循IATF 16949设计标准，满足多种应用场景下的温度测量。

3) 针对新能源汽车充电系统的高耐压等级及快充高载流要求，电池PACK包内快速响应、狭窄安装空间要求，电机耐磨损、耐油性能等特殊要求，华工高理定制化设计了NTC温度传感器，终端产品应用于智能汽车空调系统、热管理系统、电池PACK包系统、电机系统、充电系统等，用于关键零部件的温度监控测量及补偿，提供覆盖整车全方位温度监控解决方案。

（2）PM2.5、光传感器

华工高理自主研发的红外单通道、激光双通道PM2.5传感器是基于光的散射理论开发的高精度颗粒物浓度采集传感器，采取PWM/LIN输出方式，具备低噪音（≤25dB），抗外界干扰能力强，超快响应时间的特点，全新专利内屏蔽结构设计，并支持LIN总线在线升级，输出PM2.5浓度范围为0－1000μg/m³。此传感器应用于汽车空调系统，实时检测客舱或车外环境PM2.5的浓度值并及时反馈，确保为驾乘人员创造安全舒适的驾乘环境。

光传感器分为阳光传感器和环境光传感器。华工高理研发的单区和双区功能的阳光传感器具备低角度敏感性，用于光照辐射照度测量，为空调系统提供补偿控制。此外，集成环境和阳光传感器集成平台的环境光传感器能够实现低功耗、高精度采集，应用于汽车大灯的自动开启/关闭控制。

（3）湿度传感器

基于比对风窗玻璃温度和汽车车厢的露点温度（从车厢内某点当前温度及湿度计算得出）从而推算出风窗玻璃的起雾时间的原理，华工高理推出了直接式自动除雾湿度传感器和间接式自动除雾湿度传感器产品，其输出精度达±3%RH，能有效预防挡风玻璃起雾，并采用模拟输出和数字输出的方式通过信息采集反馈系统，调节汽车空调、风扇、加热器和循环系统共同调整防止起雾现象发生，给驾驶员创造一个更加安全舒适的驾驶环境，同时大幅减少能源的消耗。

2. 执行端产品

（1）PTC加热器

PTC加热器是华工高理的另一核心产品，2008年高理汽车电子事业部成立，初入行业仅仅是为外资企业供货PTC陶瓷芯体，那时候的汽车核心部件均由来自韩国、德国的顶级厂商提供，2015年在国内首创新能源汽车用PTC加热器（风加热），2017年在国内首创新能源汽车用水加热器，这是目前最先进的加热技术，全球也仅有一两家巨头掌握该项技术，华工高理真正开发拥有自主知识产权的国产水加热器，产品从材料到结构再到加工方式都有全新突破。

产品涵盖水加热器及风加热器，满足不同的加热模式需求，为新能源汽车提供充足热源，确保驾乘人员舒适感及关键零部件的温度调节需求（见图4、见图5）。其主要优势有：

图4 APTC

1）华工高理深耕PTC发热芯片30余年，具备完全自主的PTC芯片研发设计及生产能力，加热芯体尺寸及参数可进行定制设计，PTC陶瓷芯体击穿等级可达DC 1500V以上，最大限度降低电极留白，确保安全的同时也兼顾了节能高效。

2）加热器产品覆盖低、中、高多个电压等级，满足A0级至C级乘用车及新能源大巴的热量需求，工作温区宽，使用寿命长。冲击电流≤30A，采用PWM方式与整车连接进行控制。从最初的陶瓷芯体元器件供应到研发出适应智联、高压快充需求的800V高压水暖PTC加热器，成为全国唯一一家可匹配高压快充平台的PTC加热器。

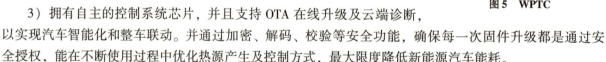

图5 WPTC

3）拥有自主的控制系统芯片，并且支持OTA在线升级及云端诊断，以实现汽车智能化和整车联动。并通过加密、解码、校验等安全功能，确保每一次固件升级都是通过安全授权，能在不断使用过程中优化热源产生及控制方式，最大限度降低新能源汽车能耗。

（2）调速模块

华工高理线性调速模块是基于IRFP064 MOS管开发的速度调节模块，可用于空调系统鼓风机及冷凝风扇的速度调节，同时具备温度限制、电机堵转检测、短路检测、欠电压/过电压关闭、反极性保护、自动诊断等多项保护功能。基于PWM/LIN通讯特点，采取硬件平台化设计，并且集成8位MCU、RAM存储器及FLASH闪存，芯片结温最高可达150℃，并且获得AEC-Q100认证，并且拥有自主软件控制开发程序，实现从底层到硬件的完美衔接（见图6）。

3. 热管理解决方案

《新能源汽车产业发展规划（2021－2035年）》指出，到2025年，新能源汽车新车销售量达到汽车新车销售量的20%左右，面对与日俱增的新能源汽车市场需求，华工高理紧跟行业动态及发展方向，为新能源汽车热管理提供全套解决方案。在感知层面，能够提供温度、压力、湿度、光、PM2.5多种外界和内部信号采集、转化与输出，实现传感器领域基础核心零部件全覆盖，通过实现芯片国产化，突破国外

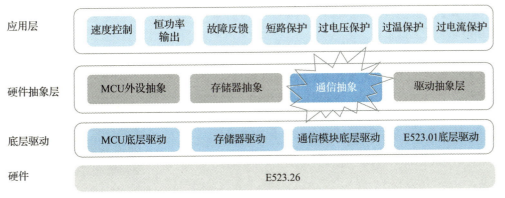

图 6　调速模块应用方案

多年垄断技术瓶颈；在动作执行层面，依靠加热器、执行器、调速模块、电子温控器实现热能管理与控制调节；在控制层面，基本实现核心控制器及软件自主设计，从硬件到执行做到完美衔接（见图7）。

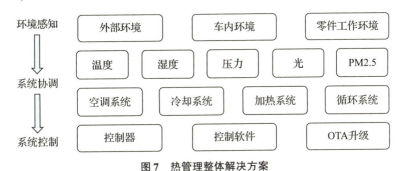

图 7　热管理整体解决方案

航盛电子在智能网联汽车零部件方面的创新技术、成果与案例

深圳市航盛电子股份有限公司

作者：杜改改

航盛电子成立于1993年，是一家研发生产销售智能网联汽车信息系统、智能驾驶辅助系统、新能源汽车控制电子系统等产品的国家级高新技术企业，是汽车电子行业的龙头企业。目前已建立智能座舱、智能网联、智能驾驶、软件平台服务等智能汽车核心产品线，以强大的产品研发和生产制造能力，得到国内外车厂的认证和认可。公司坚持自主研发，截至2021年6月，累计受理专利653项，累计授权专利479项，成功荣获国家高新技术企业、国家认定企业技术中心、广东省政府质量奖、深圳市市长质量奖等荣誉，并通过CNAS国家实验室、软件CMMI4级等认证。

近年来，国家不断推出相关政策扶持智能网联汽车产业发展，航盛电子多年布局智能网联、智能座舱相关产品线，围绕智能网联汽车转型，积极推动、技术创新、产品迭代，持续发力，打造在智能网联领域核心竞争力。

在智能网联方面，航盛电子在2013年推出第一款TBOX产品，目前4G网联产品已在北京现代、上汽、一汽、五菱、东风等多款车型上量产，围绕通信、数据、安全、应用等技术，为汽车厂商提供智能网联解决方案。同时，在车内通信技术、4G通信技术、GPS定位技术、WiFi和蓝牙通信技术、车辆远程控制、OTA升级、网络安全等方面积累了丰富的经验。

从2016年开始，航盛电子技术中心德国研究院开始基于DSRC通信技术的V2X智能网联产品的研发，包括智能天线、车载OBU、V2X设备等。随着国内5G技术的商用推进，以及中国市场明确选择C-

V2X 技术路线，航盛电子在2019年开启5G和C-V2X产品的研究和开发，主要产品形态为5G+C-V2X通信终端和集成式智能天线。

航盛电子5G+C-V2X通信终端产品（见图1）是集5G通信、V2X通信、高精度定位、BLE蓝牙通信等多功能的车载通信终端，支持与车端ECU、车载显示终端、TSP车联网云端平台、V2X云控平台、手机终端等连接，通过5G远程无线通信实现车辆远程查询和控制、行车数据采集、OTA升级等功能，通过C-V2X直连通信实现车与车、车与路、车与人的实时数据互通，为智能网联汽车提供碰撞预警、驾驶辅助、信息提醒等服务，提升驾驶安全；融合高精度地图和高精度定位应用，及时感知精确位置，实现V2X应用场景的精准触发。

图1 航盛电子5G+C-V2X通信终端

通信模组选用车载前装芯片，专用于车规5G和C-V2X应用，符合AEC-Q100规范，满足IATF 16949：2016标准需求，并支持+95℃以下eCall应用。

5G+C-V2X通讯终端应用方面，已实现远程车辆数据采集、远程车辆查询和控制、远程OTA升级、行车轨迹及电子围栏、bCall/eCall等功能。除5G远程通信外，通过内置BLE模组及配套设备，实现蓝牙数字钥匙功能，使用手机即可实现控制开关车门，开关行李舱，数字钥匙分享，PEPS无感进入系统等功能。

V2X通信和应用方面，通过V2X协议栈实现在OBU、RSU上LTE-V2X协议一致性测试，实现了PC5接入层、网络层、消息层、通信安全全栈协议的互联互通。在协议栈的基础上，进行V2X应用场景开发，已实现基于CSAE/53-2017第一期应用场景（如前向碰撞预警、紧急刹车预警、交叉路口碰撞预警、红绿灯车速引导、道路标牌提醒等），同时已进入第二期应用场景的开发阶段。

航盛电子新一代智能网联产品主要分为三个阶段，第一阶段实现5G+C-V2X基础平台搭建，实现通信终端应用和一期应用场景的开发，第二阶段将遵循R16 5G NR通信标准，实现C-V2X国标二期场景应用，如编队行驶、远程驾驶、协作式变道、道路障碍物提醒等，并在功能安全和信息安全上重点防控。第三阶段结合自动驾驶和万物互联技术的发展，实现V2X与ADAS融合交互，以及更多的IoT融合应用场景，如智能停车场、危险货物提醒等。

集成式智能天线将（见图2）通信单元和天线集成在一起，不受车内环境干扰，天线性能表现更好。天线部分相对4G终端复杂很多，至少包含4路5G天线，2路V2X天线，1路WiFi天线，1路GNSS天线，对天线的设计和布局要求更高。

智能网联汽车已经逐渐成为市场主流，随着道路基础通信设施不断完善，5G通信传输技术在无人自动驾驶、车联网等领域的重要作用开始发挥，5G和V2X智能网联终端即将进入大范围量产阶段。

图2 航盛电子集成式智能天线

随着车联网的普及和发展，以及车内EEA逐步从分布式向集中式发展，智能网联终端也向硬件集成化、功能多元化方向发展，未来将出现如智能中央网关等更加集成化的产品形态。在智能网联发展的大背景下，航盛也将抓住机遇，发挥优势，积极推进，助力车厂智能网联汽车转型，全面赋能智能网联行业发展。

车联网检测认证公共服务平台创新实践

威凯检测技术有限公司

作者：叶扬韬，陈楚轩，胡静，魏国华，邵华东

1. 车联网射频性能测试服务

智能网联汽车往往采用WiFi/Bluetooth/2G/3G/4G/5G/NB-IoT等多制式网络实现数据通信，其射频模

块设计复杂度越来越高，相应的射频性能指标也成为智能网联汽车实现实时互联的关键性因素。CVC 威凯针对此趋势，建设了多套适用于车载射频模块的射频性能测试系统，可覆盖车载系统的 WiFi/Bluetooth/2G/3G/4G/NB-IOT 以及最新 Rel. 16 版本 5G 标准的射频性能测试，并通过软件优化，实现了全面的自动化测试，可高效地对智能网联汽车的多制式无线通信能力进行全面检测（见图 1）。可测试的射频性能指标包括发射功率、输出功率动态范围、发射信号质量、输出射频频谱辐射、参考灵敏度、最大输入电平、邻道选择性、带内阻塞、带外阻塞、窄带阻塞、杂散响应、互调特性、杂散发射等。

图 1　CVC 威凯 5G 终端测试系统

2. 车联网天线 OTA 测试服务

CVC 威凯的天线 OTA 测试系统，采用了先进的双环探测天线结构设计，包含 68 探头的竖环及 8 探头的横环，可实现车载天线在 WiFi/Bluetooth/2G/3G/4G/5G/NB-IoT 等多制式多模式下的空口性能测试。该系统通过低介质常数的转台及环形天线设计，能实现 3D 全角度的辐射性能扫描，对车载天线的全角度辐射方向图进行获取分析。进一步，该系统能对车载无线终端的 5G 通信无源辐射效率及有源辐射性能（TRP、TIS）等指标进行测试。该系统能够支持 WiFi 8X8 MIMO 传输能力测试，解决车载无线终端在高速 MIMO 传输模式下的性能检测。

3. 高级驾驶辅助系统（ADAS）功能测试服务

针对高级驾驶辅助系统越来越普及的情况，CVC 威凯搭建了基于视觉的高级驾驶辅助系统实验室场景模拟测试平台。该平台基于场景仿真软件 SCANeR，将虚拟仿真场景通过光学暗箱供给电子控制单元连接的摄像头或直接以视频信号的方式输入到电子控制单元中，并可将模拟雷达信号通过 CAN 信号注入电子控制单元，模拟多种典型的测试场景，进行驾驶辅助系统在多场景下的功能测试，并通过整车报文模拟交互的方式自动输出试验结果。该平台具有可兼容法规的丰富测试场景，覆盖不同层级的硬件在环测试，可覆盖 L3、L4 级自动驾驶方案，在实验室阶段实现高级驾驶辅助系统各种控制功能和故障诊断功能验证，从而缩短路试时间、减少路试成本、降低路试风险，实现了高级驾驶辅助系统子系统的实验室环境场景模拟测试评价能力。

（1）毫米波雷达测试服务

CVC 威凯的毫米波雷达测试系统，能对雷达在各角度下的最大探测距离进行测试，绘制不同 RCS 条件下，雷达探测的威力曲线。该系统通过引入毫米波雷达目标模拟器，能够对单目标及多目标的距离信息、速度信息和角度信息进行实时模拟，实现对毫米波雷达在多场景下的性能测试。CVC 威凯还参与了 T/CAAMTB 15—2020《车载毫米波雷达测试方法》的标准制订，联合行业关键性企业进一步规范了毫米波雷达的测试方法。

（2）智能网联汽车 EMC 测试服务

CVC 威凯汽车整车及零部件 EMC 测试系统辐射发射频率范围扩展至 18GHz，实现低噪声宽频率的 EMI 测试，辐射抗扰度测试频率范围扩展至 6GHz。整车 10m 法暗室支持乘用车带转鼓的辐射发射及抗扰度测试，支持毫米波雷达的整车模拟测试。零部件 1m 法暗室支持传导发射、辐射发射、低频磁场发射、辐射抗扰度、大电流注入、脉冲抗扰度、磁场抗扰度、静电抗扰度等测试。CVC 威凯建成了可以覆盖零部件暗室及整车暗室的 5G 基站，实现了 5G 实网信号下的车载无线通信产品的 EMC 检测能力；开展了多款激光雷达、77GHz 毫米波雷达、域控制器、5G TBOX、车载 5G 天线的 EMC 和电性能及环境可靠性检测。通过在暗室中引入毫米波雷达目标模拟器和视觉场景模拟器，同时对视觉场景与雷达模拟目标进行了融合，CVC 威凯还实现了融合场景下对高级驾驶辅助系统的电磁兼容能力测评（见图 2）。

（3）自动驾驶道路测试服务

CVC威凯自动驾驶道路测试平台目前已具备假人、电动车、路障等道路测试设备及道具，并且拥有总长约4.3km的封闭道路场资源，能够实现白天、晚上全天候测试及研发验证服务。目前测试项目可以涵盖车道线识别及响应、人行横道线识别及响应、识别障碍物、行人横穿马路、自动紧急制动、超车等33个场景的测试。此外，测试场地还具有较强的拓展性，可以根据企业需求定制不同的测试场景。

图2　CVC威凯整车EMC测试实验室

威凯是广州市智能网联汽车示范运营中心的理事单位，也是中心指定的广州开展自动驾驶封闭道路测试的第三方机构，可以为车企及智驾企业提供咨询、测试、牌照发放等一站式服务。目前已为小马智行、滴滴、广汽、AUTO X等知名智驾企业服务，协助企业获得多张开放道路测试（含远程自动驾驶）临时牌照，具有丰富的测试经验。

（4）车联网身份认证服务

CVC威凯的LTE-V2X证书管理系统基于PKI公钥基础设施实现，其架构主要包括根证书机构、LTE-V2X证书机构、认证授权机构和证书申请主体四部分。该系统能实现对智能网联汽车及路侧设备的电子证书发放与管理，保障V2X通信中的身份认证、安全传输、数据完整性、有效性等安全特性，解决当前车与车、车与路侧设备利用PC5接口进行通信的安全隐患，解决车联网通信中无法保障用户的真实身份、数据传输受到网络安全威胁、账号管理困难等一系列问题，为智能网联汽车应用发展建立一个安全的网络运行环境。进一步，该系统还将通过接入工信部安全信任根管理平台，实现全国范围内跨信任域的互认互信。

4. 发展规划

未来，CVC威凯将进一步完善对智能网联汽车的检测能力，加强对智能网联汽车智能化、网联化及稳定性的质量评估方法研究，构建从零部件到整车、从实验室测试到道路测试的车联网质量服务生态体系，为行业客户提供一流的一站式质量服务解决方案。

AI算法驱动智能汽车设计及制造

贵州翰凯斯智能技术有限公司

作者：汪彪

本案例以贵州翰凯斯智能技术有限公司（以下简称翰凯斯）自主研发的移动空间产品无人驾驶小巴Robobus为例（见图1）。

1. 产品设计智能化

（1）技术诞生背景

当前，自动驾驶市场呈现"多元化、非标化、小批量"等特征，如果按照常规的产品设计、制造思路，那么成本将居高不下。常规的车辆设计制造策略包括计算机模型绘制、工程分析、估算成本、可靠性实验等一系列步骤。每当客户需求有改变时，整个设计过程将会从头开始。对于

图1　无人驾驶小巴Robobus

多样化市场需求，这个设计过程有着很大的不确定性，并且需要高昂的时间成本和人力成本。

（2）AAM™ - AI算法驱动汽车设计

基于自动驾驶市场情况，翰凯斯自主研发了以算法为驱动的AAM™。AAM™（Automotive Algorithm Modeling）是一种基于算法模型的车辆设计及制造流程，结合生成设计与智能制造技术，打通设计端与制造端，实现从设计到制造的无缝衔接，使车辆原型开发变得更容易和高效。相较于传统的汽车设计，AAM™打通从用户端到工厂产线全环节，将整个流程的效率提升10倍，相对人工设计效率提升50~100倍，并拥有更好的精确性和稳定性；在量产的基础上更兼顾个性化，可灵活搭建乘用车、轻型商用车、专用车等不同车型，满足"多元化、非标化、小批量"的市场需求。

（3）AAM™在无人小巴Robobus中的应用

Robobus底盘部分由AI算法——AAM™设计生成，输入需要的尺寸参数、载重、材料等信息即可在几秒之内完成上千个产品结构设计（见图2），再由设计师通过拓扑优化进行设计优化处理，选择最合适的设计方案即可。

2. 产品制造智能化

（1）RTM™算法驱动汽车制造

RTM™（Realtime Manufacturing）实时成型是一种无模具的成型技术，不需要专用的模具、夹具便能对金属钣金进行成型。在PIX RTM™工作站，通过数台六轴工业机器人+多种工具头，依据算法生成的数字化工艺文件相互协作，即可对金属板材进行任意成型，RTM™与AAM™的无缝衔接，加速了产品从原型到量产的迭代速度，同时降低了迭代及量产成本。

（2）RTM™在Robobus中的应用

Robobus壳体架构部分由AI算法设计完成，输入尺寸、需要承载的质量、每一条结构件的折弯幅度等参数，最后由机械臂完成工作（见图3）。

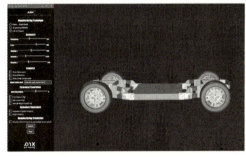

图2 AAM™设计系统界面

图3 机械臂焊接Robobus骨架

3. 产品智能化

（1）软件定义汽车

翰凯斯以"软件定义汽车底盘和舱体"，让智能化重塑汽车的整个生命周期。E/E架构是软件定义汽车的关键。在翰凯斯开发的AMP™架构下，整车可以通过不断自主学习和远程软件迭代，在不改变硬件的前提下带来性能和体验的持续进化，在电气架构部分实现"软件定义"。

（2）Robobus如何实现软件定义汽车

Robobus舱体可以是会议室、书房、卧室、影院……构建生活、娱乐、工作等自主移动空间。通过OTA技术一方面可以不断更新丰富车载的应用生态，提升用户体验；另一方面能够加快整车性能的迭代，不断实现远程功能升级，驱动自动驾驶向更高等级迈进。比如针对动力控制系统、安全控制系统、底盘控制系统、车身控制系统、信息系统等进行全面升级。

综上，翰凯斯以AI算法为核心驱动，自研RTM™与AAM™，从而让产品实现从设计、制造过程再到产品本身的智能化，同时数量级地缩减制造成本，为客户大规模部署智能车辆铺平道路。

云驰未来 – 智能汽车信息安全解决方案

北京云驰未来科技有限公司

自 2009 年起，谷歌、百度等互联网科技公司就开始进入自动驾驶领域，时至今日、已经可以看到自动驾驶车辆在 RoboTaxi、RoboBus、物流、港口、矿山等场景下的商业化落地。同时，在造车新势力强势崛起的背景下，软件定义汽车和自动驾驶技术的快速发展，极大地推进了汽车的智能化和网联化，智能汽车信息安全需求和挑战已成为广泛共识。

云驰未来自 2018 年以来就围绕着自动驾驶汽车的商业化落地持续投入，始终聚焦在智能汽车信息安全这一专业技术领域，形成完整的智能汽车信息安全解决方案，包括：智能汽车安全网关产品，智能汽车信息安全组件产品，智能汽车运营管理平台，以及智能汽车信息安全合规咨询和 TARA 分析服务等。

1. 智能汽车安全网关产品

智能汽车安全网关面向智能汽车电子电气架构（EEA）的演化路径，为软件定义汽车提供基础能力保障（见图1），包括：

1）智能汽车的网联能力。以车规以太网为主干，兼容汽车总线系统，包括 CAN/CAN – FD、LIN 等；集成 4G/5G/V2X/WiFi/BT 等多种通信方式；满足智能汽车大流量、低延时、高可靠的通信需求；支持网络虚拟化技术及网络资源动态管理。

2）智能汽车的信息安全。基于智能汽车纵深防御体系设计原则，对网络流量集中管理，通过网络隔离、访问控制、入侵检测和攻击防护，构建了基本的网络安全环境；支持整车安全 OTA、支持安全启动、支持基于 X509 证书的强制双向认证、支持加密存储与加密传输（国家商密，国际 AES、RSA 等算法）。为智能网联应用提供服务的能力。面向 EEA 架构整合数据面和控制面，面向自动驾驶和智能座舱提供实时、可靠的服务能力。

2018 年以来、云驰未来出产的智能汽车安全网关持续为高级别自动驾驶车辆的商业化运营提供服务，深度契合自动驾驶落地需求。2021 年设计开发的车载安全网关 L3000，是面向智能网联汽车的车载中央网关（见图2）。

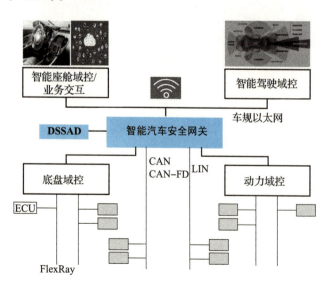

图 1　智能汽车安全网关的定位

图 2　车载安全网关 L3000

该设备支持 5G、千兆车规级以太网，集成 C-V2X 功能，进一步拓宽了对整车异构网络的网联能力；采用高性能多核通信处理器，进一步增强了高通量数据的转发与处理能力；同时满足多样化的智能网联汽车应用需求，进一步扩展了信息系统安全能力以及面向智能汽车应用的服务能力。

2. 智能汽车信息安全组件产品

智能汽车开放众多端口，攻击面大，必须构建云、管、端全方位的安全架构；智能汽车信息安全组件为智能汽车提供信息安全保障，是包含了系统安全、网络安全、数据安全和应用安全的软件能力输出（见图3）。

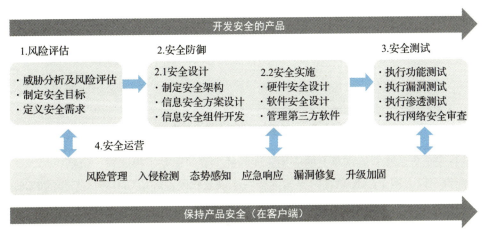

图3　智能汽车信息安全开发内容

1）其安全目标如下：

①数据：知识产权保护、敏感信息、个人隐私数据的安全存储。
②应用：检测异常行为，抵抗应用漏洞攻击和篡改，实现可信和受限的执行环境。
③网络：网络访问控制，基于身份可信的加密通信；网络流量的 IDPS 能力。
④系统：抵御未经授权的访问和漏洞攻击，抵御固件篡改；构建可信的系统环境。

智能汽车信息安全组件可以适配到车辆 ECU、DCU 以及中央计算平台，提供跨计算平台、跨操作系统、跨设备、跨域乃至跨云的信息安全能力，是多领域技术的融合（见图4）。

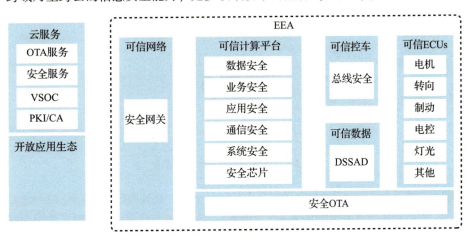

图4　智能汽车信息安全纵深防御体系

（DSSAD：Data Storage System for Automated Driving）

同时，智能汽车信息安全组件也为数据安全提供有力保障（见图5）。

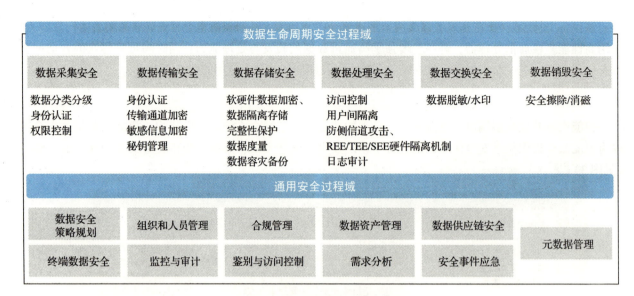

图5 数据生命周期与技术要素

2）传统信息安全方法在智能汽车上的应用，面临的主要问题是工程课题，包括：

①适配智能汽车以太网+CAN总线的异构混合网络以及软硬件环境均有较大差异的ECU/DCU异构开发平台。

②符合车载嵌入式开发实时性、可靠性、轻量化的技术要求。

③基于AUTOSAR的软件架构、车身总线协议、车规以太网技术、信息安全与功能安全技术的融合等。

云驰未来的智能汽车安全组件充分考虑并解决了这些工程课题。

3. 智能汽车运营管理平台

智能汽车运营管理平台提供安全运营管理服务，包括车辆安全态势感知、应急处理、威胁预警等；还可以提供例如车队管理、资产管理、流量管理等业务服务能力（见图6）。

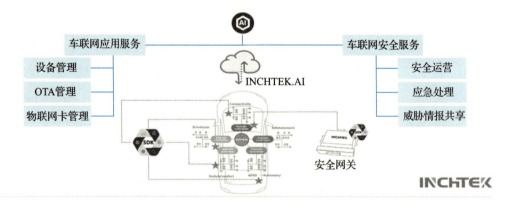

图6 智能汽车运营管理平台示意

通过将车端采集的运行Log、安全日志等信息上传到云平台，通过大数据分析与AI技术，对车联网安全态势整体展示、监控；并通过威胁情报共享、应急处置等方式，远程管理安全策略，实现对智能汽车的持续安全增强和安全运营。同时，可通过车云一体的方式对各种车联网应用的具体场景提供服务能力。

4. 智能汽车信息安全合规咨询和TARA分析服务

云驰未来积极参与国家相关标准和试点工作组，为OEM主机厂及其供应商提供从体系建设到具体技术方案落地实施的技术服务（见图7）。

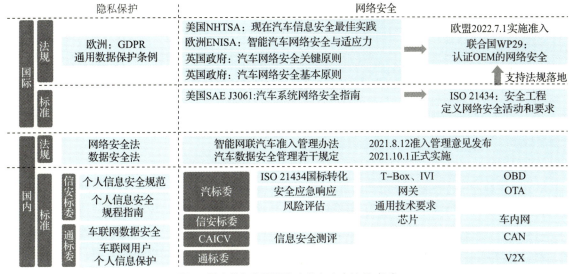

图 7 国内外智能网联汽车信息安全法规/标准

云驰未来通过对法规标准的深入解读和技术实践，逐步形成面向智能汽车完整的信息安全咨询和服务能力（见图 8）。

图 8 智能网联汽车信息安全管理体系

5. 总结

随着智能汽车电子电气架构的发展，形成跨平台、跨域、跨云的技术架构，同时、随着面向互联网开放应用生态的智能座舱技术、面向计算平台的自动驾驶技术的发展，行业对智能汽车信息安全提出了新的要求。

云驰未来的智能汽车信息安全解决方案与汽车电子电气架构、面向服务的软件架构以及智能汽车应用生态协同发展，行业为智能汽车安全运营提供信息安全技术保障（见图 9）。

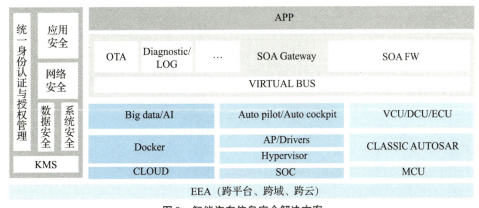

图 9 智能汽车信息安全解决方案

智出行·享安心，商用车驾驶安全解决方案应用

苏州清研微视电子科技有限公司

作者：王楚桦

1. 公司概况

苏州清研微视电子科技有限公司（以下简称"清研微视"）成立于2013年5月，是一家专注于智能驾驶核心技术研发及出行安全场景应用的创新型企业，核心技术包括人工智能车载应用、行车参数实时获取与动态分析、多功能辅助驾驶、智能化决策、远程信息处理与云控平台开发等，致力于面向商用领域提供以"AI硬件+云控平台+安全管理服务+大数据"为核心的行业综合解决方案，构建模块化技术匹配、AI场景化应用、一体化运维服务和数据汇聚挖掘的价值链体系，以实现"道路交通零事故"，赋能安全、便捷的汽车生活。

清研微视为国家火炬计划高新技术企业、双软企业、清华大学苏州汽车研究院重点孵化企业，拥有自主知识产权近百件，通过IATF16949、ISO9001、ISO14001、ISO45001、ISO/IEC27001管理体系认证，GB/T 29490-2013知识产权管理体系认证。企业核心团队自2006年就开始在清华大学从事驾驶人异常状态及不良驾驶行为检测预警技术的研究工作，并集聚了来自清华、北大、浙大、中科大、MIT等国内外高校的精英，具备丰富的车载人工智能和智能驾驶相关技术研究经验。

2. 商用车驾驶安全解决方案及应用

针对"两客一危"、货车、公交车、渣土车等车辆在行车过程中的人因因素不安全行为、道路障碍、被动事故等安全隐患问题以及运营单位信息化管理、智能化升级、数据分析等需求，清研微视利用人工智能、多源信息融合、无线通信、卫星定位、大数据云控等核心技术，推出了AI驾驶安全云控系统（见图1），基于智能硬件（见图2）、大数据云平台及安全服务的闭环管理，消除驾驶员疲劳驾驶、不规范驾驶行为等安全隐患，提高企业管理效率，做好风险防范，保障人车安全。

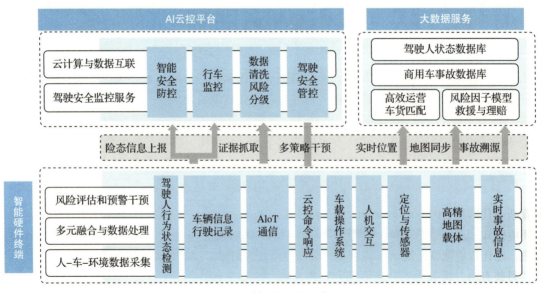

图1 驾驶安全云控系统

（1）驾驶员状态监测

通过对驾驶员异常状态的融合感知，可实现对驾驶员驾驶过程中的疲劳、注意力不集中、吸烟、打手机、不系安全带、双手脱离方向盘、急加减速、急转弯、超时超速等状态和行为的实时监测预警，同时，通

过无线传输完成驾驶人与远程监控中心、移动终端的动态联动，全程为驾乘者、营运单位及后端监管部门提供安全保障。

（2）前视行车感知

系统实时聚焦车辆行驶过程中前向各类突发情况，提供基于单目视觉、双目视觉、雷达视觉融合的车道偏离预警、前向碰撞预警、车距监测、并线辅助、行人探测等驾驶辅助支持，帮助驾驶员预知风险，提升驾乘安全。

图2　AI智能硬件

（3）智能视频监控

系统能够清晰记录行车过程中车内情况，上传车辆运行的地理位置、运行状态，为及时处理突发事件及事故责任的追溯提供了有力的证据和支援。

（4）盲区监测

系统以AI视觉技术识别靠近车辆盲区（包括前盲区、后盲区、后视镜盲区、AB柱盲区）的行人、车辆及障碍物，提供标定距离范围内的人、车、物监测预警，降低由驾驶盲区导致恶性交通事故的发生概率。

（5）大数据云控平台

通过对"人－车－路"信息采集与挖掘，实现车辆/驾驶员基础信息管理、行车环境感知、驾驶员状态分析及行为、车辆实时位置监控、统计报表输出等可视化管理，通过危险预警、证据存储、疑点分析等为整个驾驶过程提供全方位一体化的安全服务保障，充分运用信息化、智能化手段对风险源实施24小时动态监控，从而有效预防和减少交通事故的发生。

商用车驾驶安全方案已为长途客运、货运、公交、渣土、商用车保险等细分行业的用户提供了一体化安全监控与运维管理服务，其中，面向智慧公交，提供客流量统计、智能调度、驾驶辅助、健康监测等应用，为公交线网优化、运力调配、智能决策、行运安全等提供支持；面向货运保险，建立了综合考虑驾驶人状态、驾驶人行为、行车环境及车辆运行参数的综合风险评估模型，帮助商用车用户有效降低了事故率，帮助险企显著降低了事故赔付率，提高了风险识别能力、定价能力与客户管理水平。

3. 未来发展

随着智能驾驶方案在各场景中的广泛应用，清研微视将持续精进视觉感知、多传感器融合、自动驾驶等技术创新，提升环境识别精度、增强数据分析算力，助力行业用户实现智能驾驶全生态管理，并继续携手更多合作伙伴，推动智能驾驶领域的快速发展，构建"智出行、享安心"的出行生态。

轻舟智航智能公交创新成果

北京轻舟智航科技有限公司

作者：张晓超

随着新一代信息技术与汽车产业的深度融合，智能网联汽车正逐渐成为全球汽车产业发展的战略制高点；环境感知、多传感器融合、智能决策、控制与执行系统、高精度地图与定位等核心技术的快速发展与成熟，也让智能网联公交从实验室走向公开道路实地测试及商业化示范成为现实。

以"科技有为、智航无界"为愿景，轻舟智航与城市交通、出行服务、智能汽车等行业伙伴保持紧密协作，致力于将无人驾驶带进现实，为人们提供更加安全、高效、低碳的出行方式。

1. 产品介绍

轻舟智航（QCraft）是位于世界前沿的无人驾驶通用方案公司，基于大规模智能仿真系统、可自主学习决策规划框架和多传感器融合和时序融合方案等核心技术，轻舟智航推出了专注城市复杂交通场景的无人驾驶方案"Driven‐by‐QCraft",并选择从智能网联公交形态入手,在中国多个城市部署落地了龙舟系列自动驾驶车,覆盖多类车型,应用于城市公交、网约出行等场景,打造更广泛适用于共享出行的全新车辆形态。

2. 产品技术基础

轻舟智航拥有多项自研核心技术,涉及车载软件、车载硬件和数据自动化闭环等方面。

1) 车载软件方面:轻舟智航在各个技术栈均拥有自研技术,包括感知算法、地图与定位、规划决策、云端控制等,可保证全面覆盖不同城市场景及不同车型的应用需求。

2) 车载硬件方面:传感器套件结合了多类先进高精度传感器的特点,保证了环境感知的稳定性和实时性,同时采用了易于部署的模块化设计。此外,在计算平台、电源、通信等模块也采用全冗余设计,其中"大小脑"的计算单元设计让车辆拥有异常情况靠边停车、紧急刹车等保护机制。

3) 数据自动化闭环方面:随着龙舟系列无人驾驶车的规模化落地,车辆将产生海量数据,对其自动化收集和使用也成为自动驾驶技术实现高效迭代的关键所在。轻舟数据流场可自动完成 PB 量级的数据收集、筛选、清洗、标注以及仿真评估、大规模仿真场景生成等步骤,形成完善的一整套流程(见图1)。

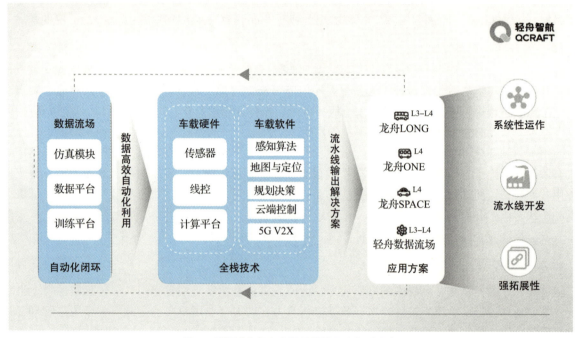

图1　基于城市复杂交通场景的无人驾驶平台

3. 产品应用案例

作为国内智能公交的领跑者,轻舟智航推出的首款智能网联小巴——龙舟 ONE(又称轻舟无人小巴)已成功在苏州、深圳、武汉等多座城市落地,成为国内布局城市最多的公开道路无人小巴。

2020年,轻舟智航在苏州启动了全国首个常态化运营的5G无人公交项目(见图2),现已开通 Robo‐Bus 线路,沿线覆盖12个路口,部署有超过130个智能网联感知设备,并结合中国移动5G+北斗高精度定位能力,实现智能网联公交厘米级车道精准定位与感知,在人车混行的城市复杂交通环境下进行完全自动驾驶。结合多样化与常态化公交运营模式、城市公交自动驾驶与车路协同测试、公交预约定制化等小巴生态能力,探索车路协同技术演进,加速车路协同商业化落地,提高公交服务安全性与营运效率。

图2　龙舟 ONE(轻舟无人小巴)

轻舟智航的 Robobus 项目是目前国内覆盖范围最大的无人公交项目。以江苏省落地运营为例,该项目已初具规模，是唯一常态化运营的城市公开道路无人驾驶公交项目，也是全球首个支持数字人民币支付的5G无人公交。6条运行线路的进行给城市带来更多新的活力，车辆行驶串联7个停靠站点，在人车混行的城市复杂交通环境下进行完全自动驾驶，路线涵盖有/无信号灯的十字和丁字路口，按照路线单向、循环行驶。此外，已经实现常态化公交营运提供固定公交站点接驳、重点片区微循环、特殊时段和高峰时段定点接驳等多种常态化小巴运营模式；通过了智能网联测试道路有机结合实现"5G超视距透视""弱势交通参与者碰撞预警""十字路口盲区车辆提醒"等车路协同功能的测试及验证。

4. 产品未来展望

轻舟智航充分结合车路协同V2X、交通大数据及云计算等新兴技术，搭建智能公交–路侧智能系统–云控平台的"车–路–云"体系框架，未来，轻舟智航将会把"Driven-by-QCraft"应用于更多智慧交通场景，推动技术持续迭代，最终将无人驾驶带进现实，助推城市交通走向智能化、网联化、共享化。

有为信息智能座舱感知交互

深圳市有为信息技术发展有限公司

智能座舱是智能网联汽车的重要部分，作为人机智能联动交互接口，基于智能网联终端等硬件及软件平台的集成协同，感知车辆状态/环境及信息的收集处理，实现驾驶辅助及系统提升，保障行车安全的同时，为用户提供更多服务及更好体验。

1. 有为智能座舱系统

有为智能座舱平台是基于有为监控管理位置服务平台、有为人工智能及大数据服务平台等有为基础服务平台而打造的"云+端+内容"的智能车联网平台（见图1），为传统及新能源车、相关附属设备"数字化并上云"提供基础服务，为行业用户构建定制化的车联网应用提供支撑。

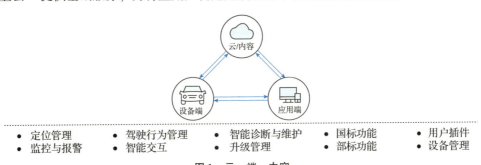

图1　云+端+内容

1）设计架构（见图2）。

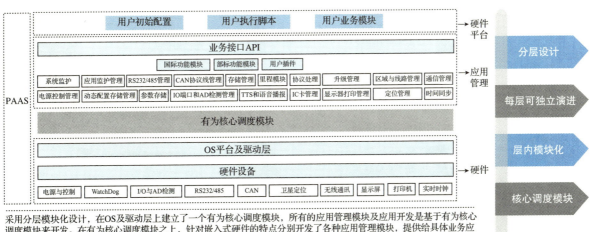

采用分层模块化设计，在OS及驱动层上建立了一个有为核心调度模块，所有的应用管理模块及应用开发是基于有为核心调度模块来开发。在有为核心调度模块之上，针对嵌入式硬件的特点分别开发了各种应用管理模块，提供给具体业务应用来使用。服务模块对上提供业务应用调用接口（业务接口API），应用开发基于业务接口开发。

图2　分层模块化设计

2）有为智能座舱系统简图（见图3）。

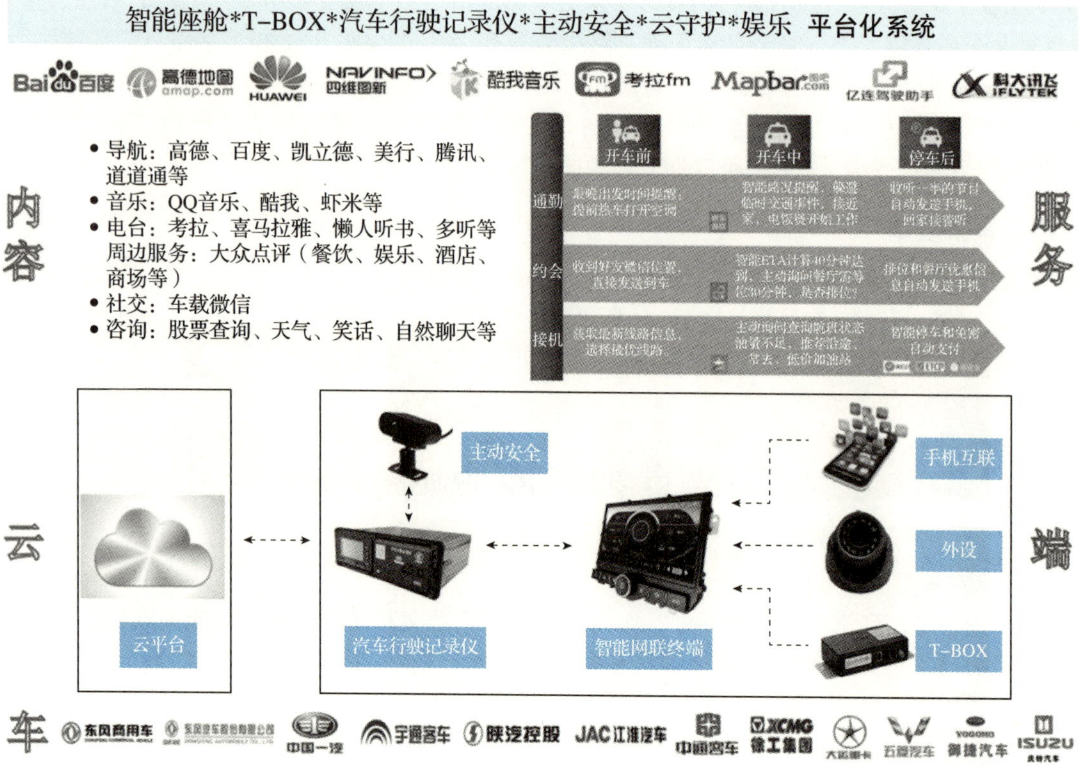

图3 有为智能座舱平台化系统

3）汽车行驶记录仪。满足国标/部标的一体化智能视频监控终端，支持全国各地主动安全地方标准，领先的数据存储安全保护技术。

4）T-BOX：（新能源/国六）车辆数据远程监控，满足政府部门对新能源车和排放检测的监控要求，符合车厂EMC、EMI要求，为整车厂及配套企业提供数据积累。有为信息T-BOX最先在国内前装主机厂安装应用，目前是行业内对接商用车国六发动机协议最多的厂商，并且已为多家主机厂开发了新能源监控平台、国六远程排放监控平台。

5）智能网联终端：安卓大屏，智能化、网联化多媒体监控终端，支持导航、影音娱乐、蓝牙、收音机、APP、倒车影像/盲区影响、UDS诊断、WiFi热点、手机无线投屏等。

6）主动安全：ADAS、DSM、BSD、HOD等智能视频监控功能（见图4）。

ADAS（高级驾驶辅助系统）

前向碰撞预警
车距过近预警
车道偏离报警
实线变道报警
行人碰撞报警（选配）

DSM（驾驶状态检测）

疲劳驾驶报警（1/2级）
分神驾驶报警
抽烟报警
接打电话报警
遮挡摄像头
离开驾驶视线
驾驶员身份识别
主动拍照功能

HOD（双手脱离方向盘检测）

双手脱离方向盘
玩手机检测
安全带检测

BSD（盲区监测）

右侧盲区监测报警
盲区等级报警
声光提示

图4 智能视频功能

7）外设：其他摄像头、油耗/载重等传感器、显示屏等设备。

8）云守护：后台软件服务平台。

2. 人机交互体验

有为信息通过多年来研究用户应用场景、操作行为及心理需求，总结出车载中控系统人机交互体系的设计和使用经验，以用户为中心，形成了有为特有的 HMI 人机交互体系。

1）最大化挖掘用户使用场景。

2）人性化设计（乐趣、易用、安全）。

3）一些 UI 设计（见图 5）。

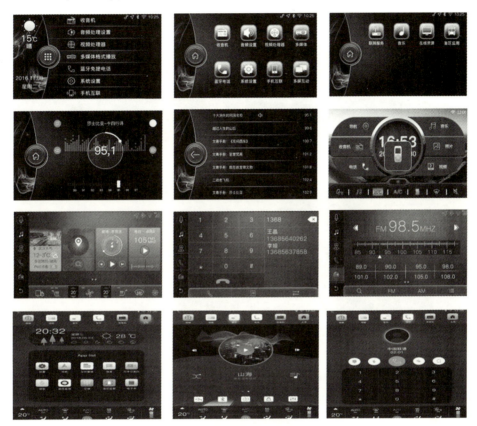

图 5　UI 设计示例

3. 丰富的应用功能

智能语音交互（见图 6）、智能车载导航、盲区监测（见图 7）、行车记录仪、影音娱乐、OTA 升级（见图 8）、胎压监测（见图 9）、手机互联（见图 10）、车辆控制（见图 11）、多功能方向盘、CAN 功能等，还支持跨场景主动服务。

语音识别
在线识别、离线识别、场景识别、抗噪及远场识别。快速精准识别，识别率高、车厂定制化场景。

语音合成
支持多音色合成、个性化定制、在线/离线融合模式，应用业界先进机器学习算法的语音合成引擎，丰富的情感语料，让合成的声音更加自然。

语义理解
自然语言理解、智能纠错、领域知识图谱、交叉领域对话、多轮对话、场景识别，专业定制的车载场景，精确理解当前用户的输入。

语音唤醒
语音唤醒定制、One-shot 免唤醒、全局免唤醒，定制的唤醒词快速唤醒，并支持特定场景全局免唤醒。

图 6　智能语音交互

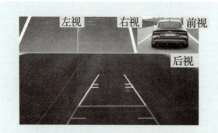

扫除盲区
1. 大广角视图，实时画面
2. 高清摄像头，画面清晰
3. 4路画面同屏显示，兼顾四周无死角
4. 倒车影像轨迹线，保持安全距离
5. 硬线或CAN触发，响应速度快

图7　盲区监测

OTA
1. 远程便捷运维
2. 升级状态及进度实时显示
3. 主动升级
4. 减少运维成本
5. 新功能发布，增加车主粘性

图8　OTA升级

胎压监测

实时对轮胎的胎压进行自动监测，并在轮胎出现在漏气和低气压时报警，让驾驶员能及时发现问题并进行处理，以确保行车的安全性。

图9　胎压监测

手机互联
1. 无感连接，上车即用，独立交互
2. 更快的互联连接速度
3. 自动发现车辆，自动连接
4. 音视频同步，高清无延迟

图10　手机互联

车辆控制

支持空调、车窗升降、室内灯开关、门锁开关、音源切换、独立加热开关等控制，且支持蓝牙遥控器操作控制。

图11　车辆控制

智能座舱关注用户使用车辆的全周期全场景，具备的图像识别、视觉 AI、语音交互、环境感知等智能技术及功能在行车环境中能给用户提供更多更广泛应用的智能体验服务。另外，智能座舱涉及整车出行安全及社会安全，所以必须具备高可靠性：功能完善、响应迅速、操作安全、有足够的缺陷应对机制等，对车辆的功能、互联网的功能以及相互间的融合有很高的可靠性要求。

汽车智能化、网联化不断提升，智能座舱将向出行全场景的"智能移动空间"深入发展。消费需求升级，重塑座舱价值的背景下，未来智能座舱将出现越来越多不同的产品形态，与智能驾驶、V2X、车路协同等不断融合，数字化座舱赋能更安全智能的人机交互体验及驾驶服务。

汽车智能座舱自主操作系统

上海友衷科技有限公司（AutoIO）

作者：张铮

智能交通智慧城市是我国"十三五"规划关于加快转变经济发展方式，对经济结构进行战略性调整的重点支持领域之一。发展汽车智能座舱电子、推动汽车智能化发展，对我国的经济转型和社会发展具有重大意义。

根据市场分析，智能座舱作为未来汽车关键组成部分，当前国产汽车的智能化座舱领域规模较小，渗透率较低，需要厂商差异化追赶发展。这也成为友衷科技这样已有一定的产品经验和技术积累的公司可以快速进入，使得旗下智能座舱产品成为各车型突出亮点的机遇。然而智能座舱的核心是操作系统，这个市场长期被国外厂商独占，对国内用户而言这些产品的缺点是单价贵成本高、系统封闭无法交互、用户使用体验差。

上海友衷科技有限公司是一家以车载智能操作系统为技术核心，拥有自主知识产权及研发能力的前装智能汽车座舱软硬件供应商，能够自行设计、研发、生产基于 Linux 内核的自主可控操作系统的座舱电子产品，满足汽车的智能驾驶感知需求，具备车载总线处理能力，搭载夜视辅助系统、前车碰撞预警系统、集成 ADAS 辅助驾驶功能。在汽车智能座舱产品上实现自主、可控，完全保证系统的安全、稳定。

1. 产品介绍——友衷车载操作系统 Autoio OS

AutoIO OS 是完全的自主研发能力和 100% 知识产权的车载操作系统平台，是一个基于 Linux 技术、跨平台的实时系统，采用模块化软件架构，满足系统的可裁剪和快速开发要求，同时具备车载总线（CAN/LIN 等）处理能力，可以在保证安全的前提下将车载数据、用户信息等与互联网进行交互。（见图 1）

AutoIO OS 的价值在于通过对系统各个层面的自主掌控，有能力通过优化软件在更低的硬件配置及功耗下实现产品的稳定性、流畅性、安全性，从而提升产品的竞争力。

2. AutoIO OS 产品特色功能介绍

（1）产品特色

上海友衷科技自主研发的车载智能操作系统 AutoIO OS 是基于 Linux 内核的跨平台、模块化、嵌入式智能车载操作系统，满足车规级的安全性、稳定性和实时性要求。系统包含：车用总线配置

图 1　AutoIO OS 功能及优点

模块、2D/3D 图形界面设计工具、动态画面设计工具、软件及整机测试工具、工程管理工具和多 HMI 链接协议（JetCast）等功能模块。（见图 2）

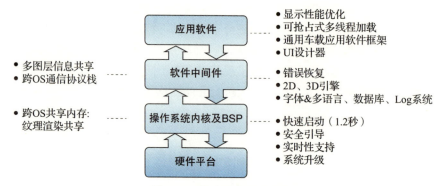

图 2　AutoIO OS 的各个模块

（2）功能介绍

1）采用 Linux 内核移植广泛，几乎可应用于所有带有 MMU 的嵌入式处理器。形成业界标准，通常是一颗新处理器第一个支持的操作系统。

2）多任务，完全兼容 POSIX1.0 标准。

3）宏内核结构，多任务内核与驱动程序、文件系统配合度高。

4）图形界面支持广泛切验证充分：X – Windows、QT、FLTK、microWindows 等多数图形界面第一个支持的操作系统，OpenGL 支持容易。

5）内核授权免费，源码完全开放，可以深度定制。

6）开发社区活跃，新增行业规范和功能支持比较容易。

车载 SOA 架构设计风险与安全

北京豆荚科技有限公司

作者：孙琛

北京豆荚科技有限公司成立于 2015 年，是一家从事可信安全行业的技术公司。在汽车领域的业务内容包括：

1）咨询服务：整车及组件的 TARA（威胁分析与风险评估）；安全需求分析与定义；安全方案设计和安全测试等。

2）安全产品与集成服务：车载 TEE（安全操作系统）；车载虚拟化隔离系统 Hypervisor；SeCore 终端安全组件簇；SecOC/IPSec/MacSec/TLS 等车载网络安全协议栈集成服务；KDS、KMS、PKI 及相关系统及解决方案；车载 SOA 架构系统设计、集成、安全解决方案等系统开发集成相关技术服务。

3）操作系统定制与技术服务：Linux、Android、RTOS 等 OS 内核定制、AUTOSAR 集成定制开发等集成开发服务。

豆荚科技专注系统安全可信技术，帮助产业链客户建立自主可控的全面安全体系、为客户赋能安全。

1. SOA 整车架构设计与产品集成服务

随着汽车"新四化"的发展，EE 架构从分散式走向集中式，软硬件解耦也成为车载系统的发展趋势，面向服务的软件架构 SOA（Service-Oriented Architecture）目前已经被越来越多的 OEM 所采用。作为一个在传统互联网领域广泛应用的设计思维和理念，SOA 并不新鲜，那么为什么车载系统要采用 SOA 呢？主要原因有两点，一是 SOA 的平台开放性优势。在 SOA 的技术架构（见图 1）中将能力以服务的形式开放出来提供给 consumer 层，呈现了"生态开放"的特点。上层应用开发者可专注于应用开发，无须关注底层硬件架构，使得汽车行业未来有望复制 PC 和智能手机的"底层硬件、中间层操作系统、上层应用程序"的分工模式；二是 SOA 架构通过服务平台结构化，服务通信标准化，很好地解决了传统架构中因个别功能增加/变更而导致整个通讯矩阵、上下游模块都要跟随变更的问题。服务间的松耦合、无状态无依赖，服务内的高内聚，可复用可灵活重组的特点，都使得系统更加易于集成扩展。节约成本，提高效率。

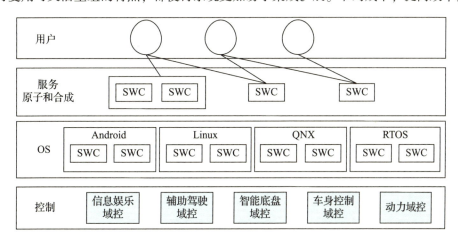

图1　SOA 技术架构图

从技术实现层面来说，SOA 包含两个概念，一个是面向服务的通信 SOC（Service-Oriented Communication），一个是面向服务的软件架构 SOSA（Service-Oriented Software Architecture）。在车载系统中，SOC 的具体实现常见的有 SOME/IP（Scalable service-Oriented MiddlewarE over IP）和数据分发服务 DDS（Data Distribution Service）。在 Adaptive AUTOSAR 架构中对两种方式都有集成。SOSA 的实现通常有两种方式：一种是直接购买商用的软件产品如 AUTOSAR Adaptive Platform，另一种就是 OEM 自己定制开发自己的 SOA 中间件。

以 Vector 的 AUTOSAR AP 产品为例，产品提供了 SomeIP 和 SOA 的软件适配层的整套实现，并且提供了 PREEvision、Davinci 等可视化工具，支持各部门对 SOA 的服务和功能接口设计、SOA 系统配置、以太网设计和软硬件 mapping 的协同开发。作为 Vector 的合作伙伴，豆荚科技提供基于 AUTOSAR AP 产品的 SOA Middleware（见图2）设计与产品集成服务。

同时为了满足 OEM 对于车载系统自主研发自主控制的需求，豆荚科技自行研发的 SOMIP 协议栈 + SOA 中间件产品，符合 AUTOSAR 规范，可支持 ARXML 文件的导入，适配各类操作系统，并提供源码交付。

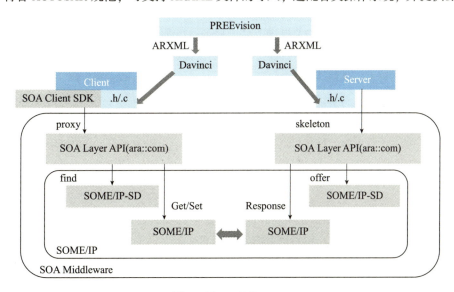

图2　SOA Middleware

2. 车载 SOA 架构的安全风险

提到安全风险,我们首先想到的方法就是对 SOA 架构进行 TARA(Thread Analysis and Risk Assessment,威胁分析与风险评估)。在 ISO21434 中把威胁分析与风险评估 TARA 作为汽车网络安全概念阶段开始并贯穿整个声明周期的活动项,通过 TARA 分析,可以得出安全要求和安全目标,作为整车网络安全设计的依据。

下图中,我们针对 SOA 架构做了一个简单的 TARA。我们把参与 SOA 架构的元素之间的数据流图简单描绘出来,形成一个风险全景图(见图 3)。

基于这个数据流图,使用 STRIDE 方法,从篡改、伪造、拒绝服务、监听获取、抵赖、提权六个方面入手,通过人身安全、车辆等财产、车辆功能、隐私法规、其他法律法规、企业损失等危害的枚举,来进行威胁建模和风险评估。

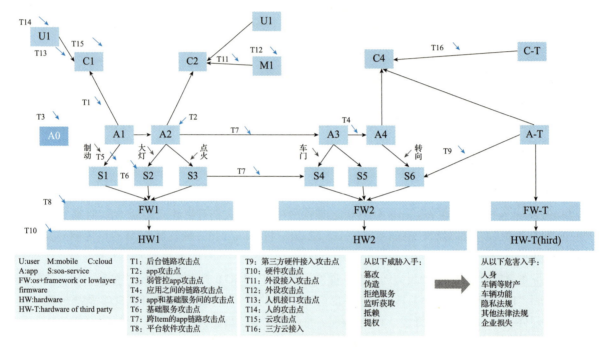

图 3　SOA 风险全景图

图中 T1~T16 是我们通过 TARA 得出的攻击面。

通过分析,我们发现 SOA 架构的核心问题是面向服务的访问,即服务端向客户端开放所有服务接口,客户端通过服务发现机制即可访问到 SOA 提供的基础服务(元服务)。调用可以是 ECU 内部的 IPC 通信,也可以是跨 ECU 的 RPC 通信,无论是哪种通信,都需要保证通信相关资源的安全属性,从而保证 SOA 架构的安全性,因此项目要求达成如下目标:

1)保护的 SOA 功能资产:服务发现、IPC 通信(ECU 内部通信)、RPC 通信(跨 ECU 通信,如 SOMEIP)、基础服务、应用。

2)保护的安全属性:真实性、机密性、完整性、可用性、不可抵赖性、新鲜性。

3. 基于零信任架构的车载 SOA 安全框架 ZT–V

SOA 是汽车新一代 EE 架构的发展趋势,也同时带来了高风险,需要一套强有力的安全架构控制风险,实现我们定义的安全目标。而零信任架构作为目前安全行业的最佳实践,来自安全行业多年的淬炼,最终 NIST 形成了标准。该架构的核心组件就是 PDP(策略的产生与分发),PEP(基于身份认证和隔离的策略生效引擎),以及其他辅助方案及 PIP(从外围采集度量因子)。

豆荚 ZT–V 安全框架(见图 4)是一套基于零信任架构的解决方案,用于保障 SOA 架构的车端平台安全。

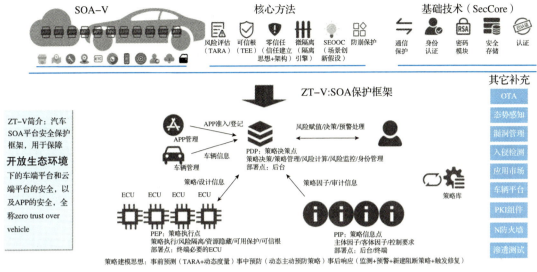

图 4 豆荚 ZT–V 安全框架

如图 4 所示，ZT–V 框架在技术上通过有核心的可信根来保证技术上的信任根，通过微隔离来进行系统和服务的访问控制，通过防崩保护来保证系统和服务的可用性。基础技术 SecCore 是豆荚科技在端侧的安全功能组件，是公司的安全核心产品之一，包括有通信保护、身份认证、密码模块、安全存储和认证等安全功能。终端侧的安全方案将会基于这些组件来进行建设。

PDP 作为策略管理平台部署在后台，其核心功能是对策略的全生命周期的管理，包括默认策略，基于信任因子动态度量后的动态策略制定，策略分发，策略保护，策略撤销等。框架具有便捷的管理员界面接口，提供开放生态下的 APP 准入审核机制。通过基于创新方法论的服务假设方法加强 SOA 风险评估准确性，提升安全性与合规性。

PEP 策略执行引擎是一个车端的组件，部署在必要的 ECU 上面，策略执行引擎根据安全策略限制应用的行为，目的是对 APP 访问 SOA 服务进行访问控制，保护相关资产。在身份认证中 IPC 的身份认证所依赖的 APP 可信保护。仅允许 APP 访问授权的服务和资源，减少对 SOA 基础服务、系统和其他应用的安全危害。

在 PEP 中，框架采用微隔离技术，确保网络层进程层服务层的隔离，防止策略和策略执行器被破坏。对终端 OS 采用可用性保护机制，提供系统各种资源的监控分配。在对通信的保护上，除了对 SOME/IP 或 DDS 的安全协议保护外，框架也提供安全通信所需的密钥及证书保护模块。

PIP 策略信息点，主要是对主体因子、客体因子、控制要求的采集，提供 SOA 场景下的动态风险识别与控制。在车端还未建立生态开放时，我们可以收敛安全目标，PIP 可以延后建设。

ZT–V 框架的功能特点如下：

（1）基础功能

1）支持安全策略，集中化管理，系统性防御。

2）支持网络/业务/服务/系统资源等多层安全隔离。

3）支持安全加密/安全存储等基础安全能力。

（2）扩展功能

1）对车内外网之间的安全通信进行隔离保护。

2）保证后台对车载设备接入做身份认证，验证唯一合法性。

3）提供日志审计系统，收集自身关键和异常信息，提供给后台做分析。

4）ROOT 检测，检测系统是否有 ROOT 攻击，提供给后台或车载用户。

豆荚 ZT–V 框架可适配不同系统，不同中间件，不同 SOA 协议。也可以与常见的安全方案及产品进行集成，形成更丰富的安全方案。框架本身支持版本升级，向前兼容，具备可持续维护性，可快速扩展升级、效率高、节约成本。

4. 写在最后

豆荚 ZT-V 框架目前已经在 OEM 下一代的 EE 架构中实施，通过安全后台的 PDP，和在车载 CCU、IVI 等关键控制器上部署的 PEP 引擎，基于安全策略，对整车形成可管可控的完整安全保护。

SOA 框架的应用正在打通车内电子电器架构的壁垒，通过接口标准化，让 APP 开发者可以基于统一的基础服务接口进行应用迭代开发，车载应用的开放生态将逐步快速的形成。SOA 的安全与零信任架构的结合，完美地解决了开放生态的安全问题。

技术架构的演进和生态发展进度息息相关，豆荚 Z-TV 框架将随着车载 SOA 生态的发展，进一步演进完善，为车载系统保驾护航。

宜飞智慧智能化、网联化自主创新成果

北京宜飞智慧科技有限公司

作者：章登飞

北京宜飞智慧科技有限公司（简称宜飞智慧）成立于 2016 年 9 月，是专业从事各种自动驾驶设备（无人机、无人车、无人船）研究、设计、开发、生产与销售的自动控制集群系统的高新科技企业。

公司目前专注于自动驾驶、集群系统和 AI 图像识别的研发。公司现有产品线涵盖无人飞行器、无人车、无人船系统。公司位于中关村科技园丰台分园。工厂位于安徽九华山脚下。是国家认定高新技术企业，中关村高新技术企业。

经过数年发展，宜飞智慧已经发展成为一家以自动驾驶技术为核心，具有从产品概念提出，外观结构设计，模块化生产组装，软硬件定制相结合的生产制造型企业。

企业定位：以自动驾驶和集群系统技术为核心，与国内外市场高度接轨的全球性创新型高新技术企业。

目前，宜飞智慧市场团队经过数年的深耕，客户已经遍及农林业、航天军工、矿业、科研院所等各个领域，与航天九院、航天五院、中国电子进出口集团、中船重工、中国兵器、北航等央企和学校建立了良好的合作关系。完成了埃塞俄比亚医疗运输无人机项目、摩洛哥军用无人机项目、尼日尔贝宁石油巡检项目等一系列标志性的国际项目的签订，具备良好的市场开拓、项目攻坚能力。

1. 宜飞智慧技术进展和研发能力

（1）自动驾驶产品

宜飞智慧自动驾驶仪是公司专为无人车、无人机、无人船研发生产的一款控制器。自驾仪根据任务类型分为多个版本，可控制履带、轮式无人车，具有体积小、重量轻、集成度高、多任务接口等优点。使用简单方便，控制精度高，导航功能强，真正做到不用遥控器，直接使用地面站控制全自动启动、执行预设路线任务，停车、返程等（见图1）。

（2）远程管理和控制系统

远程控制系统是公司专为无人车、无人机、无人船研发生产的一款管理和控制软件。远程管理控制软件根据任务类型分为不同工作任务版本，在不同地区总部可以随时查看具体每一个无人系统的运行状态。

图 1　自动驾驶控制系统

(3) 集群控制

无人机、无人车、无人船集群是指由一定数量的同类或异类无人机、无人车、无人船组成，利用信息交互与反馈，激励与响应，实现相互间行为协同，适应动态环境，共同完成特定任务的自主式智能系统。其不是无人机、无人车间的简单编队，而是通过必要的控制策略使之产生集群协同效应，从而具备执行复杂多变的任务能力。未来无人机、无人车、无人船集群协同完成任务将成为无人化产业应用的重要方面。无人机、无人车、无人船集群既能最大限度的发挥无人设备的优势，提高整体的载荷能力和信息感知处理能力，又能避免单独个体执行任务时的局限性。目前我们可以做到无人机、无人车、无人船等不同类型载具的协同控制，达到空天地一体化的效果，大大提升了完成任务的成功率和精度，具有行业领先地位。

智能无人集群系统技术体系包括：系统架构、无人平台、通信组网、智能协同和效能评估等五个方面（见图2）。

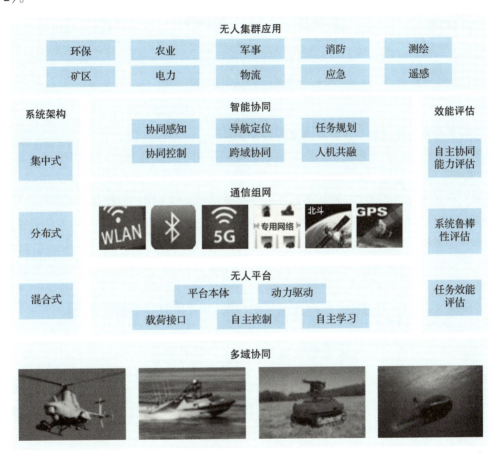

图2　智能无人集群系统技术体系

(4) 典型案例（见图3和图4）

图3　航天某院无人靶车系统

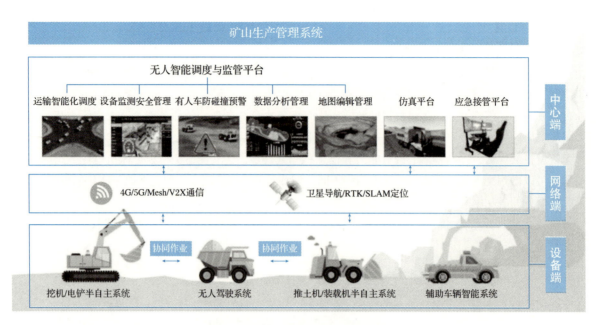

图 4　秘鲁某矿山自动驾驶集群系统

2. 发展规划

北京宜飞智慧在智能驾驶集群方面发展主要为 3 个阶段。

第一阶段：实现在智能物流系统中，空 – 地机器人协作用于自动包裹交付提升服务效率。产品批量产业化。

第二阶段：在安全巡逻系统中，跨域多机器人协同感知环境和工作，实现安全巡逻系统批量产业化。

第三阶段：在地空无人平台协同作战应用中，以无人机、无人车、无人船为代表的智能化装备成为未来战场的主角，实现产品批量化。

一站式整车 OTA 升级和远程诊断方案

上海科络达云软件技术有限公司

作者：章鑫杰

随着汽车"四化"（电动化、智能化、网联化、共享化）的快速推进，给汽车产业带来了新的技术变革浪潮，同时也为诸企业及行业带来新的商机和挑战。传统汽车的机械部件正在被越来越多的电子器件取代，当汽车发生故障时，能为其诊断把脉的也只有懂得这套复杂系统的"工程师"才能处理。因此，越来越多的软件诊断工具被研发推出，服务汽车的完整生命周期。同时，随着汽车厂商面临"四化"转型压力，OTA 升级已经成为软件定义汽车的必然趋势，搭载 OTA 升级的汽车可以为车厂远程修复漏洞、升级功能、更新新应用提供便捷的途径，也为车主用户提供了更丰富、安全的驾驶体验。

科络达是国内第一批致力于提供安全可靠的整车级 OTA 及智能诊断解决方案公司。科络达领先的 OTA 技术和远程诊断服务能力，从监测、预警、分析到远程更新，实现服务闭环，不断为车辆与设备注入更优化的功能与体验。

1. OTA 升级

科络达的整车 OTA 方案是为网联汽车量身打造的系统化车辆 ECU 软件升级管理平台。从汽车发展的趋势来看，汽车的电动化、网联化、智能化程度会越来越高。随之而来的是软件复杂度的急剧升高，自动驾驶、新能源管理等技术革新日新月异，传统的零部件软件管理体系面对这样的变化越来越显得捉襟见肘，售后成本大幅增加。科络达整车 OTA 方案以其在稳定性、安全性、灵活性、合规性方面的独特优势，受到了国内外众多主机厂客户的一致好评。

1）稳定性。作为全球为数不多的专业 OTA 方案提供商，科络达的 OTA 技术研发要追溯到 2011 年，为超过 3 亿个各类终端设备提供远程固件更新和设备管理功能，核心算法的稳定性久经考验。科络达对整车 OTA 方案的稳定性提出了更高的要求，全部软件开发过程通过 CMMI3 认证，数以千计的单元测试、台架测试和实车测试案例确保方案对各种极限情况的全覆盖。在已经量产的多个整车 OTA 项目中，科络达方案的升级稳定性备受客户的肯定。

2）安全性。整车 OTA 是一个庞大的系统工程，从云端到车内各种 ECU 的管理都要有全盘规划的安全方案作为基础。科络达作为 Uptane Alliance（国际车辆安全软件更新联盟）成员，在方案的设计、开发、运维阶段都严格贯彻 Uptane 最佳安全实践。在全面对安全威胁建模的基础上，科络达有针对性地提出每种攻击方式的侦测、阻断和容灾恢复措施。

3）灵活性。车辆各种 ECU 及网络架构非常多样，科络达采用高度优化的弹性边缘计算架构让 ECU 之间跨越系统资源和网络架构的局限协同工作，动态判别 ECU 升级的依赖关系，全面感知车辆的升级前置状态，对各类车型高度自适应。

4）合规性。科络达积极参与 OTA 相关法规的制定，结合自身技术实践，推出了 OTA 标准化测试系列工具与设备，帮助各大主机厂和 Tier1 客户搭建自动化 OTA 合规测试系统。从国内各项 OTA 法规到欧盟 WP29，科络达的专业工具及设备能够全面覆盖其测试用例。

2. 智能诊断

科络达通过远程智能诊断技术对车辆 ECU 的健康情况进行全方位的监控，对未来可能发生的问题做预分析和预判断，在问题没有大规模扩大的时候辅助主机厂和供应商找到最佳解决方案。

科络达提出了从能力底座建设，远程诊断，再到智能诊断的三步走诊断体系构建路径（见图 1）。

智能诊断	机器推理	深度学习	专家系统	
远程诊断	复杂场景化诊断	诊断场景录制、仿真	远程标定	远程协助
	Android系统级诊断	整车配置写入	远程监控	自助报障
能力底座	体系化诊断数据库	OTA远程更新	诊断知识库	海量日志处理、分析

图 1　诊断体系构建路径

科络达远程智能诊断方案已经在多家主机厂实现了落地，和 OTA 整车升级一起形成汽车安全闭环（见图 2），为车联网安全运营提供关键支持。

科络达的远程诊断技术使诊断由被动变为主动，能够随时或者定期对车辆进行远程诊断，并远程修复故障（借助 OTA 技术）。该诊断方式的优势为，在任何时间地点都可以远程运行，无需外接线；可随时实时执行，一有问题立马通知用户；诊断内容除了 DTC 以外，还包括行车状态、系统负载、异常事件数据等；诊断对象为潜在问题之先期趋势指标。总体上，远程诊断的流程包括数据收集、分析、统计、警示、以及更新等五大部分。相比之下，传统诊断方案的数据收集受限于 CAN 网络的传输效率，能够获取的信息非常有限，绝大部分是问题已经发生后的示警，科络达远程诊断新一代方案可以在故障发生前做出预判，实现深层分析、智能预警、远程优化。

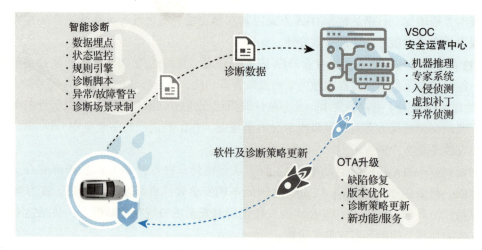

图2 远程诊断汽车安全闭环

高精度自动驾驶地图与北斗卫星融合定位产品应用

武汉御驾科技有限公司

作者：赵望宇

随着自动驾驶系统研究的不断深入，地图从传统车载静态电子导航地图将向自动驾驶高精、动态、实时更新的地图的方向发展，定位从单一卫星导航定位向融合高精地图的多源融合定位发展，车载单元从低维传感器信息融合向多维网联协同感知、从小规模自动驾驶汽车性能测试向大规模车路协同环境下系统性验证的方向发展；基于高精地图的跨场景的感知与全场景的连续定位是车路协同环境下自动驾驶地图与定位技术发展的重要方向。

"瑶光"自动驾驶融合定位平台（见图1）是武汉御驾科技有限公司开发的一款面向于L4低速无人驾驶的高精度导航产品，是一款集成了多线激光雷达，RTK组合导航，惯性导航单元，8MP相机，时间同步器为一体的微型主机系统。瑶光平台在室内外多场景下均适用，用户只需将设备安装在合适位置，即可实时得到准确的高精度定位信息，为智能系统提供准确可靠的导航信息。

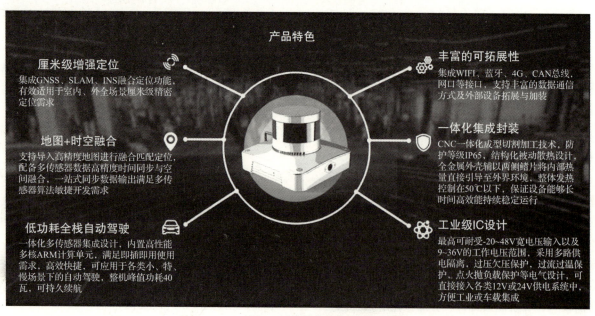

图1 瑶光平台介绍

1）多模态厘米级定位，集成 GNSS、SLAM、INS 融合定位功能，有效适应室内、外全场景深度融合定位需求，满足机器人精密定位需求。

2）高精度自动驾驶地图融合，导入高精度地图，进行地图匹配并联合惯性导航单元等传感器数据融合定位。

3）低功耗、工业级宽压设计，整机嵌入式硬件集成，40W 整机峰值功耗，为移动平台提供更高的运行续航能力。

4）全栈式自动驾驶，支持 ROS、AutoWare 多平台驱动适配，具备完整感知、规划、控制、决策功能，小、特、慢场景下可实现即连即用式自动驾驶。

5）工业级电源设计，最高可耐受 -20~48V 宽电压输入以及 9~36V 的工作电压范围，设备具备多路供电隔离、过压欠压保护、过流过温保护、点火抛负载保护等电气设计。

6）整体 IP65 防护等级设计，具备高可靠性通用外围接口和专用连接器件，适用于各种恶劣环境下的工业、车载场景。

7）高效的被动散热设计，整体 CNC 加工，全金属外壳辅以两侧鳍片将内部热量直接引导至外界环境，保证设备能够长时间高效能持续稳定运行。

融合定位算法（见图 2）的定位过程分为两大部分：一是高精度地图的读取；二是全局定位与局部定位相结合的信息融合输出。主要过程分为定位地图瓦片分割、特征提取；维护点云里程计、GPS 里程计、IMU 信息；将匹配定位结果与 IMU 信息、各种里程计信息进行状态估计，经信息融合后位姿转换输出实时高频的定位结果。点云地图实时切割，大范围构建的点云地图用于定位匹配非常耗资源，而且无法做到实时定位。为此本产品提出了一种根据实时位姿对地图实时切割的方法，通过切割后的点云地图与实时点云数据进行匹配，降低了资源消耗，且实时性得到保证。瑶光系统通过实时接收 GNSS、IMU、LiDAR 等不同的传感器数据进行实时的融合处理，输出融合的定位导航结果，包括车辆位置、高程和航向信息等。

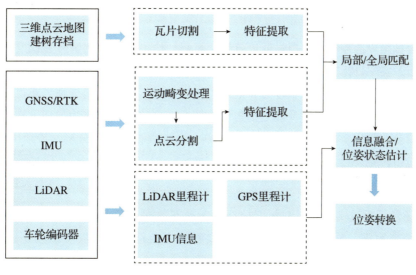

图 2　融合定位算法框架

高科数聚智能化、网联化自主创新成果

北京高科数聚技术有限公司

北京高科数聚技术有限公司（简称高科数聚，Gausscode）是一家为企业提供以消费者为中心的，大数据整合、分析、和决策应用产品方案的提供商。聚焦于消费者寻购、购买和体验的大数据收集、分析和应用；提供高清和闭环连续的市场智能；赋予公司基于全面市场洞察的学习和执行能力，为企业重大战略性决策提供精细化、精准化的智能解决方案。

团队由来自世界领先的人工智能大数据（Facebook，Acxiom，谷歌，苹果，华为等）公司的资深技术高管及经验丰富的连续创业者组成。核心竞争力在于擅长利用深层次的数据分析、多数据源优化、复杂决策模型的求解能力。基于对AI技术和成功服务了200多家世界500企业的实战经验，帮助企业发现和落地规模化的利润增长。

1. 企业所服务的行业与用户类型

截止至2019年12月，高科数聚已服务二十余家中大型企业客户，包括一汽–大众、一汽丰田、东风日产、上汽大众斯柯达、唯品会、南方航空、安利等知名企业，客单价几十万到几百万一年不等，基于强大的深度学习结构化和业务建模能力，高科团队在汽车、旅游、医美等服务行业和头部客户一起迭代出了跨14个应用场景的三大平台产品。目前在行业实践中得到了客户持续、积极的反馈。在刚结束的世界旅游联盟大会上，高科数聚与谷歌、猫途鹰网、酷旅、智慧足迹、OAG一起携手发布了行业权威性的《2019世界旅游联盟中国入境旅游数聚分析报告》。

2. 企业核心产品及所能提供的服务

（1）CADI – 需求智能平台

基于目标产品的初步定位及对标车型，通过大数据手段对市场、用户及配置进行深入研究，为后续产品开发、上市营销提供决策支持；基于消费者线上寻购行为、线下车展行为、口碑舆情等一系列大数据分析，进行分阶段的目标用户洞察和验证，精准把握目标用户定位，进一步促进潜客向集客（预定客户）的转化；基于潜客的大数据分析，从人群行为属性、竞品分析、触媒偏好3个方面、多维度开展潜客的画像，为新车上市后续的营销策略提供数据洞察。

（2）CALO – 线索智能平台

通过对潜在目标用户进行细分，剔除低价值目标客户，给出营销触达组合建议及平台服务，并进行客户数据回收分析，实现目标客户模型的持续有效，保障营销效果持续提升；基于消费者大数据，从人、车、店三个维度，结合多个人文属性、行为和地理位置等标签，进行线索增强，获得线索打分，潜在竞品分析和个性化话术等，帮助有效提升线上销售线索转化率；以再购需求为导向，构建业务场景，有效对潜在用户进行打分和排序，实现对保客线索的识别，通过数据反馈和分析，持续优化客户触达效果，最终达到增换购价值转化。

（3）CAMI – 出行智能平台

基于车联网场景，通过实时采集和深度挖掘汽车动态数据、车主驾驶行为以及驾驶目的数据，整合全链路多维消费者数据，构成车主全景视图，预测车主出行需求，提供个性化智能服务和针对性推荐。

三、企业获得的国家级资质与荣誉

1）2019中国首席数据官联盟发布《中国大数据企业排行榜V6.0》– 高科数聚连续三年蝉联汽车行业第一名。

2）2019第六届世界互联网大会，获"中国大数据应用头等奖企业"殊荣。

3）2019硅谷高创会（SVIEF）– "硅谷Top 30"创新明星企业。

4）"2019创响中国"安徽国际创新大赛人工智能组一等奖。

5）质量体系北京高科数聚ISO9001证书。

纳雷科技 – 面向低速 L4 级车载智能广角毫米波雷达应用

湖南纳雷科技有限公司

作者：周坤明，赵欣，袁雯倩

湖南纳雷科技有限公司（以下简称"纳雷科技"）成立于2012年，是一家专注于毫米波智能传感器和雷达系列产品研发的高新技术企业。纳雷科技建有完整的科研体系和技术储备，核心团队人员分别来自电子科大、国防科大、华为等知名高校和优秀企业，在毫米波雷达、智能天线等领域开展深入研究，申请71项发明专利，关键领域技术负责人具备10年以上雷达研发经验，产品覆盖24GHz、60GHz、77GHz、79GHz等频段，并围绕自动化、智能化、网联化等重点关键技术研究领域不断进行技术攻关，突破多项关键核心技术。

1. 产品与技术应用 – 智能广角毫米波雷达助力低速车安全辅助驾驶

纳雷科技自主研发的 SR73F 77GHz 短距低速毫米波雷达（见图1），该产品采用先进 MIMO 雷达体制，每秒可以输出多达1920个障碍物信息，探测距离0.2~40米，探测角度112°，测距精度±0.1米，可以有效探测运动/静止目标，输出障碍物距离、速度、角度等信息，满足各类工程车辆/机械前向避障、后向避障、盲区探测、自动化作业等方面的需求（见图2）。

图1 77GHz 智能广角短距防碰撞毫米波雷达 SR73F

商用车、家用车领域已经开始迈入智能驾驶时代，毫米波雷达作为必不可少的传感器部件，也已经得到越来越广泛的应用。对于工程机械领域而言，毫米波雷达价格、定制化、现场支持服务等还存在诸多问题，尚未普及和落地。纳雷科技专门针对低速车优化 SR73F 77GHz 毫米波，更加适应客户各类应用要求：

1) MIMO 体制：采用多发多收雷达天线，可以做到更高的测角精度。
2) 探测角度大：水平覆盖112°，一个雷达即可替代多个窄角度雷达，满足绝大部分应用要求。

图2 智能广角毫米波雷达低速车安全辅助驾驶应用

3) 环境适应性强：可在 -40~70℃ 环境下有效工作，满足 IP67 防护等级要求。
4) 多目标精准探测：最多可输出64个跟踪目标，测距精度高达±0.1米，满足各类高精度定位应用。

5）易于安装集成：体积小、重量轻、安装方便，协议通用。

6）软件定义雷达：支持报警防区划分、探测目标数量自定义、波特率自定义、目标聚类大小定制、协议定制等各类软件需求。

2. 卓越的产品研发保障

1）通过模块化设计，构建公用CBB，每个CBB模块均经过3+款产品各类极端环境2年以上验证，硬件设计稳定性、鲁棒性、可靠性均能满足客户各种严苛要求。

2）独创iRadar（雷达通用驱动算法平台），RATS（现场数据采集分析及测试系统）软件平台，通过敏捷迭代开发，可以实现不同产品特性的快速开发验证，支持客户需求快速落地，研发周期缩短30%以上，产品故障率降低26%以上。

3）运用精益生产核心思想，打造柔性制造系统，专业化生产团队，严苛的质量保证体系，产品质量全程可追溯，每个产品均通过5道质检流程，10多项质检工序严格检验，保证每一件产品的质量。

未来，纳雷科技将紧贴市场需求，以产品应用带动技术创新，以技术创新推动产品应用，解决实际客户痛点问题，深耕毫米波雷达在智能网联车市场的感知层创新应用，从而推进产业的蓬勃发展，让技术造福生活。

智能驾驶时代，惯性导航靠什么撑住全场？

上海丙寅电子有限公司

上海丙寅电子有限公司是Honeywell惯性导航、电子罗盘磁传感器、高精度压力传感器、高温加速度计等产品的中国区指定授权代理商，这些产品被广泛应用在航空航天、智能驾驶汽车、航海、无人机、潜水器、智能农业、地理测绘等领域，为客户提供精准的位置、速度与方位信息。

1. 惯性导航系统

精度、速度和平衡是运动物体的关键。对于飞机、自动驾驶汽车、轮船、航天器、潜水艇、无人机（UAV）等复杂载运工具而言，配备一种精确系统来帮助维持并控制其运动至关重要。借助惯性导航系统，移动载运工具无须使用GPS即可安全、准确地完成任务（见图1）。

图1 惯性导航应用场景（智能采矿/轨道交通/无人机/自动驾驶）

2. 惯性导航系统的工作原理

惯性导航系统（INS）无须GPS技术即可计算运动物体的位置、方向和速度。

INS设备通常使用加速度计和陀螺仪（即运动和旋转传感器），然后通过一个计算单元将数据转换成具备可操作性的控制指令。这是基本的惯性导航系统，也能增加其他功能，比如通过磁传感器和气压高度计进行升级。

INS运行于航位推算系统上，这意味着车辆的初始位置、速度和方向信息都来自外部数据源，其中可能是 GPS 信号接收机的数据或运营商的数据。通过这些数据，INS 就能开始计算位置、速度和其他运动要素。随着车辆继续移动，基于运动传感器收集的大量信息，INS 设备持续对运动要素进行计算和更新（见图 2）。

3. 惯性导航系统的组成

如前所述，惯性导航系统主要由加速度计、陀螺仪以及处理运动传感器所提供信息的计算机组成。

陀螺仪用于测量传感器坐标系相对于惯性参考系的角速度。惯性参考系提供了系统的初始方向，在此基础上叠加角速度增量可确保惯性导航系统的方向始终可用。陀螺仪提供方向信息时，加速度计会测量车辆相对于自身的线性加速度，从而提供速度和加速度方向的信息。角速度再加上线性加速度，就能提供移动中车辆所有位置变化的准确信息。

惯性导航系统的核心是惯性测量单元（IMU），而这些运动传感器则是 IMU 的重要组成部分。IMU 是一种报告移动中车辆的运动和特性的设备，通常包括三个陀螺仪和三个加速度计；某些 IMU 还配备了磁力计。一个惯性导航系统至少需要包含三个加速度计和三个陀螺仪才能提供相应信息。

INS 使用 IMU 提供的测量结果来计算车辆导航和控制所需的数据，如姿态、速度、方向等。通过整合从运动传感器收集的数据，计算机单元可综合所有信息，从而计算出车辆的当前位置（见图 3）。

图 2　自动驾驶方位要素

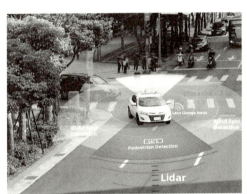

图 3　自动驾驶汽车感知组成

4. 惯性导航系统 VS GPS 技术

GPS 技术是指由卫星传输、地面控制段和专用设备支持的导航系统，能为陆地、空中和海上航行提供地理位置、时间、速度数据以及其他信息。为传达精确的测量结果，GPS 设备至少需要与地球轨道卫星系统的四颗卫星保持连接。GPS 技术主要用于位置数据、测绘、移动物体跟踪、导航和定时估计与测量。但是，这些信息完全取决于卫星连接，如果 GPS 设备无法连接至少四颗卫星，则提供的数据将不足以使设备正常运行。

GPS 设备让智能手机如虎添翼，能让手机用户轻松到达目的地，预测交通量并向其他人展示自己的位置。但是，当涉及航空运输等复杂或关键活动时，除 GPS 技术外，还需要一个独立的解决方案。

惯性导航系统完成初始化后就是自主系统，不再依赖卫星连接，并且能提供比单独使用 GPS 设备更精细的数据。此外，由于它是独立系统，因此其性能不会受到其他大功率信号源的干扰和影响。

5. 惯性导航系统：优势和挑战

惯性导航系统是陆地、海洋、空中和太空中复杂作业的理想解决方案，并且广泛适用于多种应用，包括被称为移动惯性导航系统的智能手机定位和跟踪。不过，它们主要的商业应用还是飞机和船舶导航、航天火箭制导。随着微机电系统（MEMS）技术的进步，惯性导航系统变得更小更轻，如 Honeywell 的 HGuide 家族产品（见图 4）。

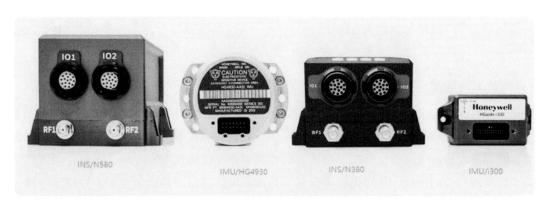

图 4　Honeywell HGuide 惯导家族成员

HGuide n380 惯性导航系统采用小巧轻便的封装，配备功能强大的惯性测量单元 i300，并能提供超高精度的数据，如带时间戳的位置、速度、角速度、线性加速度、横滚、俯仰和航向信息。完全可以满足车辆自动驾驶的需求。

当然，惯性测量单元仍面临着一些挑战，其中大部分挑战与测量的累计漂移有关，即在角速度和线性加速度的测量中会出现微小的误差。由于车辆的每个新位置都是根据前一个位置计算出来的，这些误差会逐渐累加并且变得愈加突出。误差累积会导致持续问题，所以车辆位置需要借助于不同的导航系统不时地进行校正。这也是惯性导航系统通常与其他导航技术协同工作的主要原因。与使用单一导航系统相比，这有助于确保数据的准确性。

发展惯性导航系统是一项大胆的挑战，其历史超乎很多人的想象，最早可追溯到二十世纪四十年代，最初是尝试用于调整飞行中火箭的方位角。原型包括一台模拟计算机、两个陀螺仪和一个加速度计。在技术进步、好奇心以及对安全性和精度的需求的推动下，可实时提供关键信息的新一代惯性导航系统应运而生。Honeywell 作为全球领先的惯性导航产品的生产商，一直以来为各行业客户提供稳定可靠的高性能产品。

附　录

附录 A　2020—2021 年中国智能网联汽车行业投融资事件汇总

时间	公司名	轮次	金额	投资方
2021.11	智驾科技 Maxieye	B 轮	3 亿人民币	人民网、涌铧投资、上海自贸区基金等
2021.11	哪吒汽车	D+轮	未透露	宁德时代
2021.11	Momenta 魔门塔	C+轮	5 亿美元	云峰基金、通用汽车、博世中国
2021.11	禾多科技	C 轮	未透露	广汽集团
2021.11	奥特酷	A 轮	数亿人民币	广汽集团、富士康、IDG 资本等
2021.10	哪吒汽车	D 轮	40 亿人民币	奇虎 360、中信证券、建银国际等
2021.10	瞰瞰科技	A 轮	近亿人民币	芯动能投资、淳中科技、盛约电子
2021.10	芯钛科技	A 轮	近亿人民币	广汽集团、上汽恒旭、控股东海等
2021.10	奥特酷	战略投资	1 亿人民币	鸿海集团 Foxconn
2021.10	极目智能	C 轮	2 亿人民币	方正和生投资、广元资本、中航国际等
2021.10	驭视科技 UISEE	战略投资	数亿人民币	洪泰基金
2021.10	哪吒汽车	战略投资	9 亿人民币	奇虎 360
2021.10	国汽智控	Pre-A 轮	1 亿人民币	达泰资本、中航资本、国汽智联等
2021.10	戴世智能	Pre-A 轮	未透露	奥笙资本
2021.10	威马汽车	D+轮	5 亿美元	广发信德、信德集团、电讯盈科等
2021.09	Momenta 魔门塔	战略投资	3 亿美元	通用汽车
2021.09	Momenta 魔门塔	C+轮	未透露	尚顾资本
2021.09	墨云科技 VACKBOT	B+轮	1 亿人民币	蓝驰创投、将门创投、高瓴创投
2021.08	踏歌智行	B+轮	1 亿人民币	重庆盈科投资、fa［凡卓资本（小饭桌）］
2021.08	泽景电子	C+轮	3 亿人民币	顺为资本、彬复资本、柯正资本等
2021.08	零跑汽车	C 轮	45 亿人民币	杭州市政府、中信建投资本、中金资本等
2021.08	理想汽车	IPO 上市	115.5 亿港元	未透露
2021.08	博泰车联网	战略投资	数亿人民币	一汽集团、建信信托、中国电动汽车百人会等
2021.08	新能绿色	战略投资	500 万人民币	华锋股份
2021.07	清研宏达	A 轮	未透露	水木清华校友基金、苏州清研资本、朝乾投资
2021.07	风图智能	种子轮	800 万美元	LDV Partners 复盛创投、Alpha JWC Ventures
2021.07	优必爱	Pre-B 轮	千万级美元	TeleNav
2021.07	斑马智行	战略投资	30 亿人民币	阿里巴巴、云峰基金、尚顾资本等
2021.07	小鹏汽车	IPO 上市	140 亿港元	未透露
2021.07	MINIEYE 佑驾创新	D 轮	数亿人民币	元璟资本、中金甲子、东风资管等
2021.07	车卫士	B 轮	未透露	海易智汇
2021.06	安车检测	IPO 上市后	未透露	中信证券
2021.06	协创物联	IPO 上市后	未透露	中信证券
2021.06	禾多科技	B 轮	数千万美元	四维图新、同方创投、郁林投资等
2021.06	映驰科技	A 轮	近亿人民币	红杉资本中国、联想之星、地平线等
2021.06	特来电	战略投资	3 亿人民币	亿纬锂能、国家电投、普洛斯 GLP

(续)

时间	公司名	轮次	金额	投资方
2021.06	车联天下	战略投资	1.5亿人民币	威孚高科
2021.06	国汽智控	天使轮	近亿人民币	力合科创、亦庄国投、国汽智联等
2021.06	魔视智能	B轮	1.5亿人民币	创业接力、博信资本、华宇资本等
2021.05	安智汽车	A+轮	5000万人民币	盈科资本
2021.05	星星充电	B轮	未透露	IDG资本、高瓴投资、泰康资产等
2021.05	智驾科技Maxieye	A+轮	1.5亿人民币	盛宇投资、张江集团、苏州清研资本等
2021.05	地上铁	C+轮	数千万美元	经纬创投、博将资本、SMRT创投等
2021.05	镁佳科技	C轮	1亿美元	南山资本、和创资本、红点中国等
2021.05	文远知行	C轮	数亿美元	IDG资本、基石资本、和创资本等
2021.05	耐能Kneron	战略投资	700万美元	台达集团
2021.04	图森未来	IPO上市	13.5亿美元	未透露
2021.04	希迪智驾	B+轮	3亿人民币	新鼎资本、联想之星、百度风投等
2021.04	智加科技Plus	D+轮	2.2亿美元	红杉资本中国、千禧资本、广达电脑
2021.04	行易道	C轮	近亿人民币	江苏悦达金泰基金管理有限公司、健鼎-（无锡）电子有限公司
2021.03	小鹏汽车	IPO上市后	5亿人民币	广东产业发展基金
2021.03	疆程技术	A轮	3800万人民币	合肥新经济产业发展投资、安徽省智能语音及人工智能基金、京东方精电
2021.03	奥特酷	Pre-A轮	近亿人民币	富士康、高瓴创投、南京太阳花
2021.02	极豆	战略投资	近亿人民币	同创伟业、萧山经济技术开发区创投
2021.02	踏歌智行	战略投资	近亿人民币	宝通科技
2021.02	汉德网络	B+轮	数亿人民币	钟鼎资本、梧桐树资本、峰瑞资本等
2021.02	亿咖通科技	A+轮	2亿美元	中国国有资本风险投资基金
2021.02	泽景电子	C轮	1.5亿人民币	凯联资本、柯正资本、彬复资本等
2021.02	智加科技Plus	D轮	2亿美元	中信产业基金CPE源峰基金、万向集团、满帮集团
2021.02	图森未来	战略投资	数千万美元	Goodyear Ventures
2021.02	墨云科技VACKBOT	B轮	数亿人民币	蓝驰创投、高瓴创投、将门创投
2021.02	汉德网络	B轮	未透露	经纬创投、零一创投
2021.01	零跑汽车	B轮	43亿人民币	合肥市政府、浙大九智、国投创益等
2021.01	赫千电子	战略投资	未透露	新国都
2021.01	驭势科技UISEE	C轮	10亿人民币	中科创星、世纪金源、中关村龙门基金等
2021.01	图森未来	战略投资	数千万美元	Werner Enterprises
2021.01	耐能Kneron	战略投资	未透露	鸿海精密、华邦电子
2021.01	踏歌智行	B+轮	数千万人民币	CMC资本、fa［凡卓资本（小饭桌）］
2021.01	WAYZ维智	A+轮	4000万美元	蓝驰创投、光速中国、Wind万得
2021.01	文远知行	B+轮	1.1亿美元	创新工场、CMC资本、宇通集团等
2021.01	希迪智驾	B轮	3亿人民币	方正和生投资、新鼎资本、株洲国投创投等
2021.01	特来电	战略投资	3亿人民币	GIC新加坡政府投资公司、久事产业投资、铁发投资
2021.01	Byton拜腾投资	战略投资	未透露	富士康

(续)

时间	公司名	轮次	金额	投资方
2020.12	文远知行	B 轮	2 亿美元	宇通集团
2020.12	国汽智联	战略投资	未透露	福耀集团
2020.12	戴升智能	Pre-A 轮	1500 万人民币	联想之星
2020.11	艾拉比智能	A 轮	1000 万美元	凯辉基金张江集团
2020.11	经纬恒润	战略投资	未透露	北京大兴投资集团、中信证券、广汽集团等
2020.11	图森未来	E 轮	3.5 亿美元	Navistar、Tration Group、VectolQ
2020.11	斑马智行	战略投资	数亿人民币	阿里巴巴
2020.11	智加科技 Plus	C 轮	1 亿美元	国泰君安国际、Hedosophia
2020.11	特尔佳雷萨	战略投资	未透露	大卫股份
2020.11	优必爱	A 轮	近千万美元	北京现代、China Mobility Fund
2020.10	彩虹无限	C 轮	1.5 亿人民币	长兴金控
2020.10	踏歌智行	B 轮	2 亿人民币	宝通科技、苏州清研资本、蓝焱资本等
2020.10	MINIEYE	C 轮	2.7 亿人民币	东方富海、彬彬创投、华勤通讯
2020.10	亿咖通科技	A 轮	13 亿人民币	百度、SIG 海纳亚洲、fa（光源资本）
2020.10	清研微视	B+轮	1 亿人民币	明德投资、东方国贸、柳东基金等
2020.09	小鹏汽车	IPO 上市后	40 亿人民币	广州凯德投资控股有限公司
2020.09	星星充电	A 轮	8.55 亿人民币	上海国和投资、国创中鼎、中金资本等
2020.09	威马汽车	D 轮	100 亿人民币	百度、SIG 海纳亚洲、红塔创投等
2020.09	裕太微电子	战略投资	未透露	元禾控股、湖南高新创投集团、光谷烽火创投等
2020.09	智行者	C+轮	数亿人民币	新鼎资本、华夏未名
2020.08	泽景电子	B 轮	未透露	北汽产投、尚颀资本
2020.08	小鹏汽车	基石轮	5 亿美元	阿里巴巴、小米集团、卡塔尔投资局 QIA 等
2020.08	希迪智驾	A+轮	1 亿人民币	方正和生投资、三泽创投、两江基金等
2020.08	中天安驰 AIDriving	C 轮	数亿人民币	SBI 投资（思佰益）
2020.07	理想汽车	IPO 上市	10.93 亿美元	未透露
2020.07	理想汽车	基石轮	3.8 亿美元	美团、字节跳动、王兴等
2020.07	小鹏汽车	C+轮	5 亿美元	红杉资本中国、高瓴投资、Coatue Management 等
2020.07	图森未来	战略投资	近亿美元	Navistar
2020.07	博泰车联网	战略投资	数亿人民币	海尔、海尔资本
2020.07	踏歌智行	战略投资	数千万人民币	宝通科技
2020.07	均联智行	战略投资	7.2 亿人民币	凯辉基金、宁波高发、国投招商
2020.06	经纬恒润	战略投资	2.1 亿人民币	华兴新经济基金
2020.06	理想汽车	D 轮	5.5 亿美元	美团、李想
2020.06	蔚来汽车	IPO 上市后	1000 万美元	腾讯投资
2020.06	镁佳科技	B 轮	1000 万美元	南山资本
2020.05	智行者	C 轮	数千万美元	厚安创新基金、fa（汉能投资）
2020.05	魔视智能	A+轮	1 亿人民币	盛世投资、博信基金、盛世金财
2020.04	蔚来汽车	IPO 上市后	70 亿人民币	安徽高新投、合肥市建设投资控股、国投招商

(续)

时间	公司名	轮次	金额	投资方
2020.04	博泰车联网	战略投资	数亿人民币	小米集团
2020.04	映驰科技	天使轮	千万级人民币	联想之星、北汽产投
2020.03	CCCIS	A轮	数亿人民币	高瓴投资、fa（华兴资本）
2020.03	博泰车联网	战略投资	数亿人民币	东风汽车
2020.03	智驾科技Maxieye	战略投资	未透露	瑞立集团
2020.03	华砺智行	Pre-A轮	数千万人民币	信中利资本、尚颀资本
2020.03	中天安驰AIDriving	B轮	数千万人民币	云启资本、智宸资本
2020.03	雄狮科技	战略投资	2亿人民币	奇瑞汽车
2020.03	莫之比智能	A轮	3000万人民币	潇湘资本、深圳宏富二号、麓谷高新创投
2020.03	美均电子	B+轮	未透露	合创资本
2020.03	蔚来汽车	IPO上市后	2.35亿美元	未透露
2020.03	银基安全	A+轮	1亿人民币	华登国际
2020.03	汉德网络	A轮	8000万人民币	零一创投、峰瑞资本、前海母基金
2020.02	驭视科技UISEE	B轮	数亿人民币	深创投、七匹狼、中金资本、博世中国
2020.02	挚达科技	C轮	未透露	中电投融
2020.02	丝润天朗	Pre-A轮	未透露	毅达资本
2020.02	蔚来汽车	IPO上市后	1亿美元	未透露
2020.02	蔚来汽车	IPO上市后	1亿美元	未透露、fa（华兴资本）
2020.02	耐能Kneron	A+轮	4000万美元	Horizon Ventures 维港投资
2020.01	特来电	战略投资	1305亿人民币	高鹏资本、国调基金、鼎晖投资
2020.01	地上铁	C轮	数千万美元	JenerationCapita时代资本、伊藤忠商事、Olympus Capital

数据来源：公开资料整理。

附录B 中国整车厂毫米波雷达供应链情况

整车厂商	车型	车型年份	供应商	零部件名称
GM	ChevroletEpica/Tosca	2012	海拉	24GHz radar sensor
SFTM长春丰越	丰田RAV4荣放	2020	电装	毫米波雷达
Suzuki	羚羊（Cultus）	2018	同致电子科技（厦门）有限公司	倒车雷达
Volvo Cars	Polestar 2	2020	Veoneer, Inc.	77GHz radar
一汽-大众	大众CC（FF）	2021	大陆泰密克汽车系统（上海）有限公司	后泊车雷达（2.0T, 7DCT）
一汽-大众	大众CC猎装车（FF）	2021	大陆泰密克汽车系统（上海）有限公司	后泊车雷达（2.0T, 7DCT）
一汽-大众	大众T-ROC探歌（FF）	2021	大陆泰密克汽车系统（上海）有限公司	盲区辅助检测（BSD, 1.4L, 7DCT）
一汽-大众	大众T-ROC探歌（FF）	2021	大陆泰密克汽车系统（上海）有限公司	后驻车雷达（1.4L, 7DCT）
一汽-大众	大众宝来（FF）	2021	大陆泰密克汽车系统（上海）有限公司	后泊车雷达（1.5L, 5MT）
一汽-大众	大众宝来（FF）	2021	大陆泰密克汽车系统（上海）有限公司	后泊车雷达（1.5L, 6MT）
一汽-大众	大众宝来（FF）	2021	大陆泰密克汽车系统（上海）有限公司	后泊车雷达（1.5L, 6AMT）
一汽-大众	大众宝来·纯电	2021	大陆泰密克汽车系统（上海）有限公司	后倒车雷达
一汽-大众	大众宝来·传奇（FF）	2021	大陆泰密克汽车系统（上海）有限公司	后倒车雷达（1.5L, 5MT）
一汽-大众	大众探岳R-Line（4WD）	2021	大陆泰密克汽车系统（上海）有限公司	后泊车雷达（2.0T, 7DCT）

(续)

整车厂商	车型	车型年份	供应商	零部件名称
一汽-大众	大众 探岳 X330（FF）	2021	大陆泰密克汽车系统（上海）有限公司	后泊车雷达（2.0T，7DCT）
	大众 蔚领 C-TREK（FF）	2021	大陆泰密克汽车系统（上海）有限公司	后倒车雷达（1.5L，6MT）
	大众 蔚领 C-TREK（FF）	2021	大陆泰密克汽车系统（上海）有限公司	后倒车雷达（1.5L，6AMT）
	大众 蔚领 C-TREK（FF）	2021	大陆泰密克汽车系统（上海）有限公司	前泊车雷达（1.5L，6MT）
	大众 蔚领 C-TREK（FF）	2021	大陆泰密克汽车系统（上海）有限公司	前泊车雷达（1.5L，6AMT）
	大众 迈腾（FF）	2021	大陆泰密克汽车系统（上海）有限公司	后泊车雷达（1.4T，7DCT）
	大众 迈腾 GTE 插电式混合动力	2021	大陆泰密克汽车系统（上海）有限公司	后泊车雷达（1.4T，6DCT）
	大众 速腾	2021	博世汽车部件（苏州）有限公司	后泊车雷达（1.4T，7DCT）
	大众 速腾	2021	博世汽车部件（苏州）有限公司	后泊车雷达（1.4T，5MT）
	大众 高尔夫（FF）	2021	大陆泰密克汽车系统（上海）有限公司	后泊车雷达（1.2T，7DCT）
	大众 高尔夫（FF）	2021	大陆泰密克汽车系统（上海）有限公司	前泊车雷达（1.2T，7DCT）
	大众 高尔夫·纯电	2021	大陆泰密克汽车系统（上海）有限公司	后倒车雷达
	奥迪 A3Sportback（FF）	2021	大陆泰密克汽车系统（上海）有限公司	后倒车雷达（1.4T，7DCT）
	奥迪 A3L Limousine（FF）	2021	大陆泰密克汽车系统（上海）有限公司	后倒车雷达（1.4T，7DCT）
	奥迪 A4L 35 TFSI（FF）	2021	博世汽车部件（苏州）有限公司	前雷达（2.0T，7DCT）
	奥迪 A4L 35 TFSI（FF）	2021	博世汽车部件（苏州）有限公司	后驻车雷达（2.0T，7DCT）
	奥迪 A4L 40 TFSI（FF）	2021	博世汽车部件（苏州）有限公司	前雷达（2.0T，7DCT）
	奥迪 A4L 40 TFSI（FF）	2021	博世汽车部件（苏州）有限公司	后驻车雷达（2.0T，7DCT）
	奥迪 A6L 40 TFSI（FF）	2021	博世汽车部件（苏州）有限公司	前雷达（2.0T，7DCT）
	奥迪 A6L 40 TFSI（FF）	2021	博世汽车部件（苏州）有限公司	后驻车雷达（2.0T，7DCT）
	奥迪 A6L 45 TFSI（FF）	2021	博世汽车部件（苏州）有限公司	前雷达（2.0T，7DCT）
	奥迪 A6L 45 TFSI（FF）	2021	博世汽车部件（苏州）有限公司	后驻车雷达（2.0T，7DCT）
	奥迪 A6L 混动（FF）	2021	博世汽车部件（苏州）有限公司	前雷达（2.0T，7DCT）
	奥迪 A6L 混动（FF）	2021	博世汽车部件（苏州）有限公司	后驻车雷达（2.0T，7DCT）
	奥迪 Q2L（FF）	2021	博世汽车部件（苏州）有限公司	前雷达（1.4T，7DCT）
	奥迪 Q2L（FF）	2021	博世汽车部件（苏州）有限公司	后驻车雷达（1.4T，7DCT）
	奥迪 Q2L e-tron	2021	大陆泰密克汽车系统（上海）有限公司	前雷达
	奥迪 Q2L e-tron	2021	大陆泰密克汽车系统（上海）有限公司	后驻车雷达
	奥迪 Q3	2021	大陆泰密克汽车系统（上海）有限公司	前雷达（1.4L，7DCT）
	奥迪 Q3	2021	大陆泰密克汽车系统（上海）有限公司	后驻车雷达（1.4L，7DCT）
	奥迪 Q3Sportback	2021	大陆泰密克汽车系统（上海）有限公司	前雷达（2.0T，7DCT）
	奥迪 Q3Sportback	2021	大陆泰密克汽车系统（上海）有限公司	后驻车雷达（2.0T，7DCT）
	奥迪 Q5L（FF）	2021	博世汽车部件（苏州）有限公司	倒车雷达（2.0T，7DCT）
	大众 探岳	2020	大陆泰密克汽车系统（上海）有限公司	雷达
	捷达 VS5	2020	大陆泰密克汽车系统（上海）有限公司	毫米波雷达
	大众 CC（FF）	2018	大陆集团	前方碰撞预警系统（FCW，1.8T，7DCT）
	大众 CC（FF）	2018	大陆集团	前方碰撞预警系统（FCW，2.0T，6DCT）

(续)

整车厂商	车型	车型年份	供应商	零部件名称
一汽-大众	大众 CC（FF）	2018	大陆集团	前方碰撞预警系统（FCW, 3.0L, 6DCT）
	大众 迈腾（FF）	2018	大陆集团	前方碰撞预警系统（FCW, 2.0T, 7DCT）
	大众 高尔夫（FF）	2018	大陆集团	前方碰撞预警系统（FCW, 1.4T, 7DCT）
	奥迪 A3 Limousine（FF）	2018	罗伯特博世	前方碰撞预警系统（FCW, 1.4L, 7DCT）
	奥迪 A3 Limousine（FF）	2018	罗伯特博世	前方碰撞预警系统（FCW, 2.0T, 7DCT）
	奥迪 A3Sportback（FF）	2018	罗伯特博世	前方碰撞预警系统（FCW, 1.4T, 7DCT）
	奥迪 A3Sportback（FF）	2018	罗伯特博世	前方碰撞预警系统（FCW, 2.0T, 7DCT）
	奥迪 A4L（AWD）	2018	罗伯特博世	前方碰撞预警系统（FCW, 2.0T, 7DCT）
	奥迪 A4L（FF）	2018	罗伯特博世	前方碰撞预警系统（FCW, 1.4L, 7DCT）
	奥迪 A6L	2018	安波福	前方碰撞预警系统（FCW）
	大众 捷达	2017	深圳市航盛电子股份有限公司	倒车雷达
	大众 速腾	2017	深圳市航盛电子股份有限公司	倒车雷达
	奥迪 Q5（AWD）	2017	罗伯特博世	前方碰撞预警系统（FCW, 2.0T, 8AMT）
	大众 高尔夫 R-Line	2015	华域大陆汽车制动系统（重庆）有限公司	倒车雷达（1.4T, 5MT）
	大众 高尔夫 R-Line	2015	华域大陆汽车制动系统（重庆）有限公司	倒车雷达（1.4T, 7DCT）
一汽丰田	丰田 皇冠	2018	电装	毫米波雷达
一汽轿车	奔腾 T77（FF）	2019	博世汽车部件（苏州）有限公司	前方碰撞预警系统（FCW）
	红旗 H7（FR）	2018	安波福	前方碰撞预警系统（FCW, 2.0T, 6AMT）
	红旗 H7（FR）	2018	安波福	前方碰撞预警系统（FCW, 2.0T, 6AMT）
	红旗 H7	2013	安波福（中国）投资有限公司	后部及侧边碰撞告警系统（RSDS）
上汽乘用车	R ES33	2022	Luminar Technologies, Inc.	激光雷达
	R ES33	2022	采埃孚	4D 成像雷达
	荣威 MARVEL X	2020	博世汽车部件（苏州）有限公司	雷达
	MG 6	2018	大陆集团	前方碰撞预警系统（FCW）
	荣威 350	2018	同致电子科技（厦门）有限公司	倒车雷达
	荣威 550	2018	同致电子科技（厦门）有限公司	倒车雷达
上汽大众	大众 ID.4 X（4WD）	2021	采埃孚汽车系统（上海）有限公司	前雷达
	大众 ID.4 X（4WD）	2021	采埃孚汽车系统（上海）有限公司	后雷达
	大众 ID.4 X 1st Edition（RR）	2021	采埃孚汽车系统（上海）有限公司	前雷达
	大众 ID.4 X 1st Edition（RR）	2021	采埃孚汽车系统（上海）有限公司	后雷达

(续)

整车厂商	车型	车型年份	供应商	零部件名称
上汽大众	大众 ID.4 X Prime (4WD)	2021	采埃孚汽车系统（上海）有限公司	前雷达
	大众 ID.4 X Prime (4WD)	2021	采埃孚汽车系统（上海）有限公司	后雷达
	大众 ID.4 X Pro（RR）	2021	采埃孚汽车系统（上海）有限公司	前雷达
	大众 ID.4 X Pro（RR）	2021	采埃孚汽车系统（上海）有限公司	后雷达
	大众 ID.4 X Pure（RR）	2021	采埃孚汽车系统（上海）有限公司	前雷达
	大众 ID.4 X Pure（RR）	2021	采埃孚汽车系统（上海）有限公司	后雷达
	大众 ID.4 X Pure + （RR）	2021	采埃孚汽车系统（上海）有限公司	前雷达
	大众 ID.4 X Pure + （RR）	2021	采埃孚汽车系统（上海）有限公司	后雷达
	大众 Polo Plus（FF）	2021	大陆泰密克汽车系统（上海）有限公司	毫米波雷达（1.5L, 5MT）
	大众 Polo Plus（FF）	2021	大陆泰密克汽车系统（上海）有限公司	毫米波雷达（1.5L, 6AMT）
	大众 威然（FF）	2021	大陆泰密克汽车系统（上海）有限公司	毫米波雷达（2.0T, 7DCT）
	斯柯达 明锐（FF）	2021	大陆泰密克汽车系统（上海）有限公司	后雷达（1.4T, 7DCT）
	大众 帕萨特	2020	博世汽车部件（苏州）有限公司	毫米波雷达
	大众 朗逸	2020	博世汽车部件（苏州）有限公司	雷达
	大众 帕萨特	2018	同致电子科技（厦门）有限公司	倒车雷达
	大众 帕萨特（FF）	2018	大陆集团	前方碰撞预警系统（FCW, 2.0T, 7DCT）
	大众 凌渡（FF）	2017	大陆集团	前方碰撞预警系统（FCW, 2.0T, 7DCT）
	大众 凌渡（FF）	2017	大陆集团	前方碰撞预警系统（FCW, 1.8T, 7DCT）
上汽通用	别克 君威	2019	大陆集团	雷达
	别克 君威	2018	同致电子科技（昆山）有限公司	倒车雷达
	别克 威朗	2018	同致电子科技（昆山）有限公司	倒车雷达
	别克 威朗	2018	同致电子科技（昆山）有限公司	盲区辅助检测（BSD）
	别克 英朗	2018	同致电子科技（昆山）有限公司	倒车雷达
	别克 英朗	2018	同致电子科技（昆山）有限公司	盲区辅助检测（BSD）
	雪佛兰 科沃兹	2018	同致电子科技（昆山）有限公司	倒车雷达
	雪佛兰 科沃兹	2018	同致电子科技（昆山）有限公司	盲区辅助检测（BSD）
上汽通用东岳	别克 昂科威	2018	同致电子科技（昆山）有限公司	倒车雷达
	别克 昂科威	2018	同致电子科技（昆山）有限公司	盲区辅助检测（BSD）
	别克 昂科拉	2018	同致电子科技（昆山）有限公司	倒车雷达
	别克 昂科拉	2018	同致电子科技（昆山）有限公司	盲区辅助检测（BSD）
上汽通用五菱	宝骏 RS-5（FF）	2019	博世汽车部件（苏州）有限公司	毫米波雷达
	宝骏 RS-5（FF）	2019	博世汽车部件（苏州）有限公司	前方碰撞预警系统（FCW）
	五菱 宏光 S	2018	同致电子科技（厦门）有限公司	倒车雷达
	五菱 宏光 S1	2018	同致电子科技（厦门）有限公司	倒车雷达
	五菱 宏光 S3	2018	同致电子科技（厦门）有限公司	倒车雷达
	宝骏 730	2018	同致电子科技（厦门）有限公司	倒车雷达

(续)

整车厂商	车型	车型年份	供应商	零部件名称
上海通用（沈阳）北盛	雪佛兰 科鲁兹	2018	同致电子科技（昆山）有限公司	倒车雷达
	雪佛兰 科鲁兹	2018	同致电子科技（昆山）有限公司	盲区辅助检测（BSD）
上海通用五菱	宝骏 RC-5（FF）	2021	博世汽车部件（苏州）有限公司	后倒车雷达（1.5T，6MT）
	宝骏 RC-5（FF）	2021	博世汽车部件（苏州）有限公司	后倒车雷达（1.5L，8CVT）
	宝骏 RC-5（FF）	2021	博世汽车部件（苏州）有限公司	后倒车雷达（1.5T，8CVT）
	宝骏 Valli（FF）	2021	博世汽车部件（苏州）有限公司	后倒车雷达（1.5T，8CVT）
东风乘用车	东风风神 AX7（FF）	2022	采埃孚汽车科技（上海）有限公司	毫米波雷达（1.5T，6MT）
	东风风神 AX7（FF）	2022	采埃孚汽车科技（上海）有限公司	毫米波雷达（1.5T，7DCT）
	东风风神 奕炫 MAX	2021	采埃孚	中程雷达
	东风风神 奕炫	2020	法雷奥（中国）	盲区辅助检测（BSD）
东风日产	启辰 T60	2020	博世汽车部件（苏州）有限公司	雷达
	日产 轩逸	2020	松下电器产业	雷达
	日产 途达	2019	松下电器产业	雷达
	日产 奇骏	2018	博世汽车部件（苏州）有限公司	毫米波雷达
	日产 奇骏（China）	2018	博世汽车部件（苏州）有限公司	前方碰撞预警系统（FCW）
	日产 逍客	2018	同致电子科技（昆山）有限公司	倒车雷达
	英菲尼迪 Q50L（FR）	2018	罗伯特博世	前方碰撞预警系统（FCW，2.0T，7AMT）
	英菲尼迪 QX50（AWD）	2017	罗伯特博世	前方碰撞预警系统（FCW，2.5L，7AMT）
东风本田	本田 思域（FF）	2019	博世汽车部件（苏州）有限公司	毫米波雷达
	本田 思铂睿	2018	Nidec Elesys Corporation	前方碰撞预警系统（FCW）
	本田 CR-V（AWD）	2018	安波福	前方碰撞预警系统（FCW，1.5T，CVT）
	本田 CR-V（AWD）	2018	尼得科艾莱希斯电子（中山）有限公司	毫米波雷达（1.5T，CVT）
	本田 CR-V	2018	Nidec Elesys Corporation	前方碰撞预警系统（FCW）
	本田 CR-V（FF）	2018	尼得科艾莱希斯电子（中山）有限公司	毫米波雷达（2.0L，ECVT）
	本田 UR-V（AWD）	2018	尼得科艾莱希斯电子（中山）有限公司	毫米波雷达（2.0T，9AMT）
	本田 UR-V	2018	Nidec Elesys Corporation	前方碰撞预警系统（FCW）
	本田 思域	2018	Nidec Elesys Corporation	前方碰撞预警系统（FCW）
	本田 思铂睿（FF）	2018	尼得科艾莱希斯电子（中山）有限公司	毫米波雷达（2.4L，8DCT）
	本田 思铂睿混动（FF）（China）	2018	尼得科艾莱希斯电子（中山）有限公司	毫米波雷达（2.0L，ECVT）
	本田 杰德（FF）	2018	尼得科艾莱希斯电子（中山）有限公司	毫米波雷达（1.8L，5MT）
	本田 杰德（FF）	2018	尼得科艾莱希斯电子（中山）有限公司	毫米波雷达（1.5T，CVT）
	本田 炫威（XR-V）（FF）	2018	尼得科艾莱希斯电子（中山）有限公司	毫米波雷达（1.5L，6MT）
	本田 炫威（XR-V）（FF）	2018	尼得科艾莱希斯电子（中山）有限公司	毫米波雷达（1.5L，CVT）
	本田 炫威（XR-V）（FF）	2018	尼得科艾莱希斯电子（中山）有限公司	毫米波雷达（1.8L，6MT）
	本田 炫威（XR-V）（FF）	2018	尼得科艾莱希斯电子（中山）有限公司	毫米波雷达（1.8L，CVT）
	本田 竞瑞（FF）	2018	尼得科艾莱希斯电子（中山）有限公司	毫米波雷达（1.5L，CVT）

(续)

整车厂商	车型	车型年份	供应商	零部件名称
东风本田	本田 艾力绅	2018	Nidec Elesys Corporation	前方碰撞预警系统（FCW）
	本田 艾力绅（FF）	2018	尼得科艾莱希斯电子（中山）有限公司	毫米波雷达（2.4L，CVT）
	本田 思域（FF）	2016	安波福	前方碰撞预警系统（FCW，1.5T，CVT）
东风柳州	东风风行 F600	2016	罗伯特博世	倒车雷达（1.5T，6MT）
	东风风行 F600	2016	罗伯特博世	倒车雷达（2.0L，6MT）
东风裕隆	纳智捷 大7 MPV	2018	同致电子科技（昆山）有限公司	倒车雷达
	纳智捷 大7 SUV	2018	同致电子科技（昆山）有限公司	倒车雷达
众泰	Z300	2015	博世（中国）投资有限公司	倒车雷达
北京奔驰	梅赛德斯-奔驰 C180L（FR）	2018	大陆集团	前方碰撞预警系统（FCW，1.6T，9AMT）
	梅赛德斯-奔驰 C200（FR）	2018	大陆集团	前方碰撞预警系统（FCW，2.0T，9AMT）
	梅赛德斯-奔驰 C200 4MATIC（AWD）	2018	大陆集团	前方碰撞预警系统（FCW，2.0T，9AMT）
	梅赛德斯-奔驰 C200L（FR）	2018	大陆集团	前方碰撞预警系统（FCW，2.0T，9AMT）
	梅赛德斯-奔驰 C200L 4MATIC（AWD）	2018	大陆集团	前方碰撞预警系统（FCW，2.0T，9AMT）
	梅赛德斯-奔驰 C300（FR）	2018	大陆集团	前方碰撞预警系统（FCW，2.0T，9AMT）
	梅赛德斯-奔驰 C300L（FR）	2018	大陆集团	前方碰撞预警系统（FCW，2.0T，9AMT）
北京现代	现代 索纳塔（FF）	2021	万都	毫米波雷达（1.5T，7DCT）
	现代 索纳塔（FF）	2021	万都	毫米波雷达（2.0T，8AMT）
	现代 胜达	2020	万都	雷达
	现代 名图	2018	同致电子科技（昆山）有限公司	倒车雷达
北汽（广州）	BEIJING X7（FF）	2021	博世汽车部件（苏州）有限公司	毫米波雷达（1.5T，DCT）
北汽蓝谷麦格纳	ARCFOX HBT	2021	华为技术有限公司	激光雷达
华晨	中华 V7	2019	大陆泰密克汽车系统（上海）有限公司	雷达
	中华 V7（FF）	2019	大陆泰密克汽车系统（上海）有限公司	雷达（1.6T，6MT）
华晨宝马	宝马 iX3	2021	大陆集团	毫米波雷达
	宝马 330Li M（FR）	2018	罗伯特博世	前方碰撞预警系统（FCW，2.0T，8AMT）
	宝马 330LixDrive（AWD）	2018	罗伯特博世	前方碰撞预警系统（FCW，2.0T，8AMT）
	宝马 525Li（FR）	2018	罗伯特博世	前方碰撞预警系统（FCW，2.0T，8AMT）
	宝马 525Li M（FR）	2018	罗伯特博世	前方碰撞预警系统（FCW，2.0T，8AMT）
	宝马 530Li（FR）	2018	罗伯特博世	前方碰撞预警系统（FCW，2.0T，8AMT）
	宝马 540Li（FR）	2018	罗伯特博世	前方碰撞预警系统（FCW，2.0T，8AMT）

(续)

整车厂商	车型	车型年份	供应商	零部件名称
合肥长安	长安 CS75	2020	博世汽车部件（苏州）有限公司	雷达
吉利	星瑞（FF）	2021	维宁尔（中国）电子有限公司	毫米波雷达（2.0T, 7DCT）
	几何 A	2020	大陆泰密克汽车系统（上海）有限公司	毫米波雷达
	嘉际	2020	博世汽车部件（苏州）有限公司	雷达
	领克 02	2020	大陆泰密克汽车系统（上海）有限公司	雷达
	博瑞（FF）	2019	博世汽车部件（苏州）有限公司	毫米波雷达
	博越（FF）	2019	博世汽车部件（苏州）有限公司	毫米波雷达
	帝豪 GL	2019	博世汽车部件（苏州）有限公司	雷达
	领克 01	2019	大陆泰密克汽车系统（上海）有限公司	雷达
	领克 02	2019	大陆泰密克汽车系统（上海）有限公司	雷达
	博瑞	2018	罗伯特博世	前方碰撞预警系统（FCW）
	博瑞（FF）	2018	博世汽车部件（苏州）有限公司	毫米波雷达（1.8T, 6AMT）
	博瑞（FF）	2018	罗伯特博世	前方碰撞预警系统（FCW, 1.8T, 6AMT）
	博瑞（FF）	2018	罗伯特博世	毫米波雷达（1.8T, 6AMT）
	博越	2018	罗伯特博世	雷达
	博越	2018	罗伯特博世	盲区辅助检测（BSD）
	博越	2018	罗伯特博世	前方碰撞预警系统（FCW）
	帝豪 GL	2018	罗伯特博世	前方碰撞预警系统（FCW）
	帝豪 GS	2018	罗伯特博世	前方碰撞预警系统（FCW）
天津一汽丰田	丰田 亚洲狮（FF）	2021	电装	雷达（2.0L, CVT）
	丰田 卡罗拉（FF）	2021	电装	雷达（1.5L, 6MT）
	丰田 卡罗拉（FF）	2021	电装	雷达（1.5L, CVT）
	丰田 卡罗拉双擎 E+（FF）	2021	电装	雷达（1.8L, E-CVT）
	丰田 亚洲龙	2020	电装	雷达
	丰田 皇冠（FR）	2018	爱德克斯株式会社	前方碰撞预警系统（FCW, 2.0T, 8AMT）
奇瑞	星途 TXL	2020	博世汽车部件（苏州）有限公司	毫米波雷达
	瑞虎 8	2020	博世汽车部件（苏州）有限公司	雷达
	星途 TX	2019	博世汽车部件（苏州）有限公司	雷达
	星途 TXL	2019	博世汽车部件（苏州）有限公司	雷达
	瑞虎 7	2018	奇瑞	毫米波雷达
	瑞虎 7	2018	奇瑞	盲区辅助检测（BSD）
	E3	2015	合肥晟泰克汽车电子股份有限公司	倒车雷达
	QQ	2015	合肥晟泰克汽车电子股份有限公司	倒车雷达
	瑞虎 3	2015	合肥晟泰克汽车电子股份有限公司	倒车雷达
	瑞虎 5	2015	合肥晟泰克汽车电子股份有限公司	倒车雷达
	艾瑞泽 3	2015	合肥晟泰克汽车电子股份有限公司	倒车雷达
	艾瑞泽 7	2015	合肥晟泰克汽车电子股份有限公司	倒车雷达
	艾瑞泽 M7	2015	合肥晟泰克汽车电子股份有限公司	倒车雷达
	风云 2	2015	合肥晟泰克汽车电子股份有限公司	倒车雷达

(续)

整车厂商	车型	车型年份	供应商	零部件名称
威马汽车	威尔马斯特 EX5	2020	博世汽车部件（苏州）有限公司	雷达
小鹏	P5 550P（FF）	2021	深圳市览沃科技有限公司	激光雷达
	P5 600P（FF）	2021	深圳市览沃科技有限公司	激光雷达
小鹏汽车	小鹏 P7（4WD）	2021	博世汽车部件（苏州）有限公司	毫米波雷达
	小鹏 P7（RR）	2021	博世汽车部件（苏州）有限公司	毫米波雷达
	小鹏 G3	2020	博世汽车部件（苏州）有限公司	雷达
广汽三菱	三菱 欧蓝德	2018	三菱电机	前方碰撞预警系统（FCW）
	三菱 欧蓝德	2018	三菱电机	前方碰撞预警系统（FCW）
广汽丰田	丰田 雷凌	2020	电装	雷达
	丰田 凯美瑞双擎	2018	Toyota	前方碰撞预警系统（FCW）
广汽乘用车	传祺 GA6（FF）	2021	博世汽车部件（苏州）有限公司	盲区辅助检测（BSD，1.5T，6AMT）
	传祺 GS4（FF）	2021	安波福电子（苏州）有限公司	毫米波雷达（1.5T，6MT）
	传祺 GS4（FF）	2021	安波福电子（苏州）有限公司	毫米波雷达（1.5T，7DCT）
	传祺 GS4（FF）	2021	安波福电子（苏州）有限公司	毫米波雷达（1.5T，6AMT）
	传祺 GA6	2020	博世汽车部件（苏州）有限公司	毫米波雷达
	传祺 GS5	2020	博世汽车部件（苏州）有限公司	雷达
	传祺 GA6	2019	博世汽车部件（苏州）有限公司	雷达
	传祺 GM6	2019	博世汽车部件（苏州）有限公司	雷达
	传祺 GS3	2019	博世汽车部件（苏州）有限公司	雷达
	传祺 GS4	2019	博世汽车部件（苏州）有限公司	雷达
	传祺 GS5	2019	博世汽车部件（苏州）有限公司	雷达
	传祺 GS5	2019	博世汽车部件（苏州）有限公司有限公司	前方碰撞预警系统（FCW）
	传祺 GS5	2019	博世汽车部件（苏州）有限公司	盲区辅助检测（BSD）
	传祺 GS5 Super	2019	博世汽车部件（苏州）有限公司	雷达
	传祺 GS7	2019	博世汽车部件（苏州）有限公司	雷达
	传祺 GS8	2019	博世汽车部件（苏州）有限公司	雷达
	传祺 GS8	2019	博世汽车部件（苏州）有限公司	前方碰撞预警系统（FCW）
	传祺 GM8	2019	博世汽车部件（苏州）有限公司	雷达
	传祺 GA8	2018	罗伯特博世	前方碰撞预警系统（FCW）
	传祺 GS8	2018	罗伯特博世	前方碰撞预警系统（FCW）
广汽埃安	埃安 LX	2021	深圳市速腾聚创科技有限公司	激光雷达
	埃安 S（FF）	2021	安波福电子（苏州）有限公司	雷达
广汽新能源	埃安 S	2020	安波福电子（苏州）有限公司	雷达
	埃安 V	2020	博世（中国）投资有限公司	毫米波雷达
广汽本田	本田 皓影	2020	博世汽车部件（苏州）有限公司	毫米波雷达
	本田 雅阁（China）	2020	日立安斯泰莫汽车动力科技（东莞）有限公司	雷达
	本田 冠道（4WD）	2018	尼得科艾莱希斯电子（中山）有限公司	毫米波雷达（2.0T，9AMT）
	本田 凌派（FF）	2018	尼得科艾莱希斯电子（中山）有限公司	毫米波雷达（1.8T，CVT）

(续)

整车厂商	车型	车型年份	供应商	零部件名称
广汽本田	本田 奥德赛	2018	广州奥托立夫汽车安全系统有限公司	雷达系统
	本田 奥德赛（FF）	2018	尼得科艾莱希斯电子（中山）有限公司	毫米波雷达（2.4L，CVT）
	本田 缤智（FF）	2018	尼得科艾莱希斯电子（中山）有限公司	毫米波雷达（1.8T，CVT）
	本田 雅阁	2018	广州奥托立夫汽车安全系统有限公司	雷达系统
	本田 雅阁	2018	Nidec Elesys Corporation	前方碰撞预警系统（FCW）
	本田 雅阁（FF）	2018	尼得科艾莱希斯电子（中山）有限公司	毫米波雷达（1.5T，CVT）
	本田 飞度（FF）	2018	尼得科艾莱希斯电子（中山）有限公司	毫米波雷达（1.5L，CVT）
广汽菲亚特克莱斯勒	Jeep 大指挥官（4WD）	2021	罗伯特博世	雷达（2.0T，9AT）
	Jeep 大指挥官	2019	罗伯特博世	雷达
	Jeep 大指挥官（AWD）	2019	罗伯特博世	雷达（2.0T，9AMT）
	Jeep 指南者（China）	2018	南京奥托立夫汽车安全系统有限公司	雷达系统
	Jeep 自由光	2018	罗伯特博世	前方碰撞预警系统（FCW）
广汽丰田	丰田 凯美瑞	2018	电装	前方碰撞预警系统（FCW）
极狐	阿尔法 S 华为 HI（4WD）	2021	华为技术有限公司	激光雷达
比亚迪	宋 MAX DM	2021	上海海拉电子有限公司	盲区辅助检测（BSD）
	宋 MAX EV	2021	上海海拉电子有限公司	盲区辅助检测（BSD）
	宋 PLUS DM-i	2021	上海海拉电子有限公司	盲区辅助检测（BSD）
	宋 Pro	2021	上海海拉电子有限公司	盲区辅助检测（BSD）
	宋 Pro DM	2021	上海海拉电子有限公司	盲区辅助检测（BSD）
	宋 Pro EV	2021	上海海拉电子有限公司	盲区辅助检测（BSD）
	汉 EV（China）	2021	维宁尔（中国）电子有限公司	毫米波雷达
	秦 PLUS DM-i	2021	上海海拉电子有限公司	盲区辅助检测（BSD）
	秦 PLUS EV	2021	上海海拉电子有限公司	盲区辅助检测（BSD）
	秦 Pro DM	2021	上海海拉电子有限公司	盲区辅助检测（BSD）
	宋 Pro DM	2020	博世汽车部件（苏州）有限公司	毫米波雷达
	秦 Pro EV	2020	博世汽车部件（苏州）有限公司	雷达
	唐 DM（AWD）	2019	博世汽车部件（苏州）有限公司	雷达（2.0T，6DCT）
	唐	2019	上海海拉电子有限公司	盲区辅助检测（BSD）
	唐 DM	2019	博世汽车部件（苏州）有限公司	雷达
	唐 DM	2019	上海海拉电子有限公司	盲区辅助检测（BSD）
	唐 EV600	2019	上海海拉电子有限公司	盲区辅助检测（BSD）
	唐 EV600d	2019	上海海拉电子有限公司	盲区辅助检测（BSD）
	宋 MAX DM	2019	博世汽车部件（苏州）有限公司	盲区辅助检测（BSD）
	秦 Pro	2019	上海海拉电子有限公司	盲区辅助检测（BSD）
	秦 Pro DM	2019	上海海拉电子有限公司	盲区辅助检测（BSD）
	秦 Pro EV	2019	上海海拉电子有限公司	盲区辅助检测（BSD）
	唐	2018	罗伯特博世	前方碰撞预警系统（FCW）
江铃控股	陆风 X5	2018	同致电子科技（厦门）有限公司	倒车雷达

(续)

整车厂商	车型	车型年份	供应商	零部件名称
江铃汽车	福特 领界 S（FF）	2021	博世汽车部件（苏州）有限公司	毫米波雷达（1.5T，CVT）
	福特 撼路者（4WD）	2018	安波福	前方碰撞预警系统（FCW，2.0T，6AMT）
	福特 撼路者（FR）	2018	安波福	前方碰撞预警系统（FCW，2.0T，6AMT）
沃尔沃亚太	领克 01（AWD）	2017	大陆集团	盲区辅助检测（BSD，7DCT，2.0T）
	领克 01（AWD）	2017	大陆集团	前方毫米波雷达（7DCT，2.0T）
	领克 01（AWD）	2017	大陆集团	前方碰撞预警系统（FCW，7DCT，2.0T）
特斯拉	Model 3	2019	法雷奥集团	毫米波雷达
特斯拉（上海）	特斯拉 Model 3	2021	大陆集团	毫米波雷达
	特斯拉 Model 3	2021	法雷奥集团	毫米波雷达
	特斯拉 Model Y	2021	大陆集团	毫米波雷达
	特斯拉 Model Y	2021	法雷奥集团	毫米波雷达
	特斯拉 Model 3	2020	法雷奥集团	毫米波雷达
理想汽车	理想 ONE（4WD）	2021	北京易航远智科技有限公司	毫米波雷达
	理想 ONE	2021	博世汽车部件（苏州）有限公司	毫米波雷达
神龙	标致 3008	2018	ZF Active Safety And Electronics US LLC	盲区辅助检测（BSD）
	标致 3008	2018	ZF Active Safety And Electronics US LLC	前方碰撞预警系统（FCW）
	标致 4008	2018	ZF Active Safety And Electronics US LLC	盲区辅助检测（BSD）
	标致 4008	2018	ZF Active Safety And Electronics US LLC	前方碰撞预警系统（FCW）
	雪铁龙 C6	2018	ZF Active Safety And Electronics US LLC	盲区辅助检测（BSD）
	雪铁龙 C6	2018	ZF Active Safety And Electronics US LLC	前方碰撞预警系统（FCW）
	标致 308	2013	ZF Active Safety And Electronics US LLC	24 GHz 前视雷达
	雪铁龙 C4 毕加索	2013	ZF Active Safety And Electronics US LLC	24 GHz 前视雷达
蔚来	ES8（4WD）	2021	博世汽车部件（苏州）有限公司	毫米波雷达
	ET7（4WD）	2021	Innovusion, Inc.	激光雷达
	ES8	2020	纬创资通（昆山）有限公司	雷达
	ES8	2018	罗伯特博世	毫米波雷达
郑州日产	东风锐骐6（FF）	2021	博世汽车部件（苏州）有限公司	前泊车雷达（2.4L，5MT）
	日产 途达（AWD）	2019	松下电器产业	雷达（2.5L，6MT）
	日产 途达（AWD）	2019	松下电器产业	雷达（2.5L，7AMT）
重庆长安	长安 UNI-T（FF）	2022	博世汽车部件（苏州）有限公司	毫米波雷达（1.5T，7DCT）
	欧尚 COS1°（科赛）	2020	博世汽车部件（苏州）有限公司	雷达
	长安 CS35	2019	联合汽车电子有限公司	雷达
	长安 CS85	2019	联合汽车电子有限公司	雷达
	长安 睿骋 CC	2019	博世汽车部件（苏州）有限公司	雷达
	长安睿骋 CC（FF）	2019	博世汽车部件（苏州）有限公司	雷达（1.5T，6AT）

(续)

整车厂商	车型	车型年份	供应商	零部件名称
重庆长安	长安 CS55	2018	罗伯特博世	前方碰撞预警系统（FCW）
	长安 CS75	2018	罗伯特博世	前方碰撞预警系统（FCW）
	长安 CS95	2018	罗伯特博世	前方碰撞预警系统（FCW）
	长安 悦翔 V3	2018	同致电子科技（厦门）有限公司	倒车雷达
	长安 悦翔 V5	2018	同致电子科技（厦门）有限公司	倒车雷达
	长安 悦翔 V7	2018	同致电子科技（厦门）有限公司	倒车雷达
	长安 睿骋（FF）	2018	罗伯特博世	Radar sensor（1.5T, 6AMT）
长城	WEY 摩卡（4WD）	2021	Ibeo Automotive Systems GmbH	激光雷达（2.0T, 9DCT）
	WEY 摩卡（FF）	2021	Ibeo Automotive Systems GmbH	激光雷达（2.0T, 9DCT）
	WEY VV5	2020	同致电子企业股份有限公司	前雷达传感器
	WEY VV5	2020	同致电子企业股份有限公司	后雷达传感器
	WEY VV5	2018	同致电子科技（厦门）有限公司	倒车雷达
	WEY VV7	2018	罗伯特博世	前方碰撞预警系统（FCW）
	WEY VV7	2018	奇瑞	倒车雷达
	WEY VV7	2018	奇瑞	盲区辅助检测（BSD）
	WEY VV7	2018	同致电子科技（厦门）有限公司	倒车雷达
	哈弗 H8（China）	2018	罗伯特博世	前方碰撞预警系统（FCW）
	哈弗 H9	2018	罗伯特博世	前方碰撞预警系统（FCW）
长安	睿骋	2018	罗伯特博世	前方碰撞预警系统（FCW）
长安标致雪铁龙	DS 4S（FF）	2018	ZF Active Safety And Electronics US LLC	雷达（1.6T, 6AMT）
	DS 4S（FF）	2018	ZF Active Safety And Electronics US LLC	盲区辅助检测（BSD, 1.6T, 6AMT）
	DS 5LS（FF）	2018	ZF Active Safety And Electronics US LLC	雷达（1.6T, 6AMT）
	DS 5LS（FF）	2018	ZF Active Safety And Electronics US LLC	雷达（1.8T, 6AMT）
	DS 5LS（FF）	2018	ZF Active Safety And Electronics US LLC	盲区辅助检测（BSD, 1.6T, 6AMT）
	DS 5LS（FF）	2018	ZF Active Safety And Electronics US LLC	盲区辅助检测（BSD, 1.8T, 6AMT）
长安福特	福特 探险者（4WD）	2021	大陆汽车电子（长春）有限公司	毫米波雷达（2.3T, 10AMT）
	福特 福克斯	2020	安波福电子（苏州）有限公司	毫米波雷达
	福特 福克斯三厢	2018	同致电子科技（昆山）有限公司	倒车雷达
	福特 福克斯两厢	2018	同致电子科技（昆山）有限公司	倒车雷达
	福特 翼虎（AWD）	2018	安波福	前方碰撞预警系统（FCW, 2.0T, 6AMT）
	福特 蒙迪欧（FF）	2018	安波福	前方碰撞预警系统（FCW, 2.0T, 6AMT）
长安铃木	铃木 天语	2018	同致电子科技（厦门）有限公司	倒车雷达
长安马自达	马自达 3 昂克赛拉	2020	大陆泰密克汽车系统（上海）有限公司	毫米波雷达
	马自达 3 昂克赛拉 三厢	2018	同致电子科技（厦门）有限公司	倒车雷达
	马自达 3 昂克赛拉 两厢	2018	同致电子科技（厦门）有限公司	倒车雷达

数据来源：marklines

附录 C　中国整车厂车载摄像头供应链情况

整车厂商	车型	车型年份	供应商	零部件名称
GM	Cadillac CT6	2017	奥托立夫	夜视远红外线摄像头用硫化锌透镜
SFTM 长春丰越	丰田 RAV4 荣放	2020	电装	车载摄像头
Volvo Cars	Polestar 2	2020	Veoneer, Inc.	Mono vision camera
一汽-大众	大众 T-ROC 探歌（FF）	2021	大陆泰密克汽车系统（上海）有限公司	后视摄像头（RVC）（1.4L, 7DCT）
	大众 宝来·纯电	2021	大陆泰密克汽车系统（上海）有限公司	后视摄像头（RVC）
	大众 宝来·传奇（FF）	2021	大陆泰密克汽车系统（上海）有限公司	后视摄像头（RVC）（1.5L, 5MT）
	大众 探岳 R-Line（4wD）	2021	大陆泰密克汽车系统（上海）有限公司	后视摄像头（RVC）（2.0T, 7DCT）
	大众 探岳 X330（FF）	2021	大陆泰密克汽车系统（上海）有限公司	后视摄像头（RVC）（2.0T, 7DCT）
	大众 探影 TACQUA（FF）	2021	大陆泰密克汽车系统（上海）有限公司	后视摄像头（RVC）（1.5L, 5MT）
	大众 探影 TACQUA（FF）	2021	大陆泰密克汽车系统（上海）有限公司	后视摄像头（RVC）（1.5L, 6AMT）
	大众 蔚领 C-TREK（FF）	2021	大陆泰密克汽车系统（上海）有限公司	后视摄像头（RVC）（1.5L, 6MT）
	大众 蔚领 C-TREK（FF）	2021	大陆泰密克汽车系统（上海）有限公司	后视摄像头（RVC）（1.5L, 6AMT）
	大众 迈腾（FF）	2021	大陆泰密克汽车系统（上海）有限公司	后视摄像头（RVC）（1.4T, 7DCT）
	大众 迈腾 GTE 插电式混合动力	2021	大陆泰密克汽车系统（上海）有限公司	后视摄像头（RVC）（1.4T, 6DCT）
	大众 高尔夫（FF）	2021	大陆泰密克汽车系统（上海）有限公司	后视摄像头（RVC）（1.2T, 7DCT）
	大众 高尔夫·纯电	2021	大陆泰密克汽车系统（上海）有限公司	后视摄像头（RVC）
	奥迪 A6L 混动（FF）	2021	博世汽车部件（苏州）有限公司	360°全景倒车影像（2.0T, 7DCT）
	奥迪 Q3	2021	大陆泰密克汽车系统（上海）有限公司	360°全景倒车影像（1.4L, 7DCT）
	奥迪 Q5L（FF）	2021	博世汽车部件（苏州）有限公司	后视摄像头（RVC）（2.0T, 7DCT）
	奥迪 Q5L（FF）（China）	2021	Leopold Kostal GmbH & Co. KG	Mono vision camera（2.0T, 7DCT）
	奥迪 Q5LSportback（FF）	2021	博世汽车部件（苏州）有限公司]	后视摄像头（RVC）（2.0T, 7DCT）
	捷达 VS7（FF）	2021	大陆泰密克汽车系统（上海）有限公司	后视镜摄像头（1.4T, 6AT）
	捷达 VS7（FF）	2021	大陆泰密克汽车系统（上海）有限公司	后视镜摄像头（1.4T, 6AMT）
	奥迪 Q5L	2020	Leopold Kostal GmbH & Co. KG	单眼摄像头
	捷达 VS5	2020	大陆泰密克汽车系统（上海）有限公司	车载摄像头
	大众 捷达	2017	深圳市航盛电子股份有限公司	倒车影像
	大众 迈腾	2017	法雷奥集团	3D 全景环视系统
	大众 速腾	2017	深圳市航盛电子股份有限公司	倒车影像
一汽丰田	丰田 皇冠	2018	电装	车载摄像头
一汽奔腾	奔腾 T99（FF）	2022	北京经纬恒润科技股份有限公司	车载摄像头（2.0T, 8AT）
一汽轿车	红旗 H5	2019	北京经纬恒润科技股份有限公司	车载摄像头
	红旗 H5	2019	博世汽车部件（苏州）有限公司	车载摄像头
	红旗 H5（FF）	2019	北京经纬恒润科技股份有限公司	车载摄像头（1.8L, 6AMT）
	红旗 H5（FF）	2019	博世汽车部件（苏州）有限公司	车载摄像头（1.8L, 6AMT）
上汽乘用车	荣威 MARVEL X	2020	博世汽车部件（苏州）有限公司	车载摄像头
	荣威 RX8	2019	北京经纬恒润科技股份有限公司	车载摄像头
	荣威 RX8（FF）	2019	北京经纬恒润科技股份有限公司	车载摄像头（2.0L, 6AMT）
	荣威 RX5（FF）（China）	2018	北京经纬恒润科技股份有限公司	前视摄像头（1.5T, 6MT）
	荣威 RX5（FF）（China）	2018	北京经纬恒润科技股份有限公司	前视摄像头（1.5T, 7DCT）

(续)

整车厂商	车型	车型年份	供应商	零部件名称
上汽大众	大众 ID.4 X (4WD)	2021	采埃孚汽车系统（上海）有限公司	360°全景倒车影像
	大众 ID.4 X Prime (4WD)	2021	采埃孚汽车系统（上海）有限公司	360°全景倒车影像
	大众 ID.4 X Pro (RR)	2021	采埃孚汽车系统（上海）有限公司	后视摄像头（RVC）
	大众 ID.4 X Pure (RR)	2021	采埃孚汽车系统（上海）有限公司	后视摄像头（RVC）
	大众 ID.4 X Pure+ (RR)	2021	采埃孚汽车系统（上海）有限公司	后视摄像头（RVC）
	大众 帕萨特	2018	广州市一谷电子有限公司	车载摄像头
上汽大通	大通 D60	2020	北京经纬恒润科技股份有限公司	车载摄像头
上汽通用	别克 昂科威 48V 轻混（FF）	2021	麦格纳电子（张家港）有限公司	单目摄像头（1.5T，Hydra–Matic 9AT）
	别克 昂科威 48V 轻混（FF）	2021	麦格纳电子（张家港）有限公司	单目摄像头（2.0T，Hydra–Matic 9AT）
	别克 君威	2019	大陆集团	车载摄像头
	别克 君威（China）	2018	法雷奥汽车内部控制（深圳）有限公司	后摄像头
上汽通用五菱	宝骏 RS-5（FF）	2019	博世汽车部件（苏州）有限公司	车载摄像头
上海通用	别克 GL8	2018	同致电子科技（昆山）有限公司	车载摄像头
上海通用（沈阳）北盛	别克 GL6	2018	同致电子科技（昆山）有限公司	车载摄像头
上海通用五菱	宝骏 E300（RR）	2021	博世汽车部件（苏州）有限公司	360°全景倒车影像
	宝骏 E300Plus（RR）	2021	联创汽车电子有限公司	360°全景倒车影像
	宝骏 RC-5（FF）	2021	博世汽车部件（苏州）有限公司	后视摄像头（RVC）（1.5T, 6MT）
	宝骏 RC-5（FF）	2021	博世汽车部件（苏州）有限公司	后视摄像头（RVC）（1.5L, 8CVT）
	宝骏 RC-5（FF）	2021	博世汽车部件（苏州）有限公司	后视摄像头（RVC）（1.5T, 8CVT）
	宝骏 Valli（FF）	2021	博世汽车部件（苏州）有限公司	360°全景倒车影像（1.5T, 8CVT）
	宝骏 Valli（FF）	2021	博世汽车部件（苏州）有限公司	后视摄像头（RVC）（1.5T, 8CVT）
东南	DX5（FF）	2021	大陆泰密克汽车系统（上海）有限公司	后摄像头（1.5L, 5MT）
	DX5（FF）	2021	大陆泰密克汽车系统（上海）有限公司	后摄像头（1.5T, 8CVT）
	DX5（FF）	2021	大陆泰密克汽车系统（上海）有限公司	前摄像头（1.5L, 5MT）
	DX5（FF）（China）	2021	大陆泰密克汽车系统（上海）有限公司	前摄像头（1.5T, 8CVT）
东风乘用车	东风风神 AX7（FF）	2022	采埃孚汽车科技（上海）有限公司	车载摄像头（1.5T, 6MT）
	东风风神 AX7（FF）	2022	采埃孚汽车科技（上海）有限公司	车载摄像头（1.5T, 7DCT）
	东风风神奕炫 MAX	2021	采埃孚	车载摄像头
东风悦达起亚	起亚 KX3（FF）	2021	万都	车载摄像头（1.5L, CVT）
东风日产	启辰 T60	2020	博世汽车部件（苏州）有限公司	车载摄像头
	日产 轩逸	2020	松下电器产业	车载摄像头
	日产 途达	2019	松下电器产业	车载摄像头
	日产 天籁	2018	同致电子科技（厦门）有限公司	环视摄像头系统（SVC）
	日产 轩逸	2018	同致电子科技（厦门）有限公司	环视摄像头系统（SVC）
东风本田	本田 思域（FF）	2019	博世汽车部件（苏州）有限公司	单眼摄像头
	本田 CR-V（AWD）	2018	尼得科艾莱希斯电子（中山）有限公司	单眼摄像头（1.5T, CVT）
	本田 CR-V（FF）	2018	尼得科艾莱希斯电子（中山）有限公司	单眼摄像头（2.0L, ECVT）

(续)

整车厂商	车型	车型年份	供应商	零部件名称
东风本田	本田 UR-V（AWD）	2018	尼得科艾莱希斯电子（中山）有限公司	单眼摄像头（2.0T，9AMT）
	本田思域	2018	同致电子科技（厦门）有限公司	车载摄像头
东风柳州	东风风行 F600	2016	罗伯特博世	倒车影像（1.5T，6MT）
	东风风行 F600	2016	罗伯特博世	倒车影像（2.0L，6MT）
东风柳汽	东风风行 T5 EVO（FF）	2021	北京经纬恒润科技股份有限公司	车载摄像头（1.5T，7DCT）
	东风风行 T5	2019	北京经纬恒润科技股份有限公司	车载摄像头
	东风风行 T5（FF）	2019	北京经纬恒润科技股份有限公司	车载摄像头（1.5T，CVT）
北京奔驰	梅赛德斯-奔驰 C 级	2018	广州市一谷电子有限公司	车载摄像头
北京现代	现代 索纳塔（FF）	2021	万都	车载摄像头（1.5T，7DCT）
	现代 索纳塔（FF）	2021	万都	车载摄像头（2.0T，8AMT）
	现代胜达	2020	万都	车载摄像头
北汽（广州）	BEIJING X7（FF）	2021	博世汽车部件（苏州）有限公司	车载摄像头（1.5T，DCT）
	绅宝 X65（FF）	2018	罗伯特博世	360°全景成像系统（2.0T，6AMT）
华晨宝马	宝马 iX3	2021	大陆集团	车载摄像头
	宝马 iX3	2021	采埃孚	前摄像头
	宝马 X3xDrive25iM	2019	罗伯特博世	车载摄像头
	宝马 3 系	2018	广州市一谷电子有限公司	车载摄像头
	宝马 5 系	2018	广州市一谷电子有限公司	车载摄像头
吉利	星瑞（FF）	2021	维宁尔（中国）电子有限公司	车载摄像头（2.0T，7DCT）
	几何 A	2020	维宁尔（中国）电子有限公司	车载摄像头
	嘉际	2020	博世汽车部件（苏州）有限公司	车载摄像头
	领克 02	2020	大陆泰密克汽车系统（上海）有限公司	车载摄像头
	领克 01	2019	大陆泰密克汽车系统（上海）有限公司	车载摄像头
	领克 02	2019	大陆泰密克汽车系统（上海）有限公司	车载摄像头
	博越（AWD）（China）	2018	罗伯特博世	360°全景成像系统（1.8T，6AMT）
	博越	2018	罗伯特博世	360°全景成像系统
天津一汽丰田	丰田 亚洲龙	2020	电装	车载摄像头
奇瑞	星途 TXL	2020	博世汽车部件（苏州）有限公司	车载摄像头
	瑞虎 8	2020	博世汽车部件（苏州）有限公司	车载摄像头
	星途 TX	2019	博世汽车部件（苏州）有限公司	车载摄像头
	星途 TXL	2019	博世汽车部件（苏州）有限公司	车载摄像头
	瑞虎 7	2018	奇瑞	360°全景成像系统
威马汽车	威尔马斯特 EX5	2020	博世汽车部件（苏州）有限公司	车载摄像头
小鹏汽车	小鹏 P7（4WD）	2021	博世汽车部件（苏州）有限公司	车载摄像头
	小鹏 P7（RR）	2021	博世汽车部件（苏州）有限公司	车载摄像头
	小鹏 G3	2020	博世汽车部件（苏州）有限公司	车载摄像头
广汽丰田	丰田 雷凌	2020	电装	车载摄像头

(续)

整车厂商	车型	车型年份	供应商	零部件名称
广汽乘用车	传祺 GS4（FF）	2021	安波福电子（苏州）有限公司	车载摄像头（1.5T，6MT）
	传祺 GS4（FF）	2021	安波福电子（苏州）有限公司	车载摄像头（1.5T，7DCT）
	传祺 GS4（FF）	2021	安波福电子（苏州）有限公司	车载摄像头（1.5T，6AMT）
	传祺 GA6	2020	博世汽车部件（苏州）有限公司	车载摄像头
	传祺 GS5	2020	博世汽车部件（苏州）有限公司	车载摄像头
	传祺 GA6	2019	博世汽车部件（苏州）有限公司	车载摄像头
	传祺 GM6	2019	博世汽车部件（苏州）有限公司	车载摄像头
	传祺 GS3	2019	博世汽车部件（苏州）有限公司	车载摄像头
	传祺 GS4	2019	博世汽车部件（苏州）有限公司	车载摄像头
	传祺 GS5	2019	博世汽车部件（苏州）有限公司	车载摄像头
	传祺 GS5 Super	2019	博世汽车部件（苏州）有限公司	车载摄像头
	传祺 GS7	2019	博世汽车部件（苏州）有限公司	车载摄像头
	传祺 GS8	2019	博世汽车部件（苏州）有限公司	车载摄像头
	传祺 GM8	2019	博世汽车部件（苏州）有限公司	车载摄像头
广汽埃安	埃安 S（FF）	2021	安波福电子（苏州）有限公司	车载摄像头
广汽新能源	埃安 S	2020	安波福电子（苏州）有限公司	车载摄像头
广汽本田	本田 皓影	2020	博世汽车部件（苏州）有限公司	车载摄像头
	本田 雅阁	2020	日立安斯泰莫汽车动力科技（东莞）有限公司	车载摄像头
	本田 冠道（4WD）	2018	尼得科艾莱希斯电子（中山）有限公司	单眼摄像头（2.0T，9AMT）
	本田 凌派	2018	广州市一谷电子有限公司	车载摄像头
	本田 凌派	2018	同致电子科技（厦门）有限公司	车载摄像头
	本田 奥德赛（FF）	2018	尼得科艾莱希斯电子（中山）有限公司	单眼摄像头（2.4L，CVT）
	本田 雅阁（FF）	2018	尼得科艾莱希斯电子（中山）有限公司	单眼摄像头（1.5T，CVT）
广汽菲亚特克莱斯勒	Jeep 大指挥官（4WD）	2021	罗伯特博世	车载摄像头（2.0T，9AT）
	Jeep 大指挥官	2019	罗伯特博世	车载摄像头
	Jeep 大指挥官（AWD）	2019	罗伯特博世	车载摄像头（2.0T，9AMT）
	Jeep 自由光	2018	罗伯特博世	车载摄像头
比亚迪	汉 EV	2021	维宁尔（中国）电子有限公司	车载摄像头
	宋 Pro DM	2020	博世汽车部件（苏州）有限公司	车载摄像头
	秦 Pro EV	2020	博世汽车部件（苏州）有限公司	车载摄像头
	唐 DM（AWD）	2019	博世汽车部件（苏州）有限公司	车载摄像头（2.0T，6DCT）
	唐 DM	2019	博世汽车部件（苏州）有限公司	车载摄像头
江淮	iEV	2015	合肥晟泰克汽车电子股份有限公司	车载摄像头
沃尔沃亚太	领克 01（AWD）	2017	安波福	环视摄像头系统（SVC，7DCT，2.0T）
	领克 01（AWD）	2017	安波福	单目摄像头（7DCT，2.0T）
	领克 01（AWD）	2017	大陆集团	前摄像头（7DCT，2.0T）
特斯拉	Model 3	2019	联创汽车电子有限公司	360°全景成像系统
	Model 3	2019	无比视汽车产品服务（上海）有限公司	车载摄像头

(续)

整车厂商	车型	车型年份	供应商	零部件名称
特斯拉（上海）	特斯拉 Model 3	2021	联创电子科技股份有限公司	车载镜头
	特斯拉 Model 3	2021	无比视汽车产品服务（上海）有限公司	车载摄像头
	特斯拉 Model Y	2021	联创电子科技股份有限公司	车载镜头
	特斯拉 Model Y	2021	无比视汽车产品服务（上海）有限公司	车载摄像头
	特斯拉 Model 3	2020	联创电子科技股份有限公司	车载镜头
	特斯拉 Model 3	2020	无比视汽车产品服务（上海）有限公司	车载摄像头
	特斯拉 Model 3	2020	无比视汽车产品服务（上海）有限公司	车载摄像头
	特斯拉 Model Y	2020	联创电子科技股份有限公司	车载镜头
	特斯拉 Model Y	2020	无比视汽车产品服务（上海）有限公司	车载摄像头
理想汽车	理想 ONE（4WD）	2021	北京易航远智科技有限公司	车载摄像头
神龙	雪铁龙 C5 X	2021	法雷奥汽车内部控制（深圳）有限公司	前摄像头
	标致 3008	2018	ZF Active Safety And Electronics US LLC	360°全景成像系统
	标致 4008	2018	ZF Active Safety And Electronics US LLC	360°全景成像系统
	雪铁龙 C6	2018	ZF Active Safety And Electronics US LLC	360°全景成像系统
蔚来	EC6	2021	无比视汽车产品服务（上海）有限公司	三目摄像头系统
	ES6	2021	无比视汽车产品服务（上海）有限公司	三目摄像头系统
	ES8	2021	无比视汽车产品服务（上海）有限公司	三目摄像头系统
	ES8	2021	宁波均胜电子股份有限公司	前视摄像头
	ES8（4WD）	2021	宁波均胜电子股份有限公司	前视摄像头
	ET7（4WD）	2021	惠州市德赛西威汽车电子股份有限公司	车载摄像头
	ES8	2020	纬创资通（昆山）有限公司	车载摄像头
	ES8	2018	宁波均胜电子股份有限公司	前视摄像头
郑州日产	东风 锐骐6（FF）	2021	博世汽车部件（苏州）有限公司	后泊车影像（2.4L，5MT）
	东风 锐骐6（FF）	2021	博世汽车部件（苏州）有限公司	前泊车影像（2.4L，5MT）
	日产 途达（AWD）	2019	松下电器产业	车载摄像头（2.5L，6MT）
	日产 途达（AWD）	2019	松下电器产业	车载摄像头（2.5L，7AMT）
重庆长安	长安 UNI-T（FF）	2022	博世汽车部件（苏州）有限公司	车载摄像头（1.5T，7DCT）
	长安 睿骋（FF）	2018	罗伯特博世	360°全景成像系统（1.5T，6AMT）
长城	哈弗 大狗（FF）	2021	采埃孚汽车系统（上海）有限公司	前视摄像头（1.5T，7DCT）
	哈弗 大狗（FF）	2021	采埃孚汽车系统（上海）有限公司	前视摄像头（2.0T，7DCT）
	欧拉 好猫（FF）	2021	采埃孚汽车系统（上海）有限公司	车载摄像头
	WEY VV5	2018	同致电子科技（厦门）有限公司	环视摄像头系统（SVC）
	WEY VV7	2018	奇瑞	360°全景成像系统
长安标致雪铁龙	DS 4S（FF）	2018	ZF Active Safety And Electronics US LLC	车载摄像头（1.6T，6AMT）
	DS 5LS（FF）	2018	ZF Active Safety And Electronics US LLC	车载摄像头（1.6T，6AMT）
	DS 5LS（FF）	2018	ZF Active Safety And Electronics US LLC	车载摄像头（1.8T，6AMT）
长安福特	福特 探险者（4WD）	2021	大陆汽车电子（长春）有限公司	车载摄像头（2.3T，10AMT）
	福特 福克斯	2020	安波福电子（苏州）有限公司	车载摄像头
长安马自达	马自达3 昂克赛拉	2020	大陆泰密克汽车系统（上海）有限公司	车载摄像头

数据来源：marklines

附录 D 中国整车厂巡航控制供应链情况

整车厂商	车型	车型年份	供应商	零部件名称
一汽－大众	大众 CC（FF）	2021	大陆泰密克汽车系统（上海）有限公司	巡航控制系统（2.0T，7DCT）
	大众 CC（FF）	2021	大陆泰密克汽车系统（上海）有限公司	ACC 自适应巡航（2.0T，7DCT）
	大众 CC（FF）	2021	大陆泰密克汽车系统（上海）有限公司	自适应巡航控制系统（2.0T，7DCT）
	大众 CC 猎装车（FF）（China）	2021	大陆泰密克汽车系统（上海）有限公司	巡航控制系统（2.0T，7DCT）
	大众 CC 猎装车（FF）	2021	大陆泰密克汽车系统（上海）有限公司	自适应巡航控制系统（2.0T，7DCT）
	大众 T-ROC 探歌（FF）	2021	大陆泰密克汽车系统（上海）有限公司	巡航控制系统（1.4L，7AMT）
	大众 T-ROC 探歌（FF）	2021	大陆泰密克汽车系统（上海）有限公司	ACC 自适应巡航（1.4L，7AMT）
	大众宝来传奇（FF）	2021	大陆泰密克汽车系统（上海）有限公司	巡航控制系统（1.5L，5MT）
	大众探岳（FF）	2021	大陆泰密克汽车系统（上海）有限公司	巡航控制系统（1.4T，7DCT）
	大众探岳 R-Line（4WD）	2021	大陆泰密克汽车系统（上海）有限公司	巡航控制系统（2.0T，7DCT）
	大众探岳 GTE 插电式混合动力	2021	大陆泰密克汽车系统（上海）有限公司	自适应巡航控制系统（1.4L，6DCT）
	大众探岳 GTE 插电式混合动力	2021	大陆泰密克汽车系统（上海）有限公司	巡航控制系统（1.4L，6DCT）
	大众探岳 X330（FF）	2021	大陆泰密克汽车系统（上海）有限公司	巡航控制系统（2.0T，7DCT）
	大众蔚领 C-TREK（FF）	2021	大陆泰密克汽车系统（上海）有限公司	巡航控制系统（1.5L，6MT）
	大众蔚领 C-TREK（FF）	2021	大陆泰密克汽车系统（上海）有限公司	巡航控制系统（1.5L，6AMT）
	大众 迈腾 GTE 插电式混合动力	2021	大陆泰密克汽车系统（上海）有限公司	巡航控制系统（1.4T，6DCT）
	大众 迈腾 GTE 插电式混合动力	2021	大陆泰密克汽车系统（上海）有限公司	自适应巡航控制系统（1.4T，6DCT）
	大众 高尔夫（FF）	2021	大陆泰密克汽车系统（上海）有限公司	巡航控制系统（1.2T，7DCT）
	大众 高尔夫·纯电	2021	大陆泰密克汽车系统（上海）有限公司	巡航控制系统
	奥迪 A3Sportback（FF）	2021	大陆泰密克汽车系统（上海）有限公司	巡航控制系统（1.4T，7DCT）
	奥迪 A3L Limousine（FF）	2021	大陆泰密克汽车系统（上海）有限公司	巡航控制系统（1.4T，7DCT）
	奥迪 A4L 35 TFSI（FF）	2021	博世汽车部件（苏州）有限公司	巡航控制系统（2.0T，7DCT）
	奥迪 A4L 40 TFSI（FF）	2021	博世汽车部件（苏州）有限公司	巡航控制系统（2.0T，7DCT）
	奥迪 A6L 40 TFSI（FF）	2021	博世汽车部件（苏州）有限公司	巡航控制系统（2.0T，7DCT）
	奥迪 A6L 45 TFSI（FF）	2021	博世汽车部件（苏州）有限公司	巡航控制系统（2.0T，7DCT）
	奥迪 Q2L（FF）	2021	博世汽车部件（苏州）有限公司	巡航控制系统（1.4T，7DCT）
	奥迪 Q3	2021	大陆泰密克汽车系统（上海）有限公司	巡航控制系统（1.4L，7DCT）
	奥迪 Q3Sportback	2021	大陆泰密克汽车系统（上海）有限公司	巡航控制系统（2.0T，7DCT）
	奥迪 Q5L（FF）	2021	博世汽车部件（苏州）有限公司	巡航控制系统（2.0T，7DCT）
	大众 CC（FF）	2018	大陆集团	ACC 自适应巡航（1.8T，7DCT）
	大众 CC（FF）	2018	大陆集团	ACC 自适应巡航（2.0T，6DCT）
	大众 CC（FF）	2018	大陆集团	ACC 自适应巡航（3.0L，6DCT）
	大众 迈腾（FF）	2018	大陆集团	ACC 自适应巡航（2.0T，7DCT）
	大众 高尔夫（FF）	2018	大陆集团	ACC 自适应巡航（1.4T，7DCT）
	奥迪 A3 Limousine（FF）	2018	罗伯特博世	ACC 自适应巡航（1.4L，7DCT）
	奥迪 A3 Limousine（FF）	2018	罗伯特博世	ACC 自适应巡航（2.0T，7DCT）

(续)

整车厂商	车型	车型年份	供应商	零部件名称
一汽－大众	奥迪 A3 Sportback（FF）	2018	罗伯特博世	ACC 自适应巡航（1.4L，7DCT）
	奥迪 A3 Sportback（FF）	2018	罗伯特博世	ACC 自适应巡航（2.0T，7DCT）
	奥迪 A4L（AWD）	2018	罗伯特博世	ACC 自适应巡航（2.0T，7DCT）
	奥迪 A4L（FF）	2018	罗伯特博世	ACC 自适应巡航（1.4L，7DCT）
	奥迪 A6L	2018	安波福	ACC 自适应巡航
	奥迪 Q5（AWD）	2017	罗伯特博世	ACC 自适应巡航（2.0T，8AMT）
	大众 高尔夫 R－Line	2015	纬湃汽车电子（天津）有限公司	ACC 自适应巡航（1.4T，5MT）
	大众 高尔夫 R－Line	2015	纬湃汽车电子（天津）有限公司	ACC 自适应巡航（1.4T，7DCT）
一汽轿车	红旗 H7（FR）	2018	安波福	ACC 自适应巡航（2.0T，6AMT）
上汽乘用车	MG 6	2018	大陆集团	ACC 自适应巡航
上汽大众	大众 ID.4 X（4WD）	2021	采埃孚汽车系统（上海）有限公司	ACC 自适应巡航
	大众 ID.4 X 1st Edition（RR）	2021	采埃孚汽车系统（上海）有限公司	巡航控制系统
	大众 ID.4 X Prime（4WD）	2021	采埃孚汽车系统（上海）有限公司	ACC 自适应巡航
	大众 ID.4 X Pro（RR）	2021	采埃孚汽车系统（上海）有限公司	巡航控制系统
	大众 ID.4 X Pure（RR）	2021	采埃孚汽车系统（上海）有限公司	巡航控制系统
	大众 ID.4 X Pure +（RR）	2021	采埃孚汽车系统（上海）有限公司	巡航控制系统
	大众 帕萨特（FF）	2018	大陆集团	ACC 自适应巡航（2.0T，7DCT）
	大众 凌渡（FF）	2017	大陆集团	ACC 自适应巡航（2.0T，7DCT）
	大众 凌渡（FF）	2017	大陆集团	ACC 自适应巡航（1.8T，7DCT）
上汽通用	别克 GL8 艾维亚	2021	安波福电气系统有限公司	ACC 自适应巡航
	别克 GL8 艾维亚	2021	安波福电气系统有限公司	车道居中智能巡航（LCC）
上汽通用五菱	宝骏 RS－3（FF）	2021	大陆泰密克汽车系统（上海）有限公司	巡航控制系统（1.5L，8CVT）
	宝骏 RS－3（FF）	2021	大陆泰密克汽车系统（上海）有限公司	巡航控制系统（1.5T，8CVT）
	宝骏 RS－3（FF）	2021	大陆泰密克汽车系统（上海）有限公司	巡航控制系统（1.5L，6MT）
	宝骏 RS－5	2021	博世汽车部件（苏州）有限公司	ACC 自适应巡航
	宝骏 RS－5（FF）	2019	博世汽车部件（苏州）有限公司	ACC 自适应巡航
	别克 君越（China）	2018	罗伯特博世	ACC 自适应巡航
	宝骏 E300（RR）	2021	博世汽车部件（苏州）有限公司	自适应巡航控制系统
	宝骏 E300Plus（RR）	2021	联创汽车电子有限公司	自适应巡航控制系统
	宝骏 RC－5（FF）	2021	博世汽车部件（苏州）有限公司	巡航控制系统（1.5T，6MT）
	宝骏 RC－5（FF）	2021	博世汽车部件（苏州）有限公司	巡航控制系统（1.5L，8CVT）
	宝骏 RC－5（FF）	2021	博世汽车部件（苏州）有限公司	巡航控制系统（1.5L，8CVT）
	宝骏 RC－6（FF）	2021	博世汽车部件（苏州）有限公司	自适应巡航控制系统（1.5T，8CVT）
	宝骏 RM－5（FF）	2021	博世汽车部件（苏州）有限公司	自适应巡航控制系统（1.5T，8CVT）
东风日产	英菲尼迪 Q50L（FR）	2018	罗伯特博世	ACC 自适应巡航（2.0T，7AMT）
	英菲尼迪 QX50（AWD）	2017	罗伯特博世	ACC 自适应巡航（2.5L，7AMT）
东风本田	本田 CR－V（AWD）	2018	安波福	ACC 自适应巡航（1.5T，CVT）
	本田 思域（FF）	2016	安波福	ACC 自适应巡航（1.5T，CVT）

(续)

整车厂商	车型	车型年份	供应商	零部件名称
东风柳汽	东风风行 景逸 X5	2018	京西重工（上海）有限公司	ACC 自适应巡航（1.6L，5MT）
众泰	大迈 X5（FF）	2018	京西重工（上海）有限公司	ACC 自适应巡航（1.5T，6CVT）
	大迈 X5（FF）	2018	京西重工（上海）有限公司	ACC 自适应巡航（1.5T，5MT）
北京奔驰	梅赛德斯－奔驰 C180L（FR）	2018	大陆集团	ACC 自适应巡航（1.6T，9AMT）
	梅赛德斯－奔驰 C200（FR）	2018	大陆集团	ACC 自适应巡航（2.0T，9AMT）
	梅赛德斯－奔驰 C200 4MATIC（AWD）	2018	大陆集团	ACC 自适应巡航（2.0T，9AMT）
	梅赛德斯－奔驰 C200L（FR）	2018	大陆集团	ACC 自适应巡航（2.0T，9AMT）
	梅赛德斯－奔驰 C200L 4MATIC（AWD）	2018	大陆集团	ACC 自适应巡航（2.0T，9AMT）
	梅赛德斯－奔驰 C300（FR）	2018	大陆集团	ACC 自适应巡航（2.0T，9AMT）
	梅赛德斯－奔驰 C300L（FR）	2018	大陆集团	ACC 自适应巡航（2.0T，9AMT）
华晨宝马	宝马 330Li M（FR）	2018	罗伯特博世	ACC 自适应巡航（2.0T，8AMT）
	宝马 330LixDrive（AWD）	2018	罗伯特博世	ACC 自适应巡航（2.0T，8AMT）
	宝马 525Li（FR）	2018	罗伯特博世	ACC 自适应巡航（2.0T，8AMT）
	宝马 525Li M（FR）	2018	罗伯特博世	ACC 自适应巡航（2.0T，8AMT）
	宝马 530Li（FR）	2018	罗伯特博世	ACC 自适应巡航（2.0T，8AMT）
	宝马 540Li（FR）	2018	罗伯特博世	ACC 自适应巡航（2.0T，8AMT）
吉利	博瑞（FF）	2019	博世汽车部件（苏州）有限公司	ACC 自适应巡航
	博越（FF）	2019	博世汽车部件（苏州）有限公司	ACC 自适应巡航
	博瑞	2018	罗伯特博世	ACC 自适应巡航
	博瑞（FF）	2018	博世汽车部件（苏州）有限公司	ACC 自适应巡航（1.8T，6AMT）
	博瑞（FF）	2018	罗伯特博世	ACC 自适应巡航（1.8T，6AMT）
	博越（FF）	2018	罗伯特博世	ACC 自适应巡航
	帝豪 GL	2018	罗伯特博世	ACC 自适应巡航
	帝豪 GS	2018	罗伯特博世	ACC 自适应巡航
	帝豪 GS（FF）	2018	博世汽车部件（苏州）有限公司	ACC 自适应巡航（1.4T，6MT）
	帝豪 GS（FF）	2018	博世汽车部件（苏州）有限公司	ACC 自适应巡航（1.4T，6DCT）
	帝豪 GS（FF）	2018	博世汽车部件（苏州）有限公司	ACC 自适应巡航（1.8L，6MT）
	帝豪 GS（FF）	2018	博世汽车部件（苏州）有限公司	ACC 自适应巡航（1.8L，6DCT）
天津一汽丰田	丰田 皇冠（FR）	2018	爱德克斯株式会社	ACC 自适应巡航（2.0T，8AMT）
小鹏汽车	小鹏 G3 460c（FF）	2021	博世汽车部件（苏州）有限公司	ACC 自适应巡航
	小鹏 G3 460i（FF）	2021	博世汽车部件（苏州）有限公司	ACC 自适应巡航
	小鹏 G3 520i（FF）	2021	博世汽车部件（苏州）有限公司	ACC 自适应巡航

(续)

整车厂商	车型	车型年份	供应商	零部件名称
广汽乘用车	传祺 GA6（FF）	2021	博世汽车部件（苏州）有限公司	ACC 自适应巡航（1.5T，6AMT）
	传祺 GA6（FF）	2021	博世汽车部件（苏州）有限公司	智能巡航辅助（ICA）（1.5T，6AMT）
	传祺 GS8（FF）	2021	博世汽车部件（苏州）有限公司	ACC 自适应巡航（2.0T，6AT）
	传祺 M6 Pro（FF）	2021	联合汽车电子有限公司	ACC 自适应巡航（1.5T，7DCT）
	传祺 M6 Pro（FF）	2021	联合汽车电子有限公司	智能巡航辅助（ICA）（1.5T，7DCT）
	传祺 GA8	2019	博世汽车部件（苏州）有限公司	ACC 自适应巡航
	传祺 GS5	2019	博世汽车部件（苏州）有限公司	ACC 自适应巡航
	传祺 GS8	2019	博世汽车部件（苏州）有限公司	ACC 自适应巡航
	传祺 GA8	2018	罗伯特博世	ACC 自适应巡航
	传祺 GS8	2018	罗伯特博世	ACC 自适应巡航
广汽埃安	埃安 LX	2021	安波福电气系统有限公司	ACC 自适应巡航
	埃安 LX	2021	安波福电气系统有限公司	车道居中智能巡航（LCC）
广汽菲亚特克莱斯勒	Jeep 自由光	2018	罗伯特博世	ACC 自适应巡航
广汽丰田	丰田 凯美瑞	2018	电装	ACC 自适应巡航
比亚迪	宋 MAX	2021	博世汽车部件（苏州）有限公司	停走型全速自适应巡航系统（ACC-S&G）
	宋 MAX DM	2021	博世汽车部件（苏州）有限公司	停走型全速自适应巡航系统（ACC-S&G）
	宋 MAX EV	2021	博世汽车部件（苏州）有限公司	停走型全速自适应巡航系统（ACC-S&G）
	宋 PLUS	2021	博世汽车部件（苏州）有限公司	停走型全速自适应巡航系统（ACC-S&G）
	宋 PLUS DM-i	2021	博世汽车部件（苏州）有限公司	停走型全速自适应巡航系统（ACC-S&G）
	宋 PLUS EV	2021	博世汽车部件（苏州）有限公司	停走型全速自适应巡航系统（ACC-S&G）
	宋 Pro	2021	博世汽车部件（苏州）有限公司	停走型全速自适应巡航系统（ACC-S&G）
	宋 Pro DM	2021	博世汽车部件（苏州）有限公司	停走型全速自适应巡航系统（ACC-S&G）
	宋 Pro EV	2021	博世汽车部件（苏州）有限公司	停走型全速自适应巡航系统（ACC-S&G）
	秦 Pro DM	2021	博世汽车部件（苏州）有限公司	停走型全速自适应巡航系统（ACC-S&G）
	唐	2019	博世汽车部件（苏州）有限公司	停走型全速自适应巡航系统（ACC-S&G）
	唐 DM	2019	博世汽车部件（苏州）有限公司	停走型全速自适应巡航系统（ACC-S&G）
	唐 EV600	2019	博世汽车部件（苏州）有限公司	停走型全速自适应巡航系统（ACC-S&G）
	唐 EV600d	2019	博世汽车部件（苏州）有限公司	停走型全速自适应巡航系统（ACC-S&G）
	宋 MAX	2019	博世汽车部件（苏州）有限公司	停走型全速自适应巡航系统（ACC-S&G）
	宋 MAX DM	2019	博世汽车部件（苏州）有限公司	停走型全速自适应巡航系统（ACC-S&G）

(续)

整车厂商	车型	车型年份	供应商	零部件名称
比亚迪	秦 Pro	2019	博世汽车部件（苏州）有限公司	ACC 自适应巡航
	秦 Pro DM	2019	博世汽车部件（苏州）有限公司	ACC 自适应巡航
	秦 Pro EV	2019	博世汽车部件（苏州）有限公司	ACC 自适应巡航
	秦 Pro EV500	2019	博世汽车部件（苏州）有限公司	停走型全速自适应巡航系统（ACC-S&G）
	唐	2018	罗伯特博世	ACC 自适应巡航
江铃汽车	福特 撼路者（4WD）	2018	安波福	ACC 自适应巡航（2.0T, 6AMT）
	福特 撼路者（FR）	2018	安波福	ACC 自适应巡航（2.0T, 6AMT）
沃尔沃亚太	领克 01（AWD）	2017	大陆集团	ACC 自适应巡航（7DCT, 2.0T）
	沃尔沃 S60L T3	2015	纬湃汽车电子（天津）有限公司	ACC 自适应巡航（1.5T, 6AT）
	沃尔沃 S60L T5	2015	纬湃汽车电子（天津）有限公司	ACC 自适应巡航（2.0T, 6AT）
神龙	标致 3008	2018	ZF Active Safety And Electronics US LLC	ACC 自适应巡航
	标致 4008	2018	ZF Active Safety And Electronics US LLC	ACC 自适应巡航
	雪铁龙 C6	2018	ZF Active Safety And Electronics US LLC	ACC 自适应巡航
重庆长安	长安 CS55	2018	罗伯特博世	ACC 自适应巡航
	长安 CS75	2018	罗伯特博世	ACC 自适应巡航
	长安 CS95	2018	罗伯特博世	ACC 自适应巡航
长城	WEY VV7	2018	罗伯特博世	ACC 自适应巡航
	哈弗 H8	2018	罗伯特博世	ACC 自适应巡航
	哈弗 H9	2018	罗伯特博世	ACC 自适应巡航
长安	睿骋	2018	罗伯特博世	ACC 自适应巡航
长安福特	福特 翼虎（AWD）	2018	安波福	ACC 自适应巡航（2.0T, 6AMT）
	福特 蒙迪欧（FF）	2018	安波福	ACC 自适应巡航（2.0T, 6AMT）

数据来源：marklines。

附录 E 中国整车厂驻车控制供应链情况

整车厂商	车型	车型年份	供应商	零部件名称
克莱斯勒	Dodge Grand Voyager	2008	博世（日本）	泊车辅助系统
雪铁龙	爱丽舍	2008	大陆集团	泊车辅助系统
一汽-大众	大众 CC 猎装车（FF）	2021	大陆泰密克汽车系统（上海）有限公司	Area View 全景可视泊车系统（2.0T, 7DCT）
	大众 迈腾 GTE 插电式混合动力	2021	大陆泰密克汽车系统（上海）有限公司	Area View 全景可视泊车系统（1.4T, 6DCT）
	奥迪 Q5LSportback（FF）	2021	博世汽车部件（苏州）有限公司	Area View 全景可视泊车系统（2.0T, 7DCT）
	奥迪 e-tron	2021	博世汽车部件（苏州）有限公司	Area View 全景可视泊车系统
	大众 迈腾（FF）	2018	惠州市德赛西威汽车电子股份有限公司	AVM 环视影像系统（2.0T, 7DCT）
	大众 高尔夫 R-Line	2015	华域大陆汽车制动系统（重庆）有限公司	泊车辅助系统（1.4T, 5MT）
	大众 高尔夫 R-Line	2015	华域大陆汽车制动系统（重庆）有限公司	自动驻车系统（1.4T, 5MT）
	大众 高尔夫 R-Line	2015	华域大陆汽车制动系统（重庆）有限公司	泊车辅助系统（1.4T, 7DCT）
	大众 高尔夫 R-Line	2015	华域大陆汽车制动系统（重庆）有限公司	自动驻车系统（1.4T, 7DCT）

(续)

整车厂商	车型	车型年份	供应商	零部件名称
上汽大众	斯柯达 明锐（FF）	2021	大陆泰密克汽车系统（上海）有限公司	自动驻车系统（1.4T，7DCT）
上汽通用	别克 昂科拉	2021	博世（中国）投资有限公司	超声波传感器
	别克 君威	2020	博世（中国）投资有限公司	超声波传感器
	别克 昂科拉	2020	博世（中国）投资有限公司	超声波传感器
	别克 君威	2019	博世（中国）投资有限公司	超声波传感器
	别克 昂科拉	2019	博世（中国）投资有限公司	超声波传感器
上海通用五菱	宝骏 E300（RR）	2021	博世汽车部件（苏州）有限公司	自动泊车辅助系统（APA）
	宝骏 E300（RR）	2021	博世汽车部件（苏州）有限公司	APP遥控泊车（RPA）
	宝骏 E300Plus（RR）	2021	联创汽车电子有限公司	自动泊车辅助系统（APA）
	宝骏 E300Plus（RR）	2021	联创汽车电子有限公司	APP遥控泊车（RPA）
东风乘用车	东风风行 CM7	2014	同致电子科技（厦门）有限公司	AVM环视影像系统
东风悦达起亚	起亚 狮跑	2014	法雷奥集团	Ultrasonic泊车辅助系统
	起亚 福瑞迪	2014	法雷奥集团	Ultrasonic泊车辅助系统
东风柳州	东风风行 F600	2016	罗伯特博世	停车辅助系统（1.5T，6MT）
	东风风行 F600	2016	罗伯特博世	停车辅助系统（2.0L，6MT）
北京现代	现代途胜	2014	法雷奥集团	Ultrasonic泊车辅助系统
吉利	博瑞（FF）	2018	罗伯特博世	AVM环视影像系统（1.8T，6AMT）
广汽乘用车	传祺 GA6（FF）	2021	博世汽车部件（苏州）有限公司	自动泊车辅助系统（APA）（1.5T，6AMT）
	传祺 GS8（FF）	2021	博世汽车部件（苏州）有限公司	自动泊车辅助系统（APA）（2.0T，6AT）
广汽菲亚特	菲亚特菲翔	2014	博世汽车部件（苏州）有限公司	倒车雷达
江铃	陆风 X5	2013	同致电子科技（厦门）有限公司	倒车雷达
特斯拉（上海）	特斯拉 Model 3	2021	法雷奥（中国）	超声波传感器
	特斯拉 Model Y	2021	法雷奥（中国）	超声波传感器
理想汽车	理想 ONE	2021	罗伯特博世	超声波传感器
长城	WEY VV5（FF）	2021	博世汽车部件（苏州）有限公司	驻车制动减速度控制系统（CDP）（1.5T，7DCT）

数据来源：marklines。

德创未来

01 企业简介
COMPANY PROFILES

德创未来汽车科技有限公司是陕汽集团新能源及智能网联战略的承担主体，陕西省混改试点单位，秦创原创新平台省级重点建设项目。德创未来成立于2021年，总部位于陕西省西咸新区，是陕汽集团联合西咸新区汽车产业上下游公司及运营团队合资成立的商用车公司。德创未来围绕商用汽车"智能化、电动化、网联化、轻量化"，业务涵盖汽车、信息技术研发与服务、新能源汽车整车销售、汽车零部件及配件制造销售等。

02 核心产品
COMPANY PRODUCT

基于M/H/X三个平台，面向11个细分市场，已有覆盖12~120t的全系列新能源商用车产品矩阵。在全电一体化底盘的基础上开发了自动驾驶牵引、矿用及环卫车；自动驾驶长头牵引车已完成封闭测试场和公开道路试运行；无人微公交产品承担西安第十四届全运会无人接驳任务。

Company Strategy
& Business Layout
公司战略&业务布局

三个价值连接

连接汽车智能与数字化服务
连接汽车空间与互联网生态
连接汽车出行与城市化生活

六个重点产品

一个中台：汽车出行导航和位置服务中台
一张平台：城市级智慧停车网联服务平台
一组终端：车联网标准化智能终端
一个体系：基于算法的汽车数字化服务体系
一张地图：智能汽车与智慧城市的高精度地图融合平台
一个OS： 互动式出行车载OS

互动式出行车载OS
智能网联导航
汽车数字化
高精度定位
高精度地图
智能网联终端
城市级智慧停车

发展数字化车联网
构建出行大数据

亚信汽车行业能力

亚信科技积极拥抱5G、云计算、人工智能、物联网、大数据等新兴技术，凭借深入的业务理解、过硬的项目管理能力和丰富的软件产品体系，亚信科技的DSAA产品和服务已在金融、汽车、交通、公共服务等领域落地，为数十家企业和政府机构提供数字化运营服务。

面向车企四端一体应用

消费者端
◆ 精准营销平台

店端
◆ 智微车管家
  微信生态运营工具

车端
◆ 车联网大数据
◆ 车联网流量运营平台

生态端
◆ 权益运营工具

面向交通V2X与大数据服务

| 参与方 | 政府部门 | 交通管理部门 | 行业决策者 | 单位企业 | 公众 |

应用提供商
- 业务运营：驾驶员检测、自动驾驶、两客一危、高精度定位、仿真测试
- 应用管理：环境检测、路网检测、设备检测

亚信
- 业务中台：业务配置 运行管理 能力监控
- AI中台：计算框架 数据管理 模型应用
- 基础平台：数据库 通用管理 访问控制
- 亚信智慧云平台
- 车联网平台：信息管理 故障监控 应用使能
- 大数据平台：数据管理 数据分析 业务模型
- 智能运维：资源管理 故障管理 性能管理

网络提供商：5G网络 | 运营商网络 | GPS | RSU

设备提供商
- 业务运营：摄像头 激光雷达 微波雷达 传感器
- V2X数据交互：数据通讯 路侧数据 车辆数据 数据通讯
- 车辆及交互设备：车辆及系统 OBU设备 车载系统

亚信科技官网：https://www.asiainfo.com
总部地址：北京市海淀区中关村软件园二期西北旺东路10号院东区亚信大厦 100193

360工业互联网安全研究院

研究院介绍

360工业互联网安全主要研究工业互联网领域的各种重大安全问题和解决方案，涵盖网络安全、数据安全、业务安全等多个安全维度，助力传统工业数字化转型过程的安全过渡。

核心业务方向

利用互联网技术能力，以安全为基础探索新型工业互联网业务模式，助力地方工业产业的快速发展。

360安全大脑

安全赋能 — 安全赋能

360工业互联网安全能力验证平台
- 物联网安全
- 通信安全
- 固件安全
- 孪生场景
- ...

安全保障 ⇌ 应用场景

360工业互联网安全服务平台

应用与验证：人机料法环 × 业务安全 / 数据安全 / 系统安全

核心累计：工业数据、行业知识、应用场景、模型、生态

工业互联网数字化成熟度评估、安全评估

地方产业

支撑与保障 — 应用场景 — 支撑与保障

核心支撑

| 大数据协同安全技术国家工程实验室 | 安全大脑国家新一代人工智能开放创新平台 | 工业信息安全国家技术创新中心（拟） |

联友科技
LAN-YOU TECHNOLOGY

深圳联友科技有限公司成立于2002年4月，目前设有1个总部、2个研发中心、2个交付中心、10+客户服务驻点，员工总数突破3000人。联友科技提供面向汽车行业的全价值链数智化解决方案，聚焦数字化、智能零部件、智能网联三大核心业务领域，涵盖研发、制造、营销、金融等领域的数字化产品和智能车载终端产品，同时提供智能运维服务、智能网联及数字运营服务、云服务、大数据分析服务、汽车设计等服务。

- 4G/5G T-Box
- 5G+V2X T-Box
- 车载智能天线终端
- 网关
- 车规模组
- 智能路侧终端RSU

- T-Box乘用车前装量产规模大
- 累计T-Box出货量 **320万+**
- CAT4车规级T-Box **2017年**实现量产
- 5G T-Box **2021年8月**量产上车
- 累计服务**14家**品牌客户、**22款**车型
- 丰富生态资源（华为、高通、芯驰等）

- 智能座舱
- 手机互联车机
- YDU 1.0 - 自动泊车域控制器
- YDU 1.5 - 行车规划控制模块
- YDU 2.0 - 行泊一体域控制器

- 企业级 BOM
- 联友匠神「APS / LES / MES / QMS / 战情中心」
- 星联智云工业互联网
- 星联易修
- 数据采集中心
- 联友智朋 | 智能运维平台
- 云服务
- 汽车工程
- 云服务
- 智连商城 | 数字化采购平台

400-830-5721

汽车数智化

汽车行业信息化解决方案覆盖率达91%

联友科技是高新技术企业、国家规划布局内重点软件企业、科改示范企业，获得技术发明专利54项、软件著作权188项，已通过软件能力成熟度模型集成CMMI Dev V2.0 5级、数据管理能力成熟度评估模型DCMM 3级、信息技术服务标准ITSS运行维护3级、IT服务管理ISO 20000和信息安全管理ISO 27001等认证，拥有信息系统集成、信息安全服务、增值电信服务等资质。

目前，联友已与46家整车企业形成长期合作关系，为数千家零部件供应商及汽车经销商提供优质服务，携手多家互联网和数字化头部企业共建行业生态，持续赋能中国汽车数智化。

用户运营
- 用户运营已服务 **6大**品牌、**1200万+**用户

云平台
- 云平台已接入 **9大**品牌、**360万+**车辆

大数据

- PB数量级大数据平台，吞吐量每日 **50亿+**条

联友智擎 DMS
- 汽车营销领域DMS市场占有率 **名列前茅**

联友时移 CRM

智慧门店

联易云｜新零售门店移动助手

汽车金融平台　**智融云｜融资租赁平台**

智报｜差旅报销平台　**智悦轻舟｜数字工作台…**

* 数据统计截止至2021年2月
市占率、排名数据源自高工智能汽车研究院

深圳市有为信息技术发展有限公司
Shenzhen Yuwei Information And Technology Development Co., Ltd.

企业简介 》
》》COMPANY PROFILE

深圳市有为信息技术发展有限公司是1998年开始从事卫星定位监控行业的高新技术企业。目前在职员工约500人，拥有深圳、武汉、西安研发中心及东莞生产基地。

有为信息是商用车智能信息化综合解决方案供应商，市场占有率名列前茅，前装入围东风、宇通、江淮、陕汽、一汽等国内多家主流主机厂，后装领域也形成了完整的两客一危车辆、货车、商砼车、渣土车、校车、出租车、公交车等营运车辆解决方案，有包括中国移动、中交兴路在内的大约300家合作伙伴。

有为信息在业内享有"有为品质，行业标杆"的质量口碑，荣获国内百余项奖励及荣誉。为上海世博会及第十二届全运会提供车辆安全监控服务，参与了国家重点研发计划课题组项目，并参与行业国标、部标、地标、团标等众多标准的起草与修订。

产品展示 》
》》PRODUCT DISPLAY

国六排放/新能源TBOX	车联网智能终端	一体化主动安全智能视频监控终端	新国标汽车行驶记录仪

有为T-Box已在国内多家主机厂配套应用目前已匹配六十余款主流商用车发动机协议有为信息为多家主机厂定制研发了车联网/新能源/远程排放监控平台	硬件平台，安卓触摸屏，高精度定位+高清视频+大容量安全存储+丰富App+主动安全	一体化高集成单板设计，主动安全全地标适用，智能AI视觉算法，高算力，6/8路高清视频，硬盘+SD卡安全存储，云守护，远程升级	符合GB/T 19056-2021《汽车行驶记录仪》技术要求，目前已获得东风商用车、东风柳汽等多家主机厂定点

总部研发中心： 深圳市龙岗区坂田街道雅宝路1号星河world F座3楼

公司总机： +86-755-83101658　　**技术支持：** +86-755-83100303

传　　真： +86-755-83105544　　**网　　址：** www.yuweitek.com

安全网联终端
5G-V2X OBU、T-BOX、e-Call、行驶记录仪

安全网关
中央安全网关、安全网关、普通网关

汽车安全
网联专家

智能座舱
多媒体屏、全数字液晶仪表、电子后视镜、一机多屏、HUD

车联网大数据平台
大数据、新能源、OTA、V2X、北斗车联网、商用车车联网

协同控制终端
e-Horizon ECU、智能限速辅助系统、智能节油系统、智能载重系统

厦门雅迅网络股份有限公司
XIAMEN YAXON NETWORK CO.,LTD.

地址：厦门市软件园二期观日路46号雅迅大楼
邮编：361008
电话：0592-5686888
传真：0592-2956789
网址：http://www.yaxon.com

智能线控 科技保障安全
X-BY-WIRE, FOR FUTURE SAFETY

天津英创汇智汽车技术有限公司

技术源于清华大学汽车安全与节能国家重点实验室，获ESC产品自主产业化专项支持。

研发出ABS/ESC/EPBi、TBooster、L3-EPS、ADAS、线控底盘、仿真测试等产品。

具有ESC、线控底盘完整自主知识产权，以成为中国汽车智能线控与智能安全技术领航者为目标。

ABS/ESC 制动防抱死系统/电子稳定性控制系统

英创汇智攻克了ESC的数据通信、状态观测、控制决策、控制执行等核心难题，并完成了电磁阀线性控制技术，生产出结构更简单、生产成本更低的ESC产品，完成了ESC全自动装配检测，建立了ESC标定体系，提升了ESC标定效率。英创汇智ESC产品可实现制动防抱死、牵引力控制、主动横摆力控制、间接胎压监测、坡起辅助等十余项功能。

电控制动助力系统 TBS

英创汇智TBS产品采用半解耦的技术方案，技术难度大，安全性高。脚感为常规车的液压脚感，并且具备制动助力、线控制动、支持制动能量回收三大功能。

IBC 集成式电控制动系统

IBC又称Onebox技术，将ESC与Booster集成；双电机冗余方案，可支持L3以上自动驾驶。

生产及测试能力

十万级洁净装配

数字化加工车间

完整的产品测试体系

◆ 自主研发的ABS/ESC柔性生产线，年产100万套

◆ 十万级洁净厂房，马扎克、津上等进口机加工设备

◆ 质量管理体系：IATF16949、ISO9001、VDA6.3、ISO14001

◆ 使用ECU/HCU可靠耐久测试设备，具有完整的产品测试体系

◆ 自主研发整车、部件硬件在环仿真测试系统，支持线控底盘、自动驾驶技术的研发

📍 地　　　址：天津武清汽车产业园机器人产业加速器8号楼

📞 服务热线：022-59667907

国家新能源汽车技术创新中心
NATIONAL NEW ENERGY VEHICLE TECHNOLOGY INNOVATION CENTER

国创中心是科技部推动建设的第二个国家技术创新中心，是我国汽车行业创新中心，也是尝试以市场化资源配置为机制、以企业法人为主体的技术创新中心。

2018年3月1日，国家新能源汽车技术创新中心建设推进会暨共建座谈会以及揭牌仪式在北京举行，标志着国家新能源汽车技术创新中心投入正式建设运营，汽车行业及产业链内知名企业、高校院所和专家学者均出席仪式。国创中心秉持共商、共建、共治、共享、共用的原则，服务于国家实施创新驱动发展战略和汽车产业转型升级发展需要，以打造一个新能源汽车技术创新策源地为总体目标，构建新能源汽车技术创新生态圈。

The National New Energy Vehicle Technology Innovation Center ("NEVC" for short) is the second national technology innovation center supported by the Ministry of Science and Technology. It is the national innovation center for the automotive industry in China, as well as its kind incorporated with market–oriented resource allocation and operated by corporate legal persons.

NEVC welcomed its construction promotion and co–construction conference & launch ceremony in Beijing on March 1st, 2018. which marks the official kickoff of its construction and operation. Representatives from leading enterprises in the automotive industry and industry chain, univer–sities, and institutes, as well as experts and scholars were all present.

Following the principle of co-consultation, co-construction, co-governance, sharing, and co–use, NEVC caters to the demands proposed by the national strategy of innovation–driven development and the transformation and upgrading of the auto industry. Its general goal is to become a hub for innovative NEV technologies, Establish the world–leading innovation ecosystem for New Energy Vehicle technology development.

科技部批复成立函
Letter of Approval from the Ministry of Science and Technology

地址：北京市经济技术开发区泰河三街9号院国盛高新科技工业园1号楼10层
邮箱：gczx@nevc.com.cn

打造世界级新能源汽车技术创新策源地　|　构建世界级新能源汽车技术创新生态圈

《中国智能网联汽车产业发展年鉴》

CHINA INTELLIGENT AND CONNECTED VEHICLE INDUSTRY DEVELOPMENT ALMANAC

《中国智能网联汽车产业发展年鉴》是由中国汽车工程研究院股份有限公司、中国汽车信息化推进产业联盟共同主办，由北京中汽智联科技有限公司负责编制的专业性工具书。《中国智能网联汽车产业发展年鉴》全面、科学、系统地载录我国智能网联汽车的发展进程，客观真实地反映我国智能网联汽车产业发展的总体情况，为政、产、学、研界制定相关政策、提出产业发展理论提供重要参考资料，进而助力中国智能网联汽车产业朝着更高的技术突破。

科技改变生活

《中国智能网联汽车产业发展年鉴》办公室

CHINA INTELLIGENT AND CONNECTED VEHICLE INDUSTRY DEVELOPMENT ALMANAC

Tel:+86 130 1102 6069　　　　E-mail:yearbookoffice@caeri.com.cn

Add:中国重庆市两江新区金渝大道9号(401122)　　Website: www.yearbookoffice.org.cn